南京文献精编

金陵梵刹志（上）

（明）葛寅亮 撰

点校 何孝荣
审校 濮小南

南京出版传媒集团
南京出版社

图书在版编目（CIP）数据

金陵梵刹志 /（明）葛寅亮撰. -- 南京：南京出版社，2024.6

（南京文献精编）

ISBN 978-7-5533-4675-5

Ⅰ. ①金… Ⅱ. ①葛… Ⅲ. ①佛教—寺庙—史料—南京 Ⅳ. ①B947.253.1

中国国家版本馆CIP数据核字（2024）第053722号

总 策 划　卢海鸣

丛 书 名　南京文献精编
书　　名　金陵梵刹志
作　　者　（明）葛寅亮
出版发行　南京出版传媒集团
　　　　　南 京 出 版 社

社址：南京市太平门街53号　　邮编：210016
网址：http://www.njcbs.cn　　电子信箱：njcbs1988@163.com
联系电话：025-83283893、83283864（营销）　025-83112257（编务）

出 版 人　项晓宁
出 品 人　卢海鸣
责任编辑　严行健
装帧设计　王　俊
责任印制　杨福彬

排　　版　南京新华丰制版有限公司
印　　刷　南京新洲印刷有限公司
开　　本　890 毫米 ×1240 毫米　1/32
印　　张　29.375
字　　数　602千
版　　次　2024 年 6 月第 1 版
印　　次　2024 年 6 月第 1 次印刷
书　　号　ISBN 978-7-5533-4675-5
定　　价　180.00元（全三册）

用微信或京东
APP扫码购书

用淘宝APP
扫码购书

总　序

南京是我国著名古都，有近2500年的有文献记载的建城史、约450年的建都史，素有“六朝古都”“十朝都会”之誉。南京也是文化繁盛之地，千百年来，流传下来大量的地方文献，题材多样，内容丰富，这些文献是研究南京政治、经济、军事、文化、科技、外交和民风民俗的重要资料，是中华优秀传统文化的重要组成部分。做好历史文献的整理出版工作，深度挖掘传统文化资源，不仅有利于传承、弘扬南京历史文化，提升南京美誉度，扩大南京影响力，也有利于推动物质文明、政治文明、精神文明、社会文明和生态文明协调发展。

长期以来，大量的南京珍贵文献散落在全国各地的图书馆和民间，许多珍贵的南京文献被束之高阁，无人问津，有的随着岁月的流逝而湮没无闻。广大读者想要查找阅读这些散见的地方文献，费时费力，十分不便。为继承和弘扬好这一祖先留给我们的宝贵文化遗产，从2006年开始，南京出版社与南京市地方志编纂委员会办公室等单位通力合作，组织专家学者搜集南京历史上稀有的文献，将其整理出版，形成“南京稀见文献丛刊”。“南京文献精编”

就是从“南京稀见文献丛刊”中精心挑选而成，题材包括诗文、史志、实录、书信、游记、报告等，内容涵盖历史、地理、政治、经济、军事、文化、教育、宗教、民俗、陵墓、城市规划等方面，全方位、多视角地展示了南京文化的深层内涵和丰富魅力。

“睹乔木而思故家，考文献而爱旧邦。”我们希望通过这套“南京文献精编”丛书的出版，满足人民群众多层次、多方面、多样化阅读需求，打造代表新时代研究水平的高质量南京基础古籍版本，为推进中国式现代化南京新实践提供精神动力。

“南京文献精编”编委会

导读

一

《金陵梵刹志》五十三卷，明葛寅亮撰。葛寅亮（1570～1646），字水鉴，号屺瞻，浙江钱塘（今杭州市）人。父大成，任福建崇安县（今武夷山市）丞，寅亮随至闽，读书武夷山中。万历二十八年（1600），中浙江乡试第一。次年，成进士，授南京礼部仪制司主事，迁祠祭司郎中。寅亮在任，日夕遵章守制，勤于职守。他为"靖难"后不肯降附的"殉国名臣"平反昭雪，疏请修建黄观、方孝孺祠；将被罚入乐籍的牛景先后人给照除名，复姓从良；他又为南京诸佛寺"厘饬僧规，清复赐租，修葺禅宇"，对南京佛教加以改革。寻告归，筑室南屏山麓，讲学西湖南之萧寺，从游者多四方名士。

万历三十九年，起为江西右参议，兵备九江。九江税使李道恣意盘剥商民，势焰猖獗，地方官员惧而莫敢问。寅亮至，即张榜公布其弊蠹，并条列关则条款，檄李道遵行；执其帮凶打手，首恶论罪，分谨守规矩者百余人为二拨，轮流执勤，使听令约束，李道势焰始稍收敛。次年，当地饥，寅亮出三府公费数百金，并贷关使者千金，遣官告籴湖襄，以平价粜。他又创建书院、社学，倡兴教育；开城门，筑堤建桥，设闸浚塘。升参政，既而，因疾去，行李一肩而已。

万历四十四年三月，起为湖广提学副使。杜绝请谒，所至与诸生讲学不倦。拔诸生必覆试，虑童生有遗珠，复令司理简阅，称名督学。性耿直，不愿考试作弊，得罪大僚。四十六年十月，遭降级。寅亮以病为由，挂冠而去。仍讲学湖南，从游者日益众。

天启元年(1621)六月，刑部侍郎邹元标疏荐寅亮，称其为济世长才，不宜长困林皋。二年四月，升任左都御史的邹元标再次疏荐寅亮，并称近年以京察锢人，正直官员多以朋党遭黜。寅亮感激邹元标疏荐，但回书否认自己因朋党而被斥。五月，寅亮降为福建按察佥事，分司水利道。他廉洁无私，竭力职事，不避劳远。疏浚省会内河，人称葛公河。参与驱逐荷兰殖民者侵占澎湖岛的战斗，立下功劳。五年六月，升为湖广布政司右参议，兵巡荆南道。寻降为湖广按察佥事。五年九月，升为福建布政使司右参议，管屯盐事务。后转提学。公明严正，品题允当，私窦尽绝。

天启六年十月，升南京尚宝司卿。崇祯元年(1628)正月，上疏抨击权阉魏忠贤擅政以来，朝中升、荫、加衔官泛滥，成规大坏，奏准厘其尤甚者。寻又告去。崇祯四年七月，起尚宝司卿。典试山西，与分考者约，互相简阅，期于必得。五年四月，受命册封衡王。七年九月，为左通政。针对当时各地农民起义蜂起，国库空虚，官军疲败，时人杨光先疏请设练总，并向百姓加派赋税，以充练饷。寅亮以民困苦，驳疏不上。至九年七月，病归。光先复上前疏，寅亮因此被逮下狱。十二年，始获释。

崇祯十七年三月，腐朽的明王朝统治被李自成农民起义推翻，清军入关，占据北京，开始了清王朝在中国的统治。五月，明朝残余势力在南京拥立福王继位，建立南明弘光政权。九月，弘光朝起寅亮为太常寺卿。十二月，寅亮朝见。弘光元年（1645，清顺治二年）正月，转大理寺卿。寅亮上疏指斥朝廷内外贪贿成风，要求惩贪奖廉。但弘光政权由权奸马士英等把持，内部纷争严重，政以贿成，寅亮之疏根本不能落实。转户部侍郎。五月，清军攻克南京，弘光政权灭亡。

寅亮赴福建，继续参加抗清斗争。七月，唐王朱聿键在福州建立南明隆武政权，寅亮任工部侍郎。隆武二年（1646，清顺治三年）四月，疏言务去饰治繁文，必收近取实局。唐王目为老成格言，书铭座右。后晋升尚书。八月，因大将郑芝龙降清，隆武政权随之灭亡。寅亮忧愤成疾，绝食而卒，表现出崇高的民族气节。其妾胡氏扶柩归西湖，后葬三台山。

寅亮著述较多，据其门人张右民称，有《四书湖南讲》行于世，《易系辞讲》、《治安策》、《仕学录》、《造适集》、《莞尔集》藏于家。民国《杭州府志》记载，还有《金陵梵刹志》、《诸子纂》、《葛司农遗集》。此外，《金陵玄观志》十三卷，亦为寅亮所撰。

二

葛寅亮虽以儒学安身立命，由科举而出仕，为官数载，归隐林下，又讲儒学（主要是陆王心学）于西湖之南，却也信奉佛教。

他曾为杭州六通律寺山门题“法地重开”额、净明院题寺额，为《崇祯十五年云栖寺免差役碑》篆额。他的有关佛教、佛寺的撰著，除《金陵梵刹志》外，还有《永明塔院田记》、《重修普光院记》、《海宁放生池记》、《礼（黄山）莲花峰三禅院记》等。江西僧广聪筑弥陀庵于掷笔峰下，潜修不出，寅亮为易庵名为火莲院。杭州南屏山净慈寺建永明塔院，万历三十八年（1610）十月，寅亮置到柴山五段，共十一亩七分，施舍于塔院。名僧袾宏演《圆觉》于净慈寺，寅亮等与会。万历四十二年三月，寅亮又买到邵秀荡六分七厘有奇，扩展该寺放生池，为袾宏八十寿庆。而据时人所撰袾宏传记、塔铭序记载，葛寅亮是袾宏的具戒弟子。杭州湖心寺放生池，葛寅亮也是“现宰官身说法，为之护持者”之一。万历四十八年，为母报恩，他甚至舍宅建寺，名普度亲庵。

寅亮任南京礼部祠祭清吏司郎中时，南京佛寺中制度涣散，寺田流失，佛寺萧条。寅亮信佛奉佛教，南京佛教、佛寺之事又正是其主管诸务中的一项。于是，他发心振救，着意改革。他将具备规模的佛寺按照“就近”原则，分为大、次大、中、小几种类型，以大寺统次大寺、中寺，次大寺、中寺统小寺，实行严格统属管理。他清田定租，佛寺赐田久夺于豪右者，皆悉力复之，并拘集佃户确定寺田租额。他主持订立佛寺各项制度，包括行政管理制度、经济管理制度、教育制度等。为了巩固和记录改革成果，他编集了《金陵梵刹志》，传于后世。葛寅亮在南京的佛教改革，是以南京礼部名义推行的自上而下的佛教改革，在当时规模最大，措施最为详备。葛寅亮的改革，使南京佛教得到一定程度的振兴，成为全国样板。葛寅亮因此得罪势豪权宦，竟遭辱罢官，其改革亦告失败。

三

《金陵梵刹志》不仅详细地记载了明代南京各佛寺的历史沿革、殿堂分布、房田公产、山水古迹、名僧事迹、寺租赋税、僧规制度等，卷首二卷《御制集》、《钦录集》还收录了明太祖的佛学论文、明代诸帝有关佛教的诏敕法令等，是一部十分难得的明代佛教史著作，对明代佛教史、明代史以及南京佛教史的研究乃至今天的南京城市建设、旅游开发以及佛教界等均有重要价值。具体地说：

首先，它对研究明代佛教史、明代史等有重要价值。

清人编《四库全书总目》，批评《金陵梵刹志》"略如志乘之体，编次颇伤芜杂"。这种批评，今天看来，是十分偏颇的。《金陵梵刹志》昉杨衒之《洛阳伽蓝记》而体裁不同，不仅述雄观，亦兼述祠政，虽然超出传统的志书体例，却为我们今天留下了许多十分难得的史料。

例如，该书卷一《御制集》收录的明太祖佛学论文、诗文近八十篇，最为齐全。该书卷二《钦录集》，收录明代诸帝有关佛教的诏敕法令等。其中，洪武年间设立僧道衙门的法令、整顿佛教的《申明佛教榜册》、僧人《避趋条例》等，均为原文收录。关于洪武年间僧、道录司的设立，《明太祖实录》、《大明会典》等几乎所有的明代官私史籍，都记载为洪武十五年(1382)四月设立，并颁布相关条例。而据《钦录集》的史料得知，僧、道录司的设立，是在十四年六月提出条例方案，至次年四月除授各官，并公布十四年六月拟定的条例的。明末释幻轮编撰《释鉴稽古略续集》，即抄录该文件。《申明佛教榜册》、《避趋条例》等，也赖该书得以保存。这些，对研究明太祖的佛教政策、研究明太祖个人极具价值。而我们知道，明太祖的佛教政策是明朝佛教政策的基础，它对明代乃至清代以来的中国佛教具有决定性影响。近世以来僧人分为禅、讲、瑜伽三类，而以瑜伽僧(为人作法事的僧人)独盛的中国佛教格局，即来自于明太祖确立的佛教政策的影响。

再如，该书卷二《钦录集》收录明成祖对编辑、校勘大藏经的多次谈话，他下令焚毁道教伪经《太上实录》，声言“我敬佛，他谤佛，留了我心不喜”，活泼而生动，显示了明成祖对编校大藏经的关心和直接掌握，昭示出他对佛教的崇奉态度。成祖以“靖难”夺得帝位后，以徐皇后的名义，伪造《大明仁孝皇后梦感佛说第一希有大功德经》二卷，藉以大张旗鼓地宣扬自己造反、夺位的“合法性”。但是，当僧一如等要求将该伪经编入大藏经时，明成祖却表示：“荒唐之言，不要入。”看来，明成祖也明白，假的终究不能当真。永乐十七年(1419)二月，成祖命僧一如、思扩等“为朕编类禅宗语录来看”。当僧人题奏"中间合无去取"时，奉圣旨："祖师说的都是佛法，不要去取。"又与他对《第一希有大功德经》的态度截然不同。这些史料，连《释鉴稽古略续集》都没有录入，对我们研究明成祖无疑十分珍贵。

再如，关于明代佛寺经济，各种方志、寺院志乃至四部文献中很少记载，而《金陵梵刹志》则在记载南京一百八十余所佛寺时，详列各寺土地数量、寺田经营、房产商业等，并附录有数篇寺田租税的判决文书，为我们提供出极为珍贵的明代佛寺经济的史料，其价值不言而喻。

再如，《金陵梵刹志》记载了葛寅亮等人订立的佛寺内部的一些管理制度，包括僧官的迁补、住持的选任等寺政管理制度，公产、公田、公费等佛寺经济管理制度，以及寺学等佛寺教育管理制度，使南京佛寺在当时成为管理制度健全的样板。这些史料，也为它书所无，它对于我们研究明代佛教、明代历史无疑具有很高的价值。

其次，它对研究南京佛教史具有重要价值。

提起历史上的南京佛教，相信每个人都会吟诵起杜牧的千古名篇《江南春》："千里莺啼绿映红，水村山郭酒旗风。南朝四百八十寺，多少楼台烟雨中。"佛教自东汉末年传入南京，南朝时各朝先后建都于此，由于统治者的提倡，南京佛教盛极一时，成为全国重要的佛教中心，佛寺多达700余所，"南朝四百八十寺"为当时南京佛教、佛寺繁盛的形象说法。南朝以后，南京政治地位下降，佛教时有兴盛，断续发展。到了明代，南京先后作为首都和留都，政治地位提高，再次成为全国的重要佛教中心，佛寺大量修建，为南朝以后又一高峰。记载南京佛教、佛寺的撰著，在明朝以前，主要有唐释清澈著《金陵寺塔记》三十六卷，唐释灵偹著《摄山栖霞寺记》一卷。但是，二书问世后不久皆亡佚，"第名载于史志耳"，遂使四百八十四之盛，考证无据。葛寅亮则通过广征博考，搜罗经史子集四部之文，考订当时各寺以及一些历史上有影响而当时已经废毁的佛寺的历史变迁、典故、名僧、艺文，为后人了解、研究明代以前南京佛教、佛寺提供了便利。其后，清人刘世珩撰《南朝寺考》，即经常引用《金陵梵刹志》。《金陵梵刹志》也成为后来编修的南京各寺志的"依据"。如清人陈毅撰《栖霞寺志》，释德铠撰、谢元福增辑《灵谷禅林志》，记述明代及其以前栖霞寺、灵谷寺的殿堂、公产等情况，以及收录的诗文，即基本抄自《金陵梵刹志》，甚至沿袭其诗文排列顺序、题目改换及字句错误。

《金陵梵刹志》记载登录明代南京各寺的位置、殿堂、基址四至、公产乃至各种条例，多来自于实地调查、各寺报告，主要是第一手资料。其对明代尤其是明代后期南京佛寺方方面面的记载，更为真实可信，其价值自然更高。后人论述、提及明代南京佛教和佛寺，舍该书而无能为也。

第三，《金陵梵刹志》明确记载明代南京各寺寺址四至，尽列各寺之雄观胜景，也对今天的南京城市建设、旅游开发有重要的参考价值，富于现实意义。最显著的事例，就是如今大报恩寺及琉璃塔的复建。大报恩寺起于晋朝长干寺，宋朝改名天禧。明初洪武年间，天禧寺与灵谷寺、天界寺、能仁寺、鸡鸣寺并称国家五大寺。永乐初，寺毁。明成祖为所谓报答“皇考、皇妣”即明太祖、马皇后“罔极之恩”，以及“下为天下生民祈福”，下令重建，赐名大报恩寺（一说明成祖建大报恩寺实为纪念其生母碽妃，大报恩寺大雄宝殿即俗称碽妃殿）。大报恩寺“梵宇皆准大内式”，与灵谷寺、天界寺并称为南京三大寺，僧众产饶。寺中“十宗兼备，每宗设一讲座，学僧得任择一宗修习”，是明代南京最大的讲寺，晚明四大师之一的憨山德清及名僧雪浪洪恩均出于该寺。尤其是其中的琉璃塔，规模雄丽，开创了中国琉璃塔的先河，是我国古代建筑琉璃艺术的最高成就。永乐时，海外使臣“至者百有余国，见报恩塔，必顶礼赞叹而去，谓四大部洲所无也”，被称为“中古时期世界七大奇观之一”。至十八世纪，西方人游南京，仍称之为“南京之表征”。但是，咸丰年间，寺塔毁于兵火，无复存焉。

近期，南京市决定复建大报恩寺及琉璃塔。除了考古发掘以外，重建的主要依据即是文献记载资料。民国时人张惠衣曾编《金陵大报恩寺塔志》，然其中明代大报恩寺、琉璃塔的修建敕令、丈尺高度、殿堂公产、碑记游记等第一手的数据资料，以及明代以前该寺资料等，基本抄自《金陵梵刹志》，甚至沿袭其个别舛误。对于如今希望“原汁原味”的复建来说，《金陵梵刹志》卷2不厌其烦地罗列出大报恩寺各处殿堂、琉璃塔的丈尺高度等数据，这是当时南京各佛寺包括皇帝敕建佛寺中唯一“享此殊荣者”；卷31《聚宝山报恩寺》极为详细地介绍了大报恩各殿堂名称、位置排列、楹间数目、基址四至，还附有报恩寺寺图，完整直观地呈现出昔日大报恩寺、琉璃塔的雄观伟姿，并收录明人陈沂《琉璃塔记》、王世贞《游报恩寺塔记略》、《报恩寺塔歌》等文人墨客的踏勘游记，这些恐怕远非考古发掘所能获得和解决，弥足珍贵。《金陵梵刹志》的相关记载和第一手资料，无疑是大报恩寺及琉璃塔复建的主要依据。我们相信，大报恩寺、琉璃塔的复建，必将对南京城市建设、旅游开发有很大的促进作用。

另外，对于南京佛教乃至中国佛教界，《金陵梵刹志》的相关记载，如其中的各种管理制度等，也不无借鉴意义。

四

万历年间，葛寅亮任南京礼部祠祭司郎中时，编撰《金陵梵刹志》。万历三十五年(1607)正月，该书“发南京僧录司刊”。不久，他“适请告去”，即遭辱告归。天启年间，寅亮复来，任南京尚宝司卿，为《金陵梵刹志》补序而复刊行。民国二十五年(1936)，镇江金山江天寺僧释惟光以所藏天启补刻本，命人配补江苏国学图书馆藏本，又取明代集部钞补校勘，在上海影印出版。现在常见的有1980年台湾明文书局出版“中国佛寺史志汇刊”本，1996年江苏广陵古籍刻印社出版“中国佛寺志丛刊”本，1997年齐鲁书社出版“四库全书存目丛书”本，2002年上海古籍出版社出版“续修四库全书”本等，皆据民国校勘本影印。

《金陵梵刹志》的卷数，此前记载歧异较大。或说为四十余卷。《客座赘语》记载："祠部郎葛公所著《金陵梵刹志》四十余卷，一时大小寺院亡不详载"。或说为五十卷。清人钱曾《钱遵王述古堂藏书目录》记载："《金陵梵刹志》五十卷，八本。"或说为五十二卷。明朝祁承㸁《澹生堂藏书目》记载："《金陵梵刹志》五十二卷，十四册。"《明史》记载："葛寅亮《金陵梵刹志》，五十二卷。"此外，清代黄虞稷《千顷堂书目》、雍正《浙江通志》、民国《杭州府志》也均作"五十二卷"。而《四库全书总目》、清人丁丙《善本书室藏书志》、丁仁《八千卷楼书目》、徐乾学《传是楼书目》、嵇璜《续文献通考》著录该书，均作五十三卷。葛寅亮在本书序中也明言："乃为作《梵刹志》，奉《御制》、《钦录》二集弁之简前，遵王章也；……而一、二寺规之条列，则附之简末，为卷共五十有三焉。"可见，该书实为五十三卷，估计四十余卷、五十卷、五十二卷或为残本，或为大概说法。

《金陵梵刹志》万历初刻本已不易见，天津图书馆藏有《金陵梵刹志》天启补刻本（卷三十二、三十三、三十四为抄配）。与民国校勘本对校，天启补刻本还有诸多异处：(1)卷首葛寅亮《序》后缺"葛寅亮印"、"庚子解元辛丑进士"印两方；(2)《目录》后缺"南京礼部祠祭司郎中钱塘葛寅亮编辑，……管板僧银二分，共银二钱二分五厘"等文字；(3)卷33弘觉寺插图被错置于卷32能仁寺插图后、能仁寺介绍前，而非卷33弘觉寺介绍前;(4)卷53《各寺公产条例》末缺懋德庵公产(田地山塘)数目登载;(5)书末缺时人郑三俊《后序》。这些是万历初刻本所有,而天启补刻本修改略去或遗漏错置,至民国校勘本又增入、改正。本次点校《金陵梵刹志》,依据的主要是民国校勘本。

全书点校,一遵"南京稀见文献丛刊"之确定凡例。书中原附灵谷寺等十寺插图四十幅(每寺分左景、右景,左景、右景又分上、下幅),被认为是"寺志插图的典范"。民国校勘本加以拼接、缩印,成二十幅(每寺左景、右景各一幅),但图文均不甚清晰。我们请南开大学文学院孟昭连教授、白金柱教授相助,对天启补刻本诸图加以拍摄,利用现代化手段,接合为十整幅,每寺一幅,分别冠于各卷之首,诸寺殿堂、雄观始得便览无遗。另外,民国时刊印《金陵梵刹志》,释惟光撰有题识附后,详述该书当时校勘、出版情况,亦为今日各本所收,我们将其列入附录。

本书2006年12月由我初次点校完成,次年8月由天津人民出版社出版。这次南京出版社决定将《金陵梵刹志》收入"南京稀见文献丛刊"出版,卢海鸣先生请我重新检核《金陵梵刹志》原点校稿,使我得以改正此前的一些疏误。付印前,南京出版社又约请濮小南先生悉心审校,并对冷辟古字及稀见典故,稍加注释。希望重新点校出版的《金陵梵刹志》能够更为准确,更便于利用,充分体现其价值,发挥其作用,所谓"方便利益"。

尽管如此，校点中疏误仍所不免，敬祈各位方家不吝批评和指正。

何孝荣

遊攝山棲霞寺記　　明南刑部尚書吳郡王世貞

余將以三月朔赴留莞而二月之廿六日抵京口其明日荆侍御邀登北固山又明日從京口陸行且百里傯及龍潭驛大雨肩輿出没於危峰峭壁之阯與江相樛帶而行如是者凡二十里雨益甚江山之勝顧益奇秀色在眉睫間應接不暇欣然忘其衫屨之淋漉也抵驛與兒子騏及張生元春小飲呼驛宰問以攝山道甚難之謂徑險而受雨則濘可無往也余與騏不可遏質明起遂取所問道時曉色熹微與霽色接溪流暴漲不絶聲然所過諸嶺多童至中凹處忽得蒼松古栢之屬是爲攝山趣馳道數百武

明万历三十五年刻《金陵梵刹志》书影

鶴其六空分瑞塔地積香臺珂月霄映珠雲旦來千光霧起
七淨霞開谷邊飛錫澗下乘杯其七桂巘參差松亭隱靄石
壇照錦瑶泉瀉籟岫接香鑪峰承寶盖翔旻演法毒龍銷
害其八梵宮既啓福海長深噬廅忘穴飛鶵華音羣生普戴
奕祀同欽不有高節寧符夙心其九負扆多閑聞風遐想茂
軌遐勖清暉遽往佇契業於圓明冀崇緣於方廣鏤飛篆
於層岳齊勝基於穹壤其十　大唐上元三年四月

明僧紹傳略　南史

明僧紹字承烈平原鬲人也祖玩侍中父略給事中僧紹
宋元嘉中再舉秀才明經有儒術永光中鎮北府辟功曹

明万历三十五年刻《金陵梵刹志》书影

序

金陵为王者都会，名胜甲宇内，而梵宫最盛。盖始自吴赤乌间，迄于六朝梁、陈，所称四百八十寺者此矣。我高皇帝，宅中定鼎。兵燹之余，随为创复。名蓝森列，灿然重辉。其宸翰之昭宣，规画之颁布，凡以振法乘而护学人者，犁然具举也。予承乏祠曹，讨求故实，而矻矻于去籍之艰，乃广稽博考。《御制》之畀僧与法者，散于全录，恭绎而辑之。《钦录集》则各大寺藏本在焉。更搜之荒碑故牒中，得其梗概。为厘饬僧规，清复赐租，修葺禅宇，而复虑载籍无存，无以征信将来，乃为作《梵刹志》。奉《御制》、《钦录》二集弁之简前，遵王章也；其次以三大寺为纲，而大、中丽于最大，小丽于中，棋布星罗，联络不涣。诸寺之内，若殿楹，若赡产，若山川，若古迹、人物，若名贤韵士之撰记、题咏，悉捃摭而胪列之；至大藏之镌，副墨贮于报恩，琅函布于寰宇，标举其目，见端知委，是藏目不可无入也；而一、二寺规之条列，则附之简末，为卷共五十有三焉。

予惟高皇帝开天神圣，经制敻只千古。乃于瞿昙之教，每云阴翊王度，云暗理王纲，崇奖有加，莫之废堕，是岂漫无所见而然哉？前代之崇释者多矣，或未免趋于小果，孰有如圣祖之事理双圆，冥契圣谛，见于阐法谕僧云者？后之载笔者，莫能仰窥万一。天禄石渠之简阒其无征，致问礼之家褎如充耳。斯志之作，聊以备国乘之外史，王制之别传，俾夫三教同源，统一圣真之大经制，不致湮沦无考焉尔。予辑志甫成，适请告去。阅二十年，复以尚玺至，乃作序弁首，因缘良不偶也。玄观亦为作志，板存朝天宫，并附及之。

天启七年孟夏日，南京尚宝司卿、前福建提学参议、湖广提学副使、南京礼部祠祭司郎中，钱塘葛寅亮撰。

凡　例

《金陵梵刹志》凡十九则：

一、志昉杨衒之《洛阳寺记》[①]，而体裁不同。盖昔止述雄观，今兼饬祠政，撰志之意，业有殊者。若资博考镜，亦窃附云。

一、六朝佛寺，多至四百八十。名沉迹灭，靡得而传，无志故也。国朝定都，招提重建，或沿故基易其名，或仍旧额更其处，加以修复增置，共得大寺三、次大寺五、中寺三十二、小寺一百二十[②]，其最小不入志者百余。京城内外，星散绮错，有道里迢递，有山林辽僻，人迹或未涉，方域或未辨，郡邑史又所忽略。灵谷、栖霞、牛首、花岩寺各一乘，原非备观，故辑斯志。

一、三大寺俱僧录分摄，如灵谷寺统中寺若干，中寺领小寺若干，故篇首总冠以灵谷，其中分条析理，绝无溷淆。先以大寺总为一卷，次以次大寺为一卷，中寺无论繁多，即篇目寥

① 即《洛阳伽蓝记》。

② 按：原文"中寺三十二、小寺一百二十"，不准确。实际上，《金陵梵刹志》登载介绍中寺计三十八所，小寺计一百三十所。加上三大寺、五次大寺，本书共登载介绍佛寺一百七十六所。

寂，亦寺各为一卷，以便稽览。余二大寺仿此。

一、畿内外俱以五城画疆而治，故寺坐落即注某城某门，去所统某寺若干里。惟城内止书某城及所统何地、何刹。

一、世有代兴，寺随时徙，沿革何常，称名无定。今考元《金陵新志》[①]及应天、上元、江宁三志，地与寺合，年与代符，不相枘凿者，方始入志。精求征信，以备古今兴废之林。

一、崇复闳丽，必数名蓝。荒简卑狭，自居小刹。故殿堂基址规摹，具见增损盈缺，亦复可稽，因首列之。

一、大寺、次大寺田地洲场，皆出钦赐；中、小寺则有常住、有施舍，总名公产。括寺实征，籍其总数于公产之下。僧不得售，人不得市，庶有常食云。其大寺租额、公费，另详别帙。

一、三大寺、五次大寺禅堂，增新饰旧，俱如重创。大寺惟灵谷租饶，得兼设律堂。能仁独缺，亦不一例。中、小寺大率缺陷。赐租既无，檀施多匮，即有一团蕉地，何以饭众？规制宏隘，未可同日。

一、金陵佳丽，半属江山，如钟阜、栖霞、清凉、雨花、鸡鸣、凤台、燕矶、牛首而外，何可胪列？是惟花宫兰若，标奇占胜，因志山水。其间峰岩泉石，即昔著今湮者，亦或谢屐、郗骖曾驻其下，故复不遗。

一、阿阁浮图，当时插汉；荒基遗像，此日眠云。如是之

---

① 即元张铉《至正金陵新志》。

属，古迹斯在。又若开善之闷园陵，空存载籍；定林之仍扁额，已换林泉。胜实无归，名缘附寄，亦不欲掩千古灵奇，托之遐览云尔。

一、江左玄风相扇，清言争爽；付钵开宗，间堪大德；登坛竖义，非乏名僧，故列人物。其有当时位望，屈席抡锋，到处参游，停车挥麈，名士芳躅，因附栖讲之下。

一、寺碑僧志，遗自先朝，已为一脔。搜其断简，实类寸金。至于当代撰著，自匪名家，难称完璧。缃帙有限，未便兼收。披简以还，亦为残馥。剜缀之诮，总无恤焉。

一、名人纪游诸篇，品题江山，点缀台殿，想其履处，可当卧游。因取增藻志林，标奇撰杖，惟涉汗漫，稍置剪裁。

一、前代帝王卿相、名流高士，与法师往复尺一，无虑累楮。间摘数篇，附之传后。其与寺无关，敷词少采，悉不泛载。

一、《高僧传》、《神僧传》、《传灯录》、《五灯会元》所识名僧，代不数人，人不数传。今所裒采，如宝志诸传，事有征奇，文多摭实，业录其全。至于参讲涉历，寺无定居，居无定年，又如伏虎驯蛇，术同魇噀、谭冥、记梦事类，虞初未得尽述。乃汰浮华，用存精朴，书为传略。若只取单只，另入人物，以表其名。宁讥裂锦，无惭碎金矣。

一、诸寺前朝题咏，搜括群书，网罗百氏，已蔑遗矣。如南唐李公建勋、宋王公安石，久住金陵，篇什最富，惟录其著记名迹者，已自盈楮。若夫明兴，建都列署，三百年于兹，卿尹大夫之干旄，隐士骚人之芒跷，聚宝以南，栖霞以北，几无虚日。其诸藻裁，想当绮叠。是编采拾，止于郡邑志所载。诸未经目，不暇骈罗。

一、序次先宸墨，尊昭代也。其下文，自为类。先寺中修建碑记，次游记，次僧传、志铭，俱于各类中分朝代先后，即前帝王制作，亦与名公类编。惟诗概序朝代，不分诸体，不叙爵里，示简雅云。

一、归并旧寺，惟灵谷、报恩二寺，而灵谷为多。先，钟山有寺七十所，宋王丞相归并小寺于太平兴国寺。国朝以兴国寺为孝陵，另建灵谷寺，则兴国即在灵谷，且以一灵谷概钟山矣，故诸寺仍并入焉。报恩即长干寺，建初寺与长干相望，其地皆名佛陀里。建初废，掌故自宜入长干，以征江南塔寺之始。余无可并者，另入废寺。

一、吴赤乌十四年，为康僧会建寺。迄于六朝梁、陈之际，栉比金碧，烂熳极矣。唐、宋、元兵燹圯毁之余，原野寥廓，钟声罕闻。爰检前牒，间睹遗篇，载征往志，微存旧额，乃另列废寺。即一传一诗，亦考年别代，编为一寺，以垂征据，俾后世不泯云。若夫殿堂诸款，靡寻影响，任其阙然。

目 录

卷一 御制集

敕谕

诏诰

① 原书漏“思”字，应为“朵甘思”。

杂著

赞

诗

卷二　钦录集

卷三　钟山灵谷寺

文

传

诗

文

传

诗

① 原书作“南宋谢灵运”,应为“南朝宋谢惠连”。

① 正文内缺杜荀鹤诗。

卷四　摄山栖霞寺

传

诗

卷五　铜井院

卷六　兴善寺

卷七　观音阁

卷八　佛国寺

卷九　东山翼善寺

卷十　方山定林寺

文

传

诗

① “南”后应缺“朝”字。

卷十一　光相寺

卷十二　三禅寺

卷十三　广惠院

卷十四　法清院

卷十五　草堂寺

传

诗

卷十六　凤山天界寺

文

卷十七　鸡笼山鸡鸣寺

卷十八　卢龙山静海寺

卷十九　石头山清凉寺

卷二十　永庆寺

卷二十一 凤凰台瓦官寺

诗

卷二十二　青溪鹫峰寺

卷二十三　承恩寺

卷二十四　善缘寺

卷二十五　吉祥寺

卷二十六　金陵寺

卷二十七　苍云崖嘉善寺

卷二十八　普惠寺

卷二十九　燕子矶弘济寺

卷三十　接待寺

卷三十一　聚宝山报恩寺

文

传

诗

卷三十二　天竺山能仁寺

文

传

卷三十三　牛首山弘觉寺

诗

① 一说作者为杜甫。
② 应为明代杨士奇。

卷三十四　雨花台高座寺

卷三十五　梅冈永宁寺

卷三十六　永兴寺

卷三十七　西天寺

卷三十八　普德寺

卷四十一　外永宁寺

卷四十二　祝禧寺

卷四十三　献花岩花岩寺

文

传

诗

卷四十四　幽栖山祖堂寺

卷四十五　清福寺

卷四十六　天竺山福兴寺

卷四十七　建昌寺

卷四十八　废寺

---

① 应为"许登"。

卷四十九　南藏目录

卷五十　各寺租额条例

卷五十一　各寺公费条例

卷五十二　各寺僧规条例

卷五十三　各寺公产条例

卷一　御制集

敕　谕

授了达、德瑄、溥洽僧录司

西说东来，妙演无量，或云不二法门。斯道也，本苦空，甘寂寞。从斯道者，果若是，宜其然哉。迩来僧录司首僧阙员，召见任者，命询问其人。各首僧承命而还，不数日来告曰："臣弘道等若干人，前奉敕询高僧于诸山，即会丛林大众。众皆曰：'惟浙右上天竺僧溥洽、京师鸡鸣寺僧德瑄、能仁寺僧了达，东鲁之书颇通，西来之意博备。若以斯人备员僧录司，实为允当'。"呜呼！昔人有云：世不绝圣，国不绝贤。近者僧录司阙员，朕将以为无人矣。及其询问，乃有人焉。今朕域之内，慕清净而欲出三界者，有其名而无其实，其泛泛者不下五、七万。尔今三人不屈五、七万之下，伸于五、七万之上，可谓志矣，可谓道矣。然昔如来道备于雪岭，归演五天，妙音无量，灵通上下，天人会听。若斯之演、听四十九秋。自是之后，五百余年，流传东土。虽九夷八蛮，一闻斯道，无不钦崇顶礼。何况中国文物礼乐之邦，人心慈善，易为教化。若僧善达祖风者，演大乘以觉听，谈因缘以化愚，启聪愚为善于反掌之间。虽有国法，何制乎？缧绁刑具，亦何以施？岂不合乎柳生之言"阴翊王度"，岂小小哉！今尔僧了达、德瑄、溥洽达祖风，遵朕命，则法轮常转，佛日增辉。名僧于吾世，足矣。往钦哉！毋怠。

授仲羲阐教

入定于大千界里，谈经于不二门中。解脱为空，清虚成性。久留心于佛教，独潜迹于禅林。去就一之，是非不染。尔仲羲居山禅伯，对月诗宗。抱不堕之慈悲，乐无穷之清净。乃命阐教之职，用副僧录之司。尚宜深究佛书，详穷禅教，条分本末，缕析始终。俾诸僧皆悟静中之禅，而无教外之失。今特授尔僧录司右阐教。往钦于训，宜懋尔功。

授玘太朴左讲经[①]

经中知人我之相，教外忘大小之乘。非古刹之沙门，实东林之德士。学高诸侣，名动一时。尔玘太朴，养性得宜，讲经不倦；持身谨戒，临事慎为。是用，职尔僧官，以副朝典；往化释子，无怠讲经。尚宜以佛之觉觉人，以师之业业己。俾释子有达宪章，庶不负朕设官之初意也。今特授尔僧录司左讲经，汝其勉之。

授清浚左觉义

夫僧者，立身于物表以化人，初不可烦以官守也。然而聚庐以居，合众而食，钱谷有出纳，簿籍有勾稽，不有所司，何以能治？故僧官之设，历代不废。今命尔僧清浚为僧录司左觉义，尔其往慎乃职，勿怠以私。使彼学道之徒安居饱食，而不懈于进修，以称朕兴隆尔教之意。钦哉！

建昌僧官

天下大道，惟善无上。其善无上者，释迦是也。固大慈忍

① 玘太朴：即僧如玘，字具庵，别号太朴，或作太璞。传见明释如惺《大明高僧传》。

志，立大悲愿心。行无所不至，化无所不被。论性原情，谈心妙理。洁六尘之无垢，净六根之无翳。去诸魔而清法界，制外道以乐人天。斯行斯修，而历劫无量。乃降兜率，至于梵宫。既舍金轮，而犹苦行于雪岭。时道成午夜，明星相符。朕观如来以己之大觉，而欲尽觉诸法界众生，其为慈也大，其为悲也深，可为无上者欤！世人宿有善根者，皆慕佛力，寰中之修者甚广。今建昌僧某，博修佛道，善驭僧民。其方士民，仰僧善道，感化人淳，既内附之诚，理宜授以建昌府僧纲司某官。尔吏曹，如敕毋怠。

谕钟山僧敕

且佛之为教也，善其大也，溥被生死。仲尼有云："西方有大圣人，不言而化，不治而不乱，可谓能人矣。"云何大觉金仙，又赞之以能仁？以其不绳顽而顽化，美善而善光。其行苦而不苦，其心素而弗素。虽俦雪岭之孤灯，侣白昼之单影，目星见性，超出尘沦。复有人天之说，四十九秋，其演也妙，备载大藏。未尝有诉逋逃于廷，致愆于水火者耶！况昔禅祇树千二百五十人从，逋逃者未闻。仲尼有云："道千乘之国，敬事而信，节用而爱人。"今僧佃逃，未审节用而致然耶，抑爱人而有此耶？若非此而有此，则府谓僧云，当自善来。若论以如律，恐伤佛性。如敕奉行。

谕僧纯一

昔释迦之为道，孤处雪岭，于世俗无干。及其道成也，善被两间，灵通上下，使鬼神护卫而听从，故世人良者愈多，顽恶者渐少。所以治世人主，每减刑法而天下治。斯非君减刑法，而由佛化博被之然也。所以柳子厚有云“阴翊王度”,是也。尔沙门纯一,既弃父母以为僧,当深入危山,结庐以静性。使神游三界,下察幽冥,令生者慕而死者怀,景张佛教,岂不修者之宜?世人因是而互相仿效,虽不独处穷居,人皆在家为善,安得不世之清泰?因尔僧之所及也,尔不能如是!上下朝堂,欲气力以扶持,意在鼎新佛寺,集多财以肥己。孰不知财宝既集,淫欲并生。况释迦非大厦而居,六载大悟心通。方今梵像巍巍,楼阁峥嵘,金碧荧煌,华夷处处有之。此释迦之所感若是欤,集财而建造欤?尔僧无知,不能修内而修外,故不答,特役之。今脱尔行,命有司资路费,往寻名山,悟善己道以善人。他日道光必烛寰宇,可不比佛之为道哉?

谕天界寺僧

谕天界寺善世诸行人:吾闻释迦之教,务靖不喧,时洗心而涤虑。去五欲之魔,清六根之本,虽不至六通圆觉之果,其报也必在将来。所以修行者磨厉也,行者行也,功者造积也。凡云修行者,先置验不速,又将不期然而然欤?今之修者,期验欲疾,茫然久之,心不耐已,虑不隔尘。世之有者,念无不在。由是而失道迷宗,愆重嵬山,信之乎?迩来左善世、右善世、左觉义欲不绝而事生旷,致伽蓝之有鉴使犯宪章。斯非他人讦告,亦岂朕之不理然?自作为定业,将欲以难去,实艰于解分,是何行哉?皆不务靖而好喧、生事自取者也。行人悟焉!且二善世、一觉义奏:溧水一庄,收粮五百有零,除纳官粮外,余四百二十二石九斗六升,尽为役夫之用不足,又四百贯钞益之,犹以谓不足今来需者甚。溧阳庄如之。朕准其奏,而欲收司者稽之。

及至寺取人，而乃将司者半隐而半出，亦云庄所并无司者。至于再三物色，难以抵讳，尚且东支西吾，行止不顾。岂有奏僧粮有碍，朕将理之，反匿其司者？此果实欤？不顾行止而诳欤？于戏！欲世之不可绝而绝之，嗣祀之道不可无而忘矣。何为苦心志而劳，用婪机、设妄语于无端，斯智禅乎？

谕天界寺不律僧戒洳复

志所以崇声名，立节义，去浮沉。凡丈夫举此，必欲出类拔萃，而异仄陋也。又智用之，而知无不知；以之而觉，觉无不先也。岂有过去茫然，而不追者乎？斯二志、智，在天地间，生而知之者善用，教而知之者善守。若生而不知，教而不成，类乎禽兽者也，又何屑屑询其所以然乎？尔戒洳复者，所至之地，渐佛之场，所修者出世之道。及今之所以甚于处俗，妒忌之恶忿于蚖蛇，亵于觐佛，不另禽兽！所以舁而上殿，周旋佛前，斯果顶礼乎？当此之际，志、智全忘，生死无知，死生亦无知。前敕住持，诚若是乎？曾闻生死也，死生也。云何？盖生非死，死非生，豁然还有觉乎？今茫然无知其所以然。且今之罪报也，人神共怒，为集金帛，构是非，要虚名，不立实效。甚蛱蝶之寻芳，游蜂之捕蕊，若蚍蜉之慕腥膻于车渠马足之间，不顾网罗轮蹄之厄。尔本清蝉，翅霄汉、丽天风、饮高露，而乃故低飞而掠残花，啖膻味甚于蜂蚁蝶乎？今之罪也，在奏愆匿愆，观喜怒、乘颜色，及盗众僧用，特愚朕以饰己非，斯身亡有日矣。然死虽有日，终未施行于法司，且役于厨下，以足众僧膳。设粥饭有亏，不备味于汤调，致使众僧饥虚口淡，则法司施行矣。故兹敕谕。

谕善世禅师板的达①

禅师自西而来，朝夕慕道，务在济人利物。朕观禅师之立志也，努力甚坚，其岁月之行也甚深，故得诸方施供，善者顶礼，恶者欢心。前者东达沧海而礼补陀，旋锡钱塘而暂禅天目，西游庐岳中国之名山，遂禅师之意已达。复来京师，驻锡钟山之阳，日禅岩穴。禅师之所以玄中仰观俯察，志在神游八极，惟神天昭鉴。迩者，朕建陵山前，闻禅师欲徙禅他往，被无知者所惑，乃曰："非旨不前。"是致踌躇。朕今敕禅师，凡欲所向，毋自猜疑，当飞锡而进，锡止而禅。乐自然之天地，快清净之神魂，岂不道成也哉？

云南僧游方

金仙之教，甘心寂寞，成在苦空。故修道者多栖岩屋树，落魄林泉，玩霄壤之明月，吟清风于松下，置身物外，沦世事如太虚。若是者，乃修之宣之。尔云南僧修者，不辞万里之遥，欲觉因缘十二，若止京师而师云南，又何知天台之景、两浙之美、高僧之渊薮？特敕往游阅诸名山，廓尔方寸，睿尔神灵。异时一归，演华言于金马，论风景于碧鸡，时乃道冠点苍，神游八极，快矣哉！

谕　僧

佛始汉至，教言玄寂，机秘理幽，以其有传也。抵期而无教，以其无教而有印心之旨。愚不知旨，故乃求旨切，无乃颠

① 按："板的达"即印度来华僧人撒哈咱失里。中译为"具生吉祥"、"具生"。而"板的达"（"班的达"、"班的答"、"版的达"），则是梵语对僧人博学通晓五明者的尊称。

慌、恍惚、茫昧于未判之先，役累劫之丹衷，何见一微尘之旨？云何以旨问旨故？指空谈空，谓空无际而无依，忽焉无倚。愚不知，踌躇不已，特以色求色，以音求音，孰不以谓利便而可也欤？斯愚问而求旨之切，故聪者孰谓可欤？既聪者不以为可，将焉求诸所以然乎？而或云佛本昭示善道，大张法门，岂有昧而又昧，玄之而又玄？盖昧在昧出，玄在玄生，故远求之。虽在天外，遍历八荒，亦何有知之见耶？朕尝闻知，有好寝者，通宵烈风迅雷，而寝者恬然无觉，此果心已奚①乎？神已奚②乎？果心已乎，则以心问心；果神已乎，则以神问神。亦不亦易乎？然此若是之易难，使佛见前，安不为诸徒之所辩，而知所措其法焉？法本无门，而有由道，由何而止焉？焉知知止而无识焉？所以我空非空，我相非相，要见觌体无知之态，似奔星廓落，电影驰云。或为虚妄而妄，则妄起无端。所以今之修者，弃本宗而逐末，犹不知陷身于水火，将焚而灰，溺而腐，尚以乐而不逼，以为快哉！斯愚不知旨，故特以为然。或聪者自以为利根，虽搜空万劫之虚灵，亦何见旨之有耶？且以大藏教中诸佛泛言。今之修者，以为经之泛耶？旨之异耶？若以经泛旨异，则古智人夜孤灯于岭外，昼侣影于林泉，趣不我知，我不趣知，愚岂不谓嗤嗤然而以为讥乎？审者以谓不然，动静动静，以为天下乐，是则以为智人便，信则以为天下安，化则以为天下幸，行则以为天下福。朕罔知所以，举大一藏教，云诸佛之故镌磨钝根，而为说法。朕不知法，故特以儒书之所云："子钓而不网。"设使网而

①② 奚：音（奚 xī），义为兽迹。此处应为"矣"。

绝流,众目既张,了必归于何处?假使诚有归处,则一大藏经添一倍不为多,减一倍不为少,孰尽去之而愿受谤?周无文而备有法,还契不立文字者,互相妄诞。如斯之说,特敕智禅而云乎!

赦工役囚人

尔故违宪章官吏人民:曩者命礼曹布令于天下,朕仿古制,以礼导人,后以律至诸司,是绳不循轨度者,斯乃行刑也。且刑,圣人不得已而用者,为良善弗宁故也。今朕一寰宇而兆民众,如尔等官贪吏弊,民纵奸顽,诈良侮愚,若不律以条章,将必仿效者多,则世将何治?尔诸人所犯,若论以如律,人各尽本犯而后已。奈何工已久矣,构成楼阁,以居大觉金仙,塔就而志公之神妥其下。因是将尔等罪无轻重,一概宥之。于戏!君子非善,何以永世?志人非功,何以名书?释迦、志公,已逝数千百年犹能生。尔等众其善正之道,志者可无觉乎?故兹制谕。

谕翰林待诏沈士荣

古智人有为身而修身,吾不知修者谁也?或曰身为神而修,或云神为身而修。因是之辩,惑之而更惑。果身修神欤?抑神修身欤?吾不知二修之道,但见古人遗迹,欲求身易而不艰于生,身后不亡其名,亦未知果为身耶、神耶?或曰终神也。夫神,天命也。命也者,气也。气之所以含情抱性,枢于意焉。所以修者,为神而修身。若全首领于终世,则神灵矣。未有残肌肤,异身首,而为神之善者。迩来闽中有士,习安神之道云,东驰西奔,询及儒、释、道三宗,必欲达之,以妙己之虚灵。审当求之时,若病笃而寻名方,可见求之切欤!朕与之论,惟儒术之学，或可或不可。因朕不识儒之奥，故云如是。引谈空之语，皆诸方旧云，怀抱甚博，然迷于是而已，不变矣。再引道之清虚与校之，未免肤不及肌耳。呜呼！善哉！君子虽未至三宗之奇，有心若是，岂不谓学之足矣。聃云："居善地，心善渊。"今之人顽，肯近斯三宗者，岂不全首领而妙虚灵者乎？此即智人也。

诏诰

授善世禅师诏

佛教肇兴西土，流传遍被华夷。善世凶顽，佐王纲而理道；今古崇瞻，由慈心而愿重。是故出三界而脱沉沦，永彰而不灭。尔具生吉祥[①]，本西域之民，生而慈敏，举契善符，怀如来之大法，舍父母之邦，冲阴埃而突瘴雾、越流沙，东行数万余程，达吾斯地。朕观尔劳心愿重，特加善世禅师，以神善道，更加朵儿只怯列失思巴藏卜为都纲、副禅师[②]，统制天下诸山，绳顽御恶，相为表里以施行。于戏！佐王纲而不善，理道幽微，旷劫不生，千古不灭，愿力宏深，体斯之行，无往不复。戒哉！戒哉！

护持朵甘思、乌思藏诏

大矣哉！大觉金仙。行矣哉！出无量，历阿僧，下兜率，生梵宫。异哉！雪岭之修，世人过者乎？天上人间，经劫既广，忍

---

① 具生吉祥：即印度来华僧人撒哈咱失里。

② 朵儿只怯列失思巴藏卜：为"故元和林国师"，洪武七年二月，遣人来朝进贡（《明太祖实录》卷87，洪武七年二月戊戌）；五月，亲身来朝，"献佛像、舍利及马二匹"，明太祖"诏以佛像、舍利送钟山寺"（《明太祖实录》卷89，洪武七年五月庚辰）；十一月，太祖"诏以西竺僧班的达撒哈咱失里为善世禅师，朵儿只怯列失思巴藏卜为都纲、副禅师，御制诰赐之"（《明太祖实录》卷94，洪武七年十一月甲子）。

辱愈多，方成佛道。善被人世，法张寰宇。人有从斯道者，天鉴神扶，身后同游于佛境。若违斯道而慢佛者，则天鉴神知，羁困地狱，与鬼同处，直候拂石劫尽而方生。其斯忧乎？苦乎？一念同佛，则百祸烟消，化为诸福。今朵甘思、乌思藏两卫地方，诸院上师踵如来之大教，备五印之多经，代谓阐扬，化凶顽以从善，启人心以涤愆。朕谓佛为众生若是。今多院诸师亦为佛若是，而为暗理王纲，与民多福。敢有不尊佛教而慢诸上师者，就本处都指挥司如律施行。毋怠。

赐西番国师诏

佛教兴于西土，善因博被华夷。虽无律以绳顽，惟仁心而是则。大矣哉！妙觉难穷。昔从斯道者，顿悟三空，脱尘轮而出苦趣，永离幽冥，使生者怀而死者慕，岂不圣人者欤？迩来西番入贡，有僧公哥监藏巳藏卜[①]，乃昔元八思巴帝师之后。人云：“踵师之道，深通奥典，独志尤坚，化愚顽以从善，起仁心以涤愆。”虽是遥闻，特加尔圆智妙觉弘教大国师，统治僧民，名当时之善人，永为教中之称首。于戏！寂寞山房，俦青灯而读诵，观皓月以吟风，叠膝盘陀之上，草衣木食，方契善符。

论

三教论

夫三教之说，自汉历宋至今，人皆称之。故儒以仲尼，佛祖

① 应为“公哥坚藏巴藏卜”，元朝帝师八思巴之后，洪武七年七月遣使来朝，明太祖封为圆智妙觉弘教大国师，赐玉印，狮纽。（《明太祖实录》卷91，洪武七年七月己卯）

释迦，道宗老聃。于斯三事，误陷老子已有年矣。孰不知老子之道，非金丹黄冠之术，乃有国有家者日用常行，有不可阙者是也。古今以老子为虚无，实为谬哉！其老子之道，密三皇五帝之仁，法天正己，动以时而举合宜。又非升霞、禅定之机，实与仲尼之志齐，言简而意深。时人不识，故弗用。为前好仙、佛者假之。若果必欲称三教者，儒以仲尼，佛以释迦，仙以赤松子辈，则可以为教之名称无瑕疵。况于三者之道，幽而灵，张而固，世人无不益其事而行于世者，此天道也。古今人志有不同，贪生怕死，而非聪明。求长生不死者，故有为帝兴之，为民富者尚之慕之。有等愚昧，罔知所以，将谓佛、仙有所误国扇民，特敕令以灭之，是以兴灭无常。此盖二教遇小聪明而大愚者，故如是。昔梁武好佛，遇神僧宝公者，其武帝终不遇佛证果。汉武帝、魏武帝、唐明皇皆好神仙，足世而不霞举。以斯之所求，以斯之所不验，则仙、佛无矣，致愚者不信。若左慈之幻操，栾巴之噀酒，起贪生者慕。若韩退之匡君表，以躁不以缓，绝鬼神，无毫厘，惟王纲属焉。则鬼神知韩愈如是，则又家出仙人。此天地之大机，以为训世。若崇尚者从而有之，则世人皆虚无，非时王之治。若绝弃之而杳然，则世无鬼神，人无畏天，王纲力用焉。于斯三教，除仲尼之道祖尧、舜，率三王，删诗制典，万世永赖；其佛、仙之幽灵，暗助王纲，益世无穷，惟常是吉。尝闻天下无二道，圣人无两心。三教之立，虽持身荣俭之不同，其所济给之理一然。于斯世之愚人，于斯三教，有不可缺者。

释道论

夫释、道者，玄也。自太古至于三皇，不闻其说。后梁武帝时，有胡僧，其状颇异，自西来中国，栖江左。于是乎，面壁九年，号曰达磨，乃西天佛子相绍二十八祖，传来东土，作初祖。彼说有佛，武帝钦之。且道者何也？因周柱下史李氏，纪国家之兴废，有冲太虚、察九泉之机，遂隐入山，名老聃。凡事有先知之觉，务生而不杀，故称曰道。此有而真传，其说可为信也。时人妄立名色，以空界号上、玉二清，与聃共三，曰三清。说大罗兜率天界，使人慕而隐其机，与僧悟禅如是。僧言地狱镬汤，道言洞里乾坤、壶中日月，皆非实象。此二说俱空，岂足信乎？然此佛虽空、道虽玄，于内奇天机而人未识，何也？假如三教，惟儒者凡有国家不可无。夫子生于周，立纲常而治礼乐，助国宏休，文庙祀焉。祀而有期，除儒官叩仰，愚民未知所从。夫子之奇，至于如此。释迦与老子虽玄奇过万世，时人未知其的。每所化处，宫室殿阁与国相齐，人民焚香叩祷，无时不至。二教初显化时，所求必应，飞悟有之。于是乎感动化外蛮夷及中国假处山薮之愚民，未知国法，先知虑生死之罪，以至于善者多，而恶者少。暗理王纲，于国有补无亏，谁能知识？凡国家常则吉，泥则误国甚焉。本非实相，妄求其真，祸生有日矣，惟常至吉。近代以来，凡释、道者不闻谈精进般若、虚无实相之论，每有欢妻抚子，暗地思欲，散居尘世，污甚于民，反累宗门，不如俗者，时刻精至也。

诵经论

暇游天界，入寺闻钟，且经声嘹亮。正行间，遥见长老持炉而来，少时诣前。礼毕，朕问："和尚，彼中撞钟击鼓，香烟缭绕，经声琅然，必好善者送供，以饭诸僧乎？"长老对曰："近日并无饭僧者。”朕又问：“长老，既无饭僧者，诸人止可寂寥面壁，以观想为然，何故周施精舍[①]，众口喃喃？”长老曰：“僧之所以讽经者，恐有过失；诵之，不过释愆耳。”朕既听斯言，忽然嗟叹。噫！愚哉！岂不听解之差矣。所以僧多愚而不善，民广顽而不良，以其悟机错矣。且佛之有经者，犹国著令；佛有戒，如国有律。此皆导人以未犯之先，化人不萌其恶。所以古云：天下无二道，圣人无两心。名虽异，理则一然。以朕观之，佛所以教人讽经者有二，若谈经说法化愚者，必琅然其声，使观听者解其意，而善其心，所以不虑其意，止讽诵之；若自欲识西来之意，必幽居净室，使目诵心解，岁久而机通，诸恶不作，百善从心所至。于斯之道，佛经岂不大矣哉！利益甚矣！岂有诵经不解其意，止顾口熟，心怀恶毒，岁月以来，集业深重，自知非礼，却乃诵经，以欲释之，可乎？譬犹国之律令，所以禁暴止邪，皆出之于未犯之先，乃救狂恶而生善良者。上自三皇，以至于唐、宋、元，列圣相传。观斯之道，岂不天地者欤。或曰：民有善诵律令者如流。朕将为识其意，不堕刑宪。又知却乃真愚夫愚妇，徒然诵熟，罔识其意。忽一日，有奏朕曰：“民有犯法者，捶父凌母。考之于律，诸犯者重莫过于此。臣将施行，其犯人亲属印律成千，诵声琅然。有此知律善讽者，以此为赎罪。臣不敢施行，特来上闻，幸望宥之。”朕谓奏臣曰：“古者帝王立法，令所以申明之，律所以戒责之，一定不易之法。民有知而不善者，法当尤重，安有赎

① 据《明太祖御制文集补·诵经论》、《明太祖文集》卷10《诵经论》校之，“施”应为“旋”。

焉？经云：'五刑之属三千，而罪莫大于不孝。'虽古圣人，亦恶其恶。朕薄德之见，安敢易古人之法欤？"佛犹人，人亦佛性也。既有违背经戒之徒，在佛必律之，以深重祸愆，安肯释宥者？于戏！愚至于酩酊之酣，撼之而不醒；浊至于大河之流，澄之而不清。愚哉！愚哉！可不修悟之？

拔儒僧入仕论

丈夫之于世，有志者事竟成。昔释迦为道，不言而化，不治而不乱。仲尼亦云："西方有大圣人。"然释迦本同于人，而乃善道若是。斯非人世之人？此天地变化，训世之道，故能善世如此。且诸罗汉住世、应真，幻化不一，亦此道也。或居天上、人间，以朕观之，若此者不可多，释迦安可再生？方今，虽有僧间能昂然而坐去者，不过幻化而已。即目修行之人，皆积后世之事，或登天上及人间好处。以此观之，遐迩之道，时人不分，假如方今天堂、地狱，昭昭于目前，时人自不知耳。且今之天堂，若民有贤良方正之士，不干宪章，富有家赀，儿女妻妾奴仆满前。若仕以道佐人主，身名于世，禄及其家，贵为一人之下，居众庶之上，高堂大厦，妻妾朝送暮迎，此非天堂者何？若民有顽恶不悛，及官贪而吏弊，上欺君而下虐善，一旦人神见怒，法所难容。当此之际，抱三木而坐幽室，欲亲友之见杳然。或时法具临身，苦楚不禁，其号呼动天地，亦不能免，必将殒身命而后已，斯非地狱者何？其天堂、地狱有不难见也。尔晐、严辈等堂堂仪表，已入清虚之境。若志坚而心永，则乐清风于翠微深处，吟皓月于长更，岁睹山岳之青黄，目百川之消长。虽咫尺红尘，而乃一尘不染，障碍全亡，非独将来有率陀之登一方。今寂寞之趣，比俗者之无知，舍可行之道，而竟趋火赴渊，其天堂、地狱岂不两皆迩耶？若僧之不谷，兼通漏未具，宿本无缘，加之累恶积愆，岂异俗者趋火赴渊之愚者矣？尔必欲异此道而杰为，须知利害之两端，然后从之。所利者居官食禄，名播寰中。若欲高名食禄，同君不朽，必持心以义，练志以忠，佐君以仁，夙夜在公，无虐下而罔上，乃得利贞，斯利也。若视禄之少，见赃之重，如渊底之鱼，闻饵而浮，吞钩于腹，此其所以害也。朕今以天堂、地狱之由，示之于尔，尔当深思熟虑，剖决是非，然后来朝，则当授之以官，未审悦乎？若果悦而仕，则虚名泯而实名彰，其丈夫之志，岂不竟成哉？

宦释论

古今通天下居民上者，圣贤也。其所得圣贤之名称者云何？盖谓善守一定不易之道，而又能身行而化天下愚顽者也，故得称名之。其所以不易之道云何？三纲五常是也。是道也，中国驭世之圣贤能相继而行之，终世而不异此道者，方为圣贤。未尝有舍此道而安天下，圣贤之称，未之有也。所以世人于世，善获生全者，托以彝伦攸序，乃为古今之常经。于戏！于斯之道，圣贤备而守行之，不亦善乎！斯道自中古以下，愚顽者出，不循教者广，故天地异生圣人于西方，备神通而博变化，谈虚无之道，动以果报因缘。是道流行西土，其愚顽闻之，如流之趋下。渐入中国，阴翊王度，已有年矣。斯道非异圣人之道，而同焉。其非圣贤之人，见浅而识薄，必然以为异。所以可以云异者，在别阴阳虚实之道耳。所以佛之道云阴者何？举以鬼神，云以宿世；以及将来，其应莫知。所以幽远不测，所以阴之谓也，虚之谓也。其圣贤之道为阳教，以目前之事，亦及将来，其应甚速，稽之有不旋踵而验，所以阳之谓也，实之谓也。斯二说，名之则也异，行之则也异。若守之于始，行之以终，则利济万物，理亦然也。所以天下无二道，圣人无两心。其佛、道之初立也，穷居独处，特忘其乐之乐，去其忧之忧。无求豪贵，无藐寒微。及其成也，至神至灵。游乎天外，察乎黄泉；利生脱苦，善便无穷。所以当时之愚顽，耳闻目击而效之；今世之愚顽，慕而自化之。呜呼，不亦善乎！吁，艰哉！今时修行者，反是道而行之。何以见反是道而行之？方今为僧者，不务佛之本，行污市俗，居市廛。以堂堂之貌，七尺之躯，或逢人于道，或居庵受人以谒。其所谒者，贤愚贵贱皆有之，必先屈节以礼之然后可。然修者以此为忍辱之一端耳。若以堂堂之貌，七尺之躯，忍辱于人，将后果了此道，何枉辱也哉！若将后不能了此道，其受辱屈节，果何益乎。况生不能养父母于家，死无后嗣立姓同人于天地间！当此之时，如草之值秋，遇严霜而尽槁；比木之有丛，凌风寒而永岁月。使飞者巢颠，走者窝下。惜哉！惜哉！不亦悲乎？今之时，若有大至智者，入博修之道，律身保命，受君恩而食禄，居民上而官称。若辅君政，使冤者离狱，罪者入囚，农乐于陇亩，商交于市廛，致天下之雍熙，岂不善哉。博修之道乎？阴骘之后益乎？今之官吏者不然，往往倒持仁义，酷害良民。使民视之，如蛇蝎之附体，蚊蚋之吮身。无启敬之前，有畏避之却，安得不恶声四出，艰于后乎？若欲圣贤之名称，僧之行立，不亦难乎？

鬼神有无论

有来奏者:“野有暮持火者数百,候之,倏然而灭。闻井有汲者,验之无迹。俄而,呻吟于风雨;间日,悲号于星月。有时似人,白昼诚有应。人而投石,忽现忽隐。现之则一体如人,隐之则寂然杳然。或祟人以祸,或佑人以福,斯数状昭昭然,皆云鬼神而已。臣不敢匿,谨拜手以奏。”时傍人乃曰:“是妄诞耳。”朕谓傍曰:“尔何知其然哉?”对曰:“人禀天地之气而生,故人形于世,少而壮,壮而老,老而衰,衰而死。当死之际,魂升于天,魄降于地。夫魂也者,气也,既达高穹,逐清风而四散。且魄,骨肉毫发者也,既仆于地,化土而成泥。观斯魂、魄,何鬼之有哉?所以仲尼不言者,为此也。”曰:“尔所言者,将及性理,而未为是,乃知朕耳。其鬼神之事未尝无,甚显而甚寂。所以古之哲王立祀典者,以其有之而如是。其于显寂之道,必有为而为。夫何故?盖为有不得其死者,有得其死者,有得其时者,有不得其时者。不得其死者何?为壮而夭,屈而灭。斯二者,乃不得其死也。盖因人事而未尽,故显。且得其死者,以其人事而尽矣,故寂。此云略耳。且前所奏者,其状若干,皆有为而作。何以知之?但知之者不难矣。且上古尧、舜之时,让位而君天下,法不更令,民不移居,生有家而死有墓。野无鏖战,世无游魂。祀则当其祭,官则当其人。是以风雨时、五谷登,灾害不萌,乖沴不现,此之谓也。自秦、汉以来,兵戈相侵,君臣矛盾;日争月夺,杀人蔽野。鳏寡孤独于世,致有生者、死者各无所依。生无所依者,惟仰君而已;死无所依者,惟冤是恨以。至于今死者既多,故有隐而有现。若有时而隐,以其无为也;若有时而现,以其有为也。然而君子、小人各有所当，以其鬼神不谬。卿云无鬼神，将无畏于天地，不血食于祖宗，是何人哉？今鬼忽显忽寂，所在其人见之，非福即祸，将不远矣。其于千态万状，呻吟悲号，可不信有之哉？”

明施论

朕尝观世俗善良者，慕佛敬僧，于心甚切，往往大舍布施，倾心向道。意在积功累行，欲目前之福臻身，死不堕地狱，亦欲延及子孙者也。观斯之善，岂不良哉！奈何认僧差矣。为何？盖为闻僧善者，及住持名寺，加衣钵整齐者，往往广与布施。若善者果有微觉，则将所得之物转与贫难者，于前好善者颇相增福。若不知觉，集之无穷，则祸增而福减。若住持名寺者，广得布施，贫难不济，与同党类，私相盗用，非理百端，寺颓而无补，于前好善者，亦加祸焉。于斯之道，好善之心固笃，布施之心甚差。若善人欲功德延及子孙者，当舍物于力修之僧，然后方有功德，足慕道之心。所以力修之僧者谁？隆冬之时，衣服颓靡，叠膝禅房，慕如来六年之苦行，意欲了心性，以化世人，皆同善道。虽严寒肌肤为之冻裂，虽酷暑蚊虫为之吮血，亦不相告。若出禅房、游市井，使俗人见之，则衣颓而形槁。故所以世俗耳目无所惊眩，不得布施耳。嗟夫！以此僧之状，以好善者求佛，虽真佛临世，化为力修僧人，亦不为凡夫所识。朕所以言者，令好善者济贫而不济富，无名者爱之，有名者敬之，其福将源源焉。

修教论

佛之教，上古未闻。惟始自周之时，方闻异人生于西域。其人也，净饭国王之子。既生既长，观世人之祸福，睹日月之升沉，见人之造非也。如酩酊之醉未醒，如中睡酣而未觉。以致罪重危山，愆深旷海，愈堕弥漫，无由自释。佛因是而起大悲愿心，立忍辱苦行之法门，意在消愆而息祸，利济群生。时乃登雪岭而静居，观心省性，六载道成。及其归演大乘，虽有二千五百人俱，人皆未解幽微。佛见愚多而贤少，改演小乘之法，使昏愚者听之，如醉而复醒，睡而还觉，人各识祸而知愆，惟修善而可弭。呜呼！佛之心为世人，乃有若是之举。吾中国圣人有云："天命之谓性，率性之谓道，修道之谓教。"今闻佛有二乘之说，岂不修道之谓教乎？今之人，罔知所以修道教人之何如，乃有废道积愆之举，更不知存心何如？迩闻天界寺住持者，每晨昏则仪有向诸佛之礼。所以礼向者，则当徒步周旋顶礼，方为启敬之道，而为修道之行也。今是僧懒于周旋，不敢越向佛之仪，故废修以行之，特以轿令人升之，周旋于诸佛之前，于礼未宜，于勤苦不当。若以今后人法之，斯乃率性者欤？修道者欤？若以此观之，必失修道之谓教矣，可谓废道积愆矣。俄而有来告者："昨晨天界住持向佛瞻礼，坠轿以折足，数日不闻钟鼓之声，虚堂废法。"因是而致吾有叹。呜呼！昔禅之谬仪，积之今日方应，可谓定业难逃矣，果报昭然矣。今后若欲同佛之修，则当苦行勿华，勿劳人以自逸，乃称斯道。不然，愆重危山，祸深渺海，于斯效验，可不警戒之哉！

说

赐宗泐免官说

世人灾害有三，往往皆不自知，故其灾害周流方寸间，日夜无息，古今未尝有能尽去者。所以释迦成道，教化众生，指迷破昏。乃云灾害之三者，曰贪、嗔、痴。斯三者，孰能不备？孰备而不殃？所以古今不备者，圣人是也。虽备而不殃者，贤人是也。洪武九年春，遐游天界，见住持僧宗泐博通古今，儒术深明。询问僧之苦行，本面家风，果何幽静？傍曰："是僧动止异常，因识儒书，大知礼义，又非林泉之士。"于是朕命育须发以官之。当时，本僧姑且奉命而不辞。待至发长数寸，将召而官之，其僧再辞而求免，愿终世于释门。吁！难哉！世人之于世，谁不欲富贵妻子，名彰于世者欤？今是僧却富贵，弗美妻妾，可谓三害之中，善却一者欤？人将谓是僧生性淡薄，有是欤？抑玄悟之有知而若是欤？不然，其僧生性淡泊玄悟，不可以言貌而见。盖丈夫之气，初志不夺，斯僧是其人也。特听而免官，放老山林。其世之三害，僧不为一害所迷。妙哉！

佛教利济说

释迦之为道也，惟心善世。其三皇五帝教治于民，不亦善乎？何又释迦而为之？盖世乖俗薄，人从实者少，尚华者众，故瞿昙氏之子异其修、异其教，故天假其灵神之。是说空比假，示有无之训，以导顽恶。斯成道也，今二千余年，虽有慕道者众，踵斯道者鲜矣。然而间有空五蕴，寂憎爱，度世之苦厄者有之，此所以佛之妙，或张或敛。斯神也，巨则灵通上下，微则潜匿毫端，是故聪者欲得杳然，愚者无心，或有善之。其故何也？所以天机之妙，人莫能与知。设使与知，则人与肩也，奚上之而奚下之耶？且佛之教，务因缘，专果报，度人之速，甚于飘风骤雨，急极之而无已，人莫佛知。今之人愚，乃曰："佛善超生度死。"朕尝笑之。所以超生度死，朕尝分析，愚谁我知？妙哉！佛之灵。人能生，肯为善，则死亦升矣。设使生弗为善，死亦弗升，岂不定业者欤？夫何时人不知修持之道，顽者弃而为者旷，获宗旨者少，纵得之者甚微。若时人知修持之道，以道佐人主，利济群生，其得也广。若量后世子孙，其福甚博。所以者何？盖济众则众报之。其修身者否济众，一身而已，云何巨福之有哉？

僧道衡说

公私利涉，古今不异之谓道。辨轻重，分毫厘，国行民用，市无争者，今谓衡。其道、衡二字，凡达人智者，不可不深究其理焉。且道，即路也。昔圣人允执之性，无所名，特以旷大永长之事，配而言之，故以道称。夫衡，以权合之，法布天下，虽至巧者无所施其奸，至愚者凭此而不惑，所以衡称。昨逢越中沙门，自号道衡。于斯二字，甚相符契。于戏！心常履道而不迂，性常如衡而不曲。道哉！衡哉！不亦美乎？

钟山僧妙云说

善出无心之谓云，善归无迹之谓妙，此果云乎？妙乎？吾闻钟山有僧，以妙云为字。良哉，斯僧！非知理之必然，安善称耶？僧本侣影空山，俦灯松底，吟清风，玩皓月，扪己探渊，有时观浩气于层霄之外，是果拘四大而修耶？忘形而炼耶？是论是议，为众僧之所以，又非著象于妙云者也。且云之妙，倏然而霭，恍然而静。须臾，神乘龙，驾雷电，山蒸海涌，见如是之态，云之体也。鸿濛寰宇，滂沱下注，山川槁醒，无形而形，有形而化，功成而寂，杳然莫知其所以。人以为奇，吾尝以为妙者，乃为云所生耶？云为妙所出耶？是谓空者言虚，实者云妙。其妙云之说，无乃僧若是乎？

僧道竺隐说

僧之殊俗者，去姓是也，务立字为名。尔以道竺隐称，自以为奇，孰不知色界之道无尽，法界之道无穷，斯道幽乎？显乎？有相无相，曲如羊肠；一纵一横，诚如十字。又若弦在雕弓，其世之君子、小人，故有驰之异同。今尔擅道名，可谓志矣。且竺者，西域之国名也。我中土智僧，此立为佛刹，尔云于此而隐其道，承如来之教乎？说者如来成道时，放眉间白毫相光，照大千界，指迷破暗，利济群生，岂不彰之、显之？尔乃以隐自任，何也？且隐者，匿也，吾所不取。至智人明其道，幽其德，名彰不朽。果隐其道，则不许然。尝闻圣人有云："德不在彰，道不在显，终日乾乾。"汝若是乎？若此，后必了然哉！

僧玘太朴说

僧多舍俗，惟立字为名，何也？以其法殊人主之教故也。迩来有僧用三字为名，曰玘，曰太，曰朴。且玘，玉之至精者也。太，无上之巨也。朴，实而不虚，混而未凿。斯三字之用，果如是乎？若是，则仁者体之，又何为而不可哉？今僧用斯三字，理道深长，机根浅露者，莫可探其趣。若遇良工，必由雕琢，而方见其形也。昔如来朴太虚，混厚坤，故发问于未判之先，孰雕琢而使澄清？列无量之象于穹壤，七曜运行；其间布海岳于鸿庞，百川东注。此由太朴而至穹窿，果理之使然，气质之变焉。吾闻智者云：混沌静久而乃此。今僧舍俗认朴，必释教之然哉！

天界寺花架说

暇游入寺，长老同行，见绮砌为槛，中植蔷薇，而又竹木架之，工以编之。屈蟠龙蛇之状，令不得旷蔓枝茎，因之有感。呜呼！甚哉！违大化，恩不及草木，必有积焉。朕尝目种花之徒，务以奇为妙，故屈蟠其枝茎，以招买花者也。然其人智巧多端，身不满三尺。朕谓花者曰："尔生计若此，家传否？"曰："然。""尔身若此，亦家传否？"曰："三世矣。"吁！愚哉！人云："世有阴骘，然后获昌。"所以阴骘者，利济群生是也。不但不杀而为阴骘，但能惠及草木，亦阴骘焉。若使草木不得自然，而乘大化之兴，尤为损德，必成将来之患矣。其佛会之中，虽有持花献果者，正所以不花而花，方为圣人之妙。若植其根，节其茎蔓，使疏条巨蕊，朝夕乐观，不惟损德，必有愆于身后。因询种花之徒有感，特述寺修花之说。

僧犯宪说

佛之立教也，惟慈以及众，身先忍辱。所修者，诸恶不作，百善奉行。斯佛出世，始此因由。于西域五天竺国，贤愚敬之，无有慢心，五百年。然后流传中国，贤信愚化，又二千年。其间，智人亦因是而通神者有之，有流此而无终者有之。然凡居是者，必忘憎爱、去贪嗔、却妄想，虽不前知，亦也效佛之宜。洪武十一年秋八月，天界有僧诉于中书，其辞曰："为主僧者非理辱甚。"中书下刑部究其源，其间观形状、识缘由，自妒忌而起，信谗而乱，以致福消祸增，累及平人若干。比问分明，人各受刑矣。于戏！祸福无门，惟人召而速至。僧不务修，造愆而犯宪，法司论如律。宜哉！

序

习唐太宗圣教序

乾旋坤宁，覆载物以无穷。其常，经以四时，鉴见荣枯。虽目前之易省，化机之运，上古之哲能奚备知其的？然荣枯、隐显、阴阳，见之易解。及其大造者，乾为阳而坤为阴，所以难穷其至微，以其不知其本源也。设若有实之可稽，纵是痴愚者，亦所不疑。所以至微形隐，人莫测窥，其哲能不得无惑？况如来之教，指实言虚，因空谈有，化及万类，善被诸方。现千百亿态，罔有上下，鸿濛其灵，寰宇是塞。敛之则毫厘潜踪，示生死之俱无，几风霜而不腐。其敛其张，臻洪休于斯时，觉道而幽灵，效之者奚知其垠？玄传寂寞，稽莫知其本根，致使德小而量薄者窥探旨趣，能无他论者哉？然洪法之肇根于西域，显金身而会汉帝于梦中，获演流于东土。曩因化形迹之时，不言而化，示不生不灭，民不教而治。及双林之有，故金色是藏，敛光不镜，时又画像而舒形，金容示现。妙音博被，拔苦趣于幽冥；遗教遐荒，济万类于三途。故真妙之难瞻不易，能于一旨傍谋他术，杂正法以纷纭，致使色空之比假，不无有谤三车之覆驰。沙门玄装[①]者，释氏之领袖也。生而慈敏，弃亲以明心。状[②]而举动，皆契善符。坚持忍辱，碧潭印月。暑夜松风，难同其清洁；玉露野田，未比其肤润。方寸将及无碍，诸漏仿佛其尽。久必蹑昂霄

① “装”:应为“奘”。

② “状”:应为“壮”。

而凌烟霞，单万岁而无双。敛成静观，伤大教之倾颓，叹文繁之差谬，欲定真析伪，以滋学者之诚。故延颈西土，孤笻广漠，履险只征，朝飞凝雪以迷空，生径难分。夕风浩瀚，走黄沙以幕川；孤进前踪，冒冰霜而侣影。几杨柳之青黄，皆途中之数睹。求深愿重，至劳犹精，遍五印之宝刹。越恒河之渡，立双林之阴。洗钵八水，登鸡足之峦。禅鹫峰之大会，受直指于心。归演洪音，如瀚海之波澜。经分六百，译布中华。阐扬奥典，宥罪释愆，臻善良于百福。其玄如日中之捕影，水底之扪月。洁若青莲，出污泥之不染。犹桂芳秋蕊，香浮室野之馨。慈航业海，倏渡沧溟。体天之造，日月之明。大哉之无为，奚可论乎！

《心经》序

二仪久判，万物备周。子民者君，君育民者法。其法也，三纲五常，以示天下，亦以五刑辅弼之。有等凶顽，不循教者，往往有趋火赴渊之为，终不自省。是凶顽者，非特中国有之，尽天下莫不亦然。俄西域生佛，号曰释迦。其为佛也，行深愿重，始终不二，于是出世间，脱苦趣。其为教也，仁慈忍辱，务明心以立命。执此道而为之，意在人皆若此，利济群生。今时之人，罔知佛之所以，每云：法空虚而不实，何以导君子，训小人？以朕言之，则不然。佛之教，实而不虚，正欲去愚迷之虚，立本性之实，特挺身苦行，外其教而异其名，脱苦有情。昔佛在时，侍从、听从者皆聪明之士，演说者乃三纲五常之性理也。既闻之后，人各获福。自佛入灭之后，其法流入中国，间有聪明者，动演人天小果，犹能化凶顽为善。何况聪明者，知大乘而识宗旨者乎？如《心经》，每言空不言实，所言之空，乃相空耳。除空之外，所存者本性也。所以相空有六,谓:口空说相,眼空色相,耳空听相,鼻空嗅相,舌空味相,身空乐相。其六空之相,又非真相之空,乃妄想之相,为之空相。是空相愚及世人,祸及古今,往往愈堕弥深,不知其几。斯空相,前代帝王被所惑,而几丧天下者,周之穆王,汉之武帝,唐之玄宗,萧梁武帝,元魏主焘,李后主,宋徽宗。此数帝废国怠政,惟萧梁武帝、宋之徽宗以及杀身,皆由妄想飞升,及入佛天之地。其佛天之地,未尝渺茫,此等快乐,世尝有之。为人性贪而不觉,而又取其乐。人世有之者何?且佛天之地,如为国君及王侯者,若不作非为善,能保守此境,非佛天者何?如不能保守而伪为,用妄想之心,即入空虚之境,故有如是。斯空相,富者被缠,则淫欲并生丧富矣;贫者被缠,则诸诈并作殒身矣。其将贤未贤之人被缠,则非仁人君子也;其僧、道被缠,则不能立本性而见宗旨者也。所以本经题云《心经》者,正欲去心之邪念,以归正道。岂佛教之妄耶!朕特述此,使聪明者观二仪之覆载,日月之循环,虚实之孰取,保命者何如。若取有道,保有方,岂不佛法之良哉!色空之妙乎!

杂 著

戒僧陶冶

道起无心谁寂灭,行生积行岂无端?迩闻陶冶空山内,致使空山空不空。着相有谁知是佛,以僧实相相山间。飞云出岫来今古,岩壑幽然鸟夜啼。试问献花真趣处,曾将心地量泥犁。缚庵以定山藤葛,稳坐蒲团乐几枚。要识西来真实处,张眸极觑巨星驰。

问佛、仙

佛、仙有无，诚如黑白，惟释迦与叱羊者能之。噫！道矣哉！灵如是。然昔人见，今之闻之，相传数千年，一体如斯者，未睹散圣有之，尚未得其传。方今凶顽是化，良善契从。仙乃务思凌烟霞，而蹑昂霄，会王母于天京；释乃敛神一志，静观玄关，意在出无量劫，而升兜率。志斯二事者，道盈庵而僧满寺。以百人为数，九十九人失道迷宗。或曰："陆沉其一。"傍曰："鬼神不泄机，仙有尸解，佛有千百亿态，孰知升沉迷失者耶?"为此有慕而不絶者，有毁而不灭者，此岂佛、仙有无之验哉？洪武八年，见二教中英俊群然，博才者众，特以二敕谕之。敕以舍彼而从事杰乎？舍事而从彼志乎？聪愚者必皆两图。谕由己而敕不专信乎？谕尔僧、道，备以陈之。

又

朕观如来修行，虽苦之至，但六载而道成。其妙觉之灵，则有千百亿化。効之者，莫知至微；或得之者，亦不知自何而至。道祖老子，神仙继之。或幻而或真神通盛，効之者亦莫知源何。夫子之立教，彝伦攸叙，效之者可以探其趣，诚如夫子者鲜矣。于斯三者，可以兴灭乎？

还经示僧

昔诚之说如金，经千万劫而不泯。若或见之，则沃聪者之槁心，开愚昧之方寸。呜呼！道哉！觉哉！孰能体之而无上，守之而无为？斯二字之所以然而然者，其于漏尽者乎？斯诚之说，如浮云之驰空，若沤花之泛水，电影之逐风，睡酣之幽梦，斯果虚之谓欤？实之谓欤？然必先觉觉之，后觉然之，又将愚昧而疑之。呜呼！清风摇水，蟾影沉渊，孰能机其所以然耶？且囊之妙也，赤日升昆仑，神龙浴沧海，是又体之而非体，相之而非相，是皆着相而能耶？无相而智耶？又必我相、人相而较之，岂不廓落奔星，静渊临月。是说是问，必九年之传善我明。不然，风翻月影，倒挂须弥，问石为舟，千艘浮水，巨木连枋，作大海底，是皆性理者耶？

拔儒僧文

朕闻三皇、五帝、夏、商、文、武之治天下，分民以四业，曰士，曰农，曰工，曰商。凡四者备，天下国家用无阙焉。列圣相传，至汉之明帝，又加民业以二，曰释，曰道。六艺虽各途，惟释、道同玄。儒虽专文学，而理道统。其农、工、商三者，皆出于斯教。至如立纲陈纪，辅君以仁，功莫大焉。论辞章记诵，儒者得其至精。苟非其类，而同其门，未必得获至微。且农勤于亩者岁成，工乃时习而巧精，商能不盗诈而利本俱长。今之释、道者，求本来之面目，务玄晤之独关。至妙者只履西归，飞锡长空，笑谈定往，化凶顽为善，默佑世邦，其功浩瀚。非苦空寂寞、忘嗜欲、绝尘事者，莫探其至玄。未闻农、工、商、释、道者，精于儒。正默论间，俄而侍讲学士宋濂言及："有僧名传者，儒、释俱长，迩来以文求臣改益。臣试开展过目，篇篇有意，文奇句壮，奚啻于专门之学。臣故不益而不改，以全僧之善学者也。臣昧死敢烦圣听，诵之再三，可知其人矣。"朕是许之，不时之间，学士以诵再三，听文思意，果如濂言。然僧所以求改益者非也，其文深意旷，非久览岂得其本源？朕知僧之意，有所精学，卒无扬名之处，故特求名儒以改益之，由此而扬名，欲出为我用。濂曰:“恐无此乎。”朕谓濂曰:“云何如是观人?古贤人君子,托身隐居,非止一端,如宁戚扣角,百里奚饭牛,望钓于磻溪,征隐于黄冠。此数贤能者,未必执于本业,而不为君用。朕观此僧之文,文华灿烂,若有光之照耀,无玄虚弄假之讹;语句真诚,贴体孔门之学,安得不为用哉?”

空实喻

目世浮沉皆是幻,幻生幻灭患相从。幻出无端患长着,患逼无知无有错。理幻幻身身患患,若将无有更何之?师空法外无方住,再觅端倪孰拟知?好向道中闲自在,肯将铁索易羁縻。只因魔甚云心地,未必师知必我知。不识有人还是觉,蓦然一笑脱泥犁。

游寺记

朕因忧虑既多,特入寺中,与禅者盘桓,暂释几冗之一时。入寺,既行,凡所到处,无不有佛。及至方丈,平视两壁,皆悬水墨高僧,凡四轴六人,一轴《三禅海水》,一轴《了经松下》,一轴《抚鹿溪边》,一轴《乐水于岩前》。呜呼!住持者,志哉!所以设此,意在感动心怀,坚立寂寞之机,甚得其宜也。何以见之?如《三禅海水》者,其海,泼天飞浪,烟海四际;其高僧,凝然举麈而挥,鼎足而坐。可谓奇矣,动修者一也。又了经于松下,对月于昊穷,可谓清之极矣。复有一僧,前抚鹿于溪,后山神以密护,可谓行至矣。又坦然而无虑,乐然而无忧,乐水于山根,可谓寂寞而已。斯四轴六人,足可坚修者之心。朕为斯而乐,至暮而归。余月,复至寺,由东庑而入,见画像图形,皆男女夹杂,浓梳艳裹者纷然,将谓动小乘而坚大乘也。徐至苑中,见有数架修上蔷薇，朕亦谓非宜也。少时，憩方丈，顾左右壁，亡其前日所有高人四轴，不觉兴叹矣。何哉？所以叹者，不惟画于蔷薇不合有而有，四轴高僧当悬除去，皆非所宜，故兴叹息焉。

灵谷寺记[①]

文见本寺。

游新庵记

文见灵谷寺[②]。

工部侍郎黄立恭完塔记[③]

文见报恩寺。

僧智辉牛首山庵记[④]

文见本寺。

祭保志[⑤]法师文

昔者，师能出世异人，性备六通，景张佛教，使凶顽从化，善者愈良。及其终也，择地于钟山之阳，阴其宅而居之，经今八百六十七年。今朕建宫在迩，其为师焚修者，俯而视之。因敕中书，下工部造浮图于山之左。今将完成，徙师于是。于戏！漏尽毋生人我，劫终勿堕尘埃。惟师神通，尚飨！

祭道林真觉普济禅师文[⑥]

惟师慧悟见机，变化神妙。道德高迈，振扬宗风。钟阜龙

① 本书卷3《钟山灵谷寺》收录此文，题作“御制大灵谷寺记”。

② 本书卷3《钟山灵谷寺》漏录《游新庵记》，点校者已增补。

③ 本书卷31《聚宝山报恩寺》收录此文，题作“御制黄侍郎立恭完塔记”。

④ 本书卷33《牛首山弘觉寺》收录此文，题作“御制僧智辉牛首山庵记”。

⑤ 保志：即宝志。

⑥ 道林真觉普济禅师：即神僧宝志。详见本书卷3《钟山灵谷寺》收录宋太宗《致斋宝志公青词》。

蟠,炳然灵迹。季春届序,爰遇诞辰。明荐奉陈,洋洋如在。

祭左讲经如玘文

呜呼！业海茫茫,济彼岸者鲜矣。尔如玘驾般若舟、举楞严棹、建觉圆樯、假华严风,扬火集帆,昨朝舵宽帆饱,倏焉彼岸。噫！果操舟之善耶？尔如玘冒风涛而有此耶？今业海,尔济舟楫犹存,孰备善尔舟？傲风于业海,如斯济岸。孰不曰乘尔某之舟,有此之济。非独如是,其拯溺者既多。朕观营般若之舟,施普度之道,岂徒然哉？今也期当空相,绝迹去来。所有素羞[①],尔其享焉！

赞

毗沙门天王赞

北天有门,卫护何雄。被坚若是,托塔几重。兜鍪降发,示见帝戎。外张威武,内实禅翁。

莲花菩萨赞

菩萨大慈悲,辛澄展法威。足蹑无垢轮,炽焰长辉辉。四相具不具,倏忽如云飞。

佛母赞

非宿有缘,非千万劫前。德无瑕垢,尊妃饭天。王子至空,白象周旋。惟佛母圣,化及大千。

维摩居士赞

狮子座中花蕊遍,厨间香积味新鲜。谁人问病踌躇去,铁

---

① 羞:书同“馐”。

马嘶风牛策鞭。

华藏世界赞

室芥子眠，匿粟是恬。惚恍其上，周游诸天。宜乎其降，化被三千。

又

华藏世界全，市中买物食且甜。有谁期我相周旋，朝抵暮归，非牛非马非船。

瑞光塔赞

大智力人，性定心方。稳首陵穹，脊骨纯钢。瞑目而逝，余灰塔藏。信有之乎？灵明常存，午夜放光。

禅海罗汉赞

尔怪且玄，海气如烟。拂尘荡垢，鼎足而禅。薄天飞浪，何处宿缘？宜哉尊者，处危自然。

十六罗汉赞

第一

尔惟务道，道亦何知。仰天俯地，榻下一枚。

第二

寂寞空山，扶策藤床。篆烟终日，神机密藏。

第三

极目太虚，气吐而嘘。了知天外，锡杖龙舒。

第四

大哉痴呆，日近蚖蛇。蜿蜒倏忽，浓云被遮。

第五

脱舄跣足，不爱茅屋。露坐观天，法外撑船。

第六

道高气豪，西旅献獒。对月了经，如海泛涛。

第七

情爱清风，心玩明月。终夜露立，何时了歇？

第八

谓尔心专，天人诣前。群魔逐退，道孰可传？

第九

海气盈虚，尔步且徐。隔岸招来，犹爱吾珠。

第十

倚松目猿，问宿有缘。闲中日月，钵内水天。

第十一

童子戏禽，道者休禅。忘观想地，鹤舞青天。

第十二

已授已接，对偶而悦。是法平等，亦复何说！

第十三

松下闲禅已几年，顿忘幽寂意喧喧。出尘不用论今古，树底清风爽不眠。

第十四

异哉乐天，庞首皓然。倚树而定，观空几年。

第十五

心善而权，旌旗烈天。护神从后，抚虎而前。

第十六

宿修万行，寒岩默用。知几千劫，人何曾动。清磬一声，幻出如梦。

板的达顶相赞二首

噫！设意精专，驾般若船。碧浪千堆，海气如烟。樯倾舵转，问尔宿缘。噫！危乎艰哉！蓦然际岸，红日当天。

又

噫！张目神枢，电绕太虚。瞑目神潜，匿毫无余。噫！快哉叠膝，任尔为愚。

王亨《十六罗汉图》赞

一

噫！意若相应，心渊已澄。南阎浮提，以书以征。

二

侣杖空山，阅浩穹顽。篆烟终日，方寸幽闲。

三

跏趺叠膝，侍以戎客。仰目遥苍，倚锡而息。

四

计珠诵经，灵蛇诣听。恍然有觉，化龙而腾。

五

目瓶内花，大般若佳。去来无迹，孰为幻化？

六

静修已佳，不已而夸。动人兽智，狮子献花。

七

常云无心，何不弥深。耳闻目击，行藏若寻。

八

理道深心，座下群阴。意操岳浪，声太古琴。

九

怪哉尊者，瓶水海泻。神龙玩珠，取舍般若。

十

倚松目猿，足下獐眠。人物忘机，互悦而前。

十一

调鹤空山，倚锡而闲。形劳神静，就里无烦。

十二

顾偶而言，滁徐以鲜。本无尘垢，志脱霞烟。

十三

童子烹茶，火内莲花。云何是说，数旷河沙。

十四

麋鹿有知，尊者如痴。志在丛木，必待以时。

十五

风生草偃，虎非豢犬。意何大哉，术出恁典？

十六

身定神行，境入太清。钟磬一声，忽然而醒。

吴道子《降圣图》赞

历无量、涉阿僧、神色界，凡世界，听不巧拙，最不痴相，以致漏尽无碍，大觉宏施，皆雪岭之苦行。幻出幻生，幻灭幻起，百亿之态不为之广，寂一毫而不为之简。善矣哉！化矣哉！大觉金仙，为吴生之图相，不出三界，问谁识此圣、凡者欤，又博变者欤？孰是孰非？云何水月风摇，隔窗审的，奚由然耶？有相无相，而为定者乎？

《天王图》赞

披坚戴胄，神驱电眸。风生足下，卫护天游。

吴道子《释迦出山像》赞

一流水行，慨然如钟。坦然无威，荡然无为。神通三界，脱苦忘危。

赞五十三参

幻色幻空空幻色，幻情幻欲幻无端。始幻幻从何幻起，幻生幻灭亦何知？尔幻幻时皆是幻，幻终幻始总何为。幻住幻流真幻辈，幻前幻后更依谁？此幻非真他幻寂，才云寂幻幻方生。人生始世皆从幻，幻了无为在幻中。幻去复来幻是梦，无言幻梦幻悠悠。智人识幻方知幻，知幻由来心不偎。

诗

天竺僧

比丘乾竺来，情思脱祸胎。去乡十万里，飞锡不尘埋。宵昼观孰大，无时不常怀。志立无上等，必欲精神谐。忽然观身影，影乃与身偕。若欲离尘垢，将影与身排。再观世万物，有形必影该。寻思欲解分，似乎与理乖。空寂如是说，咸将贝叶开。论影始太古，至今尚犹猜。日午难回避，临水见眉腮。月下偏分晓，愚云似怪哉。智人果解分，祸胎两忘灾。或说身裁影，亦曰影身裁。颠倒论常世，倒颠日日俳。观倦身意马，劳心猿似豺。到了难分去，从伊子细差。闭门终不见，出户倚身牌。有时定玄机，俯仰何根荄。祖佛何如定？影子在尘埃。尔升从尔上，尔降从尔阶。踌躇从踯躅，穿履亦穿鞋。反复诚难避，簪花犹插钗。虚实谁参透？天厨一供斋。八万四千户，闾阎迩谢台。鸡犬声无异，庄周化骨骸。漆园曾作吏，槐国已知槐。幻中生幻梦，幻影与身哀。影幻身亦幻，何时有壮衰。若欲常寂静，百骸与之齐①。智虑混忘却，天然似婴孩。

赓僧韵

天台五百尊，方寸皆明月。月影弥千江，何曾有暂歇？为斯妙用通，今古长不灭。昔当悬挂时，诚非凡可越。住世及应真，几度阿僧劫？假锡作梯航，泛海涛如雪。一旦杳无踪，暂与沙门别。倏忽群禅中，孰能为机泄？禅心旷无迹，如海亦何竭。僧本具他心，宗门常合辙。

善世禅师游方归朝

前年拜辞去，今春二月归。未闻湖海阔，但见禅眸辉。踏雪来朝覲，家风祖佛规。默坐各无语，方寸究徘徊。樱花才脸笑，柳眼正舒眉。独翁任清静，愚俗多险危。奸猾不善死，到处冢累累。尔心鉴此患，弃家永不回。年年尝作客，如蓬被风吹。哀悯自天佑，仁深久必为。切记无住相，与佛莫相违。

宝光废塔

宝塔摩青苍，招提岁久荒。秋高栖俊隼，夜深月影长。寂寂星摇荡，飞霞入栋梁。守僧都去尽，萤火作灯光。鬼哭思禅度，遗经风日张。独有来巢燕，呢喃似宣扬。停骖伤古意，云合草头黄。闻说当年盛，钟鱼彻上方。

赓僧《锡杖歌》

由来震旦始乾竺，扶老应须栖此杖。铃铃琅琅妙且奇，撼振一声空谷响。或时化作飞龙威，长空如水何相持。有时比翼

① 齐：音义均同“侪”。

论端的，方觉玄关显现时。志悟未通心委曲，鸿濛浑沌同尘俗。蓦然一悟凌烟霞，觉此觉他方意足。神眸昭昭众生顾，隐隐微微如法故。每担日月猢狲藤，箪食由来饱祇树。

御制山居律诗十二首，赐灵谷寺左觉义清浚

一

廛中禅起诣山房，灵谷山高志可当。四壁远民尘俗杳，山川近水世机忘。崇朝榻外香烟袅，终夜堂前灯焰煌。从此尔僧公案悟，邯郸何必问黄粱！

二

市起高僧屋翠微，一灵派寂入重嵬。松森蓊郁阴浓道，涧曲潺湲声绕扉。有客上门罗织叩，无端举杖作成威。此时解得黄龙法，自在岩前碧眼机。

三

谁谓山僧运化工，山居真个得从容。调猿树底观玄鹤，玩月渊中悦白龙。香熟地炉茶一盏，嫩肥铜鼎笋三钟。叩禅若解岩前趣，皓首庞眉振祖风。

四

出廛大隐寓崇巅，去尽人喧听鸟便。云去云来山寂寂，岚生岚没采鲜鲜。洞门鬼哭求哀忏，湫底龙吟乞化全。如是住来经几劫，因风炽火力何先。

五

僧屋云山事事便，蕨薇轻取胜农田。黄精雨长堪僧奠，紫芋云埋供佛筵。茶灶频煨风聚叶，饭堂勤集道催禅。玄猿夜啸峰头月，清兴忘机傲岁年。

六

蒙茸隐道女萝悬，太古岩前一老禅。玩月就溪临碧水，调猿环树仰青天。双亲鞠育归何日，五祖窥觇已有年。欲识住山人自在，除非宿债并无愆。

七

侣影山间兴趣幽，竹鸡声断悟禅由。山房夜月明心镜，水国宵灯照衲头。崖柿熟甜须九月，溪芹味美必三秋。忘尘思入重嵬迴，道备咸称释氏流。

八

孤寂山根近钓矶，神魂凄怆命难依。都言避厄深幽隐，本为离凶出险机。晨爨必蒸山蕨嫩，午炊须熟水芹肥。天然不待劳筋力，方识稽源道甚微。

九

谷居幽趣景偏多，明月山房夜半过。白日岭边岩鹿叫，黄昏水际野猿歌。精魂惨淡无从侣，神思踌躇奈若何。性定拟看华藏景，欲生翻作万般魔。

十

至性从来隐碧萝，林泉深处任蹉跎。鸟啼春树笙簧语，渔放秋江橹棹歌。落魄有情知就里，从容无事见娑婆。岩前苔合初由径，门外风堆槲叶多。

十一

潜踪匿迹但优游，世事从来岂究头？整日懒除阶下草，将灯倦点壁间油。烟封谷口听樵语，云锁柴扉聆鸟啾。甲子未闻忘岁月，岩前坠叶始知秋。

十二

蹑云深入万重山，回首烟村远世间。初夜不闻三弄引，五更惟觉四时寒。天香馥郁盈禅悟，月色精英照影间。比似市廛车马集，此心无事与相关。

雪山寺

极目遥岑起晓烟，深埋凝雪梵王禅。冰枝老树弥千壑，衲被苍僧布法筵。为羡浮生贪着处，好将空寂化迷迁。六年岭际今犹见，形至天花覆八埏。

僧目空山

孤寂凄凄一径微，处心应与世尘违。朝观松鹤摩天去，暮见岩猿挽树归。瓶水一炉香满座，锡镮[①]丈室气盈衣。空山僧对知何日？化作苍龙挟雨飞。

命板的达稳禅

居山本是出尘埃，何为游人役已骸。晨坐岩前观日上，暮禅松底听风来。从教市巷笙歌美，莫羡闾阎酒肆谐。十二时中香袅篆，迎来送往更毋开。

思游寺

雨落黄梅麦已秋，日思精舍梦还游。晨昏几度经钟听，岩壑云生出野楼。

老禅纸帐

楼阁峥嵘半倚天，老禅纸帐昼酣眠。精魂惟识黄龙剑，定省还知叩玉泉。

---

① 镮：音义均同“环”。

寺掩山深二首

绝迹高人隐翠岑，山连叠嶂白云深。欲经无觅通人处，时忽林风送磬音。

又

见说山中了道僧，不闻钟鼓不闻经。朝观树顶香烟袅，暮识禅机一镜明。

云山僧寺

云笼紫翠概鸿濛，洞口风生度梵钟。我欲叩禅闲问道，老僧心地与天通。

钟山僧寺赓单仲右韵三首

游山必是叩僧禅，闻说神僧透宿缘。山果玄猿摇绿树，方知入定是金仙。

又

精蓝幽谷寺嵯峨，风过松声韵碧波。寂寞出尘天外景，骅骝杂沓意如何。

又

山势崚嶒谷隐僧，六通具足势层层。鹊巢冠顶忘机处，午夜明星识已能。

天界寺春雀

春风夜雨沐花妍，晓霁檐前雀噪喧。孰谓可知机里事，飘然翕翮舞长天。

赓玘太朴韵

花逢夜雨晓看妍，实蕊凋时阶不喧。试问老禅幽得处？谓言物外有青天。

示僧谦牧

寄与山中一老牛，何须苦苦恋东洲。南蛮有片荒草地，棒打绳牵不转头。

不惹庵示僧

杀尽江南百万兵，腰间宝剑血犹腥。山僧不识英雄汉，只恁哓哓问姓名。

附：注解三篇

南京礼部右侍郎臣杨起元注

还经示僧

还，反也。经，常也。示，开示也。僧，净众也。常乐我净，佛之四德。净而能常，犹贞而复元也。时至胡元，彝伦大泯，民污夷风。高皇起而肇修人纪，反经常之道于斯世，借名净众，以开示之，亦以见民性本净，非夷风所能污染也。

昔诚之说如金，经千万劫而不泯。

昔，古昔也。昔诚之说，谓古昔立诚字之名之义也。金者，至坚之物也。《楞严经》："坚明立碍，是有金轮。"金之经千万劫而不泯者，形也。诚之经千万劫而不泯者，道也。然则民生之常道，其惟诚乎。是为反经之大旨。

若或见之，则沃聪者之槁心，开愚昧之方寸。

见者，神与之会也。沃，润也。槁，枯也。方寸，心地之名也。聪者，贤智之士能竭心思，故常枯槁。其心见诚，则无事于思，而槁心可沃。愚昧者本不能思，方寸常闭，然遇大知，亦能开之，所谓提耳而诲，可使不识一字之凡夫，立造神妙者也。

呜呼！道哉！觉哉！孰能体之而无上，守之而无为？斯二字之所以然而然者，其于漏尽者乎？

道承不泯，觉承见之。哉，叹词。体之、守之，指道而言也；无上、无为，指觉而言也。正觉则无上，大觉则无为。二字，即道字、觉字也。之所以然而然，言其精深奥妙，未易窥测也。漏尽者，渗漏绝尽，言无漏也，即固聪明圣智达天德之意。

斯诚之说，如浮云之驰空，若沤花之泛水，电影之逐风，睡酣之幽梦，斯果虚之谓欤？实之谓欤？

诚虽以不泯得名，然非指有相之物，便谓之诚。宇宙之间，未有有相而不怀者也。然则可离相以求之乎？离相又别无诚矣。至圣于此，盖难言之，特设此四种譬喻，以开示人之悟入。浮云驰空，谓无云乎？则驰者其何物也？谓有云乎？则既驰矣，云又何存也？沤花之泛水，电影之逐风，睡酣之幽梦，亦复如是。谓之虚不可，谓之实亦不可，此中真是无实无虚。故诚之说，当如是观之。此一节申言不泯之意，明道之所以然也。

然必先觉觉之，后觉然之，又将愚昧而疑之。呜呼！清风摇水，蟾影沉渊，孰能机其所以然耶？

先觉具正知见，自能救度迷情。后觉赖之，不堕邪见，自能契受正理。愚昧者不能不疑，所谓下士闻道大笑也。然必二字，承上贯下。至疑之止，犹云此无实无虚之道，无凭考证，必于一觉、一然、一疑处参验，乃信其然。盖至圣大觉之后，而见其必然如此。因又叹息，言此道至妙，无迹可寻，一落思惟，便生障碍，如水风之相感，蟾渊之相涵，不可思拟，如此而觉乃为正觉。此一节申言若或见之之意，明觉之所以然也。

且曩之妙也，赤日升昆仑，神龙浴沧海，是又体之而非体，相之而非相，是皆着相而能耶？无相而智耶？

曩之妙，指上文虚实之义。言赤日、神龙，皆有体相，而非体相。日聚阳之精，自无而有；龙纯阳之德，自有而无。能从有相生，智从无相出。日能升而龙能浴，谓之无相不可也；日智升而龙智浴，谓之有相不可也。

又必我相、人相而较之，岂不廓落奔星，静渊临月。

较，犹勘也。谓以我相、人相，与日与龙一较勘之，则有体相，而非体相者，岂独日与龙为然哉？我相、人相，亦非相也。惟其非相，所以独智藏焉，而为正觉之所自出也。奔星于廓落，见无碍也；临月于静渊，见不摇也。勘破人、我之相者，其胸次如此。

是说是问，必九年之传善我明。不然，风翻月影，倒挂须弥，问石为舟，千艘浮水，巨木连枋，作大海底，是皆性理者耶？

是说，指上文诚之说如金等。是问，指上文虚之谓欤等。九年者，达磨少林面壁九年，今宗门之学，皆九年之传也。善，能也。至圣自言，如上所说所问，非浅俗可到，必达磨所传之人，乃能明之。风翻月影，矫乱之见也；倒挂须弥，颠倒之见也。石舟浮水，妄见也；巨木底海，痴见也。言此道苟不得正传，必作此数等见。其持之有故，其言之成理，岂皆可以为性理者耶？嗟夫！琴有妙音，必弹于妙指。苟不至德，安凝夫至道哉。洪惟我高皇辟乾坤于劫运，揭日月以重新。躬资上圣，全体大极；总彰政教，兼作君师。乃于万几之暇，阐发道真，一至于此。尧、舜之间，仅闻一中之训；羲皇而上，肇开一画之遗。道固同符，而我高皇乃文之至矣。臣敢颂为自玄黄剖判以来第一圣人也，正管蠡及此矣。孔子告哀公曰：“诚者，天之道也。诚之者，人之道也。诚者，不勉而中，不思而得，从容中道，圣人也。诚之者，择善而固执之者也。博学之，审问之，慎思之，明辩之[①]，笃行之。人一能之，己百之；人十能之，己千之。果能此道矣，虽愚必明，虽柔必强。”高皇此篇开示，实即孔子之说，后学惑于训计，而失圣人之意久矣。自今扬厉圣谟，而深思有得，则诚为天、为圣，诚之为明、为强，乃见真实，然后知我高皇不独开万世之太平，尤继往圣之绝学也已。

谕　僧

此篇全彰性教，破妄归真，大回混沌之初，直指无名之始，以故教标无旨，性揭无知，诚孔、老之真诠，大慈之正谛也。非天下之至圣，其孰能与于斯？

佛始汉至，教言玄寂，机秘理幽，以其有传也。抵期而无教，以其无教而有印心之旨。

以佛始汉至发语，可见此法是后世添捏出来，便有扫除手段，以后段段逐破，虽释迦不能置一喙。玄寂、幽秘，皆因有相传之法而然。奈何佛将涅槃，诸弟子请佛再转法轮。佛曰：“吾从来未曾说一字，今云再转法轮，是吾曾转法轮耶？”是抵期而无教也。夫既无教矣，奈何又有印心之旨耶？

愚不知旨，故乃求旨切，无乃颠慌恍惚，茫昧于未判之先，役累劫之丹衷，何见一微尘之旨？

---

① 辩：据《礼记·中庸》校之，应为“辨”。

智者合下识心，便知原来无旨。愚者惟闻有旨，乃切切以求之，则颠慌也，恍惚也，茫昧也，皆愈求愈迷之状也。遂欲求诸天地未分之前，役心累劫，何尝见有一微尘之旨乎？

云何以旨问旨故？

问何故求之如是其切，而竟不得微尘。因自答言，以旨问旨之故也。以旨问旨，犹云骑驴觅驴也。

指空谈空，谓空无际而无依，忽焉无倚。愚不知，踌躇不已，特以色求色，以音求音，孰不以谓利便而可也欤？

此节具愚人两种见解，一者着空，二者着相。其着空者，认空无一物，四无依倚，为性而不免踌躇之患；其着相者，认止心定息，一切有为，为性而不胜利便之喜。可也欤，问法之词。

斯愚问而求旨之切，故聪者孰谓可欤？既聪者不以为可，将焉求诸所以然乎？

愚者于上二见，或疑或可，在聪者皆不谓可。聪者，犹言善知识也。道之员悟，由耳根入者为多，故号为聪者。

而或云佛本昭示善道，大张法门，岂有昧而又昧，玄之而又玄？盖昧在昧出，玄在玄生，故远求之。虽在天外，遍历八荒，亦何有知之见耶？

愚人因无处可求，复作是见，云佛本以善道，昭示于人，法门大开，岂有昧昧玄玄，使人无可求之理？岂知此理本昧，本玄，本无可求处，本无知见处，只在夫人善自识取耳。如求旨之徒，现在迷闷。若有善巧方便者，就在迷闷中出头。正昧也，便从昧而出；正玄也，便从玄而生，此所谓败中取胜，死中求活也。孔子能近取譬之意，亦与此同。舍此别求，则远矣。虽出天外，历八荒，以求知见，其可得耶？此一团无知见处，先德谓之黑漆桶。永嘉云："寂灭性中莫问觅。"是也。下文详言之。

朕尝闻知，有好寝者，通宵烈风迅雷，而寝者恬然无觉，此果心已矣乎？神已矣乎？果心已乎，则以心问心；果神已乎，则以神问神。亦不亦易乎？然此若是之易难。

尝问知者，曾闻于人而知，表本无知也。人类以有觉者为心，能有觉者为神。今通宵烈风迅雷，人多觉焉，此人特以好寝而不觉，即此观之，果心而止乎？神而止乎？若果此理惟心神而止，则向之问旨者亦心、神也。以心问心，以神问神，亦易易者，何至若是之难哉？惟其非心非神，即心即神，亦非即亦非非，而必待天下之大智也。

使佛见前，安不为诸徒之所辩，而知所措其法焉？法本无门，而有由道，由何而止焉？焉知知止而无识焉？

佛何法之有？皆因诸徒妄求知见，欲辨而知，不得已与之剖析，故法由措也，人遂谓其大张法门。殊不知，法何门之有？本无门，但有由耳。为诸徒求知而说，是其法之由也。引起话头，何从止息？知止者，止之于无识而已。

所以我空非空，我相非相，要见觌体无知之态，似奔星廓落，电影驰云。或为虚妄而妄，则妄起无端。

我空非空，空即是相也；我相非相，相即是空也。此本觌体无知，而云要见者，亦权说也，实无所见。当此圆明之中，似有星奔电驰，虚妄之相。然其起无端，则无虚妄矣。永嘉所谓"无明实性即佛性，幻化空身是法身"也。参到此处，然后绝学无为，而知止矣。

所以今之修者，弃本宗而逐末，犹不知陷身于水火，将焚而灰，溺而腐，尚以乐而不逼，以为快哉！斯愚不知旨，故特以为然。或聪者自以为利根，虽搜空万劫之虚灵，亦何见旨之有耶？

陷身于水火，至于灰且腐，尚以为乐，略无逼切回头之意，可为怜悯。顾此尚为其愚，而不知旨也。又或有聪而不愚者，却不合自以为利根，自以为见旨，宁知从此堕落，又是千生万劫耶？

且以大藏教中诸佛泛言。今之修者，以为经之泛耶？旨之异耶？若以经泛旨异，则古智人夜孤灯于岭外，昼侣影于林泉，趣不我知，我不趣知，愚岂不谓嗤嗤然而以为讥乎？

佛尝言："吾所说法，如人食蜜，中边皆甜，本无泛言，亦无异旨也。"只为世人执诸言诠，故以为泛且异，而不知古之智人相安于无言，孤灯侣影，情境俱忘，而一部大藏俱了矣。彼以经有泛异者，安得不谓智人为嗤嗤乎？

审者以谓不然，动静动静，以为天下乐，是则以为智人便，信则以为天下安，化则以为天下幸，行则以为天下福。

审者，知之明者也。名之曰审者，以别上文聪者也。言审者，则不如此作见，以为智人之所为，何心之有？或动或静，惟适之安耳。适者，天下之乐也，故智人便之，而非嗤也。由是，天下信佛，则与天下安之；天下化佛，则与天下幸之；天下行佛，则与天下福之。盖由其疑情已破，真实独存，天下注其耳目，而审者皆孩之耳。

朕罔知所以，举大一藏教，云诸佛之故镌磨钝根，而为说法。朕不知法，故特以儒书之所云："子钓而不网。"设使网而绝流，众目既张，了必归于何处？假使诚有归处，则一大藏经添一倍不为多，减一倍不为少，孰尽去之而愿受谤？周无文而备有法，还契不立文字者，互相妄诞。如斯之说，特敕智禅而云乎！

镌磨钝根，而为说法，即上文言法无门而有由者也。归于何处，即上文知止于无识者也。孰尽去之而愿受谤者，言谁能到此识止归宗之地，将一大藏尽行除去，而甘受谤经毁佛之罪者乎。佛始汉世，当周时无大藏之文，而法未尝不备。达磨西来，不立文字，再传之后，竟为其宗徒，互相妄诞，世人还契悟否？唐杜甫所谓"祸首燧人氏，厉阶董狐笔"也。若我是说，特敕智禅而云，小智闻之，何异说梦哉？昔有禅师举周行七部[①]公案曰："何不当时一棒打杀，贵图天下太平。"即此意也。

此篇文义深奥微妙，极难解，亦不容解也。只宜镌之金石与穹壤，不缘志存阐扬，故强为诠释。顾犹管之窥天，蠡之测海，仅得其万一而已。善读者当自得之。

三教论

夫三教之说，自汉历宋至今，人皆称之。故儒以仲尼，佛祖释迦，道宗老聃。于斯三事，误陷老子已有年矣。孰不[②]知老子之道，非金丹黄冠之术，乃有国有家者日用常行，有不可阙者是也。古今以老子为虚无，实为谬哉！

老子生于周末，至我明，然后有至圣知之，非圣人之于天道亦有命耶？非金丹黄冠之术，乃国家日用常行不可阙者。确

① 部：应为"步"。语出《云门史话》："世尊初生下，一手指天，一手指地，周行七步，目顾四方，云：'天上地下，唯我独尊。'师云：'我当时若见，一棒打杀与狗吃却，贵图天下太平。'"

② 据本书本卷前文《三教论》校补一"不"字。

哉！圣训。考三王而不谬，俟后圣而不惑矣。

其老子之道，密三皇五帝之仁，法天正己，动以时而举合宜。又非升霞、禅定之机，实与仲尼之志齐，言简而意深。时人不识，故弗用。

密，微密也。其仁则同符三五，其举动则取法天时。仲尼之祖述宪章，上律下袭，亦若是而已。岂仙家之升霞，佛家之禅定者哉？言简而意深，所谓密也。按《家语》[①]，孔子问礼于老聃，老聃送之以言曰："聪明深察而近于死者，好讥议人者也；博辨宏达而危其身者，好发人之恶者也。为人子者，无以有已；为人臣者，无以有已。"孔子退而称曰："吾见老子，其犹龙乎！"味斯言斯赞，则高皇以密字言之，可谓当矣。以老子之道齐于仲尼，亦有据而无疑矣。奈何学者至今尚惑于韩愈《原道》之说，视为异端，弃孔子之所尊，倍高皇之明训，可胜罪哉？

为前好仙、佛者假之。若果必欲称三教者，儒以仲尼，佛以释迦，仙以赤松子辈，则可以为教之名称无瑕疵。况于三者之道，幽而灵，张而固，世人无不益其事，而行于世者，此天道也。

老子非仙，当与儒为一家。仙自有仙之宗，若赤松子辈是也。儒、佛、仙三教，皆不可缺。佛、仙之教幽而灵，儒之教张而固，皆益于人而行于世者，实天道也。天之爱人甚矣，故张三者之教，以收摄人之聪明，相协人之居止，岂偶然哉？以上皆明老子之非仙，而仙教别自有宗，当与儒、佛并行。高皇统一圣真，可概见矣。

① 家语：应为"孔子家语"。引文出自《孔子家语》卷3观周第十一。

古今人志有不同，贪生怕死，而非聪明。求长生不死者，故有为帝兴之，为民富者尚之慕之。有等愚昧，罔知所以，将谓佛、仙有所误国扇民，特敕令以灭之，是以兴灭无常。此盖二教遇小聪明而大愚者，故如是。

以贪生怕死而兴之者，妄也。忧其误国扇民而灭之者，亦妄也。小聪明以灭之者言，大愚以兴之者言。

昔梁武好佛，遇神僧宝公者，其武帝终不遇佛证果。汉武帝、魏武帝、唐明皇皆好神仙，足世而不霞举。以斯之所求，以斯之所不验，则仙、佛无矣，致愚者不信。

数君皆用妄求妄，其不验固宜。而仙、佛未尝无也。遂生不信之心，不亦愚乎？

若左慈之幻操，栾巴之噀酒，起贪生者慕。

左慈、栾巴二人，皆得幻术者，非真仙、佛也，而贪生者慕之，妄矣。

若韩退之匡君表，以躁不以缓，绝鬼神，无毫厘，惟王纲属焉。则鬼神知韩愈如是，则又家出仙人。

韩愈，字退之，唐宪宗朝表谏迎佛骨，有“奉佛弥谨，年代弥促”，“及其身既死，其鬼不灵，佛如有灵，能作祸祟。凡有殃咎，宜加臣身”等语，是以躁不以缓，绝鬼神，无毫厘也。王纲，治天下之纲常也。属，与也。明有法度，幽有鬼神，二者表里，以扶世教。今绝鬼神，而独与王纲，是谓边见。家出仙人，韩湘是也。湘，退之犹子，得仙术解，造逡巡酒，能开顷刻花，花中涌出金字一联云：“云横秦岭家何在，雪拥蓝关马不前”。及退之贬潮阳，乃验其句。退之所知者，可见可闻之道；而所昧者，不可见不可闻之道。鬼神特出，仙于其家，以破执导迷，非无意也。高皇心通造化，所言真实不虚。臣尝以二事验之。昔有一人，作《无鬼论》，鬼乃现一书生，谒之，雄谭逸发。极论至于鬼神之际，其人出《论》示之，书生曰："止我便是鬼，公安得言无?"语讫不见。其人乃悟，而焚其草。此一事也，然犹故记所传也。臣岁丁亥，与友人尚宝丞孟秋坐于安福敝止，正论鬼神有无，孟秋执无。良久，其家童芒芒然来云："今者宅上见一鬼，家人握刀斩之，鬼避入墙庑之下，又追逐之，乃跃之邻舍矣。"岂非所谓鬼神知而故现者哉?

此天地之大机，以为训世。若崇尚者从而有之，则世人皆虚无，非时王之治。若绝弃之而杳然，则世无鬼神，人无畏天，王纲力用焉。

好仙、佛，不得仙、佛；绝鬼神，反见鬼神。盖因此道非有非无，一落边见，不惟丧道，亦兼丧世。故天地恒因人之偏而矫之，此训世之大机也。天地岂有意哉？亦道固然耳。君子之学，亦犹是也。欲于实处用功者，偏无一事之实；欲于虚处用功者，偏无一念之虚。何也？实生于虚，说实即不实；虚亦生于实，说虚即不虚也。王纲力用，言治之劳也。《谕僧纯一》敕云："昔释迦之为道[①]，孤处雪岭，于世俗无干。及其道成也，善被两间，灵通上下，使鬼神护卫而听从，故世人良善者渐多，顽恶者渐少，所以治世人主每减刑法，而天下治。斯非君减刑法，而由佛化博被之然也"。

---

① 据本书本卷前文《谕僧纯一》补"为"字。

于斯三教，除仲尼之道祖尧、舜，率三王，删诗制典，万世永赖；其佛、仙之幽灵，暗助王纲，益世无穷，惟常是吉。

仲尼之道显明，共睹共闻，阳德也，故为世教之主；佛、仙之道幽灵，不可睹闻，阴德也，故为世教之助。天道之大者，在阴、阳二气，不可缺一，故曰皆天道也。然阳常居大夏，以生育长养为事；阴常居大冬，而积于空虚不用之处。得其常则吉，失其常则凶。近世士夫，谈禅失宗，毁形变服，惟净土之事者，谓之不失常，吾不信也。

尝闻天下无二道，圣人无两心。三教之立，虽持身荣俭之不同，其所济给之理一然。于斯世之愚人，于斯三教，有不可缺者。

无二道者，有常道也；无两心者，有常心也。仲尼之道明，故其持身荣；仙、佛之道幽，故其持身俭。儒者任国家之事，则可以受朝廷之禄爵。佛、仙不预世事，则草衣木食，乞化为生，所以劝人无贪著也。济给之理，岂不一乎？世人皆愚，恒赖三教以化之。一有智者，必为三教摄授，为将来教主。自三教立，而生人之命脉有所系矣。然非我高皇聪明之大，安能洞见其然，而处之各得其宜哉？《皇极》之敷言曰："无偏无诐。"无作好，无作恶，上下万亿年，求其尽之者，高皇而已。愚臣何幸，躬逢其盛！

卷二　钦录集

洪武五年壬子

春，即蒋山寺建广荐法会。命四方名德沙门先点校藏经。命宗泐撰《献佛乐章》，既成，进呈，御署曲名曰《善世》，曰《昭信》，曰《延慈》，曰《法喜》，曰《禅悦》，曰《偏应》[①]，曰《妙济》，曰《善成》，凡八章。敕太常谐协歌舞之，节用之，著为定制。

七月十六日，中书省钦奉圣旨："蒋山系是大禅刹处所，如今你省家出给执照，与主持长老行容收执，把那天禧寺、能仁寺两处应有旧日常住田土，并寺家物件，都入蒋山砧基簿内作数，永远为业。收的钱粮等项，听从蒋山寺支用。其天禧寺、能仁寺僧人，都收入蒋山坐禅。钦此。"

七月十六日，中书省钦奉圣旨："天禧寺、能仁寺两处僧人多里[②]！恁省家出个文书，与蒋山寺住持长老行容收执，将这天禧、能仁两寺应有的僧人，用心于四方搜集，听从长老行容分豁，堪坐禅者坐禅；不作歹、良善可以管庄的，教他管庄。若是作歹、不良善的，分豁出来，开剃为民。钦此。"

洪武六年癸丑

普给天下僧度牒。前代多计僧鬻牒，名曰免丁钱，诏特蠲之。

---

① 偏：应为"遍"。据本书卷 3《钟山灵谷寺》收录明宋濂《蒋山寺广荐佛会记》校。

② 里：音义均同"哩"。

洪武九年丙辰

试经,给沙门度牒。

洪武十年丁巳

诏天下沙门讲《心经》、《金刚》、《楞伽》三经,命宗泐、如玘等注释颁行。御制演佛寺住持玘太朴字说[1]。

三月十三日,礼部尚书张等奉天门奏准,奉圣旨:"就批本着落礼部知道,一切南北僧、道,不论头陀人等、有道善人,但有愿归三宝,或受五戒,或受十戒,持斋戒酒,习学经典,明心见性,僧俗善人,许令赍持戒牒,随身执照。不论山林城郭,乡落村中,恁他结坛上座,拘集僧俗人等,日则讲经说教,化度一方,夜则取静修心。钦此。"

洪武十一年戊午

礼部郎中袁子文建言度僧,诏许之。

五月二十四日,御制左讲经玘太朴诰命。

洪武十四年辛酉

蒋山寺住持仲羲奏迁蒋山寺及宝公塔于东冈,改赐寺额曰灵谷寺,榜外门曰第一禅林。命度僧一千名,悉给与度牒,赡僧田二百五十顷有奇。敕杭州府儒学教授徐一夔撰寺碑文。

六月二十四日,礼部为钦依开设僧、道衙门事。照得释、道二教,流传已久,历代以来,皆设官以领之。天下寺观僧道数多,未有总属,爰稽宗制,设置僧、道衙门,以掌其事,务在恪守戒律,以明教法。所有事宜,开列于后:

---

① 玘太朴字说:即本书卷1《僧玘太朴说》。

一、在京设置僧录司、道录司，掌管天下僧、道，选精通经典、戒行端洁者铨之。其在外布政[①]、府、州、县，各设僧纲、僧正、僧会、道纪等司衙门，分掌其事。

僧录司掌天下僧教事。善世二员，正六品：左善世、右善世；阐教二员，从六品：左阐教、右阐教；讲经二员，正八品：左讲经、右讲经；觉义二员，从八品：左觉义、右觉义。

道录司掌天下道教事。正乙二员，正六品：左正乙、右正乙；演法二员，从六品：左演法、右演法；至灵二员，正八品：左至灵、右至灵；玄义二员，从八品：左玄义、右玄义。

各府僧纲司掌本府僧教事。都纲一员，从九品；副都纲一员。

各府道纪司掌本府道教事。都纪一员，从九品；副都纪一员。

各州僧正司掌本州僧教事。僧正一员。

道正司掌本州道教事。道正一员。

各县僧会司掌本县僧教事。僧会一员。

道会司掌本县道教事。道会一员。

一、各府、州、县寺观僧道，并从僧录司、道录司取勘，置文册，须要开写某僧、某道姓名、年甲、某布政司某府某州某县籍、某年于某寺观出家、受业某师、先为行童几载、至某年某施主披剃簪戴、某年给受度牒，逐一开报。

一、供报各处有额寺观，须要明白开写本寺、本观始于何

---

① 应缺一“司”字。本卷下文亦有“某布政司某府某州某县籍”云云。

朝，何僧、何道启建，或何善人施舍。

一、僧、道录司衙门，全依宋制，官不支俸。吏与皂隶合用人数，并以僧、道及佃仆人等为之。

一、僧、道录司官体统，与钦天监相同。出入许依合用本品伞盖，遇官高者即敛之。

一、各处寺、观住持，从本处僧、道衙门举保有戒行、老成、谙通经典者，申送本管衙门，转申僧录司、道录司考试，中式，具申礼部奏闻。

一、各府、州、县未有度牒僧、道，许本管僧、道衙门具名，申解僧纲司、道纪司，转申僧录司、道录司考试，能通经典者，具申礼部，类奏出给。

一、在京、在外僧、道衙门，专一检束僧、道，务要恪守戒律，阐扬教法。如有违犯清规，不守戒律，及自相争讼者，听从究治，有司不许干预。若犯奸盗非为，但与军民相涉，在京申礼部酌审，情重者送问，在外即听有司断理。

洪武十五年壬戌①

二月十三日，掌礼部事大理寺右少卿谢仓、部试郎中庞照、试员外郎孟宗敬、试主事卜亨、辛泰，同给事中张杰等官，于奉天门晚朝题奏："前日一件钦拨天界寺田粮三千石，并蒋山寺田粮四千石，合无如何免他？"奉圣旨："天界寺免他岁收三千石内该纳粮数，蒋山寺免他岁收四千石内该纳粮数，余有的田粮并差役，俱都免他。钦此。"

---

① 据本卷各年份标示法及文意校补"壬戌"。下同。

三月初六日，曹国公钦奉圣旨："天下僧、道的田土，法不许买。僧穷寺穷，常住田土，法不许卖。如有似此之人，籍没家产。钦此。"

四月二十二日，准吏部咨，除授各僧、道录司，咨本部知会：

僧录司：左善世戒资，右善世宗泐；左阐教智辉，右阐教仲羲；左讲经玘太朴，右讲经仁一初[①]；左觉义来复，右觉义宗鬯。

道录司：左正乙徐希道，右正乙薛明道，左演法范浩然。

四月二十五日，礼部为钦依开设僧、道衙门事。今将定列本司官员职掌事理开坐前去，仰照验遵依施行：

一、戒资掌印，宗泐封印。凡有施行诸山，须要众僧官圆坐署押，眼同用印。但有一员不到，不许辄用。差、故者，不在此限。

一、戒资提督众僧坐禅，参悟公案，管领教门之事。

一、智辉、仲羲亦督修者坐禅。

一、如玘、守仁接纳各方施主，发明经教。

一、来复、宗鬯检束诸山僧行，不入清规者，以法绳之。并掌天界寺一应钱粮产业，及各方布施财物，置立文簿，明白稽考。其各僧官执掌之事，宗鬯皆须兼理。

一、考试天下僧人能否，公同圆议，具实奏闻。

命鞍辔局大使黄立恭修天禧寺塔。

五月二十一日，礼部照得佛寺之设历化分为三等，曰禅，曰讲，曰教。其禅，不立文字，必见性者，方是本宗。讲者，务明诸

---

① 仁一初：即僧守仁，字一初，号梦观。传见明释明河《补续高僧传》卷25《守仁传》。

经旨义。教者，演佛利济之法，消一切见造之业，涤死者宿作之愆，以训世人。本月二十日，本部官钦奉圣旨："见除僧行果为左阐教、如锦为右觉义，前去能仁，开设应供道场。凡京城内外大小应付寺院僧，许入能仁寺会住看经，作一切佛事。若不由此，另起名色，私作佛事者，就仰能仁寺官问罪。若远方云游，看经抄化，及百姓自愿用者，不拘是限。钦此。"出榜晓喻应付寺院僧人，钦遵施行。

六月十七日，本部官于奉天门钦奉圣旨："各处府分止设僧纲司、道纪司，就管附郭县僧、道，附郭县不必再设僧会司、道会司。钦此。"本部钦遵施行。

九月二十五日，户部尚书孙英同本部官于武英殿钦奉圣旨："天下僧、道的田土，依着曹国公置惠光庵的田土，还与他庵内了。常州府武进县怀德乡粮长陆衡，典了弥陀寺田土三千亩，还一千亩，今又要原钞。惟有这厮不怕法度，勒要和尚钞。如此之人，难以本乡住坐，免他死罪，连家小发去边卫充军。照得天下有此土霸之人，依恃豪富，将那僧、道田土在己，余过年月，以利息过本为由，僧、道乏钞收赎，拟将他绝卖，以致僧、道穷乏。土霸之家豪富体得如此者，着有司拘集僧、道，取勘常住田产。若纳官粮外，计赃坐罪，田产还他本寺。钦此。"

洪武十六年癸亥

正月二十一日，天界善世禅寺住持行椿具奏："荷蒙圣恩钦赏上元县丹阳乡靖安湖塾镇田地二十九顷有零，溧水县永宁乡相国圩田三十七顷有零，溧阳县永城等乡黄芦、雁垞、西赵三圩田三十九顷有零，每顷田一夫，常住盘费艰难，将田土献纳还官。"奉圣旨："差鸿胪寺序班李真等官并旗校，到各县地方一一丈量东西四至分明，造成文册，还与他天界善世禅寺，岁收租米供众，免他夫差。钦此。"

五月二十一日，早朝，僧录司官于奉天门钦奉圣旨："即今瑜伽显密法事仪式，及诸真言密咒，尽行考较稳当，可为一定成规，行于天下诸山寺院，永远遵守。为孝子顺孙慎终追远之道，人民州里之间祈禳伸情之用。恁僧录司行文书与诸山住持，并各处僧官知会，俱各差僧赴京，于内府关领法事仪式，回还习学。后三年，凡持瑜伽教僧赴京试验之时，若于今定成规仪式通者，方许为僧；若不省解，读念且生，须容周岁再试。若善于记诵，无度牒者，试后就当官给与。如不能者，发为民庶。钦此。"

洪武十七年甲子[①]

礼部为减繁事。照得本部出给僧、道度牒，自洪武十五年五月内开设僧、道衙门，至洪武十七年闰十月终，给过僧、道度牒二万九百五十四名，即日申请不绝，妨占有司差役。本部议得一次出给，庶得便益。洪武十七年闰十月二十九日，本部尚书赵瑁等官于奉天门奏，奉圣旨："三年一次出给的是。照旧日试他那几般经，通晓得与他度牒。恁礼部行个令与他知道。钦此。"除外，今将榜文随此前去，合下仰照验，即便行移各处僧、道衙门，自洪武十七年十一月初一日截日住罢，候至洪武二十一年为始，方许请给。其考试僧、道，务要依奉榜文内事理施

① 据文意及《明太祖实录》卷167，洪武十七年闰十月癸亥条校补。

行，毋得将不识经典僧、道朦胧申请，违错不便。

洪武十八年乙丑

天界寺住持行椿具奏："本寺蒙钦赏溧阳县没官田三千九百九十亩零，座落黄芦、雁垡、西赵三圩，田土肥瘠不等。差僧弥净往会僧会司官踏看，分上、中、下三等，每亩上田科米七斗九升，中田科米七斗五升，下田科米七斗二升，各佃自运付本寺交纳。恐日后不无混赖，合刻碑为记，永远遵守。"奉圣旨："是。钦此。"

敕建鸡鸣寺，造浮图五级，祠宝公，岁遣官祭祀。初，西番僧星吉鉴藏[①]居是山。至是，为辟别院，命为僧录司右觉义。

三月初五日，本部官于奉天门钦奉圣旨："云南来的那十个僧人，恁礼部依先的僧人一般，与他文书，着他去浙江地面里游玩。所至寺院，即令随堂。钦此。"本部给批，付僧妙闻等钦遵前去游方，仰各处僧纲、僧会司，如遇各僧到寺，即令随堂。咨兵部应付脚力，送至镇江交卸，听从游玩。

三月十八日，本部官于武英殿钦奉圣旨："僧录司右觉义如锦病故，恁礼部办素祭去祭祀他。钦此。"令祠部备祀库支价买祭物，前去祭祀。

十月二十八日，本部官于奉天门钦奉圣旨："金齿来的僧，恁礼部与文书，着他去浙江地面里游玩。钦此。"札付应天府应付脚力，递送至镇江府，听从游玩。

① 星吉鉴藏：本书卷17《鸡笼山鸡鸣寺》收录明释道果《鸡鸣寺施食台记》作"惺吉坚藏"。

十一月十八日，本部官于太庖西钦奉圣旨：“僧录司左讲经如玘病故了，恁礼部祭祀他。钦此。”祠部备祭库内支价，办买素祭物件完备，祭祀。

十一月二十一日，本部官于奉天门钦奉圣旨：“左讲经如玘今日下葬，恁礼部官便去祭祀。钦此。”令祠部备祭库内支价，买办素祭物完备，遣礼部侍郎章祥致祭，仍御制祭文。

十二月初四日，崇山侯传奉圣旨：“恁去说与灵谷寺长老，官府军去薅山，他寺后马鞍山为界，东边小山儿与他寺薅取松枝。钦此。”

十二月十八日，秦都督传奉圣旨：“你去说与灵谷寺长老，他寺中人夫不多，薅取松枝不尽，自立春为始不要薅，恐妨松枝长茂。待明年冬间，寺中再薅取，东至木公山为界。钦此。”

洪武十九年丙寅

敕天下寺院有田粮者设砧基道人，一应差役，不许僧膺。

八月初八日，礼部奏：“据僧性海等告给护持山门榜文。”钦奉圣旨：“出榜与寺家张挂，禁治诸色人等毋得轻慢佛教，骂詈僧人，非礼搅扰。违者，本处官司约束。钦此。”钦遵出给榜文，颁行天下各寺，张挂禁约。

八月十六日，本部官于奉天门钦奉圣旨：“云南僧人性海等回还，与他递运船只。钦此。”咨兵部钦遵施行。

洪武二十年丁卯

四月十一日，礼部尚书崔等复奉圣旨：“将戒牒颁行天下，重出晓喻。钦此。”

五月二十六日，鞍辔局大使黄立恭于大庖西钦奉圣旨：“当江沙芦场，你天禧寺与灵谷寺平分。钦此。”

洪武二十一年戊辰

迁僧录司于天禧寺。试经度僧，给与度牒。

三月十四日，僧录司左善世弘道等于中右门钦奉圣旨：“恁僧录司行文书各处僧司去，但有讨度牒的僧，二十已上的发去乌蛮、曲靖等处，每三十里造一座庵，自耕自食，就化他一境的人。钦此。”

四月二十六日，僧录司左善世弘道等于奉天门钦奉圣旨：“灵谷、天界、天禧、能仁、鸡鸣等寺，系京刹大寺，今后缺大住持，务要从林中选举有德行僧人，考试各通本教，方许着他住持，毋得滥举。钦此。”

六月十四日，僧录司左善世弘道等于奉天门奏：“各处来未有度牒的僧人，见于灵谷等寺长发住坐。”奉圣旨：“明日带他来入见。钦此。”次日，左善世弘道引发僧于奉天门奏，奉圣旨：“宣谕了。你们仍旧剃发为僧。钦此。”

六月十四日，僧录司左善世弘道等于奉天门钦奉圣旨：“今后但有不守戒律的僧人，发他天界、能仁寺工役。钦此”。

六月十五日，早朝，奉圣旨：“着善世禅寺长老，原有廊房、混堂依旧自起造，取讨房钱用。钦此。”

七月二十一日，僧录司据应天府江宁县安德乡里长曹善庆，同凤台门旗军王谷成解送到僧人智能，招系常州府宜兴县法藏寺僧，洪武二十一年，到于应天府罗汉寺住坐。本年七月二十日夜至更初时分，倚酒大醉，在于本寺门首撒泼，叫骂本处里长，当被凤台门把截旗军王谷成一同里长拿住，至二十一日，解送赴司。七月二十三日，本司左善世弘道等，同本部官于奉天门奏。奉圣旨："这泼皮僧送锦衣卫，教他带了铁牌，发付集庆寺工作。钦此。"

八月初一日，天界善世禅寺住持行椿于奉天门丹墀内奏："本寺新盖造寺宇，无柴烧造砖瓦。"钦奉圣旨："你可去采石对过官芦场内砍斫，到工部讨文书去。钦此。"

八月初一日，僧录司左善世弘道，于奉天门钦奉圣旨："天界寺只作善世为额。钦此。"

洪武二十二年

七月初三日，本部官于华盖殿钦奉圣旨："鸡鸣寺老僧官陕西带来的番僧、汉僧，教工部做与绵布僧衣。钦此。"移咨工部，造办僧衣。三十六名，每名绵布僧衣一套，每套三件，共一百八件，进付内府给赏，各收领去讫。

八月初九日，僧录司申："该本月初一日早，本司左善世弘道等于奉天门钦奉圣旨：'西河、洮州等处多有不曾开设僧司衙门，恁僧录司差汉僧、番僧去打点，着本处官司就举选通佛法的僧人，发来考试，除授他去。钦此。'选到汉僧、番僧人一十名。本月初八日，本司左善世弘道等于奉天门奏，奉圣旨：'着礼部出札付，恁僧录司出文书与他，八月二十日起程去。钦此。'"当即将僧花名申部，钦遵施行。

八月十一日，僧录司蒙给事中薛广批："敬依将观音庵僧人成宝告能仁寺僧人保都事四名诈钞三十贯，无钞，将本僧度牒、勘合抢去事，送僧录司整理了回话。"

八月十七日，僧录司左善世弘道等于奉天门丹陛奏："天禧寺管塔和尚福兴，带铁牌点灯不便。"奉圣旨："舒了他。钦此。"

洪武二十三年

三月二十三日，僧录司蒙给事中差力士："钦依宣天禧寺僧官明日早朝来，先取知贴回报。"

八月十二日，僧录司蒙给事中滕达批差力士辛用："敬依将佑圣庵僧德定为启师慧性打骂事，僧录司整理了回话"。

洪武二十四年

五月初九日，僧录司右善世宗泐等于奉天门奏："天界善世禅寺有上元县靖安、湖塾镇及溧阳、溧水等县田地，天禧寺有上、江二县龙都镇田地，俱自已用钞雇倩人在各处使用，恐官府遇有差役未便。"奉圣旨："你各寺四县雇倩的人，教不动他。钦此。"左讲经守仁又奏："天禧、鸡鸣寺廊房开铺的，多是句容县人。"奉圣旨："教他起去，着苏、杭人来开铺。教他把旧日的文书照出关去。钦此。"

申明佛教榜册

六月初一日，钦奉圣旨："佛教之始，自东汉明帝夜有金人入梦。是后，法自西来，明帝敕臣民愿崇敬者许。于是，臣民从者众，所在建立佛刹。当时，好事者在法入之初，有去须发而舍俗出家者，有父母以儿童子出家者。其所修也，本苦空，甘寂寞，去诸相欲，必欲精一已之英灵。当是时，佛教大彰，群修者虽不能尽为圆觉实在修行，次第之间，岂有与俗混淆，与常人无异者？今天下僧寺以上古刹，皆列圣相继而较[①]者。佛之教，本中国之异教也。设使尧、舜、禹、汤之时，遇斯阐演，未审兴止何如哉？今佛法自汉入中国，历历数者一千三百三十年，非一姓

① 较：明释幻轮《释鉴稽古略续集》卷2为"兴"。

为君而有者也。所以不磨灭者为何？以其务生不杀也，其本面家风，端在苦空寂寞。今天下之僧，多与俗混淆，尤不如俗者甚多，是等[①]其教而败其行，理当清其事而成其宗。令一出，禅者禅，讲者讲，瑜伽者瑜伽，各承宗派，集众为寺。有妻室愿还俗者听，愿弃离者听。僧录司一如朕命，行下诸山，振扬佛法以善世。仍条于后：

一、自经兵之后，僧无统纪。若府若州，合令僧纲司、僧正司验倚郭县分，僧会司验本县僧人。杂处民间者，见其实数，于见有佛刹处，会众以成丛林，守清规以安禅。其禅者，务遵本宗公案，观心目形，以证善果。讲者，务遵释迦四十九秋妙音之演，以导愚昧。若瑜伽者，亦于见佛刹处，率众熟演显密之教应供，是方足孝子顺孙报祖父母劬劳之恩。以世俗之说，斯教可以训世。以天下之说，其佛之教阴翊王度可也。

一、令之后，敢有不入丛林，仍前私有眷属，潜住民间，被人告发到官，或官府拿住，必枭首以示众。容隐窝藏者，流三千里。

一、显、密之教，仪[②]范科仪，务遵洪武十六年颁降格式内其所演唱者，除内、外部真言难以字译，仍依西夷之语，其中最密者，惟是所以曰密。其余番译经及道场内接续词情，恳切交章，天人鬼神咸可闻知者，此其所以曰显。于兹科仪之礼，明则可以达人，幽则可以达鬼，不比未编之先，俗僧愚士妄为百端，讹

① 等：《释鉴稽古略续集》卷2为“皈”。
② 仪：《释鉴稽古略续集》卷2为“轨”。

舛规矩，贻笑智人，鬼神不达。此令一出，务谨遵，毋增减为词，讹舛紊乱。敢有违者，罪及首僧及习讹谬者。

一、令出之后，有能忍辱不居市廛，不混时俗，深入崇山，刀耕火种，侣影俦灯，甘苦空寂寞于林泉之下，意在以英灵出三界者听。

一、瑜伽僧既入佛刹，已集成众。赴应世俗，所酬之资，验日验僧，每一日每一僧钱五百文。假若好事三日，一僧合得钱一千五百文。主磬、写疏、召请三执事，凡三日道场，每僧各五[①]千文。

一、道场诸品经咒布施则例：《华严经》一部，钱一万文；《般若经》一部，钱一万文；内、外部真言，每部钱二千文；《涅槃经》一部，钱二千文；《梁武忏》一部，钱一千文；《莲经》一部，钱一千文；《孔雀经》一部，钱一千文；《大宝积经》，每部钱一万文；《水忏》一部，钱五百文；《楞严咒》一会，钱五百文。已上诸经施钱，诵者三分得一，二分与众均分，云游暂遇者同例。若有好事者额外布施，或施主亲戚邻里朋友乘斋下偞者，不在此限。

一、陈设诸佛像、香灯，供给阇黎等项劳役，钱一千文。

一、凡僧与俗斋，其合用文书务依修斋行移体式，除一表、三申、三牒、三帖、三疏、三榜外，不许文繁，别立名色，妄费纸札，以耗民财。

一、今后所在僧纲、僧正、僧会去处，其诸散寺应供民板者，听从僧、民两便。愿请者，愿往任从之。僧纲、僧正、僧会毋得

① 五：应为“一”。

恃以上司，出帖非为拘钤，假此为名，巧取散寺民施。此等之例，自宗元无大概。只因曩者，天下兵争之日，朕居金陵，军士在征者多，金陵在城巨细僧寺庵观数多，当是天界一寺，重门楼观，金碧荧煌，可谓寺之大者矣，其斋僧布施者鲜入其内。其房一间为庵，三、五间为寺。道观如之。朝天宫亦然，金碧荧煌，重门楼观，人皆不入。其香灯烛昼夜不息于小庵小舍，何也？实非求福，乃构淫佚，败常乱俗。当是时，朕将诸寺院庵观一概屏除之，僧不分禅、讲、瑜伽，尽入天界寺；道不分正乙、全真，俱入朝天宫。于斯之时，僧、道出入，颇有可观。然一、二载间，天界首僧惠昙[①]信从群小不才，如忘瑜伽诸僧，假以出入有验，凡有经斋去处，验帖验僧而出，其归也，巧取民施，以为常例，如此剥削瑜伽诸僧。近年以来，分寺清宗，禅者禅，讲者讲，瑜伽者瑜伽，天界不复斯例矣。即今能仁寺首僧，不悟天界寺首僧为非，仍前尚拘散寺僧人，出入是为不便，巧取是为贪财。出帖一节，验本寺出入则可，取财则不可。此令一出，悉令改过，从各有缘僧。有道高行深者，或经旨精通者，檀越有所慕，从其斋礼，毋以法拘。敢有仍前倚势拘钤者，其僧纲、僧正、僧会杖一百，工役三年。

一、瑜伽之教，显、密之法，非清静持守，字无讹谬，呼召之际，幽冥鬼趣，咸使闻知，即时而至，非垢秽之躯世俗所持者。

---

① 惠：应为“慧”。慧昙，字觉原，元末出家，学律于明庆杲，习教于高丽教。后往中天竺寺参临济名僧笑隐大欣，大悟。元至正十六年(1356)朱元璋攻克南京后，谒于辕门，受命主蒋山太平兴国禅寺。次年，大龙翔集庆寺改为天界寺，又受命主之。洪武元年(1368)，开善世院，秩视从二品，特授其“演梵善世利国崇教大禅师”，住持大天界寺，“统诸山释教事”。

囊者，民间世俗多有仿僧瑜伽教者，呼为善友，为佛法不清，显密不灵，为污浊之所污有若是。今后止许僧为之，敢有似前如此者，罪以游食。

一、令出之后，所有禁约事件，限一百日内悉令改正。敢有仍前污染不遵者，许诸人捉拿赴官，治以前罪。

七月初一日，本部官于奉天门钦奉圣旨："恁礼部出批，着落僧录司差僧人将榜文去，清理天下僧寺。凡僧人不许与民间杂处，务要三十人以上聚成一寺，二十人以下者，听令归并成寺。其原非寺额，创立庵堂寺院名色，并行革去。钦此。"本部当差僧人善思等五名，赍榜前去各布政司，清理僧人，归并成寺，仰各处僧寺遵守。

八月十八日，锦衣卫差力士何旺赍到手敕："着善世、天禧、能仁三寺僧官宗泐等，明早有雨不要来。若无雨天晴，早赴奉天门。钦此。"

洪武二十五年壬申

试经，给僧度牒。敕僧录司行移天下僧司，造僧籍册，刊布寺院，互相周知，名为《周知板册》。

二月二十五日，礼部为传奉圣谕事："摄山严因崇报禅院，还改栖霞禅寺为额。原有山场田地，俱免他粮差。钦此。"钦遵。

三月十六日，本部官于华盖殿钦奉圣旨："今春雨少，恁礼部去天禧寺，着僧官洁净坛场祈祷，户部与斋米一百石、盐一百斤、酱八十斤。钦此。"移咨户部，钦遵施行。当日，本部官又于奉天门题奏："天禧寺启，明早用香，就部祠部关油赍去。"奉圣旨:“是。再与他清油一百斤,着就库里支。钦此。”咨工部关油,祠部放香。

四月十七日,礼部祠部试员外郎何呈于奉天门奏:“礼部出给僧、道度牒,止凭僧录司来文,照名出给,并不见开称曾无揭籍明白。恐一概出给不便。”奉圣旨:“都教他揭籍明白时,给与他。钦此。”

五月初四日,僧录司左善世夷简等,同本部官于奉天门钦奉圣旨:“各处差去清理佛教僧多,又不停当。恁僧录司好生省会与他,若要将寺宇完全有僧去处折毁了的,着他改正了。体察出来不饶。钦此。”

八月初六日,本司左善世了达等于右顺门钦奉圣旨:“各处僧、道,多有假托化缘,骗人钱钞的。恁僧、道录司拿将来,将疏头来看,料治他。钦此。”

十二月初六日,僧录司左善世夷简等于奉天门钦奉圣旨:“各处有通佛法性理高僧,访问得几人,取将来善世寺住。钦此。”

十二月二十一日,钦依关领《清教录》一百四十五本,发与各处僧纲司,依本刊板印造,俵散所属寺院僧人。

闰十二月十八日,礼部据僧录司申:“该司官等本年十月十四日,于奉天殿钦奉圣旨:‘各处僧寺多隐逃军逃囚,好生不停当。只如南关外百福寺,止有僧人四名,为隐藏刺字逃囚,寺都废了。前日说与僧录司,行文书各处僧司,着落寺院编号造册。如今定下格式,不用多费纸札,火速催并他成造将来。钦此。’当日,蒙力士萧贵送到册式样一纸,钦依写一、二名来看。本月十九日早，钦依将本司官并善世、天禧、能仁三寺僧一百二十八名，开写二纸进呈。本月二十七日，本司官于右顺门钦奉圣旨：'前日册式刊板了，着人印与僧录司，照依天下僧司寺院数目，颁降与他，着他依式刊板印造，务要天下僧籍互相周知。钦此。'当日，又题奏：'各处清理册内，未请度牒僧人合无如何？'奉圣旨：'也着他入册。钦此。'当年十一月初五日，本司官于奉天门钦奉圣旨：'如今定册式好生停当，僧录司差僧去，说与各处僧司并寺院，这回造册，好生要清切。有容隐奸诈等人朦胧入册的，事发时，连那首僧都不饶他性命。各处僧人都要于原出家处，明白供报俗家户口入籍，不许再在挂搭处入籍。待造册成了，方许游方挂搭。钦此。'除行各处僧司所属寺院钦遵造册外，具申到部，立案遵守。"

道录司官于奉天门钦奉圣旨："恁也照依僧录司攒造文册，每一丛林各散一本。先去僧录司讨式样看，照数攒造。钦此。"具申本部施行。

洪武二十六年癸酉

正月初三日，大龙兴寺住持僧祖俊等赴京贺正，辞回，司礼监官鲁梯传圣旨："住持僧赏五锭，散僧每名二锭，教礼部补本。钦此。"当即礼科给赏，本部补本覆奏。

六月初五日，僧录司官一同礼部官于奉天门钦奉圣旨："近日各处进来僧册，多有不知朝廷礼体。今后着他将原印板僧名上面边栏，增高三个字来地位好写，进呈册前头由中间休动。"当又礼部官题奏："其余给散天下僧册。"奉圣旨："准他。钦此。"

七月二十二日，僧录司官左善世夷简等于奉天门钦奉圣旨："各处寺院原设砧基道人，本着他寺家管事当门户，如今多有人来告他好生无礼，戴帽穿圆领衣，行坐要在僧人之上，凌压众僧，恼害寺家。僧录司行文书去，今后各处砧基道人敢有仍前无礼，凌压众僧，恼害寺家的，拿来杖一百，发边远充军。钦此。"

八月十九日，抄蒙钦依："天禧、天界、能仁、灵谷、鸡鸣大住持、僧官，二十日早将引有见识的僧来赴内府。"

九月初七日，僧录司左善世弘道等于奉天门钦奉圣旨："着前府都督陈逊前去采石对过鲚鱼洲等处官芦场内，拨与天禧、天界、能仁、灵谷、鸡鸣五寺，就着他各寺管事僧跟随前去，认他地方。钦此。"

九月十三日，牧马所千户周□晚朝于午门楼上奉圣旨："去与灵谷寺着空闲地，着看山军种各样果子，下种成树秧，移将进山里去栽，剩下的结果子与和尚吃。钦此。"

九月二十六日，本司左善世夷简等晚朝于奉天门题奏："在京善世、天禧、能仁、灵谷、鸡鸣五寺，钦蒙拨与芦柴，合无就僧录司出批文，与各寺去砍斫。"奉圣旨："是。钦此。"

十月初三日，前军都督府都督同知陈逊奉圣旨："着他自雇倩人夫砍斫，行文书工部知道，免他抽分。钦此。"

洪武二十七年甲戌

命僧录司行十二布政司选僧补官。于是居顶、道成、净戒等应召除授。

正月初八日，钦奉圣旨："释迦佛发大悲愿心，历无量劫，至于成道。说法度人，一切来历，备载大藏。愚者安能知义？聪者未能尽目。有佛以来，效佛之修者无量。自汉入中国，至今一千三百余年，其教不治而不乱，不化而自化。凡所说法，人天会听，愚者虽无知，补于时君者多矣。自佛去世之后，诸祖踵佛之道，所在静处；不出户牖，明佛之旨。官民趋向者，累代如此。效佛宣扬者，智人也，所以佛道永昌，法轮常转。迩年以来，踵佛道者未见智人，但见奸邪无籍之徒，避患难以偷生，更名易姓，潜入法门。以其修行之道，不足以动人，一概窘于衣食，岁月实难易度。由是奔走市村，无异乞觅者，致使轻薄小人毁辱骂詈，有玷佛门。特敕礼部条例所避所趋者，榜示之：

一、僧合避者，不许奔走市村，以化缘为由，致令无籍凌辱，有伤佛教。若有此等，擒获到官，治以败坏祖风之罪。

一、寺院庵舍已有砧基道人，一切烦难答应官府，并在此人。其僧不许具僧服入公厅跪拜。设若已身有犯，即预先去僧服，以受擒拿。敢有连僧服跪公厅者，处以极刑。

一、钦赐田地，税粮全免。常住田地，虽有税粮，仍免杂派，僧人不许充当差役。

一、凡住持并一切散僧，敢有交接官府，说俗为朋者[①]，治以重罪。

一、凡僧之处于市者，其数照归并条例，务要三十人以上聚成一寺，二十人以下者，悉令归并，其寺宇听僧折改，并入大寺。如所在官司有将寺没官，及改充别用者，即以赃论。

---

① 说：应为“悦”。见《释鉴稽古略续集》卷2，洪武二十四年条。

一、可趋向者，或一、二人幽隐于崇山深谷，必欲修行者听，三、四人则不许。山虽有主，阻当者以罪罪之。若近市井，十五里内不许。山主阻之，勿罪。十五里以外，许之。其幽隐者，游居于山，或一年半年，或两三月，或栖岩，或屋树，或庐野，止许容身，不许创聚。刀耕火种于丛林中，止许勾食而已。若有好善之家入山送供者听。

一、若欲游方问道，所在云水者亲赍路费，循道而行、往无定止者听。民有善德之家，一见如此，礼而斋之者受，施财者纳之。

一、除游方问道外，禅、讲二宗止守常住，笃遵本教，不许有二，亦不许散居，及入市村。其瑜伽，各有故旧檀越所请作善事，其僧如科仪教为孝子顺孙，以报劬劳之恩，在上而追下者，得舒慈爱之意。此民之所自愿，非僧窘于衣食而干求者也。一切官民，敢有侮慢是僧者，治之以罪。

一、僧有妻室者，许诸人捶辱之，更索取钞五十锭。如无钞者，打死勿论。

一、有妻室僧人，愿还俗者听，愿弃离修行者亦听。若不还俗，又不弃离，许里甲邻人擒拿赴官。循私容隐不拿者，发边远充军。

一、今后一切僧人，敢有将手卷并白册称为题疏，所在强求人为之者，拿获到官，谋首处斩，为从者黥刺充军。

一、僧寺庵院，一切高明之人本欲与僧攀话，显扬佛教。奈何僧多不才，其人方与和狎，其僧便起求布施之心，为此人远不近。

一、今后秀才并诸色人等无故入寺院，坐食僧人粥饭者，以罪罪之。

呜呼！僧若依朕条例，或居山泽，或守常住，或游诸方，不干于民，不妄入市村，官民欲求僧以听经，岂不难哉？如此则善者慕之，诣所在焚香礼请，岂不高明者也？行之岁久，佛道大昌。榜示之后，官民僧俗人等敢有妄论乖为者，处以极刑。钦此。”

《清教录》内禁约条例：

一、诸山僧寺庵院，务要天下诸僧名籍造册在寺，互相周知。遇僧人游方到来，即问本僧系某处某寺某僧、年若干，然后揭册验实，方许挂搭。如是册内无名及年貌不同者，即是诈伪，许擒拿解官。

一、今后僧寺不许收养民间儿童为僧。儿童无知，止由父母之命，入寺披剃。及至年长，血气方刚，欲心一动，能甘寂寞、诚心修行者少。所以僧中多有泛滥不才者，败坏祖风，取人轻慢。令出之后，敢有收留儿童为僧者，首僧凌迟处死，儿童父母迁发化外。若有出家者，务要本人年二十、三十者，令本人父母将户内丁口、事产，及有何缘故，情愿为僧，供报入官奏闻，朝廷允奏，方许披剃。过三年后，赴京验其所能，禅者问以禅理，讲者问以讲诸经要义，瑜伽者试以瑜伽法事，果能精通，方给度牒。如是不通，断还为民，应当重难差役。

三月二十六日，天界寺、蒋山寺住持行椿、行容等具奏：“荷蒙钦赐赡僧田地，一向自己用钞，雇人耕种。因事务烦琐，另议召佃征租。上、江二县田,每亩米五斗、麦三斗为率;溧阳、溧水、句容等县田,每亩米七斗五升为率。各佃自运到寺,散给众僧。又蒙钦赐芦洲,砍柴变价,备办香灯,俱造册送礼部查考,不许拖欠侵克,已蒙依准,申部遵守。但今岁季着僧催征租粮,砍斫芦柴,收支票贴,库司无凭稽考,田地召佃,公据无凭,合无请赐库记。"奉圣旨:"是。着礼部给库记与他天界寺、蒋山寺。钦此。"

七月十二日,本部官同僧录司官华盖殿钦奉圣旨:"征南阵亡、病故的官员、军士,就灵谷寺做好事普度他。恁礼部家用心整理。钦此。"本部议:"到灵谷寺修设大斋,普度征南阵亡、病故等项官军,合用米麦、香烛、器用等件,具奏行移户部、工部、应天府等衙门放支,造办送用。差委郎中、员外郎将带吏典,提调供给。"

洪武二十八年乙亥

命僧录司设上、中、下三科考试天下沙门。赐善世、天禧等寺粮米各三千石,以给其食。赐僧录司官大佑袈裟、衣衾。

洪武二十九年丙子

三月初一日,本部官钦奉圣旨:"天下僧、道,已前屡曾出榜晓喻,务要各遵本宗教法,不许混同世俗,干犯宪章。近来僧录司、道录司考试天下僧、道,其中多有不通经典者。盖是平日不遵清理榜谕,其于本教祖风茫然无知,以此不知趋善惩恶之方。恁礼部将已前出的榜文编集成书,颁示天下僧道寺观,申明周知。三年后,再来考试,不中者发边远充军。钦此。"本部今将节次圣旨、榜文条例刊布,务要人各一本,永为鉴戒。

四月二十五日，灵谷寺管栽种竹木僧福胜晚于左顺门奏："本寺住持见患有病，不能来奏，着臣僧来。本寺圈门里两边山上，节次奉圣旨，栽种诸般竹木在上。如今御马监官传圣旨：'着御马监牧马所在里面打草放马。'恐损坏树木，奏上位知道。"奉圣旨："不许放马打草。"奉圣旨："你把草里树与我薅出来。钦此。"

十一月初七日，本部官于奉天门钦奉圣旨："灵谷寺住持病故，恁礼部与祭祀。钦此。"今照灵谷寺住持道谦，见任僧录司右阐教。本部办素祭，遣官致祭。

洪武三十年丙午①

命僧录司行十二布政司，凡有寺院处所，俱建禅堂，安禅集众。

天竺泥吧剌国造秘密图像，敕僧录司会议焚之。

十月十五日，本部官于奉天门钦奉圣旨："近年多有征守、镇戍、海运官身故，及西平侯、信国公等亡故，都不曾超度。恁礼部择日，于善世寺条设水陆三日一夜普度。钦此。"钦天监选本月十九日开启，二十一日满散。本月十六日，本部官于右顺门题奏，奉圣旨："是。献佛斋供、僧人饭食，光禄寺办造。香烛着内官自送去。钦此。"光禄寺官将厨役人、斋料前去供给。行移五府十二卫取勘阵亡、伤故、淹没等项，及在营病军官。太常寺拨赞礼郎执事，道士掌行供佛礼。教坊司习悦佛歌舞。工部、应天府造买木桌、牌位及纸札等物。本部委官提调。

① 丙午：应为"丁丑"。

十一月二十九日，住持博洽于右顺门题："原奏准化米道人一十名，二十九年、三十年病故了三名，今有羽林左卫水军千户所百户刘旺、下替役老军周文荣，情愿到寺打勤劳。"奉圣旨："这个准他。钦此。"当又奏："再有一名上元县住坐脚夫康祖生，年六十四岁，见有亲男应当夫役也，情愿到寺打勤劳，化米供众。"奉圣旨："这般行好用他。钦此。"

洪武三十一年戊寅

二月二十九日，僧录司左善世大佑等于右顺门钦奉圣旨："江东驿、江淮驿两处盖两座接待寺，着南北游方僧道往来便当。你们明日去看定基址了，来回话。钦此。"

建文四年壬午①

礼部为申明教化等事。照得洪武三②十五年十一月二十一日早，本部官同五府、各部官于奉天门钦奉圣旨："朕自即位以来，一应事务，悉遵旧制，不敢有违。为何？盖因国初创业艰难，民间利病，无不周知。但凡发号施令，不肯轻易，必思虑周密，然后行将出去，皆是为军为民的好勾当。所以三十一年天下太平，人受其福。允炆不守成宪，多有更改，使诸司将洪武年间榜文不行张挂遵守。恁衙门查将出来，但是申明教化、禁革奸弊、劝善惩恶、兴利除害、有益于军民的，都依洪武年间圣旨，申明出去，教天下官吏军民人等遵守，保全身命，共享太平。敢有故违者，治以重罪。钦此。"

---

① 据文意校补。按，此条原置于"洪武三十一年"下，然细读其文，可知为明成祖之"圣旨"，斥责建文帝朱允炆所谓"不守成宪，多有更改"云云。

② 三：原文为"一"，应为笔误。

永乐元年

九月二十九日午时，本司官左善世道衍一同工部侍郎金忠、锦衣卫指挥赵曦于武英殿题奏："天禧寺藏经板，有人来印的，合无要他出些施利。"奉圣旨："问他取些个。钦此。"

永乐五年

二月初六日，文武等官奉天门早朝奏准，奉圣旨："着落礼部知道，重新出榜晓喻，该行脚僧、道，持斋受戒，恁他结坛说法。有人阻当，发口外为民。钦此。"

永乐十一年

七月十七日，工部尚书吴中于奉天门早朝钦奉圣旨："如今京城起盖大报恩寺，那军夫人匠每好生用心，出气力，勤紧做工程，我心里十分喜欢。恁部家便出榜去，分豁等第赏他，仍免他家下差拨。钦此。"本部今将钦定事例备榜前去，仰钦遵施行。须至榜者：

一、军夫人匠做工一年以上，始终不曾离役者，每名赏钞十锭，赏布二匹，夫匠免户下杂差役，旗军免余丁差拨各二年；做工半年以上，始终不曾离役者，每名赏钞八锭，赏布一匹，夫匠免户下杂拨差役，旗军免余丁差泛各一名[①]；做工三月以上，始终不曾离役者，每名赏钞五锭，夫匠免户下余丁杂泛差役，军[②]免余丁差拨各半年；做工中间曾离役一次，复自来上工者，再计其上工月日，或有一年以上，或半年以上，或三月以上，俱照前

① 名：应为"年"。

② 军前应漏一"旗"字。

例给赏、优免；做工中间曾离役二次以上者，不赏，不免差拨；有做本名下工程已了，再情愿出力做工者，赏钞二十锭，赏布四匹，免其差拨三年。

一、为事军民官吏人等，上工始终不逃者，原犯笞、杖罪名，盖寺满日，官吏复其职，役军还原伍，民发宁家；原犯徒、流罪名，盖寺满日，军官复其原职，民官降等序用，吏役人等差役宁家；原犯死罪者，盖寺完日，俱宥其死。

右榜谕众通知。

永乐十七年

二月十三日，朝见。十五日早，于奉天门奏："进《注解法华经》一部，佛像一轴。"钦奉圣旨："收了。钦此。"

二月二十八日，宣僧录司右善世道成，与一如、思扩于西红门，当蒙颁赐一如佛像二轴、佛骨五块、钞一千贯、《诸佛菩萨名称歌曲》大小三本；道成佛一轴，思扩佛一轴，大小歌曲各三本。当即入见，钦奉圣旨："恁一如、思扩为朕编类禅宗语录来看。钦此。"当即题奏："中间合无去取！"奉圣旨："祖师说的都是佛法，不要去取。钦此。"

三月初三日，宣道成、一如等八人于西红门，钦奉圣旨："将藏经好生校勘明白，重要刊板，经面用湖水褐素绫。"当口题奏："合无用花绫？"奉圣旨："用八吉祥绫。"当又钦奉圣旨："每一面行数、字数合是多少？"当口题奏："五行、六行的，皆用十七字。今合无只用十七字？"钦奉圣旨："写来看。钦此。"

三月初五日，道成等于西红门口题奏："庆寿寺旧藏经不全，闻彰德府有，合无差人去取来，与新经校正？"奉圣旨："着礼部差人去取。钦此。”

三月初七日，传旨：“要写经样看。”当将侍读学士沈□写五行十七字呈看。初九日，道成等八人将写的五行十七字、六行十七字经板，于西华门进呈。奉圣旨：“用五行十七字的。钦此。”

四月二十九日，传旨：“外面何处有旧藏经？再要取一藏来。钦此。”五月初五日早，一如、慧进于奉天门内题奏：“奉旨要取旧藏经，近日取来的僧法涌说：‘苏州承天寺有旧经一藏。’合无去取？”奉圣旨：“差人去取，就着说的僧同去。钦此。”

五月初七日，礼部尚书吕震于奉天门口奏：“各处取到僧人八十九名，见在庆寿寺打点书籍，合无于内选两个能事僧人把总提督？”奉圣旨：“是。着一如庵、进法主总调[①]。钦此。”

五月十九日，礼部尚书吕震传旨：“着一如庵、进法主来见。”二十日、二十一日，于西华门听候。二十一日，内官姜传圣旨：“明日二十二日是好日，着他来。”钦依于本月二十二日，一如、慧进于内用作门里奉圣旨：“你两个做僧官校藏经，再寻一人。钦此。”当又口奏：“外面人少，有能义见在庆寿寺，病将好了。”奉旨：“明早着午门上来。钦此”。二十三日早，于奉天门钦授行在僧录司右觉义职，就呈看经样。当又钦奉圣旨：“能义病好时，着他到经筵去管事。钦此。”

六月十五日，于西华门进呈禅语式样，口题：“有等始自世

---

① 一如庵：即僧一如，字一庵；进法主：即僧慧进，人号“法主”。见《补续高僧传》卷4《一如传》、《慧进传》。

尊拈花，终至中峰《广录》[①]。机缘语句，照依年代，次第编集，各分门类，如近代禅宗编的《禅宗类聚》[②]。合无依那等编修？"奉圣旨："只依《禅类聚》[③]去编。"当奏："其中或有但言事迹，不涉机缘语句，合无如何？"奉圣旨："都编着。"当又口题："佛祖语下，后来禅宗诸师多有拈颂，只恐烦杂，合无去取？"奉圣旨："不要去。"又题："《禅林类聚》门该一百零二条，臣恐烦碎。如锡杖、鞋履等编入器用等门，并作二十八条，请旨定夺。"奉圣旨："只依他。"当又题："见修藏经，臣僧等共计一百二十名，已较过一番了。只今各僧互相校对，欲就七月初，将《般若》、《华严》等经差讹少者先写起。"奉圣旨："如今天道热，待七月半后。钦此。"

七月初九日，一如同思扩于御用作门里，呈看僧人子谟等六十四人所写字样。奉圣旨："好。"当题："后面有几僧还欠写。"奉圣旨："只就今日好日，拣好的写。"又题："唐太宗刊的藏经，前面有《御制三藏圣教序》。今圣朝重刊，合无亦用序文？"奉圣旨："不要。"又题："藏经里面，各品上多有安经题。苏州取来旧经，品目上皆无经题。"奉圣旨："不要如《论语》，各篇目上有'论语'二字来。"又题："且如《法华经》，世间读诵者多，品目

① 中峰：释明本，号中峰，元代临济宗僧，仁宗赐号佛日广慧普应国师，有《广录》三十卷行世。

② 宗：应为"林"。《禅林类聚》凡二十卷，元代道泰、智境编。该书就禅宗诸祖语录、传灯录等，收集禅家诸师之机缘语要，内容包括帝王、宰臣、儒士、佛祖、法身、佛像、伽蓝、殿堂、塔庙、丈室、门户、禅定、经教、尼女、戒律、礼拜、缘化、神异、问疾、服饰、法器、斋粥、香灯、狮子像、龟鱼等102类。其中有关禅家示众、师家与学人问答商量、参究问话、禅家行实等收录最多，亦散见释尊行迹、佛弟子问法、印度诸师议论问答等。

③ "禅"后缺一"林"字。

上亦有经。”奉圣旨:“也不要。钦此。”

九月十二日,一如等题奏:“藏经目录里面,前是经、律、论,后是各宗祖师文字。圣朝所编的《佛名经》与《名称歌曲》、《神僧传》,目录内合无编写在经、律、论后,诸宗文字之前?”奉圣旨:“安在后。只要有朕名时便了。”又奏:“太祖高皇帝有御制《〈心经〉序》,圣朝诣咒前亦各有序,合无于各经前都写上?”奉圣旨:“太祖皇帝于佛法上多用心,都写上。”又奏:“累朝如唐太宗、宋太宗等,经前多有序文,合无写上?”奉圣旨:“都写上。钦此。”

十一月初七日,赐纻丝绵直裰、偏衫中袖各一领,众僧改机直掇等,皆用绵,亦各三领。次日,传旨:“免谢恩。着众僧用心看写藏经。钦此。”

永乐十八年

正月十六日,入内观灯宴。十七日早,宣一如庵、进法主,思扩未至。二人于西红门见著,看师子毕,敕问:“藏经校得好了?”当奏云:“已七番校过好了。”奉旨云:“上紧用心。”又令内官尚□将《折桂令》、《醉太平》、《雁儿落》三曲来看。奉旨:“你看,不要管他腔调,只看中间字义如何。”又敕问:“你夜来看灯来?”奏云:“曾看。”有旨云:“着人寻你,如何不见?”奏云:“在后面有。”又奉旨云:“不曾挤了么?”奏云:“不曾。”又奉旨云:“与烧饼各五十斋了去。钦此。”

三月初六日午,宣入,同□、进、扩、袁仁二道士五人。道官于西红门赐坐。奉圣旨:“这尼姑无礼,称唐菩萨,见着去拿了。故着你每入来,说与你每知道。”又奉旨:“道家的经好生纰缪,且老子称净乐国王，在于何时？”袁对云：“无年代。”又奉旨：“你每校证的藏经好么？”奏曰：“已经多番校过好了。”又奉旨：“且如有《报恩重经》等，不是佛说的，休入藏里。”奏曰：“止如分《数珠经》、《血盆》、《高王经》等，皆非佛说，不可入藏。”又右讲经琮奏曰：“道家有《太上实录》谤佛①。”奉旨：“向年间着收来，还也不曾。这刘渊然②该杀的。”有道士袁奏曰：“《太上实录》多有好言语在内。”奉圣旨：“我敬佛，他谤佛，留了我心不喜。钦此。”

三月初七日，颁御制经序十三篇、佛菩萨赞跋十二篇，写各经之首。

七月十八日早，一如等于奉天门口题：“《梦感功德经》③，南京藏内已入大字函。今合无就圣明《诸佛名经》等编入后面？”奉圣旨：“荒唐之言，不要入。”如当又题奏：“昔日太祖皇帝取到各处高僧，命如玘、宗泐等注解《心经》、《金刚》、《楞伽》三经，颁行天下。内有太祖皇帝御制序文，合无写入藏刊板？”奉圣旨：“写入。”又题：“圣朝《佛菩萨名称歌曲》作五十卷，《佛名经》作

---

① 按：《太上实录》，即《太上老君混元圣纪》，亦名《太上老君混元皇帝实录》，南宋名道谢守灏“脱儒冠去为道士，以推尊孔氏者尊老”，著成。元时，该书因被指为“谤佛”伪经而焚毁。

② 刘渊然（1351～1432），江西赣县人，道号“体玄子”，道教长春派创始人。洪武二十六年（1393），授道录司右正乙；永乐二十年（1422），贬谪云南；宣德七年（1432），卒于金陵（南京）。玄悟超然，崇尚医术。著有《济急仙方》一卷。

③ 该经全名《大明仁孝皇后梦感佛说第一希有大功德经》，二卷，为明成祖托名仁孝徐皇后而伪造之经。据徐皇后长序称，洪武三十一年正月，作为燕王朱棣之妃的徐氏“梦感”见到观音菩萨，观音预言其“今将遇大难”，特授“如来常说《第一希有大功德经》”，以“消弭众灾”。其“难”，则是指明惠帝削藩，朱棣“靖难”，则是顺应佛意“平定祸难”。明成祖夺得帝位后，将此经颁行，流通全国。当徐皇后去世后，他又策划诸子“复书是经，重以寿梓，流通中外”。成祖伪造该经，藉以宣扬自己造反、夺位的“合法性”。

三十卷,《神僧传》作九卷[1],即目见写。”奉圣旨:“是。好。”又奉旨问:“藏经内字写得好么?”奏云:“得那两个提调的中书好生用心,终日不停手。但是字有大小不均、偏邪不正的,一一皆令换过,以此写得十分好。”又奉圣旨问:“经板着几时刊?”奏云:“看工匠多少。”又奉圣旨:“着二千五百,一年了得么?”不敢对。又奉圣旨:“板经刊后,留在何处?”亦不敢对。当奉圣旨:“明日安一藏这里,安一藏南京。”又奉圣旨:“石上也刻一藏,大石洞藏着。向后木的坏了,有石的在。”又奉圣旨:“这里盖两个大寺,如今僧内取来的,有聪慧的选下些,明日起大寺了,着他在这里住。”当奏云:“僧里面只是老的多了。”又奉圣旨:“有病的着他回去。”又:“如今写经的都念经。”奉圣旨:“也难遇着他念经。”当又钦奉圣旨:“写经的写经,也要办我的事。钦此。”

七月二十七日午,宣闻禄天裔于西红门见,奉圣旨:“勉力修行。”一如奏云:“且一心了藏经。”奉圣旨:“了藏经了,过一、二年,着人替你,你修行。钦此。”赐七佛偈,兼赐看子昂所书者。

八月十九日,海印如等十二人、庆寿扩等四人入内,赐坐,就听圣旨:“问黄和尚《心经》。”钦蒙赐斋而退。

十二月十八日,行在僧录司左觉义慧进等谨题:“为誊写藏经事。除誊见行打点查对外,今查得《联珠颂古》等[2],皆系南京

---

① 原书缺一“传”字。

② 即《禅宗颂古联珠通集》。《禅宗颂古联珠通集》,南宋释法应集,元代释普会续集,系编集古来禅家诸祖颂古之作,内容共收世尊机缘二十四则、菩萨机缘三十则及大乘经偈六十二则、祖师机缘七〇二则。

藏内增入，请旨合无除去，惟复刊入？为此今将各件名目、卷数开后，谨具题知。计四件，共一百四十二卷，今将作一百六十九卷：

禅宗：《联珠颂古》二十一卷，宋淳熙年间，僧法应原编。又延佑年间，僧普会续编。今净戒重校刊入。《古尊宿语》[①]，宋咸淳年间，僧赜藏主原编，今净戒除去原编僧名，重校刊入。《续传灯录》三十六卷，不见原编集僧名，传说是居顶将古人所编刊入。

讲宗：《佛祖统纪》四十五卷，宋景定间，僧志磐撰。今管藏经僧宝成募缘刊入。"十九日，传奉钦依："不入藏。钦此。"

永乐十九年

正月二十一日，僧录司左觉义慧进等题："为誊写大藏经事。除誊写已完，现行打点外，恭惟圣朝校刊藏典，乃千载之希遇。臣慧进等伏请御制序文，以冠经首，增辉佛日，流传万古，实为教门至幸。为此谨具题知。"

正月三十日，司礼监太监孟□取新经五十函入内。至二月初一日晚，长随官人来说："初二日早，令官人、秀才、和尚入内朝。"上御奉天门看经，有旨："写得好。明日年老的好看。"又奉旨："你刊经板了，着你每坐山去，我也结些缘。"又问："板就那里刊好？"不敢对。有旨："就寺里刊好。"慧进云："前后是水好。"一如奏云："校经、写字和尚，合无着他回去，留他？"奉圣

① 即《古尊宿语录》。《古尊宿语录》，宋代赜藏主（僧挺守赜）集，灵谷寺净戒重校。内搜罗南岳怀让以下，马祖、百丈、临济、云门、真净、佛眼、东山等四十余家禅宗名德之语录，多为《景德传灯录》所未载者，乃研究南岳以下禅风之至要典籍。

旨："恰不留他，刊板时，字有差错，问谁？休着他去。"又敕太监孟："十二布政司便去取匠人。钦此。"当赐《传心妙诀》一本，众僧各一本。

八月初十日，传奉钦依："校写藏经的僧官、僧人，如今且着他回去。明年不来，后年来，是你教门的事，若待文书取时不便。修行的僧人，经板刊了，送你坐山供你。钦此。"

永乐二十年

九月二十四日，宣众僧官成、进、如、朗、住持扩、择，至西华门，赐斋。《御赞观音菩萨》、轮子、金刚数珠，人各三件。有旨："着天下众僧七日斋后，各自回去。"次日，传宣至西华门，有旨："赐天下预会僧官、僧人轮子。"次日，即给散。

十月初一日，传旨："着众僧来，成、光、进、如、朗并大住持扩、择。"上御思善门，赐弥陀佛一轴，各人不定；西番文殊菩萨一轴，各人不定。有旨："多慎内随意取。"

十月初六日，上御奉天门，赐僧、道官宴，天下众僧亦在丹墀。宴毕，先赐一如刻丝观音菩萨，有旨问云："你道是什么？"不敢对。上云："我两年摆布的文水晶数珠一串。"

宣德三年

行在僧录司：近蒙行在礼部祠祭清吏司手本，奉本部连送为度牒。宣德三年二月二十四日早，本部官于奉天门口奏："本年二月二十四日，御用监太监孟继、尚义等于武英门钦奉圣旨：'南京大报恩寺佛殿、宝塔完了，说与礼部知道，着僧录司选行童一百名，与他度牒，常川点塔灯。钦此。'欲便钦遵施行，未敢擅便。奉圣旨：'是。钦此。'除钦遵外，拟合连送，仰行在僧录司钦遵，各处行童内选取能通经典、有戒行者一百名，送部看验勘中，仍取勘年籍、出家披剃等项缘由，造册申缴，以凭出给度牒，送去常川点灯施行。连送到司，合用手本，差办事吏陈福赍捧，前去行在僧录司钦遵施行。”赍捧到司，除钦遵外，今将选取堪中行童等各年籍、出家披剃等项缘由开坐，理合备造文册施行，须至册者。

大报恩寺起工之初，监工官内官监太监汪福等、永康侯徐忠、工部侍郎张信、军匠夫役十万人，奉敕按月给粮赏。三月十一日，敕太监郑和等：“南京大报恩寺，自永乐十年十月十三日兴工，至今十六年之上，尚未完备。盖是那监工内外官员人等，将军夫、人匠役使占用，虚费粮赏，以致迁延年久。今特敕尔等，即将未完处所，用心提督，俱限今年八月以里，都要完成。迟误了时，那监工的都不饶。寺完之日，监工内官内使，止留李僧崇得在寺，专管然点长明塔灯，其余都拘入内府该衙门办事。故敕。钦此。”

三月十一日，敕太监尚义、郑和、王景弘、唐观、罗智等：“南京大报恩寺完成了，启建告成大斋七昼夜，然点长明塔灯，特敕尔等提调。修斋合用物件，着内府该衙门该库关支。物件造办、打发供应物料及赏赐僧人，就于天财库支钞，着礼部等衙门买用。塔灯用香油，着供用库按月送用。故敕。钦此。”

四月初十日，镇守襄城伯李隆钦奉敕书[①]：“洪武年间，太祖

---

① 据《明史》卷105《功臣世表一》补一“隆”字。李隆，永乐四年九月袭襄城伯。正统十二年，卒。

皇帝原拨赐大报恩寺当江沙洲等处芦场，砍斫芦柴，入寺应用。比闻为人所占，敕至，即照旧与之。及寺西越王台下，有空地一段，原做木厂，如今空闲不用，就拨与大报恩寺，种菜供众。如非原旧拨赐芦场及空闲，仍具奏来。故敕。钦此。”

计开：句容县拨下新洲芦场二十五顷，江浦县拨腊真洲尾二十顷，浦子口巡检司拨腊真洲一十七顷，三处拨还本寺芦场共计六十二顷。坐落杨子大江当江沙洲，通大四至：东至布裙套高资镇巡检司场，南至丝纲港句容县场，北至龙骨洲马腰洪浦子口巡检司场，西至芹菜港孝陵。

六月十六日，御用监太监尚义于左顺天门奏[①]：“南京大报恩寺，洪武年间拨赐廊房四十二间，与常住讨房钱。自永乐十年盖寺，展拆了。如今将本寺前面的廊房照数拨与他，奏知。”奉圣旨：“是。着工部、兵马司还拨与他。钦此。”

计开：拨廊房四十二间，“南”字三百一十六号[②]，至三百五十七号，四十一间；“南”字七百八十五号，一间。每间一年房租银三两六钱。

六月十六日，御用监太监尚义于左顺门奏：“南京大报恩寺已完，殿宇数多，合无存留经手人匠五十六名，在寺修理。应天府拨人夫五十名，常川打扫，疏通沟渠。南城凤台街四铺总甲

① “天”应为衍文。左顺门为明朝北京皇宫门。《明史》卷68《舆服四》记载：“永乐十八年，建北京，凡宫殿、门阙规制，悉如南京，壮丽过之。中朝曰奉天殿，通为屋八千三百五十楹。殿左曰中左门，右曰中右门。丹墀东曰文楼，西曰武楼。南曰奉天门，常朝所御也。左曰东角门，右曰西角门。东庑曰左顺门，西庑曰右顺门。正南曰午门。”本书本卷下文即又有“六月十六日，御用监太监尚义于左顺门奏”云云。

② 据本书卷50《各寺租额条例》及本处后文校补“南”字。

轮流巡缉,仍着原管工指挥刘勋带管提调。奏知。”奉圣旨:“是。着该衙门拨用。钦此。”

各殿丈尺:

金刚殿,高三丈一尺二寸,深三丈五尺二寸五分,长七丈六尺;

左碑亭,高四丈五分,深二丈一尺,长三丈三尺五寸;

右碑亭,高四丈五分,深二丈一尺,长三丈三尺五寸;

天王殿,高四丈六寸五分,深四丈八尺五寸,长八丈三尺五寸;

佛殿,高七丈一尺五寸,深十一丈四尺三寸,长十六丈七尺五寸;

穿廊,高二丈六尺,深二丈七尺二寸,长三丈二尺九寸;

游巡廊,高二丈四尺四寸六分,深三丈二尺九寸,长一丈七尺五寸;

观音殿,高四丈二尺四寸五分,深三丈六尺,长五丈九尺;

法堂,高三丈八尺,深四丈六尺五寸,长八丈一尺。

御亭,高三丈一尺二寸,深三丈五分,长七丈六尺;

祖师堂,高二丈八尺五寸,深三丈三尺,长四丈三尺;

伽蓝殿,高二丈九尺,深三丈五尺五寸,长四丈六尺六寸五分;

藏经殿,高四丈一尺八寸,深五丈三尺五寸,长五丈三尺五寸;

轮藏殿,高四丈一尺八寸,深五丈三尺五寸,长五丈三尺五寸;

画廊，共一百一十八间，高二丈二尺六寸，深二丈四尺五寸，每间长二丈四尺五寸；

禅堂，高四丈三尺五寸，深六丈四尺，长十一丈二尺；

厨房，高三丈三尺四寸，深五丈六尺三寸，长十一丈九尺；

库房，高二丈八尺一寸，深五丈一尺八寸，长七丈五尺；

经房，高二丈三尺五寸，深三丈五尺，长七丈二尺，两边房三十八间；

东方丈，高二丈八尺五分，深五丈一尺八寸，长七丈五尺；

西方丈，高二丈八尺五分，深五丈一尺八寸，长七丈五尺；

三藏殿，高二丈六尺五寸，深四丈三尺，长□丈五尺。

宝塔丈尺：

宝塔一座，九层通高，地面至宝珠顶二十四丈六尺一寸九分，地面覆莲盆口，高二十丈六寸。

宝塔并各殿香烛、灯油数，宝塔点灯用油数：每一层十六盏，每一盏该油六两四钱；每一层见一日该油六斤六两四钱，八层共油五十一斤三两二钱；月大该油一千五百十三斤，月小该油一千四百八十一斤一十二两八钱。

红蜡烛，三斤重十二枝，计六对；一斤重十六枝，计八对；八两重二十四枝，计十二对。

香油，月大用二千二百四十六斤四两，月小用二千一百斤。佛殿并两廊等处，月大用三百十五斤，月小用三百四斤八两。塔上点灯用，月大用一千九百三十一斤四两，月小用一千八百六十六斤十四两。灯草一斤三两三钱一分。

告示点灯僧人：

仰轮班点灯僧行各依牌次。该点灯日期，一一亲身早赴斜廊门下，候领官油。上塔，务要各层灯盏，添注平满，灯心照旧根数，不许奸计省克。每于申、未时分，该班会同上塔，添油剔灯，各要明亮，毋得早晚昏烛蒙昧。仍令该班班头逐层点视，遇有此等，报知，次日决责。至若轮班已满之日，各层扫抹干净，器皿见数，交替代过。每月上下打扫，刮抹灯盏、油盘等处。巡有灯窗蛃壳损坏处所，即着该修补，毋致延碍日久，递相支吾，临期决不容办[①]，倍罚修理。自今之后，务要遵守，常规不失。如有仍前奸计疏慢，蹈犯不遵者，各照该班挨名究治。

六月二十日早，御用监太监尚义递出揭帖，开于左顺门奏："南京大报恩寺预会诵经行童金胜保一千一十三名，告要关给度牒。"奉圣旨："着礼部南京关与他度牒，就着在那里各寺住坐诵经。钦此。"

宣德五年

五月二十九日，司礼监太监王振于端拱门钦奉圣旨："恁写帖子，去说与杨庆等知道。洪保奉[②]：'南京金川门外路东、西，有空闲菜地二处，与静海寺、天妃宫常住僧、道栽种。'文书到日，拨与他种。钦此。"钦遵。计开：

静海寺一百三十亩八分，一段六十四亩五分。

---

① 办：应为"辩"。

② 奉：应为"奏"。

靈谷寺右景
西湖

卷三　钟山灵谷寺

大刹　**钟山灵谷寺**　古刹、敕建

在都城东、钟山左独龙岗麓，离朝阳门十里。钟山，即蒋山。梁天监十三年，武帝为志公建塔于山南玩珠峰前，名开善精舍，更为寺。唐乾符中，改宝公院；开、宝中，改开善道场。宋太平兴国五年，改太平兴国寺；庆历二年，府尹叶清臣奏改十方禅院，寻复寺额。国初，名蒋山寺。因塔迩宫禁，洪武十四年，敕改今地，赐额灵谷禅寺。葱蔚深秀，中宏外拱，胜甲天邑。山门敕书“第一禅林”。寺左为梅花坞，春来香雪万株，倍增幽胜。入寺，万松杳霭。可五里许，有放生池，植荷其内。历金刚、天王二殿，为无量殿，纯甃空构，不施寸木。次为五方殿，已圮，今拟重建。又次为大法堂及律堂，而宝公塔岿然在焉。左为法台基。台前有街，俗名琵琶，履之晆[1]然响应，抚掌若弹丝。台后引八功德水，迂萦九曲。右为方丈，扁以“青林堂”，榜宸章其上。又右为禅堂。右之前，为左、右方丈及公塾、库司。今无量殿、围墙、禅律二堂、方丈、公塾皆涣新严葺，不失壮观。圣祖命赡僧千人，赐田独倍他寺。僧众额设右觉义一人，总其事。所统次大刹一，郭外曰栖霞；中刹十一，城内曰铜井，曰兴善，郭内

---

① 晆：音义均同“呿”。

曰观音阁，曰佛国，郭外曰翼善，曰定林，曰光相，曰三禅，曰广惠，曰法清，曰草堂。

殿堂

石洞门赐额“第一禅林”，旁有门房三楹。金刚殿五楹。天王殿五楹。无量殿五楹。五方殿止存基址，今拟重建。大法堂五楹。左伽蓝殿五楹。右祖师殿五楹。钟楼一座。方丈三所中方丈十二楹，左方丈六楹，右方丈六楹。公学十楹。库司六楹。僧院八十房食粮牒僧三百五十名，食粮学僧一百五十名。寺基五百亩东至马鞍山，南至官路，西至神宫监，北至钟山官墙。

禅堂

韦驮殿三楹。法堂三楹。禅堂前后三层，共十五楹。十方堂十楹，在本堂外，大法堂之右。华严楼五楹。斋堂、静室即在华严楼下，共五楹。厢楼四楹。仓库、厨、茶等房共十二楹。

律堂

韦驮殿三楹。法堂殿五楹。宝公塔五级。律堂左右四堂，共二十楹。十方堂十楹，在本堂外，大法堂之左。斋堂五楹。静室五楹。仓库、厨、茶等房共八楹。

公产

靖东庄丈过实在田、地、塘，共九千一百五亩九分五厘①。安西庄丈过实在田、地、塘，共一万二千二百四十六亩三分六厘。溧水庄丈过实在田、地、山、塘，共一千六百九十三亩六厘。柳桥田实在田、地、山、塘，共二百三十九亩六分五厘。白水洲田丈过实在田一百一十八亩三厘。十人洲丈过实在洲一千二百二十亩二分。

① 本书卷50《各寺租额条例・灵谷寺常住・靖东庄》为“九千一百一十一亩五分”。

禅堂

悟真庄丈过实在田、地、山、塘，共二千一百六十七亩九厘。桐桥庄丈过实在田、地、山、塘，共一千三百八亩八分六厘。陈桥茄地洲丈过实在洲二千一百三十八亩三厘。

律堂

龙都庄丈过实在田、地、塘，共三千六百四十八亩九分七厘。散甲庄丈过实在田、地、山、塘，共五百一亩八分三厘。

山水

钟山高一百五十八丈，周六十里。上有蒋子文庙，吴大帝避祖讳，改名蒋山，又名圣游山。梁朝以前，有寺七十所。唐《地理志》[①]："江南道名山，衡、庐、茅、蒋。"八功德水在旧悟真庵后，僧法喜以居。无泉，竭诚礼忏，求西天阿耨池八功德水。方求七日，遂获此泉，一清，二冷，三香，四柔，五甘，六净，七不噎，八蠲疴。自梁以前，尝取给御。洪武年间，迁寺，时旧池就涸，从寺东马鞍山下通出。先年，以木为笕，通水入寺。宣德五年，以石枧易之。因火灾，后三年，水竭不到。至正统元年，久旱，忽涌出如初。今复竭。放生池寺前。太祖役万工掘成，池岸甃以石，栽莲数百株于内。梅花坞寺前东南。独龙冈即寺地。

古迹

五里松由山门入，长松覆路，不下数万株，与山色争翠，五里方至寺。宝公塔高五级。宝志公葬其下，梁永定公主建开善寺前。国朝徙此。崇丽可登览。琵琶街说法台前。拍掌如奏弦，山谷皆响。三绝碑唐张僧繇画大士像，李白赞，颜真卿书，为三绝。下

---

① 据后引文及《新唐书》卷41《地理志》校之，应为《新唐书·地理志》。本书本卷后文收录明宋濂《游钟山记略》一文引用作："江南名山，唯衡、庐、茅、蒋。"按，《新唐书·地理志》原文为："（江南道）名山，衡、庐、茅、蒋、天目、天台、会稽、四明、括苍、缙云、金华、大庾、武夷。"则江南名山，不止"衡、庐、茅、蒋"四山。

复有赵孟頫书《志公十二时歌》。景阳钟在无量殿。元时铸,制度精古。以上俱存。

人物

(梁)宝志有志铭、行实并赞。智藏有传略。僧副梁高命匠人考其室宇于开善寺侧,每逍遥于门,负杖而叹曰:“环堵之室,蓬户瓮牖,匡坐其间,尚足为乐。宁贵广厦而贱茅茨乎?”会西昌侯萧渊藻出镇蜀部,拂衣附之。庸蜀久之,反金陵,复住开善。警诏敷演经论,解冠群宗。智远梁建安侯萧正立普明寺居之。定水既澄,慧门复敞。历名山还,住开善,毕志山泉,城阙不窥,世华无涉,守静自怡,以终老焉。

(宋)慧懃嗣五祖得度,每以唯此一事实,余二则非真,味之有省,遍参名宿。居蒋山,赐徽号、椹衣。怀深游往蒋山,留西庵,请益鉴公。公曰:“资福知是般事便休。”师曰:“某实未稳。”鉴反覆穷之,大豁,呈偈曰:“只是旧时行履处,等闲举着便淆讹。夜来一阵狂风起,吹落桃花知几多。”鉴抚几曰:“这里岂不是活祖师?”普崇住钟山,上堂云:“残雪既消尽,春风日渐多。若将时节会,佛性又如何。且道时节因缘,与佛法道理是同是别?”良久云:“无影树栽人不见,开花结果自馨香。”昙华在梅阳。有僧以偈寄之曰:“坐断金轮第一峰,千妖百怪尽潜踪。年来又得真消息,报道杨岐正脉通。”其归重如此。善直初参妙喜于回雁峰下。喜问曰:“何处人?”师曰:“安州人。”喜曰:“我闻安州人会厮扑,是否?”师便以相扑势。喜曰:“湖南人吃鱼,因甚湖北人着鲠?”师打筋斗而出。喜曰:“谁家冷灰里,有粒豆爆出。”赞元造石霜,见慈明圆禅师,乃曰:“好好著槽厂去。”师作驴鸣。明曰:“真法器耶。”就为侍者二十年,搬柴运水,不惮寒暑。江宁府帅请居宝公道场,丞相王安石重师德望,奏赐章服、师号。与师萧散林下,清谈终日。法泉有传略。良策出世华藏,次迁钟山。一日,上堂云:“雪消残,分外寒。向火容易,涉道艰难。好是和衣打睡,任他日上阑干。祖师没腰臂,吾徒莫作等闲。光阴荏苒,人事多端。这边绿水,那边青山。难!难!百年三万六千日,看看便见鬓毛班。山僧与么说话,未免拖泥带水。”

(元)清远有传略。妙高有传略。

(明)智顺有志略。东溟有志略。梵琦有志略。朴隐有志略。清浚洪武四年,设普度大会于钟山。师其一也。引见,上劳问甚至,锡赉。还四明。后召补右觉义。二十年,被旨即灵谷设普度大斋,升座说法,感佛放光现瑞。补住灵谷。上尝亲制诗十二首,以宠其行。道谦以高僧取至京师,召见,授左阐教,兼住灵谷。居顶选预高僧,赴见太祖,对扬称旨,即授僧录,兼住灵谷。文皇帝即位,屡加恩赉,日被荣宠。净戒值觉源昙公住天界,昙举桶箍爆的公案问之,拟议未即答,昙厉声曰:"早迟入刻了。"公于言下大悟。太祖授左觉义,兼住鸡鸣。后文皇帝敕住灵谷,升右阐教。有遗骨塔于大祠山,牙齿、数珠不坏,藏于湖之道场。能义居钟山闲房,非行谊高洁者不与之接。文皇帝雅重之,召对无虚月,每命讲说《楞严》大义。俾住灵谷,授僧录。行容住持。仲羲有敕,见《御制集》。守仁有诗。夷简右善世。有诗。正映左讲经。其自赞曰:"春去丛林夏又过,客窗随分守禅那。蜡人不暇西天验,砖镜毋劳南岳磨。三个木球权放下,一条柱杖且横拖。问余布袋何时解?蟾桂秋风散玉河。"可浩右觉义。住持灵谷。有《重修宝公塔记》。

附:参讲栖览

(晋)谢尚隐钟山。

(宋)刘勔散骑常侍。经始山南,以为栖息,聚水积石,朝士雅素者多从之游。

(梁)阮孝绪于钟山听讲,母氏忽有疾,兄弟欲召之。母曰:"孝绪至性冥通,必当自至。"果心惊而返。刘讦字彦度,与族兄歊、阮孝绪为"三隐",卜筑钟山,志终焉。着谷皮冠,披衲衣,游山泽,风神颖俊,意气弥远。沈约迁尚书令。虽名位隆重,而居处俭约。尝立宅钟山之下,既成,刘杳赞之。约报云:"惠以二赞,词采妍富,便觉此地十倍。"

(陈)张讥陈后主尝幸钟山,召从臣松林下共谈,敕张讥竖义。时索麈尾未至,后主取松枝手属讥,曰:"此可代麈尾。"顾语群臣:"此即张讥后事。"

(隋)薛道衡尝游钟山开善寺,谓一沙弥曰:"金刚何为努目?菩萨何为低眉?"沙弥答曰:"金刚努目,所以降伏四魔;菩萨低眉,所以慈悲六道。"道衡抚然称善。

(唐)韦渠牟隐钟山。有赠诗。

(宋)苏轼、王安石轼自黄徙汝,过金陵,荆公野服乘驴,谒于舟次。子瞻迎揖,曰:"轼今日敢以野服见大丞相。"公笑曰:"礼岂为我辈设哉?"乃相携游蒋山。在方丈饮茶，公指案上大砚曰："可集古诗联句赋此。"子瞻应声曰："轼请先道一句。"因大唱曰："巧匠斫山骨。"公沉思良久，起曰："且趁此好天色，穷览蒋山之胜。"又子瞻渡江至仪真，和荆公《游蒋山》诗，后寄示荆公。荆公亟取读，至"峰多巧障日，江远欲浮天"，抚几叹曰："老夫一生诗无此二句。"

御制蒋山寺广荐佛会文

洪武四年十一月二十一日

朕观二仪有象，覆载无穷。凡中国之人及化外之夷，获安于世者，莫非阴、阳为之表里。何为阴，何为阳？上至天子、大臣，下至庶民，凡生天地、能动作运用者，此之谓阳。天子郊祀天地、祭岳镇海渚，诸侯祭境内山川，庶民祭祖宗，皆求其神，有名无形，有心无相，此之谓阴。故中国与化外之人，所敬之心则同，所祀之礼则异。观自古至今，相传祭祀鬼神之事，岂不重乎？然事鬼神，必有礼有时，毋犯分，毋越礼，毋非时，毋昧于鬼神。若昧于鬼神，则为鬼神亦难矣。且聪明正直、变化不测之谓神，祸福所施，必不以亲疏而异。但世人愚而贪，欲心浩大，遂至犯分越礼。不知以敬求神，在于有礼有时也。朕本农夫，自幼托身佛门，忽经大乱，不得已而从戎于二十年矣。向与群雄并驱之时，务在操兵整队，救民于彷徨之中。今祸乱已平，天下已定，未尝朝僧暮道，妄祀鬼神。有所祀必以礼，有所祭必以时。尚虑军民身经大难，凡死者或遭兵刃，或陷水火，或迫于危急而自缢投河，或潜入山林而蛇伤虎咬，或天灾而殒灭，或因互斗而杀伤，或为国宣力而殒命，或思父母妻子因疾而亡身。凡此诸等死者，或满门灭绝，无祭无依；或虽有眷属，不能顾念；或有父母妻子，因兵流离，生者未安，死者谁为之祭？朕以己心度之，此等鬼魂，遇天阴时，莫不呻吟于风雨之间；遇晴明时，莫不悲号于星月之下。或因生前作恶，留连冥冥之中，无由自脱。又如我朝大军征讨四方，远入它境，或糇粮不继，一时手刃平民；或遇壮军之无故烧毁房舍，杀害老幼残疾。至惹重愆，有累身后。朕今因死者恐不得生天，恐有冤报，故作大善佛事，为死者超升，生者解冤，以此干求于佛。今臣民将以为，帝王之道，但理见在，何求过去？果有此言，莫不善乎？然吾观古书，孔子有言："西方有大圣人，不治而不乱，不言而自信，不化而自行。"则佛者，岂特中国所敬？虽化外尤尊。洪武三年正月十五日，朕于钟山前蒋山寺奉佛供僧，实不为己。假若朕为己求福，福必不至，何也？盖帝王设施，皆出臣民之力，己无勤劳之资，若以财力而求福于一己，可乎？今特为死者超升，生者解冤，吾不昧于佛，以礼以时，香华灯烛，庄严素供。朕躬率先，僧臣参礼，此之谓礼。今区宇平定，乱极而治，故为生、死者多方以解冤愆，此之谓时。吾之不昧于佛者如此。尔诸臣民，凡有自知所作之非，趁此大斋，洗心格虑，素斋一月。至日，各于家门望佛遥拜，以祈忏悔，庶资佛力，证成善果。

御制大灵谷寺记[①]

洪武十五年九月

朕起寒微，奉天继元[②]，统一华夷，鼎定金陵。宫室于钟山之阳，密迩宝志之刹。其焚修者升高俯下，日月[③]殿阁，有所未

① 《明太祖文集》该文题为"灵谷寺记"。

② 奉天继元：据《明太祖文集》添加。

③ 月：《明太祖文集》为"目"。

宜。特敕移寺，凡两迁方已。今道场之所，非寻常之地，其势川旷水萦，且左边[①]以重山，右掩以峻岭，背靠穹岑[②]，排松森以摩霄汉，虎啸幽谷，应孤灯而侣影，莺啭岩前，启修人之清兴，饮洁流于山根，浩[③]钵水于湍外，鱼跃于前渊，鸟栖于乔木，鹿鸣呦呦，为食野之萍。当欲迁寺之时，命太师李善长诣山择地。及其归告，乃以山川形势，禽兽之所以，云云若是[④]。既听斯言，朕欢欣不已，此真释迦道场之所也。即日召工曹，会百工，趋所在而建址。共[⑤]百工者闻用伎以妥宝志，曜灵法佛[⑥]，人皆如流水之趋下。呜呼！地势之胜，岂独禽兽水族之乐？伎艺之人，惟利是务，云何闻见道场，不惮劳苦，一心皈向？自洪武十四年九月十一日工兴，至洪武十五年九月十五日工曹奏完。朕为释迦道场役百工，各施其伎，今百工告成，朕善其伎，特命礼曹赐给之。工曹复奏："伎艺若是，有犯工者五千余人，为之奈何？"朕忽然有觉。噫！佛善无上。道场既完，安敢[⑦]再罪？当体释迦大慈大悯，虽然真犯，特以眚灾，一赦既临，轻者本劳而逸，死者本死而生。欢声动地，感佛慈悲。吁！佛之愿力，辉增日月；法轮建枢，灯继香连。于戏！盛矣哉！愿力之深乎？然是时，国务浩繁，不暇礼视；身虽未至，梦游几番。此观之欤，梦之欤？

---

① 边：《明太祖文集》为"包"。

② 岑：《明太祖文集》为"岭"。

③ 浩：《明太祖文集》为"洗"。

④ 云云若是：《明太祖文集》为"云之若是"。

⑤ 共：似应为"其"。

⑥ 曜灵法佛：《明太祖文集》为"曜灵佛法"。

⑦ 敢：《明太祖文集》为"可"。

呜呼！未尝不欲体佛之心，而谓众生悟，奈何愈治而愈乱，不治而愈坏。斯言乃格前王之所以。今欲宽不可，猛不可，云[①]何？然[②]一日，洁己而往视，去将近刹余里，俄谷深处，岚霞之抄[③]，出一浮屠之顶。又一里，将近山门，立骑四顾，见山环水迂，禽兽之所以。果然左群山，右峻岭，北倚天之叠嶂，复穹岑以排空，诸峦布势，若堆螺髻于天边。朝鹤摩天而翅去，暮猿挽树而跳归，乔松偃蹇于崖畔，洞云射五色光以天霞[④]，此果白毫之像耶，谷灵之见耶，朕欲有谓，恐愚夫讥之[⑤]，故默是耳。今天人师有殿，诸经有阁，禅室龛备[⑥]，云水有寮，斋有大厦，香积之所周全，设像[⑦]备具，以足朕心。故敕记之。

御制灵谷寺塔影记

永乐五年四月二十六日

四月十五日，朕偕灌顶通悟弘济大国师日瓦领禅伯[⑧]，往灵谷寺观向日所见塔影。朕至诚默祷曰："愿祝如来大宝法王西天大善自在佛吉祥如意。若果鉴朕诚心，则示塔影一"。已而，塔影随见。朕又默祝："愿天下太平，五谷丰登，家给人足，民不夭阏，物无疵疠。若果遂朕心，更示塔影一。"已而，复见塔影二。一时之间，三塔毕见。其色，始若黄金在矿，含辉未露；俄

① 云：《明太祖文集》为"奈"。

② 然：据《明太祖文集》校补。

③ 抄：《明太祖文集》为"杪"。

④ 五色光以天霞：《明太祖文集》为"五色以霞天"。

⑤ 恐愚夫讥之：《明太祖文集》为"而恐惑人"。

⑥ 龛备：《明太祖文集》为"有龛"。

⑦ 设像：《明太祖文集》为"庄严"。

⑧ 日瓦领禅伯：《明太宗实录》卷55为"高日瓦领禅伯"。

若跃冶之金，精光煜烨。少焉，如泥金布练，豪芒纷敷。若注若流，绮窗彩棂；黝垩丹碧，粲然呈露。至暮，有五色圆光，光中见二佛像，及如来大宝法王西天大善自在佛像。已而，复见宝公像拱立于前。内官、僧官具以来闻，朕未之信。至十六日，复与灌顶通悟弘济大国师往塔影之所。朕又默祝曰："明日，朕初度之辰，吉庆福祥，则塔影更见。"已而，又见塔影二，一照于壁，一映于地，与前塔影连而为七。其色或黄或青，流丹炫紫，绀縹间施。锦绣错综，若琉璃映彻。水晶洞明，若琥珀光，若珊瑚色，若玛瑙、砗磲。文彩晃耀，若渊澄而珠朗，若山辉而玉润。若丹砂聚鼎，若空青出穴。若凤羽之陆离，若龙章之焱灼。若霓旌孔盖之飘摇，金支翠旗之掩映；若景星庆云之炳焕，紫芝瑶草之斓斑。若阳燧之迎太阳，方诸之透明水。若日出而霞彩丽也，雨霁而虹光吐也，岩空而电影掣也，闪烁荡漾，□动光溢。虽极丹青之巧，莫能图其万一；虽极言语形容，莫能状其万一。至于铃索振摇，宝轮层叠，霤瓦之鳞鳞，阑槛之纵横，玲珑疏透，一一可数。人之行走舞蹈，咸见于光中。其所服之色，各随而见。若鸟雀冲过，树动花飞，悉皆可见。而天花雨虚，悠扬交舞。十七日，花遍下，其大者如杯，小者如钱。东西两庑，又见塔影十，光辉照烛，皆如前之胜妙。十八日，朕复往观塔影，光彩大胜于前。有云彩五色，轮囷焕衍；郁郁缊缊，非雾非烟。低翔裴回，葱龙塔影之上。乍舒乍敛，往而复续；变化万状，不可殚述。塔心复见塔影一，而已青篁绿树之影，纷然毕呈。塔殿上所制七生，凡异香芬馥，充达远近。至暮，留灌顶通悟弘济大国师在寺观之。十九日早，灌顶通悟弘济大国师来报，塔影第一层见如来大宝法王西天大善自在佛像三，见罗汉像六，环立左右；第二层见红色观音像一，左右见菩萨像四，侍立拱手，捧香花供养。有圆光五色，覆于塔上，宝盖垂荫，璎珞葳蕤。凡物只有一影，今一塔而见多影，要非常理所可推测。此皆如来大宝法王西天大善自在佛道超无等，德高无比；具足万行，阐扬通实。释迦牟尼佛再见于世，以化导群品，是以摄授功至。显兹灵应，不可思议；朕心欣喜，难以名言。灌顶通悟弘济大国师回，必能言塔影之详。然所言亦必不能尽其妙也，就今画工图来一观，盖万分得其一、二尔。

藏经护敕

正统十年二月十五日

朕体天地保民之心，恭成皇曾祖考之志，刊印大藏经典，颁敕[①]天下，用广流传。兹以一藏安置南京灵谷寺，永充供养。听所在僧官、僧徒看诵赞扬，上为国家祝釐，下与生民祈福。务须敬奉守护，不许纵容闲杂之人私借观玩，轻慢亵渎，致有损坏遗失。敢有违者，必究治之。故谕。

本寺护敕

成化九年正月二十四日

皇帝敕谕官员、军民诸色人等：朕惟佛氏之教，以空寂为宗，以慈悲为用。开导善类，觉悟群迷；功德所及，无间幽显。此有国家者，所宜崇尚而不替也。南京灵谷寺，实我太祖高皇帝敕建，为孝陵香火，特拨赐赡僧田土，并当江沙芦场等处，入

① 敕：应为"赐"。

寺供用。其后，太宗文皇帝又添造殿宇、山门。宣德年间，寺毁于火，虽有岁入钱粮，缺人收积修理。暨朕嗣位之六年，特命僧录司左觉义德默往彼提督，渐次盖造，所以上为祖宗列圣举已坠之典，下为国家生民祈方来之福。今德默奏言："本寺岁久被人作践搅扰。"用是特颁敕护持。凡官员、军民诸色人等，自今以往，毋得出入作践，纵肆樵牧，轻易亵渎欺陵，及不许侵占原拨芦场，并赡僧田地。敢有违者，许本寺住持指名奏闻，论之以法。钦哉！故谕。

文

开善寺碑铭寺旧名开善

（梁）王　筠

妙门关键，辟之者既难；法海波澜，游之者未易。是以轩称俊圣，尧曰钦明。韶护有美善之风，文武致时雍之业。地平天成，惟事即世；移风易俗，匪止今身。至如访道峒山，乘风独远；凝神汾水，窅然自丧。或宗仰黄老之谈，景慕神仙之术。斯盖不度群生，事局诸已；笃而为论，道有未弘。熏风璚露，散馥流甘；璧月珠星，联华飏叶。修幡绕于云根，和铃响于天外。玉池动而扬文，宝树摇而成乐。铭曰：亭亭切汉，耿介凌烟。层甍霞耸，飞栋星悬。

答广信侯开善寺听讲书

(梁)简文帝

王白：仰承北[1]往开善，听讲《涅槃》；纵赏山中，游心人外。青松白雾[2]，处处可悦；奇峰怪石，极目忘归。加以法水晨流，天华夜落，往而忘反，有会昔言。王牵物从务，无由独往。仰此高踪，寸心如结。谨白。

开善寺修志公堂石柱记

(唐)李顾行

盖六度为万行之本，施檀其一焉。然以不住相而为者，其用大；不希福而舍者，其道弘。故我廉察使、御史大夫赞皇公，是以有法财之施焉。亦犹真谛无像，因像以教立；至人无功，由功而用显。志公和尚者，实观音大士之分形者欤？然迹见于近代，《梁书》具载其事。夫妙觉本寂，法身图一作圆对，应群品而必呈，观众生而常度。故利见则洪钟待扣，感毕乃慈航息运。初，志公之未迁灭也，梁武帝命工人审像而刻之，相好无遗，俨然若对，建窣堵波于金陵之开善寺。圣功冥化，历代瞻敬。人钦其神者，二百余祀。公乃具彩舟、设幡盖而迎，至则置于听事西偏方丈之净室。每旦散名花，爇灵香；时复膳百味，鼓八音。以展诚敬，以申供养。公曰："观其寂然不动，契定慧于真宗；杜口无言，若息心于了义。夫色相如影，则遗像与全身不殊；文字性空，则言语与寂默奚异？吾知之矣，吾得之矣。"亦既观相，爰归

① 北：一说为"比"。
② 雾：一说为"露"。

本寺。幢幡赞呗，如始至焉。公乃减清俸、解上服，命修珠帐、饰花座，因陀之罔疑如悬，上帝之宝咸在。其余则置膏腴之田，以供香火之用。所以崇像设、显灵踪，弘有为之教，俾蒙昏之类，永有所依归。僧徒等欲昭示于后，以图不朽，请刻石以纪事。小子承命而述焉。长庆四年三月十一日记。

致斋宝志公青词

宋太宗

宋太平兴国七年，舒民柯萼诣万岁山，以拄杖指松下取宝。掘之，果得石，上有篆文，乃宝公所记宋祚兴废之数。太宗皇帝览之增敬，大士降现禁中。帝闻绪语，乃遣使持青词入山致斋。其文略曰：俾乃龙舒之壤，时惟天柱之峰。始见道于苾刍，遂批文于琬琰。述祖宗之受命，年历攸同；昭皇绪以无疆，传源罕测。秘于内府，播厥荣书。绵载祀以居多，蕴祯祺而有待。近以至真，临格宝训。躬闻审基，绪之由来。积于故府，疑失六字，姑缺俟考获乃贞珉。觌篆刻之如新，若符节之斯合。诏自今不可以名斥，以显尊异，宜赐号道林真觉菩萨。

敕建谢雨道场文

宋孝宗

维淳熙九年，岁次壬寅四月辛丑朔初三日癸卯，皇帝遣入内内侍省东头供奉、额外睿思殿祇候、权干办讲筵阁、兼承受李昌甫，于建康府蒋山太平兴国禅寺斋阖院僧，开建谢雨道场一永日者，伏以江、吴诸郡春泽久愆，农畯诉嗟，大田告瘁。惟钟山之胜刹，有宝公像之香缘，守臣致祈，灵沛随应，觉慈□□□利无穷。爰率梵仪，严陈法会，庶凭薰燎，附达斋。谨言。

蒋山大佛殿记

(宋)侍郎　刘岑

宝公道场,始于梁武。其女号曰永定公主,割舍私财,创为精舍。当时,词臣陆倕、王筠作为文章,以纪其事。我本朝大中祥符,赐榜太平兴国禅寺,加封宝公道林真觉。庆历改元,翰林学士叶清臣来守是邦,以禅易律。元丰,主僧曰法泉者,经营辛苦,成大丛林。焚于建炎,复于绍兴云。大佛殿前,又有大毗卢阁,两翼为行道,阁属之殿。其余堂庑,极其雄丽,皆绍兴以来所建。淳熙十六年九月晦,一夕而烬。今累年营缮,骎骎复盛矣。宝公旧像,父老相传,以沉香为之。国初,取归京师。陈轩《金陵集》载狄咸《游蒋山》诗云:"旃檀归象魏,窣堵卧烟霞。"盖谓此也。本朝太平兴国七年,舒民柯萼遇老僧,往万岁山,指古松下,掘之,得石篆,乃宝公记圣祚绵远之文。于是遣使致谢,谥曰宝公妙觉。治平初,更谥道林真觉大师。按《建康实录》:"开善寺有志公履,唐神龙,郑克俊取之,以归长安。"今洗钵池尚在塔西二里,法云寺基方池是也。寺西有曰道光泉,以僧道光穿劚得名。曰宋熙泉,以近宋熙寺基之侧。有八功德水,在寺东悟真庵之后。一云泉,在寺北高峰绝顶。寺东山巅有定心石,下临峭壁。寺西百余步,有白莲庵。庵前有白莲池,乃策禅师退居之所。寺后向东,有娄禅师之塔。

八功德水记

(宋)守大理寺丞　梅挚

钟山之阳有泉,曰八功德。梁天监中,有胡僧昙隐飞锡,寓止修行。有一庞眉叟相谓曰:"予山龙也。知师渴,饮功德池,措之无难矣”。人与口灭，一沼沸成。深仅盈寻，广可倍丈。浪井不凿，醴泉无源；水旱若初，澄挠一色。厥后，西僧继至，云：“本域八池，一已眢矣。此味大较相类，岂非竭彼盈此乎？一清，二冷，三香，四柔，五甘，六净，七不饐，八蠲疴，又其效也。”夫姜诗[①]孝闻，获渊开而鲤跃；二师诚至，因剑刺以流飞。义有激而相求，物何远而不应。向匪兼济，则为怪力。是泉也，方外净因，寰中美利。矧其灵者，安可忽诸？世故流离，滋液长在。惜其风雨不庇，荆芜四侵；寂寥山阿，孰为起废？史馆学士兰陵萧公贯[②]以己俸作亭，甃板石八，自南康购至；楹柱四下，东府所成。凿崖以审曲，匽[③]土以端术。奢不至侈，岿然独存。仍练僧结庐于前以掌之，庶几便民汲、息客游，非有徼[④]于妄福也。

八功德水记

（宋）赵师缙

八功德水，钟山之胜也。亭久弗葺，编修钟公建台之明年元正之三日，率僚属为国祈年于宝公，味灵源之甘冽，慨栋宇之湫陋，图敝[⑤]而新之。鸠工度材，斵岩拓基，增卑为高，不扰于民，不侈厥费，轮奂翼然，所以护神渊而绵美泽也。自有此山，即有此水。梁天监中，始得名。我宋天圣中，史馆萧公始亭其上。迨今百七十有七年，复宏旧观，阐幽发奇，后前有待，则嗣

---

① 姜诗：东汉四川广汉人，24孝之一，生卒不详。相传姜母思食鲤，诗孝感上苍，院内忽成渊跃鲤。

② 贯：一说为“贳”。

③ 匽：一说为“积”。

④ 徼：书同“求”。

⑤ 敝：应为“敞”。

而葺之，以沾溉后人，滋福于无疆。是山龙沸出之祥，钟公重建之美意也。公名将之，字仲山，长沙人。自枢属三持节为此来，今著籍上元。是役也，俾其属浚都赵师缙董之，因识其岁月。嘉定改元上巳日记并书。

钟山太平兴国寺碑记[①]

（元）翰林学士　虞集

昔金陵有神僧曰宝志，宋元嘉中，居道林寺。历齐至梁，数著灵异。天监十三年，示寂。武帝感其遗言，瘗之钟山独龙之阜。帝女永定公主表以浮图，因建寺曰开善。至宋太平兴国年间，太宗得志公秘谶石中，符其国运，有神降其宫，亲与之语，盖志公云。太宗异之，号之曰道林真觉，更名寺曰太平兴国，赐田以食其人。及王丞相安石守金陵，合诸小刹以附益之，寺始大。建炎毁于兵，绍兴更作。淳熙又毁，随更作之。每更作，辄加宏广，日葺岁增。至于我国家[②]，而规制之盛极矣。至治辛酉，匡庐僧前灵隐玉山禅师弟子守忠，应请来主之。禅学之士，来者满其室。今上以泰定乙丑之岁正月，来至于是邦。而寺适灾，天意若曰："其撤旧而作新之乎？"上感焉，出金币以为民先。于是行御史台与郡县之吏，皆祗若上意。始忠之治寺也，旧有蒲卢之泽，前见夺于豪家。寺隶讼之，累年不决。忠至，让而弗辩，夺者愧而归之。人固以是倍[③]道之矣。皇上一风动之，远近云集，富者効其财，贫者输其力，工则致其巧，农则献其食。一

① 元虞集：《道园学古录》该文题作"集庆路重建太平兴国禅寺碑"。

② 家：《道园学古录》为"朝"。

③ 倍：《道园学古录》为"信"。

岁，垣庑成。再岁，屋[①]室具。其可以名书者，曰方丈，曰北山阁，曰经楼，曰香积，曰水陆堂，曰白莲堂，曰伽蓝祠[②]，曰大僧堂，曰道林堂，曰新仓院，曰耆宿之舍，而大宏兴钟[③]三门皆以上赐，次第而成。岁在丁卯[④]，铸大钟，为铜数万斤，方在冶上，赐宝珠投液中。钟成，珠宛然在其上，若故识之。而光彩阴[⑤]发，不以灼毁。万目共睹，欢叹如一。时上方别建宏祠于寺北，今赐名曰大崇禧万寿寺者也。是年秋，归膺大宝，是为天历元年。出诏书，布德天下，即命廷臣制宝公号曰道林真觉慧感慈应普济圣师，封名香以礼祀之。出黄金、白金、重币赐忠，俾成寺之役，蠲寺田之赋。号守忠为弘[⑥]海普印昙芳禅师，住持大崇禧万寿寺，而兼领兹寺。未几，加授广慈圆悟大禅师，领两寺如故。至顺元年秋，御史守[⑦]丞赵世安传敕，召忠入朝。九月九日，上御奎章阁，吏部尚书王士弘以守忠入见，奏对称旨，命太禧宗禋院日给廪饩，赐金襕伽黎衣与青鼠之裘。十二月二[⑧]日，赐设于圣恩寺。乃召学士臣集至榻前，命制文以记之，俾忠归刻诸石。忠以其事示臣集如此。臣集谨具载而言曰：上于金陵新作之寺二，曰龙翔集庆，因潜龙之旧邸也；曰崇禧万寿，广亲[⑨]构之新祠

---

① 屋：《道园学古录》为“堂”。
② 祠：《道园学古录》为“堂”。
③ 宏兴钟：《道园学古录》为“佛殿、钟楼”。
④ 丁卯：《道园学古录》为“戊辰”。
⑤ 阴：《道园学古录》为“明”。
⑥ 弘：《道园学古录》为“佛”。
⑦ 守：《道园学古录》为“中”。
⑧ 二：《道园学古录》为“一”。
⑨ 亲：《道园学古录》为“新”。

也。独太平兴国，虽曰宋、齐、梁、陈[①]、唐、宋之遗，然空[②]毁。而复兴实在今上龙飞之日，有[③]运之玄契，盖有征焉。兹三寺者，鼎立于一郡，以同赞乎圣天子亿万斯年之寿，岂不盛哉！臣集尝窃闻陛下之意，每不欲专福于躬，而欲博济均惠于天下。敢述万一而铭之。铭曰：维帝受命，厥有祯[④]符。天人合机，不占以孚[⑤]。于赫圣皇，圣武之系。赞于克艰，神有[⑥]司契。皇有万方，山川幅员。厘厥下土，徒御告勤。顾瞻道林，在江之汜。翠盖孔旂，来狩来止。道林有宫，百灵攸宗。中有神师，民所敬恭。土良泉甘，风雨时若。发祥效珍，以待圣作。圣作孔时，动天[⑦]而随。龙跃以飞，神师启之。神师不言，而示以兆。有命方新，去故以燎。作而新之，自我圣皇。乃祓乃除，乃基乃堂。日月重明，天光旁烛。皇心载欣，万神[⑧]降福。凡我臣民，息养以生。饱歌暖嬉，稚壮耋宁。裹兵以革，牛马在野。至于永久，乐其休暇。蠕动孳殖，亦遂以成。幽塞苦冤，各逌而亨。圣皇之心，斯神之力。铭以著之，昭示无极。至顺二年九月□日。

---

① 陈：《道园学古录》补。
② 空：《道园学古录》为“尽”。
③ 有：《道园学古录》为“景”。
④ 祯：《道园学古录》为“祥”。
⑤ 孚：《道园学古录》为“符”。
⑥ 有：《道园学古录》为“作”。
⑦ 天：《道园学古录》该句为“动而天随”。
⑧ 神：《道园学古录》为“佛”。

蒋山钟铭

（元）中书右丞　赵世延

元泰定四年丁卯仲冬初吉，蒋山住持守忠铸。光禄大夫、中书右丞赵世延为之铭曰：真土胚中，水火运工。鼓之巽风，冶金在镕。假合成功，象其穹窿。大明未东，孰启群蒙？鲸音沨沨，警愦开聋。人天其通，五福攸同。斯钟山之钟，振宗风于无穷！

奉敕撰灵谷寺碑[①]

（明）杭州府学教授　徐一夔

今上皇帝应天启运，建一大[②]统之业，定都于钟山阳，辨方正位，适与梁神僧志公之塔寺密迩。洪武九年春，浙东僧仲羲被召来为住持，前瞻宫阙，仅一里许，私自忖曰："王气攸聚，紫云黄雾，昕夕拥护，非惟吾徒食息靡宁，亦恐圣师神灵有所未妥。且佛法以方便为先，如得近地改建，诚至幸也。"因请于上，从之。羲乃择地于朱湖洞南，则钟山之左胁也。材木未具，会上方迁太庙于阙左，弗敢以旧庙遗材他用，遂以施之。又遣亲军五万余人，徙塔附于寺。功将就绪，有为宅地形之学者言，其地湫隘，非京刹所宜。羲复以闻。有旨舍其旧而新是图，拓大其规制，令可容千僧。命太师韩国公李善长择地于独龙冈之东麓，西距朱湖洞五里而近。其地中宽外敞，回峦复阜，左右相向，而方山岿然在其南，天造地设，俨然祇树之境。羲以图进，

① 《始丰稿》卷11收录该文，题作"敕赐灵谷寺碑"。

② 一大：《始丰稿》为"大一"。

上答曰:“以此奉志公为宜。”遂命中军都督府佥事李新、某卫指挥佥事滕聚、某卫指挥佥事袁禄、神坛署令崔安董其役。建立之日,以十四年九月之吉中作大殿。殿之前,东为大悲殿,西为经藏殿。食堂在东,库院附焉;禅堂在西,方丈近焉。而大殿之后,则为演法之堂。志公之塔,则树于法堂之阴,其崇五级。复作殿附塔,以备礼诵。左右为屋,以栖僧之奉香火[①]者。翼以两庑,其壁则绘佛出世、住世、涅槃及三大士、十六应真、华梵神师示现之迹,屏以重门,缭周垣。而养老宿[②]与待云水之暂到者,亦各有其所。至于井灶湢庾之类,凡禅林所宜有者,无一不备。而其为制,以佛之当独尊也,故于正殿则奉去、见、未来之像,其它侍卫天神不与焉。以禅与食不可混于一也,故食堂附于库院;以师之不可远其徒也,故方丈近于禅堂。以联坐观心,或溷于笑语而弗专,故异其龛;以单寮息力,或流于宴安而弗检,故同台[③]室。而缔构之法,则以梁架桁,不施叠拱;以枅承榱,不出重檐。凡交椽接霤,盘结攒辏,如蜂房蚁穴之状者悉不用。规模气象,轩豁雄丽。望之翚飞,积[④]之山立。都人士庶,莫不瞻仰赞叹,以为希有。此皆皇上万机之暇,睿思所及,羲与董工臣僚奔走成算,以授群工,加程督之耳。凡木石瓴甓、丹垩髹漆之需,皆上所赐。其工之巨,不可以数计。且不劳一民,而以戾于法者充工。既毕,悉宥之。夫役之于慈悲之地,而导之以有生

① 火:《始丰稿》为“灯”。
② 宿:《始丰稿》为“病”。
③ 台:《始丰稿》为“其”。
④ 积:《始丰稿》为“即”。

之涂，此又皇上惩恶劝善之神机也。明年六月十有三日，告成。上既因其地之胜，赐额曰灵谷禅寺，又赐田若干亩，以饭其众。又明年正月十日，上在斋宫，进僧录司臣顾问。谕及："灵谷碑文未建，尔等宜举能文者为之。"于是右讲经守仁，以杭州府学教授臣徐一夔。夔学识肤浅，忝职外郡教事，上命所临，不胜恐惧。谨具载其事。拜手稽首言曰：窃尝闻之，大雄氏之教，以深慈宏愿，受群生，悉归正觉，非细务也。故非国王大臣，莫能恢弘之。自入中国以来，有天下国家者，咸以其道为能密赞化基[①]，阴翊王度，而崇尚焉。然昧者事之不以其道，至其后也，不能无弊。皇上龙兴，承中华之正统，天地神人主，临制万方。奋大有为之略，举百王之坠典，而一新之，贻圣子神孙万世之法。至于佛氏之教，亦以近世僧不存古制，圣虑及焉。比因僧仲羲之请，改建志公之塔寺，遂本佛意而作新之。规画措置，度越古今，使凡学佛者起居食息，各得其所，而致力于其道。至于慈风所被，法雨所沾，有生之类，咸愿去恶而为善，庶有以上答圣天子崇奖之意。且其徒生于二千载之下，而获睹像教之盛，如二千载之前，不其幸哉！谨系之铭。铭曰：皇天受命，曰惟其时。天人克协，式应昌期。仗钺秉旄，豪杰景附。历数在躬，作我民主。皇顾四方，曰此幅员。德怀威服，在于一人。神祇扈导，底于建业。遂开帝基，受之天策[②]。维此建业，地庞以洪。虎踞于西，龙蟠于东。天作神皋，帝王之宅。眷言定鼎，卜如伊洛。大

① 基：《始丰稿》为"机"。

② 受之天策：《始丰稿》为"受天之策"。

都奠正[①]，万国来臣。春朝秋觐，冠佩诜诜。奕奕彤宫，巍巍绛阙。五色成文，照映天日。地不爱宝，祯符相仍。昔有神师，亦此发灵。神师为谁？道林真觉。岌彼塔寺，在于乔岳。塔寺岌矣，宫阙在前。其徒弗宁，奏疏请迁。协于皇心，诏从其便。爰敕臣僚，具于[②]改建。既筑既构，美奂美轮。有赫其居，震辉[③]天人。伊大觉尊，具足万德。巍然中居，玉毫金色。千袍济济，以食以禅。弗溷于一，惟适之安。彼窣堵波，如地涌出。道林所栖，天龙环翊。惟兹巨刹，殊胜庄严。如兜率宫，下现人间。是曰京寺，四方之式。弗加表见，曷示于逖？作而新之，有革有因。出自睿画，以振法乘。法乘之行，如佛在世。凡百有生，慈恩悉被。惟皇与佛，天中之天。潜符默契，亿万斯年。洪武十六年□月□日。

蒋山寺广荐佛会记[④]

（明）翰林学士　宋濂

皇帝御宝历之四年，海宇无虞，洽于太康；文武恬嬉，雨风时顺。于是恭默思道，端居穆清，罔有三二，与天为徒。重念元季兵与[⑤]，天[⑥]合雄争，有生之类，不得正命而终，动亿万计。灵氛纠蟠，充塞下上；吊奠靡至，茕然无依。天阴雨湿之夜，其声或啾啾有闻。宸衷尽伤，若疚在躬，且谓洗涤阴郁，升陟阳明，

① 正：《始丰稿》为“止”。
② 于：《始丰稿》为“为”。
③ 辉：《始丰稿》为“耀”。
④ 《文宪集》卷4收录该文，题作“蒋山广荐佛会记”。
⑤ 与：《文宪集》为“兴”。
⑥ 天：《文宪集》为“六”。

惟大雄氏之教为然。乃冬十有二月，诏征江南有道浮图来复等十人，诣于京师，命钦天监臣蓍以谷旦，就蒋山太平兴国禅寺丕建广荐法会。上宿斋室、却荤肉、弗御者一月。复敕中书移文于城隍之神，具宣上意，俾神达诸幽冥，期以毕集。五年春正月辛酉昧爽，上服皮弁服，临奉天前殿，群臣服朝衣左右侍。尚宝卿启御撰章疏，识以皇帝之宝。上再拜，燎香于炉。复再拜，恭视疏已，授礼部尚书陶凯。凯捧从黄道出午门，置龙舆中，备法仗、鼓吹，导至蒋山。主僧行容率僧伽千人，持香花出迎。万金奉疏入大雄殿，用梵法从事，白而焚之。退阅三藏诸文，自辛酉，癸亥止。当癸亥时，加申诸浮图行祠。事已，上服皮弁服，搢玉珪上殿，面大雄氏，北向立，群臣各衣法服以从。和声，朗[①]举悦佛之乐。首奏《善世曲》，上再拜迎，群臣亦再拜。乐再奏《昭信曲》，上跪进熏芗、奠币，复再拜。乐三奏《延慈曲》，相以悦佛之舞。舞二十人[②]，其手各有所执，或香或灯，或珠玉明水，或青莲花、冰桃暨名荈、衣食之物，势皆低昂，应以节。上行初献礼，跪进清净馔、史册，祝，复再拜。亚、终二献同，其所异者，不用册。光禄卿进馔。乐四奏曰《法喜曲》，五奏《禅悦曲》，舞同三献。已，上还大次，群臣退。诸浮图旋绕大雄氏宝座，演梵咒三周，以寓攀驻之意。初，劚山左[③]地成坎六十，漫以垩。至是，令军卒五百负汤实之，汤蒸气成云。诸浮图速幽爽入浴，焚

① 朗:《文宪集》为“即”。

② 二十人:《文宪集》为“人十”。

③ 左:《文宪集》为“右”。

象衣，使其更[①]以彩幢、法乐，引至三解脱门。门内五十步筑方坛，高四尺。上升坛，南[②]向坐，使者北[③]向跪，受诏而出，集幽爽而戒饬之。诏已，引入殿，致参佛之礼。听法于径山禅师宗泐，受毗尼戒于天竺法师慧日。复引出，供斛所解[④]，凡四十有九。命阇黎师咒食之，时夜以半，礼将毕[⑤]。上复上殿，群臣从如初。乐六奏《遍应曲》，执事者彻豆，上再拜，同乐奏《善成曲》，上至望燎位。燎已，上还大殿次。解严，群臣趋出。濂闻，前事二日，凄风成寒，飞雪洒空；山川惨淡，不辨草木。銮舆一至，云开日明；祥光冲融，布满寰宇。天颜怿如，历陛而升。严恭对越，不违咫尺。俯伏拜跪，穆然无声。俨如象驭，陟降在庭。诸威神众，拱卫围绕。下逮冥灵，来歆来享。焄[⑥]高凄怆，耸人毛发。此皆精诚动乎天地，感乎鬼神，初不可以声音笑貌为也。肆惟皇上自临御以来，即诏礼官稽古定制。京师有泰厉之祭，王国有国厉之祭，若郡厉、邑厉、乡厉，类皆有祭，其兴哀于无祀之鬼，可谓备矣。然圣虑渊深，犹恐未尽幽明之故，特征内典，附以先王之礼，确然行之而弗疑，岂非人[⑦]之至者乎？昔者，周文王作灵台，掘地得死人之骨。王曰："更葬之。"天下谓文王为贤，泽及朽骨。而况于人夫瘗骨，且尔矧欲挽其灵明于非言辞

① 更：《文宪集》为"徒"。
② 南：《文宪集》为"东"。
③ 使者北：《文宪集》为"侍仪使溥博西"。
④ 供斛所解：《文宪集》为"命轨范师咒，饭摩伽陀解法食"。
⑤ 时夜以半，礼将毕：《文宪集》为"饭已，夜将半"。
⑥ 焄：音、义，均同"熏"。
⑦ 人：《文宪集》为"仁"。

之可赞也。猗欤！盛哉！祠部郎中西夏李颜、主事浦阳张孟兼、南樵蔡秉彝、东武臧哲职专祷祀，亲睹胜因，谓不可无记载，以藏名山，以扬圣德于罔极，同请濂为之文。濂以老病，固辞，弗获。既为具列行事如右，复系之以诗曰：

皇鉴九有，宪天惟仁。明幽虽殊，锡福则均。死视如生，屈将死[①]伸。一归至和，同符大均。元纲解纽，乱是用作。黑祲荡摩，白日[②]为薄。孰灵匪人，流血沱若。积尸横从，委沟溢壑。霜月凄苦，凉飔酸嘶。茫然四顾，精爽何依？寒郊无人，似闻夜啼。铸铁为心，宁免涕洟？惟我圣皇，夙受佛记。手执金轮，继天出治。轸念幽潜，宵不遑寐。爰起[③]灵场，豁彼蒙翳。皇舆再[④]临，稽首大雄。遥瞻猊座，如觌睟容。香凝[⑤]雾黑，灯类星红。梵呗震雷，鲸音号钟。鬼宿渡河，夜漏将半。飙轮羽幢，其集如霰。神池洁清，鲜衣华灿。涤尘垢身，还清净观。乃陟秘殿，乃觐慈皇。闻法去盖，受戒思防。昔也昏酣，棘途宵行。今也[⑥]昭朗，白昼康庄。法筵设食，厥名为斛。化至河沙，初因一粟。无量香味，用实其腹。神变无方，动皆充足。鸿恩既广，氛鳌全消。乾坤清夷，日月光昭。器车瑞协，玉烛时调。大庭击壤，康衢列谣。惟佛道弘，誓拔群滞。惟皇体佛，仁德斯被。无

① 死：《文宪集》为“使”。
② 白日：《文宪集》为“日月”。
③ 起：《文宪集》为“启”。
④ 再：《文宪集》为“载”。
⑤ 凝：《文宪集》为“疑”。
⑥ 也：《文宪集》为“焉”。

潜弗灼，有生咸遂。太史[①]载文，永垂来裔。

重修宝公塔记[②]

（明）右觉义　可浩

塔者，梵语窣堵波，此云方坟，以之藏舍利，标记古师灵迹，示法不灭也。昔武帝以二十万金，易钟山独龙阜，造塔藏师全身舍利，创精舍，额曰开善。至宋绍兴辛巳，金人犯淮甸，师显相力赞，卒使虏酋就殄，被旨加封慈应，塔曰感应。历朝封号、祭词、诏诰、铭记、感应功绩，具如原录。至我朝洪武十四年岁次辛酉九月，太祖高皇帝诏迁于湖之东麓独龙冈，敕建大灵谷禅寺，为天下丛林之首。设僧录，俾僧时祀焉。正统丙辰，主塔僧法讳大滋，仍旧贯修之。弘治庚戌，住持广公安又经理之。嘉靖乙酉岁，可浩滥膺洒扫。仰观圣师宝塔故朽，谅惟圣师灵化，弥纶天地，洪纤靡间，岂拘缩乎一区也哉？但民具尔瞻，自生福庆。丙戌岁，拉僧宗受协众一加补葺焉。届今复将腐圮，遂谋诸耆宿，洎江右喻姓法名演高者，参历之士，纠财召众，协相新之。凡尊富贫贱，咸体信服从。经营未远，焕然成之，亦圣师冥助之速也。仰惟圣天子御极，恩被林泉，每托有司，激励僧徒者，盖不忘灵山之嘱也。吾人果能修道德、明性命、尊正化，俾止恶措刑，化淳俗美，可谓阴翊皇猷者也。《老子》云："我无为而民富。"[③]一旦奋志于其间，人皆可以为圣师，何独事浮屠之

---

① 太史：《文宪集》为"史臣"。

② 《灵谷禅林志》卷3《建置》收录该文，本书所收录者实为其节略。

③ 语出《老子》五十七章："我无为而民自化，我好静而民自正，我无事而民自富，我无欲而民自朴。"

突兀者？师生于宋文帝元嘉元年，灭于梁天监十三年十二月初六日也。嘉靖十八年己亥腊月八日记。

游钟山寺记略[①]内旧迹多在陵内

（宋）陆　游

八日晨，至钟山道林真觉大师塔。塔在太平兴国寺上，宝公所葬也。塔中铜铸宝公像，有王文公铭在其膺。僧言，古像取入东都启圣院。塔西南小轩曰木末，其下皆大松，髯甲夭娇如蛟龙，往往数百年物。木末，取王文公诗，有“木末北山云冉冉”之句，故取名之。塔后又有定林庵，旧闻先君言：“李伯时画文公像于庵之昭文斋壁，着帽束带，神彩如生。文公没，斋常扃闭。遇重客至，寺僧开户，客忽见像，皆惊耸，觉生气逼人。写照之妙如此。”今庵经火矣。归途过半山，少留。半山者，王文公旧宅，所谓报宁禅院也。自城中上钟山，此为中途，故曰半山。寺西有土山，今谓培塿，亦取文公诗，所谓“讲[②]西顾丁壮，担土为培塿”，名之也。

游钟山记略[③]内旧迹多在陵内

（元）胡炳文

江以南形胜，无如升，钟山又升最胜处。夹路松阴，互[④]八、九里。清风时来，寒涛吼空，斯须寂然如故。左入半山，先是谢太傅园池，荆公宅之，捐为寺，至今祠公与传法沙门等。出行

① 该文出于宋陆游《入蜀记》乾道六年七月八日游记，原文无题。
② 讲：《入蜀记》为“沟”。
③ 《云峰集》卷2有《游钟山记》。
④ 互：《云峰集》为“亘”。

三、四里，又入一寺，弘丽视半山百倍。龛镂壁绘，光彩夺目，诡状万千。两庑级石而升四、五十丈，始至宝公塔。边有轩，名木末，履舄之下，天籁徐鸣，浮岚映翠，可俯而挹。下有羲之墨池，投以小石，远闻声。出丛苇间，径狭荒芜，游客罕至，独拜塔者累累不绝。长老云："宝公巢生而人，朱氏取而子之。后成佛，凡祷水旱疾疫如响。"由塔后循山而左，过安石读书所，山石崛垒，忽敞平原；修篁老桧，万绿相扶。风鸣交加，犹作当时吾伊声。又行数里，休于观音亭。其傍八功德泉，有声锵然汩汩。至亭下，则渊然以涵。或谓病者饮此立瘳，众皆饮。予以无疾，不饮。遂回塔后，攀松升磴六、七里，至山椒，巨石人立。予登石以坐，凤台、鹭洲渺不知在何许，但觉缭白萦青，隐见烟雾[①]间，城中数万家楼阁如画。其闲旷无人处，六朝故官[②]也。北视扬子江头，一舟如叶，行移时不咫，浪楫风帆，想数十里遥矣。盘[③]龙踞虎，互[④]以长江，其险也如此。黄旗紫盖，王气犹有时而终，令人凄然久之。下山，至七佛庵，白云凄润，嚣𡎺[⑤]不来。一僧嘘石炉，灰点须眉如雪。一僧蓬跣，崖边拾松子以归。语客质木，绝不与前寺僧类。闻其下有猛公庵、子文庙，山水稍奇丽，率为事神若佛者家焉。欲访猿鹤山堂，莫得其处，遂朗吟"小山招隐循，故道御天风"而下。

① 雾：《云峰集》为"霞"。
② 官：《云峰集》为"宫"。
③ 盘：《云峰集》为"蟠"。
④ 互：《云峰集》为"亘"。
⑤ 𡎺：音、义均同"堨"，尘埃之谓也。

游钟山记略[1]内旧迹多在陵内

(明)翰林学士　宋濂

钟山,一名金陵山。汉末,秣陵尉蒋子文逐盗[2]死山下,大帝封蒋侯。大帝祖讳钟,又更名蒋山,实作扬都之镇。诸葛亮所谓"钟山龙蟠",是也。岁辛丑二月癸卯,予始与刘伯温、夏允中游。日在辰,出东门,过半山报宁寺。寺,舒王故宅,谢公墩隐起其后。西对培塿小丘,培塿,盖舒王病湿,凿渠通城河处。南则陆静修[3]茱萸园、齐文惠太子博望苑,白烟凉草,离离蕤蕤,使人踌躇不忍去。沿道多苍松,或如翠盖斜偃。或蟠身矫首,如玉虺搏人;或捷如山猿,伸臂掬涧泉饮。相传其地少林木,晋、宋诏刺史郡守罢官者栽之,遗种至今。抵圜悟关。关,宋勤法师筑,太平兴国寺在焉。梁以前,山有佛庐七十,今皆废,唯寺为盛。近毁于兵,外三门仅存。适松花正开,黄粉毵毵,触人诗兴。予独出,行函道间。会章君三益至,遂执手上翠微亭,登玩珠峰。峰,独龙阜也,梁开善道场,宝志大士葬其下,永定公主造浮图五成覆之,后人作殿四阿,铸铜貌大士,实浮图。浮图或现五色宝光,旧藏大士履。神龙初,郑克俊取入长安。殿东木末轩,舒王所名。俯瞰山足,如井底。出度第一山亭,亭颜米芾书。亭左有名僧娄慧约塔,塔上石,其制若圆楹,中斲为方,下刻二鬼擎之。方上书曰:"梁古草堂法师之墓",有融匾法定,为梁人书。复折而西,入碑亭,碑凡数,中有张僧繇画大士像,

---

① 《文宪集》有《游钟山记》。

② 盗:《文宪集》为"贼"。

③ 陆静修:《文宪集》为"陆修静"。

李白赞，颜真卿书，世号“三绝”。又东折，渡小涧，涧前下定林院基，舒王尝读书于此。院废，更创雪竹亭，与李公麟写舒王像、洗砚池亦皆废。又北折，至八功德水。天监中，胡僧昙隐来栖，山龙为致此泉，今甓作方池。池上有圆通阁，阁后即屏风岭，碧石青林，幽邃如画。前乃明庆寺故址，陈姚察受菩萨戒之所。又东行，至道卿岩。道卿，叶清臣字也，尝来游，故名。有僧宴坐岩下，问之，张目视，弗应。时雉方桴粥，闻人声，戛戛起岩草中。从北[①]至静坛，多臧矜先生遗迹。复西折，过桃花坞，询道光泉。舒王所植松已游，唯泉绀净沉沉如故。日将夕，章君上马去，予还广慈。明日甲辰，予同二君游崇禧院，文皇元帝潜邸时建。从西庑下，入永春园。园虽小，众卉略具。揉柏为麋鹿形，柏毛方怒长，翠濯濯可玩。二君行倦，解衣覆鹿上，挂冠鼠梓间，据石坐。予谢二君出游。夏君愕曰：“山有虎，近有僧采莽，虎逐入舍僧门焉，虎爪其颧，颧有瘢可验，子勿畏往矣。”予意夏君绐我，挟两驺奴，登惟秀亭。亭宜望远，惟秀、永春皆文皇元帝题榜，涂以金。又折而东，路益险，予更芒屩，倚驺奴肩踸踔行，息促甚，张吻作锯木声。倦极思休，不问险湿，蹀蹀遽顿地，视燥平处不数尺，两足不随。久之，又起行，有二台，阔数十丈，上可坐百人，即宋北郊坛，祀四十四处。问蒋陵及步夫人冢，无知者。或云在孙陵冈。至此，屡欲返，度其出已远，又力行登慢。坡草丛布如毡，不生杂树，可憩。思欲藉[②]裀褥，

① 北：《文宪集》为“此”。

② 藉：《文宪集》为“借”。

卧不去坡古定林院基。望山椒，无五十弓[①]，不翅千里远。竭力跃数十步辄止，气定，又复跃，如是者六、七，竟至焉。大江如玉带横围，三山矶、白鹭洲皆可辨，天阙、芙蓉诸峰出没云际，鸡笼上[②]下接落星涧，涧水滮滮流玄武湖，已堙久。三神山皆随风雨幻去。西望，久之，击石为浩歌，歌已，继以感慨。又久之，傍崖寻一人泉，泉出小窾中，可饮一人，继以千百，弗竭。循泉西，过黑龙潭，潭大如盎，有龙当可屠。侧有龙鬼庙，颇陋。由潭上行，丛竹翳路，左右手开竹，身中行，随过随合。忽腥风逆鼻，群鸟哇哇乱啼。忆夏君有虎语，心动，急趋过，似有逐后者。又棘针钩衣，足数踬，咽唇焦甚。幸至七佛庵。庵，萧统讲经之地。有泉白乳色，即踞泉斞咽，衫袂落水中，不暇救。三咽，神明渐复。庵后有太子岩一，号昭明书台。方将入岩游，庵中僧出，肃面有新瘢，询之，即向采莽者，心益动，遂舍岩，问[③]别径以归。所谓白莲池、定心石、宋熙泉、应潮井、弹琴石、落义池、朱湖洞天，皆不复搜揽[④]。还，抵永春园。遂回广慈，二君出迎，遂同饮。饮半酣，刘君澄坐。至二更，或撼之作舞笑，钩之出异响，畏胁之，皆不动。予与夏君方困，睫交不可擘，乃就寝。又明日乙巳，上人出犹未归。欲游草堂寺，雨丝丝下意不住，乃还。按《地里志[⑤]》："江南名山，唯衡、庐、茅、蒋。"蒋山固无耸拔万丈之势，其与三山并称者，盖为望秩之所宗也。晋谢尚、宋雷次宗、

① 弓：《文宪集》为"步"。
② 上：《文宪集》为"山"。
③ 问：《文宪集》为"间"。
④ 揽：《文宪集》为"览"。
⑤ 《地里志》：应为《新唐书·地理志》。

刘勔，齐周颙、朱应、吴苞、孔嗣之，梁阮孝绪、刘孝标，唐韦渠牟并隐于此，今求其遗迹，鸟没云散，多不知其处。唯见荛儿牧竖，跳啸于凄风残照间，徒足增人悲思。况乎人事往来，一日万变，达人大观，又何足深较？予幸与二君得放怀山水窟，一刻之乐，千金不易也。山灵或有知，当使予游尽江南诸名山。虽老死烟霞中，有所不恨。他尚何望哉？他尚何望哉？

游灵谷记[①]

（明）大学士　吕柟

三月之暮，五山潘子约诸僚同游灵谷。予以足疾不能远[②]马，赁舆先往。盖灵谷周几十余里，东界木公山，而松亘四、五里。纵横络绎，杂列间植。微瓴甋甃路，则不得其门而入矣。往年，同南桥李子日午始往，不久即返，未尽其奇，于心恒不忘。故五山约，不俟联镳而独先也。至"第一禅林"门，下舆，徒步里余，就荫伫立，四面睇望，虬枝蛟枚，如麻如藋。然体干瘦细，间有三、二合抱者，则又为群木压挽匝挤，不能直挺，予叹玩焉。其下瑶草仙卉，碧紫烂熳，或并藤萝缠穋蒙盖。问诸吏皂，但曰野花，则又叹曰："彼抱美含芳于幽独而不名者，其殆此乎！"北[③]至方丈门，见洪武十八年至二十九年高祖七敕，备言栽种松、竹、果子之由，禁止刍牧。再进，至青林堂，见檐前悬榜高祖亲制《山居诗》十二篇赐觉义清浚者。益悉灵谷幽胜，乃知此寺所造甚远，非偶然也。未几，五山及双山秦子、在轩胡子、雍里顾

---

① 《灵谷禅林志》卷10《杂著二》收录该文。

② 远：《灵谷禅林志》为"乘"。

③ 北：《灵谷禅林志》为"比"。

子、郭山况子皆至，乃遂出游大佛殿。又后登禅堂，崇峻弘敞，爽人心目。而宝公石像正当其下，为吴子所画，果非尘世形态。旁镌自著《十二时歌》。又北，观宝公塑像，在浮屠塔下，旁有长榜壁立，不可上，乃已。遂出，东观八功德水之九曲，曲上一松奇古，或云高祖挂衣处。随至无梁殿，殿皆瓴甋作三券洞，不以木为梁。只此一殿，费可万金。其规制，又多自齐、梁时来。国朝虽或补葺，然必不加也。上西廊，观吴道子所画《折芦渡江》及乌巢佛印三教画壁，乃还。登青林堂，有满亲住持者来参，持学士顾公诗以观，盖顾公九和依僧语作二偈尔。观毕，满茶，许之。时日已大西，遂行。而浩乃送至琵琶街，自鼓掌，请听琵琶声，口兼呼。诸从者亦鼓掌，浩亦大笑，然实未有闻也。因问："此殿前何以有此声？"浩曰："空谷作声尔。"曰："此殿以上凡四、五层，其上者何以无此声？"浩不对。在轩、双山皆曰："山谷之声大①近亦无，大②远亦无。虚实之间，远近之中，乃又夹以长廊，俯以崇台，此感彼应，气使然尔。"遂西至竹涧，有闭关僧，凿板窦以通饮食，窦上悬"栖云处"三字。予曰："此室中亦有云邪？"五山屡以偈语诘浩，浩不能对，以他语应，遂出。时满亲以邀茶至，见壁上悬二尊官诗，浩与满亲犹指矜云云，曰："僧但不到家，到家便见其家中所有无尔。"遂还，予先至朝阳门，候诸君而后别。

①② 大：《灵谷禅林志》为"太"。

传

志法师墓志铭

（梁）陆 倕

法师自说姓朱，名保志。其生缘桑梓，莫能知之。齐故特进吴人张绪、兴皇寺僧释法义，并见法师于宋太[①]始初，出入钟山，往来都邑，年可五、六十岁，未知其异也。齐、宋之交，稍显灵迹，被发徒跣，负杖挟镜，或征索酒肴，或数日不食。豫言未兆，悬识他心。一时之中，分身数处。天监十三年，即化于华林园之佛堂。先是，忽移寺之金刚出置户外，语僧众云："菩萨当去耳。"后旬日，无疾而殒。沉舟之痛，有切皇心。殡葬资须，事丰供厚。望方坟而陨涕，瞻白帐而拊心。爰诏有司，式刊景行。辞曰：欲化毗城，金粟降灵。猗欤大士，权迹帝京。绪胄莫详，邑居罕见。譬彼涌出，犹如空现。哀兹景像，愍此风电。将导舟梁，假我方便。形烦心寂，外荒内辩。观往测来，睹微知显。动足墟立，发言风偃。业穷难诏，因谢弗援。慧云昼歇，慈灯夜昏。

宝志公行实

寺志

师讳宝志，金陵人。宋文帝元嘉十三年丙子，示迹东阳市古木鹰巢中。民人朱氏妇上巳日汲水，闻儿啼，归报其家，梯树得之，举以为子，就指为姓。面方莹彻如镜，手足皆鸟瓜。甫七

① 太：应为"泰"。南朝刘宋泰始共七年(465～471)。

岁，去依钟山大沙门法俭为童子，俭名之曰宝志。明帝泰始三年丁未，落发，专修禅观，坐必逾旬。久之，忽无完[①]居，多往皖山剑水[②]之下。披发而徒跣，著锦袍，饮啖同于凡俗。常以古镜、剪刀、尺扇拄杖[③]，负之而趋，经聚落，儿童喧逐之。或征[④]索酒肴，或累日不食，而无饥色。尝从吃鲙者求鲙食，与之者心笑之。即起，吐水中，皆成鱼，人始惊异。时题诗句，初不可晓，后皆有验。齐建元间，异迹甚著。宰相高嵩与武帝言之，以礼自皖山迎至都，舍于陈征虏之家。辄自劈其面，分披之出十二面首观世音，慈严妙丽，倾都观之，欲争尊事。武帝忿其惑众，收付建康狱，旦夕咸见游行市里。既而检校，犹在狱中。其夜，又语吏："门外有两舆，金钵盛饭，汝可取之。"果文惠太子、竟陵王并送供至。建康令吕文显启帝，迎至禁中。俄有旨："屏除后宫，为家人宴。"公例常与出。已而，见行道于景阳山，比丘七辈从其后。帝怒，遣使至，阍吏曰："公久在省中。"吏就视之，身如涂墨然。帝闻之，大惊。时僧正法献欲以一衣遗师，遣使于龙光、罽宾二寺求之。伯云："公昨在此行道，旦眠未觉。"使还以告，方知身分三处宿焉。公尝盛冬袒行，沙门宝亮欲以衲遗之，未及发言，忽来，引衲而去。师在华林园，忽重三著三布帽，亦不知自何得之。俄而，武帝崩，文惠太子、豫章文献王相继薨，齐亦于此季矣。出《传灯录》。蔡仲熊尝问仕何所至，公不自答，直

① 完：《石门文字禅》为"定"。
② 水：《石门文字禅》为"岭"。
③ 拄杖：《石门文字禅》为"挂杖"。
④ 征：《石门文字禅》为"微"。

解杖头左索绳掷与之，莫之解。仲熊果至尚书左丞。永明中，住东宫后堂，平昌门中出入。末年，忽云："门上血污，衣褰裳走过。"及郁林见害，果以犊车载尸，自此门舍故阉人徐龙驹宅，而帝头血流于门限焉。建武中，明帝害诸王。高上[①]江泌忧念南康王子琳，以访公，问其祸福。公覆香炉示之，曰："都尽无余。"后皆如其语。徐陵儿时，其父携诣师，师拊之曰："天上麒麟[②]也。"陵果名誉显于世。又文惠太子迎释僧惠至京师，遇师，拊其背曰："赤龙子也。"惠终以辩才显闻。其徒齐屯骑桑偃将欲谋反，往谒志。志遥见而走，大呼云："围台城，欲反逆，砍头破腹。"后又[③]旬，事发，偃叛走朱方，为人所得，果砍头破腹。陈显达镇江州，大司马殷齐之从行，往辞，公无他语，但引纸画鸦，毕之曰："缓急可用此。"显达叛，齐之遁去。显达大怒，遣骑追之，将及。齐之窘甚，见鸦喧暮林，即匿其下，鸦翔集自如，骑玩失其踪，但见鸦林，必非人所寄，遂去。齐之方悟师意。鄱阳忠烈王饭于私第，顾左右，觅荆杖，有折以献者，则以安门上而去。俄有旨，以领荆州。卫尉胡谐卧病，请师。师注疏云："明屈。"明日竟不往。是日，谐亡，载尸还宅。公"明日尸出也"。师多去来兴皇、净名两寺。齐帝常禁师出入。及梁武帝即位，下诏曰："宝公迹均[④]尘垢，神游冥寂。水火不能焦濡，蛇虎不能侵惧。语其佛理，则声闻以上；谈其隐伦，则遁仙高者。岂得以俗

① 上：《石门文字禅》为"士"。
② 麒麟：《南史·徐陵传》为"石麒麟"。
③ 又：《石门文字禅》为"未"。
④ 均：《石门文字禅》为"拘"。

士常情空相拘制？何其鄙狭，一至于此！自今已后[①]，随意出入，勿得复禁。”自是，多出入禁内。天监五年秋季[②]旱，雩祭备至，而雨未降。帝请云光法师[③]于华光殿讲《胜鬘经》，师索水贮净器，安刀其上，以祝，须臾云行雨施[④]，高下皆足。出《行状》帝始用刑惨酷，师现六神通力，令见高祖于地下受极苦相之状。繇是，息刀锯之害。天监六年，帝假师神力，见地狱苦。问：“何以救之？”师曰：“夙世定业，不可顿灭。唯闻钟声，其苦暂息。”帝于是诏天下寺院击钟，当舒徐其声，欲以停其苦也。出《释氏编年录》。师尝于台城对武帝吃鲙，昭明诸王子皆侍侧。帝曰：“朕不知其味二十余年，师何尔？”师乃吐出小鱼，依依鳞尾，帝深异之。如今秣陵尚有鲙残鱼是也。出《漫录》。帝尝问师曰：“弟子烦惑未除，何以治之？”师索十二，识者[⑤]以为十二因缘治惑药也。又问十二之旨，师曰：“在书字时节刻漏中。”识者以为，书之在十二时中。又问：“弟子何以得净心修习？”答曰：“安乐禁。”识者以为，禁者止也，至安乐时乃止尔。出《行状》。舒州潜山最奇绝，而山麓尤胜，师与白鹤道人皆欲之。天监六年，二人俱白武帝。以二人皆具灵通，俾各以物识者，其地得居之。道人云：“某以鹤止处为记。”师曰：“某以卓锡处为记。”已而，鹤先飞去，至麓，将止，忽闻空中锡飞声，师之锡遂卓于山麓，而鹤惊止他所。道人不怿，然以前言不可食，遂各以识筑室焉。出《万花谷集》。

① 已后：《石门文字禅》为“行道来往”。
② 秋季：《石门文字禅》为“冬”。
③ 云光法师：《石门文字禅》为“沙门法云”。
④ 须臾云行雨施：《石门文字禅》为“俄而雨大降”。
⑤ 索十二识者：《石门文字禅》为“答云十二识者”。

杜诗云:“锡飞常近鹤。”

一日,云光[①]法师于华林殿讲《法华经》,至“假使黑风吹其船舫”,忽问:“风之有无否?”云光[④]曰:“世说[⑤]故有,第一义则无也。”师往复三、四番,师笑曰:“若体是假有。此亦不可解也。”其辞止[⑥]隐没,类皆如此。云光法师讲经,天雨之华。帝谓其证圣,夜于含光殿焚疏,请师与云光、僧俭、傅大士斋。翌日,独云光不至,其优劣可见也。一日,与帝临江纵望,有一木浮江,溯流而上。帝与师及士庶观之,师举锡一招,其木随至岸,乃旃檀也。诏供奉官俞绍雕公像,既克而肖,神像如生,但少鬓发。师拔发插像,两鬓发即随长。宋志云,旧像,父老相传,以沉香为之。国初,取归京师。陈轩《金陵集》载狄咸《游蒋山》诗云:“旃檀归像魏,窣堵卧烟霞。”盖谓此。帝大悦,命置中庭,为子孙世世之福田。有僧浮杯者谒帝,帝与客方棋,令杀之。棋罢,命僧见。侍卫奏曰:“蒙旨杀之矣。”帝嗟悼不已,因问师。师曰:“陛下前身蚯蚓也,因薙草,误杀之。今尝夙债耳。”出《释通鉴》。帝先问[⑦]张僧繇传师真容,辄不竟,不能就。繇稽首告师,师以爪划破面门,现十二面观音,云:“毗婆尸佛早留心,直至如[⑧]今不得妙。”出《传灯录》中。后魏胡后尝问国祚,师曰:“把枣[⑨]与鸡吃[⑩]朱朱。”盖尔朱也。武帝一日诏师至阙,师忽颦蹙,低头兴叹。帝问之,师曰:“仇敌生也。”帝罔措。

①④ 云光:《石门文字禅》为“法云”。

⑤ 说:《石门文字禅》为“谛”。

⑥ 止:《石门文字禅》为“旨”。

⑦ 问:《石门文字禅》为“诏”。

⑧ 如:《石门文字禅》为“而”。

⑨ 枣:《太平广记·释宝志》为“粟”。

⑩ 吃:《太平广记·释宝志》为“唤”。

盖是年侯景生于鲜卑怀朔镇，即东昏侯后身也。帝尝与师登钟山定林寺，师指前冈独龙阜曰："地为阴宅，则永其后。"帝曰："谁当得之？"公曰："先行者当得之。"出《行状》。梁皇问师："朕欲设斋布施，广度僧尼，法门混杂。"师曰："刻木为罗汉，敬之则福生；铜铁铸观音，毁之则祸至。泥龙不能行雨，求雨须用泥龙；但知供养泥龙，必有真龙降雨。凡僧不能长福，求福须用凡僧；但知供养凡僧，必有真僧降福。"出《如如居士语录》。帝妃郗氏崩后数月，忽现一蟒上殿，为人语，启帝曰："蟒即郗氏也。妾以生存嫉妒六宫，其性惨毒，怒一发则火炽矢射，损物害人，死以是罪，谪为蟒耳。无饮食实口，无窟穴可庇身，饥窘困迫，力不自胜。又鳞甲则有多虫，唼啮肌肉，痛苦甚剧，若加锥刀焉。感帝平昔眷爱妾之厚矣，故托丑形，陈露于帝，祈一功德，以拯拔也。"蟒遂不见。明日，大集沙门，宣其由，问善之最，以赎其苦。宝公对曰："非礼佛忏涤悃款不可。"帝然其言，撰《忏文》，共成十卷，为其忏礼。又一日，闻宫内异香馥郁。帝仰视，见一天人容仪端丽，谓帝曰："蟒，后身也。蒙功德，以得生忉利天，呈身致谢。"言讫不见。出《梁皇忏·序》，并《南史》集中。会稽临海寺有僧大德[①]，常闻扬州都下有志公，语言癫狂，放纵自在。僧云："必是狐狸之魅也。愿向都下觅猎犬以逐之。"于是轻船入海，趋浦口，欲西上。忽大风所飘，意谓东南。六、七日，始到一岛中，望见金装浮图，干云秀出，遂径而往。至一寺，院宇精丽，花卉芳

① 德：《太平广记·释宝志》为"得"。

菲，有五、六僧，皆可年三十，美容色，并着真[1]绯袈裟，倚杖于门树下言语。僧云："欲向都下，为风飘荡，不知上人此处是何州国？今四望环海，恐本乡不可复见。"答曰："必欲向扬州，即时便到。"令附书到钟山寺，西行南头第二房，觅黄头付之。僧因闭目坐船，风声定，开眼，如言奄至西岸。入浦数十里，至都，径往钟山寺，访问都无字黄头者。僧具说委曲，报云："西行南头第二房，乃风病道人志公。虽言配在此寺，常在都下聚乐，处百日不一度来，房空无人也。"问答之间，不觉志公已在寺厨上，乘醉索食，人以斋过，日晚未与。间便奋身恶骂，寺僧试遣沙弥绕厨侧，漫叫："黄头。"志公忽曰："阿谁唤我？"即逐沙弥，来到僧处，谓曰："汝许将猎狗捉我，何为空来？"僧知是非常人，顶礼忏悔，授书与之。志公看书云："方丈道人唤我，不久当亦自还。"志公遂屈指云某月日去，便不复共此僧语。众但记某月日期去也。武帝梦神僧告曰："六道四生，受大苦恼，何不为作水陆大斋而救拔之？"帝问宝公，公劝云："寻经，必有因缘。"乃取藏经，躬自披览，创造义文，三年乃成。于夜，捧文停烛，白佛："若此文理协圣凡，愿起此灯自明。或仪式未详，灯暗如初。"言讫，投地一礼，初起灯烛尽明。至是，二月十五日于金山寺是也。出《苇江集》云。一日，帝与志公论及乐事，请帝出死囚数人，以验其说。既而，命囚各持满水，周行庭下，戒曰："杯水不溢，当贷汝死。"继命作乐，以动其心。良久，视之，无一滴者。帝乃叹曰："汝闻乐乎？"曰："不闻。"师曰："彼正畏死，惟恐水溢，安得闻乐？陛

① 真：《石门文字禅》为"圆"。

下若亦如此，常怀畏惧，则逸乐之心，自然不生。出《感应篇》。一日，宝公与帝云："欲往高座主之"。帝允，即往。尝同五百大士俱，有云光坐山颠说法，天花坠焉。天监十三年，公移华林园金像，置所居房。帝问师曰："师将去我耶？"又问："国祚有留难否？"公但指喉示之。厥后侯景之乱，尤追绎公言也。帝复询社稷存亡、远近之事，公曰："贫僧塔坏，陛下社稷随坏。"于十二月，忽闻奏丝竹，声彻昼夜。至初六日，无疾脱化于兴皇寺。尸骸香软，形貌怡悦，正应钟山寺与僧先日之期也。临亡，燃一烛，以付后阁舍人吴庆以闻帝，帝叹曰："大师不复留矣。烛者，以后事嘱我乎？"念公之言，以金二十万易其地，敕造木塔五级，用皇女永定公主遗下奁具成之，仍以无价宝珠置其上。塔前建开善精舍，敕陆倕制铭于冢内，王筠制碑于寺门，处处得[①]其遗像焉。毕工，驾御寺，公忽现云端，万众欢呼，声震山谷。敕谥广济大师。厥后，帝思前言，木塔其能久乎？遂命撤之，改创石塔，贵图不朽，以应其谶。拆塔才毕，侯景之兵果至。李氏有国日，谥曰妙觉。周广顺中，江南伏龟山圯埋白石函，二尺，广八寸，中有铭云："维天监十四年秋八月，宝公埋于此山。当时名臣陆倕、王筠、姚詧而下，皆莫晓其义。问之，曰：'在五百年后方应。'词曰：'若问江南事，江南自有凭。谶石虎、李煜事。乘鸡登宝位，以丁酉年李氏有国也。犬吠入金陵。宋开宝七年甲辰伐江南也。八年国灭。子建司南斗，安仁秉夜灯。当王师围城，其南曹彬，其北潘美也。东邻家道阙，随虎遇明君。'"太平兴国三年戊寅，吴越钱弘俶举国入朝，家道阙无钱也。杨

① 得：《石门文字禅》为"传"。

文公《谈苑》纪宝公铜碑，记云："谶未来事，云有一真人名知远，开口张弓在左边，子子孙孙万万年。"吴越钱镠有国，王孙弘俶归宋，封淮海国王。俶弟仪、信并观察使，俶四子并节度使，及族属俱授官有差，世显不绝。公显迹之著[①]，可数[②]五、六十许，貌亦不老，莫测其年。有徐捷[③]道者，年九十三，自言是公外舅弟，小公四岁，其年九十七矣。公作《四柱记》、《宝公符》、《十二时歌》、《十四科颂》、《大乘赞》、《禅宗法语》、《公镜图》数千言，传于世。俱备大藏《传灯录》中。宋太宗太平兴国七年，舒州民柯萼遇老僧，率诣万岁山取宝，以杖指松下，令掘之，得石，上有篆文，乃师所记运祚兴废之数。朝廷宝之，赐谥道林真觉。宋敏求《东京记》：太平兴国七年，师降见城市。诏避讳，称宝公，遣使致青词，就钟山建道场，赐太平兴国禅寺为显[④]。真宗大中祥符五年，诏于龙图阁取太平兴国年中舒州所获宝公石，以示辅臣，上作诗纪其事，又作赞，目曰神告帝统石。谥曰真觉大师，遣知制诰陈尧咨诣蒋山致告，仍令天下无得斥公名。又《真宗实录》：大中祥符六年六月甲申，诏加谥宝公为道林真觉大师。高宗绍兴辛巳岁，金入犯淮甸，师以神力幽赞，卒使虏酋就殄，江淮以安，被旨加封道林真觉慈应惠感大师，塔曰感顺。元文宗天历二年，封普济圣师菩萨。

宝公赞

（唐）李　白

水中之月，了不可取。虚空其心，廖廓无主。锦幪乌爪，独

---

① 著：《石门文字禅》为"始"。

② 可数：《石门文字禅》为"年可"。

③ 揵：《石门文字禅》为"捷"。

④ 显：《石门文字禅》为"额"。

行绝侣。刀齐尺梁，扇迷陈语。丹青圣容，何往何所？

宝公赞

（唐）僧皎然

大地之动，我安其中。高景无氛，灵鹤在空。出生死海[①]，随物有终。务形骇俗，借绘开蒙。尝携刀尺，精意谁通？

释智藏传略[②]

《高僧传》

释智藏，本名净藏，吴郡吴人。戒德坚明，学业通奥。梁圣僧宝志迁神窀穸于钟阜，于墓前建塔，寺名开善，敕藏居之。有墅姥者，工相人，谓藏曰："法师聪辩盖世，天下流名。但恨年命不长，可至三十一矣。"时年二十有九，闻斯促报，讲解顿息，竭精修道，发大誓愿，不出寺门，遂探经藏，得《金刚波若》，受持读诵，毕命奉之。至所厄暮年，香汤沐浴，净室诵经，以待死至。俄而，闻空中声曰："善男子，汝往年三十一者，是报尽期。由《波若经》力，得倍寿矣。"藏后出山，试过前相者，乃大惊起，曰："何因尚在世也？前见短寿之相，今了一无，沙门诚不可相矣。"藏问："今得至几？"答曰："色相骨法，年六十余。"藏曰："五十知命，已不为夭，况复过也？"梁大同中，帝欲自御僧官，维任法侣，敕主书遍令许者署名。于时，盛哲无敢抗者，皆匿然投笔。后以疏闻藏，藏以笔横轹之，告曰："佛法大海，非俗人所知。"帝览之，不以介意。然意弥盛，事将施行于世。虽藏后未同，而敕已

---

① 出生死海：释皎然《志公赞》为"出生死厄"。

② 该文出自《续高僧传》卷5《梁钟山开善寺沙门释智藏传》。

先被。晚于华光殿设会，众僧大集后，藏方至。帝曰："比见僧尼多未调习，白衣僧正不解律科，以俗法治之，伤于过重。弟子暇日，欲自为白衣僧正，亦依律立法。此虽是师之事，然佛亦复付嘱国王。向来与诸僧共论，咸言不异。法师意旨如何？"藏曰："陛下欲自临僧事，实光显正法。僧尼多不如律，所愿垂慈矜恕，此事为后。"帝曰："弟子此意，岂欲苦众僧耶？正谓俗愚过重，自可依律定之。法师乃令矜恕，此意何在？"答曰："陛下诚欲降重从轻，但末代众僧，难皆如律，故敢乞矜恕。"帝曰："请问诸僧犯罪，佛法应治之不？"答曰："窃以佛理深远，教有出没，意谓亦治亦不治。"帝曰："惟见咐嘱国王治之，何处有不治之说？"答曰："调达亲是其事，如来置之不治。"帝曰："法师意谓调达何人？"答曰："调达乃诚，不可测。夫示迹，正欲显教。若不可不治，圣人何容示此？若一向治之，则众僧不立。一向不治，亦复不立。"帝动容，追停前敕。诸僧震惧，相率启请。帝曰："藏法师是大丈夫，心谓是则道是，言非则道非，致词宏大，不以形命相累。诸法师非大丈夫，意实不同，言则不异。弟子向与藏法师硕诤，而诸法师默然无见助者，岂非意在不同耳？"事遂获寝。藏出告诸徒属曰："国王欲以佛法为己任，乃是大士用心。然衣冠一家，子弟十数，未必称意。况复众僧五方混杂，未易辩明，正须去其甚泰耳。且如来戒律，布在世间，若能遵用，足相纲理。僧正非但无益，为损弘多。常欲劝令罢之，岂容赞成此事？"或曰："理极如此。当万乘之怒，何能夷然？"藏笑曰："此实可畏。但吾年老，纵复阿旨附会，终不长生。然死本所不惜，故安之耳。"敕于彭城寺讲《成实》，又敕于慧轮殿讲《波若经》。天监末年春，舍身大忏，招集道俗，并自讲《金刚波若》，以为极悔。唯留衣钵，余者倾尽，一无遗余。陈郡谢几卿指挂衣竹，戏曰："犹留此物，尚有意耶？"藏曰："身犹未灭，意何由尽？"而尚怀靖处，托意山林。还居开善，因不履世。时或敕会，乃上启辞曰："夙昔顾省，心或不调。欲依佛一语，于空闲自制。而从缘流二十余载，在乎少壮，故可推斥。今既老病，身心俱减，若复退一毫，便不堪自课。故愿言静处，少自荣卫，非敢傲世求名，非欲从闲自诞，特是常人近情，惧前途之已迫耳。"帝手喻曰："求空自闲，依空入慧。高蹈养神，实是胜乐。不违三乘，亦以随喜。惟别之际，能无怅然？歧路赠言，古人所重。犹劝法师，行无碍心。大悲为首，方便利益。随时用舍，不宜顿杜。以隔碍心，行菩萨道。无有是处，敕住反频。仍久之藏，持操不改。"皇太子尤相敬接，将致北面之礼。朱轮徐动，鸣笳启路，就而谒之，从遵戒范。寺外山曲，别立头陀之舍六所，并是茅茨，容膝而已。皇太子闻而游览焉，各赋诗而返。其后章云："非曰乐逸游，意欲识箕颖。"藏结心世表，常行忏悔，每于六时，翘仰灵相。尝宿灵曜寺，夜渐用心，见有金光照曜，一室洞明。人问其故，答曰："此中奇妙，未可得言。"是旦，遘疾。至于大渐，帝及储君、中使相望。临终，词色详正，遗言唯在弘法。以普通三年九月十五日，卒于寺房，春秋六十有五。敕葬独龙之山，新安太守萧机制文，湘东王绎制铭，太子中庶子陈郡殷钧为立墓志。初，藏讲大、小品《涅槃》、《波若》、《法华》、《十地》、《金光明》、《成实》、《百论》、《阿毗昙》、《心》等，各著义疏行世。

与开善寺智藏法师书[①]

(梁)元帝

菩萨萧法车置邮大士刘智藏侍者:自林宗遄反,玄度言归。以结元礼之心,弥益真长之叹。故以临风望美,对月怀贤;有劳寤寐,无望兴寝。方今玄冥在节,岁聿云遒。日似青缇,云浮红蕊;清台炭重,北宫井溢。想禅说为娱,稍符九次;成诵之功,转探三密。山间芳杜,自有松竹之娱;岩穴鸣琴,非无薜萝之致。修德之暇,差足乐也!昔韩梅两福,求羊二仲。郑林腾名于冯翊,周党传芳于太原。或有百镒可捐,千金非贵;松子为餐,蒲根是服。未有高蹈真如,归宗法海。梵王四鹤,集林籞而相鸣;帝释千马,经丘园而踼步。有一于此,犹或称奇;兼而总之,何其盛也!故知南临之水,已类吕梁之川;北眺之山,弥同武安之岭。岂复还思溆浦,尚想强台;眷彼汉池,载怀荒谷。以此相求,心可知矣。仆久厌尘邦,本怀人外。加以服膺常住,讽味了因;弥用思齐,每增求友。常欲登却月之岭,荫偃盖之松,挹璇玉之源,解莲花之剑。藩维有限,脱屣无由。每坐向诩之床,恒思管宁之榻。梦匡山而太息,想桓亭而延伫。白云间之,苍江不极。未因抵掌,我劳如何。想无金玉,数在邮示。弱水难航,犹致书于青鸟;流川弗远,伫芳音于赤玉。鹤望还信,以代萱苏。得志忘言,此宁多述。法车叩头、叩头。

① 《广弘明集》卷28、《汉魏六朝百三家集》卷84、《释文纪》卷22各收录该文,题均作"与刘智藏书"。

佛慧泉禅师传略[①]

旧志

法泉，随州时氏子。住持日，经营辛苦，成大佛殿，以成丛林。建毗庐阁，两掖为行道，阁其余，廊庑极雄丽。与苏东坡交，因舟行至金陵，阻风江浒，师迎之至寺，城[②]云："如何是智海之灯？"师以偈答之曰："指出明明是什么，举头鹞子新罗[③]过。从来这碗最稀奇，会[④]问灯人能几个？"坡欣然以诗答之："今日江头天色恶，炮车云起风欲作。独望钟山唤宝公，林间白塔如孤鹤。宝公骨冷唤不闻，却有老泉来唤人。电眸虎齿霹雳舌，为予吹散千峰云。南来万里亦何事，一酌曹溪知水味。他年若画蒋山图，仍作泉公唤居士。"师晚奉诏住大相国智海禅寺，问众曰："赴智海，留蒋山，去就孰是？"众皆无对。师索笔书偈："心是心非[⑤]徒拟议，得皮得髓谩商量。临行珍重诸禅侣，门外千山正夕阳。"元丰年十二月二十日，入寂。

佛眼远禅师传略

旧志

清远尝读《法华》，至"是法非思量分别之所能解"，问讲师，师莫能答。师笑曰："义学名相，非所以了生死大事。"遂卷衣南游。造舒州演公法席。因丐于庐山，偶雨，足跌仆地。烦懑间，

① 出自宋释晓莹《罗湖野录》。

② 城：似应为"坡"。

③ 新罗：《罗湖野录》为"穿云"。

④ 会：《罗湖野录》为"解"。

⑤ 心是心非：《五灯会元》卷16为"非佛非心"。

闻两人相交[①]恶骂。谏者曰:“你犹自烦恼在。”师于言下有省。及归,凡有所问,演曰:“我不如你,你自会得好。”或曰:“我不会,我不如你。”师愈疑,遂咨决元礼首座。以手引师耳,绕围炉数匝,且行且语曰:“你自会得好。”师曰:“有异开发,乃尔相戏?”座[②]曰:“你他复[③]悟去,方知今日曲折。”后出住崇宁万寿,复迁和之褒禅。枢密邓公洵奏,赐师号、紫衣。宣和,欲[④]以病辞,归蒋山东堂。二年,书云前一日,饭食讫,趺坐,谓徒曰:“诸方老宿临终,留偈辞世,世可辞乎?且将安住[⑤]?”乃合掌,怡然趋寂。

云峰高禅师传略

旧志

妙高,长溪人。母梦池上婴儿合掌坐莲花心,手捧得之,觉而生师,因名梦池。耽释典,固请学出世法。见无准于径山,准器之,拟以侍职。曰:“怀安败名,吾不遍参诸方不止。”遂之育王,见偃溪闻,即请入侍掌藏。溪一日举“如水牛过窗棂,头角四蹄过了,因甚么尾巴过不得”,师有省,答曰:“鲸吞海水,尽露出珊瑚枝。”溪可之。会蒋山虚席,直指佥议,无以易师。朝旨从之。历十有三年,众逾五百。德佑己[⑥]亥,寺被兵革,有军迫师求金者。师曰:“此但有寺有僧,无金与汝。”俄以刃拟师,师

① 相交:《五灯会元》卷19为“交相”。
② 座:《五灯会元》卷19为“礼”。
③ 复:《五灯会元》卷19为“后”。
④ 欲:《五灯会元》卷19为“初”。
⑤ 住:《五灯会元》卷19为“往”。
⑥ 己:《佛祖历代通载》卷22为“乙”。

延颈曰:“欲杀即杀,吾头非汝磨刀石。”辞气雍容,了无怖畏。军士,掷刃。伯颜丞相见师加敬,舍牛头、斋粮五百石,寺赖以济。颜公又戒诸将云:“此老非常人比,宜异因[①]待之。”以故寺得无恙。

圆辨顺禅师志略[②]

(明)翰林学士　宋濂

濂自幼至壮,饱阅三藏诸文,粗识世雄氏所以见性明心之旨。及游仕中外,颇以文辞为佛事。由是南北大浮屠其顺世而去者,多以塔上之铭为属。衰迟之余,夙习皆空,凡他有所请,辄峻拒而不为。独于铺叙悟缘,评骘梵行,每若不敢后者。盖欲表般若之胜因,启众生之正信也。有如佛性圆辨[③]禅师者,濂安得不铭诸?师讳智顺,字逆川,温之瑞安陈氏子。事千佛寺毒海清法师,方开演,长御讲,请师为纲维之职,轨范为之肃然。毒海入寂,师感世法无常,叹曰:“义学虽益多闻,难御生死。即御生死,舍自性将奚明哉?”遂更衣入禅。复走闽之天宝山,三铁关枢公,欲依公而住。公叱曰:“丈夫不于世大丛林与人相颉颃,局此蠡壳中邪?”拂袖而入。师下且过寮,潸然而泣。或悯之,慰曰:“善知识门庭高峻,拒之即进之也。”公闻其事,叹曰:“吾知其为法器,姑相试尔。”乃延入僧堂中。师壁立万仞,无所回挠。虽昼夜明暗,亦不能辨。逾月,因如厕便,旋睹中园匏

① 因:《佛祖历代通载》卷22为“目”。

② 该文出自明宋濂《宋学士文集》卷19《佛性圆辩禅师净慈顺公逆川瘗塔碑铭有序》。圆辨:应为“圆辩”。

③ 辨:《宋学士文集》卷19为“辩”。

瓜，触发妙机，四体轻清，如新浴出室。一一毛孔，皆出光明；目前大地，倏尔平沉。喜幸之极，亟上方丈求证。适公入府城，师不往见。水滨林下，放旷自如。已而，历抵诸师，皆不合。又闻千岩长禅师鸣道乌伤伏龙山，师往叩之。其所酬应者，皆涉理路。飘然东归，燃指作发愿文，细书于绅，必欲见道乃已。复自念非公不足依洊，走闽中见焉。公偶出游，遥见师，喜曰："我子今来也。"越翼日，师举所悟求证。公曰："此第入门耳。最上一乘，则邈邈在万里之外也。"乃嘱之曰："汝可悉弃前解，专于参提上致力，则自入阃奥矣。"师从公言，逾五阅月。一日将晚参，拟离禅榻，忽豁然有省，如虚空玲珑，不可凑泊，厉声告公曰："南泉败阙，今已见矣。"公曰："不是心，不是物[①]。不是物，是何物？"师曰："地上砖铺，屋上瓦覆。"公曰："即今南泉在何处？"师曰："鹞子过新罗。"公曰："错。"师亦曰："错。"公曰："错。错。"师触礼一拜而退。公曰："未然也。"公披大衣，鸣钟集四众，再行勘验。师笑曰："未吐辞之前，已不相涉。和尚眼目何在，又为此一场戏剧邪？"公曰："要使众皆知之。"遂将宗门诸语一一讯师，师一一具答，公然之，复嘱曰："善自护持，勿轻泄也。"久之，令掌藏室。寻请分座说法。公既捐馆师，嗣住院事，非惟举唱宗乘，寺制有未备，悉补足焉。甓驿道达于山门，逾六、七里。择地构亭，以增胜概。众方赖之，忽尔弃去。过杉关，抵百丈，上迦叶峰，渡江入淮，礼诸祖之塔。经建业，回浙中，超然如野鹤孤云，无所留碍。寻返永嘉。朝廷赐师号及金襕法衣。师曾

① 物：《宋学士文集》卷 19 为"佛"。

不以悦，悉散其衣盂所畜，退居一室，掘地以为炉，析竹以为箸，意澹如也。温城净光塔雄镇一方，年久将坏。万[1]参政初尝戍其城，欲赋民钱葺之，命师莅其事。师曰："民力凋劫久，火焰炎炎，而复加薪，吾安忍为之？必欲见用，官中勿扰吾事，若无所闻知可也。"方诺之。师乃定计，城中之户余二万，户捐米月一升，月获米二百石。陶甓抡材，若神运鬼输，纷然四集。镇心之木，以尺计者，其长一百五十，最难致之，师谈笑辄辨[2]。七成既粗完，其下仍筑塔殿，宏敞壮丽，九斗之势益雄。一旦，飓风作，其上一成，挟之以入海涛，众咸伤之。师曰："塔终不可以就乎？"持心益固，遣其徒如闽铸露盘、轮相及焰珠之类。日就月将，阑楯硐户，一一就绪，金鲜碧明，犹天降而地涌也。縻钱过十万，而上[3]役弗与焉。皇上尊尚佛乘，召江南高行僧十人，于钟山建无遮法会。师与其列，升座演说，听者数千。大驾幸临，慰问备至。竣事，钱塘清远谓公方主净慈，举师以为成[4]。会中朝征有道僧，以备顾问。众咸推师，师至南京，仅四阅月，沐浴书偈而逝，实洪武六年八月二十日也。阇维于聚宝山，获设利无算。师有《五会语》若干卷，《善财五十三参偈》一卷，皆传于世。大雄氏之道，不即世间，不离世间，乌可岐而二之？我心空邪？则凡世间诸相，高下洪纤，动静浮沉，无非自妙性光中发现。苟为不然，虽法王所说经教，与夫诸祖印心密旨，皆为障碍

① 万：《宋学士文集》卷19为"方"。
② 辨：《宋学士文集》卷19为"办"。
③ 上：《宋学士文集》卷19为"工"。
④ 成：《宋学士文集》卷19为"代"。

矣。呜呼！道丧人亡，埃风渺㳽，焉得逢理事不二、有无双泯者，相与论斯事哉？师自得道之后，坐紫檀座。既已设法度人，出其余力，往往庄严塔庙，使人为远罪迁善之归，斯盖近之矣。或者不专委，为人天有漏之因。夫岂可哉？夫岂可哉？

妙辨大师志略[①]

（明）翰林学士　宋濂

公讳大同，字一云，其号别峰，越之上虞王氏子。会春谷讲经景德，公往依之。公天分既高，又加精进之功，凡清凉一家疏章，悉摄其会通，而领其枢要。义趣消融，智光发现，识者心服之。春谷召公，谓曰："子学且博矣。恐滞于心胸，以成粗执，曷从事思惟修，以划涤之乎？"公即钱塘，见佛智熙禅师于慧日峰下。旧所记忆者，一切弃绝，唯存孤明，耿耿自照，如是者阅六暑寒。皇明御极，四海更化，设无遮大会于钟山，名浮屠咸应诏集阙下。入见于武楼，独免公拜跽之礼，命善世院护视之。次日，复召，还[②]食禁中。及还，复有白金之赐。洪武二年冬十二月，得疾。口占辞众语，端坐而蜕，实三年春三月十日也。高丽藩王遣参军洪沦施大藏经于二浙，沦自负通内外典，不复下人。入越，见公，茫然如有失。力言于王，邀公游燕都，将振拔之。过吴，辞以疾而还。持律甚严，不敢违越。其外集曰《天柱稿》，录公自著诗文；曰《宝林编类》，聚古今人为寺所作。

---

① 该文出自《宋学士文集》卷58《佛心慈济妙辩大师别峰同公塔铭》。辨：应为"辩"。
② 还：《宋学士文集》卷58为"赐"。

普济日大师志略[①]

（明）翰林学士　宋濂

皇帝受天明命，奄有方夏；鸿仁惠泽，覃及幽明。于是有学僧伽奉诏入京，上御奉天殿，丞相、御史大夫暨百僚咸在，而僧伽鱼贯而见。时东溟大师年最高，白眉朱颜，其班前列。上亲问以升济沉冥之道，师备述其故。上悦，顾众而言曰："迩来学佛者，唯饱食优游，沉霾岁月而已。如《金刚》、《楞伽》诸经，皆摄心之要典，何不研穷其义？苟有不通，质诸白眉法师可也。"自后数召见。字而不名，及建钟山法会，请师说毗尼净戒，闻者开怿。时洪武五年春正月之望也。师辞归杭之上天竺山，日修西方安养之学。冥心合道，不杂一念。十二年秋七月朔，日梦青莲花生方池中，华色敷腴，清芬袭人。既寤，召弟子妙修曰："此生净土之祥也。吾去人间世，不远乎？"至四日，趺坐书颂，合爪而寂。师讳日，号东溟，天台赤城人。

慧辨琦禅师志略[②]

（明）翰林学士　宋濂

皇帝端居穆清，念四海兵争，将卒民庶，多殁于非命，精爽无依，非佛世尊不足以度之。惟洪武九[③]年秋九月，诏江南大浮屠十余人，于蒋山禅寺作大法会。时楚石禅师实与其列。师升座说法，以耸人天龙鬼之听。竣事，近臣入奏，上大悦。二年春三月，复用元年故事，召师说法如初。锡燕文楼下，亲承顾问。

---

① 该文出自《宋学士文集》卷60《上天竺慈光妙应普济大师东溟日公碑铭》。

② 该文出自《宋学士文集》卷5《佛日普照慧辨禅师塔铭》。

③ 九：《宋学士文集》卷5为"元"。

暨还，出内府白金以赐。三年之秋，上以鬼神情状，幽微难测，意遗经当有明文，妙柬僧中通三藏之说者问焉。师以梦堂噩公、行中仁公等应召而至，馆于大天界寺。上命仪曹劳之。既而援据经论成书，将入朝敷奏，师忽示微疾。越四日，趣左右具浴更衣，索笔书偈曰："真性圆明，本无生灭。木马夜鸣，西方日出。"书毕，谓梦堂曰："师兄，我将去也。"梦堂曰："子去何之？"师曰："西方尔。"梦堂曰："西方有佛，东方无佛耶？"师厉声一喝，泊然而化。荼毗之余，齿牙、舌根、数珠咸不坏，设利罗粘缀遗骨，累累然如珠。师讳梵琦，楚石其字也，小字昙耀，明州象山人。师阅《首楞严经》，至"缘见因明，暗成无见"处，恍然有省。历览群书，不假师授。文句自通，然胶于名相，未能释去缠缚。闻元叟端公倡道双径，师往问云："言发非声，色前不物，其意何如？"元叟就以师语诘之。师方拟议欲答，师[①]叱之曰："使出。"自是，群疑塞胸，如填巨石。会元英宗诏粉黄金为泥，书大藏经。有司以师善书，选上燕都。一夕，间[②]西城楼鼓动，汗如雨下，拊几笑曰："径山鼻孔，今日入吾手矣。"因成一偈，有"拾得红炉一点雪，却是黄河六月冰"之句。翩然南旋，再入双径。元叟见师气貌充然，谓曰："西来密意，喜子得之矣。"元泰定中，行宣政院稔师之名，命出世海盐之福臻。遂升主永祚。永，师受经之地，为创大宝阁。复造塔婆七级，崇二百四十余尺。功垂就，势偏将压。师祷之，夜乃大雨风，居氓闻鬼神相语曰："天

① 师：《宋学士文集》卷5为"公"。
② 间：《宋学士文集》卷5为"闻"。

宁塔偏，亟往救之。”迟明，塔正如初。其说法机用，见于六《会语》。其游戏翰墨，见于和天台三圣及永明寿、陶潜、林逋诸作，别有《净土诗》、《慈氏上生偈》、《北游》、《凤山》、《西斋》三集，通合若干卷，并传于世。予慕师之道甚久，近获执手护龙河上，相与谈玄，因出剩语一幅求证。师览已，叹曰：“不意儒者所造，直至于此，善自护持。”师之善诱，惟此一端，亦可概见。

朴隐溍禅师志略[①]

（明）翰林学士　宋濂

呜呼！人之生也，出没气化之中；因成果随，夙有一定之业。世雄氏所谓假使百千劫，所作业不亡者。一旦遇合，虽大觉法王，亦或有所不免。故濂于朴隐禅师之事，恒若有伤焉。师住杭之灵隐。入院甫浃日，寺之左右序言曰：“寺政日繁，乏都寺僧司之。”师曰：“若等盍选其人乎？”众咸曰：“有德现者称多才，昔掌崇德庄田，能辟其莱芜，以食四众。倘以功举，其谁曰不然？”师诺之。先是，勤旧有闻歆现之获田利，率无赖比丘，请于前主僧代之。及现之被选也，大惧发其奸私，走崇德县，列现过失，县令、丞置不问。未几，有健令至，上其事刑部。刑部讯鞫，既得实，以师为寺长，失于检察，法当缘坐，移符逮师。或问师曰：“此三年前事尔，况师实不知，且不识闻，宜自辨数可也。”师笑曰：“定业其可逃乎？”至部，部吏问曰：“现之犯禁，尔知之乎？”曰：“知之”。曰：“既知之，当书责疑[②]以上。”师操觚如

① 该文出自《宋学士文集》卷59《灵隐住持朴隐禅师溍公塔铭》。

② 疑：《宋学士文集》卷59为“款”。

吏言。尚书暨侍郎览之，大惊，咸曰："师当今名德也，恶宜有是[①]，审之，务得其情。"师了无异辞，于是皆谪陕西为民。闻亦大悔，且泣曰："闻草芥耳，岂意上累师德？蚤知至此，虽万死不为也。"师弗顾，行至宝应，谓从者道升曰："吾四体稍异常时，报身殆将尽乎？"夜宿宁国禅寺，寺之住持总虚了公与师为旧游，一见甚欢。是夕，共饭，犹备言迁谪之故，不见有惫色。明旦，忽端坐合爪，连称无量寿佛之名，泊然而逝，实洪武十一年正月十九日也。焚其骨，舍利丛布如珠。县大夫及荐绅之流来观，皆叹息而去。初，元亡，皇明龙兴，召天下名桑门建会钟阜，升济幽灵，轮番说戒。师与上竺东溟日公、五台壁[②]峰金公特被召入内庭，从容问道，赐食而退。已而辞归和塔，若将终身焉。洪武九年冬十二月，灵隐虚席，诸山交致疏币，延师主之。师不得已而去[③]，未及期年，而崇德之祸作矣。呜呼！世之学浮屠者不为不多，习教者不必修禅，修禅者未尝闻教。师则兼而有之，具通儒家言文，又足以达其意。敷阐大论，发挥先哲，释门每于师是赖。千百人中，不能一、二见焉。竟以无罪谪死，苟不归之于定业，将谁尤哉？师于死生空矣，譬如云影谷音，曾无系着，何假于铭？然不见诸纪载，恐无以白师于天下后世。濂因详著其事，而勒诸碑。师生越会稽县，其讳元瀞，其字天镜，别号为朴隐。三《会语》有录，二卷；诗文曰《朴园集》，葺若干卷。

---

① 有是：《宋学士文集》卷 59 为"是有"。

② 壁：《宋学士文集》卷 59 为"碧"。

③ 去：《宋学士文集》卷 59 为"赴"。

诗

开善寺法会[①]

(梁)昭明太子统

栖乌犹未翔,命驾出山庄。诘屈登马岭,回互入羊肠。稍看原蔼蔼,渐见岫苍苍。落星埋远树,新雾起朝阳。阴池宿早雁,寒风催夜霜。兹地信闲寂,清旷惟道场。玉树琉璃水,羽帐郁金床。紫柱珊瑚地,理[②]幢明月珰。牵萝下石磴,攀桂陟松梁。涧斜日欲隐,烟生楼半藏。千祀终何迈,百代归我皇。神功照不极,睿镜湛无方。法轮明暗室,慧海渡慈航。尘根久未洗,希沾垂露光。

钟山解讲

(梁)昭明太子统

清宵出望园,诘晨届钟岭。轮动文学乘,笳鸣宾从静。暾出岩隐光,月落林余影。纠纷八桂密,坡陀再城永。伊予爱丘壑,登高至节景。迢递睹千室,迤逦观万顷。即事已如斯,重兹游胜境。精理既已详,玄言亦兼逞。方知惠疑作蕙带人,嚣虚成易屏。眺瞻情未终,龙镜忽游骋。非曰乐逸游,意欲识箕颍。

---

① 梁萧统《昭明太子集》卷1有《开善寺法会》。

② 理:《昭明太子集》卷1为“神”。

和昭明太子《钟山讲解》

（梁）萧子显

嵩岳基旧宇，盘岭跨南京。睿心重禅室，游驾陟层城。金辂徐既动，龙骖跃且鸣。涂方后尘合，地迥前笳清。逦迤因台榭，参差憩羽旌。高随阆风极，势与元天并。气歇连松远，云升秋野平。徘徊临井邑，表里见淮瀛。祈一作折果尊常住，渴慧在无生。暂留石山轨，欲知芳杜情。鞠躬荷嘉庆，瞻道闻颂声。

和昭明太子《钟山讲解》

（梁）刘孝绰

御鹤翔伊水，策马出王田。我后游祇鹫，比事实光前。翠盖承朝景，朱旗曳晓烟。楼帐萦岩谷，缇组曜林阡。况在登临地，复及秋风年。乔柯变夏叶，幽涧洁凉泉。停銮对宝座，辨论悦人天。淹尘资海滴，昭暗仰灯燃。法朋一已散，笳剑俨将旋。邂逅逢优渥，托乘侣才贤。摛辞虽并命，遗恨独终篇。

和昭明太子《钟山讲解》

（梁）刘孝仪

诏乐临东序，时驾出西园。虽穷理游盛，终为尘俗喧。岂如弘七觉，扬鸾启四门。夜气清箫管，晓阵烁郊原。山风乱采眊，初景丽文辕。林开前骑骋，径曲羽旄屯。烟壁浮青翠，石濑响飞奔。回舆下重阁，降道访真源。谈空匹泉涌，缀藻迈弦繁。轻生逢遇误，并作辈龙鹓。顾已同偏爵，何用挹衢樽。

和昭明太子《钟山讲解》

（梁）陆　倕

终南邻汉阙，高掌跨周京。复此亏山岭，穹窿距帝城。当衢启朱馆，临下构山楹。南望穷淮溆，北眺尽沧溟。步檐时中宿，飞阶或上征。网户图云气，龛室画仙灵。副君怜世网，广命萃人英。道筵终后说，銮辔出郊坰。云峰响流吹，松野映风旌。睿心嘉杜若，神藻茂琳琼。多谢先成敏，空颁后乘荣。

登钟山下峰望

（梁）虞　骞

冠者五六人，携手岩之际。散意百仞端，极目千里睇。叠岫乍昏明，浮云时卷闭。遥看野树短，远望樵人细。

游钟山，应西阳王教五章

（梁）沈　约

灵山纪地德，地险资岳灵。终南表秦观，少室迩王城。翠凤翔淮海，衿带绕神坰。北阜何其峻，林薄杳葱青。一

发地多奇岭，千云非一状。合沓共隐天，参差互相望。郁律构丹巘，崚嶒起青嶂。势随九疑高，气与三山壮。二

即事既多美，临眺殊复奇。南瞻储胥观，西望昆明池。山中咸可悦，赏逐四时移。春光发陇首，秋风生桂枝。三

多值息心侣，结架山之足。八解鸣涧流，四禅隐岩曲。窈冥终不见，萧条无可欲。所愿从之游，寸心于此足。四

君王挺逸趣，羽旆临崇基。白云随玉趾，青霞杂桂旗。淹留访五药，顾步伫三芝。于焉仰镳驾，岁暮以为期。五

奉和法筵应诏

（北周）庾　信

五城邻北极，百雉壮西昆。钩陈横复道，阊阖抵灵轩。千柱莲花塔，由旬紫绀园。佛影胡人记，经文汉语翻。星窥朱鸟牖，云宿凤凰门。新禽解杂哢，春柳卧生根。早雷惊蛰户，流雪长河源。建始移交让，徽音种合昏。风飞扇天辨[①]，泉涌属丝言。羁臣从散木，无以预中天。回翔[②]遥可望，终类仰鹍弦。

游钟山开善寺

（陈）徐伯阳

聊追邺城友，躧步出兰宫。法侣殊人世，天花异俗中。鸟声不测处，松吟未觉风。此时超爱网，还复洗尘蒙。

开善寺

（陈）阴　铿

鹫岭春光遍，王城野望通。登临情不极，萧散趣无穷。莺随入户树，花逐下山风。栋里归云白，窗外落晖红。古石何年卧，枯树几春空。淹留惜未及，幽桂在芳丛。

游钟山之开善、定林

（陈）释洪偃

杖策步前岭，褰裳出外扉。轻萝转蒙密，幽径复迂威。树高枝影细，山尽鸟声稀。石苔时滑屣，虫网乍粘衣。涧旁紫芝晔，岩上白云霏。松子排烟去，堂生寂不归。穷谷无还往，攀桂

① 庾信：《庾子山集》卷3有《奉和法筵应诏》。辨：应为“辩”。

② 回翔：据《庾子山集》卷3补。

独依依。

蒋山开善寺

(唐)崔　峒

山殿秋云里,香烟出翠微。客寻朝磬至,僧背夕阳归。下界千门在,前朝万事非。看心兼送目,葭菼暮依依。

同群公宿开善寺

(唐)高　适

驾车出人境,避暑投僧家。徘徊龙象侧,始见香林花。读书不及经,饮酒不胜茶。知君悟此道,所未披袈裟。谈空忘外物,持戒破诸邪。则是无心地,相看唯月华。

赠钟山韦处士

(唐)白居易

新竹夹平流,新荷拂小舟。众皆嫌拙好,谁肯伴闲游。客为忙多去,僧因饭暂留。犹怜韦处士,尽日共悠悠。

送韦邕少府归钟山

(唐)李嘉佑

祈门宦罢后,负笈向桃源。万卷长开帙,千峰不闭门。绿杨垂野渡,黄鸟傍山村。念尔能高枕,丹墀会一论。

和友封《题开善寺》

(唐)元　稹

梁王开佛庙,云构岁时遥。珠缀飞闲鸽,红泥落碎椒。灯笼青焰短,香印自[①]灰销。古匣收遗施,行廊画本朝。藏经沾雨烂,魔女捧花娇。亚树牵藤阁,横查压石桥。竹荒新笋细,池浅

① 自:《元氏长庆集》卷13为"白"。

小鱼跳。匠正琉璃瓦，僧锄芍药苗。旋蒸茶嫩叶，偏把柳长条。便欲忘归路，方知隐易招。

蒋山开善寺

（南唐）李建勋

楼台虽少景何深，满地青苔胜布金。松影晚留僧共坐，水声闲与客同寻。清凉会拟归莲社，沉湎终须弃竹林。长爱寄吟经案上，石窗秋霁向千岑。

同王胜之游蒋山

（宋）苏　轼

到郡席不暖，居民空惘然。好山无十里，遗恨恐他年。欲款南朝寺，同登北郭船。朱门收画戟，绀宇出青莲。荆公宅已为寺 夹路苍髯古，迎人翠麓偏。龙腰蟠故国，鸟爪寄曾巅。竹杪飞华屋，松根泣细泉。峰多巧障日，江远欲浮天。略彴横秋水，浮图插暮烟。归来踏人影，云细月涓涓。

和子瞻《同王胜之游蒋山》

（宋）王安石

子瞻同王胜之游蒋山，有诗。余爱其“峰多巧障日，江远欲浮天”之句，因次其韵。

金陵限南北，形势岂其然。楚役六千里，陈亡三百年。江山空幕府，风月自觥船。主送悲凉岸，妃埋想故莲。台倾凤久去，城踞虎争偏。司马壖庙域，独龙层塔颠。森疏五愿木，蹇浅一人泉。棁杖穷诸岭，篮舆罢半天。朱门园渌水，碧瓦第青烟。墨客真能赋，留诗野竹娟。

游钟山

（宋）王安石

两山松栎暗朱藤，一水中间胜武陵。午梵隔云知有寺，夕阳归去不逢僧。

登钟山谒宝公塔

(宋)李　纲

宝公真至人，鸟瓜金色身。杖携刀尺拂，语隐齐梁陈。我登钟山顶，白塔高嶙峋。再拜礼双足，聊结香火因。

宝公塔

(宋)曾　极

六帝园林堕劫灰，独余灵骨葬崔嵬。行人指点云间鹤，唤得齐梁一梦回。

八功德水

(宋)曾　极

数斛供厨替八珍，穿松漱石莹心神。中涵百衲烟霞色，不染齐梁歌舞尘。

蒋山法会瑞应诗，应制作

(明)王　偁

宝地捧金仙，璇宫启梵筵。真僧腾异域，开士唱三缘。说法云成盖，谈经花雨天。祥光凝彩绚，甘露泻珠圆。大乐凭虚下，神灯彻夜悬。胜因济妙筏，觉路指迷川。祇树春光溢，灵山会俨然。愿兹弘至化，皇运共千年。

春日蒋山应制诗[①]

(明)林　鸿

钟山月晓树苍苍，凤辇乘春到上方。驯鸟不随天仗散，昙

① 明林鸿《鸣盛集》卷3收录该诗，题作“春日陪车驾幸蒋山应制”。其第一句中“树”为“曙”。

花故落御衣香。珠林霁雪明山殿，玉涧飞泉近苑墙。自愧才非枚乘匹，也陪巡幸沐恩光。

灵谷寺法会应制①

(明)释守仁

寒岩草木政严冬，一日春回雨露浓。安石故居遗雪竹，道林新塔倚云松。木鱼声断催朝饭，铜鼎香销起暮钟。千载奎文留秘藏，天光午夜照金容。

灵谷寺法会应制②

(明)释清浚

老来一钵住岩幽，尘境无心得自由。空里每看花满眼，镜中渐觉雪盈头。吟余月照千峰夜，定起云生万壑秋。身世已知浑是梦，百年光景水东流。

诏于龙湾普放水灯赋③

(明)释夷简

持节冯夷向夕过，远分灯火出官河。斗牛光动天垂野，风露声沉水息波。海族楼台休罢市，鲛人机杼不停梭。九泉无复悲长夜，莫问南山白石歌。

法会赋迎驾诏皇太子、诸王同观④

(明)释夷简

千骑东华玉辇来，钟山浑胜妙高台。旌旗宝树重重入，楼

① 清蔡升元等《佩文斋咏物诗选》卷232、清张豫章《御选明诗》卷90各收录该诗。其第一句中“政”为“正”。

② 《御选明诗》卷90收录该诗，题作“上命和山居诗”。

③ 《古今禅藻集》卷24收录该诗，题作“应诏放水灯因赋”。

④ 清朱彝尊《明诗综》卷89收录该诗，题作“钟山法会诗”，仅四句：“千骑东华玉辇来，春宫诏许五王陪。近臣共说天颜喜，收得娑罗树子回”，当为节略。

阁香云一一开。仙杖斋从三日幸，春宫诏许五王陪。近臣共说天颜喜，收得娑罗树子回。

灵谷寺

（明）蔡汝楠

禅关何窈窕，春物正氛氲。檐絮兼花度，山钟带雨闻。鸟喧僧出定，树瞑客离群。独向清斋卧，空令梦白云。

游灵谷寺[①]

（明）皇甫汸

宝公旧日安禅处，双树依然初地开。岁久丹青凋画壁，春深花雨落经台。招提境接桥山外，功德池分灞水来。闻说此中容吏隐，滥巾时向草堂回。

访月泉禅师[②]

（明）徐元春

山郭寻僧出，行行黄叶边。石泉秋听急，江月坐来圆。性破长昏夜，门开不住天。时闻钟磬发，独立万峰前。

上巳日集灵谷寺

（明）王世懋

宝公塔挂白云隈，西接钟陵王气回。锡住灵峰惊鹤去，钵分慈水櫽龙来。松风落子春阴寂，山鸟啼花暝色催。今日便成千载胜，不须重忆永和才。

---

① 《皇甫司勋集》卷 26 题为《灵谷寺》。

② 《明诗综》卷 57、《御选明诗》卷 61 各收录此诗，题均作《灵谷寺访月泉禅师》。其第五句中“性破”为“兴豁”。

灵谷寺梅花坞六首[1]

(明)焦　竑

山下几家茅屋,村中千树梅花。籍草持壶燕坐,隔林敲石煎茶。一

檐卜林东短墙,曾开宝地齐梁。初春老树花发,深涧无人水香。二

一枝初出岩阿,看尽千林未多。天女知空结习,散花不碍维摩。三

二十四番风信,四百八寺楼台。何似草堂梅燕,同人先探春回。四

落落半横参月,溶溶尽洗铅华。盈盈湘浦解佩,脉脉萝村浣纱。五

西湖梦断人寂,东阁妆残月斜。襟解微闻芗泽,钿昏半卸檀霞。六

游灵谷寺[2]

(明)焦　竑

法筵开浩劫,佛塔自先朝。磴石三休至,松云十里遥。禅心随步寂,客望对秋高。不尽经行意,颓垣起暮箫。

附:灵谷并括旧寺

按志,钟山有寺七十所,齐、梁以降,递有废兴。至宋王丞

---

① 该诗六首排序与清钱谦益《列朝诗集》丁集卷一五收录者同,而与明焦竑《澹园集》卷45稍异。

② 《澹园集》卷39题为《灵谷寺》。

相安石并诸小刹于太平兴国寺，而绀园金界，半为丘墟矣。国朝摭其地为孝陵，乃归并灵谷寺。昔之棋置星列者，遗址俱在禁垣内，今以一灵谷概之。然其名迹最著，见之志、传，凡十有六，曰飞流寺，曰半山寺，曰崇禧万寿寺，曰延贤寺，曰灵味寺，曰兴皇寺，曰竹林寺，曰大敬爱寺，曰云居寺，曰明庆寺，曰道林寺，曰秀峰院，曰雪峰庵，曰定林院，曰悟真院，曰定岩寺。见之山水、古迹、人物，凡十二，曰翠微寺，曰法云寺，曰兴教寺，曰宋熙寺，曰白莲庵，曰栽松庵，曰定林寺，曰灵曜寺，曰钟山寺，曰净明寺，曰幽栖寺，曰草堂寺。皆附见于灵谷寺后。

山水

钟山见灵谷寺。宝珠峰上有翠微寺。天气晴朗，望见广陵城。道卿岩宋叶清臣，字道卿，尝游。一人泉绝顶，古法云寺侧，仅容一勺，挹之不竭。洗钵池塔西二里，法云寺基方池。庆元志：在兴教寺故基。落义池塔西。宋熙泉近宋熙寺侧。玉涧山西蒋祠前。孙陵东冈。杨梅岩山西。弹琴石在北岭中道，清溪上。桃花坞独龙冈西北。白莲池古白莲庵前。猿惊谷、鹤怨谷二谷因草堂《北山移文》内句，好事者加之。桂岭志称：碧石青林，幽阻深靓。定心石东山巅下，临峭壁。半山墩在八功德水南，即谢公墩。自栽松庵至蒋山，夹道皆长松。刘辉诗云："两道奇阴迎翠合①，四围清气逼人来"。见《正志录》。珠湖洞东麓即钟山，仙洞，道书："朱湖洞天"。茱萸坞山南。宋陆道士静修②饵茱萸处。黑龙潭山顶一人泉西，曾有龙见。今深广不数尺。道士坞塔东。陈宣帝礼玄靖藏兢处。东涧塔西。梁处士刘讦隐处，古宋熙寺东。屏风岭幽邃如画，钟山最秀处。头陀峰山北。霹雳

① 宋阮阅《诗话总龟》卷22《刘辉》、《宋诗纪事》卷22刘辉《与客游太平僧舍》。其句中"奇"为"翠"，"翠"为"骑"。

② 静修：应为"修静"。

沟南麓。宝公井东阳市心。曲水晋海西公于钟山立流杯曲水，延百僚。《水经注》曰："旧乐游苑，宋元嘉十一年，以其地为曲水。引流转觞①赋诗。"应潮井山半古定林寺前。盈缩与江潮相应。唐贞观中，有牧儿汲此井，得杉板，长尺余，上有朱漆字曰："吴赤乌二年，豫章王子骏之船"。栽松岘山西。晋、宋刺史罢还，令栽松。道光池梁灵曜寺前。宋熙宁间，道光禅师劚。

古迹

静坛梁侍中周舍立静坛，与道士坞相对。时武帝问其坛如何，对曰："风不鸣条，云无肤寸。鹿巾黄帔，甚多；白简朱衣，罕至。"因名。在古明庆寺前，与八功德水相近。读书台古定林寺后北高峰上。梁昭明尝此读书。九日台在蒋庙孙陵冈。齐武帝建商飙馆冈上，每九月九日宴群臣，讲武，以应金气之节。说法台山绝顶。宝公说法其上。招贤馆西岩下。宋元嘉中，文帝筑，以馆雷次宗。会宗堂晋谢尚诸人隐处。唐大历中，处士韦渠牟亦隐此，颜真卿为之题。志公履　宝公旧像相传沉香为之。宋初，取归京师。陈轩《金陵集》载狄咸《游蒋山》诗云："旃檀归象魏，窣堵卧烟霞。"谓此。旃檀像大通四年，梁武帝于大爱敬寺置造一丈六尺像，量剩二尺，成丈八尺。历寺主僧给重量，凡五度量，即成二丈七寸，时以为诚感。出《金陵新志》铜像隋时，兴皇寺佛殿被焚，中丈六铜像自移南五、六尺许，形得安全。四面瓦土灰炭，去像五、六尺，曾不尘玷。出《弘明集》。石篆宝公记宋祚文。太平兴国七年，舒民柯蕚掘得于万岁山古松下。两翁轩洪觉范诗序云："悟真庵西，疏竹林间，苍崖千尺，岁久拆裂。余崇素行山中，至此未尝不徘徊。庵僧为开高轩，向之尽收形胜，名两翁轩"。诗云："水边修竹才堪数，林外苍崖已半颓。"娄禅师塔寺后向东。木末轩王荆公题："俯视岩壑，虬松参天，幽邃绝胜"。半山亭即宋王安石故宅。安石尝赋诗十五首。昭文斋王荆公钟山舍宅，为半山寺。米芾题其读书处，曰昭文斋。

① 觞：《景定建康志》卷 19 为"酌"。

人物

（宋）畺良耶舍每一禅观，七日不起。止道林精舍，宝志崇其禅法。僧伽达多尝坐禅山中，念欲虚斋，有群鸟衔果飞来，授之。杯度有传。僧审住灵曜寺。精勤咨受，曲尽深奥。时群劫入山，审端坐不动，乃脱衣施之。又说法训勖，劫贼惭愧，流汗作礼而去。（齐）慧开解名析理，应变无穷。虽逢勍敌巧谈，罕有折其角者。讲席基连，学人影赴。陈郡谢譓雅相钦赏，出守豫章，迎请讲说，厚加儭①遗。还未达都，分散已尽。彭城刘业出守晋安，知居处屡空，饷钱一万，即赡寒馁，不终一日。道禅住钟山云居下寺，听掇众部，偏以《十诵》知名。经略道化，僧尼信奉。故有棱威振发，以见声名；恬愉诱悟，议于风采。都邑受其戒范者，数越千人。智欣住宋熙寺，确然自得，不与富贵游往。智顺有传略。道营住灵曜寺。（梁）宝亮有传略。道隆钟山寺得度。掩关不事事，日鬻数簟自适。有寺僧戏问："如何是无净三昧？"师便合掌。慧初好习禅念。常闲居空宇，不觉霆击大震。武帝为立禅房于净名寺处之。法意起五十三寺，钟山延贤寺其一也。慧胜从外国禅师达磨提婆学诸观行，一入寂定，周晨乃起。住幽栖寺，后移憩钟山延贤精舍。（陈）尚禅师有碑铭。法朗有传略。（唐）昙璀有传略。

附：参讲栖览

（宋）雷次宗字仲伦，豫章南昌人。少慕栖逸，不关荣利。元嘉十五年，征至建康，除给事中，不就。久之，还庐山。后又征至，为筑室钟山西岩下，为太子、诸王讲丧服礼经。次宗不入公门，乃使自华林东门入延贤堂就业。二十五年，卒于钟山。（齐）周颙字彦伦。于钟山西立隐舍，为休沐。清贫寡欲，终日长蔬。独处山舍，甚机辩。王俭谓颙曰："卿山中何所食？"颙曰："赤米白盐，绿葵紫蓼。"文惠太子问颙："菜食何味最胜？"颙曰："春初早韭，秋末晚菘。"后舍宅为草堂寺。今移慈仁乡唐家渡。到溉字茂灌。生平公俸，咸以供延贤寺。已宅亦舍焉。

---

① 儭：音 chèn，义为"旧时施舍财物给僧人"。

文

钟山飞流寺碑铭[①]

梁元帝

清梵夜闻，风传百常之观；宝铃朝响，声扬千秋之宫。同符上陇，望长安之城阙；有类偃师，瞻洛阳之台殿。瞰连甍而如绮，杂卉木而成帏。铭曰：云聚峰高，风清钟彻。月如秋扇，花疑春雪。极目千里，平原迢递。

谢半山寺额表[②]

（宋）丞相　王安石

基迹丛祠，冀鸿延于万寿；钧[③]名扁榜，窃荣遇于一时。臣生乏寸长，世叨殊奖。贱息奄先于犬马，颓龄俯迫于桑榆。独念亲逢，莫有涓埃之补报；永惟宏愿，岂忘香火之因缘？伏蒙陛下俯狥祈诚，特加和美[④]。所惧封人之祝，终以尧辞；乃尘长者之国[⑤]，遽如佛许。仰凭护念，誓毕薰修。

① 《艺文类聚》卷76、《汉魏六朝百三家集》卷84、《释文纪》卷22等各收录该文，题均作“钟山飞流寺碑”。

② 《临川文集》卷60收录该文，题作“诏以所居园屋为僧寺及赐寺俄谢表”。

③ 钧：《临川文集》卷60为“锡”。

④ 和美：《临川文集》卷60为“美称”。

⑤ 国：《临川文集》卷60为“园”。

崇禧万寿寺碑记略[①]元时另建宝公塔后

(元)四川行省　平章赵世延

昔在我世祖皇帝，膺上天之景运[②]，承太祖之丕基，混一海宇，建立制度；条理纲纪，一出睿思。以为子孙万世之成法者，昭乎若天旋而日行也。乃若崇尚佛教，营治塔寺，亦必弘伟殊胜，足以耸臣民之瞻焉。历数在躬，天之所命，孰能违之？若夫大雄妙觉之尊，默相潜佑者，必有其征矣。是以累圣相承，率是而行之也。潜邸在金陵，时于暇日，登钟山而观之。见其江山之萦回，树艺之广茂，民庶之熙洽，慨然兴叹，以为我祖宗德泽之涵煦，以至于斯也。问诸邦人父老，则又以为昔有圣僧曰宝公者，自梁以来，实委灵兹山，皆顿[③]我国家之神力[④]，以覆护吾民也。水旱疾疫，凡有祷焉，随愿辄应。于是上感焉。钟山之阴有石岩，中虚，下出流泉，注八功德水。乃即岩中作观音大士像，岩前构木栈，虚容瞻礼者。既而又以为未足，即珠峰之北，得高爽之福地，规置大刹，宫殿楼阁，如自天降。宝公之塔在峰上，正当其前。来兹山者，仰而望之，如见天宫于林壑之表。然后上仁民爱物之心，所以属诸宝公者，众庶莫不知之，相与踊跃而赞叹矣。钟山之旧寺，聚铜数万斤，铸大钟。金既在镕，上以碧珠投之。及钟成，碧珠不坏，完好坚固，宛在栾铣。万目惊

---

① 元虞集《道园学古录》卷24收录该文，题作“大崇禧寺碑”。则该文似为虞集所作。然《金陵梵刹志》收录该文，标示作者为赵世延。又清倪涛：《六艺之一录》卷99《元碑刻》也称：“崇禧万寿寺碑，赵世延撰”。通读全文，则知该文为虞集、赵世延等合作。

② 运：《道园学古录》卷24为“命”。

③ 皆顿：《道园学古录》卷24为“能相”。

④ 力：《道园学古录》卷24为“化”。

睹，以为宝公之报贶焉。天历元年九月甲申，臣世延、臣集入见，亲诏之曰："宜加宝公号曰道林真觉慧感慈应普济圣师，寺曰大崇禧万寿寺，汝世延①等其勒文以记之。"臣世延④等即具述其事，而窃思之曰：帝王之兴也，天与之，天保之，百灵受职，符瑞交现，此其常也。金陵据东南之会，山川鬼神，翼扶翕张于吾君者，盖凡五年而后归正大统，宜皇心之注于斯乎！于乎累朝佛宇之盛，皆临御时为民祷禜，资用功力，有司具焉。兹寺之成，实在试难之日，出私财以具事，而雄丽若此，此固生民之所以深感乎渊衷，而宝公之所以显著于祯⑤符者也。于乎，休哉！敢再拜稽首而献铭曰：大江之南，钟山龙盘。王气潜郁，神所保完。于皇圣明，遵养时晦。灵祇奉天，竦立以待。春殷秋高，来游来遨。旆有交龙，载云在郊。顾瞻原隰，有稼有穑。元元之生，圣圣之泽。民亦望之，帝子实来。不鄙我邦，庶无苦灾。维梁宝公，去之千岁。善福其民，有引弗替。皇运勃兴，宝有慧知。奔走先后，克相厥时。奕奕祠宫，我营我作。我报无私，尔感无怍。吉金之良，燥湿不移。万古在簴，宣号震迷。宝乃发祥，以肃群视。明珠不灼，彰上之赐。飞龙在天，临制九围。皇心裴回，眷兹崇禧。崇禧之宇，永殿南服。天子万年，锡我民福。

---

①④　世延：《道园学古录》卷 24 为"某"。

⑤　祯：《道园学古录》卷 24 为"祥"。

传

延贤寺杯度传

《高僧传》

杯度者，不知姓名，常乘木杯度水，因而为目。初在冀州，后至京师见时，可年四十许。带索褴褛，殆不蔽身；言语出没，喜怒不均。或严冰扣冻而洗浴，或着屐上山，或徒行入市，唯荷一芦篅子，更无余物。乍往延贤寺法意道人处，意以别房待之。后欲往瓜步江，于江侧就航人告度，不肯载之。复累足杯中，顾眄吟咏，杯自然流，直度北岸。向广陵，遇村舍，有李家八关斋，先不相识，乃直入斋堂而坐，置芦篅于中庭。众以其形陋，无恭敬心。李见芦篅当道，欲移置墙边，数人举不能动。度食竟，提之而去，笑曰："四天王福于李家。"于时，有一竖子窥其篅中，见四小儿，并长数寸，面目端正，衣裳鲜洁。于是追觅，不知所在。后三日，乃见在西界蒙茏[①]树下坐。李家拜请还家，日日[②]供养。沛国刘兴伯为兖州刺史，遣使邀之，负篅而来。兴伯使人举视，十余人不胜。伯自看，唯见一败衲及一木杯。后还李家，复得三十余日。清旦，忽云欲得一袈裟，中时令办。李即经营，至中未成。度云暂出，至暝不反。合境闻有异香，疑之为怪。处处觅度，乃见在北岩下，铺败袈裟于地，卧之而死。头前脚后，皆生莲华，华极鲜香，一夕而萎[③]，邑人共殡葬之。后数日，有人从

① 茏：《高僧传》卷10为"笼"。
② 日日：《高僧传》卷10为"月日"。
③ 萎：《高僧传》卷10为"萎"。

北来，云见度负芦篅，行向彭城，乃共开棺，唯见靴履。既至彭城，遇有白衣黄欣，深信佛法，见度礼拜，请还家。其家至贫，但有麦饭而已，度甘之怡然。止得半年，忽语欣云："可觅芦篅三十六枚，吾须用之。"答云："此间正可有十枚，贫无以买，恐不尽办。"度曰："汝但检觅，宅中应有。"欣即穷检，果得三十六枚。列之庭中，虽有其数，亦多破败。比欣次第熟视，皆已新完。度密封之，因语欣令开，乃见钱帛皆满，可堪百许万。识者谓是杯度分身他土所得嚫施，回以施欣。欣受之，皆为功德。经一年许，度辞去，欣为办粮食。明晨，见粮食具存，不知度所在。经一月许，复至京师。时湖沟有朱文殊者，少奉法，度多来其家。文殊谓度云："弟子脱舍身没苦，愿见救度，脱在好处，愿为法侣。"度不答。文殊喜曰："佛法默然已为许矣。"后东游入吴郡，路见钓鱼师，因就乞鱼，渔师施一殪[①]者。度手弄反复，还投水中，游活而去。又见网师，更从乞鱼网，师嗔骂不与，度乃拾取两石子掷水中，俄而有两水牛斗其网中。网既碎败，不复见牛，度亦已隐。行至松江，乃仰盖于水中，乘而度岸。经涉会稽、剡县，登天台，数月而反京师。时有外国道人，名僧佉吒，寄都下长干寺住。有客僧僧悟者，与吒同房，冥于窗隙中，见吒取寺刹，捧之入云，然后将下。悟不敢言，但深加敬仰。时有一人，姓张名奴，不知何许人。不甚见食，而常自肥悦，冬夏常著单布衣。佉吒在路行，见张奴欣然而笑。佉吒曰："吾东见蔡豚，南讯马生，北遇王年，今欲就杯度，乃与子相见耶?"张奴乃题槐树

① 殪:《高僧传》卷10为"喂"。

而歌曰:“濛濛大象内,照曜实显彰。何事迷昏子,纵惑自招殃。乐所少人往,苦道若翻囊。不有松柏志,何用拟风霜?闲预紫烟表,长歌出昊苍。澄虚无色外,应见有缘乡。岁曜毗汉后,辰丽傅[①]殷王。伊余非二仙,晦迹之[②]九方。亦见流俗子,触眼致酸伤。略谣观有念,宁曰尽衿章。”佉吒曰:“前见先生禅思幽岫,一坐百龄;大悲熏心,靖念枯骨。”亦题颂曰:“悠悠世事,惑滋损益。使欲尘神,横生悦怿。惟此哲人,渊觉先见。思形浮沫,瞩影谝电。累蹶声华,蔑丑章弁。视色悟空,玩物伤变。舍纷绝有,断习除恋。青条曲荫,白茅以荐。依畦啜麻,邻崖饮洊。慧定计昭[③],妙真曰眷。慈悲有增,深想无倦。”言竟各去。尔后月日,不复见此二人。传者云,将僧悟共之南岳不反。张奴与杯度相见,甚有所叙,人所不解。度犹停都少时,游止无定,请召,或往不往。时南州有陈家,颇有衣食。度往其家,甚见料理。闻都下复有一杯度,陈父子五人咸不信,故下都看之,果如其家杯度,形相一种。陈为设一合蜜姜,及刀子、熏陆香、手巾等,度即食蜜姜都尽,余物宛在膝前。父子五人恐是其家杯度,即留二弟停都守视,余三人还家,家中杯度如旧,膝前亦有香、刀子等,但不啖蜜姜为异。乃语陈云:“刀子钝,可为磨之。”二弟都还,云彼度已移灵鹫寺。其家杯度忽求黄纸两幅作书,书不成字,合同其背。陈问:“上人作何券书?”度不答,竟莫测其然。时吴郡民朱灵期使高骊还,值风舶飘,经九日,至一洲

① 傅:《高僧传》卷10为“辅”。

② 之:《高僧传》卷10为“于”。

③ 昭:《高僧传》卷10为“照”。

边。洲上有山，山甚高大。入山采薪，见有人路。灵期乃将数人随路告乞，行十余里，闻磬声香烟，于是共称佛礼拜。须臾，见一寺甚光丽，多是七宝庄严，见有十余僧，皆是石人，不动不摇，乃共礼拜速行。步许，闻唱导声，还往更看，犹是石人。灵期等相谓："此是圣僧，吾等罪人不能得见。"因共竭诚忏悔，更往，乃见真人，为期等设食。食味是菜，而香美不同世。期等食竟，共叩头礼拜，乞速还至乡。有一僧云："此间去都乃二十余万里，但令至心，不忧不速也。"因问期云："识杯度道人不?"答言："甚识。"因指北壁有一囊挂锡杖及钵云："此是杯度许，今因君以钵与之。"并作书著函中。别有一青竹杖，语言："但掷此杖置舫前水中，闭船静坐，不假劳力，必令速至。"于是辞别，令一沙弥送至门上，语言："此道去，行七里便至舫，不须从先路也。"如言西转，行七里许，至舫，即具如所示。唯闻舫从山顶树木上过，都不见水。经三日，至石头淮而住，亦不复见竹杖所在。舫入淮，至朱雀，乃见杯度骑大航栏，以箠捶之，曰："马，马，何不行?"观者甚多。灵期等在舫遥礼之，度乃自下舫，取书并钵，开书视之，字无人识者。度大笑曰："使我还那[①]。"取钵掷云中，还接之，云："我不见此钵四千年矣。"度多在延贤寺法意处，时世以此钵异物，竞往观之。一说云，灵期舫漂至一穷山，遇见一僧来，云是度上弟子，昔持师钵而死冶城寺，今因君以钵还师。但令一人擎钵舫前，一人正舵，自安隐至也。期如所教，果获全济。时南州杯度当其骑栏之日，尔日早出，至晚不还。陈氏明

① 那:《高僧传》卷10为"耶"。

旦见门扇上有青书六字云:“福德门,灵人降。”字劣可识,其家杯度遂绝迹矣。都下杯度犹去来山邑,多行神咒。时庾常婢偷物而叛,四追不擒,乃问度。度云:“已死在金城江边空冢中。”往看,果如所言。孔宁子时为黄门侍郎,在廨患痢,遣信请度。度咒竟云:“难差。见有四鬼,皆被伤截。”宁子泣曰:“昔孙恩作乱,家为军人所破,二亲及叔皆被痛酷。”宁子果死。又有齐谐妻胡母氏病,众治不愈,后请僧设斋。斋坐有僧聪道人,劝迎杯度。度既至,一咒,病者即愈。齐谐伏事为师,因为作传,记其从来神异,大略与上同也。至元嘉三年九月,辞谐入东,留一万钱物寄谐,倩为营斋,于是别去。行至赤山湖,患痢而死。谐即为营斋,并迎尸还葬建业之覆舟山。至四年,有吴兴邵信者,甚奉法,遇伤寒病,无人敢看,乃悲泣念观音。忽见一僧来,云是杯度弟子,语云:“莫忧,家师寻来相看。”答云:“度师已死,何容得来?”道人云:“来复何难?”便衣带头出一合许散与服之,病即差。又有杜僧哀者,住在南冈下,昔经伏事杯度。儿病甚笃,乃思念恨不得度练神咒。明日,忽见度来,言语如常,即为咒,病者便愈。至五年三月八日,度复来齐谐家,吕道慧、闻人坦之、杜天期、水丘熙等并共见,皆大惊,即起礼拜度。度语众人言:“年当大凶,可勤修福业。法意道人甚有德,可往就其修立故寺,以禳灾祸也。”须臾,闻上有一僧唤度,度便辞去,云:“贫道当向交、广之间,不复来也。”齐谐等拜送殷勤,于是绝迹。顷世亦言,时有见者。既未的其事,故无可传也。

延贤寺释智顺传略

《高僧传》

释智顺，琅琊临沂人。出家，事钟山延贤寺智度为师，受具戒，秉禁无疵。尝以事生非虑，颇致坎折，而贞素确然，其徽无点。司空徐孝嗣崇其行解，奉以师敬。及东昏失德，孝嗣被诛，子绲逃窜避祸，顺身自营护，卒以获免。绲后重加资俸，一无所受。尝有夜盗顺者，净人追而擒之。顺留盗宿于房内，明旦遗以钱绢，喻而遣之。后东游禹穴，止于云门精舍。法轮之盛，复见江左。以天监六年，卒于山寺。初，顺之疾甚，不食多日。一时中，竟忽索斋饭。弟子昙和以顺绝谷日久，密以半合米杂煮以进顺。顺咽而还吐，索水洗漱，语和云："汝永出云门，不得还住。"其执节精苦，皆此之类。遗命露骸空地，以施虫鸟。门人不忍行之，乃窆于寺侧。弟子等立碑，陈郡袁昂制文。顺所著《法事赞》及受戒、弘法等记，皆行于世。

灵味寺释宝亮传略

《高僧传》

释宝亮，东莞胄族。晋乱，避地于东莱掖县[①]。亮年十二出家，师青州道明法师。就业专精，一闻无失。及具戒之后，便欲观方弘化。每惟训育有本，未能远绝缘累。明谓曰："沙门去俗，以宣通为理，岂可拘此爱网，使吾道不东乎？"亮感悟，因游京师，居中兴寺。袁粲一见而异之，与明书曰："频见亮公，非常人也。比日闻所未闻，不觉岁之将暮。珠生合浦，魏人取以照

① 掖县：汉置，故城在今山东省黄县西南。

车；璧在邯郸，秦王请以华国。天下之宝，当与天下共之，非复上人贵州所宜专也。”及本亲丧亡，路阻不得还北，因屏居禅思，杜绝人事。齐竟陵文宣王躬自到房，请为法匠。亮不得已而赴，文宣接足恭礼，结菩萨四部因缘。后移憩灵味寺。今上龙兴，尊崇正道，以亮德居时望，亟延谈说。亮任性率直，每言辄称贫道。上虽意有间然，而挹其神出。天监八年初，敕亮撰《涅槃义疏》十余万言，上为之序曰："非言无以寄言，言即无言之累，累言则可以息言，言息则诸见竞起。所以如来乘本愿以托生，现慈力以应化；离文字以设教，忘心相以通道。欲使珉玉异价，泾渭分流。制六师而正四倒，反八邪而归一味。折世智之角，杜异人之口；导求珠之心，开观象之目。救烧灼[①]于火宅，拯沉溺于浪海。故法雨降而焦种受荣，慧日升而长夜蒙晓。发迦叶之悱愤，吐真实之诚言。虽复二施等于前，五大陈于后，三十四问参差异辩，方便劝引，各随意答；举要论经，不出两途。佛性开其本有之源，涅槃明其归极之宗。非因非果，不起不作。义高万善，事绝百非。空空不能测其真际，玄玄不能穷其妙门。自非德均平等，心合无生，金墙玉室，岂易入哉！有青州沙门释宝亮者，气调爽拔，神用俊举。少贞苦节，长安法忍；耆年愈笃，齯齿不衰。流通先觉，孳孳如也；后进晚生，莫不依仰。以天监八年五月八日，敕亮撰《大涅槃义疏》，以九月二十日讫。光表微言，赞扬正道。连环既解，疑网云除。条流明悉，可得略言。朕从容暇日，将欲览焉。聊书数行，以为记莂云尔。”亮福德招

① 烧灼：《高僧传》卷8《释宝亮传》为“焚灼”。

感，供施累积，皆散不蓄。以天监八年十月四日，卒于灵味寺．葬钟山之南，立碑墓所。陈郡周兴嗣、广陵高爽并为制文，文宣图其形像于普弘寺焉。

尚禅师碑铭[1]

（陈）江　总

百世之上，百世之下，含章隐璞，明真照假。空行已无，希音和寡。不有耆德，谁其继者？朗月灵悬，高风独写。

兴皇寺释法朗传略[2]

《高僧传》

法朗，沛人。少习军旅，早经行阵北伐，于青州入道。永定中，奉敕住兴皇寺。大[3]建十三年，迁化，窆于摄山西岭，太子詹事江总为志文。后主时在东宫，为铭曰：洪源远采[4]，传芳馥蕙。君子哲人，英芬星[5]继。朱旆既杖，青组仍曳。纫虎戎卸[6]，二貌[7]狄制。功可冠军，业非出世。揖彼声华[8]，超此津济。津济伊何[9]，裂断网罗。忍衣早记，乘楼夜过。航斯苦海，涸此爱河。若非[10]智士，孰寄宣扬？法云广被，慧日舒光。既推[11]衡橹，自辟

① 《艺文类聚》卷 76、《汉魏六朝百三家集》卷 105 等各收录该文，题均作“明庆寺尚禅师碑铭”。

② 该文出自《续高僧传》卷 7《陈杨都兴皇寺释法朗传》。

③ 大：应为“太”。

④ 采：《续高僧传》卷 7 为“来”。

⑤ 星：《续高僧传》卷 7 为“是”。

⑥ 卸：《续高僧传》卷 7 为“印”。

⑦ 二貌：《续高僧传》卷 7 为“珥貂”。

⑧ 华：《续高僧传》卷 7 为“色”。

⑨ 何：《续高僧传》卷 7 为“河”。

⑩ 若非：《续高僧传》卷 7 为“非此”。

⑪ 推：《续高僧传》卷 7 为“权”。

金汤。梦齐鼓说，应异钟霜。识机知命，同彼现病。夙心栖遁，度脱难竟。化缘已矣，乃宅丘阱。智炬寂灭，颓岩辽夐。辽夐空岑，摇落寒侵[1]。弦余月暗，雾下[2]松深。香灭穷垅，幡横宿林。切切管清，遥遥鼓声。野烟四合，孤禽一鸣。风凄呗断，流急寒生。神之净土，形沉终古。勒此方坟，用旌兰杜。

竹林寺释昙璀传略[3]

《高僧传》

释昙璀，吴郡人。事牛头山融大师。融诲之曰："色声为无生之鸩毒，受想是至人之坑阱。致远多泥，子不务乎？"璀默而审之，直謷独上。乃晦迹钟山，断其漏习，纳衣空林，多历年所。时则天临朝，高其道业，周勤诏书。时栖霞约法师敦劝朝天，璀曰："岐伯辞帝舜之师，干木谢文侯之命，玄畅以善论而抗宋主，惠远不下山而傲齐后，彼何人哉？"由是，遁北阜，逾东冈，考盘云冥。后止于竹林之隩，葺宇篡缶而告老焉。俄端然入定，七日而灭。

---

① 寒侵：《续高僧传》卷 7 为"远墅"。

② 下：《续高僧传》卷 7 为"暖"。

③ 该文出自宋释赞宁《宋高僧传》卷 8《唐润州竹林寺昙璀传》。

附:钟山隐士与子侄书[①]

(宋)隐士　雷次宗

夫生之修短,咸有定分。定分之外,不可以智力求。但当于所禀之中,顺而勿率耳。吾少婴羸患,谢事钟山养疾。为性好闲,志栖物表。故虽在童稚之年,已怀远迹之意。暨于弱冠,遂托业庐山,逮事释和尚。于时师友渊源,务训弘道;外慕等夷,内怀悱发。于是洗气神明,玩心坟典;勉志勤躬,夜以继日。爰有山水之好,悟言之欢。实足以通理辅性,成夫亹亹之业;乐以忘忧,不知朝日之晏矣。自游道餐风,二十余载。渊匠既倾,良朋凋索。续以衅逆违天,备尝荼蓼。畴昔诚愿,顿尽一朝;心虑荒散,情意衰损。故遂与汝曹归耕垄畔,山居谷饮,人理久绝。日月不处,忽复十年;犬马之齿,已逾知命。崦嵫将迫,前涂几何?实远想尚子五岳之举,近谢居室琐琐之勤。及今耄未至惛,衰不及顿。尚可厉志于所期,纵心于所托。栖诚来生之津梁,专气莫年之摄养。玩岁日于良辰,偷余乐于将除。在心所期,尽于此矣。汝等年各成长,冠娶已毕。修惜衡泌,吾复何忧?但愿守全所志,以保令终耳。自今以往,家事大小,一勿见闻。子平之言,可以为法。

与钟山隐士周颙书[②]

释智林

近闻檀越叙二谛之新意,陈三宗之取舍,声殊恒律,虽进物

① 该文辑自《宋书》卷93《雷次宗传》,原无文题。明梅鼎祚《宋文纪》卷13辑录该文,题作“与子侄书”。

② 该文辑录于《高僧传》卷8《齐高昌郡释智林传》,原无文题。

不速。如贫道鄙怀，谓天下之理，惟此为得焉，不如此非理也。是以相劝，速著纸笔。比见往来者，闻作论已成，随喜充遍，物非常重。又承檀越，恐立异当时，干犯学众。制论虽成，定不必出。闻之惧然，不觉兴悲。此义旨趣，似非初开。妙音中绝，六十七载。理高常韵，莫有能传。贫道年二十时，便参得此义。常谓藉此微悟，可以得道。窃每欢喜，无与共之。年少见长安耆老，多云关中高胜，乃旧有此义。当法集胜时，能深得斯趣者，本无多人。既犯越常情，后进听受，便自甚寡。传过江东，略无其人。贫道捉麈尾已来，四十余年，东西讲说，谬重一时。其余义统，颇见宗录，惟有此途，白异[①]无一人得者。贫道积年，乃为之发病，既衰痾末命，加复旦夕西旋，顾惟此道从今永绝不言。檀越天机发绪，独创方寸。非意此音，猥来入耳。且欣且慰，实无以况。建明斯义，使法灯有种，始是真实行道第一功德。虽复国城妻子施佛及僧，其为福利，无以相过。既幸已诠述想，便宜广宣，使赏音者见也。论明法理，当仁不让，岂得顾惜众心，以失奇趣耶？若此论已成，遂复中寝，恐檀越方来，或以此为法障，往之恳也，然非戏论矣。想便写一本，为惠贫道，赍以还西，使处处弘通也。比小可牵曳，故入山取叙，深企付之。

① 异：《高僧传》卷 8 为“黑”。

诗

钟山曲水[①]

(南朝宋)谢惠连

四时著平分,三春禀融烁。迟迟和景婉,夭夭园桃灼。携朋斯郊野,昧旦辞廛廓。斐云兴翠岭,芳飙起华薄。解轡偃崇丘,藉草绕回壑。际渚罗时蔬,托波泛轻爵。

游钟山大爱敬寺

(梁)武帝

曰予受尘缚,未得留盖缠。三有同永夜,六道等长眠。才性乏方便,智力非善权。生住无停相,刹那即徂迁。叹逝比悠稔,交臂乃奢年。从流既难反,弱丧谓不然。二苦常追随,三毒自烧然。贪痴养忧畏一作爱,热恼生焦煎。道心理归终,信首故宜先。驾言追善友,回舆寻胜缘。面势周大地,萦带极长川。棱层叠嶂远,迤逦磴道悬。朝日照花林,光风起香山。飞鸟发差池,出云去连绵。落英分绮色,坠露散珠圆。当道兰藿靡,临阶竹便娟。幽谷响嘤嘤,石濑鸣溅溅。萝短未中揽,葛嫩不任牵。攀缘傍玉涧,褰陟度金泉。长途弘翠微,香楼间紫烟。慧居超七净,梵住逾八禅。始得展身敬,方乃遂心虔。菩提圣种子,十力一作万良福田。正趣果上果,归依天中天。一道长死生,有无离二边。何待空同右,岂羡汾阳前。以我初觉意,贻尔后

① 《艺文类聚》卷 4、《古诗纪》卷 59、《汉魏六朝百三家集》卷 71 等各收录该诗,题均作“三月三日曲水集”。

来贤。

和武帝《游钟山大爱敬寺》[①]

(梁)昭明太子统

唐游薄汾水，周载集瑶池。岂若钦明后，回銮鹫岭歧。神心鉴无相，仁化育有为。以兹慧日照，复见法雨垂。万邦跻仁寿，兆庶涤尘羁。望云虽可识，日用岂能知？鸿名冠子姒，德泽迈轩羲。班班[②]仁兽集，匹匹翔凤仪。善游兹胜地，兹岳信灵奇。嘉木互纷纠，层峰郁蔽亏。丹藤绕垂干，绿竹荫青池。舒华匝长阪，好鸟鸣乔枝。霏霏庆云动，靡靡祥风吹。谷虚流凤管，野绿映丹麾。帷宫设廛外，帐殿临郊垂。俯同南风作，斯文良在斯。伊臣限监国，即事阻陪随。顾惟实庸菲，冲薄竟奚施。至理徒兴羡，终然类管窥。上圣良善诱，下愚惭不移。

登钟山燕集，望西静坛

(梁)吴　均

客思何以缓？春郊满初律。高车陆离至[③]，骏骑差池出。宝碗泛莲花，珍杯食竹实。才胜商山四，文高竹林七。复望子乔坛，金绳蕴绿帙。风云生屋宇，芝英被仙室。方随凤凰去，悠然驾白日。

---

① 梁萧统《昭明太子集》卷1收录该诗，题作“和上游钟山大爱敬寺”。

② 班班：《昭明太子集》卷1为“斑斑”。

③ 《艺文类聚》卷28收录该诗，作“登车陆离至”，且作者为“吴筠”。《汉魏六朝三百家集》卷101、《古诗纪》卷91、《渊鉴类函》卷28等各收录该诗，均与《金陵梵刹志》同。

和从驾登云居寺塔

(北周)庾　信

重峦千仞塔,危磴九层台。石关恒逆上,山梁乍斗回。阶下云峰出,窗前风洞开。隔岭钟声度,中天梵响来。平时欣侍从,于此暂徘徊。

游钟山明庆寺,怅然怀古①

(北周)姚　察

《广弘明集》云:陈姚察遇见萧祭酒《书明庆寺禅房》诗,览之怆然忆此寺,仍用萧韵述怀。

地灵居五净,山幽寂四禅。月宫临镜石,花赞绕峰莲。霞晖间幡影,云气合炉烟。回松高偃盖,水瀑细分泉。含风万籁响,浥露百华鲜。宿昔寻真趣,结友亟留连。山庭出藿靡,涧止濯潺湲。因斯事熏习,便得息攀缘。何言遂云雨,怀此怅悠然。徒有南登望,会逐东流旋。

明庆寺石壁

(陈)王　褒

夏水悬台际,秋泉带雨余。石生铭字长,山久谷神虚。

云居寺高顶

(陈)王　褒

中峰云已合,绝顶日犹晴。邑居随望近,风烟对眼生。

---

① 《广弘明集》卷10收录该诗,题作"游明庆寺诗"。《古诗纪》卷131、《石仓历代诗选》卷11等各收录该诗,则与《金陵梵刹志》同。

钟山明庆寺[①]

（陈）江　总

十五诗书日，六十轩冕年。名山极历览，胜地殊留连。幽崖耸绝壁，洞穴泻飞泉。金河知证果，石室乃安禅。夜梵闻三界，朝香彻九天。山阶步皎月，涧户听凉蝉。市朝沾草露，淮海作桑田。何言望钟岭，更复切秦川。

同庾肩吾游明庆寺[②]

（陈）沈　炯

鹫岭三层塔，庵园一讲堂。驯乌逐饭磬，狎兽绕禅床。摘菊山无酒，燃松夜有香。幸得同高胜，于此莹心王。

钟山道林寺[③]

（陈）徐伯阳

聊追邺城友，躧步出兰宫。法侣殊人世，天花异俗中。鸟声不测处，松吟未觉风。此时超爱网，还复洗尘蒙。

题道林寺

（唐）杜荀鹤

身未立间终日苦，身当立后几年荣？万般不及僧无事，共水将山过一生。

---

① 《文苑英华》卷 233、《古诗纪》卷 115、《渊鉴类函》卷 353 等各书收录该诗，题均作“明庆寺”。然《文苑英华》与《古诗纪》、《渊鉴类函》等诗句次序略异。本篇句序同于《古诗纪》等。

② 《汉魏六朝百三家集》卷 104、《古诗纪》卷 111 等各收录该诗，题均作“同庾中庶肩吾、周处士弘让游明庆寺”。

③ 该诗实名《游钟山开善寺》，且已收录于本书本卷《钟山灵谷寺·诗》，此处重复收录。据本书《目录》，此处收录者为唐杜荀鹤《题道林寺》，然本书遗漏。兹据唐杜荀鹤《唐风集》卷 3、宋洪迈《万首唐人绝句》卷 55 收录该诗增补。

游云居寺，赠穆三十六地主

（唐）白居易

乱峰深处云居路，共踏花行独惜春。胜地本来无定主，大都山属爱山人。

留题爱敬寺

（南唐）李建勋

野性竟未改，何以居朝廷？空为百官首，但爱千峰青。南风新雨后，与客携觞行。斜阳惜归去，万壑啼鸟声。

钟山道林寺①

（南唐）李建勋

虽向钟峰数寺连，就中奇胜出其间。不教幽树妨闲地，别著高窗向远山。莲沼水从双涧入，客堂僧自九华还。无因得结香灯社，空向王门玷玉班。

题道林②

（南唐）李　中

宿投林下寺，中夜觉神清。磬罢僧初定，山空月又生。笼灯吐冷艳，岩树起寒声。待晓红尘里，依前冒远程。

钟山秀峰院

（宋）梅　挚

影共金田润，香随碧月流。远疑元帝植，近想宝公游。

---

① 《全唐诗》卷739收录该诗，题作“道林寺”。
② 《全唐诗》卷750收录该诗，题作“宿钟山知觉院”。

钟山讲经台

（宋）释至慧

自是虚空讲得休，萧萧林下冷寒秋。至今岩畔多顽石，似对春风一点头。

宿雪峰庵[①]

（宋）[②] 释大欣

雪深麋鹿无行迹，雪卧[③]樵踪[④]何处笛？老禅骑虎不惊人，猿拾苍苔挂高石。

道光泉

（宋）王安石

箨龙将雨绕山行，注远投深静有声。云涌浴槽朝自暖，虹垂斋镬午还晴。铜瓶各满幽人意，玉甃因高正士名。神力可嗟妨智巧，桔槔零落篠苔生。

玉涧[⑤]

（宋）王安石

涧水无声绕竹流，竹西草木[⑥]弄春柔。茅檐相对坐终日，一鸟一[⑦]鸣山更幽。

---

① 元释大欣《蒲室集》卷6有《宿云峰庵》。雪，应为“云”。大欣，字笑隐，元朝临济宗大慧派著名禅僧，文宗赐号广智全悟大禅师。

② 宋：应为“元”。

③ 雪卧：《蒲室集》卷6为“云外”。

④ 踪：《蒲室集》卷6为“归”。

⑤ 《临川文集》卷30、《王荆公诗注》卷44各收录该诗，题均作“钟山即事”。

⑥ 草木：《临川文集》卷30为“花草”。

⑦ 一：《临川文集》卷30为“不”。

过故居[①]在半山，元丰末舍为寺

（宋）王安石

溯筏开新屋，扶舆绕故园。事遗心独寄，路翳目空存。野果寒林寂，蛮花午簟温。浑忘旧时事[②]，欲宿愧桑门。

定林院昭文斋[③]米芾题余定林所居，因作

（宋）王安石

我自中山客，何缘有此名？当缘琴不鼓，人不见亏成。

悟真院

（宋）王安石

野水从横漱屋除，午窗残梦鸟相呼。春风日日吹香草，山北山南路欲无。

半山春晚即事

（宋）王安石

春风取花去，酬我以清阴。翳翳陂路静，交交园屋深。床敷每小息，杖屦或幽寻。惟有北山鸟，经过遗好音。

暮春与诸同僚登钟山，望牛首

（宋）苏　颂

清明天气和，江南春色浓。风物正繁富，邦人竞游从。官曹幸多暇，交朋偶相逢。并驱出东郊，乘兴游北钟。陟险不蜡屐，扶危靡楮筇。上登道林祠，俯观辟支峰。乱山次阡陌，长江

① 《王荆公诗注》卷22收录该诗，题作“溯筏”，并称一作“过故居”。

② 事：《王荆公诗注》卷22为“处”。

③ 《临川文集》卷26、《王荆公诗注》卷40各收录该诗，题均作“昭文斋”。

绕提封。萧条旧井邑，茂盛新杉松。揽物思浩然[1]，怀古心颙颙。念昔全盛时，兹山众之宗。天都[2]对双阙，霸业基盘龙。六朝递兴废，百祀[3]居要冲。人情屡改易，世事纷交攻。当时佳丽地，一旦空遗踪。惟有出岫云，古今无变容。

饮钟山一人泉因赋[4]

（宋）释觉范

钟山对吾户，春晓开烟鬟。白云峰顶泉，绀碧生微澜。经年未一酌，对客愧在颜。两翁亦超放，瘦策容跻攀。大千寄一瞬，境静情亦闲。是时天惨淡，佳处多遗删。立谈共嘲谑，豪气破天悭。临川冰玉清，风流继东山。兹游适所愿，但恨无弓弯。东阳丘壑姿，痴绝胆亦顽。孤坐巉绝处，掉头不肯还。天风吹笑语，响落千岩间。归来数清境，但觉毛骨寒。从君乞秀句，端为刻斓斑。

初夏访定岩禅寺

（明）姚广孝

萧寺锁烟萝，游人杂珮珂。半山红艳尽，一坞绿阴多。探胜时应到，乘闲暮亦过。禅翁深阻道，谁解问如何。

---

① 宋苏颂《苏魏公文集》卷2有《暮春与诸同僚登钟山望牛首》，其“浩然”，作“浩浩”。《景定建康志》卷37、《宋诗纪事》卷15各收录该诗，作“揽物思浩然”。

② 天都：《苏魏公文集》卷2为“天门”。

③ 百祀：《苏魏公文集》卷2为“百代”。

④ 《石门文字禅》卷4、《石仓历代诗选》卷226、清陈焯《宋元诗会》卷58各收录该诗，题均作“同敦素沈宗师登钟山酌一人泉”。

卷四　摄山栖霞寺

次大刹　**摄山栖霞寺**　古刹、敕赐

在都城东北，南去所统灵谷寺三十里，太平门四十里，东城地。齐永明七年，明僧绍舍宅，法度禅师建寺。隋文帝瑑白石为塔，置舍利。唐高祖改功德寺，高宗改隐君栖霞寺。武宗会昌中，废。宣宗大中五年，重建，改妙因寺。宋太平兴国五年，改普云寺。景德五年，改栖霞禅寺。元佑八年，改严因崇报禅院，又为景德栖霞禅寺、虎穴寺。洪武二十五年，仍赐额栖霞寺。寺在摄山，一名伞山，有中峰屹然卓立，迤逦南下，左右山环抱如拱。入山，繁阴覆路，若别一洞天者。陈江总持[①]及唐高宗碑尚完。天王、大雄、法堂诸殿相承而入，接于中峰之麓。禅堂近徙法堂后，其左为方丈、公塾、库司及隋舍利塔。塔之前，以伏道引中峰涧水，从石莲孔中濆出，为品外泉。倚山有石佛千身，金碧绚烂，为千佛岩。纱帽峰明月台即其处。循中峰涧而上，有白鹿泉出石隙，方广仅数尺，清澈可鉴。禅堂右新设游憩之所，曰清欢堂。堂后，循山隙而入，有泉曰真珠，有岩如浪，曰叠浪。再上，为圆通禅院。人天小构，梵呗松涛，时与禅堂赓应。又上为天开岩，陡绝甚奇。此一带在中峰之右，虚谷深陇，僧寮

---

① 江总：字总持。传见《陈书》卷27、《南史》卷36。

倚山架壁，各擅其胜。上至中峰顶，下视大江，曳若缟练，幽深隐奥者忽焉而闳览八荒矣。所领小刹，曰衡阳寺，即兹寺下院。

殿堂

山门洞门一座。天王殿三楹。正佛殿五楹。法堂殿五楹。伽蓝殿三楹。祖师殿三楹。方丈库司一所十二楹。公学一所三楹。清欢堂一所十四楹。般若堂三楹。僧院三十一房食粮牒僧七十名，食粮学僧三十名。寺基一百二十亩东至葛家巷，南至金石冈，西至本寺官街，北至摄山官路。

禅堂

大门一楹。大禅堂五楹。二禅堂三楹。十方堂三楹。涅槃堂二楹。斋堂三楹。静室三楹。内楼一楹。仓库、厨、茶等房共十三楹。

圆通禅院

韦驮殿三楹。门房、碑亭四楹。观音殿三楹。禅堂六楹。华严楼三楹。净土楼三楹。十方堂三楹。斋堂六楹。养老堂三楹。延寿堂三楹。静室厅房六楹。厨、库、仓、茶等房共二十七楹。

公产

黄城、木芦等圩丈过实在田、地、山、塘共一千四百七十四亩。

禅堂

摄山圩并施舍丈过实在田、地、塘共三百九十四亩四分八厘。

圆通禅院

施舍田地丈过实在田、地、山、塘共五百五十亩二分六厘。

山水

摄山高三百丈，周四十里。山多药草，可以摄生，故名。形团如盖，又名伞山。有明僧绍、高越、扈谦墓，菩提王庙，即摄山神靳尚，受度师戒，祀去牲醴。宋靖康间，刘光世败兀术于黄天荡，兀术奔摄山，仍凿河宵遁。今竹筱港名败军河。中峰　中峰涧自白云庵而上，数十步，有石壁，大篆书“试茶亭、白乳泉”六字。千佛岩有“千佛岩、栖霞山”六大字，宋游九言书。纱帽峰自中峰下，乱石嶔岈，其色苍黑，人称叠浪岩。岩尽处，一方龛，四面皆可上。上复一小洞，内凿佛。石罅中有松。明月台纱帽峰前一平石。白鹿泉中峰下。山中水渴居民逐白鹿至此，得泉。品外泉一名白云泉。出中峰涧，入伏槽，由地中行至石塔前，汇为池。中刻石莲，泉自莲中濆出。东峰　西峰

天开岩西岭上下若无路者，近即之，乱石从横，中有路，高下盘折，一大壁奇峭如截，上书“天开岩”三字。久为土壅，近僧慧能始出之，有沈传师、徐铉、徐锴、祖无择、张稚圭、王雱题名。今岩下有禹碑石刻。醒石二字不知何人所题，横书，大可四、五寸。迎贤石三字在天开岩后，大可二、三寸。石房二字题“迎贤石”旁，名姓无考。唐公岩在祖无择题名石之下。其四旁镌刻，多不可辨。落星山山有落星墩。墩旧有楼。《吴都赋》云：“享戎旅于落星之楼。”即今寺北清欢堂之侧。虎洞　珍珠泉在般若庵前。以上俱存。

古迹

大石佛明僧绍子临沂令仲璋琢，高四丈。左右琢观音、势至，各高三丈。佛顶上有玻璃珠，光彩射人。后坠地，因置阁盛之。大观中，为权要取去。一夕，权要梦人索珠甚力，俄失珠所在。米芾尝作诗纪其事①，见逸史《六朝事迹》。千佛齐文惠太子、竟陵王、豫章王、田奂及宋江夏王霍姬等就石琢像千尊，名千佛岩。舍利塔高七级，在无量寿佛之右。隋文帝造，高数丈，五级，锥琢极工。南唐高越、林仁肇复建塔。接引二佛在石塔前。隋时造，像貌衣缕，有顾恺之笔法。古佛铜铸，不知何年物，掘地得之。白云庵即明僧绍宅遗址，宋侍郎张瑰读书处，有王安国记。今僧庐其上。凌虚室摄山半道中，有亭，可揽江山之胜。法钟太②始中，自鸣。明嘉靖辛酉十月十八日夜，自鸣。般若庵旧庵已废。今重建。佛座上有石刻《图十二张经》③。石壁轩天开岩侧。唐人

---

① 语出张敦颐《六朝事迹编类》卷10。

② 太：应为“泰”。

③ 据明盛时泰《栖霞小志·般若庵》校之，应为“四十二章经”。

石刻磨灭不详。翠微庵在大佛龛左。岩石环瞰，最据幽胜。济生台观音庵旁。银杏树有二，在大殿前，可四、五抱。苍蔚奇古，是前朝物。其一结乳，如石笋下垂。相传树千年始生。禹碑大禹治水成功，书此碑于南岳衡山。石刻久传于世，杨公时乔官南纳言时，虑去古远，而碑刻之传易以磨灭，乃重刻而为之记，在摄山天开岩。因与寺无涉，其文不载。附入古迹，以备考。以上俱存。二幢一为唐咸通九年戊子，一为南唐保大六年戊申。所书咒多磨灭，今废。驯虎径四虎随僧智聪渡江入寺，止塔西，因名。见后《智聪传》。遗玺侯景败，子监走江东，惧追，以传国玺投入栖霞寺，僧永拾得。陈永定三年，永死，其徒普智献后主。妙因寺额徐铉书。来宾亭即徐铉宅，盛园池，在寺东北。宋迪诗云："结交意在来宾者，谁慕清风为任留。"谓此。徐锴宅，在山前，尝开茶肆，延四方宾旅。金宝方牌宋仁宗赐。熙宁间，取寄华藏寺。以上俱废。

人物

(齐)大明法师好谈论，手执松枝，为谭柄。见宋景文《鸡蹠集》①。法度有传略。(陈)智颢有传略。法响有传略。慧峰住栖霞寺，听诠公三论，深悟其旨。游心正理，摄静松林。有问云："今学大乘，如何讲律?"峰云："此致非汝所知，岂学正法而大、小相乖乎?"(隋)慧偘②有传略。保恭有传略。慧觉止摄山栖霞寺，义解弘通，广兴释论。元崇有传略。智聪有传略。慧旷素协性松筠，辅神泉石，于栖霞法堂敷大论。僧玮器量沉深，风神详雅。服以敝衣，资以菜食，致使口腹之素③，渐以石帆水松；寒暑之资，稍以荷衣蕙带。故得结操贞于玉石，清风拂于烟霞。入摄山栖霞寺，学观息想。(唐)大德玭律师有碑略。

附：参讲栖览

(齐)明僧绍有碑传。(梁)萧眎④素兰陵人。于摄山筑室。征为中书侍

① 宋晁公武《郡斋读书志》卷5有《宋景文〈鸡跖集〉二十卷》。蹠：音、义，均同"跖"。

② 偘：音、义，均同"侃"。

③ 唐释道宣《续高僧传》卷16《周京师天宝寺释僧玮传》。素：为"累"。

④ 眎：音、义，均同"视"。

郎，不就。谥贞文先生。（陈）江总自序云：总弱岁归心释教，受菩萨戒。暮齿官陈，与摄山布上人游款，深悟苦空，更复练戒。

文

摄山栖霞寺碑铭

梁元帝

金池无底，已通宝堑之侧；玉树生风，傍临彩船之上。七重栏楯，七宝莲花。通风承露，含香映日。铭曰：苔依翠屋，树隐丹楹。涧浮山影，山传涧声。风来露歇，日度霞轻。三灾不毁，得一而贞。

摄山栖霞寺碑铭[①]

（陈）侍中尚书令　江总持　（陈）李霈　书

（宋）赐金紫沙门　怀则　重书

盖闻天有神宫，地云灵府。桑钦博记，始叙四衢之塔；金朔著经，因知千步之寺。至如峰形甑累，岫势堂密，亦乌足言哉！南徐州琅玡郡江乘县界，有摄山者，其状似伞，亦名伞山。尹先生记曰："山多草药，可以摄养，故以摄为名焉。"南瞻旧落，顾悌镇戍之坞；北望荒村，扈谦卜筮之宅。此山西南隅，有外道馆地，俄而疫疠磨灭。三清遗法，未明五怖之灾；万善开宗，遂变四禅之境。倏见齐居士平原明僧绍，空解渊深，至理高妙；遗荣轩冕，遁迹岩穴。宋泰始中，尝游此山，仍[②]有终焉之志。村民野老竞来谏曰："山多狼虎毒蛇，所以久绝行践。"僧绍曰："毒中

① 《汉魏六朝百三家集》卷105收录该文，题作"摄山栖霞寺碑"；《释文纪》卷31则题作"金陵摄山栖霞寺碑文并铭"。

② 仍：《释文纪》卷31为"乃"。

之毒，无过三毒，忠信可蹈水火，猛兽亦何能为？”乃刊木驾峰，薙草开径；披拂蓁梗，结构茅茨。廿许年不事人世，渡河息暴，扰箧无立，皆曰诚至所感。有法度禅师，家本黄龙，来游白社；梵行殚苦，法性纯备。与僧绍冥契甚善。尝于山舍讲《无量寿经》，中夜，忽见金光照室，光中如有台馆形像。岂止一念之间，人王照其香盖；八未曾有，渊石朗其夜室。居士遂舍本宅，欲成此寺，即齐永明七年正月三日，度上人之所构也。山情率易，野制疏朴；崖檐峻绝，涧户幽深。卉木滋荣，四时助其雕绮；烟霞舒卷，五色成其藻绚。居士尝梦，此岩有如来光彩。又因闲居，依稀目见。昔宝海梵志，睡睹花台；智猛比丘，行逢影窟。故知神应非远，灵相斯在。居士有怀创造，俄而物故。其第二子仲璋，为临沂令，克荷先业，庄严龛像。首于西峰石壁与度禅师镌造无量寿佛，坐身三丈一尺五寸，通座四丈，并二菩萨，倚高三丈三寸。若乃图写瑰奇，刻削宏壮。莲花莹目，石境沉晖；藕丝萦发，云崖失彩。顶日流影，东方韬其大明；面月驰光，西照匿其成魄。大同二年，龛顶放光。光色身相，晃若炎山；林间树下，赩如火殿。禅师自识终期，欣瞻瑞应，以建武四年于此寺顺寂。岂非六和精进，十念允谐；向沐宝池，方登金地者也？齐文惠太子、豫章文献王、竟陵文宣始安王等，慧心开发，信力明悟；各舍泉贝，共成福业。宋太宰江夏王霍姬，蕃闺内德；齐雍州刺史田奂，方牧贵臣。深晓正见，妙识来果。并于此岩阿广抽[①]财施，琢磨巨石，影拟法身。梁太尉临川靖慧王道契真如，心弘檀

① 抽：《释文纪》卷31为“收”。

密。见此山制置疏阔，功用稀少，以天监十年八月，爰撤帑藏，复加莹饰。缋以丹青，镂之铣鋈。五分照发，千轮启焕。排天堂庑，玉露分色；接岫轩墀，翠微抽影。八定之侣，步纤草而扬梵；三慧之僧，挹飞泉而动色。喜园凝静，岂傲吏之凡游；深谷虚玄，非愚公之俗路。是以王公缙绅之辈，郎吏胥史之属，步林壑，陟皋壤，升精舍，拜道场，莫不洗涤无明，浣濯嚣暗。非直心之砥路，孰能如斯者乎？慧振法师志业该练，心力精确；度上人将就迁神，深相付嘱。法师聿修厥绪，劝助众功；基业田园，多所创置。先有名德僧朗法师者，去乡辽水，问道京华。清规挺出，硕学精诣。早成波若之性，夙植尸罗之本。阐方等之指归，弘中道之宗致。北山之北，南山之南，不游皇都，将涉三纪。梁武皇帝能行四等，善悟三空。以法师累降征书，确乎不拔。天监十一年，帝乃遣中寺释僧怀、灵根寺释慧令等十僧，诣山咨受三论大义。贾谊曰："学圣道如日之明。"孙卿云："登高山知天之峻。"今之探赜，其此之谓。南兰陵萧眎幽栖抗志，独法绝群；遁世兹山，多历年所。临终遗言，葬法师墓侧。还符田豫，托西门之冢；更似梁鸿，偶要离之瘗。又案《神录》云，楚靳神在今临沂县。齐永明初，神诣法度道人，受戒自通。曰靳尚，即楚大夫之灵也。大同元年二月五日，神又见形，着菩萨巾，披袈裟，闲雅甚都，来入禅堂，请寺众说法。昆岭之中，百神所在；首阳之路，八驷并驱。未有修净戒之品，诣得道之僧，整忍辱之衣，入安禅之室。是知名山大泽，灵异凭依者矣。慧布法师幼落烦恼，早出尘劳；律仪明白，贞节峻远。贯综三乘，不自媒炫；楷模七众，无所诋呵。曩日静憩钟岩，余便观止。餐仁饮德，十有余年。顷于摄阜，受持珠戒。佩服之敬，虽敢怠于斯须；汲引之劳，且曷伸于报效。夫言意难尽，铅椠易凋。固比河山，莫如金石。凡诸征应，并预随喜，并勒于碑左。乃为颂曰：漫漫心火，冥冥世流。论生若寄，喻死如休。三明未了，十智难周。尽缠痴爱，岂离疮疣？敬仰鸡足，恭闻鹫头。斯风可羡，其路何由？我开梵宇，面壑临丘。我图灵迹，果植因修。兼金画绘，泐石雕镂。连云出没，泄雨沉浮。经行松磴，禅坐蕙楼。涧风长泻，崖溜悬抽。花台似雪，夏室疑秋。名僧宴息，胜侣薰修。三乘谓筏，六度为舟。金幢合盖，宝驾驱辀。地祇来格，天众追游。五时无爽，七处相侔。辞题翠琰，字勒银钩。贤乎乐[①]饵，过客宜留。此碑经唐会昌毁废后，已曾重立。至今其石断缺，文字讹隐。寺主僧契先购石，依本写之。康定元年三月十七日镌立

立舍利塔诏

隋文帝

门下：仰惟正觉，大慈大悲，救护群生，津梁庶品。朕皈依三宝，重兴圣教，思与四海之内一切人民，俱发菩提，共修福业。使当今现在，爰及来世，永作善因，同登妙果。宜请沙门三十人，诸解法相[②]，兼堪宣导者各将侍者一[③]人，并散官各一人，薰陆香一百二十斤，马五匹，分道送舍利，先往蒋州栖霞寺，洎三十州，次五十三州等寺起塔。其注未寺者[④]，就有山水寺所起塔

① 乐：《释纪文》卷 31 为“药”。

② 据唐释道宣《广弘明集》卷 17，诸：应为“谙”。

③ 一：据《广弘明集》卷 17，应为“二”。

④ 其注未寺者：据《广弘明集》卷 17，应为“其未注寺者”。

依前。旧无山者,于当州内清静寺处建立其塔,所司依[①]样送往当州。僧多者三百六十人,其次二百四十人,其次一百二十人,若僧少者,尽皆[②]僧。为朕、皇后、太子广、诸王子孙等,及内外官人、一切民庶、幽显生灵,各七日,行道并忏悔。起行道日打刹,莫问同州、异州,任人布施。钱限止十文已下,不得过十文。所施之钱,以供营塔。若少不充。役正丁及用库物,率土诸州,普为舍利设斋。限十月十五日午时,同入石函。总管、刺史已下,县尉已上,自非军机,停常务七日,专检行道及打刹等事,务尽诚敬,副朕意焉。主者施行。仁寿元年六月十三日,内史令、豫章王臣暕宣。

舍利感应记

(隋)著作郎　王劭

皇帝昔在潜龙,有婆罗门沙门诣宅,出舍利一裹,曰:“檀越好心,故留与供养。”沙门既去,求之不知所在。其后,皇帝与沙门昙迁,各置舍利于掌而数之。或少或多,并不能定。昙迁曰:“曾闻婆罗说法,身过于数,量非世间所测。”于是,作“七宝箱”以置之。神尼智仙言曰:“佛法将灭,一切神明,今已西去。儿当为普天慈父,重兴佛法,一切神明还来。”其后,周氏果灭佛法。隋室受命,果复兴之。皇帝每以神尼为言,云:“我兴由佛。”故于天下舍利塔内,各作神尼之像焉。皇帝、皇后于京师法界尼寺造连基浮图,以报旧愿,其下安置舍利。开皇十五年

① 依:《广明弘集》卷 17 为“造”。

② 皆:《广明弘集》卷 17 为“见”。

季秋之夜，有神光自基而上，右绕露盘，赫若冶炉之焰。一旬内，四如之。皇帝以仁寿元年六月十三日，御仁寿宫之仁寿殿，本降生之日也。岁岁于此日，深心永念，修营福善，追报父母之恩。故延诸大德沙门，与论至道，将于海内诸州选高爽清静三十处，各起舍利塔。皇帝于是亲以七宝箱，奉二十舍利[①]，自内而出，置于御座之案。与诸沙门烧香礼拜，愿弟子常以正法护持三宝，救度一切众生。乃取金瓶、琉璃各三十，以琉璃盛金瓶，置舍利于其内。薰陆香为泥，涂其盖而印之。三十州同刻，十月十五日正午，入于铜函、石函，一时起塔，诸沙门各以精舍奉舍利而行。初入州境，先令家家洒扫，覆诸秽恶。道俗士女，倾城远迎。总管、刺史诸官，夹路步引。四部大众，容仪斋肃。共以宝盖、幡幢、华台、像辇、佛帐、佛舆、香山、香钵，种种音乐，尽来供养。各执香华，或烧或散。围绕赞呗，梵音和雅。依《阿含经》：舍利入拘尸那城法，远近翕然，云蒸雾会。虽盲、躄、老、病，莫不匍匐而至焉。沙门对大众作是唱言："至尊以菩萨大慈，无边无际，哀愍众生，切于骨髓。是故分布舍利，与[②]天下同作善因。"又引经文种种方便，诃责之，教导之，深至恳切[③]，涕零如雨。大众一心合掌，右膝着地。沙门乃宣读《忏悔文》曰："菩萨戒佛弟子皇帝某，敬白十方三世一切诸佛、一切诸法、一切贤圣，僧弟子蒙三宝福佑，为苍生君父。思与一切民庶，共建菩提。今欲分布舍利，诸州起塔。欲使普修善业，同登妙果。为

---

① 据《广弘明集》卷17、《法苑珠林》卷53各收录该文。二：应为"三"。

② 与：《广弘明集》卷17为"共"。

③ 切：《广弘明集》卷17为"恻"。

弟子及皇后、皇太子广、诸王子孙等、内外官人，一切法界幽显生灵、三途八难，忏悔行道。奉请十方常住、诸佛，十二部经，甚深法藏，诸尊菩萨，一切贤圣，愿起慈悲，受弟子等请，降赴道场。证明弟子为一切众生发露。”无始以来，所作十种恶业，自作教它，见作随喜。是罪因缘，堕于地狱。畜生、饿鬼，若生人间，短寿、多病、卑贱、贫穷、邪见、谄曲、烦恼、妄想，未能自寤。今蒙慈光照及，于彼众罪，方始觉知，深心惭愧，怖畏无已。于三宝前发露忏悔，承佛慧日，愿悉消除。自从今身乃至成佛，愿不更作此等诸罪。”大众既闻是言，甚悲甚喜，甚愧甚惧，铭其心，刻其骨。投财贿衣物及截发以施者，不可胜数。日日共设大斋，礼忏受戒。请从今已往，修善断恶。生生世世，常得作大隋臣子。无问长、幼、华、夷，咸发此誓。虽屠、猎、残、贼之人，亦躬念善。舍利将入函，大众围绕填噎。沙门高捧宝瓶，巡示四部。人人拭目谛视，共睹光明。哀恋号泣，声响如雷，天地为之变动。凡是安置处，悉皆如之。其身已应灵塔，常存天下瞻仰。归依福田，益而无穷。皇帝以起塔之旦，在大兴宫之大兴殿庭，西面执珪而立，延请佛像及沙门三百六十七人，幡盖香华，赞呗音乐，自大兴善寺来居殿堂。皇帝烧香礼拜，降御东廊，亲率文武百僚素食斋戒。是时，内宫东宫，逮于京邑，茫茫万宇，舟车所通一切眷属人民，莫不奉行圣法。众僧初入，敕使左右，密夹数之。自显阳门及升阶，凡数三遍，常剩一人。皇帝见一异僧，曷盘覆髆，以语左右曰：“莫惊动它①。”置尔去已，重

① 它：《广弘明集》卷 17 为“他”。

数之，曷盘覆髆者，果不复见。舍利之将行也，皇帝曰："今佛法重兴，必有感应。"其后处处表奏，皆如所言。蒋州于栖霞寺起塔，邻人先梦佛从西北来，宝盖幡花映满寺，众悉执花、香出迎。及舍利至，如所梦焉。余州若此显应，加以放光灵瑞，类盖多矣。

蒋州栖霞寺请疏[①]

（隋）释保恭

窃以瞻慕名[②]德，灰管屡迁。展觌[③]以来，炎凉再隔。伏餐至法，用禀教门。定水淡而无涯，询[④]峰高而不极。至于止观、方等之仪，龙树、马鸣之文，莫不殚其理窟，究其冲妙。恭虽不敏，少游讲席。窥玩南北经论法师三十余年，求其奥旨不悟。观诸法海，寄在余生。所冀倾蠡，犹饱腹。然道安之遇澄上人，便称北面；惠永之逢远上首，即创东林。是知得奉胜因[⑤]，须安胜地者也。恭虽疏薄，窃钦往彦。但所居栖霞寺，宋代明征君之所建立也。镌山现像，疏岩敞殿。似若飞来，无惭涌出。若其林泉爽丽，房宇萦纡，桂岭春芳，云窗昼敛，自昔高行，是用游舄[⑥]。故恭等斋诚，请延威德。惟愿欢腾[⑦]曩哲，爰降彼居，依经受用，必垂纳处。所有田园基业，具在别条。谨共开士柳顾言，

---

① 《释文纪》卷 43 收录该文，题作"请智𫖮讲《法华》疏"。
② 名：《释文纪》卷 43 为"明"。
③ 觌：《释文纪》卷 43 为"覿"。
④ 询：《释文纪》卷 43 为"词"。
⑤ 因：《释文纪》卷 43 为"人"。
⑥ 舄：《释文纪》卷 43 为"写"。
⑦ 欢腾：《释文纪》卷 43 为"傍观"。

证成斯誓。庶金刚之城[①]，与鹫岭而长存；法宝斯传，等鸡山而不灭。谨疏。开皇十五年八月六日。

摄山栖霞寺新路记[②]

（南唐）兵部员外郎　徐铉

栖霞寺，山水胜绝，景象瑰奇。明征君故宅在焉，江令公旧碑详矣。高宗大帝刊圣藻于贞石，纡宸翰于璇题。焕乎天光，被此幽谷。先是，兹山之距都也，五十里而遥。方轨并驱，崇朝可至。及中原乱，多垒在郊。野无牧马之童，歧有亡羊之仆。义祖武皇帝潜龙兹邑，访道来游，始命有司，是作新路。金椎既隐，玉轪言还。桐山之驾不追，回中之道亦废。于戏！圣人遗迹，必将不泯；微禹之叹，夫何远[③]哉！保大辛亥岁，时安岁丰，政简民暇。粤有寺僧道严，名高白足，动思利人。百姓庄思悰，家擅素封，积而能散。嗟亭侯之不复，闵行旅之多艰。乃相与剪荆榛，疏坎窞。辟通衢之夷直，弃邪径之迂回。建高亭于道周，跨重桥于川上，凿甘井以救暍，立名[④]表以指迷。草树风烟，依然四望；峰峦台榭，肃肃[⑤]前瞻。是由江乘之途，复识王畿之制矣。余职事多暇，屡游此山。喜直道之攸遵，嘉二叟之不懈。为刻石，用纪成功。俾后之好事者，以时开通，随坏完葺。此碣有泐，斯文未湮，不亦美乎！其年八月一日，兵部员外郎、知制诰徐铉记。

---

① 城：《释文纪》卷 43 为“域”。

② 南唐徐铉《骑省集》卷 13 有《摄山栖霞寺新路记》。

③ 远：《骑省集》卷 13 为“逮”。

④ 名：《骑省集》卷 13 为“石”。

⑤ 肃肃：《骑省集》卷 13 为“肃尔”。

重修摄山栖霞寺碑铭[①]

(明)南大理卿　沔阳陈文烛

佛像入中国，汉兴白马之名；禅教显西方，晋建青龙之号。然界标无色，始曰化城；即天名非想，犹称火宅。苟非五明四忍，拯沦溺于长眠；何以三障六尘，放昏霾于大觉。此精进道场所由，创竖而微密，秘藏于以阐扬者也。栖霞寺者，齐居士明君承烈，含和隐璞，乘道匿辉。征聘之礼，贲于岩穴；玉帛之贽，委于洼衢；卷迹嚣氛之表，抗志穹窿之上。大辟寝巢，而虎害自远。同郭文之潜驱；临菑偕隐，而龙步益高，期张绪之缔合。遂来冥契之法度禅师，日讲藏经之《无量寿佛》。祥光照室，时呈幡盖之形；妙伎腾楹，每作法钟之响。设榻于伯氏，则孺子犹存；备刺于门徒，则靳尚频见。信是外臣，同方回之七友；还如胜侣，齐法绍之二圣。妙庄严路，有药王之尊，山多药、因以摄名；兼诸漏国，有宝盖之覆，山如盖、乃以伞状。犹聚日之映宝山，等满月之临沧海。故朝野餐风以骈集，缁素服道而响臻。猗欤，盛哉！我太祖高皇帝之定天下，始膺乾纪，即属皇畿。以克定之初，崇因果之重。复租赐额，托银榜以树缘；缮宇度僧，假金轮而启物。籍妙音于永劫，超胜果于兹地。方斯时也，庶乎人免盖缠，家登仁寿矣。未几，善胜崩沦[②]，以致禅宫销歇。宝地鞠为蓁芜，金容毁于风雨。遂使卫城之听，挤于矍圃之观。嘉靖间，鸿胪郑公晓、太常钱公邦彦、京兆扈公永通、翰林何公

① 清陈毅《摄山志》卷4《建记》收录该文，题作“重修摄山栖霞寺碑记”。

② 善胜崩沦：《摄山志》卷4为“金胜崩沦”。

良俊、祠部何公良傅，博览五明，允依三畏。雅好同于玄度，笃尚并于彦深。不严心以为净，是为归其净矣；不超寂以为真，是为会其真矣。倚双树，树虽无影；睇千花，花则常敷。乃得天界僧兴善，俾之住山，委以兴复。筚辂蓝缕，启觉水之塞源；慈悲经行，照群迷于未晓。于时，则讲僧真节，禅侣法会，福懋诸贤。或振锡以阐教，或栖林以综业。深文奥义，将法鼓而同宣；慧日智烟，随梵音而共远。然草莱仅剪，堂庑未辟。纳诸天于丈室，虽假神通；藏芥子以须弥，毋宁趑趄。盖兴善尝有志于恢拓，而当事者縻之僧录觉义以去。代兴善者，是为清柏禅师。神解独脱，机鉴绝伦。通四辨之音，开五乘之迹。置怀宗极，挽万行之颓纲；毕志冥枢，维二谛之绝纽。更有明通出纳，加之如敬纠缘。于时，太宰陆公光祖、司寇王公世贞，蓄灵因于上叶，感慧性于阎浮。争捐泉贝，竞施榱栌。破彼悭囊，就斯妙植。流银而成宝殿，何翅翚骞；甃玉以构祇桓，还同鹄峙。托妙相于丹青，寄灵像于铣鋈。晨光未辟，钟磬先闻；宵漏既分，梵呗未辍。触情于境，尽是旃檀林中；纳境于心，俱为檐卜席上。叠浪之岩回碧障，恍听海潮之音；中峰之涧泻清涛，更瞻地涌之塔。此伞如大法幢，此霞如丹雘殿。将宝网于恒河，三利期兴；生金花于火宅，二梵为福。珠泽量墨，不足以扬空偈；瑶洲聚笔，讵能以悉断言。敢效镂文，勒诸贞石。其辞曰：金陵初地，繄云阳氏。东俯京邑，上延江涘。天阙雄开，波罗肇起。如陟琳宫，如按树埤[①]。惟齐征君，留心胜业。六度是都，超乎累劫。霞迴身栖，

① 埤：《摄山志》卷 4 为“碑”。

药土名摄。度师深心，证明殊切。江河变幻，殿宇重新。地曰首善，寺曰能仁。风摇碧辇，日护红轮。金粟戾止，涉此玄津。倬彼名区，禅慧攸托。傍据高岩，临睨万壑。江陈丰碑，文章丹臒。朊朊亭皋，幽幽林薄。象设既辟，睟容始安。卷言灵宇，冬燠夏寒。漱流枕石，足称大观。高僧说法，同于懒残。直接上根，迈通玄钥。震旦辉煌，宏规高荦。入海禅流，增其式廓。感则冥机，寂则真觉。曾闻国玺，传自始皇。地藏神物，若存若亡。璃珠佛顶，时动精芒。堂名定慧，壁放明光。掩室无尘，长生有药。三界遂荒，大千牢落。片石韩陵，俟后绳削。因满恒沙，果登极乐。万历辛卯夏日。

重建栖霞寺天王殿记

（明）吏部尚书　平湖陆光祖

夫思渔照乘，必骛丹泉；欲握连城，当开蓝谷。未见种黍而获粳，岂有无因而得福者哉！是以檀施居六度之先，悭吝为十缠之最。况乎庄严佛土，岂可少有惜心。昔给独[①]布金，现宫阙于天上；澄空写像，拥旄节于后身。稽之往牒，信而有征。世儒昧于远理，曰岂其然，可不哀乎！摄山栖霞寺者，江表名区，帝州佳丽。控长江于山麓，镵千佛于岩扃。峰类飞来，相疑涌出。逾锦城而特建，掩银界而孤标。实禅诵之胜场，而登临之佳处也。缔创自齐、梁而来，流传盖千有余载。时维洪武，载锡嘉名。又诏赐赡僧田、山一千三百余亩，视天界、灵谷为比翼焉。顾成化之后，日就湮没；洎嘉靖之初，几为墟矣。幸而地以人

① 独：《摄山志》卷4为"孤"。

灵，事因时起。赤髭白足之侣，披荆棘而安禅；子墨客卿之徒，薙草莱而结社。又得前住持兴善主之，颓基再开，堕绪少复。余前为祠部，曾结白鹿之庵。继掌容台，复作劝缘之疏。既而铨衡南部，再访北山，则宝殿辉煌，几复鹫峰之盛；金容赫奕，如瞻瑞月之光。倏改旧观，顿惊新制。既而讯之，乃今住山清柏，净苑芝兰，丛林龙象；律仪严净，梵行坚明。说戒而山神敬受，演法而四众咸归。自住兹山，誓心弘造。又得讲师真节，大阐方广之宗。如敬、明通，共协中兴之力。以故财施云集，镪货泉流。竟劝深于子来，落成速于不日。然揆厥终始，则典客倪敏之力居多。而天王之殿五楹，又其所独成焉。倪君者，云间甲族，秣陵善人。赀擅素封，心专白业。裁基福地，慕明征君之遗风；辇货波臣，有庞居士之雅度。而于兹寺，特重夙缘。构造既勤，藻饰亦至。幡幢纷其缥缈，廊庑阒其靓深。天王之宫殿，卓尔排云；无量之金容，宛如聚日。洪钟振响，声彻幽冥；丹雘成文，光腾霄汉。上下劳心，逾十一载；先后约费，几二千金。噫！倪君之心亦诚矣，功不朽矣。昔佛谈因果，如影随形。况弥陀为此方之导师，四王司部洲之考校，为善之报，岂其爽乎！然则成佛非遥，无虑生天恐后矣。虽然人生有涯，世财非宝，兹山之成者什九，亏者什一。欲就为山之功，岂辞覆篑之力。君其益励乃心，成斯善果。务使尽善而尽美，庶几有始而有终。嗟夫！即祥基而缔祥，业为不朽；就福宇而延福，功岂唐捐。以旷劫之良因，开含生之至庆。岂非佛日赖之重辉，而皇图所由永固者哉！君其勖之。余虽老矣，及见其成，犹能为君颂之。万历壬辰九月。

栖霞般若堂记[①]

(明)兵部侍郎　新都汪道昆

齐征君明僧绍，供法度禅师居摄山。太[②]始中，征君以其舍为栖霞寺。由唐而下，累朝递崇事之。歙沙门慧光，故受圣僧衣钵，诸学士大夫入歙，主慧光。既而阅藏金陵，筑舍栖霞寺。歙处士王寅，博雅人也，善慧光。处士尝登钱塘浮屠，见宋人手摹《四十二章经》勒浮屠上，则以有宋叔世诸显者，不皆闻人，犹知从事《遗经》，垂于不朽。吾党独当明盛，未遑之，谓何？栖霞寺故有般若堂，盖智旷禅师所建，废久矣。处士为慧光画策，复般若堂，堂中筑说经台，广若干寻，高若干尺。求《遗经》善本，谒诸名士，书各一章，勒石四面，以封如宋人。法堂左右分飨，首事者，明征君、法度禅师在焉。岁甲子，慧光周游长者间，鸠工程材，诹日兴事。事既集，绍介处士谒道昆记之。道昆以儒发家，何知内典彼言般若者何？慧光进曰："道一而已矣。儒者往往绌释氏，岂不相谋？往慧光居歙时，闻诸学士大夫讲东越之学，率有味乎其言。夫高下散殊，莫良于日；感通天下，莫良于知。何以故？以明故也。天地向晦，一何冥冥，出旸谷而升扶桑，色斯辨矣。及其中天也，明照四表，察见九渊。既薄崦嵫而西，冥冥如故耳。芸芸万物，消息有常。旸谷不生，崦嵫不没。明暗通塞，则日之由。夫人之知，亦若此矣。吾致吾知，先登于岸，则般若之云也。遗经四十二章，为西来第一义。善言

① 明汪道昆：《太函集》卷71收录该文，题作"般若堂记"。
② 太：应为"泰"。

般若，其在斯乎？嗟乎！东越以良知鸣，则象山为之嚆矢。象山持论，得东越而始张皇。要其初，般若先得之矣。自释氏入中国，学道者率仇视之。彼以薰莸不同器，而藏亦其甚也。王者宅中而居，奄有四海，必也外夷宾、荒服至，而后中国始尊。假令闭关绝之，何示人以不广如此！”

道昆始闻般若之义，有概于心。遂次其言，将以解瑕疵者之口。处士闻而笑曰：“夸父逐日，日不以其故而趣行。鲁阳挥戈，日反三舍，人力不可常胜。绌释氏者非也，解释氏者亦非也，佛日固自若耳。”道昆谓善，因并载之。乃若经费、颠末及输金者姓名，则有司存不具载。

摄山多宝塔铭有序

（明）兵部侍郎　汪道昆　　周天球　书

太上慈宁宫，母一人而君万国，于兹十有五稔。德合无疆，顾犹蒿目群生，将举斯世而登极乐。乃遣中使张本、孟廷安，周行宇内名山。傥然遇众中尊，务求至道比丘真节。故自楚入摄山，躬自供众讲经。余三十年所务，阐扬接引，同证菩提。尝讲《法华经》至见宝塔品，空中现多宝塔，一如经言。四众跂观，洒然希觏。中使衔命至礼之摄山，虚往实归，得无所得。乃出尚方金缕袈裟一袭，宣慈旨赐之。既复建塔讲台之西，以征法象。盖自启蜇而经始，迄龙见而告成。观者若而人，悉如畴昔所见。毕，使还报，太上之喜可知。于时，草莽臣道昆为之铭，以当半偈。铭曰：帝德广渊，并包三极，在宥万方。得一以宁，延于少广，圣善平康。西极化人，回面内向，咸集梯航。爰命皇华，出自中禁，奕奕貂珰。悉屏候人，无庸厨傅，载橐糇粮。躬历庄严，肆求耆宿，抠问堂皇。皇祖故都，摄山东峙，肇迹齐梁。有美苾刍，披缁杖锡，至自襄阳。敬尔威仪，受兹戒律，凛若秋霜。爰卜一区，居然香积，聚食有常。虔事高谭，金篦刮目，擿埴无盲。愿力兼持，圣凡一指，展也擅场。真谛载扬，浮屠乃见，如翕斯张。亦既崇高，亦既方广，亦既章相。有众皈依，中使莅止，慈命溥将。载锡笥衣，黄金为缕，千佛为章。乃出赐金，鸠工庀具，莫不精良。相彼招提，西有净界，厥土骍刚。鼛鼓既兴，砖埴为政，翼翼锵锵。五百由旬，当百之一，体具用藏。觚棱厉天，有羽斯集，是曰雁王。清风穆如，来自阊阖，振铎琳琅。有众堵观，巍巍太上，万善津梁。祚胤灵长，百千万亿，民物阜昌。甸服旧臣，会逢其适，播告无央。万历丁亥日长至。

栖霞寺五百阿罗汉画记[①]

（明）史官秣陵焦竑、南尚宝卿于若瀛　集晋右将军王羲之书

居士吴彬，字文仲者，少产蒲田，长游建业。真文下烛，悬少微之一星；俊气孤骞，发大云之五色。既娴词翰，兼综绘素。团扇持而为牸，屏风点而成蝇。高步一时，无惭三绝。万历辛丑，时维仲夏，与禅师释僧定，忘言契道，寓目栖霞。睹仁祠大修，像设未备，乃发弘愿：手绘阿罗汉施于精蓝，以五百躯尽千万状。盖起一念于熏修之上，若拊四海于俯仰之间。可谓福地之巨观，名都之胜迹者矣。夫诸漏尽空，具多神变，解生死继，断后有身者，阿罗汉之真宗也；秉般若剑，竖那延幢，摧伏魔军，不战而胜者，阿罗汉之威力也；虚谷含灵，洪钟待扣，靡供不应，

① 明焦竑：《澹园集》卷21有《栖霞寺五百阿罗汉记》。

有感必通者，阿罗汉之福田也。若此者，咸承佛敕，弘法利生。或隐真仪而同凡流，或专一壑而横①四极。倘非缘会，鲜能遇之。居士释艺苑之斧斤，建心王之旗鼓。吮笔和墨，范素镕金。移众善于笔端，貌群形之云变。珠衣蔽于初地，宝树拥于香城。迦陵欲飞，曼陀未落。经行宴坐，知往来之尽泯；语笑静默，总炽然而说法。足使味真实者，即严净以观空；存相好者，感丰神而迁善。有求者，植因以觊福；罹苦者，证业以弭灾。涤贪著于心胸，开盲聋之耳目。所谓生成之外，别有陶冶；言语之表，曲为调柔。此无声之导师，亦何薄于画史！而或者犹谓空寂两忘，方归真谛；法尘具在，未入慧门。岂知究竟达于无生，因地从于有相。画且非实，舍亦自如。自非平等之观一洗乎！色空自在之心大通乎！权实者，其孰能与于此乎？先是，给谏祝公世禄，沉研二谛，振耀三明。以一遍一切之心，护世出世间之法。用能积累众力，助成胜因。焚香赞叹，散花瞻仰。谓余常参支许之游，粗谙竺乾之语，俾书贞石，藏之名山。乃说偈曰：相因妄有，妄尽相灭。如风火轮，流转不息。佛导群生，种种相在。曰色即空，等无有碍。知相非相，不离不即。孰曰神明，粉绘不及。我作佛事，聊凭丹青。悠悠法界，毕意经营。傍薰获瘠，自性当成。万历壬寅春闰二月丁卯。

---

① 横：《澹园集》卷21为“遍”。

栖霞寺五百阿罗汉画记[①]

(明)史官　云间董其昌　并书

佛象[②],教也;画佛,观也。凡画佛菩萨,声闻辟支阿罗汉者,皆运心娑婆之外,游意空劫之初。清虚固[③]以日来,尘劳于焉暂息矣。及其神照,既传庄严。斯在使瞻礼者,发菩提心。如:观净土,变相必起往生想;观地狱,变相必起脱离想;观大士,变相必起皈依想;观华严,变相必起行愿想。原其薰炼之因,岂异经禅之力哉!梁、唐之间,耆宿宗师,既振法于彼而能妙画史,亦助道于此。所谓"宝刹现于豪端,大千掷于掌上",庶几似之。蒲口[④]吴彬居士者,婆娑艺圃,泛滥珠林。翰墨余闲,纵情绘事。因游摄山,见千佛岭天监雕镌,森然海会,作而叹曰:"亿千调御,既分身矣。五百应真,何时放光乎!"遂以丹青代彼金石,施若干轴藏之此山。值余南游,请为助喜。余发而观之,有贯休之古而黜其怪,有公麟之致而削其烦,可以传矣。虽然,余更有进焉。佛言一切众生,有如来智慧德相。夫罗汉者,岂异人哉!众生是也。搬柴运水,即是神通;资生顺[⑤]产,不违实相。而画罗汉者,或蹑空御风,如飞行仙;或渡海浮杯,如大幻师;或掷山移树,如大力鬼;或降龙驯虎,如金刚神。是为仙相、幻相、鬼相、神相,非罗汉相。若见诸相非相者,见罗汉矣。见罗汉者,其画罗汉三昧与为语居士,而无以四果为胜,以

---

① 明董其昌:《容台集》卷8收录此文,题作"吴居士施画罗汉记"。

② 象:《容台集》卷8为"像"。

③ 固:《容台集》卷8为"因"。

④ 蒲口:《容台集》卷8为"莆中"。

⑤ 顺:《容台集》卷8为"治"。

众生为劣，以前人为眼，以自己为手。作是观者，进于画矣。居士曰："善哉！"万历癸卯秋。

绘施五百罗汉梦端记[①]

（明）翰林学士编修顾起元、日讲官董其昌　集宋博士米芾书

文仲吴君，八闽之高士也。夙世词客，前身画师。飞文则万象缩于毫端，布景而千峰峙于颖上。乃复经营八部，盘礴五天。尼连河畔，模八十一相好之容；洛迦山中，写二十五圆通之相。顾长康之鸣刹，观者填门；吴道玄[②]之挥毫，规于运肘。以图绘而作佛事者，不知凡几矣。丙申春，有比丘无借者，爰自西川来参丈室。以五百大阿罗汉应真像，丐文仲图之。将施名山，永为法宝。于时，文仲默然未许，僧遂留偈而去。挟[③]旬，文仲假寐，忽梦彼僧率众礼佛，文仲随共瞻仰。已而，大声震地，异羽弥空。亟与僧登台而睇焉，俱视金刚、频那、夜迦之属，咸示殊形，并陈诡状，文仲仓皇思避，则有厉声嘱之曰："必尽貌若等，斯可归矣。"文仲乃索笔而摹之。俄有一卒，持刀、牒而至，似欲薙文仲发者，文仲惊寤。于是，发心写五百应真诸像。因悉图梦中所见，以为羽卫。既成，乃奉藏之摄山之栖霞焉。祝给谏无功、焦太史弱侯二先生，既赞叹以助其成，偈诵以宣其义矣，文仲尤以法自心生，缘从梦[④]起，畴昔之梦，讵可无征？属不佞记之。客有闻而疑其幻者，余应之曰："不也。夫梦有六义，

---

① 《摄山志》卷4《建记》收录该文。

② 玄：《摄山志》卷4为"子"。

③ 挟：《摄山志》卷4为"浃"。

④ 梦：《摄山志》卷4为"事"。

亦有四缘，总其要归，想因具矣。想逐根尘，毂纷驰而靡息；因由串习，机潜构而不停。变化所宗，真心一耳。今人不悟意识之实体，徒殉梦觉之虚名。守形开以为真，诋魂交而为妄。不知梦若果妄也，则梦中之天地日月，历历皆在，何以判其非真？觉若果真也，则现前之升沉荣辱，在在成空，何以定其非妄？觉因梦有，梦以觉名，故梦之所征，觉中之影[①]也；觉之所忆，梦中之境也。当栩栩自适之时，梦固不知其为梦；在茫茫无据之内，觉亦何知其为觉乎？水入海以皆咸，境归心而自等。庸讵知文仲之梦果为幻境，文仲之画遂为实相耶？实既非实，幻亦非幻。然则纸上之色相虽工，终恐寂若之形难觌；蒲上之机缘偶接，可谓优昙之华时现矣。盖文仲夙植胜因，深存净想，故能冥通灵界，默耦圣宗。既协前期，终成善果。不然，漆园之蝶已化，蕉隍之鹿转非。占梦者，徒取笑于庄生；说梦者，益增嗤于郑相矣。文仲乌乎图之，不佞又乌乎颂之。”既以是语客，因退而为之记。

修栖霞寺法堂短引[②]

（明）南吏科给事　豫章祝世禄

我观金陵名胜在诸寺，寺凡四百八十，其最胜在栖霞。原夫栖霞，下瞰江流，青山不断；地远朝市，红尘不飞。香火纷沓如报恩，而岑寂过之；金碧庄严如牛首，而窈窕过之。岩花作供，野鸟说偈；水月传灯，山君护法。以故人代荐更，罗刹如故；征君已去，我辈还来。人以境圣，道以人弘。盖诸名蓝，不得与

① 影：《摄山志》卷 4 为“形”。

② 《摄山志》卷 5《引》收录该文，题作“修栖霞寺法堂引”。

争雄长焉。爰有古堂，名曰定慧。几年倾圮，一木难支。慫和上者[①]，念前果之或隳，惧后来之无托。欲向孤峰宿，难烧不夜之灯；有自十方来，莫为结夏之宅。慨发慈愿，悲涕丐予。亦知本来不坏，坏[②]者非以明宗；胡为有事于修，修者所以存教。特弁数语，遍告十方：有财输财，有力输力；无才无力，赞叹输心。庾之粟，囊之钱，山之材，陶之瓦，随喜布施，不论奇赢。在布施者，捐一于百，捐十于千，物只损乎毛发；在受布施者，合百为千，合千为万，功且等于丘山。敢云度其悭贪，所望发其忉怛。于焉鸠工，废者以兴；于焉宅众，散者以聚。亦使宰官、长者、酒客、诗狂、方术、杂流、劳人、病子，于焉经行，于焉憩息。于焉从头照业中之业，于焉回心参身外之身。于焉涸欲海而隳愁城，于焉决疑网而抱信母。虽人天有漏之因，实兹山无量功德。

摄山圆通精舍记

(明)兵部侍郎　汪道昆　　周天球　书

襄故名郡，产诸比丘。摄故名山，则比丘薮也。高皇帝都建业，扆摄山，诏复寺僧田租，视天界、灵谷等。岁久浸废，部檄僧兴善、清柏递主之。比丘真节产襄阳，为余故郡子弟，初礼师明休祝发，既礼师法秀，受经京师。负杖而南，则摄山主者延之开讲，聚徒三百余众，覆讲三十余曹。真节一切饭之，余二十年所，乃缴檀施余力[③]，拓地而为之庐。于时，公卿大夫向西极圣人之教者，建业则殷宗伯，吴兴则陆司空，豫章则罗参知，并善

① 慫和上者：《摄山志》卷 5 为“慫心和尚者”。

② 坏：据《摄山志》卷 5 补。

③ 据《太函集》卷 76《摄山圆通精舍记》，缴：应为“邀”。

真节。句曲李相公以封树至，为方外游，衡州廖度支瞠乎诸大夫后。会宗伯得琅玡大士像，归真节供奉之，而司空故为廷尉南中，则亦范金为像，为之奥主[①]。罗参知署曰圆通精舍，盖尸大士云。左为阁三达，贮五十三经，供毗卢，相公署曰华严宝阁。右为堂两楹，供西方三圣，度支所筑也，自署曰净土莲堂。左而西乡为斋堂，其南为篼库；右而东乡为禅堂，其南为客寮。又南则为左庖右湢。缭以周垣，灌木修竹环之，后荼而前正。摄提之岁，秋乃告成。真节勒石舍中，则以偈而誓诸大众：舍成矣，第与十方有道者共之。顺道者安居，否者擯黜。居此者，同堂共饭，人我无生，亦福堂也。既则以余故尝语佛，遣弟子如敬索碑记之。顾余曾未游于其藩，何知奥阼？始吾求之教矣，则歠糟粕，而其旨亡；既而求之宗矣，则肆葛藟，而其蔓幂。久之，则探本始，系隆施，黜有无，擯同异。要以高明所极，即儒于佛何加？其一称物而平均，其一齐物而平等。无等宁能各足不足，安取圆通？概诸中庸，则彼诎矣。《楞严》圆通二十有五，普门独为擅场。盖以闻思修为入门，于吾道为近。其深入也，感通则三十二应，显化则千百亿身。因类而施，各归具足，其首圆通不虚矣。乃今经师所授，法众所传，时而谆谆，时而唯唯，则皆由闻入者也。顾其骨已朽，其言已陈，藉令闻而不思，思而不修，是余乡所谓糟粕耳。于时帝德广运，众善同归；元老巨卿，狎为盟主。且也求师则师，求居则居，求食则食。不跰而至，不橐而兴，至足矣。力三者而入普门，于跬步何有。时至则升堂

① 为之奥主：《太函集》卷76《摄山圆通精舍记》作“位之于左”。

入室，各其圆通。其斯以为化人之居，无庸系西方，涉南海为也。虽然，有闻斯有受，有思斯有想，有修斯有行，空五蕴而鞬其三，悖矣。然闻则求悟，悟而未始有闻也；思则求通，通而未始有思也；修则求证，证而未始有修也。斯言也，亦既折衷于吾儒，其曰多闻，曰慎思，曰敬修，皆下学也；其曰不闻而式，曰不思而得，曰罔觉而修，皆上达也。斯言也，质之圆觉而符，征之圆神而信，又何惮而不求哉！求则得之，求而未始有求也，得而未始有得也。如敬，吾乡人也。留八月，而文始成，奉足谢曰：善哉！宗伯、司空之所陈，象教也；参知之所命，名教也；明公之所宣，言教也。三教既立，众知向方。明公一言，其利尤博。嗟乎！余负二、三君子矣。太上无象，有象次之，有名又次之。道隐于有言，下也。乃若大众之所皈依，本诸身、教身、法身也。法身无象非无象，无名非无名，无言非无言，无教非无教。夫是之谓无上道，夫是之谓最上乘。汝师勉矣。万历庚辰闰月八日。

圆通精舍灵应圣殿记[①]

(明)南刑部尚书　吴郡王世贞

西方之圣有圆通大士者，其名曰观世音，又曰观自在。其眷属，则父事阿弥陀，而弟蓄大势至。其烁迦罗首，母陀罗臂[②]，清净宝目，则皆八万四千。其化身，则百千万亿。其应度，则无

① 明王世贞：《弇州山人四部续稿》卷65收录该文，题作“重建栖霞寺灵应圣殿记”。

② 烁迦罗：梵语音译，又作“灼羯罗”、“斫迦罗”、“斫迦婆罗”，为金刚、坚固、轮铁等意。母陀罗：梵语音译，又作“母捺罗”、“目陀罗”、“慕捺罗”，译曰印或封。母陀罗手，亦云吉祥手，即结决定印也。

央无边。恒河沙界，而独于最下五浊恶世，所谓阎浮提者，为至切。或曰缘也，或曰不然。最下五浊恶世，固大士之所最悲悯，而迫欲援拯之者也。西方之教，自我薄伽梵为人天说之。今自学语儿以至笃老残癃，无不知诵阿弥陀。而大士之像，并尊则为寺，单供则为庵。于名山大川，处处靡所不有。而金陵为六朝建都地，自冠达帝之所隆崇，而我高皇之所创廓。崇塔精蓝，甲于宇内，而摄山之栖霞独称冠。盖割地于明僧绍，立碑于江总持，所称金池无底，玉树生风者，宛然故也。法堂之西北岭，大有隙地，而无能承其胜者。襄阳比丘真节，自京师卓锡兹山，以福德为一众所皈依。几[①]聚徒三千余指，讲经三十余度，皆力任其供。檀施郁积，不以资三衣一钵，慨然发希有想，曰："我圆通大士，其无意此地乎哉？"会故殷少宗伯迈自琅玡致吴道子所图真仪，而今陆太宰光祖铸赤金像，俱以命节。师乃悉出所贮檀施，庀材为精舍以供之。有殿，有堂，有阁，有门，有庑，有斋厨笕库之属。又尝开讲，至《法华》多宝佛塔品，则宝塔光相，俨然见空中。于是复凭一众力，建多宝塔。而慈圣皇太后诏中贵人张本等周行名山，至此得未尝有，出尚方金缕袈裟，以壮其事，塔不虞资矣。其塔与精舍成，皆乞左司马汪公道昆为之记、铭。而复构三楹于后，以拟汪公之结夏。汪公者，故尝建襄阳节者也。亡何，大士所寓之殿不戒于火，而像与真仪俱独无恙。节公乃叹曰："兹非大士之灵佑也耶？"方谋复之，而巨商某某俱感异梦，载其材甓与资来，与节公之所规画合。不弥岁，而殿

① 几：《弇州山人四部续稿》卷65为"凡"。

成。缁素之徒来过者，唯举手加额，讶其宏丽逾于昔而已，而不能究所自。节公乃乞言于居士，欲以志其灵感，以镇山门。居士则谓："如如之体，如紫金山，毫发不动。常寂而应，常应而寂。此不惟大士为然，导摄两圣俱如之，灵耶？不灵耶？为不灵而无不灵耶？吾不得而测也，节公亦不能测也。"若圆通之旨，左司马已详之。居士可无赘已。万历庚寅正月。

圆通精舍募田碑记

（明）兵部主事　袁黄

江之浒，有六朝古刹曰栖霞寺，云谷老人尝栖止其中。余曩就访之，获接素庵法师，聆其绪论，豁如也。后游金陵，必访师。师道业愈隆，法席愈广。秋溟殷先生素慎许可，独重师，命余依止，以求解脱。余壮年阔步，实勃勃有遗世之想。一堕尘网，倏焉廿载。癸巳岁，得师手书，索作《长生田记》。余心诺之，未暇也。今秋，其徒如敬不远千里，谒余赵田草堂，求曩所诺文，则素师逝矣。素师莅栖霞讲席三十余年，四方道侣云集，供亿日繁。值岁祲，募化艰，拟结万人缘，置常稔之田千亩。岁以余租供往来僧众，择才优行洁者司其出纳，不许徒属私弃。为永久计，太宰五台陆公、大宗伯忠铭王公、大司空淡庵朱公辈，共从臾之。仅置田三百余亩，大愿未终，师化去。如敬从师最久，欲踵前绩，募足万人，完师所托。余壮其志，先草碑词，付之勒石，以表往日檀越之信心。仍令携疏，取次结缘，务足前额，庶不虚节师之愿乎。吾闻丙戌岁大祲，斋厨绝粒，师晏坐超然，七日不食，众僧无一人退席者。芜湖郝氏感梦大士，告以栖霞僧饥，遂赍百斛米饷。及升殿礼像，则俨然梦中所见也。王太史肯堂，有文具纪其事。夫常往绝粮，师与僧众甘心待尽，不以干人。而檀越乃感梦，输粮于数百里之外。今置田取租，师虽长往，僧可久居。而吾辈乃不能作现前悠远之福，斯亦误矣。且所捐者，人止一钱；所济者，其利甚溥。成规永定，造福无穷。有志者，试思之。万历丙申秋日。

摄山栖霞寺清欢堂记

(明)南祠部郎　钱塘葛寅亮

摄山，秀耸都城北四十里外。峰峦入云，青回翠合。而捧一栖霞寺，如莲花幄中。自齐、梁，迄唐、宋而下，至今千余载。人主之銮辂，学士大夫之干旄，隐人骚客之芒跻，蔑弗攀层冈、度复涧，而弭节焉。夫游必盛骑从，携朋俦，载芳旨，甚或烹肥击鲜，酣荡流湎。乃于僧之寮、方丈之室，遗馥流阶，余脂积溅，不无妨严净而溷毗尼。会新构禅堂成，有剩室数椽，因改为憩客之所。前辟两扉，缭以周垣。由门入中庭，楹凡五，甃其二，为燕室。堂后又为楹者五，制如前庭方幅。旁列庖湢及两厢，以顿人吏车马之属。宽然高敞，可驻使辅，治宾宴。既落成，僧请颜其堂。偶拈渊明"少延清欢"之句，遂以"清欢"名焉。是堂也，面崇丘，翼正殿。傍栖禅之净土，倚叠浪之危崖。涧响窗间[①]，泉流屋后。固[②]出户而心怡，亦登崖而兴逸矣。至如双[③]碑想征君之舍宅，千佛缅齐王之缀金，塔标隋文之所琢，泉名陆羽之未尝，天开陡险之岩，鹿逐清澄之壑；又如陟半岭而孤室如巢，登

① 据《摄山志》卷4《建记》，间：应为"前"。

② 固：《摄山志》卷4为"因"。

③ 双：《摄山志》卷4为"两"。

绝巘而大江若带，千帆落照，万壑疏钟，此皆摄山之极观，栖霞之胜览。而靡不登斯堂以共赏，举一杯以相酹[1]。则兹山之所有，无不森列于前后左右，以供清欢。而清欢之所取，亦多矣。夫人世之欢，率以穷嗜欲，决性命。惟此山水，本来寂寞，不碍探寻。清音洗耳，则丝竹可捐；泉石娱心，则簪弁足弃。自古韵士高人，赏其幽致，即一丘一壑，亦留连不能已已。而况秀竞千岩，云兴霞蔚，如兹山之胜。其为欢可胜道哉！顾自齐、梁以来，游者无虚日。至寻其征觞结屐之地，闲房别馆之迹，皆灭没乱烟衰草中，杳不能得。则游目骋怀，真如疾风飘焰之一过，其又孰为延吾欢者？唐子西之诗曰："山静似太古，日长如小年。"夫诚知山静之为小年也。则荫映岩流，一觞一咏，视夫王孙列侯之第宅，开绮筵而陈丝竹者，其趣味为孰长哉！盖惟清斯欢可延而登斯堂者，毋虚此永日可矣！

纪形胜、创立、建置

旧志

山为钟阜支脉，高百三十丈，周回仅四十里。多产药草，可以摄生，故名。形团如盖，又曰伞山。左右环拱，远近相望，其间屹然卓立，迤逦而南者，谓之中峰。少南为千佛岩，又南为纱帽峰。下临峻绝，松桧交荫，诚奇观也。右则层崖起伏，状如波澜者，曰叠浪岩。下则平阪数亩，两山相夹，旧传为栖霞观故址。左则泉流萦带，隐约傍达者，曰中峰涧。间出一泓，流自石隙，其色正白者，曰白乳泉。上有石罅，其直如截者，曰天开岩。

---

① 酹：《摄山志》卷 4 为"酬"。

又上峭壁嵚岑，中可穴居者，曰虎洞。下为紫盆峰，南为列岫。东为白鹿泉，旧传山中水渴[①]居民，逐白鹿至此，得泉。又东有峰突屼，仄径巉岩，仅通杖屦。刘长卿有《东峰寻明征君》诗[②]，即此。又东，始陟绝顶。四顾诸山，峰峦耸翠，岩壑窈窕，亦东南重镇也。岭有五色土，后鲜畜草木。有涧道，不甚盈溢。每霖雨，即为洪流，奔入于江。而长江西来，三面环绕，莹如缟练，帆樯缥缈，往来络绎，丘陇薮泽，历历可指也。纪形胜栖霞寺居山之阳，为南齐明僧绍舍宅所建。太[③]始中，僧绍尝隐居于此，刊木结茆，二十余年。与法度禅师讲《无量寿佛经》，于是西岩石壁，中夜放光，现无量寿佛，及殿宇焜煌之状。将凿岩为像，不果。子仲璋为临沂令，乃同禅师经始于岩下，凿龛琢石，为无量寿佛像。高可四丈，左右琢观音、势至像，各高三丈。大同六[④]年，龛顶复放光。文惠太子、豫章文献王、竟陵文宣王、田奂及宋江夏王霍姬等，依岩高下深广，就石为像，共成千尊。梁临川王复加莹饰，金壁焕然。隋文帝时，诏送舍利天下，凡八十三州，分造石塔，蒋州栖霞寺其一也。塔以白石为之，高数丈，凡五级，锥琢天然，种种奇绝。前设导引二佛，各高丈许，亦以白石为之，像貌衣缕，谓有顾恺之笔法。唐高祖改为功德寺，增置梵宇四十九所。楼阁延袤，宫室壮丽。与山东灵岩、荆州玉泉、天台国清，并称四大丛林。高宗御制《明隐君碑》，改为隐君栖

① 渴：一说为“竭”。

② 刘长卿：《刘随州集》卷 4 有《栖霞寺东峰寻南齐明征君故居》。

③ 太：应为“泰”。

④ 六：据《释文纪》卷 31 应为“二”。

霞寺，御书寺额于碑阴。武宗会昌中，寻废。宣宗大中五年，重建，徐铉书额，又曰妙因寺。宋太平兴国五年，改为普云寺。景德五年，改为栖霞禅寺。元佑八年，改为严因崇报禅院。又为景德栖霞寺，又虎穴寺。洪武二十五年，钦奉圣谕："仍为栖霞寺。"纪创立寺由栖霞街东行数百步，经白莲池，始达山门。左右缭以石垣，南跨通津梁，以达飞来石。佛殿中为天王殿三楹，旁列僧舍五区。有银杏二本，高数寻，径二丈，繁阴覆地，前代时物也。后为佛殿三楹，两翼为钟楼，为碑亭，为伽蓝殿，为库。又后为法堂三楹，中贮藏经六百四十函。左为禅堂、法堂、库司、庖湢，共若干楹。后设累级，以达方丈，即鹿野堂者，凡五楹，两翼各五楹。又后为古佛庵，双树扶疏，覆屋三楹，具圜室。山人掘地筑基，得古佛，因以名庵。右为莲社堂若干楹。更陟一阪，为定慧庵三楹，即古宴坐台遗址。后为幽居庵遗址。又后为报慈庵。循岩而西，前为曲流，曰八功德水，引品外泉为之。下注禅堂，以供庖湢。上为千佛龛，龛具小石刻。淳熙中，舍钟石佛殿，则当时有殿以覆像可知。南为明月台。又南为翠微庵遗址，即古般若堂者。傍为默坐轩，乃就岩为之。岩有达磨石像，甚古。少进，可达小鹿门。少东为白鹿泉，庵中凿观水池，以窃观澜之义。东为白云庵，疑即白云泉故地也。又东则为山巅，碧霞元君庙云。乃若跨湖干而引九乡之水者，曰栖霞桥，刻"宋淳熙年造"；跨长涧而四达者，曰筏济桥，曰彼岸矼，曰小虎溪桥，曰问梅桥，曰小石矼。又曰石房，在外龙山侧，为当时隐者所居。又曰迎贤石，曰醒石，曰碧鲜亭，具载前贤铭刻。今皆磨灭，无从考矣。纪建置。今多更改，不尽合。

游摄山栖霞寺记

(明)南刑部尚书　吴郡王世贞

余将以三月朔赴留管，而二月廿六日抵京口。其明日，荆侍御邀登北固山。又明日，从京口陆行且百里，俛及龙潭驿，大雨。肩舆出没于危峰峭壁之址，与江相樛带而行。如是者凡二十里，雨益甚。江山之胜，顾益奇，秀色在眉睫间，应接不暇，欣然忘其衫履之淋漉也。抵驿，与儿子骐及张生元春小饮，呼驿宰问以摄山道，甚难之，谓："径险，而受雨则泞，可无往也。"余兴发不可遏，质明起，遂取所问道。时晓色熹微，与霁色接，溪流暴涨，不绝声。然所过诸岭多童，至中凹处，忽得苍松古柏之属，是为摄山。趣驰道数百武，得寺曰栖霞。右方有穹碑，唐高宗所撰，以传明隐君僧绍者。隐君故栖此山，已舍宅为寺，人主贤而志之。碑阴"栖霞"二大字，雄丽飞动，疑是唐人笔也。稍东，摄级而上，曰山门。江总持一碑卧于地，拂而读之。复前为门，四天王所托宇焉。摄级复上，杰殿新构，工可十之八，而前庭颇逼侧[①]。僧曰："未已也，是将广之，移四天王宇于山门而加伟殿后。"摄级复上，为方丈，供起面饼、茵蔯菌，而甘啖之至饱。饭已，与元春、儿骐由殿后启左窦而出，探所谓千佛岩者。其阳为石塔，塔不甚高，而壁金刚力士像于四周，颇巧致。此塔隋文皇所建，以藏舍利者也。文皇遇异尼，得数百颗，分树塔以藏之，凡八十三州。所遣僧及守臣，争侈言光怪灵异以媚上，而蒋州其一也。盖其时建业以蒋子文故，降从蒋云。塔左圆池，一

① 侧:应为"窄"。

泉泓然满，其中石莲花蹙沸而起，僧雏咸资汲焉，曰品外泉。兹泉，陆羽所未品也。循千佛岩沿涧而进，迤逦不可穷。时旭日渐融，草树被之，葱茏罨霭，有光泽。涧水受雨，争道下迸，势如散珠，声若戛玉。已，繇中峰涧至白乳泉探蠡，酌之尽一器，乃踸踔过岭。其直如截者，曰天开岩。中仅通一线，径虽不甚高，而孤险啮足可畏。将自此问绝顶，而力不胜矣。其西则层叠浪岭直下，乱石错之，若海波万沸，汹涌灏漾。熟视之，审其名之称也。可二里许，一兰若承之，曰观音庵。方有事于土木，其壮丽几与寺埒。主僧某者，福德人也，言简而精。与之小酬酢而别，还复饭方丈。儿子兴未已，复呼元春登绝顶，返则日下春矣，欲骄余以所不及见。余谓："若所见非大江耶！业已自北固、龙潭饱之矣。"二子不能对，乃就寝。今天下名山大刹，处处有之，然不能两相得。而其最著而最古者，独兹寺与济南之灵岩、天台之国清、荆州之玉泉而已。灵岩于三十年前一游之，忽忽若梦境耳。今者垂暮，而复与观栖霞之胜。独老且衰，不能守三尺蒲团地，而黾勉一出，远愧僧绍。然犹能自为计，庶几异日不至作总持哉！

游摄山栖霞寺记略

(明)礼部尚书　丹阳姜宝

栖霞寺在摄山之阳，摄山在上元县治之东北，由太平门经姚坊门至山顶，计四十五里而远。山为钟阜支脉，高百三十丈有奇，周四十里而广。以多产药草，可以摄生也，故名摄山。山形如盖，故又名伞山云。万历乙酉春，予与袁裕春宗伯、顾观海司马相约，为兹山之游。由栖霞街东行数百步，经石莲池，达山门，入飞来石佛殿。又经天王殿，殿前有银杏二株，高数寻，径丈许，盖前代旧物。其傍有碑亭，其后为佛殿，为钟楼，为伽蓝殿。又后为法堂，中贮藏经若干函。其左为禅堂，累级以达方丈。时黄云峰鸿胪携榼为主人，邀吴三丰春元与俱入山。时日已晡，主宾酬劝，不觉遂张灯，乃各就寝于方丈。次早观山，山屹然中立，迤逦而南者，为中峰。其左泉流萦带者，为中峰涧。涧出一泓，流自石隙中，色正白者，为白乳泉。泉流分入池内，由石莲孔中渍起，为品外泉。寺僧皆取汲于此。其又南为纱帽峰，为紫盆峰，为千佛岩。东为白鹿泉，旧传山中水竭，居民逐白鹿于此，得泉，故即以白鹿名泉。构庵其上，亦即名白鹿泉庵。庵前有池，取孟氏观水之义，名观水池。其上为天开岩，仄境[①]巉岩，仅通杖履。即刘长卿诗尝寻访明征君所云“泉源通石径”、“风云生断壁”处也[②]。征君姓明，名僧绍，刘宋太[③]始中，隐居此廿年余，与法度禅师讲《无量寿佛经》。因西岩石壁中夜放光，现佛像，将凿岩为像以奉佛，未果也。征君身后，其子临沂令仲璋，与度师经度岩下，凿龛琢石为佛像，高可四丈许。左右则观音、势至像，高三丈者，分列于两傍。大同六[④]年，龛顶复放光。文惠太子及诸王、王姬等众，依岩高下深广，就石为像，计千尊，前所谓千佛岩即此。五级石塔，乃隋文帝诏送舍利子而

① 境：应为“径”。

② 唐刘长卿（709～780）《栖霞寺东峰寻南齐明征君故居》：“山人今不见，山鸟自相从。长啸辞明主，终身卧此峰。泉源通石径，涧户掩尘容。古墓依寒草，前朝寄老松。片云生断壁，万壑遍疏钟。惆怅空归去，犹疑林下逢。”

③ 太：应为“泰”。

④ 六：应为“二”。

造。其道[①]引二佛，各高丈许，亦白石为之。又后为古佛庵，双树扶疏，覆荫一圜室。室中古铜佛高二尺许，盖山人掘地筑基而得，故亦即以古佛名庵。其南为明月台，傍有默坐轩，轩就岩半架空而为。岩壁有达磨像，甚古。东为白云庵。庵之上有试茶亭，太虚亭又在试茶亭之上。其又东，则山之巅，碧霞元君庙在焉。不知何故有此。今增佛与玄帝、三茅真君三塑像，各为门，分奉祀。试茶亭而上，以在山高处，又方有公事，不及登而返，殊歉之。今年，予乃与李棠轩宗伯相约游焉，各不许携酒肴，惟令僧人具斋饭。饭罢，先游所尝游，经佛殿，则且改而新，焕然矣。又经纱帽峰，棠轩乘兴登其上，坐良久，乃下。既下，又一一历览遍。至古佛庵，庵将颓，移佛在傍近佛庵内，坐在本庵佛之左。晚，乃就榻于方丈。次早，先入般若堂，从般若台观《四十二章经》刻。其右一亭，亭所覆为真珠泉。稍上为新创建观音庵，庵后有多宝塔。庵之左有施食台，盖众僧会食处。又前左为东林庵，庵有新铸铜佛一尊。庵之右，层崖起伏，石嶙峋状如波澜者，为叠浪岩。其下有平阪数亩，两山相夹处，旧传为栖霞观故址。从此又扳挽而上天开岩，路陡，无石磴，几坠屡屡。两人竭筋力，扶携而上，由夹道中缘木而穷其胜。登讫，乃下，入方丈。午饭罢，闻有游客至，遂出门去。且就舆，且转观，乃知兹山实分三支：中千佛岩，左龙山，右虎山。虎洞可穴居，即在虎山中。要其大势。本奇胜，尤所称胜千古者，则明征君实能为兹山增重也。征君屡辞辟召，视人世荣名不屑就，而惟

① 道：应为“导”。

与佛氏子度法师为物外交，至舍宅为寺与之居。两人之名，遂亦因兹山以不朽。彼世间营营名利者，殊有愧兹山，去两人霄壤矣。万历己丑春三月。

游摄山栖霞寺记略

（明）按察副使　吴郡冯时可

摄山旧名伞山，以其形团如盖也。或以地宜药物，可资摄生，易今名焉。山脉自钟阜而来，蜿蜒北走，数支窿起，左环右抱，奥衍蔽亏。而瑰奇绝特之态，亦往往缀丽其间。西北一面，大江浩浩，望如游龙，日夜夭矫奔腾于其侧。阴生阳旷，下上适目，宜为遁世者之蘧庐。而栖霞寺，正直其阳。寺本南齐明僧绍故宅，僧绍肥遁于兹，阅二纪，而舍为招提。陈侍中江总持碑文隐宿莽中，可按也。余谢事归吴，以微服诣白下。于孟夏十九日晓，从太平冈偕客，枉七里而过蒋王庙，又八里而出姚坊门，不二十里抵山麓矣。楩柯攒蔚，结暗生阴。已度石梁，有银杏二本，高数寻，径二丈，疑是齐、梁时物。入殿，后至鹿野堂憩焉。僧出饭，饭之。饭毕，出观隋文帝所建白石浮屠，雕琢人物、卉木，眉发、枝茎，若有生气。前设导引二佛，丈余，露立，皆有虎头笔法。左折，观品外泉，石莲中擎，凿为泉眼。水引自下而滴自上，泠泠有韵可听。泉旁则千佛岭也。明征君之子仲璋感金光之异，就壁凿龛琢石，为无量寿佛像，高可四丈。左右观音、势至像，各高三丈。大同以后，增饰至千尊。巨细相错，近若龙宫凤阙，远如蜂房燕垒。披烟染霞，弥增藻绚，他山所未有矣。委蛇而上，礼古佛庵。嘉靖丙辰，云公得铜像于地，高二尺许，款制精良，非唐、宋以后工人所能也。又折为纱帽峰，四旁睨之，厥状宛然。再上为默坐轩，不语道人所息洞也。道人止静八年而去，殷学宪迈，异之轩所自立耳。过此，为缥缈峰，石势峥嵘，崭崭逼人。下为中峰涧，泉流萦带，溪径窈窕，绿阴如幄，希见曦景，为一山胜处。有桥跨焉，倚之则其胜可尽。僧欲建听泉亭于上，以不得檀越，未备厥观。泉声乌乌，若有望者。其旁为白鹿泉，出紫盆峰下。壁以紫，泉以绿，相映争辉，栖托者不能自绝于其侧。旧传，山中水竭，居民逐白鹿至此，得泉故也。又转至白云庵，为试茶亭，陆羽之所尝矣。下有白乳泉，其迹已没，水若沮洳，然无可质究。阅毕，复由纱帽峰至观音庵，则节公所筑精舍门外，有试食台。龙、虎二峰相峙，如拱如卫。下窥松路，一线萦纡，历历若有人行，亦胜处也。节公以软舆送予至天开岩，两崖削立，其直如截，阔可三尺。为磴数十级而上，磴尽为台，所名唐公岩也，可置数席。下有大石如列豆，所谓迎贤石、醒石，皆离离左右。岩之侧，老僧无净禅定于此十七年矣。衲子寂时，导予往视。因导予至凌虚室，约五里而陟绝顶。下望江水，烟帆云舶，忽在襟袖。马鞍、凤台、金、焦诸山，拥翼连绵。若龙之蟠，若蛇之走，若牛马之吸，夕阳射之，闪闪作紫。金光相映，令人两腋习习，几欲风举。迤逦而下，观真珠泉，有亭翼然。峰峦相合，荟蔚无间。抵鹿野堂，而日在虞渊矣。小酌既罢，夜静山空，阒无影响，遂与允修连榻清论。齿舌相击，缅缅不休。则中峰又将吐月，即起披衣，徘徊庭中。久之，钟声梵呗，远近相送，东方白矣。柏公谓予曰："兹山之胜，公已十探其九。所未酬者，中峰耳。吾导公究之。"携余手而东，可数百武，即落我杖底。峰皆石骨，磷磷齿错，贾勇以登，且翘且骞，两足几茧，遂上最高处。极目四望，连峰接崖，或起或伏，如叠浪然，不知身乃浪中人也。下而观若石台①，徘徊苍崖古树间，意不欲去。从者告以脯资竭，请予就驾。归，至太平冈寓，遂为记，以贻允修。时万历丁亥四月二十日。

再游摄山记略

(明)按察副使　吴郡冯时可

余往以万历丁亥孟夏游摄山，盖十九年矣。乙巳来金陵，寓表弟施别驾舍。暮春六日雨后，道少人，甚鲜净，乃篮舆出太平门，从堤上度。日小迁，始抵山麓。松柏攒郁，结暗生阴。顾时有缺处，老僧云："旧有宋、元时木数百株，奇古异状。嘉靖初，尚及见，后为豪者伐尽。赖里人孙富争之，仅存其一。孙复捐赀，更树以遗僧。今蔽芾林林者，孙泽耳。豪未几，身殒家破。"古语："伐巨木者遭重殃。"信哉！驰道尽，而有广场，中为月牙池。然得更广之，奢受月光，俾游鯈纵乐，当更快耳。右方穹碑树焉，所书唐高宗传明隐君僧绍，大都津津谓其辞官舍宅，足多耳。碑阴"栖霞"二大字，飞动生色，亦唐人笔也。山门鼎新，列四天王。再进为杰阁，亦新构。环殿有廊，释迦三身及十六应真位，咸庄严壮丽。其背则大士三身，端靓烁目。庭有银杏二本，高数寻，径五围，繁阴覆地，前代物也。后殿供大士，坐千叶莲，叶各有佛，制亦工巧。殿后蹑级复上，启左窦而出，则千佛岩。其阳为石塔，凡五级，雕琢金刚力士像，工致有生气，传是隋文皇建。文皇遇异尼，得舍利数百颗，分八十三州，各树

① 据《摄山志》卷5《游记》，观若石台：应为"观般若台"。

塔，蒋州其一也。前设导引二佛，往露立，今亭焉。像貌衣缕，有虎头笔法。塔左一泉泓然，水从石莲中鼞沸而起，名品外泉，谓鸿渐未品耳。此地即千佛岩，明隐君感佛光，其子仲璋琢石，为无量寿佛像，可四丈。左右观音、势至稍亚，工等。导引二佛，往即石为龛，今更以石砌为殿，觉益壮观。其傍千像，则文惠太子、豫章、竟陵王琢。或曰："佛一而已，何千之有?"然不有千百亿化身乎！岩左有梁，恨不疏其涧、亭其梁，使素蜺纵横，俾游客坐听水乐，亦缺[①]事也。入小庵，酌白鹿泉已，陟千佛岩而进，有纱帽峰。自此渐入歧路纠纷，树色相引，繁阴如幄。盖兹山之妙，以奥以古，不以奇以峭也。行可二里许，一兰若曰观音庵，往素上人演三车其中。上人既没，其徒犹能自饬，颇于静中得闹。又里许，陟天开岩。径路一线，其上可眺大江，将自此问绝顶、礼元君，而足力不任矣。归至绿云庵，小阁深竹，差足娱憩。牡丹数本，犹能护残红，媚我独。沙弥朴，不能以宗指[②]相引。晚饭毕，遂就床寝，寝颇甘。五更，闻钟声，披衣起坐。黎明，游翠微庵，访苍麓上人。上人有戒行，往主其舍，别几二十年，遂苍老不能相识。觅庭中旧植非故，所谓"树犹若此，人何以堪[③]"，为之浩叹。庵中建阁，四山围绕，万松谡谡。而阁后立巨石，嶙峋峭竦，若张屏建标。石下隙地，亦堪莳植。上人特驾石梁，与阁相接，可谓善能布胜。祝给谏题曰："磊砢阁"。坐有顷，至天开岩。其侧一庵，隐深篁中。委蛇而入，其上三舍，

① 缺：应为"快"。

② 指：应为"旨"。

③ 树犹如此，人何以堪：语出《世说新语·言语第二·五十五篇》。

有客读书，不得憩。从其傍，有曰醒石，房三楹，倚石立屋。杨少宰时乔又以禹王古碑立其侧，房自此有名。地因人重，信夫！憩少顷，策骑反。因入蒋王庙，复登鸡鸣寺毗庐阁而归。僧绍以一布衣，耽情坟索，爱玩泉石，八辞召命。天子至形梦寐，欲就寺一见，而不可得。彼岂务为名高，独有所耦，则众有所畸，天下会心，宁过文章、山水乎！今夫竹马泥像，儿童宝焉，长则弃之。世人所竞，车马之聚，金玉之积，以是劳劳竟其身。然境不轶于尘浊，光仅烁乎尺寸。以达人视之，其与竹马泥像何异？惟文章山水，清举旷览，两仪一指，万象双眸，其乐何恣！明征君辞官舍宅，视如脱屣，有以哉。若能自遒自上，由言忘言，由境除境，便可超二乘，登十地，即不凿龛，不饰佛，亦可雨窗无事。漫为之记。

传

法度禅师传略①

《高僧传》

释法度，黄龙人。少出家，游学北土，备综众经，而专以苦节成务。宋末，游于京师。高士齐郡明僧绍，抗迹人外，隐于琅玡之摄山。挹度清真，待以师友之敬。及亡，舍所居为栖霞精舍，请度居之。先有道士，欲以寺地为馆，住者辄死。及后为寺，犹多恐动。自度居之，群妖皆息。经岁余，忽闻人马鼓角之声，俄有一人，持纸名通度，曰靳尚。度前之，尚形甚都雅，羽卫

① 该文出自梁释慧皎《高僧传》卷8《齐琅玡摄山释法度传》。

亦严。致敬已，乃言："弟子主[①]有此山，七百余年，神通有法，物不得干。前诸栖托，或非真正，故死病继之，亦其命也。法师道德所归，故[②]舍以奉给，并愿授[③]五戒，永结来缘。"度曰："神人道殊，无容相屈。且檀越血食世祀，此最五戒所禁。"尚曰："若备门徒，愿[④]先去杀。"于是辞去。摄山庙巫梦神告曰："吾已受戒于度法师，祠祀勿得杀戮。"由是庙中荐止菜脯。时有沙门法绍，业行清苦，誉齐于度，而学解优之，故时人号曰"北山二圣"。绍，本巴西人，汝南周颙去成都，招共下山，止于山茨精舍。度与绍并为齐竟陵王子良、始安王遥光恭以师礼，资给四事。度尝[⑤]愿生安养，故遍讲《无量寿经》，积有遍数。齐永元二年，卒于山中。

智者禅师传略

集诸传

师讳智𫖮，字德安，颍川人。陈光大元年，同法喜等二十七人至陈都，行至摄山[⑥]，有一老僧，名法济，即何凯之从叔也，自矜禅学，倚卧问言："有人入定，闻摄山地动，知僧诠练无常，此何禅也？"答曰："边定不深，邪乘暗入。若取若说，定坏无疑。"济惊起，谢曰："老僧身尝得此，灵曜定向[⑦]则公说之，公说之，则所不解，说已永失。今闻所未闻，非真知善法相[⑧]，亦乃悬见它

① 主：《高僧传》卷8为"王"。

② 故：《高僧传》卷8为"谨"。

③ 授：《高僧传》卷8为"受"。

④ 愿：《高僧传》卷8为"辄"。

⑤ 尝：《高僧传》卷8为"常"。

⑥ 隋释灌顶《隋天台智者大师别传》、宋释志盘《佛祖统纪》卷6《四祖天台智者法空宝觉灵慧大禅师传》均无"行至摄山"字样，仅言"至陈都"。

⑦ 灵曜定向：《隋天台智者大师别传》为"向灵曜"。

⑧ 真知善法：《隋天台智者大师别传》为"直善知法"。

心。”济以告顗，顗告朝野，由是声驰，道俗请益。出《大藏》剪字函顗后旋往天台，于寺北华顶峰独静头陀①。大风拔木，雷霆震吼，魑魅千群，一形百状，吐火声叫，骇畏难陈。乃抑心安忍，湛然自失。又患身心烦痛，如被火烧。又见亡没二亲，枕头膝上，陈苦求哀。顗又依止法忍，不动如山，故使强软两缘，所感便灭。陈宣帝下诏曰：“禅师佛法雄杰，时匠所宗，训兼道俗，国之望也。宜割始丰县调，以充众费，蠲两户民用供薪水。”永阳王伯智出抚吴兴，与其眷属就山请戒，又建七夜方等忏法。王昼则理治，夜便习观。顗谓门人智越：“吾欲劝王更修福禳祸，可乎？”越对云：“府僚无旧，必应寒热。”顗曰：“息世讥嫌，亦复为善。”俄而，王因出猎，堕马将绝。时乃悟意，躬自率众作观音忏法。不久，王觉小醒，凭几而坐，见梵僧一人，擎炉直进，问王所苦。王流汗无答，乃绕王一匝，翕然痛止，仍躬著愿文，曰：“仰惟天台阇梨，德侔安、远，道迈光、猷。遐迩倾心，振锡云聚。绍像法之坠绪，以救昏蒙；显慧日之重光，用拯浇俗。加以游浪法门，贯通禅苑，有为之结已离，无生之忍见前。弟子飘荡业风，沉沦爱水。虽餐法喜，弗祛蒙蔽之心；徒仰禅悦，终怀散动之虑。日轮驰骛，羲和之辔不停；月镜回斡，姮娥之景难驻。有离有会，叹息何言。爱法敬法，潺湲无已。愿生生世世，值天台阇梨，恒修供养。如智积，奉智胜如来；若药王，觐雷音正觉。安养兜率，俱荡一乘。”云云。其为人信敬，为此类也。于即化移海岸，法政瓯闽，陈疑请道，日升山席。陈帝意欲面礼，将伸谒

① 独静头陀：《佛祖统纪》卷6为“独往头陀”。

敬，顾问群臣："释门谁为名胜？"陈暄奏："禅师德迈风霜，禅镜渊海，昔在京邑，群贤所宗。今高步天台，法云东蔼，愿陛下诏之还都，使道俗咸荷。"因降玺书，重沓征入。顗以重法之务，不贱其身，乃辞之。又降敕，前后七使，并帝手疏。顗以道通惟人王为法寄，遂出都焉。迎入太极殿之东堂，请讲《智论》。有诏羊车、童子引导于前，主书、舍人翊从登阶，礼法一如国师璀阇梨故事。陈主既降法筵，百僚尽敬，希闻未闻，奉法承道。因即下敕，立禅众于灵耀寺。学徒又结，望众森然。频降敕于太极殿讲《仁王经》，天子亲临，僧正慧晅、僧都慧旷、京师大德，皆设巨难。顗接问承对，盛启法门。晅执炉贺曰："国十余斋，身当四讲。分文析义，谓得其归。今日出星收，见巧知陋矣。"其为荣望，未可加之。然则江表法会，由来争竞不足。及顗之御法即座，肃穆有余，遂使千枝花绽，七夜恬耀。举事验心，顗之力也。晚出住光耀，禅慧双弘，动郭奔随，倾音清耳。陈主于广德殿下敕谢云："今以佛法仰委，亦愿示诸不逮。"于时，检括僧尼，无贯者万计。朝议云："策经落第者，并合休道。"顗表谏曰："调达诵六万象经，不免地狱；盘特诵一行偈，获罗汉果。笃论道也，岂关多诵？"陈主大悦，即停搜简。末为灵耀[①]褊隘，更求闲静。忽梦一人，翼从严正，自称名云："余冠达也，请住三桥。"顗曰："冠达，梁武法名。三桥，岂非光宅耶？"乃移居之。其年四月，陈主幸寺，修行大施。又讲《仁王》，帝于众中起拜殷勤。其受法文云："仰惟化导无方，随机济物。卫护国土，汲引天人。

① 灵耀：应为"灵曜"。

照烛光辉，托迹师友。比丘入梦，符契之像久彰；和尚来仪，高座之德斯炳。是以翘心十地，渴仰四依。大、小二乘，内外两教，尊师重道，由来尚矣。伏希俯提，所谓世世结缘，遂其本愿，日日增长。今奉请为菩萨戒师。"传香在手，而脸下垂泪。斯亦德动人主，屈幸从之。及金陵败覆，策杖荆湘，往憩匡山，末划迹云峰，终焉其致。会大业在蕃，任总淮海，承风佩德，钦注相仍。欲遵一戒法，奉以为师，乃致书累请。𫖮初陈寡德，次让名僧，后举同学，三辞不免。乃求四愿，其词曰："一、虽好学禅，行不称法。年既西夕，远守绳床。抚臆循心，假名而已。吹嘘在彼，恶闻过实。愿勿以禅法见期。二、生在边表，频经离乱。身暗庠序，口拙暄凉。方外虚玄，久非其分。域间樽节，无一可取。虽欲自慎，朴直忤人。愿不责其规矩。三、微欲传灯，以报法恩。若身当戒范，应重去就。去就若重，传灯则缺。去就若轻，则来嫌诮。避嫌安身，未若通法而命。愿许其为法，勿嫌轻动。四、十余年，水石之间，因以成性。今王途既一，佛法再兴。谬课庸虚，沐此恩化。内竭朽力，仰酬外护。若丘壑念起，愿随心饮啄，以卒残年。许此四心，乃赴优旨。"遂于当阳县玉泉山立精舍，敕给寺额，名为"一音"。其地昔唯荒险，神兽蛇暴。创寺之后，快无忧患。总管宜阳公王积到山礼拜，战汗不安，出曰："积屡经军阵，临危更勇，未尝怖惧顿如今日。"旋归台岳，仍立誓云："若于三宝有益者，当限此余年。若其徒生，愿速从化。"不久，告众曰："吾当卒于此地矣。商客寄金，医去留药。吾虽不敏，狂子可悲"。仍口授《观心论》，随略疏成，不加点润。命学士智越往石城寺扫洒，吾于彼佛前命终。施床东壁，面向西方，称阿弥陀佛、波若观音。又遣多然香火，索三衣钵杖以近身，自余道具，分为二分，一奉弥勒，一拟羯磨。有欲进药者，答曰："药能遣病留残年乎？病不与身合，药何所遣？年不与心合，药何所留？"智晞往曰："复何所闻，《观心论》内，复何所道？纷纭医药，累扰于他。"又请进斋饭[1]，答曰："非但步影而为斋也，能无观无缘即真斋矣。吾生劳毒器，死悦休归。世相如是，不足多叹。"便令唱《法华经》题，觊赞引曰："法门父母，慧解由生。本迹弘大，微妙难测。辍斤绝弦，于今日矣。"又听《无量寿》竟，仍赞曰："四十八[2]愿，庄严净土。华池宝树，易往无人"云云。又索香汤漱口，说十如、四不生、十法界、三观、四教、四无量、六度等。有问其位者，答曰："汝等懒种善根，问他功德，如盲问乳，蹶者访路，云云。吾不领众，必净六根，为他损己，只是五品内位耳。吾诸师友，从观音、势至皆来迎我。波罗提本又[3]是汝宗仰，四种三昧是汝明导。"又敕维那："人命将终，闻钟磬声，增其正念。唯长唯久，气尽为期，云何身冷方复响磬？世间哭泣著服，皆不应作。且各默然，吾将去矣。"言已，端坐如定，而卒于天台山大石像前。往居临海，民以沪鱼为业，罾网相连，四百余里，江沪溪梁，六十余所。觊恻隐贯心，彼此相害，劝舍罪业，教化佛缘。所得金帛，乃成山聚，即以买斯海曲，为放生之池。又遣沙门惠[4]拔表闻于上。陈宣下敕，严禁此池，不得

① 原文为"斋余"，据《续高僧传》卷 17 改。

② 四十八：《续高僧传》卷 17 为"四十二"。

③ 本又：《续高僧传》卷 17 为"木叉"。

④ 惠：《续高僧传》卷 17 为"慧"。

采捕，因为立碑。诏国子祭酒徐孝克为文，树于海滨。词甚悲楚，览者不觉堕泪。时还佛垄，如常习定。忽有黄雀满空，翱翔相庆，鸣呼山寺，三日乃散。颛曰："此乃鱼来报吾恩也。"至今贞观，犹无敢犯，下敕禁之，犹同陈世。所著《法华疏》、《止观门》、《修禅法》等各数十卷，又著《净名疏》至佛道品，有三十七卷。皆出口成章，侍人抄略，而不自畜一字。自余随事疏卷，不可殚言。出《高僧传①》。师造寺三十六所，尝曰："余所造寺，栖霞、灵岩、天台、玉泉，乃天下四绝也。"出《佛祖统纪》。

法响禅师传略②

《佛祖统纪》

法响，扬州人。从智者学，诵通《法华》，乃于栖霞寺侧立法华堂，行三昧。既获证悟，默而不言。山中猛虎，日害数人。众设大斋，以为禳桧。群虎数十，大集斋所，举众惊避。师至虎前，以杖扣群虎颈，为其说法。自此之后，远遁无迹。禅师行简，亲承智者剃度，禀受禅法，常坐不卧。智者在玉泉，令往沣州化耕牛。回至中路，忽逢群盗，斩师之首，夺牛而去。师之尸形，即从地起，以手捧头安颈上，健步如飞，来追贼党。群贼皆惊异，遂还其牛，誓终身为奴，以求谢过。今庄中佃奴有姓向者，是其后。

---

① 高僧传：应为《续高僧传》。

② 宋释志磐《佛祖统纪》卷5，《栖霞法响禅师》、《玉泉行简禅师》二传毗邻，皆为《智者旁出世家》。《金陵梵刹志》收录其《栖霞法响禅师》误将《玉泉行简禅师》录于后。故"禅师行简"至"是其后"应作衍文。

释慧侃传略[①]

《高僧传》[②]

释慧侃，曲阿人。修禅法，大有悟解。住栖霞时，尝往扬都谒偲法师，偲异礼接之。将还山，偲请现神力，侃即从窗中出臂，解齐熙寺佛殿上额，因语偲云："世人无远识，见多惊异，故吾所不为耳。"大业元年，终于大归善寺。初，侃终日，告众僧曰："吾今死去。"便还房内。众追之，但见白骨一具，跏坐床上。撼之，锵然不散。

释保恭传略[③]

《高僧传》[④]

释保恭，青州人。晋永嘉南迁，止建业。陈至德初，摄山慧布请立清徒，遂任纲位[⑤]，故得栖霞一寺道风不坠。仁寿末，帝征入为禅定道场主。纲正清肃有闻。至隋，齐王暕奉礼为师，既受戒已，施衣五百领，一无所受。唐运初兴，避官蓝田悟真寺，将终焉。武德二年，敕召，还旧检校，仍改禅定为大庄严寺。举十德，统摄京辇诸僧，高祖曰："恭禅师志行清澄，可为纲纪，朕独举之。"既位斯任，诸无与对。遂居大德之右，专当剖断，平恕衷诣，众无怨焉。大业中，枭感起逆。恭正堂中，登座竖义；兵卫奄至，围绕阶庭；合众惊惶，将散其席。恭曰："自省无事。"从容谈叙，都无异色。由兹陈、隋、唐，三国天子隆焉。墓碑，唐

① 该文出自《神僧传》卷5的《释慧侃传》。

② 高僧传：应为"神僧传"。

③ 该文出自《续高僧传》卷11《唐京师大庄严寺释保恭传》。

④ 高僧传：应为"续高僧传"。

⑤ 遂任纲位：《续高僧传》卷11为"遂树立纲位"。

秘书监萧德言制文。

释元崇传略①

《高僧传》②

释元崇，幼孤秀，立志夷简。十五，负笈洞天。后归心释典，大畅佛乘。采访使、润州刺史齐平阳公，久虚伫之③。开元末年，从瓦官寺蹐禅师④咨受心要，因以物望，请移所配栖霞寺。至德初，入终南，经卫藏，至白鹿，下蓝田，于辋川得王右丞维之别业。松生石上，水流松下。王公焚香静室，与崇相遇起居。萧舍人昕并兹一会，抗论弥日。王、萧叹曰："佛法有人，不宜轻议也。"及言旋河洛，登陟嵩少，东适吴越天台、四明。数年之后，遐想钟山，飞锡旧居，考以云房，道俗咸喜。大历五年，刺史南阳樊公属县行春，顺风稽首，益加师礼。时寺乏监主，崇总其事二十年。栾栌云构，丹雘日新。功成身退，安禅高顶。前后学徒，不可胜计。大历十二年，示疾山院，瘗于摄山之阳。

---

① 该文出自《宋高僧传》卷17《唐金陵钟山元崇传》。

② 高僧传：应为"宋高僧传"。

③ 久虚伫之：《宋高僧传》卷17为"虚伫久之"。

④ 蹐禅师：《宋高僧传》卷17为"璇禅师"。

释智聪传略[①]

《高僧传》[②]

释智聪，未详何人。昔住杨州[③]白马寺。陈平后，度江住扬州安乐寺。大业既崩，思归无计，隐江荻中，诵《法华经》，七日不饥。恒有四虎绕之，经十日，聪曰："吾命须臾，卿须可食。"虎曰："造天立地，无有此理。"忽有一公，年可八十，掖下挟船曰："师欲度江栖霞住者，可即上船。"四虎一时目中泪出。聪曰："救危拔难，正在今日，可迎四虎。"于是利涉往达南岸，船及老人不知何在。聪领四虎，同至栖霞舍利塔西，经行坐禅，誓不寝卧。众徒八十，咸不出院。若有凶事，一虎入寺，大声告众，由此警悟，每以为式。聪以山林幽远，粮粒难供，乃合率扬州三百清信，以为米社。人别一石，年别[④]送之。由此山粮供给道俗，乃至禽兽，通皆济给。至贞观二十三[⑤]年四月八日，小食讫，往止观寺，礼大师影像，执炉遍礼。又往兴皇墓所礼拜，还归本房，安坐而卒，异香充溢。

大唐玭律师碑略[⑥]

（唐）刘　轲

世说域中四名刹，栖霞其一。以其高僧世出，自齐、梁间大、小朗至大师，声闻相袭，故江左重呼其名，谓栖霞大师焉。

---

① 该文出自《续高僧传》卷20《唐润州摄山栖霞寺释智聪传》。

② 高僧传：应为"续高僧传"。

③ 州：《续高僧传》卷20为"都"，应指六朝建康。

④ 别：《续高僧传》卷20为"一"。

⑤ 三：《续高僧传》卷20为"二"。

⑥ 宋李昉等《文苑英华》卷864收录该文，题作"栖霞寺故大德玭律师碑"。

大师讳昙玭，俗姓王氏，晋琅玡文献公后。至德三载，敕隶于明寺。后累莅事于甘露坛，端肃俨恪，仪形梵众。大历初，乃归栖霞。州牧萧公高其人，谓标望风度，讵独邺卫松柏耶？乃命为僧正，纪纲大振。虽一公帖，四辈之望，无以上也。十四年，忽昌言于众曰："吾以律从事，自谓无愧于篇聚矣，然犹未去声闻之缚。"既而探曹溪、牛头之旨，沉研覃思，朗然内得。乃曰："大丈夫了心当如此。"建中元年，禅坐空谷。虽野马飘鼓，星辰凌历，云云自彼，我何事焉？贞元十三年十一月六日丁亥，坐化于瓦官寺律堂。轲乃叙述，为之文曰：有晋氏家，地高琅玡，产栖霞兮。宿殖有自，许身佛氏，为释子兮。结决[①]缠盖，惠刃中净，谁何对兮？璞琢金鍪，潭澄月映，本清净兮。尸罗毗尼，开遮止行[②]，作律师兮。摄深匡高，以游以遨，铿蒲罗兮。梵行既立，薪传火袭，光炭炭兮。

御制摄山栖霞寺明征君碑[③]

唐高宗、高正臣　书

朕闻钟山玉阙，羽驾之所巡游；昆岳金台，蜺衣之所翔集。虽复真宗窅眇，神理希微，犹居三界之中，未出九天之外。唯有乘如广运，妙觉圆明，因无生以济有生，就无象而成大象。道隔去来之际，筌系靡得其端；理忘动寂之机，随迎罕窥其奥。得其门者，如髻宝之希逢；臻其极者，似昙花之难遇。南齐征君明僧绍者，平原人也。仲雍诞其绵胤，井伯播其灵苗。芳源肇于孟

① 结决：《文章辨体汇选》卷679为"结袂"。

② 止行：《文章辨体汇选》卷679为"止持"。

③ 清董诰《全唐文》卷15收录该文，题作"摄山栖霞寺明征君碑铭"。

明，因即以明为姓。曾祖忱，晋著作郎。祖玩，晋建威将军。风经流誉，雅韵隆于八儒；豹略申威，香名高于七校。父略，宋平原太守、中书侍郎。朱明出抚，扬惠化而傍沾；紫诰攸司，罄忠规而奉上。征君早植净因，宿苞种智。悟真空于绮岁，体法性于青襟。照与神通，心将道合。遗荣轩冕，少无尘杂之情；托志林岩，自叶幽贞之趣。亭亭秀气，掩璧月而架丹霄；皎皎清衿，漱琼湍而凌碧濑。即相非相，指万象为虚空；无我无人，等四流于寂灭。加以学穷儒肆，该综典坟，论极玄津，精通《老》《易》。至若鹿野龙宫之秘，猿江鹤树之文，莫不递贯清衷，总持丹府。班荆坐樾，独神王于亭皋；朗啸长吟，乃情超于宇宙。蒲轮每至，攀桂之节逾高；玉帛屡陈，枕石之诚弥固。遂乃缅怀飞遁，抗迹崂山；托岫疏阶，凭林结栋。纫兰制芰，方轻藻火之衣；爽籁风松，自代管弦之响。横经者四集，请益者千余。高风愧以韬光，张超谢其成市。于时南风不竞，东土构屯。人厌豺狼之毒，家充蛇豕之饵。盗仍有道，望境归仁。共结盟誓之言，不犯征君之界。岂非至诚攸感，木石开心者乎？及玄历告终，青光启祚，齐高祖希风伫德，侧席旁求；屡下征书，确乎不拔。其后，又移居郁洲弇榆山栖云精舍，情亲鱼鸟，志狎烟霞；蜕影樊笼，萧然独往。齐建元元年，又下诏征为散骑侍郎，又不就。既而，济岱沦胥，公私荡覆。稽天之浸，将湮蹈海之居；燎原之火，将烬藏山之璞。乃鸿骞凤举，腾万仞以高翔；择木选君[1]，相九土而遥集。凌江回憩，遂届南京。负杖泉丘，游睨林壑。历观胜

① 君：一说为“居”。

境，行次摄山。神谷仙岩，特符心赏。于是披榛薙草，定迹深栖，树槿疏池，有终焉之志。此山其状如伞，故亦号曰伞山。丹穴红泉，共星河而竞写[①]；珠林镜巘，与月桂而交晖。鸟哢岩虚，猿吟涧静。松门杳蔼，去来千里之云；花援丰茸，含吐十枝之日。实息心之胜地，乃宴坐之名区。爰集法流，于焉讲肆。音容秀彻，宇量端凝；投论会奇，兴言入妙。若鸿钟之虚受，有击必扬；似明镜之忘疲，无来不应。于时玄儒兼阐，道俗同归，俱号净名，以旌至德。先是，山多猛噬，人罕登临。升岩有仙谷之危，越涧等凭河之险。征君心不忤物，总万类以敷仁；故使物乃革心，屏三毒而归惠。兴风敛暴，遽承探鲠之恩；游雾含辛，自埒报珠之感。于时齐道方穆[②]，寤寐求贤。永明元年，又征为国子博士。征君隐居求志，义越于由光；不降凝心，迹高于园绮。凿坏贞遁，漱石忘归。鹤版载临，豹姿逾远。俄有法师僧辩，承风景慕，翼徒振锡，翻然戾止。法师业隆三藏，道迈四依，戒行坚明，律轨严净。欣然一遇，叶契千龄。子琴为莫逆之交，温雪岂容声之友。因即邻岩构宇，列起梵居。耸峤飞柯，含风吐雾。栖霞之寺，由此创名。福地裁基，肇发初心之誓；法门落构，遽钟后说之辰。安居顷之，辩师迁化。六年顶拜，虽开青石之坛；千日威光，未建紫金之岳。征君积缘登妙，至感入微。尝梦法身，冠于层巘；后因乘[③]眺，屣步林亭。乃有浮磬吟空，写圆音于帷树；飞香散回，腾宝气于炉峰。又睹真颜于岩之首，神光骇

① 写：《全唐文》卷 15 为“泻”。
② 穆：《全唐文》卷 15 为“修”。
③ 乘：《全唐文》卷 15 为“垂”。

瞩，若登灵鹫之山；妙力难思，如游瞽龙之邑。岂止无垢佛国，独荫珠云；净德王家，方承珂雪。是知不行而至，冥通应感之符；为法而来，实昭光启之福。非夫慧因宿植，其孰于此哉！于是，拜受嘉征，愿言经始，将于岩壁造大尊仪。乃眷为山，未遑初篑。遽而西州智士，与晓岳而俱倾；东国高人，随夜星而共没。琼瑶落彩，峰岫沉晖。永明二年，奄迁丹壑。第二子临沂公仲璋，顾慕层峦，既崩心于岵望；徘徊曩构，更泣血于楹书。遂琢彼翠屏，爰开叶座；舍兹碧题，式建花宫。上宪优填之区，仰镂能仁之象；校美何充之宅，遽兴崇德之闱。逖彼萧宗，大宏释典。文惠太子及竟陵王，或澄少海之源派，朝宗于法海；或茂本枝之颖发，萌柢于禅枝。咸舍净财，光隆慧业。时有沙门法度，为智殿之栋梁，即此旧基，更兴新制，又造尊像十有余龛。及梁运载兴，锐心回向，大林精舍，并事庄严。临川王载剖竹符，宣化维扬之境；言寻奈菀[①]，兴想拔茅之义。以天监一十五载，造无量寿像一区，带地连光，合高五丈。满月之瑞，湛珠镜以出云崖；聚日之辉，升璧轮而皎烟路。参差四注，周以鸟翅之房；迢递千寻，饰以鱼鳞之瓦。击鸣乾于爽籁，则步影齐归；丽亭午于高曦，则息心攸萃。逾锦城而特建，掩银界而孤标。良由积慧所符，大士著甚深之业；用能遥诚克果，永代增希有之缘。以旷劫之隆因，开含生之至福。伟哉壮观，无得而称！朕肃纂祯图，丕承宝历。澄九溟而有截，晏八表而无为。紫塞丹岑，接封畿于上苑；白门青野，款赊赀于仙闱。将使率土苍生，

① 菀：《全唐文》卷15为“苑”。

镇升仁寿之域；普天黔首，永蹈淳古之源。崇庆越于两仪，景运逾于万劫。属以冕旒多暇，物色傍求。瞻江海而载怀，咏林泉而兴想。钦风味道，恨不同时。古往今来，抚运化而虽寂；德崇业著，眷冲漠[①]而犹存。寤寐遗尘，有兼前烈。瞻言胜轨，叹伫唯深。今故于彼度人常满七七，各兼衣钵钱二百贯、绢二百匹、苏[②]三十斛，绣像、织成像、新旧翻译一切经一藏，并幡、华等物。凭幽寻之曩迹，光显德门；托嘉遁之名区，追崇仁里。就福宇而延福，即祥基以缔祥。冀缘金囿之庭，近叶珠囊之耀。所愿通因法岸，契果禅林。九鼎与玄极同安，七庙与紫微齐固。总三千之净土，并沐薰歌；罄百亿之恒河，长为寿算。铁围之所包括，玉烛之所照临，常餐六气之和，俱藻一音之听。夫象以尽意，意非象而不申；言以会情，情非言而不畅。是以发挥二谛，宏演四依。回托莲花之峰，遥刻芝英之字。庶海桑频变，孤超弇岳之碑；城芥屡空，独跨稽岑之篆。式陈茂实，乃作铭云：悠悠法界，总总含生。轮回欲海，起灭身城。俱安大夜，共习无明。爱尘岳聚，毒树云平。其一　邈矣遍乞[③]，超然独悟。遽乘五演，高披六度。大空善说，中天巧谕。引彼迷途。归之觉路。其二　猗欤净行，育彩昆田。远将[④]珪组，代著忠贤。戒支宿习，种智斯圆。栋梁三宝，薰修四禅。其三　爰始筮宾，薜萝攸整。蹈海沉迹，栖岩灭影。天地构屯，干戈牙[⑤]警。北林罔庇，南辕

① 冲漠：《全唐文》卷15为“神理”。

② 苏：《全唐文》卷15为“粟”。

③ 乞：《全唐文》卷15为“知”。

④ 远将：《全唐文》卷15为“家承”。

⑤ 牙：《全唐文》卷15为“互”。

载骋。其四　翻飞泽国，历考山图。言瞻碧磴，自韫玄珠。回[①]峰架室，枕壑通衢。鳣庭广跨，马帐宏敷。其五　同气相求，善邻遥托。道符久敬，心均常乐。对辟金园，并疏银阁。谷停帝马，峦归梵鹤。其六　空分瑞塔，地积香台。珂月霄映，珠云旦来。千光雾起，七净霞开[②]。谷边飞锡，涧下乘杯。其七　桂巘参差，松亭隐霭。石坛照锦，瑶泉泻籁。岫接香炉，峰承宝盖。翔凫演法，毒龙销害。其八　梵宫既启，福海长深。噬虺忘穴，飞鹗革音。群生普戴，奕祀同钦。不有高节，宁符夙[③]心？其九　负[④]扆多闲，闻风逖想。茂轨遐劭，清晖遽往。仁契业于圆明，冀崇缘于方广。镂飞篆于层岳，齐胜基于穹壤。其十　大唐上元三年四月。

明僧绍传略

《南史》[⑤]

明僧绍，字承烈，平原鬲人也。祖玩，侍中[⑥]。父略，给事中。僧绍，宋元嘉中，再举秀才，明经，有儒术。永光中，镇北府辟功曹，并不就。隐长广郡崂山，聚徒立学。淮北没虏，乃南渡江。明帝太[⑦]始六年，征通直郎，不就。升明中，太祖为太傅，教辟僧绍及顾欢、臧荣绪，以旍币之礼，征为记室参军，不至。僧

① 回:《全唐文》卷15为“凭”。

② 开:《全唐文》卷15为“闻”。

③ 夙:《全唐文》卷15为“宿”。

④ 负:《全唐文》卷15为“御”。

⑤ 该文出自《南齐书》卷54《明僧绍传》，而非《南史》。《南史》卷50亦有“明僧绍传”，然其文字稍异。

⑥ 侍中:《南齐书》为“州治中”，《南史》为“州中从事”。

⑦ 太:应为“泰”。

绍弟庆符为清[①]州，僧绍乏粮食，随庆符之郁洲，住弇榆山栖云精舍。欣玩水石，竟不一入州城。建元元年冬，诏曰："朕侧席思士，载怀尘外。齐郡明僧绍，标志高栖，耽情坟索，幽贞之操，宜加贲饰。"征为正员外郎，称疾不就。其后，与崔祖思书曰："明居士标意可重，吾前旨竟未达耶？小凉欲有讲事，卿可至彼，具述吾意，令与庆符俱归。"又曰："不食周粟而食周薇，古犹发议，今宁可得息谈耶？聊以为笑。"庆符罢任，僧绍随归住江乘摄山。太祖谓庆符曰："卿兄高尚其事，亦尧之外臣。朕虽不相接，有时通梦寐。"遗僧绍竹根如意、笋箨冠。僧绍闻沙门释僧远风德，往候定林寺。太祖欲出寺见之。僧远问僧绍曰："天子若来，居士若为相对？"僧绍曰："山薮之人，政当凿坏以遁。若辞不获命，便当依戴公故事耳。"永明之[②]年，世祖敕召，僧绍称疾不肯见。征国子祭酒[③]，不就。卒。

诗

和令君《游虎穴寺》[④]

（梁）王　冏

美境多胜迹，道场实兹地。造化本灵奇，人功兼制置。房廊相映属，阶阁并殊异。高明留睿赏，清静穆神思。豫游穷领[⑤]

① 清：应为"青"。

② 之：《南齐书》卷54为"元"。

③ 国子祭酒：《南齐书》卷54为"国子博士"。

④ 明冯惟讷《古诗纪》卷103、清蔡升元等《佩文斋咏物诗选》卷232各收录该诗，题均作"奉和往虎窟山寺"。

⑤ 领：《古诗纪》卷103为"岭"。

历，藉此芳春至。野花夺人眼，山莺纷可喜。风景共鲜华，水石相辉媚。法像无尘染，贞[①]僧绝名利。陪游既伏心，闻道方刻意。

奉和江令[②]

（梁）陆 罩

鸡鸣动晬驾，奈苑眷晨游。朱镳陵九逵[③]，青盖出层楼。岁华满芳岫，虹彩被春洲。葆吹临风远，旌羽映天浮。乔枝隐修径，曲涧聚轻流。徘徊花草合，浏浣鸟声遒。金盘响清梵，宝[④]塔应鸣桴。慧云方靡靡，法水正悠悠。实归徒荷教，信解愧难酬。

奉和江令[⑤]

（梁）孔 焘

圣情想区外，脂驾出西南。前驱闻凤管，后乘跃龙骖。爰游非暇[⑥]豫，幽谷有灵龛。兼觌息心者，宴坐临清潭。禅食宁须稼，云衣不待蚕。蘋荇缘涧壑，萝茑[⑦]蔓松楠。莺林响初啭，春畦药欲含。惑心随教遣，法味与恩覃。庶凭八解力，永灭六尘贪。

---

① 贞：《古诗纪》卷103为“真”。

② 《古诗纪》卷100、《佩文斋咏物诗选》卷232各收录该诗，题均作“奉和往虎窟山寺”。

③ 逵：《古诗纪》卷100为“达”。

④ 宝：《古诗纪》卷100为“涌”。

⑤ 《古诗纪》卷99收录该诗，题作“往虎窟山寺”。

⑥ 暇：《古诗纪》卷99为“逸”。

⑦ 茑：《古诗纪》卷99为“葛”。

奉和江令[①]

（梁）王台卿

我王宗圣[②]道，驾言从所之。辎轩转朱毂，骊马跃青丝。清渠影高盖，远树拂行旗。宾从纷杂沓，景物共依迟。飞梁通涧道，架宇接山基。丛花临迥砌，分流绕曲墀。谁言非胜境，云山独在兹。尘情良易着，道性故难缁。承恩奉教义，方当弘受持。

从驾虎穴寺[③]

（梁）鲍　至

神心眷物叙[④]，访道绝尘嚣。林疏盖影出，风去管声遥。息徒依胜境，税驾止山椒。年还节已仲，野绿气芳[⑤]韶。短叶生乔树，疏花发早条。远峰带云没，流烟杂雨飘。复兹承乏者，须[⑥]名厕末僚。愿藉连河润，庶影慧灯昭。一知衣内宝，方惭兹地辽。

游栖霞寺并序[⑦]

（陈）江　总

祯明元年，太岁丁未，四月十九日癸亥，入摄山，展慧布法师。忆《谢灵运集·还故山入石壁中寻昙隆道人》，有诗一首，十一韵。今此拙[⑧]作，仍学康乐之体。

---

① 《古诗纪》卷103、明李攀龙《古今诗删》卷9各收录该诗，题均作“奉和往虎窟山寺”。

② 圣：《古诗纪》卷103为“胜”。

③ 《古诗纪》卷99收录该诗，题作“奉和往虎窟山寺”。

④ 叙：《古诗纪》卷99为“序”。

⑤ 芳：《古诗纪》卷99为“方”。

⑥ 须：《古诗纪》卷99为“颁”。

⑦ 《文苑英华》卷233收录该诗，题作“游栖霞寺新雨”；《古诗纪》卷115、《汉魏六朝百三家集》卷105各收录该诗，题均作“游栖霞寺并序”。

⑧ 拙：据《古诗纪》卷115补。

霡霂时[①]雨霁，清和孟夏肇。栖宿绿野中，登顿丹霞杪。敬仰高人德，抗志尘物表。三空豁已悟，万有一何小。始终[②]情所寄，冥期谅不少。荷衣步林泉，麦气凉昏晓。乘风面泠泠，候月临皎皎。烟崖憩古石，云路排征鸟。披径怜森沉，攀条惜杳袅。平生恐[③]是非，朽谢岂矜矫。五浊自此净[④]，七[⑤]尘庶无扰。

静卧栖霞寺房，望徐祭酒

（陈）江　总

绝俗俗无侣，修心心自斋。连崖夕气合，虚宇宿云霾。卧藤新接户，欹石久成阶。树声非有意，禽戏似忘怀。故人市朝狎，心期林壑乖。惟怜对芳杜，可以为吾侪。

游虎穴寺[⑥]

（陈）江　总

尘中喧虑积，物外众情捐。兹地信爽垲，墟陇暖阡绵。霭霭[⑦]车徙迈，飘飘旌旆悬。细松斜绕径，峻岭半藏天。古树无枝叶，荒郊多野烟。分花出黄鸟，挂石下新泉。蓊郁均双树，清虚类入[⑧]禅。栖神紫台上，纵意白云边。徒然嗟小药，何以齐大年。

① 时：《文苑英华》卷233为“新”。

② 终：《文苑英华》卷233为“从”。

③ 恐：《文苑英华》卷233为“忘”。

④ 五浊自此净：《文苑英华》卷233为“五净自此生”。

⑤ 七：《文苑英华》卷233为“六”。

⑥ 《古诗纪》、《汉魏六朝百三家集》该诗注曰：“考《艺文》，此诗简文帝作，《弘明集》所载王冏诸臣和诗可证也。《弘明集》作江令诗，盖有脱简紊误耳。”录此以备考。

⑦ 霭霭：《古诗纪》卷78为“蔼蔼”。

⑧ 入：《古诗纪》卷78为“八”。

营涅槃忏并序[①]

(陈)江　总

祯明二年仲冬，摄山栖霞寺布法禅师倏尔待终。余以此月十七日宿昔入山，仰为师氏营涅槃忏。还途有此作。

可否同一贯，生死亦一条。况期灭尽者，岂是俗中要。大道离群怆，冥期出世遥。留连入涧曲，宿昔涉[②]岩椒。石溜冰便断，松霜日自销。向崖云叆靆，出谷雾飘飖。勿言无大隐，归来即市朝。

入摄山栖霞寺并序[③]

(陈)江　总

壬寅年十月十八日，入摄山栖霞寺。登岸极峭，颇畅怀抱。至德元年癸卯十月二十六日，又再游此寺，布法师施菩萨戒。甲辰年十月二十五日，奉送金像还山，限以时务，不得恣情淹留。乙巳年十一月十六日，更获拜礼，仍停山中宿，永夜留连，栖神悚听。但交臂不停，薪指俄谢，率制此篇，以记即目，俾后来赏者知余山[④]志。

净心抱冰雪，暮齿逼桑榆。太息波川迅，悲哉人世拘。岁华皆采获，冬晚共严枯。濯流济八水，开襟入四衢。兹山灵妙合，当与天地俱。石濑乍深浅，崖烟[⑤]递有无。缺碑横古隧，盘木卧荒途。行行备履历，步步轔[⑥]威纡。高僧迹共远，胜地心相

① 《古诗纪》卷115、《汉魏六朝百三家集》卷105各收录该诗，题均作“营涅槃忏还途作并序”。

② 涉:《古诗纪》卷115为“陟”。

③ 《文苑英华》卷233收录该诗，题作“再游栖霞寺言志”，作者为“前人”；明王志庆《古俪府》卷11收录该诗，题作“游栖霞寺言志”，作者为“江总”；《古诗纪》卷115、《汉魏六朝百三家集》卷105等各收录此诗，题、作者均同于《金陵梵刹志》。

④ 山:《古诗纪》卷115为“之”。

⑤ 崖烟:《文苑英华》卷233为“烟崖”。

⑥ 轔:《文苑英华》卷233为“怜”。

符。樵隐各有得，丹青独不渝。寺犹有朗、诠二师、居士明僧绍、治中萧迹塑像图。遗风伫芳桂，比德喻生刍。寄言长往客，凄然伤鄙夫。

栖霞山房夜坐，简徐祭酒、周尚书[①]

（陈）江　总

澡身事珠戒，非是学金丹。月磴时横枕，云崖宿解鞍。梵宇调心易，禅庭数息难。石涧水流静，山窗叶去寒。君思北阙驾，我惜东都冠。翻愁夜钟尽，同志不盘桓。

仰同令君栖霞寺山房夜坐[②]

（陈）徐孝克

戒坛青石路，灵相紫金峰。影进皈依鸽，餐迎守护龙。晨朝宣宝偈，寒夜敛疏钟。鸡兰静含握，仁智独从容。五禅清虑表，七觉荡心封。愿言于此处，携手屡相逢。

仰和江令君

（陈）徐孝克

上宰明四空，回车八道中。洞凉容麦气，岩光对月宫。香来讵经火，花散不随风。涧松无异聒，禅桂两分丛。虚薄诚为累，何因偶会同。暂此乖山北，犹可向墙东。

送陆鸿渐栖霞寺采茶

（唐）皇甫冉

采茶非采菉，远远上层崖。布叶春风暖，盈筐白日斜。旧

---

① 《文苑英华》卷233收录该诗，题作“摄山栖霞寺山房夜坐，简徐祭酒、周尚书、共游群彦”，作者为“前人”；《古诗纪》卷115、《汉魏六朝百三家集》卷105等各收录此诗，题作“摄山栖霞寺山房夜坐，简徐祭酒、周尚书并同游群彦”，作者为“江总”。

② 《古诗纪》卷110、明曹学佺《石仓历代诗选》卷10、《佩文斋咏物诗选》卷232等各收录该诗，题均作“仰同令君摄山栖霞寺山房夜坐六韵”。

知山寺路，时宿野人家。借问王孙草，何时泛碗花。

送陆鸿渐采茶相过[①]

（唐）皇甫冉

千峰待逋客，香茗复丛生。采摘知深处，烟霞羡独行。幽期山寺远，野饭石泉清。寂寂然灯夜，相思一磬声。

摄山[②]

（唐）顾　况

明征君旧宅，陈后主题诗。迹在人亡处，山空月满时。宝瓶无破响，道树有低枝。已是伤离客，仍逢靳尚祠。

栖霞寺[③]

（唐）顾　况

栖霞山中子规鸟，口边出血[④]啼不了。山僧后夜初入定，闻似不闻山月晓。

---

① 唐皇甫冉《二皇甫集》卷8、《文苑英华》卷231各收录该诗，题均作“送陆鸿渐山人采茶回”。

② 唐顾况《华阳集》卷中、《文苑英华》卷235各收录该诗，题均作“题摄山栖霞寺”。

③ 《华阳集》卷中、《文苑英华》卷329各收录该诗，题均作“摄山听子规”。

④ 出血：《华阳集》卷中，为“血出”。

登栖霞寺峰怀望[①]

(唐)李　绪[②]

香印烟火息,法堂钟磬余。纱灯照[③]晨焰,释子安禅居。林叶脱红影,竹烟含绿濡。疏星珠错落,耀月宇参差[④]。顾眺匪恣适,旷襟怀卷舒。江海渺清荡,丘陵何所如。滔滔可问津,耕者非长沮。茅岭感仙客,萧园承[⑤]古墟。移步下碧峰,涉涧更踌躇。鸟噪啄秋果,翠惊衔素鱼。回塘来彩鹢[⑥],落景标林烟。漾漾棹翻月,萧萧风袭裾。劳歌起旧思,感叹竟谁摅。却数共游者,凋落非里闾。

送族弟单主簿凝摄宋城主簿

至郭南月桥,却回栖霞山,赠之

(唐)李　白

吾家青萍剑,操割有余闲。注[⑦]来纠二邑,此去何时还。鞍马月桥南,光辉歧路间。贤豪相追饯,却到栖霞山。群花散芳园,斗酒开离颜。乐酣相顾起,征马无由攀。

---

① 唐李绅《追昔游集》卷中、《文苑英华》卷237、《全唐诗》卷481各收录该诗,题均作“忆登栖霞寺峰怀望”,作者均为“李绅”。

② 绪:应为“绅”。

③ 照:《追昔游集》卷中,为“耿”。

④ “林叶”至“参差”:《追昔游集》卷中,为“林叶脱红影,竹烟含绮疏。星珠错落耀,月宇参差虚。”

⑤ 承:《追昔游集》卷中,为“成”。

⑥ 来彩鹢:《追昔游集》卷中,为“彩鹢来”。

⑦ 注:《李太白集注》等为“往”。

题栖霞寺

（唐）綦毋潜

南山势回合，灵境依此住。殿转云崖阴，僧探石泉度。龙蛇争翕习，神意[1]皆密护。万壑奔道场，群峰向双树。天花飞不着，水月白成路。今日观身我[2]，归心复何处。

栖霞寺东峰寻明征君故居

（唐）刘长卿

山人今不见，山鸟自相从。长啸辞明主，终身卧此峰。泉源通石径，涧户掩尘容。古墓依寒草，前朝寄老松。片云生断壁，万壑遍疏钟。惆怅空归去，犹疑林下逢。

登栖霞寺

（唐）常　衮

林香雨气新，山寺绿无尘。遂结云外侣，共游天上春。鹤鸣金阙丽，僧语竹房邻。待月川流急，惜花风起频。何方非怀[3]境，此地有归人。回首空门外，皤然一幻身。

摄山[4]

（唐）权德舆

摄山标胜纪[5]，暇日诣想瞩。萦回[6]松路深，缭绕云岩曲。

---

① 意：《文苑英华》等，为“鬼”。

② 身我：《文苑英华》等，为“我身”。

③ 怀：《唐诗品汇》卷 78 为“坏”。

④ 唐权德舆《权文公集》卷 7、《文苑英华》卷 236 各收录该诗，题均作“与沈十九拾遗同游栖霞寺上方，夜于亮上人院会宿二首”（第一首）。

⑤ 纪：《权文公集》卷 7 为“绝”。

⑥ 回：《权文公集》卷 7 为“纡”。

重楼回树杪，古像作山腹。人远水木清，地幽兰桂馥。层台耸金碧，绝顶摩净绿。下界诚可悲，南朝纷在目。焚香入古殿，待月出深竹。稍觉天籁寂[①]，自伤人事促。宗雷此相遇，偃仰[②]随所欲。清论月轮低，闲吟茗花熟。一生如土梗，万虑皆桎梏。永愿事潜师，穷年此栖宿。

与沈拾遗宿亮上人僧舍[③]

（唐）权德舆

偶来人境外，心赏幸随君。古殿烟霞夕，深山松桂薰。岩花点寒溜，石磴扫春云。清净诸天近，喧尘下界分。名僧康宝月，上客沈休文。共宿东林夜，清猿彻曙闻。

栖霞寺庆法师山房[④]

（唐）李　频

居与鸟巢邻，日将巢鸟亲。多生从此住[⑤]，久集得无身。树老风终夜，山寒雪见春。不知诸祖后，传印是何人。

登栖霞寺

（唐）皮日休

不见明居士，空山旦[⑥]寂廖。白莲吟次缺，香霭坐来消[⑦]。泉冷无三伏，松枯有六朝。何时石上月，相对论逍遥。

---

① 寂：《权文公集》卷 7 为“清”。
② 仰：《权文公集》卷 7 为“放”。
③ 该诗即“与沈十九拾遗同游栖霞寺上方，夜于亮上人院会宿二首”之第二首。
④ 唐李频《黎岳集》、《全唐诗》卷 588 各收录该诗，题均作“题栖霞寺庆上人院”。
⑤ 住：《黎岳集》为“性”。
⑥ 旦：《唐诗品汇》等，为“但”。
⑦ 消：《唐诗品汇》等，为“销”。

栖霞寺夜坐

（唐）僧灵一

山头戒险[①]路，幽映云[②]岩侧。四面青石林[③]，一峰苔藓色。松风静复起，月影开还黑。何独乘夜来，殊非昼所得？

登栖霞寺

（唐）蒋　涣

三休寻磴道，九杪[④]步云霓。蹱涧临江北，郊原极海西。沙平瓜步出，树远绿杨低。南指晴天外，青峰是会稽。

游栖霞寺

（唐）张　翬

跻险入幽深[⑤]，翠微含竹殿。泉声无休歇，山色时隐见。潮来杂风雨，梅花成霜霰。一从方外游，颇觉尘心变。

游栖霞寺

（南唐）李建勋

养花天气近平分，瘦马来敲白下门。时[⑥]色未开山意远，春容犹淡月华昏。琅玡冷落存遗迹，篱落[⑦]稀疏带旧村。此地几经人聚散，只今王谢独名存。

---

① 险：《唐四僧诗》卷2为“坛”。
② 云：《唐四僧诗》卷2为“雪”。
③ 林：《唐四僧诗》卷2为“床”。
④ 杪：《唐诗品汇》卷6为“折”。
⑤ 深：《全唐诗》为“林”。
⑥ 时：《全唐诗》为“晓”。
⑦ 落：《全唐诗》为“舍”。

栖霞寺赠月公

(南唐)周　繇

明家[①]不要买山钱,施作清池种白莲。松桧老依云外地,楼台深锁洞中天。风经绝顶回疏雨,石倚危屏挂落泉。欲结茅庵伴师住,肯饶多少薜萝烟。

题栖霞山房

(宋)王　随

虚窗残烛明,欹枕旅怀清。永夜起松籁,满[②]山疑雨声。吟余闲景象,道胜小荣名。钟罢星河曙,悠悠回旆旌。

天开岩

(宋)王　随[③]

栖霞山后峰,天开一岩秀。中有坐禅人,形容竹柏瘦。饥餐岩下[④]松,渴饮岩 上[⑤]溜。爱步岩室前,白云起孤岫。

题摄山舍利塔

(明)王世贞

昔我问阿育,驱神作道场。如何震旦国,重见铁轮王。变幻从僧语,依微尽佛光。那堪事势尽,千古但苍凉。

---

① 明家:《文苑英华》卷 239 为“出家”。

② 满:《宋诗纪事》卷 9 为“半”。

③ 王随:《宋诗纪事》卷 92 收录该诗,作者为“释有朋”。

④ 下:《宋诗纪事》卷 92 为“上”。

⑤ 上:《宋诗纪事》卷 92 为“下”。

千佛岩

(明)王世贞

仲璋感先志,诸王贪夙因。雕镂惭伎俩,刊削减嶙峋。千佛本非佛,一身犹幻身。云门拈出后,黄面少精神。

登摄山绝顶

(明)叶向高

探奇直上最高峰,仄径悬崖信短筇。万壑松篁霾虎豹,半江风雨挟蛟龙。苍茫不辨前朝寺,飘渺时闻下界钟。共识浮生无住着,蒲团相对坐从容。

游栖霞三首[①]

(明)董应举

入山不必深,清静不必禅。但得时休沐,胸中无挂缠。出郊信独往,遇物无不鲜。春风翼新麦,翠浪生平田。川原互蔼蔼,我行亦翩翩。翩翩不觉远,遂至摄山前。谷口暗柳叶,东峰抽暝烟。僧定人已寂,欲借[②]片云眠。—

一春不自得,结念兹山游。偶尔乘吾[③]暇,不及呼朋俦。行随日色远,食借僧厨幽。梵响起夕警,转觉身世浮。自昔明征君,抗志在兹丘。生前宝高尚,死后空名留。何况去来迹,倏[④]如水上沤。聚散非一处,淼淼无停流。山川岂有待,神理自相求。暂寄亦不恶,久住亦不[⑤]优。朝霞朝已代,夕霭夕还收。且

① 明董应举《崇相集》卷8收录该诗,题作“癸卯游栖霞三首”。

② 借:《崇相集》卷8为“就”。

③ 吾:《崇相集》卷8为“休”。

④ 倏:《崇相集》卷8为“譬”。

⑤ 亦不:《崇相集》卷8为“未必”。

问前时菊,今日还在不? 物化已如此,主者为谁谋。二

晓钟罢清梦,灵境淡营虑。揽衣欲登山,林外有人语。迟之携手行,望望烟霞去。笑饮白鹿泉,拄颊云生处。石骨欲上天,半为佛所据。鹫岭如在兹,短筇聊可[1]御。巀嶪走锋棱,飘翩同鹤翥[2]。望中一点白,江上千帆曙。溪谷合沓回,风岚互吞茹。奇变荡人心,一行一伫步。不知古来人,多少同斯趣。三

栖霞寺二首

(明)曹学佺

双林初创迹,六代自垂名。古塔无全影,疏钟尚旧声。佛频掘地得,僧偶卓泉生。漫复追兴废,忘言在化城。一

不意穷登岭,翻能远瞩江。金焦微露影,吴楚屡分邦。日落波心镜,风吹邑际艭。平生怀跌宕,挥手信难降。二

再集摄山方丈

(明)郭　第

平生怀异草,几度摄山行。今日相逢处,长林共听莺。苍松入云冷,白鹿引泉清。一片征君石,能留出世名。

小刹　衡阳寺　古刹　系栖霞寺下院

在郭城外,东城地,清风乡。离太平门三十里。即所领栖霞寺下院,去寺五里。

① 聊可:《崇相集》卷 8 为“吾且”。

② 巀嶪走锋棱,飘翩同鹤翥:《崇相集》卷 8《癸卯游栖霞三首》无此句。

殿堂

山门一座。天王殿三楹。正佛殿三楹。僧院一房。

山水

衡阳山

南京文献精编

金陵梵刹志（下）

（明）葛寅亮　撰

点校　何孝荣
审校　濮小南

南京出版传媒集团
南京出版社

卷三十四　雨花台高座寺

中刹　雨花台高座寺　古刹

在都门外，南城。离聚宝门一里半，所统报恩寺相望。晋永嘉中，名甘露寺。西竺僧尸梨蜜据高座说法，因名高座。旧志：僧号高座道人，葬此，元帝树刹于冢，因名。又竺道生所居曰高座。皆不可辨。洪武中，僧瑄重修。毁于火。弘治间，僧照堂复加恢拓。寺后即雨花台，梁云光法师讲经，天雨宝花处。游人籍地，岁时不绝。所领小刹，曰安隐寺、宝光寺、均庆院、月印庵。

殿堂

山门三楹。天王殿三楹。左、右钟、鼓楼二座。法堂五楹。罗汉廊四十六楹。药师殿五楹。僧院十四房。基址五十亩东至官街，南至安隐寺，西至雨花台，北至永宁寺。

禅院

禅堂三楹。华严楼三楹。厨库茶寮四楹。

古迹

附 中孚塔、云公松《金陵集》载：蒋颖假《和王和甫雨中登高座寺》诗注云，寺即云光讲经，雨花之地。有梁时志公二印，云公手植。郭祥正诗云："至今手植松，千丈腾虬龙。"俱不存。

人物

（晋）帛尸黎蜜即高座道人。不作汉语，或问此意，简文曰："以简应对之烦①"。有传。竺道生见寺记。

（梁）宝志尝主高座寺讲席。云光梁武帝时法师。

（唐）中孚李白有诗赠之。

（宋）慧新有志略。

（明）西域僧有传略。古溪有志略。

附：参讲栖览

（晋）王导、卞壶王司空尝过尸梨蜜，解带盘礴。卞将军适至，蜜肃然改容。问其故，曰："王公风鉴期人，卞令范度格物，吾当以是应之。"

文

高座寺记略

（宋）徽猷阁直学士　刘岑

考图志，此山得名于晋永嘉中，名甘露寺。尸黎蜜多罗为王茂洪所敬，故留，竺生法师继号所居为高座。梁初，宝公主之，与五百年大士俱。有云光师坐山巅说妙法，天花坠焉。今号雨花台，则故唐卢给事中名襄，字赞元者所命也。寺易今名，且百年矣。故藏古今诗刻皆废，可考者唐李翰林、本朝吕侍讲、王中父三篇而已。吾师遗言："必求纪于耆艾，舍公而谁宜？"余虽病，勉强捉笔。惟此父子能苦行自立于瓦砾场中，作大佛事，无毫发扰，可称也哉。乾道三年闰②七月望，徽猷阁直学士、左

① 烦：《至正金陵新志》卷13下为"繁"。

② 闰：据《景定建康志》卷46补。

朝散大夫、吴兴郡开国侯、食邑一千户、赐紫金鱼袋致仕刘岑记并书。

高座寺雨花台记

(宋)沿江制置大使　马光祖

咸淳元年夏五月,马公光祖既新乌衣园,或谓台与园相颉颃,亦不可以不治,乃并撤而新之,高广视旧加倍,缭以修垣,旁建掖屋。又累石数百级,以便登陟。作门通衢,以严启闭。江山观览之胜,为金陵第一矣。

雨花台胜甲江南,事详郡乘。余公余一往,则台屹其崇,万象环集,山川城郭,江淮吞吐,如拱如赴。而顾瞻吾台,藩拔级夷,反若欿然,有不足当者。乃度材更缮,不两月告成。既成,率宾佐落之。余扶栏作而言曰:"嗟乎! 地以山川胜,山川以人胜,而人之所以胜者,何哉? 今吾与二、三子登斯台也,仰而观行阙奂如,赵元镇、张德远之所建请,犹凛有生气;俯而观长江渺如,韩蕲国、虞雍公战胜之迹,尚可一、二数也。子以是而观之,其亦有概于心否欤? 向皆如晋元奕辈,把酒清谭,脱落世事,则虽茂弘新亭,士行石城,遗迹之丘墟久矣,而况所谓雨花台者。然则吾与若从容无事,相与游于此也,而可不知其所自耶? 知其所自,则当监其所为矣。吾老矣,何能为。惟闻诵北山移,说东庐山故事,则跃然有所契。金盆石室,谅不终寒我盟。然前所谓元镇诸贤之事,其卒付之登临一概而已乎? 诗曰:'高山仰止,景行行止'。又曰:'以似以续,续古之人。'吾敢以是为二、三子勉,二、三子有不勉者耶?"乃相与离席而谢曰:"敢不勉!"因笔以为之记。时咸淳改元八月望日,观文殿学士、金紫光禄大夫、沿江制置大使、兼知建康军府事、兼管内劝农营田使、兼江南东路安抚大使、马步军都总管、兼行宫留守、节制和州无为军安庆府三郡屯田使、兼权淮西总领、金华郡开国公、食邑四千一百户、食实封八百户马光祖记并书。

重修高座寺纪略

（明）南鸿胪卿　陈寿

帝城之南出俭二里许，有精蓝曰高座，晋之古刹也。永嘉中，有尸梨蜜多罗自天竺来，游建康，止于是。每据高座说法，时人因以是名寺焉。洪武初，瑄白石奉檄来住，起废其旧业。后悉毁于火。景泰癸酉，礼部尚书晋陵胡公濙特荐前香岩古溪澄公往主其席。是时，规模草具，四方参请之士，接席而至，卑隘不足以居。古溪气节简远，厌于改作，故终身不为加饰。其高弟继席炬照堂，尝欲踪迹旧址，募缘改作之。成化丁未，具疏以请。会先帝上宾，遂寝。既归，痛自奋策，倡鸣宗教，修习净业。道化所敷，缁白向敬，云拥川会，势莫可禁。于是，合相时度地，广而更新之。据中两殿，前曰药师，后曰净业。翻教相于东室，颜曰天花；演宗旨于西堂，颜曰直指。钟鼓有楼，庖廪有厨，澡浴有池。经始于弘治戊申之腊月，落成于丙辰之十月。

传

帛尸梨蜜传[①]

《高僧传》

帛尸梨蜜多罗，此云“吉友”，西域人，时人呼为高座。传云国王之子，当承继世，而以国让弟。遂为沙门。晋永嘉中，始到中国。值乱，仍过江，止建初寺。太尉庾元规、光禄周伯仁、太常谢幼舆、廷尉桓茂伦，皆一代名士，见之，终日累叹，披襟致契。导尝诣蜜，蜜解带偃伏，悟言神解。时尚书令卞望之亦与蜜致善，须臾，望之至。蜜乃敛襟饰容，端坐对之。有问其故，蜜曰：“王公风道期人，卞令轨度格物，故其然耳。”诸公于是叹其精神洒属[②]，皆得其所。桓廷尉尝欲为蜜作颂，久之未得。有云，尸梨蜜可谓卓朗，于是桓乃咨嗟绝叹，以为标题之极。大将军王处仲在南夏，闻王、周诸公皆器重蜜，疑以为失鉴。及见蜜，乃欣振奔至，一面尽虔。周𫖮为仆射领选，临入过造蜜，乃叹曰：“若使太平之世，尽得选此贤，真令人无恨也。”俄而，𫖮遇害，蜜往省其孤，对坐作胡呗三契，梵响陵[③]云；次诵咒数千言，声音高畅，颜容不变；既而挥涕收泪，神气自若。王公尝谓蜜曰：“外国有君，一人而已耳。”蜜笑曰：“若使我如诸君，今日岂得在此?”当时为佳言。蜜性高简，不学晋语。诸公与之语言，蜜虽因传译，而神领意得，顿尽言前，莫不叹其自然天拔，悟得

① 该文出自《高僧传》卷1《晋建康建初寺帛尸梨蜜传》。

② 属：《高僧传》卷1为“厉”。

③ 陵：《高僧传》卷1为“凌”。

非常。蜜善持咒术，所向皆验。初，江东未有咒法，蜜译出《孔雀王经》，明诸神咒。又授弟子觅历高声梵呗，传响于今。晋咸康中，卒，春秋八十余。诸公闻之，痛惜流涕。桓宣武每云，少见高坐，称其精神，著出当年。琅玡王珉师事于蜜，乃为之序曰："《春秋》吴、楚称子，传者以为先中国而后四夷，岂不以三代之胤，行乎殊俗之礼；以戎狄贪婪，无仁让之性乎？然而卓世之秀，时生于彼；逸群之才，或侔乎兹。故知天授英伟，岂俟于华戎？自此已来，唯汉世有金日磾，然日磾之贤，尽于仁孝忠诚，德信纯至，非为明达足论。高座心造峰极，交俊以神，风领朗越，过之远矣。"蜜常在石子冈东行头陀。既卒，因葬于此。成帝怀其风，为树刹冢所。后有关右沙门，来游京师，乃于冢处起寺。陈郡谢混赞成其业，追旌往事，仍曰高座寺也。

新公志略

（宋）释法永

师讳慧新，南京楚丘人。往南海，礼补陀观音，一夕，至海滨，遇一老翁，为师曰："汝何往也？"师曰："欲礼补陀观音。"老翁曰："观音不在南方。汝途中蹉过尔，可速归。"老翁言迄，遂失所在。师恍然如梦醒，知是异人，方悟观音随心即现尔。既回临安，绍兴二年，结庵龙山，发心斋僧，供赡长讲。五年，之建康，住普光庵，接待往来云侣。次迁高座寺，东借隅隙地，筑基架屋。西北诸师辐辏兹地，师不倦供给，香烛益严。十七年二月十二日，示疾，告终。绍兴十九年已巳九月。

西域僧传略

旧　志

西域僧，不知名，常止雨花台南回回寺中。貌若四十许人，解中国语。自言六十岁矣，不御饮食，日啖枣果数枚。所坐一龛，仅容其身。每入定，则令人扃其龛，以纸封之。或经月余，謦欬之声都绝，人以为化矣。潜听之，则闻其掐数珠声历历也。杨景芳者，尝馆于家，叩其术，则劝人少思、少睡、少食耳。一切施予，皆不受，曰："吾无用也。"后莫知所终。

古溪澄禅师志略

（明）南安知府　金润

古溪禅师，讳觉澄，山后蔚州人。十岁不茹荤，从云中天晖昶禅师落发，杜绝人事，阅素怛览藏毗奈耶阿毗昙藏[①]，经律论之浩繁，越五寒暑乃周。忽忆《大慧杲禅师语录》无字话头，昏觉相敌，不胜其难，即离两忘，然后大彻。由是，道行日隆，巨卿名公交荐之，住南阳香岩寺。逾年，乃有远志，访宗匠，上西蜀，游江南，适杭州，授大戒。还登太冈山，首访月溪和尚，得其奥旨。甲戌秋，往安庆投子山，礼楚山和尚，见其机锋颖利，证悟切的，遂付衣法，嗣临济第二十四世之灯。俄别桐城，栖禅固始之南山。爪期几易，遂往五台接待，请瑞光，礼文殊，密有所悟。锡还鄜城，逢天界首座清宁请居高座寺。师允其迎请而至。按《图籍》：雨花台，古之名刹，自东晋时西域僧帛尸梨蜜多罗开山后，梁天监年续有云光法师讲《法华经》，天雨宝华，故名其台。

① "素怛览藏毗奈耶阿毗昙藏"：疑即"素怛缆毗奈耶阿毗达磨藏"。

师遐继芳躅，善于开导，有《利生药师科仪》三卷。山居十一载，足不履城市。成化癸巳八月初九日，盥沐端坐，夷然而化。少息，众皆凄泣。又徐开目曰："不须如是。"复瞑目。

诗

登梅冈，望金陵，赠族侄高座寺僧中孚

（唐）李　白

钟山抱金陵，霸气昔腾发。天开帝王居，海色照宫阙。群峰如逐鹿，奔走相驰突。江水九道来，云端遥明没。时迁大运去，龙虎势休歇。我来属天清，登览穷楚越。吾宗挺禅伯，特秀鸾凤骨。众星罗青天，明者独有月。冥居顺生理，草木不剪伐。烟窗引蔷薇，石壁老野蕨。吴风谢安屐，白足傲履袜。几宿一下山，萧然忘干谒。谈经演金偈，降鹤舞海雪。时闻天香来，了与世事绝。佳游不可得，春风惜远别。赋诗留岩屏，千载庶不灭。

答族侄僧中孚赠玉泉仙人掌茶

（唐）李　白

余闻荆州玉泉寺，近清溪诸山，山洞往往有乳窟，窟中多玉泉交流。其中有白蝙蝠，大如鸦。按《仙经》：蝙蝠，一名仙鼠，千岁之后，体白如雪，栖则倒悬，盖饮乳水而长生也。其水边，处处有茗草罗生，枝叶如碧玉。唯玉泉真公常采而饮之，年八十余岁，颜色如桃花。而此茗清香滑熟，异于他者，所以能还童振枯，壮人寿也。余游金陵，见宗僧中孚，示余茶数十片，拳然重叠，其状如手，号为仙人掌茶。盖新出乎玉泉之山，旷古未觌，因持之见遗，兼赠诗，要余答之，遂有此作。后之高僧大隐，知仙人掌茶，发乎中孚禅子及青莲居士李白也。

常闻玉泉山，山洞多乳窟。仙鼠白如鸦，倒悬深[①]溪月。茗

---

① 深：《全唐诗·第三函·第四册》为"清"。

生此中石，玉泉流不歇。根柯洒芳津，采服润肌骨。丛老卷绿叶，枝枝相接连。曝成仙人掌，似拍洪崖肩。举世未见之，其名定谁传。宗英乃禅伯，投赠有佳篇。清镜烛无盐，顾惭西子妍。朝坐有余兴，长吟播诸天。

游高座寺①

(唐)温庭筠

晋朝名辈此离群，想对浓阴去住分。题处尚寻王内史，画时应是顾将军。长廊夜静声凝雨，古殿秋深影胜云。一下南台到人世，晓泉清籁更难闻。

高座寺②

(宋)杨无为

空书来震旦，康乐造渊微。贝叶深山泽③，曼花半夜飞。香清虽透笔，蕊散不沾衣。旧社白莲老，远公应望归。

雨花台④

(明)宗　泐

梁朝雨花台，近在城南陌。不见讲经人，空林淡秋色。登高俯大江，目送千里客。白鸟下沧波，孤帆远山碧。

---

① 唐温庭筠撰，明曾益注《温飞卿诗集笺注》卷4、宋李昉等《文苑英华》卷324、清彭定求等《全唐诗》卷578等各收录该诗，或题作“晋朝柏树”，或题作“法云双桧”。本诗第五句中的“凝”，一作“疑”。

② 清厉鹗《宋诗纪事》卷22收录该诗，题作“雨花台”，作者为“杨杰”。杨杰，字次公，无为军人，有《无为集》。

③ 泽：《宋诗纪事》卷22为“译”。

④ 明释宗泐《全室外集》卷3、明释正勉、释性通《古今禅藻集》卷18各收录该诗，均题作“雨花台送客”。

雨花台[①]

（明）龚秉德

崇台缥缈出云孤，春日凭虚览壮图。江绕浔阳遥辨楚，山连京口半吞吴。秦淮风土怜今昔，王谢豪华问有无。回首长干伤往事，六朝烟雨混蘼芜。

雨花台

（明）孟　洋

初夏登临花木稀，一春多恨赏心违。群峰细雨江流转，万户垂杨燕子归。谢傅风流今不忝，秣陵云物旧全非。空台草长谈经处，风起游丝罥客衣。

登台遇雪

（明）陈　沂

梁主台前雪，依然见雨花。净缘归佛界，空味入僧茶。城阙临俱异，川原望渐赊。几行寒雁影，寂寞在平沙。

雨花台

（明）顾　璘

古台开士说金经，传道天花落紫冥。广舌不来尘每[②]变，春风唯见草青青。

① 清朱彝尊《明诗综》卷48、清张豫章《御选明诗》卷82各收录该诗，均题作“雨花台远眺”。

② 每：明顾璘《顾华玉集·山中集》卷4为“海”。

雨花台

(明)乔　宇

经台高起帝城边，说法神僧去几年。宝塔穿云迎十地，琪花含露绕诸天。松杉远近苍烟合，宫阙参差白日悬。娇鸟似知欢赏意，故翻清韵到宾筵。

雨花台

(明)欧大任

天花何日雨，台下见长干。山色卢龙古，江声白鹭寒。双林云更落，六代柳俱残。只有谈经石，苍苍绕法坛。

登雨花台二首[①]

(明)王世贞

高坐同支许，清言胜永嘉。忽秾平野色，犹似讲坛花。岸帻和风狎，移床返照斜。将何消酩酊？乞得老僧茶。一

此地昔高坐，诸天尽雨花。我来当落日，万壑竞蒸霞。小供维摩饭，时呼阳羡茶。不须频竖义，睥睨有归鸦。二

小刹　**安隐寺**　古刹、敕赐

在都门外，南城，雨花台。北去所领高座寺相邻，南[②]去聚宝门一里半。即古安隐院，旧在蒋山后，久废。宋绍兴间，徙建今地。永乐初，姚少师荐僧开俊住院。正统间，重创，奏赐今

---

① 明王世贞《弇州山人四部续稿》卷13收录该诗第一首，题作“再同二公登雨花台，仍用花字”；第二首，题作“同诸公游高坐寺，登雨花台”。

② 南：应为衍字。

额。兹寺北接高座，南连宝光，东对永宁，皆冈陇之间，林木森郁，楼宇掩映。南朝旧迹，依稀可见。

殿堂

山门三楹。天王殿三楹。左钟鼓楼一座。佛殿五楹。华严楼五楹。方丈三楹。僧院八房。基址一百亩东至官街，西至雨花台，南至宝光寺，北至高座寺。

公产

田、地、山、塘共八亩六分二厘。

文

重修安隐寺碑记略

(明)南兵部尚书　乔宇

考《金陵志》，今之安隐讲寺，即古之安隐院也，院在雨花台后向南百步余。《乾道志》：旧在蒋山后，久废。宋绍兴四年，郡人请额，置于斯，乃梅岭冈也。是知寺由院为古刹，非近代设。山水环抱，林木森郁，层崖叠磴，旋上绕下，实奇胜之地。永乐初，闽之福州有儒僧曰开俊者，少师姚公广孝荐取来京，在斯院焚修，才行果富。由是，太宗文皇帝优赍斋粮、金币、钞锭甚夥，悉皆蓄之，未尝私费。正统改元丙辰，创建殿宇于安隐院之旧基。越己未十二月，上疏乞寺额，奉英宗睿皇帝旨："还与他安隐讲寺。行在礼部给札开俊住持。"自开俊开山后，派传至今住持惠成者，近九十载矣。又为风雨侵凌，腐朽凋坠，命工革故鼎新，仍续置田地若干亩。肇工于正德己巳三月，毕工于庚辰十二月。

诗

游安隐寺

(明)皇甫汸

人天即此路,花雨见空台。刹尽南朝建,经多西土来。碑荒残薜合,僧定野棠开。了悟身如幻,何须访劫灰。

小刹 宝光寺 古刹、敕赐

在都门外,南城,梅冈。北去所领高座寺半里,聚宝门二里。刘宋时,名天王寺。梁废为昭明太子果园。杨吴时,又为徐景通园。南唐保大间,更建奉先禅院。后葬昙师,起塔,名宝光塔院。元为普光寺。国初,赐今额。成化初,寺灾,惟后殿仅存。僧舍寥鲜,境亦幽致。

殿堂

山门三楹。左观音殿三楹。右地藏殿三楹。铁佛殿三楹。左伽蓝殿三楹。右祖师殿三楹。斋堂三楹。僧院三房。基址十五亩东至永兴寺,南至武俊伯山角,西至安隐寺,北至官街。

公产

田、地、山共六十七亩一分。

藏经护敕

正统十年二月十五日

文同报恩。

文

重修宝光寺记略

(明)南刑部郎中　何思登

宝光寺在雨花台之东麓，肇自有唐，旧名石字，相传西域僧持贝叶经栖止于此。我国朝正统间，改额宝光云。历岁滋久，殿宇倾颓。时士人姜觉真等捐金修葺，而薛永昌辈各施田有差。成化初，寺遭回禄，住持通辨又募士人袁庆等重修。嘉靖辛丑间，住持妙玺引无藉唐景升折[1]毁钟楼，盗卖祠宇田亩等类事觉，祠部以法遣之。而寺则愈废矣，仅存后殿，亦日就倾圮。万历十有一年秋，住持宗洪辈欲图改建，议将后山空地变价，以资厥费。请于祠部，部可其请。于是立券置簿。建昌饶君孟岩受僧后山地券，以三十金畀寺僧。又念功费浩繁，是奚足济也?语洪等曰:"吾闻先任水部大夫廖明河公雅志好善，而其子为今比部大夫廖梦衡公，曷往告之?"宗洪等如其言。于是水部大夫捐金五十，为赎田四十亩，以资供馈。其他一切工料之费，则比部公悉心区画焉。经始于癸未仲冬，毕工于甲申秋日。虽大雄、天王诸殿所费不赀，尚有待未举，而辉金映碧，则后殿新也;选吉定力，则山门峙也;高其垣，环其流，则风气凝也，亦焕乎其改观

① 折:应为"拆"。

矣。寺僧思图所以报比部公，而不可得也。适饶君将归建昌，欲以前所受后山地券，强比部公受之。比部公辞之弗获，因以原值偿饶君。今建一亭于其上，题曰太乙亭。外造以数椽，备游息。宗洪辈以其事之颠末告余，欲得一言勒诸石。余姑述其略，以识岁月，且俾寺僧读其废兴之由，亦可示儆焉尔。万历甲申仲秋。

诗

游宝光寺[①]

(明)皇甫汸

四山栖梵处，一径杳然深。岁久惟看树，台荒半宿禽。远江横落日，寒殿下秋阴。独坐观冥理，宁知净者心？

小刹　均庆院　古刹

在都门外，南城。西北去所领高座寺一里，北去聚宝门二里。按志，旧在金陵坊。晋天宝寺。唐开元，改天保。宋绍兴初，移其额于雨花台下，有《宋故三藏法师塔铭》。正德间，重创。嘉靖间，寺僧呈请如今额。

殿堂

山门一楹。佛殿五楹。僧院一房。基址三亩东至□□，南至□□，西至□□，北至□□，俱本院田。

公产

① 《皇甫司勋集》卷19收录该诗，题作“宝光寺”。其诗末句中的“净”，为“静”。

田、地共一十二亩九分五厘。

小刹　月印庵　古刹

在城南雨花台趾。西北去所领高座寺半里，北去聚宝门二里。系先朝旧基，岁久荒颓。弘治间，僧净俊重建。

殿堂

山门一座。佛殿三楹。法堂三楹。僧院一房。基址五亩东至尹公主山，南至照山，西至凤台街，北至本庵墙。

文

重修月印庵记略

（明）工部主事　建业黄谦

帝城之南，近郊逾一、二里，古有月印庵者，大德中，无可大师阐扬道化之处。岁久寖废，没于荆榛。弘治中，宗师净俊秀夫策杖自北而来，游于南都。凡古者兴教之地，靡不经历，见而心悦。乃披荆棘，剪草莱，得其石础旧址于荒芜中。结草庵于上，日以禅诵为事。一瓶一钵，绝无外慕。道化所敷，缁白向教。水涌云输，莫之能胜。抡材鸠工，扩而新之，而庵成。正德庚午中秋月望。

卷三十五　梅冈永宁寺

中刹　**梅冈永宁寺**　古刹、敕赐

在都门外，南城地。南[1]去所统报恩寺一里，聚宝门二里。原古名刹。按志，高座亦名永宁，今折为二。僧古渊重建，寺后有方正学祠。其地高敞，下瞰数仞，群峰平临。有亭在木末，曰木末亭。又出亭之后，曰啸风亭。南对雨花，江山竞爽；北眺钟陵，城阙在望，据南冈之胜。所领小刹，曰永宁院、宝林庵、瑞相院。

殿堂

山门三楹。天王殿三楹。左钟楼一座。正佛殿三楹。左伽蓝殿三楹。右祖师殿三楹。毗卢阁五楹。僧院七房。基址十五亩东至李呈亲[2]坟，西至二郎观，南至官路，北至德恩寺。

方正学祠一所碑记载《名祠志》内。

人物

（明）清公见寺记。

---

① 南：应为“北”。

② 李呈亲：疑为“李皇亲”。

文

重开山碑记略

（明）工部主事　建业黄谦

永宁禅寺，城南古名刹也。据聚宝山之麓，自宋暨今，主之者皆名世之士。石幢记识，时见于荒烟野莽间。缘以时异世迁，漫为污宅。诸禅耆宿，仰企遗踪，志隆拓复，顾力弗能逮焉。古渊清公主其事，一时道化所孚，缁白向敬。抡材输力，运智协谋，人不告劳。而台殿廊宇，金碧黝垩，焕然郁然，翱翔突兀。诸佛菩萨，法相森布，香花幡幢，庄严供养，无不备具。而经藏之庋，藏修之室，庖湢之舍，左右环卫，郁郁乎撑云驾豁，幻出世外矣。经始于成化乙巳之秋，继而疏于朝。天子赐敕以护之，名仍其旧，且授师以左觉义，以尸祝釐。又买田三十亩，以充食观，学徒处会下者百余人，鱼鼓铿锵，晨昏无不给之。虑城南诸精蓝，整暇完美者，未之或能先也。清公以清苦自励，亲执劳务，寒暑无厌倦心。一室萧然，朝夕称佛名号拜礼，求速超脱，心甚哀恳。所事大士像，放白毫光，萦萦如丝缕，盘旋于室，至夜如秉烛。复梦大士谓曰："尔以精心恳祷，向慕宗乘，宜即参访了心为上。"师拜受之，即掩关于弘济寺，参无字公案，心念相依，肋不沾席者三载。忽一念不生，断未来际。经三日夜，见大千世界，光若琉璃。闻远鸡唱，乃起而说偈曰："喔喔金鸡报晓时，不因它响讵能知？三千世界浑如雪，井底泥蛇舞柘枝。"它日，以偈呈于善世，古林香公喝之曰："多嘴汉！"明日，古林上堂云："我许多年张个大网，意欲寻龙罗凤，竟无一虾一蟹可得。

今见蟭螟小虫，撞入中来。看它二、三十年后，向孤峰绝顶，放声大叫，且道叫个甚么？”古林举拂子云：“三千世界浑如雪，井底泥蛇舞柘枝。”师夺古林拂子，为众举扬，呵励同学。师眼如崖电，见人吉凶贵贱，言皆悬应，缙绅诸老皆乐就之。自奉极淡薄，每有金帛之供，视之漠然，悉付常住。一心恳恳为众，惟恐不及。凡于法门无益之事，毫发不经念虑。如师者，岂易得耶？书此以示后人，使知师之积累缔造，为众倾赴，皆自道行中来，非缘报偶然也。弘治丁巳岁冬十月日。

小刹　**永宁院**

在郭城[1]外，南城。东去所领永宁寺相对，北去聚宝门二里。

殿堂

山门一座。观音殿三楹。佛殿三楹。僧院三房。基址十五亩东至高座寺，南至高座寺，西至雨花台，北至官街。

小刹　**宝林庵**

在都门外，南城。北去所领永宁寺一里，去聚宝门三里。徐魏国创。郊原野望，满目珠林。覆地松阴，古苔新径。雨花欲尽，忽复得此。

---

① 郭城：应为“都门”或“都城”。

殿堂

山门三楹。佛殿三楹。观音殿三楹。祠堂三楹。左右回廊十八楹。僧院一房。基址六亩一分东至汪纪坟，南至官街，西至本庵地，北至庵后山。

公产

田、地、山、塘共四十三亩七分九厘。

小刹　瑞相院　古刹

在都门外，南城地。西北去所领永宁寺二里，去聚宝门三里。羽林二郎冈。晋尼刹。至宋，改为铁罗寺，又改铁索罗寺。齐为翠灵寺，又妙果寺。宋改瑞相院。国朝因之。按志，瑞相有二，此为太平兴国二年僧请其地重建。又碧峰寺，亦系瑞相，不知孰为旧基。

殿堂

门楼一楹。伽蓝殿三楹。佛殿三楹。左禅堂三楹。右斋堂三楹。僧院三房。基址三亩东至汪纪坟，南至官街，西至漏泽园，北至汪纪山。

卷三十六　永兴寺

中刹　**永兴寺**　敕赐

在都门外，南城地。北去所统报恩寺三里，聚宝门三里。下梅冈西南。成化初年，赐额。林壑幽閴，规制甚丽。今已近圮。所领小刹，曰普照寺、惠应寺、安隐院。

殿堂

山门一座。金刚殿三楹。天王殿三楹。佛殿三楹。左伽蓝殿一楹。右祖师殿一楹。钟、鼓楼二座。僧院四房。基址二十五亩东至官街，南至范家山，西至宝光寺，北至礼拜寺。

公产

田、地、山、塘共二百四亩三分五厘。

小刹　**普照寺**　古刹、敕赐

在都门外，南城。西去所领永兴寺半里，北去聚宝门二里。旧名庵。元至大间，僧无尽建。成化间，僧定瑀重建，赐额。

殿堂

山门一座。天王殿三楹。佛殿三楹。左右回廊十四楹。毗卢殿五楹。僧院十四房。禅堂五楹。基址五亩东至王驸马坟，南至惠应寺，西至永兴寺园沟，北至官街。

文

普照寺重修前殿记略

(明)南刑部郎　平定白鉴

普照，故庵也，不知创自何代。至大间，僧人无尽重建。入我圣朝，又余百年矣。成化甲辰，沙门定瑀号宝山者，历访名山，足迹将半天下。晚游留都，偶至是庵，风景特异，遂经理定居焉。以次修缉，庵之名犹故也。正德丁丑，宝山以僧行荐，诏升庵为寺，宝山迁右讲经。嘉靖改元，仍于故基大建前殿三楹，数维如旧，规模过之。始于嘉靖癸巳春二月，终于乙未冬十月，三阅年而事竣。

小刹　惠应寺

在都门外，南城，梅冈。北去所领永兴寺半里，聚宝门三里。正德年建。今渐倾塌不支。

殿堂

山门三楹。金刚殿三楹。天王殿三楹。佛殿五楹。左伽蓝殿一楹。右祖师殿一楹。法堂五楹。右轮藏殿三楹。僧院二房。基址五十亩东至普照寺，南至舒家山脚，西至曹家山，北至张百户墙。

小刹　安隐院

在都门外，南城，聚宝山之阳。东去所领永兴寺半里，西北去聚宝门三里。正德间创。

殿堂

山门一座。佛殿三楹。右弥勒殿三楹。僧院二房。基址五亩东至岳家坟，西至蒋太监埂边，离程御史坟百丈，南至官街，北至宝光寺墙。

卷三十七　西天寺

中刹　西天寺　敕建

在都门外，南城，重译街，又名驯象街。西北去聚宝门一里，即近所领报恩寺后垣。国初，西天班的答禅师来朝，赐号善世，居此。示寂，敕建为塔寺，因名西天。所领小刹，曰德恩寺、大慧庵、到彼庵。

殿堂

金刚殿三楹。天王殿三楹。正佛殿三楹。左右回廊十八楹。祖师殿三楹。石塔一座。僧院四房。基址三十亩东至武定侯坟山，南至虢国公坟山，西至虢国公神路，北至驯象街。

人物

（明）班的达有志略。

文

西天班的答禅师志略

（明）西天佛子国师　智光

天竺之国有五，而总名印度。南际大海，西控波斯，北距雪山，东接林邑。中曰迦维罗卫，据四天竺之会，即我释迦如来降灵之地也。肇自汉永平间，佛法西入，惟我迦叶摩腾、竺法兰首至洛阳。昙柯迦罗之于魏，佛驮跋陀罗之于晋，昙无谶之于宋，求那毗地之于齐，皆能讲译经论，传授毗尼，为义学所宗。至于梁普通中，菩提达磨大师至自天竺，不立文字，而专于慧学。及神光献臂，其教大行。自是以降，由西土而来者，盖不多见。元至正中，得吾师班的答善世大禅师至自印度。师讳萨曷拶室哩，此云“具生吉祥”，生于天竺之中印度迦维罗卫国，姓刹帝利氏。稍长，出家于迦湿弥罗国苏啰萨寺。初，习通五明经律论，辩析精详，虽老师宿德多推逊之。后自以言论非究竟法，遂笃修禅定，不出山者十数年。师尝慕震旦有五台清凉山，乃文殊大士应现之所，吾当瞻礼。遂发足从信度河，历突厥、屈支、高昌诸国，东行数万里。所涉国王及臣，皆请受戒法。越四寒暑，而达甘肃。元君闻之，遣人迎至，居吉祥法云寺，而智光始得投礼受业焉。于时，从化者翕集。元君间问以事，或对或否，礼接虽隆，而机语不契。乃往清凉，获遂初志。我国朝统有天下，杖锡来朝，太祖高皇帝嘉其远至，召见于奉天门。启奏对称旨，即授以善世禅师之号，特赐银章，俾总天下释教，命于钟山依八功德水而庵居焉。复谕礼部：“有愿从受戒法者，勿禁。”车驾每幸钟山，必过师室，言论移时，而赐诗什，劳问甚至。丙辰秋，奉命游观音大士之宝陀罗伽山。既而，登天目师子岩，溯彭蠡，跻匡庐，渡长淮，礼四祖、五祖塔而还。谒上于华盖殿，天语温接，宠赉弥厚。上每宣谕僧众，必举师行，俾效法焉。于时，从受戒法者八万余众，施金币不可数记。悉散窭者，囊无寸储。一日，师顾谓智光曰:“汝当善护如来大法,勿少懈怠。”又谓孤麻啰室哩[①]等曰:“五台清凉,实吾初志。今因缘已毕,无复往已。汝等将此梵书一帙,洎吾遗骸,少分至彼,足吾愿矣。”辛酉夏五月二十四日,示寂。事闻,赐祭。阇维,获五色舍利无算。烟焰所及,凝缀松柏,咸若贯珠。收敛设利,于聚宝门外而塔藏之,且建祠宇。车驾临视,赐名西天寺,盖表师之所自出也。时于咸阳现神变,彼处人民礼迎设供甚厚。有使西回,上询边陲,因言而知其事。叹曰:“善世禅师只履西归之示现也。”乃叙述而铭之曰:金天之西,有国乾竺。高山大河,灵气纷郁。曰迦维卫,天地之中。笃生文佛,为世大雄。五百年余,大教式启。繇汉东都,秘诠昉至。敷扬窈奥,剖析精微。大地春回,佛日光辉。有来法尊,不事言论。究明心性,直溯源本。迄今千载,吾师嗣来。具足梵行,慧学弘开。原其所出,迦维罗卫。诞降之祥,佛母授记。爰初阐教,老宿避席。化行于乡,旁暨邻国。乃游震旦,锡迎日飞。道途所历,礼谒纷而。胜国之季,怀宝退藏。大明丽天,归我圣皇。圣佛同心,宠褒劳问。天章龙文,金声玉振。奉旨南游,不驿而驰。形声所及,影响相随。遍历名山,逍遥无住。事缘已毕,泊然而逝。瞻仰妙容,设利五色。灵鉴洞然,照而常寂。流沙万里,鹫岭天开。不起于定,而示去来。我铭匪真,而默斯契。一月千江,太虚无际。宣德十年乙卯四月日。

---

① 孤麻啰室哩:《明太祖实录》作“古麻辣室哩”,为印僧撒哈咱失里(班的答)之徒,随之来华。(《明太祖实录》卷47,洪武二年十二月)撒哈咱失里既卒,洪武十四年九月,古麻辣室哩乞归,太祖恩准。(《明太祖实录》卷139,洪武十四年九月癸未)

小刹　**德恩寺**　古刹、敕赐

在都门外，南城，驯象街。西北去聚宝门一里，即在所领西天寺东。古刹普光寺基。正统间，重建，奏请赐额。嘉靖间，回禄，仅存前殿。僧寮幽阒小胜。

殿堂

山门一楹。金刚殿三楹。僧院十二房。基址三十亩东至养虎仓，南至沈家屯山，西至俞府坟，北至郭府坟。

公产

山一十亩。

藏经护敕

正统十年二月十五日

文同报恩。

小刹　**大慧庵**

在都门外，南城，驯象街。西去所领西天寺相近，西北去聚宝门半里。

殿堂

佛堂三楹。佛殿三楹。僧院一房。基址二亩东至王昶田，南至官街，西至卫仝墙，北至城河。

小刹　到彼庵

在都门外，南城，河畔通济街。西去所领西天寺一里，西北去聚宝门二里。

殿堂

地藏殿三楹。佛殿五楹。僧院一房。基址二亩东至官街，南至张凤园，西至城河，北至孙千户宅。

卷三十八　普德寺

中刹　普德寺　敕赐

在都门外，南城地。东去所统报恩寺一里，东北去聚宝门一里半。正统间创。前后山苍翠环逼，松林茂深，时堕秀色，旁接雨花之胜。

殿堂

金刚殿五楹。天王殿五楹。左、右钟、鼓楼二座。左、右碑亭二座。大佛殿五楹。左观音殿三楹。右轮藏殿三楹。西方殿五楹。左伽蓝殿三楹。右祖师殿三楹。回廊二十八楹。僧院二十四房。基址一百五十亩东至凤台街，南至天界寺墙，西至安德街，北至国子监地。

禅院

大门一楹。禅堂五楹。净业堂五楹。右斋堂三楹。小禅堂三楹。厨库茶房十三楹。

公产

田、地、山、塘共七十一亩三分六厘。

诗

游普德寺

（明）皇甫汸

古寺城南访六朝，高台一望几萧条。门前黄叶催年暮，林外青山觉路遥。塔影常圆沙苑月，钟声净带楚江潮。老僧宴坐耽禅定，送客何曾过虎桥。

卷三十九　碧峰寺

中刹　**碧峰寺**　古刹、敕建

在都门外，南城，安德街。东去所统报恩寺二里，东北去聚宝门二里。晋瑞相院，永嘉中为寺。唐贞观中，敕褚遂良重建，改翠灵寺。宋淳化，改妙果寺。元至元中，改铁索寺。国朝洪武中，敕建，居异僧金碧峰，因名寺。近禅僧大方募建千佛阁。所领小刹，曰永福寺。

殿堂

金刚殿三楹。天王殿三楹。正佛殿五楹。僧院五房。石塔一座。基址一百亩东至安德街，南至天界寺菜地，西至朱家园，北至李府园。

禅院

毗卢阁三楹。华严楼五楹。左伽蓝殿三楹。右祖师殿三楹。左斋堂三楹。右禅堂五楹。厨库茶寮七楹。

公产

地四亩七分。房地九间。

人物

（明）碧峰有碑略。非幻有志略。

文

碧峰寺起止记略

三国吴乙卯嘉禾四年[①]，有僧创室，名瑞相院。室成，不知所往。至晋丁卯永嘉元年，敕安东将军建寺瑞相，亦名院。孝武帝戊子十三年，寺废，重修。至梁乙未天监十四年，敕建，殿宇一新，驾幸建斋。至唐武德九年丙戌，沙汰天下僧、道，宫观尽毁，惟寺存焉。至贞观二十一年丁未，敕御史大夫褚遂良重建，改曰翠灵。俄有一赤脚僧及二全真诣寺，与语甚合，与僧法兴云："殿宇将完，于中造三世如来供奉。"明旦，金像已完，异香满室，三人不知所之。众以为神异，具奏，遣内侍挂幡，建七日大斋，御制遗文，以旌其寺。即今圣像，非他寺可比也。至宋辛卯淳化二年，殿宇将颓，有旨建寺，更名妙果。建水陆大斋七日，御制文，表其寺。及元辛巳至元十八年，重建，更名铁索。至国朝洪武五年壬子，敕工部黄侍郎督工重建。先是，禅师石姓，讳金碧峰者，奏上建寺，请名。太祖高皇帝御赠号，因以题寺名。师弃发存须，得禅家玄窍，尤精阴阳术数。圣祖召问佛法鬼神及修炼，语甚合。出使西洋，所经诸国，奇功甚多。授爵，固辞。对云："不为荣利所拘。"弟子极重，得真传者四：宝衲头、广尚士、道衍、道永等。师尝谓衍曰："两眼旋光，眉间煞气，当为太平光头宰相。"衍即姚广孝也。永精于历数，授钦天五官灵台郎，封僧录阐教，兼住灵谷寺。二弟子皆成祖文皇帝用焉。

---

① 嘉禾：原文误为"嘉木"，三国吴大帝孙权嘉禾四年，岁次乙卯。

时值旱久不雨，驾御承天门，语真人祷雨，不应。乃召禅师至，圣祖谓："和尚祈得雨乎？"师应声："何难！"真人云："雨乃天意，非人力强为。"师即展钵，见一小龙形如金色，从钵飞腾。少顷，阴云四合，大雨，平地水深尺余，民困得苏。上喜曰："和尚真神也。"赐座、斋毕，驾送出西华门外，有《钵水溢蛟龙御赞》存焉。后真人不悦，密谮于上曰："胡僧妖术，请试之水火。"竟无损焉，上愈加敬厚。时有方士周颠仙、张三丰、铁冠道人冷谦者，往来参谒，起坐甚恭。每与公卿士夫谭及正心诚意，皆可施行。弟子恭求法旨，但云："金刚惟心是一，何必他求？"一日，上问历数，对云："四夷宾服，海宇澄清，治称无为，又何问焉？"上嘉纳之。赐田庄，固辞。久之，见上曰："臣本西域，今归故土。"赐金帛彩段，辞弗受。且言："今日巳时辞陛下，午后出潼关。"上初以为谬。乃于是日，贻上原赐袈裟等物于关。守者持赴京奏状，始前洪武二十二年圣旨复建碧峰塔、建斋等事。后禅师圆寂，高皇帝深思不已，乃以宝衲头住持本寺，敕翰林学士宋濂状其文，有高皇帝《御赞金碧峰禅师像》曰："沙门号碧峰，五台山愈崇。固知业已白，本来石壁空。能不为禅缚，区区几劫功。处处食常住，善世语庞鸿。神出诸灵鹫，浩翰佛家风。虽已成正觉，未入天台丛。一朝脱壳去，人言金碧翁。从此新佛号，钵水溢蛟龙。飞锡长空吼，只履挂高松。年逾七十几，玄关尽悟终。果然忽立去，飘然凌苍穹。寄语碧峰翁，是必留禅宗"。其真像见存库焉。嘉靖元年孟春。

传

碧峰禅师碑略[①]

(明)太子赞善　宋濂

禅师讳宝金，族姓石氏，其号为碧峰，生于乾州永寿县之名胃[②]。年六岁，依云寂温法师为弟子。既薙落，受具戒，遍诣讲肆，穷性相之学。对众演说，累累如贯珠，闻者解颐。已而抚髀叹曰："三藏之文，皆标月之指尔。昔者祖师说法，天华缤纷，金莲涌现，尚未能出离生死，况区区者耶?"即更衣入禅林。时如海真公树正法幢于西蜀晋云山中，亟往见之。公示以道要，禅师大起疑情，三、二年间，寝食为废。偶携筐随公撷蔬于园，忽凝坐不动，历三时方寤。公曰："尔入定耶?"禅师曰："然。"曰："汝何所见?"曰："有所悟尔。"曰："汝第言之。"禅师举筐示公，公非之。禅师置筐于地，拱手而立，公又非之。禅师厉声一喝，公奋前揕其胸，使速言。禅师筑公胁仆之，公犹未之许，笑曰："尘劳暂息，定力未能深也。必使心路绝阻关透，然后大法可明耳。"禅师闻之，愈精进不懈，遂出参诸方。憩峨嵋山，誓不复粒食，日采松柏啖之，胁不沾席者又三年。自是入定，或累日不起。尝趺坐大树下，溪水横逸，人意禅师已溺死。越七日，水退，竞往视之，禅师燕坐如平时，唯衣湿耳。一日，听伐木声，通身汗下如雨。叹曰："妙喜大悟十有八，小悟无算，岂欺我哉?

① 该文出自明宋濂《宋学士文集》卷15《寂照圆明大禅师壁峰金公设利塔碑》。
② 胃:应为"胄"。

未生前之事，吾今日方知其真尔。”急往求证于公，反复相辩诘甚力，至于曳倾禅榻而出。公曰：“是则是矣。”翼日，重勘之。至期，公于地上画一圆相，禅师以袖拂去之。公复画一圆相，禅师于中增一画，又拂去之。公再画如前，禅师又增一画成十字，又拂去之。公视之不语，复画如前，禅师于十字加四隅成田文，又拂去之。公乃总画三十圆相，禅师一一具答。公曰：“汝今方知佛法宏胜如此也。百余年间，参学有悟者，世岂无之？能明大机用者，宁复几人？无用和尚有云：‘坐下当出三虎一彪。’一彪者，岂非尔邪？尔宜往朔方，其道当大行也。”无用，盖公之师云。先是，禅师在定中，见一山甚秀丽，重楼杰阁，金碧绚烂，诸佛五十二菩萨行道其中。有招禅师谓曰：“此五台山秘魔岩也，尔前身修道其中，灵骨犹在，何乃忘之？”既寤，遂游五台山。道逢蓬首女子，身被五彩弊衣，赤足徐行，一黑獒随其后。禅师问曰：“子何之？”曰：“入山中尔。”曰：“物[①]何为？”曰：“一切不为。”良久乃没。叩之同行者，皆弗之见，或谓为文殊化身云。禅师乃就山建灵鹫庵，四方闻之，不远千里，负糇粮来献者，日缤纷也。禅师悉储之，以食游学之僧，多至千余人。虽丁岁大俭，亦不拒也。至正戊子冬，顺帝遣使者召至燕都，慰劳甚至。天竺僧指空久留燕，相传能前知，号为三百岁，人敬之如神。禅师往与叩击，空瞪视不答。及出，空叹曰：“此真有道者也。”冬夕大雪，有红光自禅师室中起，上接霄汉。帝惊叹，赐以金纹伽黎衣，遣归。明年己丑，复召见于延春阁，命建坛祷雨，辄应，赐以

① 物：《宋学士文集》卷15为“将”。

金缯若干。禅师受之，即以振饥乏。又明年庚寅，特赐寂照圆明大禅师之号，诏主海印禅寺。禅师力辞。名香法衣之赐，殆无虚月。自丞相而下，以至武夫悍将，无不以为依皈。已而，恳求还山。洪武戊申，大明皇帝即位于建业。明年己酉，燕都平。又明年庚戌，诏禅师至南京。夏五月，见上于奉天殿。且曰："朕闻师名久，以中州苦寒，特延师居南方尔。"遂留于大天界寺，时召入，问佛法及鬼神情状，奏对称旨。又一年辛亥冬十月朔，上将设普济佛会于钟山，命高行僧十人莅其事，而禅师与焉。赐伊蒲馔于崇禧寺，大驾幸临，移时方还。明年壬子春正月既望，诸沙门方毕集，上服皮弁服，亲行献佛之礼。夜将半，敕禅师于圜悟关施摩伽陀斛法食。竣事，宠赉优渥。夏五月，悉粥衣盂之资，作佛事七日。乃示微疾，上知之，亲御翰墨，赐诗十二韵，有"玄关尽悟，已成正觉"之言。至六月四日，沐浴更衣，与四众言别，正襟危坐。目将瞑，弟子祖金[①]、智信等请曰："和尚逝则逝矣，不留一言，何以暴白于后世邪？"禅师曰："三藏法宝，尚为故纸，吾言欲何为？"夷然而逝。世寿六十五，僧腊五十又九。后三日，奉龛荼毗于聚宝山，倾城出送，香币积如丘陵。或恐不得与执绋之列，露宿以俟之。及至火灭，获五色舍利，齿舌数珠皆不坏，纷然争取灰土为尽。上祀方丘，宿于斋宫，濂与礼部尚书陶凯侍左右。上出赐禅师诗令观之，其称禅师之德为甚备。夫圣人之言天也，禅师之道，上与天通。呜呼！哲人云亡，奈何不兴大法衰微之叹乎！铭曰：临济崇崇，西来正

① 金：《宋学士文集》卷15为"全"。

宗，益衍以鸿。三虎怒投，中有一彪，气可吞牛。性相纷拏，瓜蔓交加，入海算沙。乃易禅衣，乃抵朦[①]师，乃治其疵。栖身孱颜，绝去八还，入第一关。河水浸淫，趺坐树阴，爰湿我衿。我松我粻，我泉我浆，渴饥两忘。实相圆通，无物不容，悟其本空。玄征肇胎，陟彼五台，楼阁门开。南粤北胡，方衣圆颅，水赴云趋。无间俭丰，香积之充，且安[②]其躬。其名上闻，便蕃宸恩，来自帝阍。于赫皇明，遣使奉迎，馆于神京。龙文成章，日晶月光，郁其宠荣。四众所依，胡不宁兹，而亟其归。太[③]山崔崔，一旦其颓，靡人不哀。有崇者冈，白虹吐芒，设利之藏。洪武癸丑年秋七月既望。

非幻大禅师志略[④]

（明）卫府长史　三衢金实

师字无涯，信安浮石乡人。入乌石山，从杰峰为僧。初入门，杰峰问："何处来？"师答云："虚空无向背。"指寺钟，俾作颂。即口占偈云："百炼炉中滚出来，虚空元不惹尘埃。如今挂在人头上，撞着洪音遍九垓。"时年十二。杰峰大器之，即令祝发，居坐下。躬服劳勚，弗懈于始。究竟积久，凝滞澌尽；游刃肯綮，所向无阂，遂受印可。永乐丁亥初，太宗文皇帝有事长陵，廷臣有言师精于地理学者。征至，入对称旨意，大加宴赉，即授钦天监五官灵台郎，赐七品服，俾莅其事。事毕，将大用之，师恳求

① 朦：《宋学士文集》卷15为"胜"。

② 安：《宋学士文集》卷15为"妥"。

③ 太：《宋学士文集》卷15为"泰"。

④ 明金实《觉非斋文集》卷21收录该文，题作"大明故僧录司右阐教非幻大禅师塔铭"。

愿复为僧。遂擢僧录司右阐教，住南京碧峰寺。上时在春宫，雅敬师之道，俾住持灵谷寺，恩遇益隆。庚子闰正月二十八日，示寂。时朝廷方于灵谷建大斋，礼官董其事甚严。师独若不经意，其徒怪问之。师笑曰："自家有一大事甚紧，无暇他及。"至是，沐浴更衣，趺坐榻上。二僧捧纸至前，把笔大书偈云："生死悠悠绝世缘，蒙恩永乐太平年。这回撒手归空去，雪霁云消月正圆。"投笔而逝。同官启闻，有命停龛方丈十又三日，一再遣官致祭，颜面如生。荼毗之夕，祥烟弥布，设利充满。

小刹　永福寺　古刹

在都门外，南城，安德街天竺山前。北去所领碧峰寺相邻，东北去聚宝门二里。天顺间，诂庵禅师建。按《乾道志》：在广济仓东。旧在冶城东南，本晋开福寺。后徙此，改景福寺。南唐避讳，改额。宋、元名永福尼寺。旧有孔雀坛，成化中毁。弘治辛酉，重修。今居士张应文复募重修，度越前刹。

殿堂

山门三楹。观音殿三楹。佛殿三楹。孔雀楼五楹。石塔一座。僧院二房。基址五亩东至安德街，南至能仁寺墙，西至琉璃窑水塘，北至官路。

卷四十　新亭崇因寺

中刹　新亭崇因寺　古刹

在郭外，南城，安德乡。北去所统报恩寺十里，聚宝门十里。刘宋时，名旷野寺。齐废。梁大同中，复。唐开元中，以懒融尝居，改禅居院。太和①中，改崇果院。宋改寺额曰崇因。嘉靖间，重修。此地旧为新亭，有王、谢遗迹，宋苏长公画像颂。又刘谊诗云："十里崇因寺，临江水气中。"皆为寺证据。所领小刹，曰英台寺、慈善寺、兴福寺、凤岭寺。

殿堂

天王殿三楹。佛殿三楹。左伽蓝殿三楹。右祖师殿三楹。方丈六楹。回廊六楹。僧院三房。基址十四亩东至赵科民田，南至王彦民田，西至赵指挥坟，北至新永宁寺山。

公产

田、地、山、塘共二百一十九亩五分二厘。

古迹

新亭世宗②过江，诸人每至暇日，辄相邀出，藉卉饮宴。周侯顗在坐叹曰："风景不殊，举目有江河之异。"皆相视流泪。惟丞相导愀然变色曰："当共戮力王室，克复神州，何

---

① 太和：应为"大和"。

② 世宗：应为"中宗"，即晋元帝司马睿。此节文字出自《世说新语·言语第二·新亭对泣》。

至作楚囚相对泣耶?” 孝武宁康元年,桓温来朝,顿兵新亭,召王坦之、谢安。安发其壁后置人,温为却兵,笑语移日。 崔慧景兵至新亭,石头、白下兵皆溃。徐道覆劝卢循焚舟,自新亭步上。 元徽二年,桂阳王休范举兵,萧道成请顿新亭,以当其锋,大破之。 梁武帝起义兵,进屯江宁。东昏使李居士率兵屯新亭,梁击破之。**观音画像**东坡颂,李端叔跋,曰:吾卜葬亡妻,崇因长老钦公谓余曰:“子胡不祷观音?东坡南迁,尝祷而应,遂作颂。”前人已刻石,后有诏,所在东坡文皆毁。人不敢违。余问石所在,曰:“几碎矣。”索之力,乃得于库中米廪后,尘土深数寸,稍曳出,加湔洗,而灿然如未尝毁者。盖先是刻马祖庞居士,用其余刻颂,像已断裂,而颂独全①。 今不存。

文

旷野寺碑

梁元帝

云楣胶葛,桂栋阴崇。刻虬龙于洞房,倒莲花于绮井。月殿朗而相晖,雪宫穆以华壮。轍轍②璇题,虹梁生于暮雨;璞璞③银榜,飞观入乎云中。铭曰:圆珰旦晖,方诸夜朗。金盘曜色,宝铃成响。

---

① 此段文字,出自《至正金陵新志》卷11崇因寺。

② 轍:音niè或yè,义为“车载高貌”。

③ 璞璞:唐欧阳询《艺文类聚》卷76,为“嶫嶫”。

观音颂并序[①]

（宋）翰林学士　苏轼

金陵崇因寺[②]长老宗袭，自以衣钵造观世音像，极相好之妙。予南迁，过而祷焉，曰："吾北归，当复过此，而为之颂。"建中靖国元年五月一日，自海南归至金陵，乃作颂曰：慈近乎仁，悲近乎义，忍近乎勇，辱[③]近乎智。四者似之，而卒非是，有大圆觉，平等无二。无冤故仁，无亲故义，无人故勇，无我故智。彼四虽近，有作有止。此四本无，有取无匮。有二长者，皆乐檀施，其一大富，千金日费；其一甚贫，百钱而已。我说二人，等无有异。吁观世音，净圣大士。遍满空界，挈携天地。大解脱力，非我敢议。若其四无，我亦如是[④]。

集庆路崇因寺记[⑤]

（元）豫章沙门　大欣

延佑二年，昙芳居金陵崇因寺，予寓馆焉。僧不满百，多耆宿，有矩度。庭宇静深，山环辑如卫，左江右淮，风帆驿骑，使客憩止。以寺得晋新亭故基，山川风物，感人咏思，有不能去者。昙芳与予登崇冈，俯木末，吊六朝遗迹，未尝不叹世之勋业，如春华阳焰，随手变灭。而吾徒之居，逃空虚，弃寂寞，幸而孑遗者，以存吾道也。明年，予过钱唐。后昙芳亦迁钟山，而白岩继之矣。又十六年，文皇以潜邸为寺，召吾天竺来主之，而众又以

① 宋苏轼《东坡全集》卷98收录该文，题作"观世音菩萨颂并序"。

② 寺：《东坡全集》卷98为"禅院"。

③ 辱：《东坡全集》卷98为"忧"。

④ 是：《东坡全集》卷98为"此"。

⑤ 元释大欣《蒲室集》卷10收录该文，题作"集庆路江宁崇因寺记"。

崇因命吾法弟正逵。逵居十年，以葺其寺之劳，请记其事。按《图志》：寺建于刘宋，人呼旷野寺。齐废。梁大同中，克复。唐开元中，以懒融尝居之，始名禅居寺。伪吴太[①]和，改崇果。宋又赐名曰崇因。政和间，长老宗袭作观音像，苏文忠公以颂赞之。视祖堂列祀，若洪觉范与真如喆公之嗣正禅师者，皆望重禅林。正殁，多设刹[②]，葬塔山中。始居四望亭，尝安千众，今二井犹存。绍兴初，迁于此，曰文殊，山若有待也。然荐罹兵燹，蕞尔仅存。至国朝，远峰宏公克中兴之。及昙芳，而法席始盛。作钟楼、僧堂、众寮、庖湢，以延名衲。逵作大殿，初有农耕田中，视若物焉。发及深淖，得巨木，坚劲修直，理密而芳郁，因以为柱，殆若神献。殿成，像设金碧，尤极殊丽。由门庑垣廪，悉新之。以文皇尝幸寺，又赐白金，仍铸巨钟，以昭圣德。慕苏公之贤，作雪堂。知生之有终，作三塔。又曰："有寺千年矣，赖昔人保以弗隳。吾惧不逮，而犹有望于后之人，可无纪乎？"予谓世之定[③]宇宙者，以包六合，阅万世也。人以渺然之身寄其中，不啻一粟，倏然而尽，如驹过隙，曾不知世所存其大、其久。盖将度越六合万世，以超乎宇宙之外，不能顾省而自暴自弃者，何限昧夫大者、久者，而常汲汲于眇然、倏然，以餍足其志，何愚滋甚？彼论禹稷颜子同道，特以用不用，易地皆然，而较然辩之，以此视彼。虽以天下易陋巷，犹以蹄涔酌沧溟，孰拟哉？斯向之昙芳与吾浩叹者，不在是乎？虽然不以无为而隳有为，不胶

---

① 太：应为"大"。

② 刹：《蒲室集》卷10为"利"。

③ 定：《蒲室集》卷10为"言"。

于外以失其内，必交修而备举之，吾道然也。逵勉乎哉！逵勉乎哉！逵晚从先师，又与天目本公游，其所得叵量。因其请而规之，友道也。是为记。

寺始建于六朝刘宋时，名旷野。唐名禅居。宋改今名。载《图志》，可考也。其营置沿革崇异，此碑之文具焉。文见《蒲室集》中，碑石则磨灭无存矣。今年夏，余得告解篆，憩寺中，欲俾来者之有征也，命住持明珠重勒于石。嘉靖戊午，南京礼部祠祭司郎中平湖陆光祖识。

诗

新亭渚别范零陵云

（宋）谢　朓

洞庭张乐地，潇湘帝子游。云去苍梧野，水还江汉流。停骖我怅望，辍棹子夷犹。广平听方籍，茂陵将见求。心事俱已矣，江上徒离忧。

和徐都曹《出新亭渚》

（宋）谢　朓

宛洛佳遨游，春色满皇州。结轸青郊路，回瞰苍江流。日华川上动，风光草际浮。桃李成蹊径，桑榆荫道周。东都已俶载，言归望绿畴。

昧旦出新亭渚

（宋）徐　勉

驱车凌早术，山华映初日。揽辔且徘徊，复值清江谧。杳霭枫树林，参差黄鸟匹。气物宛如斯，重以心期逸。春堤一游衍，终朝意殊悉。

过崇因寺，简古昙上人

（明）陈　沂

仙丘何处觅？梵刹此中藏。卓地穿龙井，开山起雁堂。昙花无伏腊，祇树有齐梁。相对炉烟下，前因未尽香。

游崇因寺

（明）许　谷

秀壁垂苍柏，雕台映紫霞。林虚含万象，室静演三车。宝地金为粟，祇园玉作花。直须同结社，应恨未辞家。

游崇因寺

（明）姚汝循

复岭藏金界，幽探历翠微。屡迷黄叶境，始到绿萝扉。谷静松声合，秋高林影稀。坐来尘世隔，花雨满空飞。

小刹　英台寺　古刹、敕赐

在郭外，南城，安德乡西善桥。东去所领崇因寺五里，北去聚宝门十五里。《乾道志》：旧在新林市。

殿堂

金刚殿三楹。天王殿三楹。佛殿三楹。观音殿五楹。僧院一房。基址八亩东至陈见民田，南至柴文民山，西至本寺后山，北至陈见民山。

公产

田、地、山、塘共二十五亩八分六厘。

小刹　慈善寺

在郭外，南城，安德乡。东去所领崇因寺四里，北去聚宝门十五里。

殿堂

山门一楹。佛殿三楹。僧院三房。禅院十四楹。基址八亩东至寺前官路，南至胡中正民田，西至大河，北至王世龙民田。

公产

田、地共三十七亩三分。

小刹　兴福寺

在郭外，南城，安德乡。东去所领崇因寺七里，北去聚宝门二十五里。

殿堂

佛殿止存基址。僧院一房。基址二亩东至蒋文显民山，南至王思山民坟，西至郭家坟，北至王思山民坟。

小刹　凤岭寺　敕赐

在郭外，南城，凤西乡。西去所领崇因寺十里，西北去聚宝门十三里。宣德元年，右善世溥洽示寂，瘗于凤岭之阳，建塔院，赐额。今渐颓圮。

殿堂

佛殿三楹。僧院一房。基址十亩东至官沟，西至建平伯坟，南至高蓝冲田，北至夏佩民田。

公产

田、地、山、塘共五十八亩八分八厘。

文

临安杨伯子墓田碣

（明）翰林修撰　焦竑

滇云杨别驾维斗，余旧门人也。万历中，任东昌别驾，时配及子清朝、息李氏相继物故。壬寅岁，解组南还，访余金陵，念三榇自随，间关万里，势难远涉，乃谋葬南郊凤岭寺之右。方逾年，令内弟复赍二十金，属余仆置寺田三亩五分，地二亩，畀寺僧德贤守之，取其租，为时祭费。同乡选部马公，恐久而湮也，为立石寺中，以垂永久。夫余之祖茔，既相去跬步，而滇云宦辙，复络绎踵至，冀能时加省视，令丘垄常存，烝尝不替，是维斗意也。嗟乎！嬴博葬子，达人之高风；平陵立碑，友生之义举。若马公与君之所为，何必古人？辄记其略，令来者有考焉。余载别驾自为墓碣中，不具论。

卷四十一　外永宁寺

中刹　外永宁寺　敕赐

在郭外，南城，安德乡。北去所统报恩寺十里，聚宝门十里。正德间，创建，赐额。所领小刹，曰德胜寺、广兴寺、智安寺、德寿寺、永泰寺。

殿堂

天王殿三楹。佛殿三楹。左、右钟、鼓楼二座。法堂七楹。僧院四房。基址二十亩东至广兴寺，南至本寺照山，西至分山路口，北至王家神路。

公产

田、地、山、塘共三百九十二亩九分三厘。

小刹　德胜寺　敕赐

在郭外，南城，安德街。西去所领外永宁寺十里，西北去聚宝门三十里。

殿堂

山门一楹。佛殿三楹。左伽蓝殿三楹。右观音殿三楹。祖师殿三楹。僧院三房。基址三十亩东至严家民山，南至本寺地，西至王家山，北至本寺沟。

公产

田、山、塘共九十五亩六分七厘。

小刹　广兴寺　敕赐

在郭外，南城地，安德乡。北去所领外永宁寺半里，西北去聚宝门十里。景泰二年，僧惠兴创造，奏请赐额。

殿堂

佛殿三楹。僧院三房。基址四亩东至韦家山，南至本寺照山顶，西至甄指挥山，北至高聚民山。

小刹　智安寺

在郭外，南城，新亭乡。北去所领外永宁寺□里，□去聚宝门□里。国初，僧昙周塔院。景泰间，毁于火。今仅存僧院。

殿堂

佛殿止存基址。僧院一房。基址二亩

公产

田、地、山、塘共三十二亩二分六厘。

小刹　德寿寺

在都门外，南城，安德乡。西去所领外永宁寺十里，西北去聚宝门十里。

殿堂

佛殿止存基址。僧院二房。基址十四亩东至尚西民塘,南至马场沟,西至朱景阳民坟,北至杜应祥坟。

公产

田、山、塘共一十六亩七厘。

小刹　**永泰寺**　古刹

在都门外,南城,安德[1]乡。西去所领外永宁寺十里,西北去聚宝门十三里。唐开化[2]年创。

殿堂

天王殿三楹。佛殿三楹。僧院一房。基址八亩

公产

田、地、塘共七十四亩八分八厘。

---

① 德:原文漏缺,校补。

② 开化:唐无"开化"年号。应为"开元"或"光化"之误。

卷四十二　祝禧寺

中刹　**祝禧寺**　敕赐

在郭外，南城，安德乡。北去所统报恩寺十里，聚宝门十里。正德间造，奏请赐额。所领小刹，曰天隆极乐寺。

殿堂

山门三楹。金刚殿三楹。天王殿三楹。佛殿三楹。左伽蓝殿三楹。右祖师殿三楹。法堂三楹。方丈三楹。回廊四十二楹。僧院八房。基址四十五亩东至本寺山，南至官路，西至本寺田，北至朱泽民田。

公产

田、地、山、塘共二百三十四亩四分四厘。

小刹　**天隆极乐寺**　敕赐

在郭外，南城，安德乡。西去所领祝禧寺三里，西北去聚宝门十里。宣德间建，为天然和尚塔院，僧弘升奏请赐额。今殿宇渐圮。

殿堂

金刚殿三楹。天王殿三楹。佛殿三楹。毗卢阁三楹。僧院一房。基址二亩东至徐家山顶，南至徐、王二家民山，西至本寺地，北至张栾民山。

公产

田、地、山、塘共四十五亩九分一厘。

卷四十三　献花岩花岩寺

中刹　**献花岩花岩寺**　敕赐

在郭外，南城，皈善乡。北去所统报恩寺三十里，聚宝门同。唐僧懒融曾居此，有百鸟献花，因名献花岩。旧惟庵居。成化间，僧古道、德达建寺，请今额。寺在芙蓉峰之半，岩洞甚多，俱奇绝。有芙蓉阁及大观堂，坐见弘觉，楼殿林壑，浮图金碧，宛若画障。绝顶望京城，历历错绣，钟山连带江外数峰青出，最登临胜处。所领小刹，曰慧光寺。

殿堂

金刚殿三楹。天王殿三楹。佛殿三楹。左伽蓝殿一楹。祖师殿三楹。观音阁一座。钟、鼓楼二座。归云亭一座。僧院七房。基址五十亩八分东至斗山大盘岭，南至寺大山西峰岭，西至寺象鼻洞八盂塘，北至寺石碑楼。

禅院

禅堂三楹。右斋堂三楹。

公产

田、地、山、塘共二百八十六亩七分九厘。

山水

华岩山[1]《大藏经》云：高千四百余尺，周四十里余三十步。芙蓉峰岩东上数丈。拱北峰芙蓉峰上又百步，北拱都邑，因名。天盘岭岩东界。西风岭岩西界。中峰西岭南，缘崖二里许。献花岩佛宫西有石窟如室，入，深丈余，广寻。上石

---

① 华岩山：明陈沂《献花岩志・志山石》为“花岩山”。

穹窿，下平土无石。《神僧传》云：唐贞观十七年，法融来修戒定。二十一年，岩下讲《法华经》，时素雪满阶，获奇花二茎，状如芙蓉，灿同金色。《大藏经》云：又有百鸟衔花翔集。即此岩也。伏虎洞岩东，上芙蓉峰，下有石窟，比岩差小。亦云法融谈经处，尝有二虎伺于门。神蛇洞岩西。相传亦法融时驯蛇也。象鼻洞在神蛇洞下，石穴如象鼻相贯。息泉入山径，历上一里许。净香泉息井历上数百步。太白泉在佛宫西。太白西方之精，故名。长庚池佛宫外历上数十步。

古迹

玉板台北麓，入径二里许，一巨台。台下环以大竹，因名玉板。大观台从大竹傍少西，纵步而上，入石门，台广数丈，缭以短垣，下瞰数仞，群峰平临，万木俯视。瞰云台拱北峰下，有石削起平广，曰瞰云台。芸台岩之下，一微径至台，仅容席，傍多芸草。菩提台芸台下，草莽中，向西一高丘，傍有菩提树一株。待月台佛宫之东岭，有石台曰待月。东望旷迥，月自下起，苍凉景色。补衲台下待月台数步，有石围数丈复起，面甚平，四隅如劈判者，云亦法融补衣处也。六观亭亭六角，名六观。取释氏"如梦、幻、泡、影、露、电如是观"之说。芙蓉阁亭之西，芙蓉峰之下，石谽谺悬出处，嵌一阁。因石高下，为栋长短。梯亦借石之纡转处，补甃而上。归云亭入岩而东出数步，至亭。树石掩映。

文

献花岩序

（明）翰林编修鄞　陈沂

金陵诸山，在北者皆石，负大江，蟠踞都邑，崖壁峻峭。高数十仞，陒陿关阻，莫之可越。西为城闉之限，而石者亦多，故隋置石头城。目[①]北以东，钟山为都邑之镇，青龙黄鹿，延亘于秣陵、淳化者，土石相半。城南山多子石，去十里外，皆土，不甚

① 目：《献花岩志》为"自"。

高。惟牛头山去城三十里，石居土之十七。僻奥而郁秀，两峰角立，望之若牛头然。上有浮图、佛宫，释氏书云“江左牛头”是也。山之南五里，有峰起相埒，自麓至颠，皆碧石被苏[①]，藤树杂糅，与石相生。崖之半一石窟，曰献花岩。释氏书谓，唐释师法融居此，雪中有奇花，又有鸟衔花之异，岩因以名，而山亦以岩显。故金陵称丛林，必曰牛首、献花岩、祖堂，而地实相连。旧刹惟牛头幽栖寺，即今弘觉寺，此岩惟僧庵耳。皇明成化间，山东僧古道师至岩下，坚坐不动数年。黔国宰何公饭僧于祖堂之山，北望云气被彩，陟冈而北，气自岩出。何公愕然，步至岩，见古道危坐，问之不答，而貌又古，益怪异之。是年，即捐金为佛宫，别治堂与之居，请敕赐寺额曰花岩。古道化去，弟子再传者曰德达，善弘教，受祠部札子。领之逾年，寻山之踪，穷水之源，芟辟灌莽，夷衍碕砠，因高为台，缘曲为梯，悬虚以为楼阁，挹旷以为轩槛。凡幽潜秘匿之所，始毕张大。榜之于木，刊之于石。由是，献花岩之名，大盛于牛头山。

游献花岩记

(明)南兵部尚书　太原乔宇

从牛首南，缘山径纡曲数峰，约五里，至西风岭。东行，有石窟如屋，题曰献花岩。云唐法融禅定于此，有百鸟献花之异，因名。岩内复有窍，东出一旁曰归云亭。崖之下，有一径至大观堂。堂制极横敞，前缭以短垣，凭之，则牛首山如障，京城宫阙，历历可见。入华岩寺，有芙蓉阁在石间悬出。阁之右，有亭

---

① 苏:《献花岩志》为“蘚”。

六角，曰六观亭。亭之右，有修廊临虚，曰翠微。房之后，登山径至拱北峰。峰之上，复有亭曰耸翠。亭之上，又数百级，乃至顶。顶极平旷。东下有补衲台，亦法融禅定补衣处也。

诗

献花岩

（明）钱　琦

献花岩畔寺，着屐漫登临。花发年年好，岩深处处阴。步来寻落果，坐久换鸣禽。世路何多事，看山独会心。

登芙蓉阁①

（明）陈　沂

丹阁悬青磴，浮云宿处低。俯窥寒雁度，歌听晓猿啼。瀑水侵雕槛，飞萝护绛题。香台在深处，即此是曹溪。

宿达公房②

（明）陈　沂

旧地人重宿，劳生梦一醒。乱峰明积雪，虚殿纳疏星。僧发老逾白，佛灯寒更青。翛然生道念，对坐说金经。

宿花岩寺③

（明）陈　沂

古台秋晚客闲凭，渺渺寒原思不胜。岩日乍沉鸣远磬，野

---

① 《献花岩志・献花岩诗》收录该诗，题作“登芙蓉阁次韵”。本诗第四句中的“歌”，应为“欹”。

② 明顾璘《顾璘诗文全集》卷29收录该诗，作者为“顾璘”；而《献花岩志・献花岩诗》收录该诗，作者则作“陈沂”。

③ 《献花岩志・献花岩诗》收录该诗，题作“宿寺次升之韵”，原诗二首，本书所录者为第二首。

烟初暝出疏灯。山分僻路惟闻鸟，寺转空廊不见僧。入境已离人世界，此身还宿翠微层。

澄江台

（明）王　韦

混合开天堑，苍茫壮帝畿。帆樯移夕景，楼殿动朝晖。落日波涛隐，浮烟岛屿微。登台歌古咏，长忆谢玄晖。

芙蓉阁

（明）王　韦

缘曲疑难至，凭虚恐未安。狻猊金锁冷，鹦鹉雪衣单。竹倚琅玕听，云移罨画看。如何翠微上，犹自著尘冠。

游献花岩

（明）鲁　铎

清尘晓雨乍霏微，落絮游丝总不飞。绝巘路通行委曲，大江帆远见依稀。云中绛阁初疑画，洞口青苔欲上衣。拟借岩房留信宿，隔林啼鸟漫催归。

秋日游花岩

（明）蔡　羽

花岩最绝顶，下与人境悬。峭壁下苍雾，飞梯入青天。江影如秋毫，吴楚浩无边。竹荫不漏日，翠厚常流烟。隐隐藤萝中，金碧忽泠然。东山动余霭，群巘争效妍。空虚亦凄神，还寻曲房眠。主人弃客去，独负东林缘。

归云亭[①]

(明)蔡　羽

寻幽坐翠微，岚气湿人衣。日暮高亭上，云归僧未归。

登献花岩芙蓉阁[②]

(明)汤显祖

木末芙蓉出，花岩草树齐。陵高诸象北，江白数峰西。

中刹　慧光寺　古刹、敕赐

在郭外，南城，新宁乡。南去所领花岩寺五里，北去聚宝门三十里。牛首山东北，转入冈峦数重，即寺。宋治平中建，因赐古光宅寺额，遂名光宅。创制极古，台皆凿山而成。入禅院，有石数丈，方广夷坦，云光法师讲经于此。国朝洪武中，僧无隐重创，赐今额。

殿堂

山门一楹。佛殿五楹。僧院一房。基址三亩东至蒋仲云民山，南至寺前官路，西至寺王如楫民田，北至沐府后山。

公产

田、山共一十一亩五分。

人物

(梁)僧正法师有碑略。法悦有传略。昙瑷有传略。

① 此诗，《献花岩志・献花岩诗》收录，作者为“李廷相”。

② 明汤显祖《玉茗堂全集》卷29收录该诗，题作“游献花岩芙蓉阁”。

文

光宅寺刹下铭[①]

（梁）尚书令　沈约

光宅寺，盖上帝之故居，行宫之旧兆，杨州丹阳郡秣陵县某乡某里之地。自去兹邠、亳，来仪京辅；拓宇东第，偲武城闉。圣心留爱闲素，迁负南郭；义等去丰，事均徙镐。及克济横流，膺斯宝运，命帝阍以广辟，即太微而为宇。既等汉高，流连于丰沛；亦同光武，眷恋于南阳。思所以永流圣迹，垂之不朽，今[②]事与须弥等同[③]，理与天地无穷，莫若光建宝塔，式传于后。乃以大梁之天监六年，岁次星纪月旅黄钟，闰十月二十三日戊寅，仲冬之节也。乃树刹玄壤，表峻苍云；下洞渊泉，仰迫星汉。方当销巨石于贤劫，拯未来于忍土。若夫朱光所耀，彤云所临；非止天眷，兼因地德。皇帝乃启扉闾阖，造舟淮涘。接神飙而动骖，越浮梁而径度。芝盖容与，翠华葳蕤。下辇停跸，躬展诚敬；广集四部，揆景同流[④]。弘此广因，被之无外；同由厥路，俱至道场。乃作铭曰：八维悠阔，九服荒茫。灵圣底止，咸表厥祥。寿丘叆叆，电绕枢光。周原膴膴，五纬入房。自兹遐夐，在处弗亡。安知弱水，宁辨穷桑？自天攸纵，于惟我皇。即基昔兆，为

① 唐释道宣《广弘明集》卷16、明梅鼎祚《释文纪》卷25、明张溥《汉魏六朝百三家集》卷87等各收录该文，题均作“光宅寺刹下铭并序”。

② 今：《广弘明集》卷16为“令”。

③ 同：《广弘明集》卷16为“固”。

④ 流：据《广弘明集》卷16补。

世舟航。重檐累构，迴刹高骧。上为净国，地即金刚[①]。因斯太极，溥被翱翔。岂徒三界，宁止十方？濡足万古，援手百王。一念斯答，万寿无疆。如日之久，如天之长。

上钱随喜光宅寺启

（梁）尚书令　沈约

伏惟中阳故里，舂陵旧居，夷漫涤荡，曾无遗筑。若使大教早流，法遵二代，开塔白水，树刹枌榆，可以传美垂迹，迄今不朽。

重建慧光禅寺记略

（明）南太常寺卿　四明郑雍言

都城南去三十五里，有古寺曰光宅，乃梁武帝故宅，舍之作寺。昔云光法师讲《法华经》于此，有天花如飞雪满空。讲罢，即乘空而去。按《实录》[②]云：天监六年，武帝舍宅造寺，未成。于小庄严寺造无量佛像，长丈九[③]尺。未移前，淮中估客夜辄闻，大桥上修道路，往视，不见其人。俄而，像度光彩辉焕，在当时祥瑞显应如此。宋王荆公有诗云："今知光宅寺，牛首正当门。台殿金碧毁，丘墟桑竹繁"。则知宋时，其寺荒凉已久。矧遭元季兵燹之余，废坏不言可知。国朝洪武初，无隐道禅师于寺基上，薙草莱、除荆棘、畚瓦砾，首创梵宇。宣德五年，特奏，奉旨改慧光禅寺。宣德八年，普彻等募众鸠工，重建佛殿诸所，焕然一新。至正统癸亥，讫工。因属文以纪其实。正统九年甲子正月。

---

① 刚：《广弘明集》卷16为"床"。

② 《实录》：唐许嵩《建康实录》。

③ 九：《建康实录》卷17为"八"。

传

光宅寺僧正法师碑铭[1]

梁元帝

昂昂千里，孰辨骐麟之踪？汪汪万倾，谁识波澜之际？望之若披云雾，睹之如观日月。至乃耆年宿望，蓄思构疑。悬钟无尽，短兵有倦。犹若分旦望景，履冰待日；莫不倾河注烛，虚往实归。皇帝革命受图，补天纫地。转金轮于忍土，策绀马于阎浮。逸翮方超，图南辍轨。岂直尽兹相府，署彼义年；方当高步仙阶，永编金牒。繁霜凝而旦委，松风凄而暮来。悲马鸣之不反，望龙树而心哀。铭曰：澄月夜亏，清氛旦卷。曾变[2]远岸，苍江傍缅。

释法悦传略[3]

《高僧传》

释法悦者，戒素沙门也。齐末，敕为僧主，止京师正觉寺。尝闻彭城宋王寺有丈八金像，乃宋王车骑徐州刺史王仲德所造。光相之奇，江右称最。州境或应有灾祟，及僧尼横延衅戾，像则流汗。汗之多少，则祸患之浓淡也。宋太[4]始初，彭城北属，群虏共欲迁像，遂至万夫，竟不能致。齐初，兖州数郡欲起义南附，亦驱逼众僧，助守营堑。时虏帅兰陵公攻陷此营，获诸

① 唐欧阳询《艺文类聚》卷76、《释文纪》卷22、《汉魏六朝百三家集》卷84等各收录该文，题均作“光宅寺大僧正法师碑铭”。

② 变：《艺文类聚》卷76为“峦”。

③ 该文出自梁释慧皎《高僧传》卷13《梁京师正觉寺释法悦传》。

④ 太：应为“泰”，南朝宋明帝刘彧年号为“泰始”。

沙门。于是尽执二州道人，幽系圄里。遣表伪台，诬以助乱。像时流汗，举殿皆湿。时伪梁王谅镇在彭城，亦多信向，亲往像所，使人拭之，随出，终莫能止。王乃烧香礼拜，至心誓曰："众僧无罪，弟子自当营护，不使罹祸。若幽诚有感，愿拭汗即止。"于是自手拭之，随拭即燥。王具表其事，诸僧皆见原免。悦既欣睹灵异，誓愿瞻礼。而关禁阻隔，莫由克遂。又昔宋明皇帝经造丈八金像，四铸不成，于是改为丈四。悦乃与白马寺沙门智静[1]率合同缘，欲改造丈八无量寿像，以伸厥志。始鸠集金铜，属齐末，世道凌迟，复致推斥。至梁，方以事启闻，降敕听许，并助造光趺。材官工巧，随用资给。以梁天监八年五月三日，于小庄严寺营铸。匠本量佛身四万斤铜，融泻已竭，尚未至胸。百姓送铜，不可称计。投诸炉冶随铸，而模内不满，犹自如先。又驰启闻，敕给功德铜三千斤。台内始就量送，而像处已见羊车传诏，载铜炉侧。于是飞鞴消融，一铸便满。甫尔之间，人车俱失。比台内铜出，方知向之所送，信实灵感。工匠喜踊，道俗称赞。及至开模量度，乃踊成丈九，而光相不差。又有大钱二枚，犹见在衣缘，竟不销铄，并莫测其然。敕以像事委定林僧。于其年九月二十六日，移像光宅寺。是夜，淮中贾客并闻大航舶下，催督治桥，有如数百人声。其后更铸光趺，并有华香之瑞。自葱河以左，金像之最，唯此一耳。论曰：夫法身无像，因感见有参差，故形应有殊别。若乃心路苍茫，则真仪隔化；情志慊切，则木石开心。故刘殷至孝诚感，釜庾为之生铭；丁兰温

① 静：《高僧传》卷13为"靖"。

清竭诚，木母以之变色。鲁阳回戈而日转，杞妇下泪而城崩。斯皆隐恻入其性情，故使征祥照乎耳目。至如慧达招光于刹杪，慧力感瑞于塔基，慧受申诚于浮木，僧慧显证于移灯，洪亮并忘形于铸像，意献皆尽命于伽蓝。法献专志于牙骨，竟陵为之通感；僧护蓄抱于石城，南平以之获应。近有光宅丈九，显曜京畿。宋帝四铄而不成，梁皇一冶而形备。妙相踊而无亏，瑞铜少而更足。故知道藉人弘，神由物感，岂曰虚哉？

释昙瑗传略①

《高僧传》

释昙瑗，金陵人。以戒律处世，住持为要。乃从诸讲席，专师《十诵》。功绩既著，学观斯张。宣帝下诏国内，初受戒者，夏未满五，皆参律肆。可于都邑大寺广置听场，仍敕瑗公总知监检，明示科举。有司准给衣食，勿使经营形累，致亏功绩。瑗既蒙恩诏，通诲国僧，四远被征，万里相属。时即搜擢明解词义者二十余人，一时敷训，众齐三百。其有学成，将还本邑，瑗皆聚徒对问，理事无疑者，方乃遣之。由是律学更新，上闻天听。帝又下敕荣慰，以瑗为国之僧正，令住光宅。苦辞以任，敕特许之。而栖托不竞，闭门自检。非夫众集，不忘经行。庆吊斋会，了无通预。山泉林竹，见便忘反。每上钟阜诸寺，修造道贤，触兴赋诗，览物怀古。洪偃法师傲岸泉石，偏见朋从，把臂郊坰，同游故苑。瑗题树为诗曰："丹阳松叶少，白水黍苗多。浸淫下

① 该文出自唐释道宣《续高僧传》卷21《陈杨都光宅寺释昙瑗传》。

客泪，哀怨动民[①]歌。春蹊度短葛，秋浦没长莎。麇鹿自腾倚，车骑绝经过。萧条肆野望，惆怅将如何？”偃续题曰：“龙田留故苑，汾水结余波。怅望伤游目，辛酸思绪多。凉飙[②]惨高树，浓露变轻萝。泽葵犹带井，池竹下侵荷。秋风徒自急，无复白云歌。”瑗以太建年中卒于住寺，春秋八十有二。初，微疫[③]将现，便告众曰：“生、死对法，凡、圣俱缠。自非极位，有心谁免？今将就后世，力不相由；愿生来讲诲，分有冥功。彼我齐修，用为来习。不尔，与世沉浮，未成通济。幸诸梵行，同思此言。终事任量，可依成教。”言讫，端坐如定，欻然已逝。有敕依法焚之，为立白塔，建碑于寺。著《十诵疏》十卷、戒本、羯磨疏各两卷、《僧家书仪》四卷、别集八卷，见行于世。

与梁朝士书

（梁）释昙瑗

光宅寺昙瑗白：窃惟至人垂诲，各赴机权，故外设约事三千，内陈律仪八万，诚复楷训异门，无非惩恶。孔定刑辟，以诘奸宄；释敷羯磨，用摈违法。二圣分教，别有司存。顷见僧尼有事，每越讼公府，且内外殊揆，科例不同。或内律为轻，外制成重；或内法为重，外网更轻。凡情僶俛，肆其阿便。若苟欲利己，则舍内重而附外轻；若在陷他，则弃内轻而依外重。非唯秽黩时宰，便为顿乖理制。幸属明令公匡弼社稷，和燮阴阳；舟楫大乘，柱石三宝。遐迩向风，白黑兼庆。贫道忝居僧例，颇曾采

① 民：《续高僧传》卷 21 为“人”。
② 飙：《续高僧传》卷 21 为“烟”。
③ 疫：《续高僧传》卷 21 为“疾”。

习毗尼，累获僧曹送事，访律详决。寻佛具切戒，国有宪章。维僧家诤执，未审依何折断？谨致往牒，伫奉还旨。庶成约法，永用遵模。释昙瑗呈。

诗

游光宅寺应令①

(梁)简文帝

陪游入旧丰，云气郁青葱。紫陌垂青柳，轻槐拂慧风。八泉光绮树，四桂暖临空。翠网随烟碧，丹花共日红。方欣大云溥，慈波流净宫。

游光宅寺②

(宋)王安石

今知光宅寺，牛首正当门。台殿金碧毁，丘墟桑竹繁。萧萧新犊卧，冉冉暮鸦翻。回首千岁梦，雨花何足言。

---

① 明冯惟讷《古诗纪》卷78、明陆时雍《古诗镜》卷18、《汉魏六朝百三家集》卷83各收录该诗，题均作“游光宅寺诗应令”。

② 宋王安石《临川文集》卷14收录该诗，题作“光宅”；宋王安石撰、宋李壁注《王荆公诗注》卷22则作“光宅寺”。

卷四十四　幽栖山祖堂寺

中刹　**幽栖山祖堂寺**　古刹

在郭外，南城，建业乡。北去聚宝门及所统报恩寺各三十里。刘宋大明中，建寺，在幽栖山，故名。唐贞观初，僧法融为南宗第一禅师，居此，改山曰祖堂，又名祖堂寺。光启中，废。杨吴太[①]和中，改延寿院。宋治平中，复为幽栖。国朝如旧。招提既古，泉壑亦幽。牛首、献花之间，都无俗处。所领小刹，曰吉山寺、永泰寺、宁海寺、静居寺。

殿堂

金刚殿五楹。天王殿五楹。佛殿五楹。千佛殿五楹。观音殿三楹。左华严楼五楹。左水陆殿五楹。基址二百四十三亩二分东至寺天盘岭，西至寺西蜂岭，南至寺宝盖山顶，北至寺蜈蜂岭。

禅院

禅堂三层十五楹。斋堂二层十楹。厨库茶寮共五楹。

公产

田、地、山、塘共五百八亩四分三厘。

山水

幽栖山即花岩山。祖师洞融法师晏坐处。朝阳洞　虎跑泉　金

① 太：应为“大”。

龟池　香水海山顶，冬夏不竭。

古迹

佛字在祖师洞石。唐贞观年，懒融禅师居此修道，四祖道信经过，就石书一“佛”字，令坐之。融作怖势，祖云：“还有这个在。”佛脚迹

人物

（唐）法融有传略。

传

法融禅师传略[①]全传入《弘觉寺》

《传灯录》

入牛头山幽栖寺北岩之石室，有百鸟衔花之异。唐贞观中，四祖遥观气象，知彼山有奇异之人，乃躬自寻访，问寺僧：“此间有道人否？”曰：“出家儿那个不是道人？”祖曰：“阿那个是道人？”僧无对。别，僧云：“此去山中十里来[②]，有一懒融，见人不起，亦不合掌，莫是道人？”祖遂入山，见师端坐自若，曾无所顾。祖问曰：“在此作什么？”师曰：“观心。”祖曰：“观是何人，心是何物？”师无对，便起作礼。师曰：“大德高栖何所？”祖曰：“贫道不决所止，或东或西。”师曰：“还识道信禅师否？”曰：“何以问它？”师曰：“向德滋久，冀一礼谒。”曰：“道信禅师，贫道是也。”师曰：“因何降此？”祖曰：“特来相访，莫更有宴息之处否？”师指

① 宋释道原《景德传灯录》卷4收录该文，题作“金陵牛头山六世祖宗·第一世法融禅师传”。

② 来：《景德传灯录》卷4为“许”。

后面云："别有小庵。"遂引祖至庵所，远[①]庵唯见虎狼之类。祖乃举两手，作怖势。师曰："犹有这个在。"祖曰："适来见什么？"师无语。少选，祖却于师宴坐石上，书一"佛"字，师睹之竦然。祖曰："犹有这个在。"师未晓，乃稽首，请说真要。祖曰："夫百千法门，同归方寸。河沙妙德，总在心源。一切戒门、定门、慧门，神化变化，悉自具足，不离汝心。一切烦恼业障，本来空寂。一切因果，皆如梦幻。无三界可出，无菩提可求。人与非人，性相平等。大道虚旷，绝思绝虑。如是之法，汝今已得，更无缺少，与佛何殊？更无别法。汝但任心自在，莫作观行，亦莫澄心。莫起贪瞋，莫怀愁虑，荡荡无碍，任意纵横；不作诸善，不作诸恶，行住坐卧，触目遇缘。总是佛之妙用，快乐无忧，故名为佛。"师曰："心既具足，何者是佛，何者是心？"祖曰："非心不问佛，问佛非不心。"师曰："既不许作观行，于境起时，如何对治？"祖曰："境缘无好丑，好丑起于心。心若不强名，妄情从何起？妄情既不起，真心任遍知。汝但随心自在，无复对治。即名常住法身，无有变异。吾受璨大师顿教法门，今付于汝。汝今谛受吾言，只住此山。向后当有五人绍汝玄化。"圭峰判为泯绝无寄，宗引破相教而印之。有僧问南泉："牛头未见四祖时，为什么鸟兽衔花供养？"南泉云："只为步步踏佛阶梯。"洞山云："如掌观珠，意不暂舍。"僧云："见后为什么不来？"南泉云："直饶不来，犹较王老师一线道。"洞山云："通身去也。"又一尊宿答前两问，皆云："贼不打贫儿家。"僧问一老宿："牛头未见四祖时如何？"曰："如条贯叶。"僧云："见后如何？"曰："秋夜纷纷。"又僧问吴越永明潜禅师："牛头未见四祖时如何？"潜云："牛头。"僧云："见后如何？"潜云："牛头。"诸方多举唱，不可备录。

---

① 远：《景德传灯录》卷 4 为"绕"。

诗

游幽栖寺

(明)王　韦

衣钵今何在？遗堂辟绛扉。园秋霜柿落，溪晚露芹肥。茶客求逋至，林僧出饷归。花岩钟梵近，香雨背山飞。

祖堂山①

(明)朱应登

长廊卷幔得闲凭，南国秋容望不胜。香阁梵音传远磬，石幢寒影护悬灯。山深疑有长生药，寺古应多入定僧。人语忽然飘下界，始知身在白云层。

祖堂山

(明)顾　源

步入招提境，云萝隐法堂。莲峰低宝座，檀树拂经床。深壁灯烟细，孤龛柏子香。坐来毛骨冷，空翠湿衣裳。

祖堂山

(明)盛时泰

落日深林逢远公，铜瓶锡杖得相从。层栏远接诸天外，丈室平临万壑中。钟阜断云连古戍，秣陵残叶下西风。陶潜不为钟声去，月夜相邀溪水东。

---

① 明朱应登《凌溪先生集》卷 8、明曹学佺《石仓历代诗选》卷 456 各收录该诗，题均作"宿献花岩作"，原诗计二首，此为第二首。

祖堂山[①]

(明)王世贞

大道本无统,兹统乃融师。智岩敷五叶,鹤林横一枝。任尔黄梅发,差强未熟时。

上巳后二日游幽栖寺

(明)汤显祖

百日斋初过,三春绿已齐。披云眠佛窟,残屐到幽栖。

中刹　吉山寺　古刹

在京郭凤台门外,南城,泰北乡。北去所领祖堂寺五里,去聚宝门三十五里。梁天监年创。今圮。

殿堂

山门一楹。佛殿三楹。佛堂三楹。僧院三房。基址三亩东至王家山,南至走路,西至水沟,北至后山。

小刹　永泰讲寺　古刹

在郭外,南城地,吉山。去所领祖堂寺□里,□去聚宝门二十里。梁建。南唐葬净果禅师,因名净果院。后复名寺。

殿堂

金刚殿三楹。正佛殿三楹。僧院一房。基址五亩二分东至本寺

① 明王世贞《弇州山人四部续稿》卷7收录该诗,题作"祖堂"。

山，南至本寺菜园，西至本寺山，北至本寺靠山。

公产

田、山、塘共三十亩。

小刹　宁海寺　敕赐

在郭外，南城地。西去所领祖堂寺相望，北去聚宝门三十里。正统间，中使至西洋诸国，船回，遇海风作，念佛号解脱。奏闻，赐建此寺。

殿堂

正佛殿三楹。禅堂三楹。僧院一房。基址五亩东至本寺山，南至本寺地，西至本寺山，北至本寺山。

小刹　静居寺　古刹

在郭外，南城，江宁镇。东北去所领祖堂寺三十五里，北去聚宝门六十里。《乾道志》：本唐天福寺基，会昌中废。南唐复为净住院。宋治平，改今额。国朝如之。按《实录》[①]：梁天监五年，置净居寺，颖州刺史刘威造。即此。

殿堂

山门三楹。佛殿三楹。地藏殿三楹。僧院四房。基址五亩六分九厘东至、南至、西至、北至，俱本寺山。

---

① 《实录》：即唐许嵩《建康实录》。

公产

地、山、塘共一十四亩八分二厘。

小刹　燃德庵

在郭外，南城，左墅村。南去所领祖堂寺十里，北去聚宝门四十里。

殿堂

正殿三楹。后殿三楹。僧院一房。厢房六楹。基址八亩东至宋家地，南至本庵山，西至宋家地，北至本庵山。

公产

田、地、山、塘共八十五亩二分①。

① 八十五亩二分：本书卷53《各寺公产条例》为“八十亩七分”。

卷四十五　清福寺

中刹　清福寺

在郭城安德门外，南城，秣陵镇。北去所统报恩寺六十里，聚宝门同。所领小刹，曰栖隐寺、葛塘寺、真如寺、妙明寺。

殿堂

山门三楹。佛殿三楹。僧院一房。基址六亩八毫东至本寺水沟，南至大河，西至张家田，北至张家田。

公产

田、地、塘共二十六亩六厘。

小刹　栖隐寺

在郭外，南城，泰南乡。东去所领清福寺十五里，北去聚宝门六十五里。国朝洪武间创。

殿堂

大殿五楹。观音阁五楹。祖师殿五楹。僧院一房。基址三亩东至陈遥民山，南至五显庙，西至王超伯塘，北至王超伯塘。

公产

田、地、山、塘共五十六亩一分七厘。

小刹 葛塘寺

在郭外，南城，泰南乡。东去所领清福寺七里，北去聚宝门四十里。

殿堂

山门三楹。佛殿三楹。僧院二房。基址五亩东至尚二民地，南至尚二民田，西至本寺墙，北至姚二民山。

公产

田、地、山共四十二亩八分六厘。

小刹 真如寺

在郭外，南城，葛仙乡昝巷。北去所领清福寺十五里，聚宝门六十里。国朝洪武间创，隆庆间重修。

殿堂

地藏殿三楹。大殿三楹。观音阁三楹。僧院二房。基址六亩东至、南至、西至、北至，俱本寺山。

小刹 妙明寺

在郭外，南城，葛仙乡。北去所领清福寺二十里，聚宝门六十里。

殿堂

佛殿五楹。法堂五楹。僧院一房。基址五亩东至官路，南至本寺地，西至吴家田，北至本寺山。

卷四十六　天竺山福兴寺

中刹　天竺山福兴寺　古刹

在郭外，南城，天竺山下。北去聚宝门及所统报恩寺各八十里。梁大同二年，袁平造。唐上元二年，僧道融移旧额，改创天竺山。国朝重修，未经纪述。惟唐碑在焉。今寺在乡落，殿宇僧舍，仿佛村墟。所领小刹，曰后阳寺、清修院、后黎寺。

殿堂

金刚殿三楹。天王殿三楹。佛殿三楹。左伽蓝殿三楹。右龙王殿一楹。僧院五房。基址三十一亩东至本寺龙山顶，南至本寺大照山脚，西至本寺大天竺山顶，北至本寺小天竺山顶。

公产

田、地、山、塘共五十八亩一分七厘。

文

润州福兴寺碑[①]

(唐)尚书　颍川许某

维太极而生两仪，维上[②]人首于万物，物本于道，道行于人，

① 清董诰《全唐文》卷441收录该文，题作“润州上元县福兴寺碑”，作者为“许登”。

② 上：《全唐文》卷441为“圣”。

人资于教。物本于道者，姑肯务德乎？人资于教者，姑肯崇福乎？夫教始于儒，中于道，终于释。释之时义，大矣哉！空寂为体，觉观[①]为用，生死为苦，涅槃为乐。国王询夫异兆，汉后梦夫真仪。越自西天，传诸东夏。所以九围之内，六服之外，像法流衍，玄风振扬，四千二百甲子于兹矣。我天宝之年[②]，乾柱寝折，坤维寝裂。有为凶暴[③]，始[④]乱河朔；有生逆节，乘衅江淮。乾元中，暴兵至于金陵，蹂踏闾阎，残沮寺观，鞠为瓦砾者，福兴首之。福兴寺，梁大同二年之杰建也，本于塘蒲之东，迁于银湖之北，中更一纵，以袭其初。传记缺遗，莫详岁月。嗟夫！昔秽国尽烧，我净土弗毁，慧眼之睹矣；今精庐澌坏，我法侣无归，凡目之取矣。有禅师德号道融，本姓娄，东阳义乌人也。肃宗皇帝龙飞朔方，大赦天下，改元为至德，每寺度七人，以蕃王室。时润[⑤]州判[⑥]史兼御史大夫江南东[⑦]道节度处置使京地[⑧]韦公陟，俾属城大德，咸举所以知。禅师行业精修，法门之中，裒然为首，遂正名僧籍，而隶于福兴焉。初入牛头山，谒第六代忠大师，遽受密印，而为上足[⑨]。大师三昧之主，四友[⑩]之尊，摄心无

① 觉观：《全唐文》卷441为“慈悲”。
② 年：《全唐文》卷441为“季”。
③ 暴：《全唐文》卷441为“渠”。
④ 始：《全唐文》卷441为“奸”。
⑤ 润：据《全唐文》卷441补。
⑥ 判：《全唐文》卷441为“刺”。
⑦ 东：据《全唐文》卷441补。
⑧ 地：《全唐文》卷441为“兆”。
⑨ 上足：《全唐文》卷441为“正座”。
⑩ 友：《全唐文》卷441为“支”。

涯，定力无等。首施钱三十万，谓禅师："日可革尔于招提，其安致[①]。"法师继[②]以奉命，乃初[③]请之邑，再请之州。州伯邑长，佥谐恳愿。以大唐上元二年龙集辛丑季秋月旬有九日，遂移其旧额，肇创新居于天竺之山，为真宝地也。天竺在故寺东南七里，名符佛国，山则我乡，此盖有开必先，阴骘灵鹫。禅师尝读妙[④]典，至千二百五十人俱目之，而言曰："岂直多徒，亦堪集事。"遂摭[⑤]此数，以裒其人，人钱三缗，共成法相。行檀如水，品物如山。未盈旬时，我望充塞。缘是邑也，建业旧都，有齐、梁遗风，以聚沙为塔，于然灯求记者，家不无之，易用受纪[⑥]。是故栋梁之才，千里而来，如陵如堆；班倕之伍，千里而聚，如云如雨。纪之以日，懋之以功。刊山隊崖，敹穽夷坎。芟蒙笼为显地，刬崱岌为康衢。其平如磨，其细如纸。禅师以心居中度殿，以背居后度塔[⑦]，以首居高度台，以足居下度宝，以臂相抱[⑧]度廊庑，以手居南度[⑨]对[⑩]门户。授于左右，皆约我身，规圆之，矩方之，纵广之，正[⑪]等之。上协于天，下协于地；明协于人，幽协于神。然后，斲之于[⑫]斧斤，督之以绳墨，审之以面势，较之以方隅，使人

① 其安致：《全唐文》卷 441 为"致其安乐"。
② 继：《全唐文》卷 441 为"跪"。
③ 初：据《全唐文》卷 441 补。
④ 妙：《全唐文》卷 441 为"经"。
⑤ 摭：《全唐文》卷 441 为"据"。
⑥ 纪：《全唐文》卷 441 为"化"。
⑦ 塔：《全唐文》卷 441 为"宇"。
⑧ 相抱：《全唐文》卷 441 为"居北"。
⑨ 手居南度：据《全唐文》卷 441 补。
⑩ 对：《全唐文》卷 441 无此字，应为衍文。
⑪ 正：《全唐文》卷 441 为"横"。
⑫ 于：《全唐文》卷 441 为"以"。

无所惑也；筑之以垣墉，颁之以栏楯[①]，楼之以轩牖，域[②]之以阶墀，使人知大壮也；先之以粉绘，后之以丹雘，雕之以金璧，镂之以珠紫，使人观巨丽也。春烁瀛海，萼敷蓬莱，如鹏斯飞，如虹斯饮。空色相射，精[③]光相嵌。煌煌炎炎，烁烁烂烂。回翔日月，吐纳阴阳，弗可得而名也。白荡之山，以屽其左；沧江之水，以漱[④]其右；斗牛之星，以烂其上；盘龙之镇，以抉其后。望夫南上以启衎[⑤]，慈湖[⑥]东向而奔走。胜势交朝，川络放纷；蓄灵孕奇，浮岚泄雾。彩章屡变，浓淡更鲜，又弗可得而名也。多罗之树，郁以青葱；功德之水，湛而清净。涌塔浮于倒影，香刹彗于行云。春色有薝蔔之花，和声[⑦]有迦陵之鸟。大雄据狮子之座，贲然当阳；大士兆[⑧]缨络之衣，嫣然列侍。相好之极，变化无穷。罔得智而知，罔得忆而测。巍巍光大，不可称量。四天赫临，八部周护。持殳秉槊，一何棱棶？睚眦睟颠[⑨]，一何拗怒？精灵盻蚃，如在虚空。敓乎诱掖群生，虔修六度。撞钟鸣磬，以破昏疑；击鼓吹螺，以施号令。闻者开般若之智，见者发菩提之心。或非宝生之国，极乐之土。颇黎为地，黄金为绳。流泉浴池，珠交露幔。以此为念，吾无腼焉。惟禅师经营兹寺也，祯符景瑞，

① 栏楯：《全唐文》卷441为“樌楯”。
② 域：《全唐文》卷441为“墄”。
③ 精：《全唐文》卷441为“晶”。
④ 漱：《全唐文》卷441为“涤”。
⑤ 南上以启衎：《全唐文》卷441为“南止以启行”。
⑥ 湖：《全唐文》卷441为“姥”。
⑦ 声：《全唐文》卷441为“鸣”。
⑧ 大士兆：《全唐文》卷441为“太子垂”。
⑨ 颠：《全唐文》卷441为“颐”。

匪朝伊夕。立①翚揞地，神之定矣；三②虎御寇，神之命矣；二木不夺，神之正矣；一泉惠③浊，神之净矣。灵之④三秀，婉谷婉山；祥莲合房，于清⑤于沚。造门之女，饮而不宿；游方之人，投而弗禁。袄灾起念而自弥⑥，危惧归心而必释。禅师之道，恶可倪也？禅师之德，恶可测也？演慈悲之化，降淫慝之神，皆建庙立祠，血食不绝。近云百纪，远谓千龄。大则牺牛之荐，小则牸豚之祷。以月以日，以时以节。弗敢矫诬，弗忘宗钦。崇墉隆⑦然，灌木稍天。但得而遵，何由而殛？禅师以为修道之本，在于利人。从人之欲，可谓除患。乃诣其祠，悭视谛观，以日罄夕⑧，身心靓一。或呈丑相，未睹晬容；或使钦奉，无可稽首。悉与受菩萨净戒，而度脱之。斩阴斩阳，以为梵宇。取彼居室，置之金仙，寂寥而无事矣。城邑聚落，数百里间，巫风遂消，佛道国长。斯阳王之教与⑨，繄禅师之力与②？二相交修，一体之③用。不然者，则何以玄通妙感而若是乎？予耳聆嘉声，目览懿迹，乃知弘圣道者，谁能虑始？创僧房④者，是为艰难。维王公大人、豪富长者，国当全盛，家有货财，犹⑤以更之存亡，积之年纪。人则

---

① 立：《全唐文》卷441为“五”。
② 三：据《全唐文》卷441补。
③ 惠：《全唐文》卷441为“息”。
④ 之：《全唐文》卷441为“芝”。
⑤ 清：《全唐文》卷441为“沼”。
⑥ 弥：《全唐文》卷441为“轸”。
⑦ 隆：《全唐文》卷441为“屹”。
⑧ 罄夕：《全唐文》卷441为“系月”。
⑨② 与：《全唐文》卷441为“欤”。
③ 之：《全唐文》卷441为“互”。
④ 房：《全唐文》卷441为“坊”。
⑤ 犹：《全唐文》卷441为“然”。

尽瘁，事或蘗残。未有孤立禅门，独行世界，时遭多难，道弗屡空。慈悲百福自圆，晏座[⑥]而万缘斯凑。不七、八稔，指顾皆成，轮才乎而，奂才乎而[⑦]。若夫经始之善人，屋宇之弘数，纪于覆[⑧]阴之上，度千劫炳然而可见。其辞曰：观空匪易，取相良难。覞观又弘，扬波导澜。渊渊我师，体寂行端。经之精含，粲以林峦。其宇伊何？维栴与檀。其饰伊何？维银与丹[⑨]。耀耀华彩[⑩]，峨峨郁盘。闷阴迪阳，涤[⑪]暑阅寒。世界非广，渤澥非宽。菩[⑫]于是萃，慈[⑬]于是殚。甘露之门，净口以餐。般若之居，洗心以安。右挟大江，左驰长干。霭如山青，艳若霞丹。硉矶巨铭[⑭]，万古不刊。迥远[⑮]斯文，亿载为[⑯]观。大唐岁次庚戌六月一日壬辰建。唐尚书、金部郎中、兼侍御史、上柱国许某撰。

小刹　后阳寺　古刹

在郭外，南城，祁门乡。西去所领福兴寺二十里，北去聚宝门七十里。系万回道场，开宝八年赐额，在后阳村，因名。

---

⑥ 座：《全唐文》卷 441 为“坐”。
⑦ 奂才乎而：据《全唐文》卷 441 补。
⑧ 覆：《全唐文》卷 441 为“碑”。
⑨ 银与丹：《全唐文》卷 441 为“琅与玕”。
⑩ 彩：《全唐文》卷 441 为“影”。
⑪ 涤：《全唐文》卷 441 为“从”。
⑫ 菩：《全唐文》卷 441 为“景”。
⑬ 慈：《全唐文》卷 441 为“思”。
⑭ 巨铭：《全唐文》卷 441 为“丰碑”。
⑮ 迥远：《全唐文》卷 441 为“追琢”。
⑯ 为：《全唐文》卷 441 为“是”。

殿堂

天王殿三楹。佛殿三楹。左伽蓝殿一楹。右轮藏殿一楹。法堂五楹。后佛殿五楹。僧院一房。基址二亩东至民家藕塘，南至官路，西至井巷，北至施家民山。

公产

田、地、山共三十亩四分六厘。

小刹　清修院　古刹

在郭外，南城，皈善乡。西去所领福兴寺二十里，北去聚宝门六十里。宋治平，赐额。俗呼青山寺。

殿堂

地藏殿三楹。佛殿三楹。后佛殿三楹。僧院二房。基址五亩东至大河，西至单家田，南至王家山，北至单家田。

小刹　后黎寺　古刹

在郭外，南城，铜山乡。西去所领福兴寺二十里，北去聚宝门六十里。旧名净相院，唐天佑中建。南唐给额，为泗州塔院。崇宁中，改净相院。俗呼今名。国朝洪武年，重建。

殿堂

山门三楹。观音殿三楹。佛殿五楹。僧院三房。基址二亩东至马夫村，南至徐府田，西至陆塘桥，北至顾家地。

卷四十七[1] 建昌寺

中刹 建昌寺 古刹

在郭外，南城，山[2]南乡。北去所统报恩寺九十里，聚宝门同。《乾道志》：名建昌院。所领小刹，曰西林寺、般若寺、明性寺、衲头庵、高台寺。

殿堂

山门三楹。佛殿三楹。观音阁三楹。僧院三房。基址九亩八分九厘东至李家民山，西至官路，南至陶家民塘，北至接待桥。

公产

田、地、塘共五十三亩一分六厘。

小刹 西林寺 古刹

在郭外，南城，山北乡。西南去所领建昌寺二十里，北去聚宝门六十里。系宋绍定间建。

殿堂

山门三楹。佛殿三楹。地藏阁三楹。僧院三房。基址五亩东至九

---

① 七：原书漏缺，径补。

② 山：据《正德江宁县志》卷4坊乡补。

峰民田，南至刘伍显民田，西至本寺田，北至刘伍显民山。

公产

田、地、山、塘共三十八亩九分四厘。

小刹　般若寺　古刹、敕建

在郭外，南城，天王山。南去所领建昌寺十五里，北去聚宝门九十里。元大德中，有法秀禅师止此。太祖渡江，闻师名，入山与语相契，敕建赐额。其山形若莲华，二水环绕，翠华临处，荒林野麓，悉成灵区。

殿堂

山门三楹。弥勒殿三楹。佛殿五楹。观音殿七楹。僧院一房。基址五亩东至本寺来龙山，南至本寺菜园，西至本寺山，北至本寺来龙山。

公产

田、地、山、塘共五十九亩二分。

文

般若禅院记略

（明）左春坊左庶子　邹济

江宁天王山，有佛龛曰般若，在京都城南九十里。山形势若莲华，二水环拱于其间。峰峦秀丽，泉清木盛，堪为阿兰若地。元大德中，法秀禅师栖禅于此。师得法于千岩长禅师，戒行孤峻。尝居婺之圣寿，为第一座。道播诸方，禅衲云集。至甲午，太祖高皇帝渡江，闻师名，单骑入山，与语相契，时遣缪总制者送供。久之，师游庐阜，莫知所之，境遂蓁芜。洪武二十年岁丁卯，上记忆其事。十二月八日，诏工部右侍郎黄立恭选一办道僧前去，重新创立。因谕之曰："我渡江来，曾谒法秀禅师。其僧有见识，立庵正在莲药上，赐名般若禅院。"立恭乃举僧绍义引见，受命而去。明年，义遂与同志慈圆、宗佑鸠材庀工。近远四众，闻上意所向，莫不随喜，输财助力。于是佛殿、山门、廊庑、僧堂、庖湢之所，以次告成。山川清淑之气，久郁必发。圣人尝所驻跸，宜山灵呵护，有待于时而际遇也。永乐十六年夏六月。

小刹 明性寺

在郭外，南城，山南乡。南去所领建昌寺十五里，北去聚宝门九十里。

殿堂

佛殿三楹。观音殿三楹。僧院一房。基址三亩东至土山，南至般若寺，西至寺后山，北至衲头庵。

小刹 衲头庵

在郭外，南城，山南乡。南去所领建昌寺十五里，北去聚宝门九十里。

殿堂

佛殿三楹。观音殿三楹。僧院一房。基址二亩东至饮马地，南至本庵山，西至太平山，北至本庵山。

小刹　高台寺　古刹

在郭外，南城，山南乡。南去所领建昌寺十五里，北去聚宝门九十里。按志，本高公台院，宋景平中建。后改今名。

殿堂

佛殿三楹。观音殿三楹。僧院三房。基址三亩东至本寺来龙山，南至本寺来龙山，西至本寺地，北至本寺虎山沟。

公产

田、地、山共四十二亩九分六厘。

卷四十八　废寺

江左佛寺，始于吴，盛于六朝。至唐、宋、元，迄今我国朝，烽烟戎马之余，故刹遗基，多不可问。今自见存外，所凭止一、二载笔，为千古证耳。然梁、陈而下，周、魏而上，作者胪列，有文藻烨如，而名与地疑似无考；又有空名虽在，文献无征，两者姑置不录。惟一记、一传、一题、一咏，与元《金陵新志》、国朝郡邑志所载符合，的可稽据者，书之另为《废寺志》。亦俾征信之家，谅其非讹；搜讨之士，益其不逮云尔。所志寺凡十五，曰保宁寺，曰法王寺，曰龙光寺，曰枳园寺，曰祇洹寺，曰铁塔寺，曰湘宫寺，曰宋兴寺，曰安乐寺，曰净妙寺，曰同泰寺，曰善觉寺，曰证圣寺，曰报恩院，曰报慈道场。

废刹　**保宁寺**　即南唐奉先寺

文

保宁寺旧序

《金陵新志》[1]

在城内饮虹桥南，保宁坊内。吴大帝赤乌四年，为西竺康僧会建。晋、宋有凤翔集此山，因建凤凰台于寺侧。宋更寺名

---

① 金陵新志：即元张铉《至正金陵新志》。

曰祇园。升明二年，齐太祖为比丘法愿造寺于其地，得外国砖，为白塔，又名白塔。唐开元中，寺僧大惠禅师者，明皇召至长安。寻求归山，诏可之，因改其寺为长庆寺。其额，韩择木书。南唐保大中，齐王景达为先主造寺，因名奉先。宋太平兴国中，赐额曰保宁。祥符六年，增建经钟楼、观音殿、罗汉堂、水陆堂、东西方丈，庄严盛丽，安众五百。又建灵光、凤凰、凌虚三亭，照映山谷。围甃砖墙五百丈，茂林修竹，松桧蓁蔚。诏岁度五僧。政和七年，敕改神霄宫。建炎元年，敕复旧额。三年四月，驾幸江宁，权以寺为行宫。闰七月，如浙西。其后，命即府治，修为行宫，而御坐犹在本寺。岁久屋敝，留守马光祖重建殿宇及方丈、观音殿、水陆堂、厨堂、库院，移钟楼，冠青龙首，增建廊屋，横直十八间，作《新建凤凰台记》。

保宁寺轮藏记[①]

(宋)叶梦得

维摩氏极天下之辩，而反之于默。其为法，名之曰不二。夫不二即一矣，不言其一，而言不二，岂以一犹为有在者欤？道未始有二也，既已有物，不得不裂为二。彼自为二，而吾强欲一之，必有废其一，以成其二者，非道之全也。要有非一，而不二者存焉尔，何特维摩氏为然？孔子曰："有鄙夫问于我，空空如也，我叩其两端而竭焉。"空空云者，岂有物实之者哉？然犹意其堕于一也，则叩之以两端。盖维摩氏所谓不二法，叩之两端，而知其所解，则以吾之所知，证彼之所知，可一举而尽矣。之人

① 宋叶梦得《建康集》卷4收录该文，题作"建康府保宁寺轮藏记"。

也，谓之鄙夫则可，谓之君子则不可。佛以无所言而为一切众生无所不言，以为有言不言是颠倒见，以为无言不言是断灭见，孰能辩其非一而不二者乎？自汉永平，为佛者始持其书入中国，由晋、宋历唐，至于今不绝。梵语华言，更相发明，传其学者，又从而申衍之，其说遂充满天下。辑而藏之，皆设为峻宇高甍，雕刻彩绘，备众宝以为饰，竭众巧以为工，苟可以庄严者无不至。梁普通，复有异人，为之转轮以运之，其致意深矣。吾少时，见四方为转轮藏者无几。比年以来，所在大都邑，下至穷山深谷，号为兰若，十而六、七。吹蠡伐鼓，音声相闻；襁负金帛，踵蹑户外，可谓甚盛。然未必皆达其言，尊其教也。施者假之以徼福，造者因之以求利，浸浸日远其本。建康府保宁寺，当承平时，于江左为名刹。更兵火，久废。今长老怀祖，守其故址于煨烬之余，十有四年，堂殿门庑，追复其旧而一新之，最后作转轮藏。余镇建康时，见其始经营。后四年，余归石林，祖以书求[①]告曰："藏成矣。幸得记其本末。"祖盖以正法眼传其心者，其为人洁而通，靖深而敏，非徒以有为作佛事者也。乃为推其师之言，合诸儒之说，正佛之所以言，以晓世俗之弊，祖当益以是振之。夫方无所言，则维摩氏之默，如大阿难等得道受记，诸大弟子皆不任问疾。及其无所不言，则虽观世音亦从闻所闻而入尔。乃寺之兴废系其时，人之施舍系其力，有不必记，故不书。

① 求：《建康集》卷4为"来"。

传

升州奉先寺净照禅师[1]

《传灯录》

慧同,魏府人也,姓张氏。幼岁出家,礼饶州北禅院惟直禅师披削。年满,受具于抚州希操律师。于清凉得法,僧问:“唯一坚密身,一切尘中见。”又云:“佛身充满于法界,普见一切群生前。于此二途,请师说。”师曰:“唯一坚密身,一切尘中见。”僧问:“如何是古佛心?”师曰:“汝疑阿那个不是?”问:“如何是常在底人?”师曰:“更问阿谁?”

废刹　法王寺

文

法王寺旧序

县　志

在乌衣巷白塔寺东。晋末,龟兹国沙门鸠摩罗什以道闻于时。隆安三年,遣使往姚秦迎致之至,帝躬出朱雀门迎之。历试神验,施地建寺,赐额法王。请什居焉,尊为三藏国师。寺久毁。至顺间,天禧主僧复构寺。今并入报恩寺。按:三藏塔院

① 该文出自宋释道原《景德传灯录》卷26《前升州清凉休复禅师法嗣·升州奉先寺净照禅师慧同传》。

或即此地，今讹为玄装[①]塔，未可知也。姑书以俟博识者。

法王寺碑铭[②]

（梁）沈　约

昔周师集于孟津，汉兵至于垓下，翦商肇乎兹地，殪楚由乎斯域。慧云匪由触石，法雨起乎悲心。驱之仁寿，度之彼岸。济方割于有顷，扑既燎于无边。陆旗风靡，水阵云披。萦山为堞，失其九天之险；负疑为隍，曾无一苇之阂。昏师反接，伪牧泥首。掬指则河舟尚虚，委甲则熊岭非峻。乃按兵江汉，誓众商郊，因斯而运斗枢，自兹而廓天步。业隆放[③]夏，功高伐[④]殷。济横流而臣九服，握乾纲而子万姓。眷言四海，莫不来王。此惟余宅，宁止西顾？临朝夕之浚池，带长洲之茂苑；藉离宫于汉旧，因林光于秦余。回廊敞布[⑤]，复殿重起；连房极睇，周堵如云。铭曰：往却[⑥]将谢，灾难孔多。炎炎烈火，淼淼洪波。聚为丘岳，散成江河。俗缘浮诡，真谛遐长。匪因希向，曷寄舟梁？标功显德，事归道场。祁祁法众，同兹无我。振锡经行，祇林宴坐。或思寂灭，或念薪火。惆怅二[⑦]明，徘徊四果。

---

① 装：音、义均同“奘”。

② 唐欧阳询《艺文类聚》卷 76、明梅鼎祚《释文纪》卷 25、明张溥《汉魏六朝百三家集》卷 87 各收录该文，题均作“法王寺碑”。

③ 放：《艺文类聚》卷 76 为“于”。

④ 伐：《艺文类聚》卷 76 为“代”。

⑤ 布：《艺文类聚》卷 76 为“匝”。

⑥ 却：《艺文类聚》卷 76 为“劫”。

⑦ 二：《艺文类聚》卷 76 为“三”。

废刹　**龙光寺**　即宋青园寺

文[①]

龙光寺旧序[②]

《金陵新志》

在城北覆舟山下。宋元嘉二年，号青园寺。《高僧传》云：竺道生后还上都青园寺，寺是惠恭皇后褚氏所立，本种青处，因以为名。其年，雷震青园寺佛殿，龙升于天，光影西壁，因名龙光。宋嘉佑三年《佛殿记》云：元嘉五年，有黑龙见覆舟山之阳。帝舍果园，建青园寺，西置龙王殿，今沼沚见存。至会昌年废。咸通二年，重建，敕赐龙光院额。旧志以为在龙光门外者，非也。今按《乾道志》：龙光禅院在城之西。宋元嘉二年，号青园寺。后改额为龙光禅院，以在龙光门外也。会昌中废，咸通初，建为月灯禅院。升元二年，重修。

---

① 文：原书缺字、径补。

② 该文出自《至正金陵新志》卷11下：《龙光寺》条，其原文出自《景定建康志》卷46龙光寺。

传

青园寺竺道生传[①]

《高僧传》

竺道生，本姓魏，巨鹿人，寓居彭城。初入庐山，幽栖七年，以求其志。常以入道之要，慧解为本。故钻仰群经，斟酌杂论，万里随法，不惮疲苦。后与慧睿、慧严同游长安，从什公受业。关中僧众，咸谓神悟。后还都，止青园寺。王弘、范泰、颜延之并挹敬风猷，从之问道。生既潜思日久，彻悟言外，乃喟然叹曰："夫象以尽意，得意则象忘；言以诠理，入理则言息。自经典东流，译人重阻，多守滞文，鲜见圆义。若忘筌取鱼，始可与言道矣。"于是校阅真俗，研思因果。乃立善不受报，顿悟成佛。又著《二谛论》、《佛性当有论》、《法身无色论》、《佛无净土论》、《应有缘论》等，笼罩旧说，妙有渊旨。而守文之徒，多生嫌嫉；与夺之声，纷然竞起。又六卷《泥洹》先至京都，生剖析经理，洞入幽微，乃说一阐提人皆得成佛。于时大本未传，孤明先发，独见忤众。于是旧学以为邪说，讥愤滋甚，遂显大众，中正容誓曰："若我所说反于经义者，请于现身即表疠疾。若与实相不相违背者，愿舍寿之时，据师子座。"言竟，拂衣而游。初投吴之虎丘山，旬日之中，学徒数百。其年夏，雷震青园佛殿，龙升于天，光影西壁，因改寺名号曰龙光。时人叹曰："龙既已去，生必行矣。"俄而，投迹庐山，销影岩岫。山中僧众，咸共敬服。后《涅

---

① 该文出自梁释慧皎《高僧传》卷7《宋京师龙光寺竺道生传》。

槃》大本至于南京，果称阐提悉有佛性，与前所说合若符契。生既获斯经，寻即讲说，以宋元嘉十一年冬十一月庚子，于庐山精舍升于法座，神色开朗，德音俊发；论议数番，穷理尽妙。观听之众，莫不悟悦。法席将毕，忽见麈尾纷然而坠。端坐正容，隐几而卒。颜色不异，似若入定。道俗嗟骇，远近悲泣。于是京邑诸僧内惭自疚，追而信服。其神鉴之至，征瑞如此。仍葬庐山之阜。

诗

覆舟山[①]即龙光寺前

（宋）孝武帝

束发好怡衎，弱冠颇流薄。素想终勿倾，聿求果丘壑。层峰亘天维，旷渚绵地络。逢皋列神苑，遭坛树仙阁。松墱含清晖，荷源煜丹[②]烁。川界泳游鳞，岩庭响鸣鹤。

① 明曹学佺《石仓历代诗选》卷5收录该诗，题作“游覆舟山”；民国汪訚《覆舟山志》则作“覆舟山”。

② 丹：《石仓历代诗选》卷5为“彤”。

覆舟山[①]

(齐)王　融

道胜业兹远,心闲地能阒[②]。桂崦[③]郁初裁,兰皋[④]坦将辟。虚檐对长屿,高轩临广液。芳草列成行,嘉树纷如积。流风转圜[⑤]径,清烟泛乔石。日泊山照红,松映水华碧。畅哉人外赏,迟迟眷西夕。

覆舟山临望

(明)顾　源[⑥]

覆舟山头霁景明,长松落落崖石平。回峦秀岭低复昂,传闻此地为台城。南望建章宫,佳气何郁葱。秦淮树中流,遥与宫门通。城中万井如棋画,杨柳烟中分紫陌。内园兰桂浮温香,戚里池台荡朱碧。凤凰楼阁无处寻,临春结绮作梵林。樽前却是乐游苑,市朝更改成古今。登临易头白,衔杯落江日。回望北湖烟,蝉鸣树萧瑟。秋波惨淡荷芰花,玉凫锦鸡踏浪霞。西曹已鸣马,东署复报衙。冥冥壶底月,寂寂城头鸦。停琴送尽飞鸿影,引领天边不见家。

---

① 宋章樵《古文苑》卷9、明冯惟讷《古诗纪》卷67、《石仓历代诗选》卷6、《汉魏六朝百三家集》卷76等各收录该诗,题均作"栖玄寺听讲毕,游邸园七日,应司徒教";《覆舟山志》则作"覆舟山"。

② 阒:《古文苑》卷9为"隙"。

③ 崦:《古文苑》卷9为"橑"。

④ 皋:《古文苑》卷9为"墀"。

⑤ 圜:《古文苑》卷9为"还"。

⑥ 《石仓历代诗选》卷501收录该诗,作者作"黄省曾";清张豫章《御选明诗》卷45则作"顾源",然卷44又作"蔡羽";《覆舟山志》则作"蔡羽"。

废刹　枳园寺

传

枳园寺释智严传[①]

《高僧传》

释智严，西凉州人。弱冠出家，便以精勤著名。衲衣宴坐，蔬食永岁。每以本域丘墟，志欲博事名师，广求经诰。遂周流西国，进到罽宾，入摩天陀罗精舍，从佛驮先比丘咨受禅法。渐染三年，功逾十载。佛驮先见其禅思有绪，特深器异。彼诸道俗，闻而叹曰："秦地乃有求道沙门矣。"始不轻秦类，敬接远人。时有佛驮跋陀比丘，亦是彼国禅匠，严乃要请东归，欲传法中土。跋陀嘉其恳至，遂共东行。于是逾越沙险，达自关中。常依随跋陀，止长安大寺。顷之，跋陀横为秦僧所摈，严亦分散，憩于山东精舍，坐禅诵经，励力精学。晋义熙十三年，宋武帝西伐长安，克捷旋旆，途步山东。时始兴公王恢从驾，游观山川，至严精舍，见其同止三僧，各坐绳床，禅思湛然。恢至，良久不觉。于是弹指，三人开眼，俄而还闭，问不与言。恢心敬精奇，访诸耆老。皆云："此三僧隐居求志，高洁法师也。"恢即启宋武，延请还都，莫肯行者。既屡请慊至，二人推严随行。恢道怀素笃，礼事甚殷。还都，即住始兴寺。严性虚静，志避喧尘。恢

① 该文出自《高僧传》卷3《宋京师枳园寺释智严传》。

乃为于东郊之际，更起精舍，即枳园寺也。严前还于西域，所得梵本众经，未及译写。到元嘉四年，乃共沙门宝云译出《普曜》、《广博严净》、《四天王》等经。严在寺，不受别请，常分卫自资。仪同兰陵萧思话妇刘氏疾病，恒见鬼来，吁呵骇畏。时迎严说法，严始到外堂，刘氏便见群鬼迸散。严既进，为夫人说经，疾以之瘳。因禀五戒，一门宗奉。严昔未出家时，尝受五戒，有所亏犯。后入道，受具足，常疑不得戒，每以为惧。积年禅观，而不能自了。遂更泛海，重到天竺，咨诸明达。真[1]罗汉比丘，具以事问罗汉。罗汉不敢判决，乃为严入定，往兜率宫，咨弥勒。弥勒云："得戒。"严大喜，于是步归。至罽宾，无疾而化。彼国法：凡、圣烧身之处，各有其所。严虽戒操高明，而实行未辨。始移尸向凡僧墓地，而尸重不起。改向圣墓，则飘然自轻。严弟子智羽、智远，故从西来，报此征瑞，俱还外国。

① 真：《高僧传》卷3为"值"。

废刹　祇洹寺

文

和范光禄《祇洹寺像赞》三首[①]

(宋)侍中　谢灵运

惟此大觉,因心则灵。垢尽智照,数极慧明。三达非我,一援群生。理阻非我[②],道绝形声。右《佛赞》

若人仰宗,发性遗虑。以定养慧,和理斯附。爰初四等,终然十住。涉求至矣,在外皆去。右《菩萨赞》

厌苦情多,兼物志少。如彼化城,权可得宝。诱以涅槃,救尔生老。肇元三车,翻成一道。右《缘觉、声闻合赞》

传

释昙迁传[③]

《高僧传》

释昙迁,游心佛义,善谈《庄》、《老》,并注《十地》。又工正书,常施题经。巧于转读,梵制新奇,特拔终古。彭城王义康、范晔、王昙首并皆游狎。初止祇洹寺,后移乌衣寺。及范晔被

① 唐释道宣《广弘明集》卷15、《释文纪》卷12、《汉魏六朝百三家集》卷65等各收录该诗,题均作"和范光禄《祇洹像赞》三首并序",本书删去诗序。

② 非我:《广弘明集》卷15为"心行"。

③ 该文出自《高僧传》卷13《齐乌衣寺释昙迁传》。

诛,门有十二丧,无敢近者。迁抽货衣物,悉营葬送。孝武闻而叹赏,谓徐爰曰:“卿著《宋书》,勿遗此人[①]。”

废刹 **铁塔寺** 即宋延祚寺,唐天保寺,宋正觉寺。

文

铁塔寺旧序[②]

《金陵新志》

在城内西北冶城后冈上。宋太[③]始中,邦人舍地建精舍,号延祚寺。至唐,有灵智禅师,生无双目,号罗睺和尚。经纶文字,悉能明了,时人称有天眼,为建塔于寺内。广明中,赐额。梁侯景之乱,王僧辩入讨,景使其党宋长贵守延祚寺。何逊有《登延祚寺阁》诗。佛殿前有铁塔二座,铸云:“乾兴元年造。”古钟,亦唐时所铸。有经幢,镌:“大吴金陵府延祚院”。寺有井,最大号百丈泉。井阑上字,乃保大元年所铸。宋熙宁中,赐寺名曰正觉,塔名曰普照。王荆公尝于寺西作书院,有轩名箨龙。建炎三年,以法堂西偏为元懿太子攒宫。今寺东偏复建延祚阁,名公赋咏尤多。炳灵公庙西及新亭侧,又别有正觉寺云。

---

① 人:《高僧传》卷13为“士”。

② 该文出自《至正金陵新志》卷11下:《正觉禅寺》条,其原文出自《景定建康志》卷46正觉禅寺。

③ 太:应为“泰”,宋明帝刘彧年号“泰始”。

诗

金陵阻风，登延祚阁[①]

（唐）许　浑

极目皆陈迹，披图问远公。戈铤三国后，冠盖六朝中。葛蔓交残垒，苔花没后宫。水流箫鼓绝，山在绮罗丛[②]。

题正觉院簭龙轩二首

（宋）王安石

北轩名字经平子，爱此吾能为赋诗。山雨江风一披拂，簭龙还自有吟时。一

仙事茫茫不可知，簭龙空此见孙枝。壶中若有闲天地，何苦归来问葛陂。二

① 唐许浑《丁卯诗集》卷下、明高棅《唐诗拾遗》卷9、清彭定求等《全唐诗》卷537各收录该诗。本书收录该诗前半部分八句。

② 丛：《丁卯诗集》卷下为“空”。

废刹 湘宫寺

文

湘宫寺旧序①

《金陵新志》

旧在清溪桥中②北。唐以后，徙置清化市北。《庆元志》：近有人于上元县治后军营中，掘出断石，上有"湘宫寺"三字。以此知旧寺所在，与《实录》注合。东出青溪桃花园，皆今县东地也。寺本宋明帝旧宅，备极壮丽，欲造十级浮图而不能，乃分为二。

湘宫寺碑铭

（梁）简文帝

自真人西灭，洎罗汉东游，五明盛士，并宣北门之教；四姓小臣，稍能③南宫之学。超洙泗之济济，比舍卫之洋洋。是以高檐三丈，乃为祀神之舍；连阁四周，并非中官之宅。雪山忍辱之草，天宫陀树之花，四照芬吐，五衢异色。能令扶解说法，果出妙衣。鹿苑岂殊，祇林何远？皇太子萧纬，自昔蕃邸，便结善

① 该文出自《至正金陵新志》卷11下《湘宫寺》。
② 桥中：《至正金陵新志》卷11下为"中桥"。
③ 能：《艺文类聚》卷76为"罢"。

缘。虽银藏盖寡，金地多缺，有惭四事，久立五根。泗川出鼎，尚刻之罘之石；岷峨作镇，犹铭剑壁之山。矧伊福界，宁无镌刻？铭曰：洛阳白马，帝释天冠。开基紫陌，峻极云端。实惟爽垲，栖心之地。譬若净土，长为佛事。银铺曜色，玉础金光。塔如仙掌，楼疑凤皇。珠生月魄，钟应秋霜。鸟依交露，幡承杏梁。窗舒意叶[①]，室度心香。天琴夜下，绀马朝翔。生灭可度，离苦获常。相续有尽，归乎道场。

传

湘宫寺智蒨法师志铭[②]

（梁）简文帝

嗟尔名德！超然有晖。五尘夙离，三修允依。戒珠靡缺，忍铠无违。智灯含影，慧驾驰骈。若韬山金，如苞海宝。德迈西河，声逾东道。伊时倾盖，于彼朱方。不期而遇，襄水之阳。掩此方坟，悠哉泉下。郁郁翠微，辽辽平野。薪尽火灭，归真息假。

① 叶：《艺文类聚》卷76为“蕊”。

② 《艺文类聚》卷77、《释文纪》卷21各收录该文，题均作“湘宫寺智蒨法师墓志铭”；《汉魏六朝百三家集》卷82下收录该文，则题作“湘宫寺智蒨法师墓铭”。

废刹　宋兴寺

文

宋兴寺旧序[①]

《金陵新志》

宋兴寺，一名兴教寺[②]，在南门外。《庆元志》：兴教院即宋兴寺，故基在蒋山宝公塔西二里，有志公洗钵池。《乾道志[③]》：徙长干寺南，亦名宋兴。《景定志》在南门外，刘裕故居者非。按：宋兴、宋熙，寺名相近，故或疑一寺。二志所载不同，俟考。

诗

游宋兴东岩[④]

（南唐）李建勋

几年不到东岩下，旧住僧亡屋亦无。寒日萧条何物在？朽松经烧石池枯。

---

① 该文出自《至正金陵新志》卷 11 下《宋兴寺》。

② 寺：《景定建康志》卷 46 为“院”。

③ 志：《至正金陵新志》卷 11 下为“间”，此句则为“乾道间”。

④ 《全唐诗》卷 739 收录该诗，题作“游宋兴寺东岩”。

废刹　安乐寺

传

安乐寺智称法师碑[①]

（唐）裴子野

法师讳智称，河东闻喜人也，俗姓裴氏。挹汾浍之清源，禀河山之秀质。蓄灵因于上叶，感慧性于阎浮。直哉惟清，爰初夙备；温良恭俭，体以得之。然而天韵真确，含章隐曜，沉渐人群，莫能测其远迩。盖由径寸之华，韬光浚壑；盈尺之宝，未剖联城。鉴观者罔识其巨丽，逖听者弗得其鸿名。羁束戎旅，俯起阡陌。年登三十，始览众经，退而叹曰："百年倏忽，功名为重。名不常居，功难与毕。且吉凶悔吝，孔书已验。变化起伏，历圣未称。安知峥嵘之外，寥廓之表，笼括幽显，大援无边者哉？彼有师焉，吾知归矣。"遂乃长揖五忍，敛衽四依，挫锐解纷，于是乎尽。宋大明中，益部[②]有印禅师者，苦节洞观，郁为帝师。上人闻风自托，一面尽礼。印公言归庸蜀，乃携手同舟。以宋太[③]始元年，出家于玉垒。诚感人天，信贯金石；直心般若，高步道场。既而敬业承师，就贤辨志；遨游九部，驰骋三乘。摩

---

① 《广弘明集》卷23、《释文纪》卷26各收录该文，题均作"南齐安乐寺律师智称法师碑并序"。

② 部：应为"都"。

③ 太：应为"泰"。

罗之所宣译，龙王之所韬秘，虽且受持讽诵，然未取以为宗。尝谓：“摄心者迹，迹密则心检；弘道者行，行察则道存。安上治人，莫先乎礼；闲邪迁善，莫尚乎律。可以驱车火宅，翻飞苦海，赡[①]三途而勿践，历万劫而不衰者，其毗尼之谓欤?”乃简弃枝叶，积思根本；顿辔洗心，以为己任。于是曳锡踽步，千里游学；拥经持钵，百舍不休。西望荆山，南过沣浦。周流华夏，博采奇闻。土木形骸，琬琰心识。靡高不仰，无坚不攻。寝之所安，席不及暖；思之所至，食不遑餐。入道三年，从师四讲。教逸功倍，而业盛经明。每称：道不坠地，人各有美。宣尼之学，何讵常师？于时，具、隐二上人，先辈高流，凤鸣西楚；多宝颖律师，洽闻温故，翰起东都。法师之在江陵也，禀具、隐为周旋；爰及还京洛，以颖公为益友。皆权衡殿最，言刈菁华。舍稊稗而膳稻粱，会盐梅而成鼎饪。其理练，其旨深，肤受末学，莫能踵武。以泰始六年，初讲《十诵》于震泽。阐扬事相，咫尺神道。高谈出云汉，精义入无间。八万威仪，怡然理畅；五部章句，涣尔同波。由是后进知宗，先达改观。晖光令问，于斯藉甚。法师应不择方，行有余力。清言终日，而事在其中。立栖云于具区，营延祚于建业。令不待严，房栊肃静；役不加迅，栋宇骈罗。自方等来仪，变梵为汉；鸿才巨学，连轴比肩。法华、维摩之宗，往往间出；涅槃、成实之唱，处处聚徒。而律藏宪章，于时最寡；振裘持领，允属当仁。若夫渊源浩汗，故老之所回惑；峻阻隐复，前

① 赡：《广弘明集》卷23为“瞻”。

修之所解驾。皆剖析毫厘，粉散胶结；钩深致远，独悟胸怀。故能使反户之南，弯弓之北，寻声赴响，万里而至。门人岁益，经纬日新。坐高堂而延四众，转法轮而朝同业者，二十有余载。君子谓，此道于是乎中兴。绝庆吊，屏流俗，朱门华屋，靡所经过。齐竟陵文宣王顾轻千乘，虚心八解，尝请法师讲于邸寺，既许以降德，或谓宜修宾主。法师笑而答曰："我则未暇。"及正位函丈，始交凉燠。时法筵广置，髦士如林。主誉既驰，客容多猛。发题命篇，疑难锋出。法师应变如响，若不留听。囿辨者土崩，负强者折角。莫不迁延徙靡，亡本失支。观听之流，称为盛集。法师性本刚克，而能悦以待问。发言盈庭，曾无忤色。虚己博约，咸竭厥才。依止疏附，训之如一。少壮居家，孝于惟友。脱屣四摄，爱著两忘。亲党书介，封而不发；内恕哀蹙，抑而不临。常曰："道俗异故，优陀亲承音旨，宁习其言，而忽其教？"烦恼煦濡，萧然顿遣。法师之于《十诵》也，始自吴兴，迄于建业。四十有余讲，撰义记八篇，约言示制，学者传述，以为妙绝古今。春秋七十有二，齐永元三年，迁神于建康县之安乐寺。僧尼殷赴，若丧昆姊，谅不言之信，不召之感者去[①]。若夫居敬行简，喜愠不形于色；知人善诱，甄藻罔遗于时。临财廉，取予义，明允方大，处变不渝，汪汪焉，堂堂焉。渤碣河华，不能充其量，盖净行之仪表，息心之轨则欤？弟子道进等感梁木之既摧，恸德音之永阙，俾陈信而有征，庶流芳而无愧。

---

① 去：《广弘明集》卷 23 为"云"。

废刹　**净妙寺**　即齐安寺

文

净妙寺旧序[①]

《金陵新志》

净妙寺，即齐安寺。南唐升元中建。政和中，改赐今额。旧临官路，今移置高陇，面秦淮。在城东门外四里。王荆公有《齐安寺》诗，石刻尚存。又有诗，见光宅寺。李壁注谓：寺是齐武帝宅。按《实录》[②]：齐武帝生建康青溪宅，后称青溪旧宫。未见改为寺也。

诗

齐安寺[③]

（宋）王安石

日净山如染，风暄草欲薰。梅残数点雪，麦涨一溪云。

① 该文出自《至正陵新志》卷 11 下《净妙寺》。

② 实录：即《建康实录》。

③ 宋王安石《临川文集》卷 26、宋王安石撰宋李壁注《王荆公诗注》卷 40 各收录该诗，题均作“题齐安壁”。

废刹　同泰寺

文

同泰寺旧序①

《金陵新志》

《旧志》②：在梁时北掖门外，路西南，与台城隔路。《实录》③：梁大通元年，创此④寺。寺在宫后，创开一门名大通，对寺南门，造大佛阁。大同十年，震火所焚略尽，即更造，未就而侯景乱。南唐改为净居寺。寻又改圆寂寺，其半为法宝寺。又《舆地志》：法宝圆寂寺，即古同泰寺基。龚颖运《历图》云：大同元年，幸同泰寺，铸十方银像。二年，幸同泰寺，铸十方金像。《六朝事迹》⑤云：梁武帝起同泰寺，在台城内。穷竭帑藏，造大佛阁七层，为天火所焚。梁帝舍身施财，以祈佛福。大通以后，无年不幸同泰寺，设四部无遮大会。寺今废，其半为法宝寺。志云：即台城院，乃梁同泰寺基之半也。在宋行宫北精锐军寨内。梁大通元年，创同泰寺。杨吴顺义二年，以同泰寺之半，置为台城千福院。宋改赐今额。寺前有丑石四，各高丈余，俗呼

---

① 该文出自《至正金陵新志》卷11下《同泰寺》。然《至正金陵新志》又录自《景定建康志》卷46《同泰寺》，惟“即台城院”以下云云，为《至正金陵新志》增补。

② 旧志：《景定建康志》卷46为“舆地志”。

③ 实录：即唐许嵩《建康实录》。

④ 此：原文误为“北”，据《景定建康志》卷46改。

⑤ 六朝事迹：即宋张敦颐《六朝事迹编类》。

为三品石。政和中,取归京师,或谓之阙石。寺前墙外有井,耆老相传,为陈时胭脂井,叔宝与张丽华队而复出之所也。寺基最阔。淳佑七年,创置精锐军,同泰寺旧基皆为寨屋及蔬圃,有井在寨内。盖精锐军寨在都统制司之后,都统制司在宋行宫城之后,法宝寺在精锐军寨之后。其都统制司地基及精锐军寨基,皆梁、陈宫掖旧址也,故景阳台基及临春、结绮、望仙三阁故址,与胭脂井,皆在寨内。戚氏云:法宝寺老僧犹能记其祖师之言,谓宋行宫城后门,乃梁、陈宫城前门。今法宝寺门墙外,即梁大通门也。

奉请上开讲启此后当是同泰之讲

(梁)萧　纲

臣纲言:窃以真如无说,非筌不悟;极果不应,注仰斯通。故器有水缘,方见圆曦之影;药含长性,得坠慧云之慈。伏惟陛下玉镜宸居,金轮驭世。应迹有为,俯存利物;不违本誓,开导愚蒙。驱十方于大乘,运万国于仁寿。岂止冶斤田粟,功侔造化;疏江决河,削成天下。智高九舜,明出十尧。频徙銮跸,降甘露雨。天人舞蹈,含生利益。是以背流知反,迷岸识归。臣自叨预趋闻,渴仰无厌一日;冒陈丹款,伏希复转法轮。未回听卑之恩,尚绝愚臣之愿。悽悽寸志,重敢披祈。伏愿将降一音,曲矜三请。被微言于王舍,集妙义于宝坊。圣心等视,苍生犹如一子;遂臣之请,即是普被无边。如蒙允许,众望亦足。两肩荷负,岂敢为喻?不任下愿,谨启事以闻。谨启。

答请开讲启敕

梁武帝

省启:具汝所怀。法事既善,岂不欣然?吾内外众缘,忧劳纷总,食息无暇。废事论道,是所未遑,汝便为未体国也。越敕。

重谢上降为开讲启

(梁)萧　纲

臣纲启:丹愿恳诚,屡冒宸扆。实希降甘露雨,普被三千。天听孔邈,未垂鉴遂;旱苗倾润,岂比自怜?暍乌思林,宁方渴仰。近因大僧正慧令,伏敢重祈降逮敕旨,垂许来岁二月,开金字《波若经》题。殊特之恩,曲应愚请。稽拜恭闻,不胜喜跃。身心悦乐,如触慈光;手足蹈舞,义非余习。伏以香城妙说,实仰神文;润方云雨,明逾日月。能使迷途识正,大梦均朝;梵志惧来,天魔遥礼。提桓所听,而今得闻;波仑所求,希世复出。其为利[①]益,深广无边。九围获悟,十方蒙晓。虽复识起初流,心穷后念;方当共捐五盖,俱照一空。巍巍荡荡,难得为喻。臣仍屈慧令,续宣此典。大乘普导,实由圣慈。伏笔罄言,宁宣戴荷。不任下情,谨启事谢闻。谨启。

上为开讲日参承启[②]

(梁)萧　纲

臣纲言:伏承舆驾临同泰寺,开金字《般若波罗蜜经》题,照迷生之慧日,导出世之长源。百华同阴,万流归海。幽显赞扬,

---

① 为利:据《广弘明集》卷19、《释文纪》卷21、《汉魏六朝百三家集》卷82等补。

② 《广弘明集》卷19、《汉魏六朝百三家集》卷82上等各收录该文,均题作"谢开讲《般若经》启";《释文纪》卷21收录该文,则题作"上为开讲日参承启",并称一作"谢开讲《般若经》启"。

率土含润。臣身碍已来，望舒盈缺；甘露普被，人天俱萃。波若魔事，独在微躬；驰系法轮，私深克责。不任下情，谨奉启奉承。谨启。

答敕[①]

梁武帝

省启：具之，为汝讲金字《般若波罗蜜经》，发题始竟。四众云合，华夷毕集。连雨累日，深虑废事。景物开明，幽显同庆。实相之中，本无去来。身虽不到，心靡不在。善自调养，慎勿牵劳。尚有两旬，日数犹奢。今虽不同，后会未晚也。吾始还台，不复多敕。越敕。

答同泰寺立刹启

梁武帝

窃以宝塔天飞，神龛地踊。岂惟昔代，复见兹辰。嘉彼百灵，欣斯十善。虽复紫烟旦聚，比此未俦；朱光夜上，方今知陋。

请武帝同泰寺御讲启[②]

（梁）萧纲

臣纲、臣纶、臣纪言：臣闻紫宫丽天，著明玄象；轩台在岳，逖听良书。是以道弥隆而礼愈缛，德弥溥而事愈泰，此盖彰至治之尊，牧生民之本也。伏以大光严殿，侔神垂则，冲天开宇；功深大壮，事协文明。仪辰建极，切灵启构。照烛三光，含超百

---

① 《广弘明集》卷 19 收录该文，题作“答谢开讲《般若》启敕”；《释文纪》卷 21 收录该文，则题作“武帝答敕”；《汉魏六朝百三家集》卷 80 收录该文，题作“答晋安王谢开讲《般若》启敕”。

② 《广弘明集》卷 19 收录该文，题作“请御讲启”；《释文纪》卷 21、《汉魏六朝百三家集》卷 82 上各收录该文，均题作“请武帝御讲启”。

堵。咸谓心华所表，复非良匠之力；神通所现，不藉子来而成。实惟净国，固绝董落之礼；高迈释宫，理无鹿鸣之宴。窃惟妙胜之堂，本师于兹佛吼；摩尼之殿，如来亦阐法音。佛[1]希躬降睟容，施洒甘露。油然慧云，霈然慈雨，光斯盛业，导彼苍生。履天居而说无相同真也，建佛事而被率土化俗也。同真化俗，至矣哉！一举而三美显，岂不大乎？与彼陉山之上，仙岩之下，西都凤凰，负阳鸑鷟，安足同日而语哉？敢露丹愚，伏待矜遂。轻干听览，流汗战慑。谨启。

谢敕为建涅槃忏启

（梁）简文帝

臣纲启：伏闻敕旨，垂为臣于同泰寺瑞应殿建涅槃忏。臣障杂多灾，身秽饶疾。针艾汤液，每黩天览。重蒙曲慈，降斯大福。冀慧雨微垂，即灭身火；梵风才起，私得清凉。无事非恩，伏枕何答。不任下情，谨奉启谢闻。谨启。

梁同泰寺刹下铭

（陈）虞　荔

戒香芬馥，气胜怀兰。智剑[2]陆离，威逾交轧。敞慧日于重云，浚法流于巨海。严此三驾，用拔畏途；漾彼六舟，拯诸沦溺。但以一人入道，波旬之宫已震；十地弘心，毒龙之灾竞起。重栾布护，积拱峻嶒。神仙岳岳，俯雕槛于霞外；宝铎锵锵，韵钧天于云表。雷雨杳冥而未半，扶桑光朏而先明。迨亭峻极，特立

① 佛：《广弘明集》卷 19 为“伏”。

② 剑：据《艺文类聚》卷 77、《释文纪》卷 30 补。

千仞；灼烁峥嵘，光镜八表。若日殿之烛火[①]空，似星宫之构辰极。辞曰：层台复陆，广殿穹崇。涂金钿玉，映日疏风。

同泰寺正智寂师志铭[②]

（梁）简文帝

峰颓木朽，波逝江潭。山川若此，人何以堪？亦生亦灭，如壑如舟。千龄俱尽，万古谁留？惟兹大士，才敏学优。幼捐蹈火，早去吞钩。法雷能响，悬河必酬。辨才可匹，妙德难俦。

诗

望同泰寺浮图

（梁）简文帝

遥看官佛图，带璧复垂珠。烛银逾汉汝，宝铎迈昆吾。日起光芒散，风吟宫徵殊。露落盘恒满，桐生凤不雏。飞幡杂晚虹音绛，画乌狎晨凫。梵世凌空下，应真蔽景趋。帝马咸千辔，天衣尽六铢。意乐开长表，多宝现金躯。能令苦海渡，复使慢山逾。愿能同四忍，长当出九居。《穆天子传》："天子之宝，璇珠烛银。"郭璞曰："银有精光如烛也。"

---

① 火：《艺文类聚》卷77为"太"。

② 《艺文类聚》卷77、《释文纪》卷21、《汉魏六朝百三家集》卷82下等各收录该文，题均作"同泰寺故功德正智寂师墓志铭"。

望同泰寺浮图[①]

（梁）庾肩吾

望园临奈苑，王城对郧宫。还从飞阁内，遥见崛山中。天衣疑拂石，风翅欲凌空。云甍犹带雨，莲井不生桐。盘承云表露，铃摇天上风。月出琛含水一作采，天晴幡带虹。周星疑更落，汉梦似今通。我后怀一作情初照，不与伊川同。方应捧马出，永得离尘蒙。崛山，耆崛山也

望同泰寺浮图[②]

（梁）王　训

副君坐飞观，城傍属大林。王门虽八达，露塔复千寻。重栌出汉表，层栱冒云心。昆山雕润玉，丽水莹明金。悬盘同露掌，垂凤似飞禽。月落檐西暗，日去柱东侵。反流开睿属，搦翰动神襟。愿托牢舟反，长免爱河深。

望同泰寺浮图

（梁）王台卿

朝光正晃朗，涌塔标千丈。仪凤异灵乌，金盘代仙掌。积栱承雕桷，高檐挂蛛网。宝地若池沙，风铃如树响。刻削生千变，丹青图万象。烟霞时出没，神仙乍来往。晨雾半层生，飞幡接云上。游蜺不敢息，翔鹍讵能仰？赞善资哲人，流咏归明两。愿假舟航末，彼岸谁云广？

---

① 《艺文类聚》卷76、《古诗纪》卷90、《石仓历代诗选》卷8等各收录该诗，题均作“咏同泰寺浮图”；《汉魏六朝百三家集》卷99则题作“咏同泰寺浮图和简文帝”。

② 《古诗纪》卷968收录该诗，题作“奉和同泰寺浮图”。

望同泰寺浮图[①]

（梁）庾　信

岧岧陵太清，照殿比东京。长影临双阙，高层出九城。栱积行云碍，幡摇度鸟惊。凤飞如始泊，莲合似初生。轮重对月满，铎韵拟鸾声。画水流全住，图云色半轻。露晚盘犹滴，珠朝火更明。虽连博望苑，还接银沙城。天香下桂殿，仙梵入伊笙。庶闻八解乐，方遣六尘情。

台城寺侧独行

（宋）王安石

春山撩乱水纵横，篱落荒畦草自生。独往独来山下路，笋舆看得绿阴成。

废刹　善觉寺

文

善觉寺碑铭

（梁）简文帝

盖闻在天成象，倬彼云汉；在地成形，嵩高惟岳。苍苍斡运，灵槎犹且去来；岩岩峻极，巫咸可以升降。穆贵嫔宿植达

① 北周庾信《庾子山集》卷3、《艺文类聚》卷76、《汉魏六朝百三家集》卷112等各收录该诗，题均作“奉和同泰寺浮图”。另，庾信为北周人，而非梁人。本书卷3《钟山灵谷寺》、《灵谷并括旧寺》等收录其诗，均标注为“北周庾信”。

因,已于恒沙佛所,经受记莂。有绿[1]娑婆,降迹斯土。行迈英皇,德降华附。河南望浮云之瑞,新野表升天之祥。光前绝后,建兹福地。乃于建康之太清里,建善觉寺焉。大通元年龙集己酉有令,使立碑文,未获构撰。居诸不息,寒暑推移。轩耀夙倾,前星次掩。岁在诹訾[2],始得补辍。何言之陋,何事之隆?窃等仲由,空悲负粟之哽;复异桓良,终无维山之日。永言缠纂,独咽丹心。铭曰:效彼毗城,建斯福舍。四柱浮悬,九城灵架。重栾交峙,回廊遥迓。掩映花台,崔嵬兰榭。阳燧晖朝,青莲开夜。

善觉寺碑

梁元帝

金盘上疏,非求承露;玉舄前临,宁资润础。飞轩绛屏,若丹气之为霞;绮井绿泉,如青云之入吕。宝绳交映,无惭紫绀之宫;花台[3]照日,有迹白林之地。铭曰:聿遵胜业,代彼天工。四园枝翠,八水池红。花疑凤翼,殿若龙宫。银城映沼,金铃响风。露台含月,珠幡拂空。

善觉寺塔露盘启[4]

(梁)昭明太子

燥湿无变,九布见奇。寒暑是宜,六律成用。况复神龙负

---

① 绿:《释文纪》卷21、《汉魏六朝百三家集》卷82下等为“缘”。

② 訾:音、义均同“赀”。

③ 台:据《艺文类聚》卷76、《释文纪》卷22、《汉魏六朝百三家集》卷84等补。

④ 梁萧统《昭明太子集》卷3、《艺文类聚》卷77等各收录该文,题均作“谢敕赉铜造善觉寺塔露盘启”。

子，光斯极妙[①]；金乌衔带，饰慈[②]高表。函谷耻其咏歌，临淄恶其祥应。阳燧含影，还避日轮；甘露入盘，足称天酒。

谢敕使监善觉寺起刹启

（梁）昭明太子[③]

臣讳[④]启：伏见敕旨，使监作舍人王昙明、材官将军沈微、御仗吴景等监看善觉寺起刹事。爰奉圣恩，曲降神力；命斯执事，修兹长表。宝塔云构，无待喜园；水精特进，非差龙海。大龟持泥，未足为盛；鸳鹭引绳，方斯取埒。仰瞻慈渥，喜戴不胜；俯循宿愿，私增涕噎。不任铭荷，谨奉启谢闻。谨启。

废刹　证圣寺

文

证圣寺旧序[⑤]

《金陵新志》

证圣寺，在宋行宫后。南唐保大中，木平和尚居此寺，故里俗至今呼为木平寺。寺东有沟迤逦，西北接运渎。今湮塞，尚

---

① 极妙：《昭明太子集》卷3为“妙塔”。

② 慈：《昭明太子集》卷3为“兹”。

③ 《广弘明集》卷16、《释文纪》卷21、《汉魏六朝百三家集》卷82上等各收录该文，作者均为“萧纲”。

④ 讳：《广弘明集》卷16为“纲”。

⑤ 该文出自《至正金陵新志》卷11下证圣寺。

存遗迹。木平别有传。

传

木平和尚传[①]

县　志

木平和尚，不知何许人。南唐保大初，征之阙下。挂木瓶杖头，倏不见。后主问曰："和尚何在？"因引瓶自蔽，诡曰："某在此澡浴。"后主拜之。木平曰："陛下见群臣，勿言臣在瓶中浴。"后主笑曰："汝见人，亦勿道吾拜汝。"常出入禁中。他日，从登百尺楼，后主问其制度佳否。对曰："尤宜望火。"初不谕其意。后数载，木平卒，淮甸大扰，烽火相接。后主常登望，以占动静。又素爱庆王，因问寿命几何。曰："寿当七十。"是岁，病终，年十七。盖反语也。为建寺宫侧居之，名木瓶，后讹为木平云。

① 该文出自《万历上元县志》卷 11 人物杂志。

废刹 报恩院

传

金陵报恩院清护禅师传①

《传灯录》

福州长乐人。纳戒于国师言下，发明真趣。暨国师圆寂，乃之建州白云。闽帅王氏泰赐紫衣，号崇因大师。晋天福八年，金陵兴师入建城，时统军查文②徽至院。师出延接，查问曰："此中相见时如何?"师曰："恼乱将军。"查后请师归金陵，国主命居长庆院摄众。周显德初，退归建州卓庵。时节度陈诲创显亲报恩禅院，坚请住持。开堂日，僧问："诸佛出世，天华乱坠。未审和尚，有何祥瑞?"师曰："昨日新雷发，今朝细雨飞。"问："如何是诸佛玄旨?"师曰："草鞋木履。"开宝三年五月，江南后主再请入住报恩、净德二道场，来往说法，改号妙行禅师。当年十一月，示疾，预辞国主。二十日平旦，声钟，召大众嘱付讫，俨然坐亡。

金陵报恩匡逸禅师传③

明州人。初住润州慈云。江南国主请居上院，署凝密禅师。一日，上堂，众集。顾视大众曰："依而行之，即无累矣。不

① 该文出自宋释道原《景德传灯录》卷21《福州鼓山神晏禅师法嗣·金陵报恩院清护禅师传》。

② 文：原书误为"元"，据(宋)马令《南唐书》卷21改。

③ 该文出自《景德传灯录》卷25《金陵清凉文益禅师法嗣·金陵报恩匡逸禅师传》。

见先德云：人无心合道，道无心合人。人、道既合，是名无事人。且自何而凡，自何而圣？此若未会也，也只为迷情所覆，便去不得。迷时即有质[①]碍，为对为待，种种不同，忽然惺去，亦无所得。譬如演若达多认影为头，岂不是担头[②]？然正迷之时，头且不失。及乎悟去，亦不为得。何以故？人迷谓之失，人悟谓之得。得失在于人，何关于动静？”僧问：“诸法说[③]法，普润群机。和尚说法，什么人得闻？”师曰：“只有汝不闻。”问：“如何是报恩一句？”师曰：“道不是得么？”问：“十二时中，思量不到处，如何行履？”师曰：“汝如今在什么处？”问：“如何是一句？”师曰：“我答争似汝举。”问：“佛为一大事因缘出世，未审和尚出世如何？”师曰：“恰好。”曰：“恁么即大众有赖？”师曰：“莫错”。

废刹　**报慈道场**

传

金陵报慈道场玄觉导师传[④]

《传灯录》

泉州晋江人。得法于净慧禅师。上堂示众曰：“凡行脚人，参善知识，到一丛林，放下瓶钵，可谓行菩萨之道，能事毕矣。何用更来这里，举论真如涅槃？此是非时之说。然古人有言，

① 质：《景德传灯录》卷25为“窒”。

② 担：《景德传灯录》卷25为“觅”。

③ 法说：《景德传灯录》卷25为“佛设”。

④ 该文出自《景德传灯录》卷25《金陵清凉文益禅师法嗣·金陵报慈行言导师传》。

譬如披沙识宝，沙砾若除，真金自现。便唤作常住世间，具足僧宝。又如一味之雨，一般之地，生长万物，大小不同，甘辛有异，不可道地与雨有大小之名也。所以道方即现方，圆即现圆。何以故？法无偏正，随相应现，唤作对现色身。还见么？若不见，也莫闲坐对[①]。”江南国主新建报慈大道场，命师大阐宗猷，海会二千余众，别署导师之号。师谓众曰：“此日英贤共会，海众同臻，谅惟佛法之趣无不备矣。是以森罗万象，诸佛洪源，显明则海印光澄，冥昧则情迷自惑。苟非通心上士，逸格高人，则何以于诸尘中，发扬妙极，卷舒物象，纵夺森罗，示生非生，应灭非灭？生灭洞已，乃曰真常。言假则影散千途，论真则一空绝迹，岂可以有无生灭而计之者哉？”

① 对：《景德传灯录》卷25为“地”。

卷四十九　南藏目录

每经一藏，共六百三十六函，共六千三百三十一卷，共一十一万五百二十六张，内全叶一十万七千七百八十二张，尾半叶二千七百四十四张。板共五万七千一百六十块。

大乘经

般若部

天十卷，一百六十一张，尾半三张。　**地**十卷，一百六十五张，尾半五张。　**玄**十卷，一百五十七张，尾半八张。　**黄**十卷，一百六十三张，尾半十张。　**宇**十卷，一百六十二张，尾半七张。　**宙**十卷，一百五十七张，尾半七张。　**洪**十卷，一百五十四张，尾半八张。　**荒**十卷，一百四十八张，尾半五张。　**日**十卷，一百四十五张，尾半八张。　**月**十卷，一百四十八张，尾半九张。　**盈**十卷，一百四十四张，尾半七张。　**昃**十卷，一百四十二张，尾半七张。　**辰**十卷，一百四十八张，尾半七张。　**宿**十卷，一百三十九张，尾半五张。　**列**十卷，一百四十二张，尾半七张。　**张**十卷，一百三十九张，尾半八张。　**寒**十卷，一百五十三张，尾半三张。　**来**十卷，一百五十五张，尾半三张。　**暑**十卷，一百四十三张，尾半五张。　**往**十卷，一百四十六张，尾半五张。　**秋**十卷，一百四十九张，尾半六张。　**收**十卷，一百五十二张，尾半三张。　**冬**十卷，一百四十七张，尾半八张。　**藏**十卷，一百五十二张，尾半三张。　**闰**十卷，一百四十九张，尾半三张。　**余**十卷，一百四十九张，尾半四张。　**成**十卷，一百四十七张，尾半七张。　**岁**十卷，一百四十七张，尾半五张。　**律**十卷，一百四十九张，尾半七张。　**吕**十卷，一百四十八张，尾半二张。　**调**十卷，一百五十张，尾半七张。　**阳**十卷，一百五十四张，尾半五张。　**云**十卷，一百六十一张，尾半三张。

腾十卷,一百五十五张,尾半四张。　致十卷,一百五十五张,尾半三张。　雨十卷,一百六十一张,尾半二张。　露十卷,一百四十九张,尾半四张。　结十卷,一百五十二张,尾半九张。　为十卷,一百五十四张,尾半四张。　霜十卷,一百五十张,尾半八张。　金十卷,一百五十八张,尾半七张。　生十卷,一百五十六张,尾半八张。

丽十卷,一百五十一张,尾半六张。　水十卷,一百五十三张,尾半三张。　玉十卷,一百四十九张,尾半八张。　出十卷,一百四十九张,尾半八张。　昆十卷,一百五十七张,尾半三张。　冈十卷,一百五十六张,尾半六张。　剑十卷,一百五十九张,尾半五张。　号十卷,一百五十六张,尾半五张。　巨十卷,一百六十八张,尾半三张。　阙十卷,一百六十六张,尾半四张。　珠十卷,一百六十五张,尾半七张。

称十卷,一百五十四张,尾半五张。　夜十卷,一百六十一张,尾半三张。　光十卷,一百六十九张,尾半五张。　果十卷,一百五十一张,尾半五张。　珍十卷,一百五十五张,尾半四张。　李十卷,一百四十八张,尾半五张。　柰十卷,一百五十五张,尾半四张《大般若波罗蜜多经》。　菜十卷,一百五十三张,尾半四张。

重十卷,一百二十六张,尾半八张。　芥十卷,一百三十五张,尾半五张。《放光般若波罗蜜多经》。　姜十卷,一百九十四张,尾半四张。　海十卷,一百七十八张,尾半五张。　咸十卷,一百八十六张,尾半三张。《摩诃般若波罗蜜经》。

河十卷,一百六十三张,尾半三张。《光赞般若波罗蜜经》。　淡十卷,一百五十一张,尾半五张。《道行般若波罗蜜经》。　鳞十卷,一百四十四张,尾半四张。《小品般若波罗蜜经》。　潜十一卷,一百六十三张,尾半六张。《摩诃般若波罗蜜多钞经》、《大明度无极经》。　羽十卷,一百四十九张,尾半三张。《胜天王般若波罗蜜经》、《金刚般若波罗蜜经》。

翔十卷,一百三十四张,尾半五张。《能断金刚般若波罗蜜经》、《金刚能断般若波罗蜜经》、《佛说濡首菩萨无上清净分卫经》、《仁王护国般若波罗蜜经》、《实相般若波罗蜜经》、《般若波罗蜜多心经》、《摩诃般若波罗蜜大明咒经》、《文殊师利所说摩诃般若波罗蜜经》、《文殊师利所说般若波罗蜜经》。

宝积部

龙十卷，一百六十张，尾半四张。　**师**十卷，一百四十八张，尾半五张。　**火**十卷，一百四十一张，尾半四张。　**帝**十卷，一百六十三张，尾半五张。　**鸟**十卷，一百七十六张，尾半四张。　**官**十卷，一百五十张，尾半三张。　**人**十卷，一百四十一张，尾半六张。　**皇**十卷，一百七十五张，尾半四张。　**始**十卷，一百四十六张，尾半七张。　**制**十卷，一百一十八张，尾半六张。　**文**十卷，一百四十八张，尾半八张。　**字**十卷，一百七十二张，尾半四张。《大宝积经》。　**乃**九卷，一百八十二张，尾半八张。《大方广三戒经》、《佛说无量清净平等觉经》、《佛说阿弥陀经》、《佛说无量寿经》。　**服**九卷，一百二十七张，尾半五张。《佛说阿閦佛国经》、《佛说大乘十法经》、《佛说普门品经》、《文殊师利佛土严净经》、《佛说胞胎经》、《佛说法镜经》。　**衣**八卷，一百三十三张，尾半二张。《郁迦罗越问菩萨行经》、《幻士仁贤经》、《佛说决定毗尼经》、《发觉净心经》、《优填王经》、《佛说须摩提经》、《佛说须摩提菩萨经》、《佛说离垢施女经》、《阿阇世王女阿述达菩萨经》。　**裳**十卷，一百五十六张，尾半五张。《得无垢女经》、《文殊师利所说不思议佛境界经》、《佛说如幻三昧经》、《善住意天子所问经》、《太子刷护经》、《太子和休经》。　**推**十卷，一百三十八张，尾半二张。《慧上菩萨问大善权经》、《大乘显识经》、《大乘方等要慧经》、《弥勒菩萨所问本愿经》、《佛遗日摩尼宝经》、《佛说摩诃衍宝严经》、《胜鬘师子吼一乘大方便方广经》、《毗耶沙门经》。

大集部

位十卷，一百八十七张，尾半六张。　**让**十卷，二百零一张，尾半七张。　**国**

十卷，一百七十一张，尾半五张。《大方等大集经》。　**有**十卷，一百八十四张，尾半二张。《大乘大方等日藏经》。　**虞**十卷，二百张，尾半七张。《大方等大集月藏经》。　**陶**十卷，一百五十张，尾半六张。《大乘大集地藏十轮经》。　**唐**十卷，一百三十五张，尾半五张。《佛说大方广十轮经》、《大集须弥藏经》。　**吊**十卷，一百五十九张，尾半三张。《虚空孕菩萨经》、《虚空藏菩萨经》、《虚空藏神咒经》、《观虚空藏菩萨经》、《佛说菩萨念佛三昧经》。　**民**十卷，一百一十九张，尾半三张。《佛说大方等大集菩萨念佛三昧经》。　**伐**九卷，一百三十二张，尾半四张。《般舟三昧经》、《跋陂菩萨经》、《大方等大集贤护经》。　**罪**十一卷，一百六十三张，尾半五张。《阿差末菩萨经》。　**周**十卷，一百四十二张，尾半三张。《无尽意菩萨经》、《大集譬喻王经》、《大哀经》。　**发**十卷，一百六十三张，尾半四张。《宝女所问经》、《无言童子经》、《自在王菩萨经》、《奋迅王问经》。　**殷**八卷，一百二十张，尾半四张。《宝星陀罗尼经》。

华严部

汤十卷，一百七十二张，尾半三张。　**坐**十卷，一百六十六张，尾半三张。　**朝**十卷，一百六十三张，尾半九张。　**问**十卷，一百六十四张，尾半三张。　**道**十卷，一百五十七张，尾半五张。　**垂**十卷，一百九十三张，尾半五张。《大方广佛华严经》。　**拱**十卷，一百四十五张，尾半五张。　**平**十卷，一百五十四张，尾半三张。　**章**十卷，一百五十一张，尾半三张。　**爱**十卷，一百三十八张，尾半七张。　**育**十卷，一百四十六张，尾半六张。　**黎**十卷，一百五十九张，尾半六张。　**首**十卷，一百五十七张，尾半五张。　**臣**十卷，一百六十三张，尾半八张。《大方广佛华严经》。　**伏**十三卷，一百七十二张，尾半六张。　**戎**十三卷，一百七十一张，尾半六张。　**羌**十四卷，一百八十八张，尾半七张。《大方广佛华严经·普贤菩萨行愿品》。　**遐**八卷，一百三十五张，尾半六张。《信力入印法门经》、《佛华严入如来德智不思议境界经》、《度诸佛境界智光严经》、《大乘金刚髻珠菩萨修行分经》。　**迩**十卷，一百九十九张，尾半六张。《大方广入如来智德不思议经》、《大方广佛华严经·修慈分》、《大方广佛华严经·不思议佛境界分》、《大方广如来不思议境界经》、《大方广普贤所说经》、《庄严菩提心经》、《菩萨本业经》、《大方广佛华严经·续入法界品》、《佛说兜沙经》、《大方广菩萨十地经》、《诸菩萨求佛本业经》、《菩萨十住行道品经》、《菩萨十住经》、《渐备一切智德经》。　**壹**十二卷，二百零九张，尾半五张。《十住经》、《显无边佛土功德经》、《度世品经》。　**体**十一卷，一百七十八张，尾半六张。《佛说如来兴显经》、《佛说罗摩伽经》、《等目菩萨所问三昧经》。

涅槃部

率十卷，一百七十三张，尾半四张。　**宾**十卷，一百六十五张，尾半三张。　**归**十卷，一百六十八张，尾半五张。　**王**十卷，一百六十五张，尾半二张。《大般涅槃经》。　**鸣**九卷，一百八十六张，尾半三张。　**凤**九卷，一百九十张，尾半一张。　**在**九卷，一百六十八张。　**树**九卷，一百九十一张，尾半三张。《南本大般涅槃经》。　**白**八卷，一百六十六张，尾半四张。《大般泥洹经》、《大般涅槃经·后分》。　**驹**九卷，一百六十四张，尾半七张。《佛说方等般泥洹经》、《四童子三昧经》、《大悲经》。

五大部外重译经

食十二卷，一百七十三张，尾半五张。《合部金光明经》、《金光明经》。　**场**十三卷，一百九十六张，尾半七张。《金光明最胜王经》、《阏真陀罗所问宝如来三昧经》。　**化**十卷，一百六十七张，尾半三张。　**被**十卷，一百六十六张，尾半四张。《方广大庄严经》、《普曜经》。　**草**九卷，一百七十五张，尾半七张。《妙法莲华经》、《法华三昧经》、《萨昙分陀利经》、《无量义经》。　**木**十卷，一百七十八张，尾半三张。《正法华经》。　**赖**十卷，一百七十四张，尾半八张。《大乘大悲分陀利经》、《善思童子经》。　**及**十卷，一百七十九张，尾半七张。《悲华经》。　**万**十卷，一百七十四张，尾半三张。《六度集经》、《大乘顶王经》、《大方等顶王经》。　**方**十二卷，一百八十八张，尾半八张。《维摩诘所说经》、《维摩诘经》、《说无垢称经》。

盖十二卷，一百九十五张，尾半九张。《妙法莲华经》、《道神足无极变化经》。　**此**十一卷，一百五十九张，尾半五张。《佛说宝云经》、《阿维越致遮经》。　**身**十三卷，一百六十一张，尾半七张。《佛说宝雨经》、《佛升忉利天为母说法经》。　**发**十卷，一百八十一张，尾半七张。《不退转法轮经》、《广博严净不退转法轮经》、《入定不定印经》、《不必定入定入印经》。　**四**十一卷，一百六十四张，尾半四张。《持人菩萨所问经》、《持世经》、《等集众德三昧经》。　**大**十二卷，一百九十一张，尾半五张。《集一切福德三昧经》、《大乘同性经》、《胜思惟梵天所问经》。

五十卷，一百九十张，尾半二张。《持心梵天所问经》、《思益梵天所问经》、《佛说济诸方等学经》、《大乘方广总持经》。　**常**十二卷，一百六十张，尾半六张。《证契大乘经》、《深密解脱经》、《解深密经》。

恭十六卷，一百七十四张，尾半三张。《大灌顶神咒经》、《大树紧那罗王所问经》。　**惟**十卷，一百八十七张，尾半四张。《药师如来本愿经》、《药师琉璃光如来本愿功德经》、《药师琉璃光七佛本愿功德经》、《阿阇世王经》、《楞伽阿跋多罗宝经》。　**鞠**十卷，一百七十三张，尾半五张。《入楞伽经》。　**养**十卷，一百七十二张，尾半四张。《大乘入楞伽经》、《菩萨行方便境界神通变化经》。　**岂**十一卷，一百六十六张，尾半六张。《大萨遮尼犍子受记经》、《梵书药师琉璃光七佛本愿功德经》。

敢八卷，一百三十八张，尾半五张。《佛说解节经》、《分别缘起初胜法门经》、《缘生初胜分法本经》、《相续解脱地波罗蜜了义经》、《佛说文殊师利现宝藏经》、《大方广宝箧经》。　**毁**十卷，一百七十二张，尾半七张。《普超三昧经》、《放钵经》、《大方等大云经》、《大云请雨经》。　**伤**十二卷，一百七十张，尾半一张。《大云轮请雨经》、《大方等大云请雨经》、《佛说如来智印经》、《佛说慧印三昧经》、《诸法无行经》、《诸法本无经》、《佛说无极宝三昧经》。　**女**十一卷，一百九十一张，尾半二张。《月灯三昧经》。　**慕**十一卷，一百六十一张，尾半八张。《月灯三昧经》、《佛说无所希望经》、《佛说象腋经》、《佛说大净法门品经》、《大庄严法门经》、《如来庄严智慧光明入一切佛境界经》、《度一切诸佛境界智严经》、《宝如来三昧经》。　**贞**十卷，一百五十三张，尾半六张。《观无量寿佛经》、《称赞净土佛摄受经》、《佛说阿弥陀经》、《后出阿弥陀偈经》、《不思议神力传》、《观弥勒菩萨上生兜率陀天经》、《佛说弥勒下生经》、《佛说弥勒来时经》、《弥勒下生成佛经》、《观弥勒菩萨下生经》、《弥勒成佛经》、《一切法高王经》、《第一义法胜经》、《大威灯光仙人问疑经》、《大阿弥陀经》。　**洁**十卷，一百三十六张，尾半七张。《顺权方便经》、《诸法勇王经》、《太子须大拏经》、《菩萨睒子经》、《太子慕魄经》、《佛说睒子经》、《佛说九色鹿经》、《佛说太子沐魄经》、《乐璎珞庄严方便经》、《无字宝箧经》、《大乘离文字普光明藏经》、《佛说长者子制经》、《佛说月光童子经》、《申日儿本经》、《佛说逝童子经》、《佛说犊子经》、《佛说乳光佛经》、《无垢贤女经》、《腹中女听经》。

男十卷，一百三十六张，尾半七张。《大乘遍照光明藏无字法门经》、《佛说老女人经》、《佛说老母经》、《老母女六英经》、《菩萨逝经》、《文殊师利问菩提经》、《伽耶山顶经》、《佛说象头精舍经》、《大乘伽耶山顶经》、《佛说德护长者经》、《佛说转女身经》、《未曾有经》、《佛说甚希有经》、《佛说决定总持经》、《佛说谤佛经》、《宝积三昧文殊师利菩萨问法身经》、《入法界体性经》、《如来师子吼经》、《大方广师子吼经》、《大乘百福相经》。　**效**十卷，一百三十二张，尾半四张。《佛说善恭敬经》、《称赞大乘功德经》、《说妙法决定业障经》、《大乘百福庄严相经》、《大乘四法经》、《菩萨修行四法经》、《希有校量功德经》、《佛说银色女经》、《阿阇世王受决经》、《采华违王上佛授决经》、《佛说正恭敬经》、《佛说最无比经》、《佛说前世三转经》、《无上依经》、《佛说了本生死经》、《佛说自誓三昧经》、《贝多树下思惟十二因缘经》、《佛说缘起圣道经》、《佛说稻秆经》、《佛说转有经》、《文殊师利巡行经》、《文殊尸利行经》、《佛说作佛形像经》、《佛说龙施女经》、《佛说龙施菩萨本起经》、《八吉祥神咒经》。　**才**十一卷，一百四十四张，尾半六张。《佛说谏王经》、《如来示教胜军王经》、《佛为胜光天子说王法经》、《大方等修多罗王经》、《如来独证自誓三昧经》、《佛说灌佛经》、《佛说灌洗佛形像经》、《佛说造立形像福报经》、《佛说八阳神咒经》、《佛说八吉祥经》、《佛说八佛名号经》、《佛说盂兰盆经》、《佛说报恩奉盆经》、《佛说浴像功德经》、《浴像功德经》、《佛说校量数珠功德经》、《曼殊室利校量数珠功德经》、《不空羂索心咒王经》、《不空羂索咒经》、《不空羂索陀罗尼经》、《不空羂索咒心经》、《不空羂索神咒心经》。　**良**十卷，一百三十八张，尾半六张。　**知**十卷，一百六十三张，尾半八张。　**过**十卷，一百六十五张，尾半九张。《不空罥索神变真言经》。　**必**十一卷，一百八十六张，尾半六张。《千眼千臂观世音菩萨陀尼神咒经》、《千手千眼观世音菩萨姥陀罗尼身经》、《千手千眼观世音菩萨广大圆满无碍大悲心陀罗尼经》、《观世音菩萨秘密藏神咒经》、《观世音菩萨如意摩尼陀罗尼经》、《观世音菩萨如意心陀罗尼经》、《如意轮陀罗尼经》、《观自在菩萨怛缚多唎随心陀罗尼经》、《大方广菩萨藏经中文殊师利根本一字陀尼经》、《曼殊室利菩萨咒藏中一字咒王经》、《十二佛名神咒校量功德除障灭罪经》、《佛说称赞如来功德神咒经》、《大金色孔雀王咒经》、《大孔雀王神咒经》、《佛说大孔雀王杂神咒经》、《佛说孔雀王咒经》。　**改**十二卷，一百八十六张，尾半七张。《佛说大孔雀咒王经》、《佛母大孔雀明王经》、《佛说十一面观世音神咒经》、《佛说十一面神咒心经》、《能灭众罪千转陀罗尼经》、《咒五首经》、《六字神咒经》、《咒三首经》、《佛说摩利支天陀罗尼经》、《佛说七俱胝佛母心大准提陀罗尼经》、《佛说七俱胝佛母准提大明陀罗尼经》、《佛说佛顶尊胜陀罗尼经》、《最胜佛顶陀罗尼净除业障经》、《佛说一向出生菩萨经》、《种种杂咒经》、《佛顶最胜陀罗尼经》。　**得**十卷，一百九十七张，尾半四张。《佛顶最胜陀罗尼经》、《佛顶尊胜陀罗尼经》、《佛说观药王、药上二菩萨经》、《阿难陀目佉尼呵离陀经》、《舍利弗陀罗尼经》、《阿难陀目佉尼呵离陀邻尼经》、《佛说无量门破魔陀罗尼经》、《出生无边门陀罗尼经》、《胜幢臂印陀罗尼经》、《妙臂印幢陀罗尼经》、《佛说陀罗尼集经》。　**能**八卷，二百零四张，尾半六张。《佛说陀罗尼集经》。　**莫**十二卷，一百六十一张，尾半七张。《佛说无涯际总持法门经》、《尊胜菩萨所问一切诸法入无量法门陀罗尼经》、《金刚上味陀罗尼经》、《金刚场陀罗尼经》、《虚空藏菩萨问七佛陀罗尼经》、

《无垢净光大陀罗尼经》、《请观世音菩萨消伏毒害陀罗尼经》、《华积陀罗尼神咒经》、《华聚陀罗尼咒经》、《师子奋迅菩萨所问经》、《六字咒王经》、《六字神咒王经》、《佛说持句神咒经》、《佛说陀邻尼钵经》、《东方最胜灯王如来助护持世间神咒经》、《如来方便善巧咒经》、《善法方便陀罗尼咒经》、《金刚秘密善门陀罗尼经》、《护命法门神咒经》、《内藏百宝经》、《温室洗浴众僧经》、《佛说四不可得经》、《梵女首意经》。 **忘**十二卷，一百八十一张，尾半六张。《成具光明定意经》、《佛说须赖经》、《佛说宝网经》、《菩萨道树经》、《菩萨生地经》、《诸德福田经》、《大方等如来藏经》、《摩诃摩耶经》、《佛说孛经抄》、《金色王经》、《佛语法门经》、《演道俗业经》、《百佛名经》、《菩萨行五十缘身经》、《菩萨修行经》。 **罔**十二卷，二百零二张，尾半十一张。《须真天子经》、《佛说观普贤菩萨行法经》、《称扬诸佛功德经》、《佛说无量门微密持经》、《佛说出生无量门持经》、《不思议光菩萨所说经》、《除恐灾患经》、《观世音菩萨得大势菩萨受记经》、《超日月三昧经》。 **谈**十二卷，一百八十八张，尾半九张。《十住断结经》。 **彼**十卷，一百九十张，尾半九张。《十住断结经》、《佛说海龙王经》、《未曾有因缘经》、《诸佛要集经》。 **短**七卷，二百零二张，尾半四张。《菩萨璎珞经》。 **靡**九卷，一百七十四张，尾半五张。《菩萨璎珞经》、《佛说首楞严三昧经》。 **恃**十一卷，一百七十八张，尾半六张。《贤劫经》。

单译经

己十卷，一百八十四张，尾半七张。《佛说佛名经》。 **长**十卷，一百六十一张，尾半四张。《佛说佛名经》、《佛说不思议功德诸佛所护念经》、《过去庄严劫千佛名经》、《现在贤劫千佛名经》、《未来星宿劫千佛名经》、《力庄严三昧经》。　**信**十二卷，一百六十四张，尾半九张。《五千五百佛名神咒除障灭罪经》、《大方等陀罗尼经》。　**使**十二卷，一百五十五张，尾半十一张。《大法炬陀罗尼经》。　**可**十二卷，一百五十四张，尾半十张。《大法炬陀罗尼经》、《僧伽吒经》。　**覆**十二卷，一百五十四张，尾半九张。《大威德陀罗尼经》。　**器**十二卷，一百四十六张，尾半六张。《大威德陀罗尼经》、《观察诸方行经》。　**欲**八卷，一百七十八张，尾半四张。《佛说华手经》。　**难**十卷，一百九十四张，尾半六张。《佛说华手经》、《法集经》、《大方广圆觉修多罗了义经》、《佛说施灯功德经》。　**量**十卷，一百四十四张，尾半五张。《观佛三昧海经》。　**墨**十卷，一百五十九张，尾半三张。《大方便佛报恩经》、《菩萨本行经》。　**悲**九卷，一百九十一张，尾半四张。《菩萨处胎经》、《央掘魔罗经》。　**丝**十二卷，一百七十三张，尾半九张。《三昧弘道广显定意经》、《佛说明度五十校计经》、《无所有菩萨经》、《中阴经》。　**染**十一卷，一百七十七张，尾半七张。《大法鼓经》、《月上女经》、《文殊师利问经》、《大方广如来秘密藏经》、《大乘密严经》。　**诗**十一卷，一百七十八张，尾半六张。《一字佛顶轮王经》、《占察善恶业报经》、《佛说莲华面经》、《文殊师利问菩萨署经》。　**赞**十卷，一百七十一张，尾半三张。《大毗卢遮那成佛神变加持经》、《广大宝楼阁善住秘密陀罗尼经》。　**羔**十三卷，一百五十七张，尾半七张。《大佛顶如来密因修证了义诸菩萨万行首楞严经》、《大陀罗尼末法中一字心咒经》、《大乘造像功德经》。　**羊**八卷，一百七十九张，尾半四张。《金刚光焰止风雨陀罗尼经》、《牟梨曼陀罗咒经》、《苏婆呼童子经》、《苏悉地羯罗经》。

景九卷，一百七十六张，尾半五张。《金刚顶瑜伽中略出念诵经》、《七佛所说神咒经》、《文殊师利宝藏陀罗尼经》。　**行**十卷，一百七十一张，尾半五张。《大吉义神咒经》、《阿吒婆拘鬼神大将上佛陀罗尼经》、《佛说大普贤陀罗尼经》、《佛说大七宝陀罗尼经》、《阿弥陀鼓音声王陀罗尼经》、《六字大陀罗尼咒经》、《安宅神咒经》、《幻师飏陀神咒经》、《佛说辟除贼害咒经》、《佛说咒时气病经》、《佛说咒齿经》、《佛说咒目经》、《佛说咒小儿经》、《佛说摩尼罗亶经》、《佛说檀特罗麻油述经》、《佛说护诸童子陀罗尼咒经》、《诸佛心陀罗尼经》、《拔济苦难陀罗尼经》、《八名普密陀罗尼经》、《佛说持世陀罗尼经》、《佛说六门陀罗尼经》、《清净观世音菩萨普贤陀罗尼经》、《诸佛集会陀罗尼经》、《佛说智炬陀罗尼经》、《佛说随求即得大自在陀罗尼神咒经》、《百千印陀罗尼经》、《佛说救面然饿鬼陀罗尼经》、《甘露陀罗尼经》、《庄严王陀罗尼经》、《香王菩萨陀罗尼咒经》、《佛说一切法功德庄严王经》、《佛说拔除罪障咒王经》、《佛说善夜经》、《虚空藏菩萨能满诸愿最胜心陀罗尼求闻持法》、《金刚顶曼殊室利菩萨五字心陀罗尼品》、《观自在如意轮菩萨瑜伽法要》、《金刚顶经五字心陀罗尼》、《佛说佛地经》、《佛垂般涅槃略说教诫经》、《出生菩提心经》、《佛说佛印三昧经》。　**维**十一卷，一百七十三张，尾半四张。《文殊师利般涅槃经》、《异出菩萨本起经》、《佛说贤首经》、《千佛因缘经》、《佛说月明菩萨经》、《佛说心明经》、《佛说灭十方冥经》、《佛说鹿母经》、《佛说魔逆经》、《佛说赖吒和罗所问德光太子经》、《商主天子所问经》、《诸法最上王经》、《大乘四法经》、《离垢慧菩萨所问礼佛法经》、《寂照神变三摩地经》、《造塔功德经》、《佛说不增不减经》、《佛说坚固女经》、《佛说大乘流转诸有经》、《佛说大意经》、《受持七佛名号所生功德经》。　**贤**十一卷，一百五十三张，尾半四张。《佛为海龙王说法印经》、《般泥洹后灌腊经》、《右绕佛塔功德经》、《佛说妙色王因缘经》、《师子素驮婆王断肉经》、《差摩婆帝授记经》、《师子庄严王菩萨请问经》、《有德女所问大乘经》、《佛临涅槃记法住经》、《佛说八部佛名经》、《菩萨内习六波罗蜜经》、《菩萨饲饿虎起塔因缘经》、《金刚三昧本性清净不坏不灭经》、《佛说师子月佛本生经》、《佛说长者法志妻经》、《佛说萨罗国经》、《佛说十吉祥经》、《长者女庵提遮师子吼了义经》、《一切智光明仙人慈心因缘不食肉经》、《金刚三昧经》、《优婆夷净行法门经》、《八大人觉经》、《佛说三品弟子经》、《佛说当来变经》、《过去佛分卫经》、《佛说四辈经》、《佛说法灭尽经》、《佛说甚深大回向经》、《天王太子辟罗经》、《佛说十二头陀经》、《佛说树提伽经》、《佛说法常住经》、《佛说长寿王经》。

小乘经

阿含部

克十一卷，一百九十三张，尾半三张。　**念**十一卷，二百一十二张，尾半二张。《佛说长阿含经》。　**作**十卷，一百九十五张，尾半四张。　**圣**十卷，一百八十六张，尾半二张。　**德**十卷，一百六十六张，尾半五张。　**建**十卷，一百六十三张，尾半六张。　**名**十卷，一百六十六张，尾半四张。　**立**十卷，一百七十张，尾半五张。《中阿含经》。　**形**十卷，一百二十七张，尾半五张。　**端**十卷，一百五十三张，尾半四张。　**表**十卷，一百七十张，尾半三张。　**正**十卷，一百三十八张，尾半五张。　**空**十卷，一百六十三张，尾半五张。《增一阿含经》。　**谷**十卷，一百九十张，尾半三张。　**传**十卷，一百九十七张，尾半四张。　**声**十卷，一百九十四张，尾半四张。　**虚**十卷，二百零二张，尾半五张。　**堂**十卷，一百九十三张，尾半六张。《杂阿含经》。　习十卷，一百七十一张，尾半五张。　听十三卷，一百七十一张，尾半三张。《别译杂阿含经》、《杂阿含经》、《长阿含十报法经》。　祸十一卷，一百九十二张，尾半五张。《佛般泥洹经》、《佛说方等泥洹经》、《大般涅槃经》、《佛说人本欲生经》、《佛说梵志阿颰经》、《佛说梵网六十二见经》、《佛说尸迦罗越六方礼经》、《佛说寂志果经》。　因十卷，一百五十五张，尾半三张。《起世经》。　恶十卷，一百五十三张，尾半五张。《起世因本经》。　积十卷，一百五十六张，尾半五张。《楼炭经》、《佛说七知经》、《佛说碱水喻经》、《佛说一切流摄守因经》、《佛说四谛经》、《佛说恒水经》、《佛说本相倚致经》、《中本起经》。　福十一卷，一百四十四张，尾半八张。《佛说缘本致经》、《佛说顶生王故事经》、《佛说文陀竭王经》、《佛说阎罗王五天使者经》、《佛说铁城泥犁经》、《佛说古来世时经》、《佛说阿那律八念经》、《佛说离睡经》、《佛说是法非法经》、《佛说求欲经》、《佛说受岁经》、《佛说梵志计水净经》、《佛说苦阴经》、《佛说释摩男本四子经》、《佛说苦阴因事经》、《佛说乐想经》、《佛说漏分布经》、《佛说问耨跋经》、《佛说诸法本经》、《佛说瞿昙弥记果经》、《佛说瞻婆比丘经》、《佛说伏淫经》、《佛说魔娆乱经》、《佛说弊魔试目连经》、《泥犁经》、《优婆夷堕舍迦经》、《佛说斋经》、《佛说广义法门经》、《佛说戒德香经》、《佛说四人出现世间经》、《佛说赖吒和罗经》、《佛说善生子经》、《佛说数经》、《佛说梵志额波罗延问种尊经》。　缘十卷，一百六十张，尾半五张。《三归五戒慈心厌离功德经》、《佛说须达经》、《佛为黄竹园老婆罗门说学经》、《佛说梵摩喻经》、《佛说尊上经》、《佛说鹦鹉经》、《佛说兜调经》、《佛说意经》、《佛说应法经》、《佛说鞞摩肃经》、《佛说婆罗门子命终爱念不离经》、《佛说十支居士八城人经》、《佛说邪见经》、《佛说箭喻经》、《佛说普法义经》、《佛说波斯匿王太后崩尘土坌身经》、《须摩提女经》、《婆罗门避死经》、《施食获五福报经》、《频婆娑罗王诸佛供养经》、《佛说长者子六过出家经》、《佛说鸯掘摩经》、《佛说鸯掘髻经》、《佛说四未曾有法经》、《佛说力士移山经》、《佛说舍利弗目犍连游四衢经》、《七佛父母姓字经》、《佛说放牛经》、《缘起经》、《十一想思念如来经》、《佛说四泥犁经》、《阿那邠邸化七子经》、《大爱道般涅槃经》、《佛母般泥洹经》、《舍卫国王梦见十事经》、《佛说国王不黎先尼十梦经》、《阿难同学经》、《五蕴皆空经》、《佛说七处三观经》、《佛说圣法印经》。 **善**十一卷，一百五十九张，尾半四张。《五阴譬喻经》、《佛说水沫所飘经》、《佛说不守自意经》、《佛说满愿子经》、《转法轮经》、《佛说三转法轮经》、《佛说八正道经》、《难提释经》、《马有三相经》、《佛说马有八态譬人经》、《佛说相应相可经》、《治禅病秘要经》、《摩登伽经》、《舍头谏经》、《修行本起经》、《鬼问目连经》、《杂藏经》、《饿鬼报应经》、《阿难问事佛吉凶经》、《慢法经》、《阿难分别经》、《五母子经》。 **庆**九卷，一百五十六张，尾半六张。《沙弥罗经》、《玉耶经》、《玉耶女经》、《阿速达经》、《摩邓女经》、《摩邓女解形中六事经》、《太子瑞应本起经》、《过去现在因果经》、《佛说奈女耆域因缘经》、《佛说奈女耆婆经》。 **尺**八卷，一百五十四张，尾半四张。《四十二章经》、《法海经》、《海八功德经》、《佛说罪业应报教化地狱经》、《佛说龙王兄弟经》、《长者音悦经》、《禅秘要法经》、《佛说七女经》、《佛说八师经》、《佛说越难经》、《佛说所欲致患经》、《阿阇世王问五逆经》、《佛说五苦章句经》、《佛说坚意经》、《佛说净饭王涅槃经》、《佛说进学经》、《得道梯磴锡杖经》、《佛说持锡杖法》附、《佛说贫穷老公经》、《佛说三摩竭经》。　**璧**八卷，一百五十六张，尾半二张。《生经》、《萍沙王五愿经》、《琉璃王经》、《佛说义足经》。

单译经

非十卷，一百五十八张，尾半四张。　**宝**十卷，一百六十四张，尾半四张。　**寸**十卷，一百五十七张，尾半四张。　**阴**十卷，一百六十六张，尾半四张。　**是**十卷，一百五十六张，尾半五张。　**竞**十卷，一百五十四张，尾半五张。　**资**十卷，一百六十一张，尾半五张。《正法念处经》。　**父**十二卷，一百六十张，尾半五张。　**事**十二卷，一百五十八张，尾半九张。　**君**十二卷，一百五十九张，尾半七张。　**曰**十二卷，一百五十四张，尾半九张。　**严**十二卷，一百五十一张，尾半六张。《佛本行集经》。　**与**十卷，一百三十七张，尾半二张。《本事经》、《佛说兴起行经》、《佛说业报差别经》。　**敬**九卷，一百二十张，尾半三张。《佛说大安般守意经》、《佛说骂意经》、《禅行法想经》、《佛说处处经》、《佛说分别善恶所起经》、《佛说出家缘经》、《佛说阿含正行经》、《佛说十八泥犁经》、《佛说法受尘经》、《须摩提长者经》、《长者懊恼三处经》、《犍陀国王经》、《阿难四事经》、《分别经》、《未生怨经》、《四愿经》、《猘狗经》、《八关斋经》、《孝子经》、《黑氏梵志经》、《阿鸠留经》、《佛为阿支罗迦叶自化作苦经》。　**孝**十卷，一百一十七张，尾半六张。《阴持入经》、《五百弟子自说本起经》、《佛说大迦叶本经》、《佛说四自侵经》、《佛说罗云忍辱经》、《佛说沙曷比丘功德经》、《佛为年少比丘说正事经》、《佛说时非时经》、《佛说自爱经》、《佛说中心经》、《佛说见正经》、《佛说大鱼事经》、《阿难七梦经》、《佛说呵雕阿那含经》、《佛说灯指因缘经》、《佛说妇人遇辜经》、《佛说四天王经》、《佛说摩诃迦叶度贫母经》、《佛说十二品生死经》、《佛说转轮五道罪福报应经》、《佛说五无反复经》、《佛说佛大僧大经》、《佛说耶祇经》、《佛说末罗王经》、《佛说摩达国王经》、《佛说旃陀越国王经》。　**当**十卷，一百零六张，尾半四张。《佛说五恐怖世经》、《佛说弟子死复生经》、《佛说懈怠耕者经》、《佛说辨意长者子所问经》、《佛说无垢优婆夷问经》、《佛说贤者五福德经》、《天请问经》、《佛说护净经》、《佛说木槵经》、《佛说无上处经》、《佛说因缘僧护经》、《卢至长者因缘经》、《佛说五王经》、《佛说出家功德经》、《佛说栴檀树经》、《佛说额多和多耆经》、《佛说普达王经》、《佛灭度后棺敛葬送经》、《佛说鬼子母经》、《佛说梵摩难国王经》、《佛说孙多耶致经》、《佛说父母恩难报经》、《佛说新岁经》、《佛说群牛譬经》、《佛说九横经》、《佛说禅行三十七品经》、《比丘避女恶名欲自杀经》、《佛说身观经》、《佛说无常经》、《佛说八无暇有暇经》、《长爪梵志请问经》、《佛说譬喻经》、《佛说比丘听施经》、《佛说略教诫经》、《佛说疗痔病经》。

宋元入藏诸大小乘经

竭十二卷，一百五十张，尾半八张。《佛说大乘庄严宝王经》、《佛说大乘圣无量寿决定光明王如来陀罗尼经》、《佛说大乘圣吉祥持世陀罗尼经》、《佛说无能胜幡王如来庄严陀罗尼经》、《最胜佛顶陀罗尼经》、《圣佛母小字般若波罗蜜多经》、《七佛赞呗伽陀》、《大方广总持宝光明经》、《佛说出生一切如来法眼遍照大力明王经》。　**力**十卷，一百四十四张，尾半二张。《佛说守护大千国土经》、《佛说楼阁正法甘露鼓经》、《佛说大乘善见变化文殊师利问法经》、《分别善恶报应经》、《佛顶放无垢光明入普门观察一切如来心陀罗尼经》、《大乘日子王所问经》、《佛说金耀童子经》、《嗟韈曩法天子受三皈依获免恶道经》、《佛说较量寿命经》、《赞法界颂》、《圣虚空藏菩萨陀罗尼经》、《佛说大护明大陀罗尼经》、《大寒林圣难拏陀罗尼经》、《佛说诸行有为经》、《息除中天陀罗尼经》、《一切如来正法秘密箧印心陀罗尼经》。　**忠**九卷，一百三十九张，尾半五张。《消除一切闪电障难随求如意陀罗尼经》、《圣最上灯明如来陀罗尼经》、《妙法圣念处经》、《佛说大迦叶问大宝积正法经》、《佛说沙弥十戒仪则经》、《圣持世陀罗尼经》、《佛说法集名数经》、《圣多罗菩萨一百八名陀罗尼经》。　**则**八卷，一百五十六张，尾半五张。　**尽**十卷，一百三十一张，尾半二张。《大方广菩萨藏文殊师利根本仪轨经》、《十二缘生祥瑞经》、《佛说目连所问经》、《外道问大乘法无我义经》、《毗俱胝菩萨一百八名经》、《赞扬圣德多罗菩萨一百八名经》、《圣观自在菩萨一百八名经》、《胜军化世百喻伽陀经》、《六道伽陀经》、《佛说苾刍五法经》、《佛说苾刍迦尸迦十法经》、《诸佛心印陀罗尼经》、《妙臂菩萨所问经》、《宝月童子问法经》、《佛说莲华眼陀罗尼经》、《观想佛母般若波罗蜜多菩萨经》、《如意摩尼陀罗尼经》。　**命**十卷，一百四十四张，尾半四张。《佛说大自在天子因地经》、《佛说宝生陀罗尼经》、《佛说十号经》、《佛为娑伽罗龙王所说大乘经》、《佛说普贤菩萨陀罗尼经》、《大金刚妙高山楼阁陀罗尼经》、《广大莲华庄严曼拏罗灭一切罪陀罗尼经》、《一切如来大秘密王未曾有最上微妙大曼拏罗经》、《佛说圣宝藏神仪轨经》、《佛说宝藏神大明曼拏罗仪轨经》、《佛说尊胜大明王经》、《佛说智光灭一切业障陀罗尼经》、《佛说如意宝总持王经》、《佛说持明藏八大总持王经》、《圣无能胜金刚火陀罗尼经》、《佛说圣大总持王经》、《佛说最上意陀罗尼经》。　**临**十二卷,一百三十五张,尾半八张。《佛说大摩里支菩萨经》、《佛说圣庄严陀罗尼经》、《佛说圣六字大明王陀罗尼经》、《千转大明陀罗尼经》、《佛说华积楼阁陀罗尼经》、《佛说胜幡璎珞陀罗尼经》、《佛说普贤曼拏罗经》、《佛说长者施报经》、《佛说毗沙门天王经》、《佛说毗婆尸佛经》、《佛说圣观自在菩萨梵赞经》、《佛百八名读经》、《佛说布施经》、《佛说圣曜母陀罗尼经》、《佛说大三摩惹经》、《佛说月光菩萨经》。　**深**十三卷,一百八十一张,尾半五张。《佛说众许摩诃帝经》、《佛说文殊师利一百八名梵赞经》、《佛说解忧经》、《犍稚梵赞经》、《佛说七佛经》、《佛说大乘无量寿庄严王经》、《佛说遍照般若波罗蜜经》。　**履**十卷,一百四十一张,尾半五张。《佛说帝释般若波罗蜜多心经》、《佛说诸佛经》、《大乘舍黎娑担摩经》、《佛说四无所畏经》、《佛说一切如来顶轮王百八名赞经》、《增慧陀罗尼经》、《圣六字增寿大明陀罗尼经》、《佛说大乘戒经》、《圣多罗菩萨梵赞经》、《圣救度佛母二十一种礼赞经》、《佛说圣最胜陀罗尼经》、《佛说五十颂圣般若波罗蜜经》、《金刚手菩萨降伏一切部多大教王经》、《最上大乘金刚大教宝王经》、《佛说萨钵夜酥里瑜捺野经》、《佛说一切如来乌瑟腻沙最胜总持经》、《菩提心观释》、《佛母宝德藏般若波罗蜜经》、《佛说幻化网大瑜伽教十忿怒明王大明观想仪轨经》。

薄十二卷,一百三十五张,尾半七张。《佛说金刚香菩萨大明成就仪轨经》、《金刚萨埵说频那夜迦天成就仪轨经》、《佛说妙吉祥最胜根本大教经》、《佛说大乘观想曼拏罗净诸恶趣经》、《佛说大金刚香陀罗尼经》。　**夙**十卷，一百五十张，尾半三张。《佛说护国尊者所问大乘经》、《佛说持明藏瑜伽大教尊那菩萨大明成就仪轨经》、《佛说妙吉祥瑜伽大教金刚陪啰缚轮观想成就仪轨经》、《大乘八大曼拏罗经》、《圣金刚手菩萨一百八名梵赞经》、《佛说较量一切佛刹功德经》、《啰嚩拏说救疗小儿疫病经》、《迦叶仙人说医女人经》、《佛说大爱陀罗尼经》、《佛说阿罗汉具德经》、《一切佛摄相应大教王经》、《圣观自在菩萨念诵仪轨经》、《佛说俱枳罗陀罗尼经》、《佛说消除一切灾障宝髻陀罗尼经》、《佛说妙色陀罗尼经》、《佛说栴檀香身陀罗尼经》、《佛说钵兰那赊嚩哩大陀罗尼经》、《佛说宿命智陀罗尼经》、《佛说慈氏菩萨誓愿陀罗尼经》、《佛说灭除五逆罪大陀罗尼经》、《佛说无量功德陀罗尼经》、《佛说十八臂陀罗尼经》、《佛说洛义陀罗尼经》、《佛说辟除诸恶陀罗尼经》、《佛说八大灵塔名号经》、《八大灵塔梵赞》附、《三身梵赞》附、《佛说尊那经》。　**兴**十一卷，一百五十五张，尾半六张。《佛说瑜伽大教王经》、《宝授菩萨菩提行经》、《曼殊室利菩萨吉祥伽陀经》、《佛说妙吉祥菩萨陀罗尼经》、《佛说无量寿大智陀罗尼经》、《佛说宿命智陀罗尼经》、《佛说慈氏菩萨陀罗尼经》、《佛说虚空藏菩萨陀罗尼》、《佛三身赞》附、《大正句王经》、《佛说人仙经》、《佛说旧城喻经》、《佛说频婆娑罗王经》、《佛说信解智力经》、《佛说善乐长者经》、《佛说圣多罗菩萨经》、《佛说大吉祥陀罗尼经》、《佛说宝贤陀罗尼经》、《佛说八名陀罗尼经》、《佛说观自在菩萨母陀罗尼经》、《佛说戒香经》、《佛说延寿妙门陀罗尼经》、《佛说一切如来名号陀罗尼经》、《佛说息除贼难陀罗尼经》、《法身经》、《佛说信佛功德经》。　**温**十卷，一百五十六张，尾半三张。《佛说最上根本大乐金刚不空三昧大教王经》、《佛说最上秘密那拏天经》、《佛说解夏经》、《佛说帝释所问经》、《佛说决定义经》、《佛说护国经》。　**清**九卷，一百四十九张，尾半五张。《佛说未曾有正法经》、《佛说大生义经》、《佛说分别布施经》、《佛说分别缘生经》、《佛说法印经》、《佛说大方广善巧方便经》、《佛说大乘不思议神通境界经》、《佛说发菩提心破诸魔经》、《佛说圣佛母般若波罗蜜多经》。　**似**十四卷，一百四十三张，尾半六张。　**兰**十三卷，一百三十九张，尾半三张。《佛说佛母出生三法藏般若波罗蜜多经》、《佛说给孤长者女得度因缘经》。　**斯**十二卷，一百四十八张，尾半四张。《佛说大集法门经》、《佛说净意优婆塞所问经》、《佛说无二平等最上瑜伽大教王经》、《佛说佛母般若波罗蜜多大明观想仪轨经》、《佛说光明童子因缘经》、《佛说宝带陀罗尼经》、《佛说金身陀罗尼经》、《佛说入无分别法门经》、《佛说金刚场庄严般若波罗蜜多教中一分》、《佛说息诤因缘经》。　**馨**十卷，一百四十九张，尾半六张。《佛说初分说经》、《佛说无畏授所问大乘经》、《佛说月喻经》、《佛说医喻经》、《佛说灌顶王喻经》、《佛说秘密相经》、《佛说尼拘陀梵志经》、《佛说白衣金幢二婆罗门缘起经》、《佛说福力太子因缘经》、《佛说身毛喜竖经》、《佛说八种长养功德经》、《秽迹金刚说神通大满陀罗尼法术灵要门经》、《秽迹金刚法禁百变法门经》、《十一面观自在菩萨心密言念诵仪轨经》。　**如**十卷，一百六十三张，尾半五张。　**松**十卷，一百三十九张，尾半二张。《一切如来真实摄大乘现证三昧大教王经》、《大乘大方广佛冠经》。　**之**十一卷，一百五十六张，尾半六张。《大乘本生心地观经》、《金刚顶一切如来真实摄大乘现证大教王经》。　**盛**十卷，一百三十二张，尾半六张。《除盖障菩萨所问经》。　**川**九卷，一百六十八张，尾半四张。《金刚恐怖集会方广仪轨观自在菩萨三世最胜心明王经》、《金刚恐怖集会方广仪轨观自在菩萨三世最胜心明王大威力乌枢瑟摩明王经》、《一字奇特佛顶经》、《呵唎多罗陀罗尼阿噜力经》、《金刚顶瑜伽念珠经》、《佛说大方广曼殊室利经》、《大乐金刚不空真实三摩地耶般若波罗蜜多理趣经》。　**流**十卷，一百六十一张，尾半二张。《菩提场所说一字顶轮王经》、《底哩三昧耶不动尊威怒王使者念诵法》、《佛说出生无边门陀罗尼经》、《一切如来心秘密全身舍利宝箧印陀罗尼经》、《大吉祥天女十二名号经》、《佛说一切如来金刚寿命陀罗尼经》、《佛说大吉祥天女十二契一百八名无垢大乘经》、《仁王护国般若波罗蜜经》、《佛说穰麌利童女经》、《佛说雨宝陀罗尼经》、《慈氏菩萨所说大乘缘生稻杆喻经》。　**不**十卷，一百五十六张，尾半五张。《大云轮请雨经》、《大宝广博楼阁善住秘密陀罗尼经》、《菩提场庄严陀罗尼经》、《叶衣观自在菩萨经》、《毗沙门天王经》、《文殊问经·字母品第十四》、《大乘密严经》。　**息**十一卷，一百五十一张，尾半四张。《佛说一切如来金刚三业最上秘密大教王经》、《佛说秘密三昧大教王经》。　**渊**十二卷，一百七十七张，尾半五张。《佛说大集会正法经》、《七俱胝佛母所说准提陀罗尼经》、《佛说三十五佛名礼忏文》、《佛说救拔焰口饿鬼陀罗尼经》、《观自在菩萨说普贤陀罗尼经》、《八大菩萨曼荼罗经》、《能净一切眼疾病陀罗尼经》、《佛说如幻三摩地无量印法门经》、《佛说蚁喻经》、《圣观自在菩萨不空王秘密心陀罗尼经》、《佛说胜军王所问经》、《佛说轮王七宝经》、《佛说园生树经》、《了义般若波罗蜜经》、《大方广未曾有经善巧方便品》、《大坚固婆罗门缘起经》、《瑜伽集要焰口施食仪文》。　**澄**十一卷，一百六十五张，尾半三张。《海意菩萨所问净印法门经》、《金刚峰楼阁一切瑜伽瑜祇经》。

取十一卷，一百四十七张，尾半四张。《妙吉祥平等秘密最上观门大教王经》、《圣迦柅忿怒金刚童子菩萨成就仪轨经》、《瑜伽金刚顶经·释字母品》、《佛说一切如来安像三昧仪轨经》、《文殊师利菩萨根本大教王经·金翅鸟王品》、《佛说大方广曼殊室利经·观自在菩萨受记品》、《佛说巨力长者所问大乘经》。　**映**十卷，一百三十二张，尾半二张。《如来不思议秘密大乘经》。　**容**十卷，一百四十五张，尾半六张。《大乘瑜伽曼殊室利千臂千钵经》。　**止**十一卷，一百五十三张，尾半六张。《守护国界主陀罗尼经》、《瑜伽集要救阿难陀罗尼焰口仪轨经》。　**若**十一卷，一百五十七张，尾半七张。《大乘理趣六波罗蜜多经》、《佛说大白伞盖总持陀罗尼经》。　**思**十一卷，一百八十二张，尾半六张。《佛说大悲空智金刚大教王仪轨经》、《普遍光明焰鬘清净炽盛如意宝印心无能胜大明王大随求陀罗尼经》、《佛说妙吉祥菩萨所问大乘法》、《佛说四品法门经》、《佛说八大菩萨经》、《佛说施一切无畏陀罗尼经》、《圣八千颂般若波罗蜜多一百八名真实圆义陀罗尼经》、《金刚顶瑜伽理趣般若经》、《圣妙吉祥真实名经》、《佛说一髻尊陀罗尼经》、《金刚摧碎陀罗尼》、《不空羂索毗卢遮那佛大灌顶真言经》、《佛为优填王说王法政论经》、《佛说五大施经》、《佛说摩利支天经》、《佛说无畏陀罗尼经》、《佛说大威德金轮佛顶炽盛光如来消除一切灾难陀罗尼经》、《佛说炽盛光大威德消灾吉祥陀罗尼经》、《地藏菩萨本愿经》。　**言**十卷，一百五十七张，尾半五张。《顶生王因缘经》、《大乘随转宣说诸法经》、《佛说大乘入诸佛境界智光明庄严经》、《佛说大乘智印经》、《末利支提华鬘经》、《法乘义决定经》。　**辞**十卷,一百四十二张,尾半五张。　**安**十卷,一百五十一张,尾半七张。《大乘菩萨藏正法经》。

西土圣贤撰集

定八卷,一百九十二张,尾半四张。　**笃**九卷,一百九十四张,尾半三张。**初**十卷,二百零二张,尾半六张。《出曜经》、《佛本行经》。　**诚**九卷,一百七十八张,尾半二张。　**美**九卷,一百八十六张,尾半二张。《贤愚因缘经》、《佛所行赞经》。　**慎**十一卷,一百五十二张,尾半四张。《撰集百缘经》、《道地经》。　**终**十卷,一百五十九张,尾半七张。《修行地道经》、《佛说佛医经》、《惟日杂难经》、《思惟要略法》、《十二游经》。　**宜**九卷,一百七十八张,尾半六张。《僧伽罗刹所集佛行经》、《大乘修行菩萨行门诸经要集》、《佛说迦叶赴佛般涅槃经》、《菩萨诃色欲经》、《四品学法经》、《佛入涅槃蜜迹金刚力士哀恋经》、《佛使比丘迦栴延说法没尽偈经》、《佛说佛治身经》、《佛说治意经》。　**令**十卷,一百七十张,尾半二张。《僧伽斯那所撰菩萨本缘经》、《百喻经》、《坐禅三昧法门经》、《五门禅经要用法》、《禅要诃欲经》、《内身观章句经》、《法观经》。　**荣**十卷,一百六十二张,尾半一张。《付法藏因缘经》、《达磨多罗禅经》、《禅法要解经》。　**业**十一卷,一百八十五张,尾半三张。《杂宝藏经》、《那先比丘经》。　**所**十一卷,一百七十六张,尾半五张。《旧杂譬喻经》、《杂譬喻经》、《众经撰杂譬喻经》、《王子法益坏目因缘经》、《法句经》、《无明罗刹经》。　**基**十一卷,二百零二张,尾半五张。

《阿育王譬喻经》、《阿育王经》、《阿育王传》。　**籍**十卷，二百零二张，尾半五张。《法句譬喻经》、《四阿含暮抄解》、《迦叶结经》、《撰集三藏及杂藏传》、《三慧经》、《阿毗昙五法行经》、《一百五十赞佛颂》、《赞观音菩萨偈》、《文殊师利发愿经》、《六菩萨名亦当诵持经》、《小道地经》、《阿含口解十二因缘经》、《马鸣菩萨传》、《龙树菩萨传》、《提婆菩萨传》。　**甚**十一卷，二百零二张，尾半三张。《劝发诸王要偈》、《龙树菩萨劝诫王颂》、《婆薮盘豆传》、《龙树菩萨为禅陀迦王说法要偈》、《宾头卢突罗阇为优陀延王说法经》、《请宾头卢经》、《大勇菩萨分别业报略经》、《迦丁比丘说当来变经》、《大阿罗汉难提蜜多罗所说法住记》、《法集要颂经》、《菩萨行经》、《贤圣集伽陀一百颂》、《广发大愿颂》。　**无**十一卷，一百七十二张，尾半七张。《佛吉祥德赞》、《不动使者陀罗尼秘密法》、《金刚顶瑜伽修习毗卢遮那三摩地法》、《百千颂大集经·地藏菩萨请问法身赞》、《普贤菩萨行愿赞》、《金刚顶经瑜伽文殊师利菩萨法一品》、《金刚顶瑜伽经十八会指归》、《呵利帝母真言法》、《金刚顶莲华部心念诵仪轨》、《金刚顶千手千眼观自在菩萨修行仪轨》、《阿閦如来念诵供养法》、《佛顶尊胜陀罗尼念诵仪轨》、《金刚顶瑜伽护摩仪轨》、《普贤金刚萨埵略瑜伽念诵仪轨》、《金刚王菩萨秘密念诵仪轨》、《金刚顶胜初瑜伽普贤菩萨念诵法经》。

竟十三卷，一百八十七张，尾半七张。《大乐金刚不空真实三昧耶经·般若波罗蜜多理趣释》、《金刚顶瑜伽金刚萨埵五秘密修行念诵仪轨》、《无量寿如来修观行供养仪轨》、《佛说最胜妙吉祥根本智最上秘密一切名义三摩地分》、《佛说帝释岩秘密成就仪轨》、《圣观自在菩萨功德赞》、《观自在菩萨如意轮念诵仪轨》、《瑜伽翳迦讫沙啰乌瑟尼沙斫讫啰真言安怛陀那仪则一字顶轮王瑜伽经》、《大虚空藏菩萨念诵法》、《仁王般若念诵经》、《大方广佛华严经·入法界品四十二字观门》、《般若波罗蜜多理趣经大安乐不空三昧真实金刚萨埵菩萨等一十七圣大曼荼罗义述》、《陀罗尼门诸部要目》、《金刚顶瑜伽三十七尊礼》、《受菩提心戒仪》、《大圣文殊师利菩萨赞佛法身礼》、《甘露军荼利菩萨供养念诵成就仪轨》、《观自在多罗瑜伽念诵法》、《圣观自在菩萨心真言瑜伽观行仪轨》、《梵本大悲神咒》、《一切秘密最上名义大教王仪轨》、《大乐金刚萨埵修行成就仪轨》、《曼殊室利菩萨吉祥伽陀》、《圣阎曼德迦威怒王立成大神验念诵法》、《大方广曼殊室利童真菩萨华严本教赞阎曼德迦忿怒王真言大威德仪轨品第三十》。　**学**十二卷，一百九十一张，尾半四张。《佛说密迹力士大权神王经》、《大方广曼殊室利童真菩萨华严本教赞阎曼德迦忿怒王真言阿毗遮卢迦仪轨品第三十一》、《成就妙法莲华经王瑜伽观智仪轨》、《金刚顶瑜伽降三世成就极深密门》、《金刚顶瑜伽他化自在天理趣会普贤修行念诵仪轨》、《金刚寿命陀罗尼念诵法》、《大药叉女欢喜母并爱子成就法》、《五字陀罗尼颂》、《大孔雀明王画像坛场仪轨》、《大圣天欢喜双身毗那耶伽法》、《大威怒乌刍涩摩仪轨》、《大日经略摄念诵随行法》、《无能胜大明陀罗尼经》、《佛说如意轮莲华心如来修行观门仪》、《无能胜大明心陀罗尼经》、《大毗卢遮那成佛神变加持经略示七支念诵随行法》、《速疾立验摩醯首罗天说阿尾奢法》、《大圣曼殊室利童子五字瑜伽法》、《金刚顶瑜伽金刚萨埵五秘密修行念诵仪轨》、《一字金轮王佛顶要略念诵念法》、《观自在菩萨如意轮瑜伽念诵法》、《仁王般若陀罗尼释》、《苏悉地羯罗供养法》。 **优**十二卷,一百八十二张,尾半三张。《文殊师利菩萨及诸仙所说吉凶时日善恶宿曜经》、《略述金刚顶瑜伽分别圣位修证法门》、《一字佛顶轮王念诵仪轨》、《十不善业道经》、《金刚顶观自在如来修行法》、《金刚手光明灌顶经最胜立印圣无动尊大威怒王念诵仪轨法品》、《金刚顶经瑜伽观自在王如来修行法》、《金刚顶瑜伽经文殊师利菩萨仪轨供养法》、《瑜伽莲华部念诵法》、《事师五十颂》、《妙吉祥平等瑜伽秘密观身成佛仪轨》、《仁王护国经道场念诵仪轨》、《金刚顶经一切如来真实摄大乘现证大教王经》、《文殊所说最胜名义经》、《大悲心陀罗尼修行念诵略仪》、《妙吉祥平等观门大教王经略出护摩仪》、《金刚顶超胜三界文殊五字真言》。

大乘律

登八卷,一百六十八张,尾半五张。《菩萨地持经》。 **仕**九卷,一百五十五张,尾半六张。《菩萨善戒经》。 **摄**十卷,一百六十七张,尾半六张。《菩萨善戒经》、《梵网经》、《优婆塞戒经》。 **职**十卷,一百六十二张,尾半四张。《菩萨璎珞本业经》、《菩萨戒本》、《菩萨戒本经》、《菩萨戒羯磨文》、《佛说净业障经》、《佛藏经》、《佛说受十善戒经》。

从十一卷,一百三十八张,尾半六张。《佛说菩萨内戒经》、《优婆塞五戒威仪经》、《佛说文殊师利净律经》、《清净毗尼方广经》、《寂调音所问经》、《大乘三聚忏悔经》、《菩萨五法忏悔经》、《菩萨藏经》、《三曼陀飕陀罗菩萨经》、《菩萨受斋经》、《舍利弗悔过经》、《佛说文殊悔过经》、《法律三昧经》、《十善业道经》。

小乘律

政八卷，一百八十三张，尾半一张。　存八卷，一百九十二张，尾半三张。以八卷，一百九十四张，尾半三张。　甘八卷，一百八十七张，尾半六张。　棠九卷，一百七十一张，尾半五张。《摩诃僧祇律》、《五分戒本》。　去十卷，二百零七张，尾半二张。　而十卷，一百九十七张，尾半一张。　益十卷，二百一十三张，尾半四张。　咏九卷，一百九十二张，尾半一张。　乐九卷，二百一十张，尾半三张。　殊七卷，一百五十九张。　贵七卷，一百六十五张，尾半五张。《十诵律》、《十诵律毗尼序》、《波罗提木叉僧祇戒本》。　贱十卷，一百五十二张，尾半四张。　礼十卷，一百五十八张，尾半五张。　别十卷，一百六十七张，尾半五张。　尊十卷，一百六十张，尾半八张。　卑十卷，一百五十二张，尾半八张。《根本说一切有部毗奈耶》。　上十卷，一百六十六张，尾半四张。　和十卷，一百五十八张，尾半八张。《根本说一切有部苾刍尼毗奈耶》。　下十卷，一百二十五张，尾半四张。　睦十卷，一百四十四张，尾半七张。　夫十卷，一百五十九张，尾半四张。　唱十卷，一百六十二张，尾半六张。《根本说一切有部毗奈耶杂事》。　妇十一卷，一百三十六张，尾半九张。《根本说一切有部尼陀那目得迦》、《比丘尼僧祇律波罗提木叉戒经》。　随八卷，一百六十六张，尾半三张。　外九卷，一百七十二张，尾半四张。　受九卷，一百五十一张，尾半五张。　傅九卷，一百七十六张，尾半三张。《弥沙塞部五分律》、《十诵律比丘戒本》、《十诵律比丘尼戒本》、《根本说一切有部戒经》、《根本说一切有部苾刍尼戒经》、《解脱戒本经》。　训十卷，一百八十张，尾半二张。　入十卷，一百九十七张，尾半五张。　奉十卷，一百九十六张，尾半二张。　母八卷，一百七十九张，尾半四张。　仪八卷，一百八十六张，尾半四张。　诸八卷，一百五十八张，尾半四张。　姑八卷，一百五十九张，尾半四张。《四分律藏》、《四分戒本》。　**伯**十卷，一百三十一张，尾半七张。《根本说一切有部百一羯磨》。　**叔**八卷，一百八十二张，尾半三张。《五分比丘尼戒本》、《四分比丘尼戒本》、《沙弥威仪》、《沙弥尼离戒文》、《沙弥十戒法并威仪》、《大沙门百一羯磨法》、《十诵羯磨比丘要用》、《弥沙塞羯磨本》、《优波离问经》。　**犹**六卷，一百八十九张，尾半三张。《昙无德律部杂羯磨》、《羯磨》、《四分比丘尼羯磨法》、《四分律删补随机羯磨》、《目连问戒律中五百轻重事经》。　**子**七卷，一百七十六张，尾半三张。《四分僧羯磨》、《尼羯磨》、《沙弥尼戒经》、《舍利弗问经》。　**比**八卷，一百四十八张，尾半四张。《根本说一切有部毗奈耶尼陀那目得迦摄颂》、《根本说一切有部毗奈耶杂事摄颂》、《佛说大爱道比丘尼经》、《迦叶禁戒经》、《犯戒罪轻重经》、《戒消灾经》、《佛说优婆塞五戒相经》、《根本说一切有部毗奈耶颂》。　**儿**八卷，一百三十九张，尾半五张。　**孔**九卷，一百六十三张，尾半二张。《根本萨婆多部律摄》、《大比丘三千威仪》、《律二十二明了论》。

怀十卷，一百七十三张，尾半三张。《萨婆多部毗尼摩得勒伽》。　**兄**十卷，一百四十一张。《戒因缘经》。　**弟**十卷，一百八十九张，尾半七张。　**同**十卷，一百八十九张，尾半三张。《善见毗婆沙律》、《佛阿毗昙经》。　**气**九卷，一百七十五张，尾半一张。《萨婆多毗尼毗婆沙》、《续萨婆多毗尼毗婆沙》。　**连**十卷，一百五十三张，尾半三张。　**枝**十卷，一百五十二张，尾半三张。《根本说一切有部毗奈耶破僧事》。　**交**十卷，一百七十四张，尾半四张。《毗尼母论》、《根本一切有部出家授近圆羯磨仪范》、《根本一切有部苾刍习略法》。

大乘论

友十卷，二百零四张，尾半二张。　**投**十卷，二百一十一张，尾半一张。　**分**十卷，一百九十三张，尾半三张。　**切**十卷，一百九十五张，尾半四张。　**磨**十卷，一百八十二张，尾半四张。　**箴**十卷，一百七十九张，尾半四张。　**规**十卷，一百八十三张，尾半四张。　**仁**十卷，二百零三张，尾半三张。　**慈**十卷，二百零四张，尾半六张。　**隐**十卷，一百五十八张，尾半三张。《大智度论》。　**恻**十卷，一百七十五张，尾半六张。《十地经论》。　**造**十卷，一百七十九张，尾半四张。《十地经论》、《弥勒菩萨所问经论》、《三具足经优波提舍》。　**次**十卷，一百八十二张，尾半五张。《佛地经论》、《金刚般若波罗蜜经论》、《能断金刚经论颂》、《无量寿经优婆提舍》、《转法轮经优婆提舍》。　**弗**十二卷，一百七十六张，尾半九张。《金刚般若波罗蜜经论》、《能断金刚般若波罗蜜经论》、《略明般若末后一颂赞述》、《大宝积经论》、《宝髻经四法优婆提舍》、《大般涅槃经论》、《涅槃经本有今无偈论》。　**离**十一卷，一百八十五张，尾半七张。《金刚般若波罗蜜经破取著不坏假名论》、《文殊师利菩萨问菩提经论》、《妙法莲华经论优婆提舍》、《胜思惟梵天所问经论》、《遗教经论》。　**节**十卷，一百三十九张，尾半四张。　**义**十卷，一百八十二张，尾半五张。　**廉**十卷，一百六十张，尾半六张。　**退**十卷，一百六十九张，尾半七张。　**颠**十卷，一百七十一张，尾半八张。　**沛**十卷，一百六十三张，尾半六张。　**匪**十卷，一百四十四张，尾半五张。　**亏**十卷，一百六十一张，尾半七张。　**性**十卷，一百七十三张，尾半六张。　**静**十卷，一百八十二张，尾半五张。《瑜伽师地论》。　**情**十卷，一百四十六张，尾半三张。**逸**十卷，一百五十三张，尾半二张。《显扬圣教论》。　**心**十卷，一百二十九张，尾半八张。《大乘阿毗达磨集论》、《王法正理论》、《瑜伽师地论释》、《显扬圣教论颂》。　**动**十卷，一百三十九张，尾半五张。　**神**十卷，一百九十张，尾半二张。《大乘阿毗达磨杂集论》、《中论》。　**疲**十卷，一百五十一张，尾半六张。　**守**十卷，一百八十二张，尾半二张。《般若灯论》、《十二门观论》、《十八空论》、《百论》、《广百论本》。　**真**十卷，一百七十九张，尾半六张。《广百论释论》。　**志**十卷，一百七十二张，尾半四张。　**满**十一卷，一百六十一张，尾半五张。《十住毗婆沙论》、《菩提资粮论》。　**逐**十卷，一百三十八张，尾半三张。　**物**十卷，一百七十三张，尾半三张。《大庄严经论》、《摄大乘论》。　**意**十卷，一百五十六张，尾半三张。　**移**十卷，一百六十八张，尾半五张。《大乘庄严经论》、《顺中论》、《摄大乘论本》、《中边分别论》。　**坚**十卷，一百四十四张，尾半二张。　**持**十卷，一百六十二张，尾半一张。　**雅**十卷，二百零二张，尾半二张。　**操**九卷，一百九十五张，尾半六张。　**好**九卷，一百八十七张，尾半四张。《摄大乘论释》、《决定藏论》。　**爵**十一卷，一百七十一张，尾半三张。《佛性论》、《辨中边论》、《辨中边论颂》、《大乘成业论》、《业成就论》、《因明正理门论本》、《因明正理门论》。　**自**十一卷，一百六十五张，尾半六张。《究竟一乘宝性论》、《成唯识宝生论》、《唯识三十论》、《因明入正理论》、《显识论》。　**縻**十卷，一百六十五张，尾半一张。《成唯识论》。　**都**九卷，一百六十三张，尾半三张。《大乘唯识论》、《唯识二十论》、《转识论》、《大丈夫论》、《入大乘论》、《大乘掌珍论》、《大乘广五蕴论》、《大乘五蕴论》。**邑**九卷，一百四十六张，尾半二张。《宝行王正论》、《大乘起信论》、《发菩提心论》、《三无性论》、《方便心论》。　**华**十卷，一百三十四张，尾半四张。《无相思尘论》、《观所缘论》、《观所缘论释》、《如实论》、《回净论》、《缘生论》、《十二因缘论》、《壹输卢迦论》、《大乘百法明论》、《百字论》、《解拳论》、《掌中论》、《取因假设论》、《观总相论颂》、《止观门论颂》、《手杖论》、《六门教授习定论》、《大乘法界无差别论》、《提婆菩萨破楞严经中外道小乘四宗论》、《提婆菩萨释楞严经中外道小乘涅槃论》。

小乘论

夏十卷，一百四十六张，尾半二张。　**东**十卷，一百三十六张，尾半一张。**西**十卷，一百四十四张，尾半二张。《阿毗昙八犍度论》。　**二**十卷，一百五十七张，尾半二张。　**京**十卷，一百七十一张，尾半二张。《阿毗达磨发智论》。

背十二卷，一百七十一张，尾半六张。《阿毗达磨法蕴足论》。　**邙**十卷，一百二十六张，尾半四张。　**面**十卷，一百一十九张，尾半四张。《阿毗达磨集异门足论》。　**洛**十卷，一百四十七张，尾半三张。　**浮**九卷，一百二十三张，尾半四张。《阿毗达磨识身足论》、《阿毗达磨界身足论》。　**渭**十卷，一百二十三张，尾半四张。　**据**十卷，一百三十张，尾半三张。　**泾**十卷，一百五十九张，尾半六张。《阿毗达磨品类足论》、《众事分阿毗昙论》。　**宫**十卷，一百五十八张，尾半五张。　**殿**十卷，一百五十五张，尾半二张。　**盘**十卷，一百三十八张，尾半四张。　**郁**十卷，一百四十二张，尾半四张。　**楼**十卷，一百四十三张，尾半七张。　**观**十卷，一百二十七张，尾半四张。　**飞**十一卷，一百五十二张，尾半二张。

惊十一卷，一百五十四张，尾半四张。《阿毗昙毗婆沙论》。　**图**十卷，一百三十四张，尾半三张。　**写**十卷，一百四十七张，尾半二张。　**禽**十卷，一百四十七张，尾半三张。　**兽**十卷，一百四十六张，尾半三张。　**画**十卷，一百四十五张，尾半二张。　**彩**十卷，一百三十九张，尾半四张。　**仙**十卷，一百四十五张，尾半三张。

灵十卷，一百四十一张，尾半三张。　**丙**十卷，一百四十四张，尾半三张。　**舍**十卷，一百四十七张，尾半三张。　**傍**十卷，一百四十四张，尾半五张。　**启**十卷，一百五十四张，尾半二张。　**甲**十卷，一百三十九张，尾半二张。　**帐**十卷，一百二十四张，尾半二张。　**对**十卷，一百二十三张，尾半四张。　**楹**十卷，一百二十八张，尾半三张。　**肆**十卷，一百二十张，尾半七张。　**筵**十卷，一百二十七张，尾半四张。　**设**十卷，一百三十张，尾半四张。　**席**十卷，一百四十张，尾半三张。《阿毗达磨毗婆沙论》。　**鼓**八卷，一百八十张，尾半三张。　**瑟**八卷，一百七十七张，尾半一张。　**吹**八卷，一百五十九张，尾半十三张。《阿毗达磨俱舍释论》、《阿毗达磨俱舍释论本颂》、《胜宗十句义论》。　**笙**十卷，一百五十张，尾半七张。　**升**十卷，一百三十七张，尾半七张。　**阶**十卷，一百三十七张，尾半五张。《阿毗达磨俱舍论》。　**纳**十卷，一百七十四张，尾半三张。　**陛**十卷，一百八十九张，尾半三张。　**弁**十卷，一百六十八张，尾半三张。　**转**十卷，一百六十一张，尾半三张。　**疑**十卷，一百四十九张，尾半五张。　**星**十卷，一百四十九张，尾半四张。　**右**十卷，一百三十五张，尾半七张。　**通**十卷，一百四十三张，尾半二张。《阿毗达磨顺正理论》。　**广**十卷，一百三十四张，尾半三张。　**内**十卷，一百三十八张，尾半五张。　**左**十卷，一百四十六张，尾半三张。　**达**十卷，一百四十六张，尾半八张。《阿毗达磨显宗论》。　**承**十卷，一百七十一张，尾半五张。《阿毗昙心论》、《法胜阿毗昙心论》。　**明**七卷，一百七十七张，尾半三张。　**既**八卷，一百七十三张，尾半一张。《杂阿毗昙心论》、《阿毗昙甘露味论》、《随相论》。　**集**七卷，一百五十九张，尾半五张。　**坟**八卷，一百五十二张，尾半五张。《尊婆须蜜菩萨所集论》、《三法度论》、《入阿毗达磨论》。　**典**十卷，二百零八张，尾半二张。　**亦**十卷，一百五十六张，尾半四张。《成实论》。　**聚**十卷，一百五十一张，尾半三张。《立世阿毗昙论》。　**群**八卷，二百零四张，尾半三张。　**英**八卷，一百八十三张，尾半二张。　**杜**八卷，一百八十五张，尾半一张。《舍利弗阿毗昙论》、《五事毗婆沙论》。　**稿**十二卷，一百七十七张，尾半三张。《解脱道论》。　**钟**八卷，一百七十五张。　**隶**九卷，一百六十张，尾半六张。《鞞婆沙论》、《三弥底部论》。　**漆**十卷，一

百七十五张,尾半二张。《分别功德论》、《四谛论》、《辟支佛因缘论》、《十八部论》、《部执异论》、《异部宗轮论》

续入藏诸论

书十卷,一百五十八张,尾半五张。《集诸法宝最上义论》、《金刚针论》、《菩提心离相论》、《大乘破有论》、《集大乘相论》、《六十颂如理论》、《大乘二十颂论》、《佛母般若波罗蜜多圆集要义论》、《佛母般若圆集要义释论》、《大乘宝要义论》。　**壁**十卷,一百五十四张,尾半五张。《圣佛母般若波罗蜜多九颂精义论》、《大乘缘生论》、《诸教决定名义论》、《广释菩提心论》、《大乘中观释论》、《大乘法界无差别论》、《金刚顶瑜伽中发阿耨多罗三藐三菩提心论》、《施设论》。　**经**十卷,一百五十五张。《菩萨本生鬘论》。　**府**十一卷,一百九十五张,尾半四张。《大乘集菩萨学论》。　**罗**八卷,一百四十七张,尾半二张。《大宗地玄文本论》、《彰所知论》、《金七十论》。

此方撰述

将七卷,一百六十二张。《释迦谱》。　**相**六卷,一百八十三张,尾半一张。《释迦谱》、《释迦氏谱》、《释迦方志》。　**路**十卷,一百五十八张,尾半一张。　**侠**十卷,一百六十张,尾半二张。　**槐**十卷,一百四十四张,尾半二张。　**卿**十卷,一百五十三张,尾半三张。　**户**十卷,一百五十七张,尾半四张。《经律异相》。　**封**十卷,一百六十七张,尾半三张。《陀罗尼杂集》。　**八**六卷,一百五十四张,尾半二张。　**县**六卷,一百六十九张,尾半三张。　**家**六卷,一百五十五张。《诸经要集》。　**给**七卷,一百六十张,尾半三张。《诸经要集》、《集合古今佛道论衡实录》、《续集古今佛道论衡》。　**千**十卷,一百七十三张，尾半五张。《大唐西域记》。 **兵**八卷，一百九十张，尾半三张。《大唐西域记》、《大唐西域求法高僧传》、《集神州塔寺三宝感通录》、《法显传》。 **高**十卷，一百六十张，尾半一张。《大慈恩寺三藏法师传》。 **冠**十卷，一百五十七张，尾半六张。《集沙门不应拜俗等事》、《破邪论》、《十门辨惑论》。 **陪**八卷，一百八十一张。《辨正论》。 **辇**九卷，一百五十二张，尾半五张。《甄正论》、《高僧传》。 **驱**八卷，一百五十二张，尾半三张。《高僧传》。 **毂**七卷，一百五十九张，尾半三张。 **振**八卷，一百八十三张，尾半四张。 **缨**八卷，二百张，尾半五张。 **世**八卷，二百二十五张，尾半三张。《续高僧传》。 **禄**十卷，一百七十八张，尾半四张。 **侈**十卷，二百零二张，尾半五张。 **富**十卷，一百六十三张，尾半六张。《宋高僧传》。 **车**十卷，一百九十一张，尾半五张。 **驾**十卷，一百六十九张，尾半六张。《弘明集》、《广弘明集》。 **肥**九卷，二百二十八张，尾半三张。 **轻**九卷，二百零九张，尾半三张。 **策**九卷，二百二十六张，尾半七张。《广弘明集》。 **功**十一卷，一百八十四张，尾半五张。《南海寄归内法传》、《比丘尼传》、《说罪要行法》、《受用三水要行法》、《护命放生仪轨法》、《集诸经礼忏悔文》。 **茂**十卷，一百四十张，尾半三张。《梁武慈悲道场忏法》。 **实**十卷，一百六十六张，尾半一张。《慈悲水忏法》、《法华三昧忏仪》、《金光明忏法补助仪》、《往生净土忏愿仪》、《往生净土决疑行愿二法门》、《请观世音菩萨消伏毒害陀罗尼三昧忏仪》、《金光明最胜忏仪》、《千手眼大悲心咒行法》、《礼法华经仪式》、《炽盛光道场念诵仪》、《释迦如来涅槃礼赞文》、《如意轮课法》、《天台智者大师斋忌礼赞文》。 **勒**八卷，二百零三张，尾半三张。 **碑**十卷，二百一十五张，尾半六张。 **刻**十卷，一百九十八张，尾半四张。 **铭**八卷，二百一十七张，尾半四张。 **磻**十一卷，一百八十八张，尾半四张。 **溪**十一卷，二百一十一张，尾半九张。 **伊**十卷，二百零八张，尾半五张。　**尹**十二卷，二百零五张，尾半三张。　**佐**十卷，一百八十八张，尾半二张。　**时**十卷，一百九十七张。《法苑珠林》。　**阿**十卷，一百七十三张，尾半四张。　**衡**十卷，一百五十四张，尾半四张。　**奄**十卷，一百八十九张，尾半四张。　**宅**十卷，一百七十七张，尾半二张。　**曲**十卷，一百六十八张，尾半三张。

阜十三卷，一百七十六张，尾半五张。　**微**十二卷，一百七十二张，尾半二张。**旦**十二卷，一百六十八张，尾半八张。　**孰**十三卷，一百八十张，尾半四张。《宗镜录》。　**营**九卷，一百八十八张，尾半二张。《密咒圆因往生集》、《显密圆通成佛心要集》、《元至元辨伪录》、《护法论》。　**桓**十卷，一百九十三张，尾半四张。　**公**十卷，二百四十二张，尾半三张。　**辅**十卷，二百五十七张，尾半四张。《景德传灯录》。　**合**十一卷，一百八十九张，尾半三张。　**济**十卷，二百一十六张，尾半五张。　**弱**十卷，二百零五张，尾半四张。《续传灯录》。　**扶**十一卷，一百七十九张，尾半四张。《续传灯录》、《圆悟佛果禅师语录》。

倾十一卷，一百六十七张，尾半五张。《圆悟佛果禅师语录》。　**绮**十卷，一百六十八张，尾半四张。《传法正宗记》。　**回**十一卷，一百八十张，尾半二张。《传法正宗论》、《辅教篇》、《雪窦明觉禅师语录》。　**汉**九卷，一百八十五张，尾半二张。　**惠**十一卷，二百一十九张。《宗门统要续集》。　**说**十卷，一百二十六张，尾半五张。　**感**十卷，一百二十一张，尾半四张。　**武**十卷，一百二十七张，尾半三张。《大慧普觉禅师语录》。　**丁**十卷，一百五十四张，尾半七张。　**俊**十卷，一百五十五张，尾半五张。　**乂**十卷，一百三十张，尾半三张。《天目中峰和尚广录》。　**密**十二卷，二百零四张，尾半二张。　**勿**十二卷，二百一十二张，尾半一张。　**多**十二卷，一百九十九张。　**士**十二卷，一百四十张，尾半二张。《六祖大师法宝坛经》、《古尊宿语录》。　**实**十卷，一百八十二张，尾半二张。　**宁**十卷，一百八十五张，尾半四张。《妙法莲华经玄义一部》。　**晋**十卷，二百一十一张，尾半一张。　**楚**十卷，二百张，尾半一张。《法华玄义释签一部》　更十卷，二百零一张，尾半三张。　霸十卷，二百零四张，尾半三张。《妙法莲华经文句一部》。　赵十卷，二百九十一张，尾半五张。　魏十卷，二百八十八张，尾半五张。《法华文句记一部》。　困十卷，一百六十八张，尾半二张。　横十卷，二百一十五张，尾半四张。《摩诃止观一部》。　假八卷，二百零八张，尾半三张。　途十卷，二百一十张，尾半一张。　灭十卷，二百一十六张，尾半二张。　虢十二卷，二百零三张，尾半四张。《止观辅行传弘决》。　践十卷，一百八十三张，尾半一张。《修习止观坐禅法要》、《止观义例》、《大乘止观法门》、《大般涅槃经玄义》。　土十卷，一百八十八张，尾半五张。　会十卷，二百二十五张，尾半一张。　盟十卷，二百零三张，尾半三张。《涅槃经玄义发源机要》、《大般涅槃经疏一部》。　何十二卷，二百三十九张，尾半五张。《观音玄义》、《观音玄义记》、《观音义疏》、《观音义疏记》。　遵十卷，一百八十二张，尾半一张。《菩萨戒义疏》、《金光明经玄义》、《金光明经玄义拾遗记》。　约十卷，一百七十八张，尾半四张。　法十卷，一百九十二张，尾半五张。《金光明经文句》、《金光明经文句记》、《金刚般若经疏》、《观无量寿佛经疏》。　韩十一卷，二百零三张，尾半二张。《观无量寿佛经疏妙宗钞》、《仁王护国般若波罗蜜经疏》。　弊十卷，二百零六张，尾半四张。《仁王护国般若波罗蜜经疏神宝记》、《四教义》。　烦十二卷，二百五十五张，尾半六张。《请观音经疏》、《请观音经疏阐义钞》、《觉意三昧》、《无净三昧》、《安乐行义》、《四念处》。　刑十一卷，二百二十五张，尾半三张。《释禅波罗蜜》、《天台传佛心印记》、《净土境观要门》。　起十二卷，二百六十一张，尾半五张。《国清百录》、《永嘉集》、《净土十疑论》、《方等三昧行法》、《南岳思大禅师立誓愿文》、《天台智者大师禅门口诀》、《观心论疏》。　翦十二卷，二百二十五张，尾半六张。《法界次第初门》、

《天台智者大师别传》、《观心二百问》、《止观大意》、《始终心要》、《修忏要旨》、《十不二门》、《十不二门指要钞》、《金刚錍》、《八教大意》、《天台四教仪》。　**颇**八卷，二百三十张，尾半五张。　**牧**八卷，二百五十八张，尾半三张。　**用**八卷，二百六十二张，尾半三张。　**军**八卷，二百五十五张，尾半一张。　**最**八卷，二百四十九张，尾半四张。《大方广佛华严经疏》。　**精**八卷，二百三十五张，尾半四张。　**宣**八卷，二百三十五张，尾半三张。

威八卷，二百三十张，尾半三张。　**沙**八卷，二百五十张，尾半四张。　**漠**八卷，二百七十张，尾半三张。　**驰**八卷，二百三十一张，尾半三张。　**誉**八卷，二百一十五张，尾半四张。　**丹**八卷，二百一十二张，尾半三张。《华严随疏演义钞》、《佛遗教经论疏节要》、《华严一乘教义分齐意》。　**青**十卷，二百二十五张，尾半三张。《华严法界观门》、《法界玄镜》、《金狮子章》、《弥陀经疏》、《妄尽还源观》、《原人论》、《明法品内立三宝章》、《华严旨归》、《般若心经略疏》、《心经略疏连珠记》、《盂兰盆经疏》。

九十卷，一百五十四张，尾半二张。　**州**十卷，一百五十四张，尾半三张。　**禹**十卷，一百五十六张，尾半二张。《首楞严经义海》。　**迹**十卷，二百一十二张，尾半四张。　**百**十卷，一百九十四张，尾半五张。《出三藏记集》、《众经目录》。

郡十卷，一百九十张，尾半三张。《众经目录》。　**秦**十一卷，二百零七张，尾半三张。《武周刊定众经目录》、《武周刊定伪经目录》。　**并**七卷，二百一十二张。　**岳**九卷，二百零七张，尾半一张。《大唐内典录》、《续大唐内典录》、《古今译经图记》、《续古今译经图记》。　**宗**七卷，一百九十六张，尾半三张。　**泰**八卷，一百九十八张，尾半二张。　**岱**七卷，二百零二张，尾半三张。　**禅**七卷，一百八十二张，尾半二张。《开元释教录》、《释教录略出》。　**主**十卷，一百八十九张，尾半三张。《历代三宝记》。　**云**十卷，二百一十二张，尾半五张。《历代三宝记》、《一切经音义》。　**亭**十卷，一百九十二张，尾半四张。　**雁**十卷，一百六十九张，尾半九张。《一切经音义》。　**门**十卷，一百九十六张，尾半三张。《大藏圣教法宝标目》。　**紫**十卷，一百五十九张，尾半四张。《至元法宝勘同总录》。　**塞**八卷，一百七十一张，尾半五张。《绍兴重雕大藏音》、《华严经音义》、《大明重刊三藏圣教目录》。　**鸡**七卷，一百九十八张，尾半一张。　**田**七卷，一百八十八张，尾半三张。　**赤**七卷，一百六十二张，尾半三张。《禅宗颂古联珠通集》。　**城**十二卷，二百四十一张，尾半二张。　**昆**十一卷，二百三十张，尾半三张。　**池**十一卷，一百九十七张，尾半二张。　**碣**十一卷，二百一十五张，尾半四张。《佛祖统纪》。　**石**十一卷，二百零四张，尾半六张。《大方广圆觉经略疏注》、《般若波罗蜜多心经集注》。

附：请经条例

南京礼部祠祭清吏司为议定藏经规则，合应勒石，以垂示久远事。奉本部批：据本司呈前事，奉批如议行。奉此。案查万历三十三年四月间，该本司呈为申明造经定规事。据湖广、四川等处请经僧本宗、乐闻、古宗等，节次禀称经铺冒滥掯勒缘由。据此看得，报恩寺藏经板一副，原系圣祖颁赐，令广印行。先年，该本司主事郭□，责令经铺酌议各项物料，裁定规则，来时给与书册对查，去时给与札批防护，条款甚详。迩来本寺将书册废阁，各经铺俱不照行。查本宗经一藏，多索价至四十余两，纸绢仍滥恶不堪。乐闻经一藏，违限至两月。古宗经一藏，将纸抵充绢用。种种奸玩，弊无纪极。该寺见得有板头银两，亦竟坐视，不为禀理。远僧独非人情，造经独非交易？乃物价半值犹亏，明欺无告易虐，盘费经年累竭。致使流落难归，漠不关情，心亦何忍？除将经铺徐程鲔、徐自强等各重责，追价给僧；管经僧正浹、自高亦各责治外，复拘集经铺，吊取纸绢，逐项估算，编定上、中、下三等，等各三号，备细开明物价。仍限造经日期，来时领给号票，去时缴票领给札批，逐月经铺经匠具结查验。又照每印经一藏，有板头银一十二两。藏内缺续藏四十一函，合扣银八两，刻补经板。刻匠恐有潦草偷工，亦给与号票缴查等因。呈堂。奉批：悉照议行，以垂永久。奉此。又于万历三十四年八月内，本司呈为拨给禅堂，以励行僧事。议将板头银给禅堂赡僧，目今除刻经八两，经完日通给堂内。管经僧用堂内、堂外各一人，堂主管理，官住查考。呈堂。奉批：僧非禅则不成僧，寺无禅堂则不成寺，圣祖赡养本意，原为此辈。俗僧反怀忌嫉，殊可恨也。如议拨给。有敢生事扰害者，查出重究。奉此。今奉前因，合将酌定九号经价并条约，行该寺刻簿立碑，永为定规，遵守施行。

计开编定九号经价及条约于后：

每经一藏，板共五万七千一百六十块经共六百三十六函，共六千三百三十一卷，共一十一万五百二十六张。全叶一十万七千七百八十二张，尾半叶二千七百四十四张外有续藏四十一函。今刻过十四函，余尚未完工

上等一号　经用连四纸，大包壳并上、下掩面俱用段。成造数目：

一、印经用连四纸共约二万八千张。每一张足裁经四张，内有尾叶不全多出纸，用印佛头，并背掩面、壳、底及衬贴经签每百张三钱五分，用小样连四，土名上号大连三，极绵白坚厚，如带灰竹薄黑，不用此价共银九十八两。

一、大包壳、上、下掩面用段，每函约六尺六寸，经样长一尺，加上

下折头八分，每用段一尺零八分。裁掩面四条，每函约掩面二十条。共该段五尺四寸。又大包壳一个，用段一尺二寸，牵凑裁共段四百一十九丈七尺六寸，每尺三分五厘。阔一尺五寸，颇勘衣着。如浇薄，不用此价。染用金黄闪红及红闪金黄二色共银一百四十六两九钱一分六厘。

一、复里并签用月白重表绢，每函约一尺五寸，共绢九十五丈四尺，每尺银六厘，注：下等一号内共银五两七钱二分四厘。

一、托复里并托签用月白公单纸约四百五十张，每百张一钱六分，共银七钱二分。

一、背壳用小高纸九层，每函约一百一十张，共约纸七万张。每百张一分三厘，共银九两一钱。

一、九分阔绢带，每函一条二转，约三尺稍零，共带二百丈，每丈二分，共银四两。

一、柏签六百四十根，共银三钱二分。

一、作料，烟煤五篓，银一两；面五百斤，银三两；矾三十斤，银一钱二分。共银四两一钱二分。

一、工食，印经每千张八分，银八两九钱。要煤重字清折经每千张四分，银四两四钱五分。表经每函一分二厘，银七两六钱三分二厘。共银二十两九钱八分二厘。

以前上等一号经，通共银二百八十九两八钱八分二厘。每函约银四钱五分五厘

上等二号　经用连四纸，大包壳并上掩面用段，下掩面用绫。成造数目：

一、大包壳并上掩面用段，每函约三尺九寸，共段二百四十八丈零四寸。每尺三分五厘，注：上等一号内共银八十六两八钱一

分四厘。

一、下掩面用上号金黄花表绫，每函约二尺七寸，共绫一百七十一丈七尺二寸，每尺一分二厘，注：中等一号内共银二十两六钱六厘。

一、托绫用金黄连七纸一千三百张，每百张四分，共银五钱二分。

一、印经纸、复里签绢、托复里签纸、背壳纸、绢带、柏签、作料、工食共八项，俱照上等一号经样，共银一百四十二两九钱六分六厘。

以前上等二号经，通共银二百五十两九钱七厘。每函约银三钱九分四厘

上等三号　经用连四纸，大包壳用段，上掩面用绫，下掩面用绢。成造数目：

一、大包壳用段，每函约一尺二寸，共段七十六丈三尺二寸，每尺三分五厘，注：上等一号内共银二十六两七钱一分二厘。

一、上掩面用上号金黄花表绫，每函约二尺七寸，共绫一百七十一丈七尺二寸，每尺一分二厘，注：中等一号内共银二十两六钱六厘。

一、下掩面用金黄重表绢，每函约二尺四寸，共绢一百五十二丈六尺四寸，每尺六厘，注：下等一号内共银九两一钱五分八厘。

一、托绫、绢共用金黄连七纸二千六百张，每百张四分，共银一两零四分。

一、印经纸、复里签绢、托复里签纸、背壳纸、绢带、柏签、作料、工食共八项，俱照上等一号经样，共银一百四十二两九钱六

分六厘。

以前上等三号经，通共银二百两四钱八分二厘。每函约银三钱一分五厘

中等一号　经用公单纸，大包壳并上、下掩面俱用绫。成造数目：

一、印经用公单纸，约五万六千张，每一张足裁经二张，内有尾叶不全多出纸，用印佛头，并背掩面、壳底每百张一钱二分，用小样上好公单，极绵白坚厚，如带灰竹，不用此价共银六十七两二钱。

一、大包壳并上、下掩面，用上好金黄花表绫，每函约六尺六寸，每一尺零八分直裁掩面四条，一尺二寸牵裁大包壳一个共绫四百一十九丈七尺六寸，每尺一分二厘，样阔一尺五寸，织文极均密，不露缝。花样极明净，不模糊。如带稀疏茅草，不用此价共钱五十两三钱七分一厘。

一、托绫用金黄连七纸约三千三百张，每百张四分，共银一两三钱二分。

一、复里并签用月白连四纸二百二十张，每百张四钱二分，共银九钱二分四厘。

一、背壳用小高纸七层，每函约用八十五张，共约纸五万五千张，每百张一分三厘，共银七两一钱五分。

一、七分阔绢带，每函一条二转，约二尺八、九寸，共带一百九十丈，每丈一分六厘，共银三两四分。

一、柏签六百四十根，共银三钱二分。

一、作料，烟煤五篓，共银一两；面四百五十斤，银二两七钱；矾二十五斤，银一钱。共银三两八钱。

一、工食，印经每千张八分，银八两九钱；要煤重字清折经每千

张四分，银四两四钱五分；表经每函一分一厘，银六两九钱九分六厘。共银二十两三钱四分六厘。

以前中等一号经，通共银一百五十四两四钱七分一厘。每函约银二钱四分二厘

中等二号 经用公单纸，大包壳并上掩面用绫，下掩面用绢。成造数目：

一、大包壳并上掩面用上号金黄花表绫，每函约三尺九寸，共绫二百四十八丈零四寸，每尺一分二厘，注：中等一号内共银二十九两七钱六分四厘。

一、下掩面用金黄重表绢，每函约二尺四寸，共绢一百五十二丈六尺四寸，每尺六厘，注：下等一号内共银九两一钱五分八厘。

一、托绫、绢共用金黄连七纸约三千三百张，共银一两三钱二分。

一、印经纸、复里签纸、背壳纸、绢带、柏签、作料、工食共七项，俱照中等一号经样，共银一百二两七钱八分。

以前中等二号经，通共银一百四十三两二分二厘。每函约银二钱二分四厘

中等三号 经用公单纸，大包壳用绫，上掩面用绢，下掩面用纸。成造数目：

一、大包壳用上号金黄花表绫，每函约一尺二寸，共绫七十六丈三尺二寸，每尺一分二厘，注：中等一号内共银九两一钱五分八厘。

一、上掩面用金黄重表绢，每函约二尺四寸，共绢一百五十二丈六尺四寸，每尺六厘，注：下等一号内共银九两一钱五分八厘。

一、下掩面用葱白连四纸，每函半张，共纸三百二十张，每百张四钱二分，共银一两三钱四分四厘。

一、托绫绢约用金黄连七纸二千张，共银八钱。

一、印经纸、复里签纸、背壳纸、绢带、柏签、作料、工食共七项，俱照中等一号经样，共银一百二两七钱八分。

以前中等三号经，通共银一百二十三两二钱四分。每函约银一钱九分三厘

下等一号 经用扛连纸，大包壳并上、下掩面俱用绢。成造数目：

一、印经用扛连纸共约三万七千五百张。每一张足裁经三张，内有尾叶不全多出纸，用印佛头，并背掩面、壳底每百张七分，纸极厚白，如带有薄黑，不用此价共该银二十六两二钱五分。

一、大包壳并上、下掩面用金黄重表绢，每函约五尺九寸，每一尺零六分，直裁掩面四条半。大包壳亦用此数共绢三百七十五丈二尺四寸，每尺六厘，样阔一尺七寸零，极均密。如稀疏，不用此价共银二十二两五钱一分四厘。

一、托绢用金黄连七纸约三千三百张，每百张四分，共银一两三钱二分。

一、复里并签用公单纸四百五十张，每百张一钱二分，共银五钱四分。

一、背壳用小高纸五层，每函约用六十张，共纸四万张，每百张一分三厘，共银五两二钱。

一、五分阔绢带，每函一条二转，约二尺六、七寸，共带一百八十丈，每丈一分二厘，共银二两一钱六分。

一、柏签六百四十根，共银三钱二分。

一、作料，烟煤五篓，银一两；面四百斤，银二两四钱；矾二十斤，银八分。共银三两四钱八分。

一、工食，印经每千张八分，银八两九钱。要煤重字清折经每千张四分，银四两四钱五分。表经每函一分，银六两三钱六分，共银一十九两七钱一分。

以前下等一号经，通共银八十一两四钱九分四厘。每函约银一钱二分五厘

下等二号 经用扛连纸，大包壳并上掩面用绢，下掩面用纸。成造数目：

一、大包壳并上掩面用金黄重表绢，每函约三尺五寸，共绢二百二十二丈六尺，每尺六厘，注：下等一号内共银一十三两三钱五分六厘。

一、下掩面用葱白连四纸，每函半张，共纸三百二十张，每百张四钱二分，共银一两三钱四分四厘。

一、托绢用金黄连七纸二千张，共银八钱。

一、印经纸、复里签纸、背壳纸、绢带、柏签、作料、工食共七项，俱照下等一号经样，共银五十七两六钱六分。

以前下等二号经，通共银七十三两一钱六分。每函约银一钱一分二厘

下等三号 经用扛连纸，大包壳用绢，上、下掩面用纸。成造数目：

一、大包壳用金黄重表绢，每函约一尺零六分，共绢六十七丈四尺一寸六分，每尺六厘，注：下等一号内共银四两四分四厘。

一、上、下掩面用葱白连四纸，每函一张，共纸六百四十张，每百张四钱二分，共银二两六钱八分八厘。

一、托绢用金黄连七纸六百五十张，共银二钱六分。

一、印经纸、复里签纸、背壳纸、绢带、柏签、作料、工食共七项，俱照下等一号经样，共银五十七两六钱六分。

以前下等三号经，通共银六十四两六钱五分二厘。每函约银九分八厘

条　约

一、领号票　凡请经僧到，不许经铺前路截抢，听其径投禅堂。管经僧即将号簿一本，付与细查，随意择取经铺，看定纸绢，一同到司呈报。并将样纸一张，样段或绫、绢各一尺送验。果系合式，本司即给请经僧、管经僧、经铺经匠与经铺同票各号票一纸，仍再给请经僧印信号簿一本，及经铺准造告示，于经殿门首领票后，公同到寺交银。不许私立合同，私自过付。如未经领票，辄先包揽，经铺重责枷号，管经僧责治。经铺能互相出首，即准将经给与揽造。请经僧有自愿成造，不用经铺者，径自同管经僧经匠与管经僧同票领票，不许经铺刁难。每月初一日，各经铺经匠轮一人具依准结，到司查验。

一、定寓所　往时经僧寓于经铺，缁俗相混，殊失清规。今于禅堂造房七间，延僧进住。其饭食即禅堂供给，每僧一日，算银一分，不许多索。如禅堂不为款留，经铺强欲邀截，俱行究治。过限外，经不完，饭银追经铺代出。

一、议杂费　本寺禅堂板头银一十二两。今扣八两，刻补经板，止四两堂内赡僧内相茶果银三两四钱，官住转交，如多索，即系官住作弊官住请

札银八钱，如不为申请札批，银不许给管经僧银四钱，如不为催促经铺，查估纸绢，银不许给号簿银二钱。给请经僧二十本，经铺装印，管经僧查给。隐匿究罪以上五项，通共银一十六两八钱。又有请经僧饭钱，照日计算。自此以外，更无毫厘费用。如号簿不载，有需索分毫者，即系诓骗，许请经僧禀司重究。

一、酌经式　经样长一尺，阔三寸三分，各项物料俱用官尺。大概务照时价，从宽估算。即时有贵贱，自可通同牵补，不得据一项偶贵，遂指求增价，以乱定规。经价虽定，纸绢高下，装印工拙，甚是不等。经铺经匠多以滥恶相充，弊难尽举。请经僧一一查估，有不值者，俱听禀究。

一、缴号票　造经定限三个月。凡纸绢装印等项，一一列款号票后。经完日，僧、铺人等，俱于逐款下，如绵白等项果合式，注“是”字；不合式，注“不”字，送司销缴。注“不”字者，请经僧并将经一函及前样纸、样绢同票送验。果不合式，经铺重责枷号，仍计价追出，给还本僧。造经过三月外，经铺经匠计日责治。如纸、绢等不合式，管经僧不为具禀，一同究责。

一、给札批　往时，请经僧俱给札付，以示优异；给批照，以便回籍。因候领日久苦难，不敢请给。自今于缴票日，许经僧具呈禀请，本司即日给发，并不羁留。如有衙门人役需索刁难，请经僧即时禀明，定将该犯重责革役。

一、造四经　有止造四经者，《大般若》、《宝积》、《华严》、《涅槃》共计八十四函，计八百四十三卷。每函价数，照前九号后注定计算，板头一两八钱。又有印杂号者，多寡不等，板头查照前例算。

一、装书册　有用太史连印装成书册者，纸张装裹听其自办，刷印工食照前价数，板头等银照前俱各一样。如以势要强免者，追承揽工匠赔还。

一、补经板　经板少续藏四十一函。每板一块，该银三钱六分。每请一藏，扣板头银八两，刻板二十二块，如有板该刻二十五块，每块板傍俱载用某僧板头银刻，以备查验刻期限十日。每遇造经领票日，管经僧即带同刻匠赴司，共领给号票一纸，依限刻完，将经板刷印同票验销。每月初一，仍将收除银数开循环簿报查。板用梨木打光，八分厚，价银四分。每板二面，共六十行，计一千零二十字。内有尾叶不全满十行者，算半叶；满二十行者，算全叶；不及十行者，不算刻用宋字样，写工连纸银二分，如差一字，扣一厘，给校经僧。刻工连光板齐边，每块银三钱，刻深三分为度。写刻潦草偷工，罚令重写重刻。每藏银八两，刻二十二块，共去银七两九钱二分。剩银八分，作买纸、烟煤、水、胶、刷印呈样、工食等用续藏完日，仍将模糊板刻换，一并通完，板头银尽数赡僧。

一、赡禅僧　板头银给禅堂赡僧，每年约二十藏，该银二百四十两；四经亦约二十部，该银三十六两。每僧一日饭食腐菜算银一分，约赡僧七十六名。今扣八两刻经，每年止约银一百一十六两，该赡僧三十一。经完日，仍如前数

一、记重修　藏经房重修过前殿三间，正殿五间，左、右贮经廊庑四十二间。禅堂内新造请经房二层七间，起工于万历三十四年七月，毕工于本年十二月，助工督修善人张文学、张应文。

一、收板银　堂内置号簿一扇，木柜一口。银到，即送官住处登簿，将银投柜。于月终日，会同官住开封，置买柴米赡僧，堂主毋得私用。

卷五十　各寺租额条例

南京礼部祠祭清吏司为赐田幸蒙查明，恳乞勒石，以垂永久事。奉本部送据南京僧录司右觉义住灵谷等寺仁勋等申前事，内称赐田租额，见在勒碑，今有灵谷寺靖东、安西二庄，报恩寺廊房，复蒙定租，乞一并刻入等因。到部送司，具呈掌部事南京兵部尚书孙□。奉批："如议，并入碑内。奉此。"案查万历三十二年十二月，该本司为清查钦赐寺租事，比因三大寺田租不明，乞照万历十一年间，本司会同仪制司清查朝天宫事例，具呈掌部事南京工部右侍郎范□。奉批："如议，照例行。奉此。"随该本司郎中葛□，会同仪制司郎中汪□查得，三大寺田地洲场，原系圣祖钦赐。有天界寺、蒋山寺住持行椿、行容等，于洪武二十七年具奏："荷蒙钦赐赡僧田地，一向自己用钞，雇人耕种。因事务烦琐，另议召佃征租。上、江二县田，每亩米五斗、麦三斗为率；溧阳、溧水、句容等县田，每亩米七斗五升为率。各佃自运到寺，散给众僧。又蒙钦赐芦洲，砍柴变价，备办香灯，俱造册送礼部查考，不许拖欠侵克，已蒙依准，申部遵守。但今岁季着僧催征租粮，砍斫芦柴，收支票帖，库司无凭稽考，田地召佃，公据无凭，合无请赐库记。"奉圣旨："是。着礼部给库记，与他天界寺、蒋山寺。钦此。"蒋山，即灵谷寺，《钦录集》、碑记证。弘治年间，天界寺溧阳庄因水荒告减，每亩概征米四斗五升，遂因为例。至嘉靖四十年，佃户吕淮等复拖租不完，本部行提监故，参送法司，断追拖欠，止照减后之数。法司招卷证。至隆庆三年,巡抚海□[①]委应天府包治中清丈赐田,灵谷寺龙都庄每亩米三斗六升,麦三斗;桐桥庄每亩上田米五斗,中田米四斗,下田米三斗。俱载鱼鳞册证。目今见征天界寺湖塾庄每亩上田米四斗,中田米三斗五升,麦一概二斗六升。有租簿证。余庄独多短少。查各佃有将田转租,每亩实收米七、八斗,麦三、四斗,至纳寺则止一、二斗,上下犹多刁揹矣。且非独租减也,而税复日增。洪武十五年,掌部事大理寺右少卿谢仓、部试郎中庞照等具奏,奉圣旨:"天界寺免他岁收三千石内该纳粮数,蒋山寺免他岁收四千石内该纳粮数。余有的田粮并差役,俱都免他。钦此。"载《钦录集》、碑记、志书证。至成化年间,偶因水灾,劝输米二升,相因不改。至隆庆年间,包治中捏报灵谷寺田地丈多五十九顷零起科。其实原田如故,于何处可增?即谓僧人续置冒免,于何处漏籍?有秦通判议豁牒文证。又高淳县署印邓同知匿旨诳申,将天界寺坐落该县田,俱与民间一则起科。有谭通判改断招案证。又芦政委官将报恩寺原赐芦洲内田二十九顷五十八亩,指为丈多之洲,升入芦课。有《钦录集》内四至证。今查各县征册、由票,在上元县有灵谷寺田地塌样二百七十三顷一十四亩零,因劝借及报多,共加正米三百三十九石二斗,条折银二百六十六两六钱八分;天界寺田地二十五顷九十亩零,共加正米三十石四斗,条折银一十一两六钱二分五厘。江宁县有灵谷寺田、地、山、荡一十顷九十一亩零,共

① 海□:应为"海瑞"。吴廷燮《明督抚年表》卷4《应天》;《明穆宗实录》卷33,隆庆三年六月丙申条均有记载。《明穆宗实录》卷33,隆庆三年六月丙申:"提督誊黄通政使司右通政海瑞为都察院右佥都御史总理粮储提督军务兼巡抚应天等"。

加正米四十一石五斗四升，丁米银共九两八钱三分零。高淳县有天界寺田三十七顷二十亩零，共加银一百七十九两八钱七分零，米六石四斗八升。溧水县有灵谷寺田一十五顷九十一亩零，共加银七两九分零，米一十八石四斗四升。芦政有报恩寺腊真庄田地二十九顷五十八亩，共加银一百六十八两六钱九分零；灵谷寺十人洲地一千五百二十一亩，共加银四十四两四钱五分。止天界寺溧阳庄田、采石洲地，报恩寺戴子庄田，灵谷寺陈桥茄地洲地，仍照祖制，例不起税。是税则由无而有，甚至与民间一则；租则由七斗五升，而五斗，而四斗、三斗，甚至止一、二斗，而犹复刁措。违背祖制，莫此为甚。诘其故？有云：前后接佃，费有佃价。不知典佃寺田，罪至遣戍。律例、寺碑凿凿有据，况钦赐乎？又况寺僧实不与闻，而佃户私相授受者乎？又有云：开垦荒地，费有工本。此或在洲田有之，而腹内之田，则原系成熟没官者，何待开垦？即开垦，照例亦止该免租三年。今其得利，岂止三年，而犹不当复额乎？又有云：父子相承，系关血产。此其说尤为不通。当时圣祖钦赐，原系官田，非取本佃之产与寺也。国初，原雇召人种，后改佃户，即与雇召无异，而可云血产乎？然其故非尽关佃户，亦由管庄僧受佃户私嘱，而官住又受管庄僧私嘱，今年让升合，明年遂执为例，以至日就短少耳。今欲直复国初之例，据各佃苦苦哀告，情难尽拂。相应查据原额，参以近例，量田肥瘠，酌与征租。灵谷寺除靖东、安西二庄，因寺僧佃有私田，另行查核；天界寺除高淳庄已经行咨抚院，溧阳庄已经行文该县，未据查复，容后续报外，其余各庄，在上、江两县者，各经拘集佃户张廷株、笪镇、董贵等，会行酌定：灵谷寺龙都、桐桥二庄，每亩上田米三斗五升、麦银七分，中田米二斗五升、银四分五厘，下田米一斗五升、银三分；悟真、散甲二庄，每亩上田米三斗、麦银八分，中田、下田与龙都一例。天界寺湖塾庄，每亩上田米四斗、麦银六分五厘，中田米三斗五升，下田米二斗五升，麦银俱与上田一例；靖安庄，每亩上田米三斗五升、麦银六分，中田米二斗五升、银四分，下田米二斗、银三分。报恩寺戴子庄，每亩田一概米三斗、麦银三分；腊真庄，每亩田一概米二斗、麦银七分。此外，又有荡田、高田、豆地、基地、山塘、塌漾，及芦洲、房屋等项，科数详载册内，佃户俱各承认无词，取有认状在卷。其灵谷寺溧水庄，即系寺僧赎回承佃，姑从宽，每亩上田米银一钱四分，中田米银一钱，下田米银六分。大约律以国初原额，则仅及其半而稍溢焉；律以民间常额，则几及其半而尚缩焉。庶在寺僧完粮之外，尚得糊口，圣祖恤僧之意，犹存什一；在佃户即云费有佃价、工本，而纳租之外，盈余尚多，则所以体其私者，未尝不至也等因。具呈掌部事范□，奉批："查弊定租，详悉适中，永久可行。俱照行。奉此。"又经会查得，各寺僧官，除左觉义如选得受庄僧重贿，违例不行更换，惧罪告退，姑免追究外，右觉义仁镛违禁借债六百九十两，俱无的据，今姑责令认赔十分之四；又擅动查过库银，仍加革职。各僧除天界寺湖塾庄僧隐报熟田数多，已病故外，佃洲僧力永违禁用银六百两，预拨采石芦洲十年，今已管过四年，姑准下年退还常住，量偿拨价一百六十两等因。呈堂，奉批："仁镛革职，余照议行，奉此。"又经会议征租公费事例。呈堂，奉批："所议综核之法虽密，体恤之意良多，悉如议行。后之君子，留心细玩，不为阴坏偏辞所惑，即永久可无更矣。奉此。”至万历三十四年四月，又奉本部送准巡抚应天都察院右佥都御史周□[①]咨覆，为霸佃赐田，纠党抗法事。内称，先准南京礼部咨，查天界寺高淳县赐田三千七百二十一亩九分九厘税租缘由，随行应天府查议去后，今据该府呈称，行准本府管粮通判牒行高淳县节次覆议得，前田每亩以米五斗为率，其上、中、下不等，听该县案籍酌之，总计每田一亩，实征银一钱七分九厘六丝七忽。其征收之法，每年祠司行文管粮县丞处，管粮官照单催征，完日呈报祠司，令本寺僧官摘差的当僧人赴领。有不完者，听寺僧呈报，管粮衙差人行催，务令完报。该县造印册三本，一送本部，一存该县，一存该寺。其各佃如由帖式，每人各将应纳租数填发一张执照，以防弊窦等因。到部送司，随禀堂行县勒碑，并发单给帖尊行讫。又查五次大寺赐产，先奉本部送据能仁寺官住仁勋等申，为聚凶倚势，逼占赐田事。该本司禀堂，会同仪制等司拘审得，该寺洲田与襄府佃洲相连，节被张松山、杨繁等决埂淹田，又占去划场，意图逼献。呈堂参送间，随准襄城伯李□[②]手本，称愿退还划场，赔补缺埂等因。到部送司，具呈掌部

① 周□：应为“周孔教”。《明督抚年表》卷4《应天》；《明神宗实录》卷403、卷449，万历三十二年十一月乙酉、三十六年八月己未条均有记载。《明神宗实录》卷403，万历三十二年十一月乙酉：“升通政司左通政周孔教为都察院右佥都御史巡抚应天地方督理军储”。《明神宗实录》卷449，万历三十六年八月己未：“升应天巡抚都察院右佥都御史周孔教为右副都御史总理河道”。

② 李□：应为“李成功”。本书本卷后文附录《新卷·本部清还能仁寺划场埂界告示》有记载。

事南京吏部右侍郎叶□[①]，奉批："八百亩赐田，二百年旧业，几付东流，此本部之所以不容坐视者也。今修完原掘之圩埂，退还前占之划场，疆界既明，争端可杜。该府足见虚心，贫僧亦保恒产矣。该司移文礼科知会，仍给堂帖，付寺僧执照。他日或有强佃，仍肆侵凌，则上有国法，下有部科，孰敢蔑视而不顾乎？业已讲解，可免参送。但该司与同事者一片苦心，则后来君子，尚其念之，毋以缁流，而置度外可也。奉此。"又奉本部送据甘燕礼通状，告称施田入寺，以供香火事。该本司禀堂拘审得，慈相寺原有赐田五百二十余亩，寺僧稀少，屡被盗卖。有如意借甘燕礼银一百零五两，赎回原卖到鸡鸣寺僧正英田地，随故。伊徒性晓等将田退还正英，债银两无着落。燕礼不甘，愿将田就近舍入弘觉寺。又有余田，悉被弘觉等寺僧昌顺等贱价计吞，通行查出等因。呈堂，奉批："钦赐寺田，安得私相买卖？俱追入弘觉寺，召佃输租，如各寺下院之例。昌顺等本当究罪，姑念愚僧豁免。如再执占，即行参送。余依拟。奉此。"随经拘集五次大寺佃户，审定租额：鸡鸣寺大梅子洲，每亩银四分五厘；小梅子等洲银五分；鲚鱼洲，银五分五厘。能仁寺梅子洲田，因节被水淹，每亩上田麦银三分，米二斗五升，中田银二分五厘、米二斗，下田银一分五厘、米一斗；鲚鱼洲，每亩银六分。栖霞寺，每亩上田麦银七分、米五斗，中田银五分五厘、米四斗，下田

① 叶□：应为"叶向高"。本书卷16《凤山天界寺》收录明叶向高《八大寺定租碑记》；《明史》卷240《叶向高传》；《明神宗实录》卷364、卷433，万历二十九年十月乙丑朔、三十五年五月己卯条均有记载。《明神宗实录》卷364，万历二十九年十月乙丑朔："改南京礼部侍郎叶向高为南京吏部右侍郎。"《明神宗实录》卷433，万历三十五年五月己卯："吏部同九卿科道会推阁臣于慎行、赵世卿、刘元震、叶向高、杨道宾、李廷机、孙丕扬等七人。"

银四分、米三斗。弘觉寺，每亩上田麦银五分、米五斗五升，中田银四分、米四斗五升，下田银二分五厘、米三斗五升。静海寺，田每亩米四斗、麦银六分。各取佃户认状及造册，俱如三大寺例。禀堂，奉批："如议行。奉此。"各遵行在卷。本年四月内，奉本部送据灵谷等寺官仁勋等申同前事，内称三大寺乃国初敕建，圣祖为护卫陵寝，改蒋山寺为灵谷；为化诱愚俗，加天界寺为善世；成祖为报答皇考、妣深恩，改天禧寺为报恩，皆赐有田地。而灵谷命赡僧千人，赐田独多。向被佃户拖措，幸蒙清查，俱已输服，恳乞勒石本部及僧录司，以便遵守。又奉本部送据鸡鸣等寺大住持本性等申同前事，乞将鸡鸣等五次大寺赐产，附入三大寺碑内等因。到部，俱奉批："查行送司。"该本司郎中葛□、主事郑□，会同仪制司主事洪□，备查前卷，会看得三大寺委系敕建香火，以翼卫陵寝，则国家万年之基；以报答皇考、妣弘恩，则成祖不匮之孝。是以优恤特厚，原与各寺院不同。不意佃户渐次短少，而官住、庄僧朋比为奸，实作之俑。今该会同酌例，审复佃户，俱各输认。即高淳，府、县公议，亦增至五斗，折银一钱八分之数。则知原租本自应复，民情亦自顺从，而寺僧作俑之弊益明矣。法既更始，虑当垂后。至于鸡鸣、能仁，原与灵谷等寺鼎立，而栖霞、弘觉、静海亦并系敕建名刹，其田产既经查明，亦合垂示永久。据僧录司申乞勒石竖碑，鸡鸣等寺亦呈乞比例附入，俱应俯从。具禀掌部事叶□，奉批："寺田多出钦赐，此圣祖特恩。近为豪家刁佃侵克已极，非该司不辞劳怨，悉心查理，几于名存而实亡矣。各款俱宜着实遵行，毋滋弊窦，庶今日之苦心为不虚也。奉此。"本年五月内，续奉本部送据本司呈为寺僧暗佃赐田，护私妨公，合行酌议事。该本司会同仪制司拘审得，灵谷寺靖东、安西二庄，高处最腴，低处独瘠。今低者俱作荡田，已自从宽，其租额不得与他庄有异。随据佃户孙季等各认，比照龙都，每亩上田米三斗五升、麦银七分，中田米二斗五升、银四分五厘，下田米一斗五升、银三分，荡田银五分。又本寺僧亦佃有私田，如与佃户通同作弊，追田重究等因。具呈掌部事孙□，奉批："如议行。奉此。"六月内，又奉本部送据报恩寺租户娄梗等告，为违法棍僧需索事。该本司据审得，报恩寺有钦赐官廊房四十二间，每间额租三两六钱，积欠似难遽复，姑准照娄梗等所认，每间月征银一钱二分，如再短少，即逐出，不容居住等因。呈堂，奉批："房租如议，月认一钱二分。奉此。"今奉前因，合将本司节次审定各寺租额、禀堂奉批缘由，备行僧录司，即便照式勒石竖碑晓谕，永远遵守施行。

今将三大寺及五次大寺定租数目开后。

灵谷寺常住

靖东庄　丈过实在田、地、塘共九千一百一十一亩五分。坐落上元县长宁乡麒麟门外，相连一块，膏腴多，低洼少。离寺陆路六十余里，水路二百余里。

夏租银共四百二十两七钱六厘。每两外加耗银三分。

冬租米共一千七百七十三石三合。每石外加脚耗米一斗。

冬租银共七十五两四钱二分六厘。每两外加耗银三分。

上田三千二百三十九亩九厘。夏租银每亩七分，共银二百二十六两七钱三分六厘冬租米每亩三斗五升。共米一千一百三十三石六斗八升一合。

中田一千八百六十三亩九分六厘。夏租银每亩四分五厘，共银八十三两八钱七分八厘冬租米每亩二斗五升。共米四百六十五石九斗九升。

下田一千一百五十五亩五分五厘。夏租银每亩三分，共银三十四两六钱六分六厘冬租米每亩一斗五升。共米一百七十三石三斗三升二合。

荡田一千四百六十五亩五分五厘。夏租银每亩二分五厘，共银三十六两六钱三分九厘冬租银每亩二分五厘。共银三十六两六钱三分九厘。

地五百五十二亩六分三厘。夏租银每亩四分，共银二十二两一钱五厘冬租银每亩四分。共银二十二两一钱五厘。

基场、坟园四百一十六亩七分。夏租银每亩三分，共银一十二两五钱一厘冬租银每亩三分。共银一十二两五钱一厘。

草塌塘四百一十八亩一分。夏租银每亩一分，共银四两一钱八分一厘冬租银每亩一分。共银四两一钱八分一厘。

上、江二县官粮。各庄俱在本庄代办，限六月终，照数送僧录司起批，赴部挂号，解县交纳，取批回照验。米限十月交卫，僧司起批，俱如前例。银共三百七两九钱七分一厘，米共四百二十二石九斗七升六合：

一、本色正米三百三十九石二斗，耗米三十三石九斗二升，使费银一十五两二钱六分四厘。

一、折色等银共一百四十二两二钱五分，耗费银七两一钱一分二厘。

一、条编银一百二十四两四钱三分七厘，耗费银六两二钱二分一厘。以上系上元官粮。

一、本色正米四十一石五斗四升七合，耗米八石三斗九合，使费银一两八钱六分九厘。

一、折色正银九两三钱八分四厘，耗费银九钱三分八厘。

一、丁米银四钱五分一厘，耗费银四分五厘。以上系江宁官粮。

本庄盘费。银共三十二两，米共四十石五斗：

一、夏季用银一十六两。正、副管庄僧连带跟每日工食并杂费，用银二钱。夏季限二个月，该银一十二两。甲首二名，工食银四两。冬季同。

一、冬季用银一十六两。

一、贴脚米四十石五斗。运米共一千三百五十石二升七合，每石除脚米七升外，又贴三升。

以上除官粮、盘费外，实上寺夏租银九十六两七钱三分五厘，冬租米一千三百九石五斗二升七合，冬租银五十九两四钱二分六厘。

新卷　本司行上元县议定僧录司征解文卷

南京礼部祠祭清吏司为酌议赐田征解，以杜侵渔事。照得灵谷、天界、报恩、栖霞等寺，俱有钦赐田地，坐落上元县。国初，奉旨：田粮并差役俱免。至成化年间，偶因苏、松水灾，每亩劝借米二升。隆庆年间，捏称丈多田地，陆续升科。今仅免杂泛差徭，而日前加派，遂为定额。节年交粮，被包管僧将银花费，延挨不完。及至催比，辄滥开使用及债利等项。正银之外，费尚不訾，深为该寺之累。每各寺禀报完粮申文及循环簿到司，全无的据。本司明知其诳，难以诘责。今议每年寺粮不必分限零征，本部行委僧录司转行各寺，将一年折色、条编等银，通行催齐，约以一岁之中，不先不后，七月初一日，僧录司起批，赴部挂号，赍县尽数一并交纳，守取批回验销。其漕粮原有定限，仍照旧期。芦课银，钦限原在七月，今定六月初一，尽数通完。起批挂号，俱如前例。止委僧录司催齐起解，各寺包管僧尽行革去。若过限不完，及完不如数，则本司当任其咎论。钦赐田地，原宜加恩，不与民间一例。况今宁起解以免催征，宁并纳以免零派，虽为各寺杜奸，实于该县有益。弊绝风清，彼此两便。揆之情理，似无不宜。文到，即备查灵谷等四寺钦赐田地、芦洲若干，及额定本、折、条编银米、芦课若干，见今三十四年完过若干，未完若干，造册并遵行缘由，作速申报，以凭查考。转行解发牌行上元县查照去后，随该本县申称：查得灵谷寺实征平米五百九十五石二斗一升九合五勺，每年除兑运漕粮米三百三十九石二斗七升五合五勺一抄一撮五圭，实该折色米二百五十五石九斗七升四合三勺八抄五撮。每石折银五钱，实该折色银一百二十七两九钱八分六厘二毫。案：照漕粮原有定期，折色银两，每岁系十月开征，分为十限追完。又查条编实征平米五百九十五石二斗一升九合五勺，内除钦赐米二百六石不编外，实该当差平米三百八十九石二斗一升九合五勺。每石约派银三钱一分，共银一百二十两六钱六分五厘。原该正月开征，陆续输纳。今奉明文，折色、条编俱于七月，僧录司起批解县，深为妥便，以杜拖累。第二项银两，逐年俱奉抚院会计，每平米一石外，派纲司水脚、学耗、孤老及科举、闰月，并本府坐派加增等银，每岁增减不一，遽难擅开，候会计至日，再行申报。及算本年条银，先奉恩诏，蠲免马价，止该银一百一十五两一分五厘，除完过一百七两一钱五分，尚欠银七两八钱六分五厘。见今追比折色银两，请乞催解。又查天界寺该实征平米五十石九斗四升二合六勺，内除兑运米二十九石三升，该折色米二十一石九斗一升二合六勺，每石折银五钱，该银一十两九钱五分六厘三毫。止该条编米一石一斗九升二勺，约该银三钱七分。栖霞寺平米一十七石七斗四升六合五勺，内除兑运米十石，该折色米七石七斗四升六合五勺，每石折银五钱，该银三两八钱七分五毫，俱系编入各该图分粮里催齐，类交县库，与灵谷不同。再查报恩寺芦洲课银一百六十八两零，亦于本年六月，僧录司解县起批，转府倒文，申解南京工部芦政并巡江衙门挂号，及节慎库投纳，取批验销。此系钦限钱粮，难以迟缓，回报前来。又经牌行该县。案：照灵谷、天界、栖霞三寺赐田官粮，先该本司议，委僧录司征解，行县酌议。续据回称，三寺折色、条编正数，先于七月初，僧录司解县。其纲司水脚、学耗、孤老等银，候会计单到，另报部行寺找足。此具见体恤周到，处置得宜。除行僧录司永远遵照，及将本年条、折正银严限起解外，又看得三寺既一例解纳，其编户亦宜归并。或将灵、天、栖串名，共为一户；或将天界、栖霞改入灵谷甲内，该县任择所便。目今先注入丁粮册，候大造年，即为改正。又报恩寺芦课，虽纳节慎库，原系该县催征。今既议定六月初，僧录司起解，亦合免其零催。官粮既有僧录司责成，本司定严行查比。如有拖延，决不姑惜，以辜该县相成雅意。复据该县申称内开，案：照灵谷、天界、栖霞三寺赐田官粮，先该本司议，委僧录司征解，行县酌议。续据回申，三寺折色、条编银两，于七月初起解，已行僧录司永远遵照外，又看得三寺既一例解纳，其编户亦宜归并一户，串为灵、天、栖，或改入灵谷甲内，该县任择所便。目今先注丁粮册内，以候大造之年，即为改正等因。奉此遵依。随经行拘各该图里书，并该甲里长，开具田粮数目，暂拨填入灵谷寺内，垛名灵、天、栖三寺名目，仍候大造之年，即为改正缘由，回复到司。据此拟合备行牌，仰僧录司遵照牌内事理，每年依期照数征完，起批送司挂号，转解该县兑收，随取获库收批回销照，毋得违错。一牌行僧录司。万历三十四年八月三十日。

附旧卷　秦通判议灵谷寺田不宜加派牒文

应天府通判秦□为乞天超命事。准本府牒抄，蒙钦差巡抚右副都御史宋□①批据灵谷寺僧性纮等状告前事，蒙批："委官查报等因，此行到府，备牒到厅，烦为逐一清查明实，一并具由牒府，以凭覆审，转详施行等因。准此。"案：照先为恳恩分豁，超拔蚁命，以便焚修事。准本府送据灵谷寺僧性纮等连名告称，洪武年间，蒙太祖高皇帝特为陵寝香火，敕建本寺，拨赐蠲免四千石岁粮田地，坐落上、江等四县地方，赡僧焚修。后于弘治年间，因陕西荒旱，劝借米八十五石九斗七升；于嘉靖年间，将草折米，共二百五石九斗七升，差役俱无。亦于隆庆四年，将原赐数内荒田丈量报熟，加粮二百六十八石六斗五升。苦无告辩，致累寺废僧穷。今蒙仍加官粮九十七石，条编银八十八两四钱四分。蚁僧不无逃窜，告鸣超拨等情。批："开管粮厅查报，准此。"随经吊取上元县惟政乡一图嘉靖四十一年、隆庆五年二次大造黄册，并本府升任治中包□丈量归户实征文册，及拘本寺僧人性纮、隆珍等，赍捧成化十八年僧官德默题覆蠲免护持香火敕旨，并执出嘉靖三十三年府给优免帖文各到职，逐一查得，本寺旧册原田、地、塘、山、滩塌杂差共二百一十四顷三厘五毫，节次加派粮草，共平米二百零五石九斗三升，并无差役，本寺亦无私置田土。续于隆庆三年，奉例丈量，于本寺原赐田地内，丈出熟田三千九百四十二亩九分四厘五毫，熟地一千九百五亩一分七厘三毫三丝，随该共加粮二百七十二石五斗三升六合一勺。连前通共该粮四百七十八石四斗六升六合一勺，责令本寺照数办纳外，续于万历三年，该本府升任府尹汪□覆议赋役，查得将灵谷寺前项丈出田地照民则例起科，加编粮米九十七石。于今年五月内，又派条编银八

① 宋□：应为"宋仕"。《明督抚年表》卷3《应天》；《明神宗实录》卷240、卷247，万历十九年九月己丑、二十年四月庚戌条均有记载。《明神宗实录》卷240，万历十九年九月己丑："以协理都察院右佥都御史宋仕任巡抚应天都御史"。《明神宗实录》卷247，万历二十年四月庚戌："巡抚应天右副都御史宋仕为南京大理寺卿"。

十八两四钱四分，行县派征去后。据告前情，准送到职。看得该寺田地，委系钦赐，向奉蠲免。近奉丈量，多出亩数，已经节加官粮四百七十八石有零。矧所丈多之田，查乃钦赐额内丈出，并无私置新增。若照民则起科，复加粮差，则寺废僧穷，委难完办。具由牒府批送到职案，候间令准前因，覆查无异，再照该寺丈出田地，委非私置，但所加粮米九十七石，已经议派，相应令僧输纳。其条编差银八十八两，合无俯赐行县豁免，则于国税无损，而圣恩亦不匮矣。缘准牒查事理，未敢擅便，拟合牒复。为此，今将前项缘由粘连原送批牒，合行移牒本府，烦为详夺，转呈施行。万历二十一年三月日具。

附旧卷　灵谷寺派粮缘由

灵谷寺嘉靖三十三年九月二十六日，奉本府帖文，开载：洪武年间钦赐民田、水漾草塌二万一千四百亩三厘五毫，实该纳随田粮草均摊平米二百五石九斗三升。至隆庆四年，奉本府治中包□丈量，本府汪□刻赋役书册，开载：田一万三百亩，每亩劝米二升，该米二百六石；地三千六百八十三亩九分七厘九毫，每亩劝米一升，该米三十六石八斗三升九合七勺九抄；低洼田六千八百六十二亩，每亩科米五合，该米三十四石三斗一升；荒田五十亩六分六厘八毫，每亩科荒白米七升七勺六抄，该荒米四石一斗五升一合二勺八抄；荒地七亩七分七厘五毫，每亩科荒白米四升，该荒米三斗一升一合；杂差五百五十四亩五厘六毫，每亩科米三合，该米一石六斗六升二合一勺六抄八撮。丈多田三千九百四十二亩九分四厘五毫，每亩科米四升，该米一百五十七石七斗一升七合八勺；丈多地一千九百五亩一分七厘三毫三抄①，每亩科米二升，该米三十八石一斗三合四勺七抄。以上共平米四百七十四石六斗三升三合二勺二抄八撮。后万历三年，奉本府汪□题请，万历三年奉本府会计单开，将灵谷寺丈多田地，俱照民间一例科差。每田一亩，科平米六升二合七勺一抄六撮，地每亩科平米三升五合，共加出平米一百一十八石一斗六升一合七抄二撮，通共纳平米五百九十二石七斗九升五合。内除钦赐平米二百六石，尚该平米三百八十六石七斗九升五合。新加陈嘉会丈多田粮二石二斗有零。

安西庄　丈过实在田、地、塘共一万二千二百四十六亩三分六厘。坐落与靖东庄相连一块。

---

① 三抄：应为“三丝”。我国古代田亩计算单位依次为：顷、亩、分、厘、毫、丝、忽。

夏租银共三百九十九两八钱七分一厘。每两外加耗银三分。

冬租米共一千四百八石三斗三升。每石外加脚耗米一斗。

冬租银共一百三十三两二钱三分。每两外加耗银三分。

上田一千六十二亩七分四厘。夏租银每亩七分，共银七十四两三钱九分一厘冬租米每亩三斗五升。共米三百七十一石九斗五升九合。

中田三千四亩六分七厘。夏租银每亩四分五厘，共银一百三十五两二钱一分冬租米每亩二斗五升。共米七百五十一石一斗六升七合。

下田一千九百一亩三分六厘。夏租银每亩三分，共银五十七两四分冬租米每亩一斗五升。共米二百八十五石二斗四合。

荡田三千五百四十五亩四分五厘。夏租银每亩二分五厘，共银八十八两六钱三分六厘冬租银每亩二分五厘。共银八十八两六钱三分六厘。

地三百五十八亩一分四厘。夏租银每亩四分，共银一十四两三钱二分五厘冬租银每亩四分。共银一十四两三钱二分五厘。

基地三百九十亩六分七厘。夏租银每亩三分，共银一十一两七钱二分冬租银每亩三分。共银一十一两七钱二分。

草塌塘一千八百五十四亩九分二厘。夏租银每亩一分，共银一十八两五钱四分九厘冬租银每亩一分。共银一十八两五钱四分九厘。

沟并庙基一百二十八亩四分一厘。免科。

本庄盘费，银共三十五两，米共四十二石二斗四升九合。

一、夏季用银一十六两。正、副管庄僧连带跟，每日工食并杂费用银二钱，夏季限二个月，该银一十二两。甲首二名，工食银四两。冬季同。

一、冬季用银一十九两。外加别庄管庄僧一名，盘费银三两。

一、贴脚米四十二石二斗四升九合。运米共一千四百八石三斗三升，每石除脚米七升外，又贴三升。

以上除盘费外，实上寺夏租银三百八十三两八钱七分一厘，冬租米一千三百六十六石八升一合，冬租银一百一十四两二钱三分。

溧水庄　丈过实在田、地、山、塘共一千六百九十三亩六厘。坐落本县崇贤、长寿二乡，田地二块，瘠多腴少。离寺陆路一百里，水路一百三十里。

冬租银共九十六两二钱五分。每两外加耗银三分。

上田二百九十七亩二分二厘，冬租银每亩一钱四分。共银四十一两六钱一分。

中田一百九十三亩五分八厘，冬租银每亩一钱。共银一十九两三钱五分八厘。

下田二百九十八亩七分四厘，冬租银每亩六分。共银一十七两九钱二分四厘。

荡田三百九十二亩八分二厘，冬租银每亩二分。共银七两八钱五分六厘。

地九十九亩七厘，冬租银每亩六分。共银五两九钱四分四厘。

山四十三亩二分三厘，冬租银每亩一分。共银四钱三分二厘。

塘沟八十五亩八分五厘，冬租银每亩二分。共银一两七钱一分七厘。

荒田、基地、塘共二百八十一亩八分九厘，冬租银每亩五厘。共银一两四钱九厘。

官庄基六分六厘。免科。

溧水县官粮，银共一十八两二钱九分七厘。

一、粮银七两九分二厘。加耗使费银一两六分三厘。

一、粮米十八石四斗四升，折银一十两一钱四分二厘。每石折银五钱五分,连耗费在内。

本庄盘费,银共九两二钱。正、副管庄僧连带跟,每日工食并杂费银一钱二分,夏季限二个月,该银七两二钱。甲首一名,银二两。

以上除官粮、盘费外,实上寺冬租银六十八两七钱五分三厘。

柳桥田 实在田、地、山、塘共二百三十九亩六分五厘。坐落句容县孝义、人信二乡。离寺陆路一百余里。

冬租银共三十一两七厘。

田、地共二百一十八亩四分五厘,冬租银每亩一钱四分。共银三十两五钱八分三厘

山、塘二十一亩二分,冬租银每亩二分。共银四钱二分四厘。

官粮,银共一十三两八钱四分四厘。耗费在内。

盘费银二两。

实上寺冬租银一十五两一钱六分三厘。

白水洲田 丈过实在田一百一十八亩三厘。坐落仪真县。离寺水路八十里。

冬租银一十六两五钱二分五厘。每亩一钱四分。

盘费银一两。

实上寺冬租银一十五两五钱二分五厘。

十人洲 丈过实在洲一千二百二十亩二分。坐落和州西粱山。离寺水路二百余里。

冬租银六十四两。刀工除外。

芦课银五十两。加耗使费在内。

催租盘费银一两。

实上寺冬租银一十三两。

灵谷寺禅堂

悟真庄 丈过实在田、地、山、塘共二千一百六十七亩九厘。坐落上元县□□乡仙鹤门外江城营、油山前后等处。近山,相连一块,膏腴多,低洼少。离寺陆路五十里。

夏租银共一百二十二两四钱七分二厘。每两外加耗银三分

冬租米共四百三十九石五斗九升一合。每石外加脚耗米一斗。

冬租银共二十三两一钱三分五厘。每两外加耗银三分

上田九百二十六亩七分三厘。夏租银每亩八分,共银七十四两一钱三分八厘冬租米每亩三斗。共米二百七十八石一升九合

中田五百五十三亩二分。夏租银每亩四分五厘,共银二十四两八钱九分四厘冬租米每亩二斗五升。共米一百三十八石三斗

下田一百五十五亩一分五厘。夏租银每亩三分,共银四两六钱五分四厘冬租米每亩一斗五升。共米二十三石二斗七升二合

上地二百八十九亩九分八厘。夏租银每亩四分五厘,共银一十三两四分九厘冬租银每亩六分。共银一十七两三钱九分八厘

下地一百八十亩九分六厘。夏租银每亩三分,共银五两四钱二分八厘冬租银每亩三分。共银五两四钱二分八厘

山八亩。夏租银每亩二分,共银一钱六分冬租银每亩二分。共银一钱六分

塘二十九亩九分四厘。夏租银每亩五厘,共银一钱四分九厘冬租银每亩五厘。共银一钱四分九厘

荒地漩塘二十三亩一分三厘。免科。

本庄盘费,银共二十四两六钱三分七厘。

一、夏季用银一十一两。正、副管庄僧连带跟，每日工食并杂费用银一钱五分，夏季限二个月，该银九两。甲首一名，工食银二两。冬季同。

一、冬季用银一十一两。

一、贴脚米用银二两六钱三分七厘。运米共四百三十九石五斗九升一合，每石贴脚银六厘。

以上除盘费外，实上堂夏租银一百一十一两四钱七分二厘，冬租米四百三十九石五斗九升一合，冬租银九两四钱九分八厘。

桐桥庄　丈过实在田、地、山、塘共一千三百八亩八分六厘。坐落上元县惟政乡高桥门外。其田、地星散不一，多系膏腴。离寺陆路五十里。

夏租银共六十七两五钱一分五厘。

冬租米共三百六石八斗五升一合。

冬租银共八两二钱二分四厘。

上田五百五十一亩五分五厘。夏租银每亩七分，共银三十八两六钱八厘冬租米每亩三斗五升。共米一百九十三石四升二合

中田四百一十五亩四分八厘。夏租银每亩四分五厘，共银一十八两六钱九分六厘冬租米每亩二斗五升。共米一百三石八斗七升

下田六十六亩二分六厘。夏租银每亩三分，共银一两九钱八分七厘冬租米每亩一斗五升。共米九石九斗三升九合

荡田一十五亩二分二厘。夏租银每亩二分，共银三钱四厘冬租银每亩二分。共银三钱四厘

上地一百一十八亩六分九厘。夏租银每亩五分，共银五两九钱三分四厘冬租银每亩五分。共银五两九钱三分四厘

下地并基地共三十八亩七分四厘。夏租银每亩三分，共银一

两一钱六分二厘冬租银每亩三分。共银一两一钱六分二厘

山四亩九分七厘。夏租银每亩一分，共银四分九厘冬租银每亩一分。共银四分九厘

塘、潭、滩七十七亩五分七厘。夏租银每亩一分，共银七钱七分五厘冬租银每亩一分。共银七钱七分五厘

荒地、庙地、庄基共三亩八分二厘。免科。

本堂菜地一十六亩五分六厘。免科。

本庄盘费，银共二十三两四钱。

一、夏季用银一十一两七钱。正、副管庄僧连带跟，每日工食并杂费用银一钱二分，夏季限二个月，该银七两二钱。甲首三名，工食银四两五钱。冬季同。

一、冬季用银一十一两七钱。冬季银不足用，夏租银内扣除三两四钱七分六厘。

以上除盘费外，实上堂夏租银五十二两三钱三分九厘，冬租米三百六石八斗五升一合，冬租银无。

陈桥茄地洲　丈过实在洲二千一百三十八亩三厘。内茄地洲成熟地约百亩，坐落和州西梁山。离寺水路二百里。

冬租银七十二两。刀工除外。

催租盘费银二两。

实上堂冬租银七十两。

灵谷寺律堂

龙都庄　丈过实在田、地、塘共三千六百四十八亩九分七厘。坐落上坊门外，相近一块。大圩、葛桥等圩寺田，与民田交杂。其田多系膏腴。离寺陆路六十里，水路七十里。上元二千六百四十五亩九分二厘，江宁一千三亩五厘。

夏租银共一百九十七两二钱四分四厘。每两外加耗银三分。

冬租米共九百八十三石九斗五升二合。每石外加脚耗米一斗。

冬租银共九两二钱一厘。每两外加耗银三分。

上田一千六百四十六亩八分六厘。上元一千三百二十二亩三分，江宁三百二十四亩五分六厘夏租银每亩七分，共银一百一十五两二钱八分冬租米每亩三斗五升。共米五百七十六石四斗一合。

中田一千五百四十三亩八厘。上元一千九十六亩八分八厘，江宁四百四十六亩二分夏租银每亩四分五厘，共银六十九两四钱三分八厘冬租米每亩二斗五升。共米三百八十五石七斗七升

下田一百四十五亩二分一厘。上元五十八亩七分二厘，江宁八十六亩四分九厘。夏租银每亩三分，共银四两三钱五分六厘冬租米每亩一斗五升。共米二十一石七斗八升一合

荡田六十八亩八分七厘。上元一十八亩五分八厘，江宁五十亩二分九厘夏租银每亩二分，共银一两三钱七分七厘冬租银每亩二分。共银一两三钱七分七厘

地五十一亩五分三厘。上元三十七亩九分五厘，江宁一十三亩五分八厘夏租银每亩六分，共银三两九分一厘冬租银每亩八分。共银四两一钱二分二厘

基场、坟地九十九亩二分九厘。上元七十三亩七分七厘，江宁二十五亩五分二厘夏租银每亩三分，共银二两九钱七分八厘冬租银每亩三分。共银二两九钱七分八厘

潭、塘、沟七十二亩四分七厘。上元二十五亩四分六厘，江宁四十七亩一厘夏租银每亩一分，共银七钱二分四厘冬租银每亩一分。共银七钱二分四厘

荒滩田二十一亩六分六厘。免科。上元一十二亩二分六厘，江宁九亩四分

本庄盘费，银共三十八两四钱七分一厘。

一、夏季用银一十五两三钱。正、副管庄僧连带跟，每日工食并杂费用银一钱八分，夏季限二个月，该银一十两八钱。甲首三名，工食银四两五钱。冬季同。

一、冬季用银一十五两三钱。冬季银不足用，夏租银内扣除六两九分九厘。

一、贴脚米用银七两八钱七分一厘。运米共九百八十三石九斗五升二合，每石贴脚银八厘。冬季银不足用，夏租银内扣除。

以上除盘费外，实上堂夏租银一百六十七两九钱七分四厘，冬租米九百八十三石九斗五升二合，冬租银无。

散甲庄　丈过实在田、地、山、塘共五百一亩八分三厘。坐落上元县□□乡沧波、麒麟、姚妨等门外。田、地星散不一，俱系膏腴。离寺远近不等，陆路约三、四十里。

夏租银共二十三两七钱一分五厘。每两外加耗银三分。

冬租米共六十二石五合。每石外加脚耗米一斗。

冬租银共一十两一钱四分二厘。每两外加耗银三分。

上田一百六十四亩一分八厘。夏租银每亩八分，共银一十三两一钱三分四厘冬租米每亩三斗。共米四十九石二斗五升四合

中田四十二亩六分六厘。夏租银每亩四分五厘，共银一两九钱一分九厘冬租米每亩二斗五升。共米一十石六斗六升五合

下田一十三亩九分一厘。夏租银每亩三分，共银四钱一分七厘冬租米每亩一斗五升。共米二石八升六合

上地一百二十六亩四分九厘。夏租银每亩四分五厘，共银五两六钱九分二厘冬租银每亩六分。共银七两五钱八分九厘

下地并基地七十二亩二分三厘。夏租银每亩三分，共银二两一钱六分六厘冬租银每亩三分。共银二两一钱六分六厘

山一十八亩三分四厘。夏租银每亩二分，共银三钱六分六厘冬租银每亩二分。共银三钱六分六厘

塘四亩二分一厘。夏租银每亩五厘，共银二分一厘冬租银每亩五厘。共银二分一厘

黄公祠田、慈仁寺基地并荒田、堆木厂地，共五十九亩八分一厘。免科。

本庄盘费，银共一十二两六钱。

一、夏季用银六两三钱。正、副管庄僧连带跟，每日工食并杂费银八分，夏季限二个月，该银四两八钱。甲首一名，工食银一两五钱。冬季同。

一、冬季用银六两三钱。

以上除盘费外，实上堂夏租银一十七两四钱一分五厘，冬租米六十二石五合，冬租银三两八钱四分二厘。

天界寺常住

湖塾庄　丈过实在田、地一千七百亩六分五厘。坐落上元县□□乡高桥门外白米、夏稼二圩。与民田交杂，星散不一，其田多系膏腴。离寺水路一百二十里，陆路六十里。

夏租银共一百三两九钱九分九厘。每两外加耗银三分。

冬租米共五百四十九石二斗六升一合。每石外加脚耗米一斗。

冬租银共六两七钱四分七厘。每两外加耗银三分。

上田六百六十五亩二分八厘。夏租银每亩六分五厘，共银四十三两二钱四分三厘冬租米每亩四斗。共米二百六十六石一斗一升二合

中田五百四十二亩七分。夏租银每亩六分五厘，共银三十五两二钱七分五厘冬租米每亩三斗五升。共米一百八十九石九斗四升五合

下田五十九亩九分四厘。夏租银每亩六分五厘，共银三两八钱九分六厘冬租米每亩二斗五升。共米一十四石九斗八升五合

高田二百四十五亩七分三厘。夏租银每亩六分五厘，共银一十五两九钱七分二厘冬租米每亩三斗。共米七十三石七斗一升九合

中荡田二十二亩五分。夏租银每亩二分五厘，共银五钱六分二厘冬租米每亩二斗。共米四石五斗

地四十八亩四分三厘。夏租银每亩六分五厘，共银三两一钱四分七厘冬租银每亩一钱。共银四两八钱四分三厘

基场、坟墩地三十八亩九厘。夏租银每亩五分，共银一两九钱四厘冬租银每亩五分。共银一两九钱四厘

荒水塌基场、坟墩地七十七亩九分八厘。免科。

上元县官粮，本庄带靖安庄同纳银，照数送僧录司起批，赴部挂号，解县交纳，取批回照。验米送折价，与灵谷靖东庄附纳银共二十八两九钱七分七厘。

一、本色正米三十石四斗，折银一十六两七钱二分。每石折银五钱五分，连耗费在内。

一、折色正银一十一两三钱四厘。耗费银五钱六分五厘。

一、条编正银三钱七分。耗费银一分八厘。

本庄盘费，银共二十八两。

一、夏季用银一十四两。正、副管庄僧连带跟，每日工食及费用银一钱五分，甲首饭食在内。夏季限二个月，用银九两。甲首二名，半工食银五两。冬季同。

一、冬季用银一十四两。冬租银不足用，于夏租银内扣除银七两二钱五分三厘。

以上除官粮、盘费外，实上寺夏租银五十三两七钱六分九厘，冬租米五百四十九石二斗六升一合，冬租银无。

附旧卷　应天府查免上元县杂派帖文

应天府为乞怜赐给，以免后累事。据天界寺管庄僧显林状告前事，案：照先据该寺僧显林状告，为乞怜本寺原荷圣祖敕建香火，俯赐豁免加派，以杜后扰事。节行上元县驳查。续据上元县申称，案：照先奉本府帖文，据天界寺僧显林状告前事，奉此遵依，行拘本县丹阳乡一图里长张孜等各到官，审据结勘，得钦赐天界寺田地二十五顷七十六亩，该平劝米五十三石五斗，递年办纳不缺。续奉府帖文，为缺段匹事，每石加派银一钱六分三厘三毫八丝五忽，该银八两七钱三分八厘三毫九丝，告乞豁免等情。据此随经查得，本寺前项田地，始自洪武年间钦赐。至成化年间，因苏、杭二州水灾，蒙巡抚都爷王□奏请，凡钦赐田地，每亩劝米一①升，不为常例。迄今不免，止纳随田劝米，不当夫马杂泛、外派差徭。已经具由申报外，续据本县税粮科旧役书手汤盘呈为检举事，伏睹《大明律》内一款："凡公事失错，自觉举者免罪。钦此。"钦遵切有丹阳乡一图里长王廷瑞下一户天界寺钦赐田地，实该均摊平米五十石五斗五升二勺。比时督造紧急，传写差讹，失将该寺粮米比额多开米三石。今方知觉，会律检举改正，据此恐有不的。又经行拘里长王廷瑞、经必茂、张福一、赵文斌、张得、薛再十、李升经、赵立、陶永太、曹祝、姚赵科、高王六各到官，审据复结，得天界寺官民田、地、山共二十五顷七十六亩，俱系钦赐田土，并无续置，实该劝米五十石五斗五升二勺，递年办纳不缺，中间并无欺隐。据此查得，先次申开米数，比与汤盘检举委的多开米三石。随拘该图里长张孜，并告僧显林各到官，结报相同。为照本僧所告前项田粮额外加派段匹银八两二钱五分九厘一毫二丝，查与先申详豁灵谷寺僧本钦告免加派粮银，以凭遵奉施行等因。随该本府看得，天界寺田既系钦赐，凡一应差银自当优免。仰县准与除豁，以仰体圣祖优恤至意，毋得额外加征，以启将来科派之渐。此缴当据上元县申，将本寺优免缘由缴报在卷。今告前因，拟合就行，给帖执照。为此，今将上元县优免该前项银两数目缘由合行帖，仰本寺管事僧执照施行，须至帖者。右帖下天界寺管事僧。准此。嘉靖三十三年九月十三日，令典史吴璞、曾文举行。

---

① 一：本书《各寺租额条例》为"二"。

溧阳庄　原额田共三千九百九十五亩四分一厘。内除社坛、庄基、官沟、绝坟外，实征田三千八百七十六亩五厘。坐落溧阳县永成乡黄芦、雁垞、西赵三圩。黄芦、雁垞俱膏腴，独西赵圩内稍有低洼，腴瘠不等。离寺陆路二百六十里，水路五百四十里。

额征米一千七百四十四石二斗二升二合。今实纳米一千三百九十九石一斗三升一合。

每亩一概四斗五升。各佃俱遵纳，独西赵圩田九百三十八亩三分，佃户周杨烈等止每亩纳米一斗八升，史乡宦房族共佃田一千八百三十五亩，止每亩纳米四斗，每年共拖欠米三百四十五石九升。因外县恃远顽梗，候移文抚院议复。

官粮无。

本庄盘费，米共三百九十五石二斗三升四合。

一、冬、夏季共米一百八石。正、副管庄僧连带跟，每日工食及盘费总用米四斗五升，在庄约八个月，看庄米亦在内。

一、罨干共折米九十七石九斗三升九合。每石折米七升。

一、甲首四名，工食米七十二石。

一、公务银折米三十石。为拖欠告征之费。

一、脚米用八十七石二斗九升五合。运米共一千九十一石一斗九升二合，每石脚米除八升。

以上除官粮、盘费外，实上寺夏初收到冬租米一千三石八斗九升七合。

附旧卷　户部覆议溧阳庄租额帖文

应天府溧阳县，洪武三十年正月二十三日，承本府帖文，该奉户部札付，为李兴寿告田粮事。洪武三十年正月十五日午时，立案。近据江西清吏司案呈，该通政司连状送应天府溧阳县民人李兴寿告，本乡有田三十九顷九十一亩零，每该原科粮米三斗一升。至十八年，拨与天界寺供众斋粮，本寺不照原额起科，却作三等起科：一等每亩科米七斗九升，一等科米七斗五升，一等科米七斗二升，各佃自行运赴本寺交纳。今思得马生受具告，照没官则例科征，便益来告。责据本寺僧人弥净状供前因，自洪武十四年间，钦赐本寺赡僧粮米三千石，田地坐落溧阳县，佃户蒋寿一等布种，先该礼部差僧会司官踏勘，照依肥瘦，作三等起科。至十八年，住持行椿奏请刻碑为记，永为本寺收业，已行本县着落，各佃照旧送纳去后。今据僧弥净状告前事，催征各佃，不肯照旧送纳，只照没官田则例，每亩米三斗一升来告。参照佃户李兴寿等既系十八年佃种，照粮已定，今告照没官田则例科征纳粮一节，难以准理。如若各佃仍前恃顽不纳，就行提解，赴部追问。除具奏仍令各僧前去照旧催收，文书到日，仰本府即行溧阳县，着落当该官吏，照依科札付内事理施行。奉此。参照前事，先奉帖文，已经帖下李兴寿等各该里老，着落各佃照旧送纳去后。今奉前因，拟合就行帖下该区粮里甲。帖文到日，依奉札付内事理，着落各佃照旧送纳，毋得仍前展转不纳。粮里老甲毋得扶同混赖，僧人不便。须至帖者。右帖下永城乡二都五保里长老人马亚员等。准此。

附旧卷　南京刑部广东司问拟溧阳庄追佃招由

一、问得一名罗志，年三十岁，系应天府溧阳县民，状招有天界寺于洪武十五年，钦赐溧阳县田地三千九百余亩，坐落黄芦、雁垞、西赵三圩等地方，每年办纳租米三千石，给本寺僧众焚修，并修葺殿宇等项。蒙户部编定，第一等田每亩派租七斗九升，第二等田每亩派租七斗五升，第三等田每亩派租七斗二升。是志等祖父相沿领种，递年纳租不缺。弘治五年间，各因水灾，纳租不及三分之一。有已故僧官戒谦呈，蒙礼部及巡抚等衙门各委官诣田，踏勘灾伤，量减每亩纳租四斗五升，取具供结，回报在官。向后各佃，每亩亦止输纳租米四斗五升。至嘉靖元年间，有今在官赵宗五即赵祥、吕应禄、沈仲钧、吕应礼、吕应袍、郝信、吕应制、毛容、徐御、郑丙礼、郎爵及胡汉不在官父胡珊、马镃、沈仲元，与南城见监先存今故吕淮等，各递年拖欠租。管租僧人畏惧人众狡猾，无奈容忍。至嘉靖二十八年间，本寺差在官僧人道成亲在田所管理，仍拨差不在官僧圆证，并已故惠昂，亲往征租。比有赵祥等倚灾，租米颗粒不纳，致僧圆证等具告掌县事应天府张通判处，批差不在官老人高悌、岳理酌处租米数目。比赵祥不合暗与岳理等私议，将被灾田亩免征外，却将成熟田每亩纳租三斗，写立议单二纸，朦胧禀官，批与赵祥不合收执见存。其圆证等并不知议立情弊，以致众佃乘机仿效，每亩止纳三斗。至嘉靖二十九年，本寺令在官僧惠贤，并不在官行深征租。间有不在官佃户郑遂、计海、杨林等一十九名，照旧每亩办租四斗五升不缺。志不合与不在官系克礼、计玲、马镃、史钧一等二十九名，共拖欠租米一百四十余石。嘉靖三十年分，有郎爵、郑丙礼、徐御等，亦各照旧每亩办纳四斗五升完纳。其赵祥、吕应礼、吕应袍、吕应禄各不合与胡廷珊、马镃、郝信、沈仲镶、沈仲钧恃刁拖欠不完，共约欠米六十余石。三十一年，本寺又换在官僧人德安管庄，差在官僧人能美即成美、文誉等征租。徐御因欠租米八斗二升，将板桌二张抵还，郑丙礼见证。成美等见得赵祥等肆刁，征取十不及一，在官管事僧能璋将情于嘉靖三十二年正月十五日，具呈僧录司，转申南京礼部祠祭司，牌行南城兵马司，批差在官弓兵王茂、杨松赍文前到溧阳县，添差不在官民壮黄君哲等，协拘胡珊、郎爵、徐御、马镃、吕应禄等到县起解。间马镃、赵祥等思欠租米数多，诚恐追征，比并计令、吕淮先行来京，于本年二月二十四日，具通状告。蒙本部连吕淮牌发南城兵马司监候。马镃等共措银一两，与志并吕应禄族弟吕应制作为盘费，星夜来京告状。志与吕应制各不合将自己名字隐匿，止写马镃、吕应禄在状，捏称本寺用大斛，每亩征租六斗，耗米一斗，样米三升，并徐御先抵还板桌，诬坐检抢等项，虚词混扯不在官田甲沈华、沈廷万、杨廷一、朱宾、罗绰姓名，具状于本月二十六日，告赴南京兵科。蒙批仰西城兵马司提究解报，移文溧阳县，行拘赵祥、吕应禄、吕应袍等到官，自知涉虚，各又不合赖称不知告状情节，俱是志与吕应制冒名告理。及拘志与吕应制，审证前情明白。本寺亦将各佃历年拖欠，并盗佃及告申礼部提问情词，备细具状，令僧能璋等诉。蒙本科批，仰西城兵马司从公并问解报，蒙将志等对证取具。郑丙礼、毛容等各供称，并无检抢打诈等情，甘结在官。将志等具词，连人申解本科，审证前情。及蒙审得，黄芦、雁垞等圩田，每亩每年纳米三斗七升，西赵圩田每亩每年纳米三斗，责令志等遵守定纳，批仰参送前来。覆审得，黄芦、雁垞二圩田亩，各佃至今完纳四斗五升者甚多。今止赵祥等数人倚奸拖欠，希图概减。租额一失日，恐后无可复之时。蒙断令赵祥、吕应礼、吕应袍、吕应禄、胡廷珊、马镃、郝信、沈仲镶、沈仲钧、郎爵、孙克仁、郑丙礼、徐御，并志等各将所佃田亩退还本寺，听能璋等另行召佃，各随田亩肥瘦，年岁丰约，两相情愿收租。其各佃原纳四斗五升不缺者，听令照旧佃种，依数办纳各无词。除郝信、沈仲钧、徐御、毛容、孙克仁、杨松、王茂、郑丙礼、胡汉、郎爵、文誉、成美、定宾、宗大本、惠贤、道成、德安随审外，将志等取问罪犯。

一、议得罗志等所犯，罗志、吕应袍、吕应制、吕应礼、赵祥、吕应禄俱各依不应得为而为之者律，罗志事理重者，杖八十；吕应袍、吕应制、吕应礼、赵祥、吕应禄各笞四十。俱有《大诰》减等，罗志杖七十，吕应袍、吕应制、吕应礼、赵祥、吕应禄各笞三十。俱民审，俱无力，各依律，的决完日，与供明能璋各发宁家焚修。

一、照出罗志、吕应制、能璋告纸，吕应袍、吕应礼、赵祥、吕应禄民纸各一分，收赴本部山西司，供各衙门应用。其赵祥、吕应礼、吕应袍、吕应禄、胡廷珊、马镃、郝信、沈仲辕、沈仲钧、郎爵、孙克仁、郑丙礼、徐御等，各将退还田亩，责令各写吐退交契，并解来文簿九扇，俱给天界能璋等收领，另行召佃，随田肥瘦，两愿收租。及原立前后合同文约五纸涂抹，取能璋等领状附卷。嘉靖二十二年闰三月二十八日。

附旧卷　礼部、抚院议溧阳庄征租帖文

应天府为欺天变制杀命事。抄蒙钦差总理粮储提督军务兼巡抚应天府等地方都察院右副都御史翁□①批呈前事，蒙批："参详招情，赵祥等以钦赐田土认为血产，既不纳租，又不退田，情甚可恶。依拟各赎决发落，仍追欠租，给主库收领状缴。此事处分，在僧则以欠租兴词，在民则以多收讦告，终无归一。似应每亩照法司断案，征租四斗五升。该县追收租银，每年十月终起解南京礼部定夺，仍呈本院知会，以杜后词。"蒙此。又据经历司案呈，抄蒙巡按直隶监察御史黄□批："据本司呈同前事，批开：姑依拟，赵祥等赎决发落，田照旧征租给帖，以杜后争，通取库收领状缴，余如照行等因。呈府。"案：照已经行准本府推官程□牒，送问完犯人赵祥等招由前来，呈详去后，蒙批前因。又经呈蒙南京礼部照详，随奉札付祠祭清吏司案呈，奉本部送据应天府呈称，问得犯人赵祥等招开，原佃天界寺钦赐田三千九百九十二亩九分，户部编纳，本寺每亩租米七斗九升，各佃拖欠数多。于嘉靖三十二年，寺僧告赴南京礼部。蒙参南京刑部将各犯问罪，每亩准改租米四斗五升。至嘉靖三十七年，祥等奸顽又复拖欠本寺租米，通共一百四十八石一升三勺。蒙府断明，依律议罪。招呈巡抚都察院，批开每亩照法司断案，征租四斗五升。该县征收租银，每年十月终起解

① 翁□：应为"翁大立"。《明督抚年表》卷3《应天》；《明世宗实录》卷472、卷482，嘉靖三十八年五月丁丑、嘉靖三十九年三月乙未条均有记载。《明世宗实录》卷472，嘉靖三十八年五月丁丑："升山东左布政使翁大立、山西左布政使张永明俱为都察院右副都御史，大立巡抚应天，永明巡抚河南。"《明世宗实录》卷482，嘉靖三十九年三月乙未："礼科给事中曾濂劾奏巡抚应天都御史翁大立疏狂自用，刻核少恩，不宜复处危疑之地。疏入，诏大立回籍。"

南京礼部，给僧收领，实为长便。其租银数目，该府酌量定议，转呈礼部定夺，以杜后词。抄招呈乞照详施行等因。到部，看得钦赐僧田，免其官民杂差，实以僧无他产，欲其取给于此也。原旧户部编租，每亩七斗有余，后减至四斗五升，虽为中制，已非本意。今欲定议征银，诚见僧民之告扰，欲立两便之久计也。但每岁之丰歉无常，米价之盈缩不一，则租既非旧，而价又不足以充之，是徒受虚赐，而何济实惠，益开其告扰之端也。相应从常计处。为此，札仰本府，仍照法司定租，每年纳米四斗五升，使僧不致多取。如遇甚荒之年，许佃户具告，本部量其灾伤轻重征租，则民有一定之守，亦足以杜后争之词矣。其招欠租米，即速追给各僧收领，具由呈缴查考等因。奉此。随经备由呈，蒙巡抚都察院照详，蒙批："既称征银不便于僧，准照旧征租。"缴蒙此，遵照已将犯人赵祥等各追纸赎银两贮库，并追给主租米外，拟合就行。为此，合行抄招给帖付寺僧行濂等收执，照依帖文招由内事理，每年秋收依期前去，照数征收租米，毋得多取惹罪未便。须至帖者。右帖付天界寺收执。准此。嘉靖四十年二月十三日，典史沈添旸行。

附旧卷　溧阳县奉部文征租告示

应天府溧阳县为欺天变制杀命事。承奉本府帖文，该蒙钦差巡抚都御史翁□并钦差巡按御史黄□批呈俱为前事，查得帖文内开，该南京礼部札仰本府仍照法司定租，每年纳米四斗五升，使僧不致多取。如遇甚荒之年，许佃户具告，本部量其所伤轻重征租，则民有一定之守，亦足以杜后争之词矣。其招欠租米，即速追给各僧收领，具由呈缴查考等因。蒙府帖仰本县官吏照依帖文招由内事理，遵照施行，仍出给告示，晓谕各佃户知悉，每遇秋收，依期办纳租米，毋得仍前拖欠，致惹告扰取究等因。奉此。拟合就行晓谕。为此，示仰原佃种钦赐天界寺黄芦、雁垵、西赵圩田佃户赵祥等知悉，以后递年务要遵照南京礼部、刑部并抚按等衙门供断，每亩纳租四斗五升，俱限十月终，依期赴县办纳，解赴南京礼部，给僧收领。如遇甚荒灾伤之年，许令佃户人等径自赴告本部，量其追纳前租，以凭征解。毋得以熟作荒，致生僧民告扰，亦不许佃户仍前拖欠，定行申究不恕。须至示者。嘉靖四十年二月二十四日给。

高淳庄　原额田、地共三千七百二十一亩九分九厘。内除迷失、抛荒外，实征田三千四百五十九亩四分八厘。坐落高淳县永宁乡，编为甲外相国圩内一处，相离不远。但有民田夹杂，田地俱系膏腴。离寺陆路二百四十里，水路二百八十里。

额征冬租银六百一十五两四钱四分三厘。

每亩自二斗以至九斗，多寡不等。凑算每亩约米五斗，折银约一钱八分。

高淳县官粮，银共二百一十两七钱四分八厘。

一、正银一百七十九两八钱七分八厘。加耗、使费银二十六两九钱八分一厘。

一、正米六石四斗八升二合。折银共三两八钱八分九厘。每石折银六钱，连耗费在内。

本庄盘费，银共六十一两六钱。

一、冬季用银四十一两六钱。正、副管庄僧连带跟，每日工食及费用银一钱八分，限四个月，共银二十一两六钱。甲首四名，共银二十两。

一、公务银二十两。为拖欠告征之费。

以上除官粮、盘费外，实上寺冬租银共三百四十三两九分五厘。

新卷　本部移咨抚院行高淳县议租文

南京礼部为霸佃赐田，纠党抗法事。祠祭清吏司案呈，奉本部送据南京僧录司右觉义住天界寺慈灯、住持觉然等申称：国初赐田，该户部定每亩起租七斗五升，书册可据。又奉旨："一应税、徭俱免。"碑刻见存。溧阳等县俱见行无异，独高淳县赐田三千七百余亩，隆庆年间，被刁佃卞爱七等图欺减租，诳称本寺将私置民田四百五十亩零，冒作赐田漏税，致署县邓同知准信，断将赐田通行罚粮四年。旋蒙本部查明。间邓同知因怪寺僧复申，将赐田概照民田起科，共该银一百九十两零详允。又蒙本部移咨抚院，行应天府谭通判问明改正，苦被刁佃贿捺未豁。官粮既重，佃户又恃远用强，租额日渐短少，所入仅足完官，并无颗粒入寺。已经禀明，蒙本部酌议贴粮，每亩一则起租五斗五升，札应天府行县议覆，复遭刁佃史文涣、史明卿、唐银、葛全美、徐应爵等结党诳阻未结。恳乞移文抚院衙门，转行应天府严提，断复租额，折银征收，解部给散，庶千余僧命有赖，而圣祖恩赐不虚等情。到部送司卷查，本司先奉堂批：该本司会同仪制、主客、精膳等司备查得，天界寺钦赐田三千七百二十一亩，坐落高淳县相国圩，历来碑记、案卷及《钦录集》等项，奉旨一应差徭俱免，委与溧阳等县无异。成化年间，每亩止劝米二升。至隆庆三年，委有佃户卞爱七等诳称，该寺将私置梁旺七等民田四百五十亩零，捏作赐田，冒免粮税。该署县邓同知断将赐田通行罚粮四年，补前冒免之数，具申抚按详允。僧复清状告本部，移咨南京户部、户科，吊查后湖黄册，赐田委系三千七百二十一亩九分九厘，并无私置冒免情弊。又该邓同知倡议，赐田应与民田一例科粮，混申抚按详允。本部行僧录司具申抚院，转行应天府，批管粮厅谭通判提卞爱七等审明，具招问罪，申府行县改正。今招卷见存，未见除豁，以致历年纳税一百九十两零是的。又查国初赐田租额，该户部定每亩上田七斗九升，中田七斗五升，下田七斗二升，有溧阳案卷可证。又查得该县相国圩地方，近宣州金宝等处，号为沃土，每亩收租稻二石有零，有该县回书可证。又查寺租历年循环簿，高淳田租，每年虽约收米千石，除完税、盘费外，止三十三年剩米五十石给僧，其余委无颗粒入寺是的。看得天界寺赐田，出自圣祖德意，原无粮税，原与溧阳等县一例。在高淳田三千七百二十有奇，即以溧阳案卷所定中田七斗五升计之，自当坐收米二千八百石之数，无他妄费。自邓同知始入私田冒免之说，继以查明见格，必欲释憾该寺，遂倡一则起科之议，于是税忽增为一百九十余两。而刁民介恃县官，敢为逋负，于是租渐减为一千一百余石。乃寺僧复称，盘费、杂用等项时溢税额之外，其所收类多秕谷，又不足数，时缩租额之内，以致所入仅供所出。此其情虽未可知，然备查循环簿中，前田委虚有三千七百之名，实无颗粒养僧之惠，则亦奚怪寺僧之哓哓也？已经札行应天府查议去后，未据回报。今该僧录司申称，前来相应俯从，移咨抚院，转行应天府，专委精明官一员，虚心查勘。该寺所有高淳县田，既系钦赐，奉旨免税，何以不奉旨而科税？又何以溧阳等县不科，而高淳独科？既科税矣，是等赐田于民田，何以民田租多，而赐田租少？况赐田、民田又同在相国圩内，膏腴相等，难以差别也。即云赐田有修筑之费，然田既成熟，费能几何？何以租额之多寡悬绝若是？五斗五升之租，视七斗五升，已为宽减，何以尚有异议？如以为缁流冗蠹，不得齿于齐民，何以圣祖之优恤若是？相应逐一议明，以息争端。至称纳税收租之间，此有溢费，彼无盈数，既难究诘，则折银之说，亦似清源革弊之良策也。每石委应折银若干，亦应议明，务使情法两尽，僧民两平，庶几圣祖明赐，不至委诸草莽。案呈到部，拟合就行。为此移咨贵院，烦为转行应天府，查照议覆。仍希文过部，以凭施行。一咨巡抚。万历三十三年十一月十一日。

新卷　抚院咨覆本部行高淳县定租文

钦差总理粮储提督军务兼巡抚应天等府地方都察院右佥都御史周□，为霸佃赐田，纠党抗法事。万历三十三年十一月十五日，准南京礼部咨，据南京僧录司右觉义住天界寺慈灯、住持觉然等申称高淳县刁佃欺减钦赐田租缘由前事，移咨贵院，烦为转行应天府，查照议覆，仍希回文过部，以凭施行等因。到院，准此。随行应天府查议去后。今据该府呈称，行准本府管粮通判张□牒称，先准本府移牒前事，随经帖行该县查议去后。今据回称看得，息争者，当息其争之所自起。寺僧之告，虽为加租，然其初非争于斗数也。即所称有三千七百之名，而无颗粒养僧之惠，是其争之故耳。为今日计者，不必多取其赢，以为民忧；而当清核其实，以为僧惠。每年额收米一千一百六十八石，每石卖银五钱，可得银五百八十四两。除纳粮编各项外，尚余剩银四百零四两一钱二分，此实数也。惟是每年为管事头目从中操权，多方作弊，故民之纳租也未尝后期，而寺之得租也后期；民之纳租也未尝短少，而寺之得租也短少；民之纳租也未尝糠粃，而寺之得租也糠粃。以僧、民之髓，而为四、五奸猾朋肆干没，良可惜也。欲去此弊，莫如革去管事之僧，而定议于折色，则不加租而用自足。即以今年为始，本县出示，与百姓约，今年寺租，议定折银五百八十四两。如遇上纳钱粮之时，各姓佃户即于各还租内，扣银代纳，免僧到官。其遇概县收租之时，即将租米变银在手，候该寺的当僧赍取本寺印信领状，当官给领。如是，则寺僧每年净收银四百零四两一钱二分，而钱粮不闻焉，庶几可免往日之称苦乎？俯将寺租议定改折，革去管事僧名色。佃户情愿为僧纳赋，本县亦情愿为僧追租，诚为长便等因。据此。又准南京礼部祠祭清吏司为霸佃赐田，纠党抗法事。据僧录司右觉义慈灯等禀称，高淳县议，租米每石折银五钱，除钱粮令佃户扣纳外，该寺实得银四百两零，该县征收，寺僧当官领给，管庄僧、甲首尽行革除，而加租贴粮之说仍未议及。据此看得，高淳原为贴背旨擅加之说，初非无故议增。今据该县所议，体恤寺僧，诚属美意。但止该县在事之日可行耳，若在他日，以幺么之缁流，而欲仰面领银于有司，方便给发，其势未便。该县果为持平，但于催征稍一加意，僧人即已受赐。如必尽属之官，而僧无与焉，则田自田，僧自僧，佃户之与业主两不相蒙，推收转佃，孰为清查？移丘换段，孰为稽核？不过数年，而此田尽为乌有矣。故今日议曰：革管庄之僧，以免侵渔也，于蠹去矣。然而管庄似未易革也，何也？以有管庄，而后僧之与田始相联属也。惩噎者当治其噎，而废食则过矣。议又曰：免僧人之纳税，径令佃户扣纳也，于费省矣。然而扣纳似未易行也，何也？以佃户纳税，则此田似佃户有也，索物者必问其主，而非主则混矣。大都此事之是非甚明，不必多言，只观各县之赐田未尝加税，而租反多；独高淳之赐田既擅加税，而租反少，则其理可知也。此事之处置亦甚易，不必纷争，只以近日之加税派于佃户，而以佃户之纳租仍乎旧贯，则其情可平也。今之所以相持而不决者，岂有他端？不过以僧流可欺，即业出钦赐，亦不得比于齐民之恒产。而刁佃霸占已久，遂为已业，有司亦不加察耳。试平心而论，此田为高皇帝之特恩，果属之佃户乎，抑属之僧乎？如属之僧也，则僧为业主矣。今高淳之田租，其低昂多寡，果皆由佃户乎，抑由业主乎？如由业主也，有肯以三斗以上起租者乎？抑皆自一石以上乎？国初赐田租额，原皆七斗五升，已为从轻。今本部高不敢比民田，次不敢比国初之旧额，而仅以五斗五升为说，亦甚恕矣。况该县初审，已将此田分为数则，牵合四斗五升，各佃业已输服，寺僧抄有草册，历历可据。本部尚以为太轻，奈何并此说而变之乎？此该县为民父母之苦心，而非其持平问断之本意。合将该县原定文册，再行应天府从公酌议，务求至当，毋启弊端。其寺僧禀称，旧例管庄僧每租一石，贴口食米一斗，共约一百一十七石，亦应申明，以便议处，备由呈堂。奉批：仰司再移文应天府粮厅酌议。奉此。备用手本到厅，烦为查照酌议等因。准此。又经覆行该县查议去后，续准送据高淳县民人卞宗清等连人哀告，为蔑制加租，轧县屠民激变事。批开粮厅速查议报。准此。今据该县申称，行拘佃户史明卿等再三晓谕。随据佃户称，折银过多，委实难堪，必不得已，再认加银二十四两，其口食一项，乞赐除免等情。据此看得，寺租原额一千一百六十八石，今议折银五百八十四两，盖就价长时言之也。岁有丰荒，价惟画一，小民必且倍费以充额。又分外增银二十四两，民情至此已极。似应俯从，以垂定制。今议自万历三十三年为始，每年折色租银六百零八两，田数共三千七百二十二亩，每亩通融计算，共该折色银一钱六分三厘三毫五丝零，以为该寺收租之数。其租米原额，高低不等，沿旧制难以强齐。议将前银照米分摊，如条折以平米起科之例，为各佃细租之数。时值年丰，佃户不得以狼戾之故，交米而靳银；时值年歉，寺僧不得以贵王之故，辞银而索米。规则一定，永杜更变。其管事僧民，作弊之僧不可有，纲纪之僧不可无。然事在该部，县不与闻焉。而四团旧甲，俱系积奸，相应禁革，听县另着有身家忠实者董理其事。每年交租，俱于本年以内，不得迟缓。候允示下县另造细数文册四本，一申礼部，一给寺僧，一存本县，一发各佃，庶便遵守等因。据此。为照该县议，将寺租一千一百六十八石，自今为始，每年折银六百零八两，计每亩该折银一钱六分三厘三毫五丝，而管年僧口食米一百一十七石不与焉。夫口食一项，及今不议求停妥，将来各僧再为借口未便。莫若每亩再加银一分五厘七毫一丝七忽，总计每田一亩，以米五斗为率。而部文所云口食米者，尽在其中，实征银一钱七分九厘六丝七忽。规制一定，佃户固不得以低银搪塞寺僧，寺僧亦不得以本色索取佃户。其征收之法，每年祠司行文管粮县丞处，管粮官照单催征。其各佃租银，俱赴粮衙投柜，完日呈报祠司，令本寺僧官出给领状，加以司印，摘差的当僧赴领。有不完者，听寺僧呈报到管粮衙查算明白，差人行催，务令完报。其应输官漕、折、里甲等银一百七十九两八钱七分八厘，即在前项银内，僧人领银之日，如数纳官。至如坏事僧人愿闻等，及积年民害刘大威、陶许、唐滔、王思恩悉行斥革。该寺另选有行高僧，该县另选殷实乡民，各司其事。其另造细数文册，悉如县议等因。准此。为照天界寺赐田，坐落高淳相国圩者，该县先议，每亩折银一钱六分三厘有奇，该厅覆议，加管年僧口食米折银一分五厘有奇。是本部一清查间，而寺僧除纳粮外，尚可得银四百余两。比前所称仅足完官，并无颗粒入寺之说，相去天渊矣。但征收一节，尚应酌议。寺租有该寺僧官管理，管年僧既复，其食米又折银，则追租已自有人。舍僧官而专委之管粮县丞未便，合无将前寺租，乘今清查之后，令县造印册三本，一送本部，一存该县，一存该寺。其各佃如由帖式，每人各将应纳租数，填发一张执照，俱用印信，以防弊窦。每岁管年僧催完租税，行令陆续赴该寺僧官交纳，报数管粮官。如有拖负及用低银交纳者，许知会粮官查追。佃民固不许愆期逋欠，管年僧亦不许作弊干没。见在坏事僧人，积年民害，尽行斥革。嗣后有踵前弊者，仍行尽法究治等因。备呈到院，据此看得，天界寺赐田，坐落高淳县相国圩者，其租额之数，折银之说，屡经该县勘议已悉。又经该府及粮厅覆议，甚妥，无庸说矣。惟是寺僧之意，谓该县在事之日可行，若在他日，以幺么缁流，仰面有司，其势未便。兹议僧官收租，粮官查理。此法一立，纵垂之经久，亦无不可。庶僧民各得其平，而争端从此永息矣。相应咨覆。为此合咨贵部，烦为查照施行。万历三十四年四月初十日。

新卷　高淳县奉本部定租勒碑文

应天府高淳县为赐租幸蒙官征，恳乞查照抚院明文，行县立碑，并发单给帖，以存永制事。奉南京礼部祠祭清吏司信牌前事，奉本部送据南京僧录司右觉义住天界寺慈灯等申称：本寺高淳庄赐田，蒙本部移文抚院，转行府、县酌议，每亩通融凑合租米五斗，折银一钱七分九厘六丝七忽，每年祠司行文管粮衙催征，复申巡抚周□详允，蒙批："僧官收租，粮官查理，据议甚妥。自后如再有拖欠等弊，粮官据法究治，永为成规。行缴送府行县。"随据该县造册报部遵行讫。据此田租尚未复额，而官征实免拖累，似亦便益。恳乞比照朝天宫太仓州例，行县勒石竖碑，仍照上、江二县例，各户填给佃帖租单，发粮衙遵照，以便催征等因。到部送司。案：查先奉本部送准总理粮储提督军务巡抚应天地方都察院右佥都御史周□咨覆，为霸佃赐田，纠党抗法事。内称：先准南京礼部咨，查天界寺赐田三千七百二十一亩九分九厘税租缘由，随行应天府查议去后。今据该府呈称，行准本府管粮通判牒行高淳县节次覆议得，前田每亩以米五斗为率，其上、中、下不等，听该县案籍酌之，总计每田一亩，实征银一钱七分九厘六丝七忽。其征收之法，每年祠司行文管粮县丞处，管粮官照单催征。完日，呈报祠司，令本寺僧官摘差的当僧人赴领。有不完者，听寺僧呈报，管粮衙差人行催，务令完报。乘今清查之后，令县造印册三本，一送本部，一存该县，一存该寺。其各佃如由帖式，每人各将应纳租数，填发一张执照，以防弊窦。佃民固不许愆期逋欠，管年僧亦不许作弊干没等因。到院。看得天界寺赐田租额之数，折银之说，屡经该县酌议已悉。又经该府及粮厅覆议甚妥，无庸说矣。惟是寺僧之意，谓该县在事之日可行，若在他日，以幺幺缁流，仰面有司，其势未便。兹议僧官收租，粮官查催，此法一立，纵垂之经久，亦无不可。相应咨覆，为此合咨贵部查照施行等因。到部送司。看得本寺赐田，坐落高淳县相国圩者，原最膏腴，原额征米七斗五升，奉旨免税。今税加租减，此寺僧不免哓哓，而本部所由咨查也。据议每亩折银一钱七分九厘六丝七忽，共该实征银六百六十四两四钱八分。除完粮一百七十九两八钱八分，实剩给寺银四百八十六两六钱零。此与国初租额甚悬。虽难遽已，然府、县共议，设为粮衙催征之法，务使僧人实沾其惠，而不令奸佃逋负，意亦良善。既经抚院详允咨覆，姑照议行。又据该县呈送实征花户册，内开银数已的，米数尚未照府厅原议开明，寺僧仍以原额未复为词。留此衅端，恐亦非后日佃户之福。今查府厅原议，每亩凑算米五斗，折银一钱七分九厘六丝七忽，大约每石以三钱六分折算。即照此科，则另造册四本，一存本部，一发该县，一发粮衙，一给寺僧，各遵照。其佃帖，每户各填一张，发粮衙给散。自后但有改佃，俱赴粮衙告明。每年终，征租完日，类总报部，填帖给发。如有不经告明私佃者，粮衙即追田严究。其租单，就近约十户以上，二十户以下共一单，以租多者为单首，同甲首执单照催。每九月初，本司发单粮衙开征。十一月终，全完，甲首赍送该衙报完文册，赴部呈递。如拖欠不完，及以低银搪塞，粮衙严比，仍将单首、甲首解部究治。此系抚院详允事理，粮衙毋得推诿，责有攸归。又查得，苏州府太仓州有朝天宫租粮，亦经本部行文，立碑该州门首。今据僧录司申称前因，合应比例行县，勒石该县门首，永为遵照。禀堂，奉批：准行县勒碑。奉此。合行牌仰该县，即便转行管粮官，照牌事理，同本部差委僧官，将佃帖租单给散各佃户，照数交纳，取各佃领结类缴，仍勒石碑，永远遵照等因。奉此。看得天界寺赐僧之田，坐落本县相国圩，每因拖负，以致寺僧嗷嗷有词，所据节申缘由，遵奉部、院并本府酌议，已经遵行在卷。今奉前因，合行勒碑。今后各佃务要遵照部、院详文，并本府原议事理，每年照数折银，遵期完纳，永为定规。岁以九月初，候部司差收租僧到县粮衙查理。十一月终，全完，如期报部。不许似前拖欠，过限逋延，及低银搪塞。违者，甲首、单首一并解治。至于各佃遇有改佃情由，许赴粮衙告明，年终类总给帖，不许私相佃受。如违，粮衙严究申部，一面将前田并帖追还入寺，另行召佃，断不轻贷。科则既定，稔歉无分。事有专责，各宜遵守。万历岁在丙午孟冬望日。

新卷　高淳县回书内一段

帖文又开，据本僧称：前田每年约收租一千石，夫敝治田最下，而相国圩近宣州金宝等处，号为沃土，每亩收租稻二石有零，前田约租稻七千四百余石，可得米三千七百余石。即以递减而至一石，亦三千七百余石，可得米一千八百五十余石。今云收租一千石，是每亩止收租稻五斗零，实得米二斗七升也。台下试访老农，本圩田止收租稻五斗否？盖本田之弊甚多，寺僧听之管事数僧，管事数僧串通佃户，移丘易段，将熟换荒，事或有之，然极下亦未有收租稻五斗者也。

附旧卷　谭通判问高淳庄田原无冒免招卷

一、问得一名卞爱七，年七十三岁，系应天府高淳县永宁乡一都五图军籍。状招：洪武年间，有南京天界寺蒙钦赐赡僧香灯田地三千七百二十一亩九分九厘，坐落高淳县相国圩地方，寄庄未到排年徐慎下为户，前田俱系今未到唐科、已故梁旺七、周仁、孙礼三、吴桂、夏胜五、王满一、陈安七、唐仁四、芮俊、徐善、孙玉六、芮敬、张瓒四等佃种，递年办租，交与本寺焚修，俱有黄册并原赐本寺誊黄碑文册籍可证。成化年间，奉例每亩征纳劝米二升。

嘉靖元年，本寺收到马缘没官田一亩。至嘉靖十一年，又收显慈寺没官田二亩二分。连前赐田三千七百二十五亩一分九厘，俱办官粮劝米不缺。至嘉靖十七年，县奉巡抚都老爷欧阳□①明文，丈田均粮。比梁旺七、周仁、唐仁四、芮俊、徐善、孙玉六、芮敬、张瓒四、孙礼二、吴桂、夏胜五、王满一、陈安七等，希要日后占田减租，共隐下赐出四百五十亩三分八厘，止报田三千二百七十四亩八分一厘，开载书册。其租仍照三千七百二十五亩一分九厘交寺，办纳粮米，一向无异。梁旺七等俱故，比在官陈应祥故父陈桥分佃田八亩二分七厘，余田三千七百一十六亩九分二厘，俱系未到唐道六、唐沔、陶志、袁琏，并在官葛楩、夏济与唐科五百余户接佃，共办寺租不缺。隆庆三年内，比掌县事邓同知奉例丈量田地。间续蒙巡抚都老爷海□示开，凡功臣田土的是钦赐，明有凭据外，若私自置买者，尽报入官当差。违者，查实参申究治等因。到县晓谕外，比爱七因当耆里，见得本寺僧人复清开造原额赐田，比与欧阳书册多田四百五十亩三分七厘，爱七与在官区长徐应举，各就不合添捏寺田三千二百七十四亩八分一厘，今蒙丈量，越有田地开作钦赐，冒免差役等情词，并排年徐慎亦不合将欺弊等情，各另具状，首县审问。间爱七又不合妄执梁旺七等将田四百五十五亩五分七厘诡寄，捏作赐田，冒免差役等情，虚情在官。比时，复清不合不行禀吊湖册，及又不执原赐明文办理，以致邓同知断将前田四百五十五亩五分七厘，照民当差取供，将复清问拟欺隐田粮，减等杖九十。审稍有力，纳赎具招，于隆庆三年八月内，申巡按及本府详允，追赎发落讫。复清要得办明备将乞查湖册情由，具通状告赴南京礼部祠祭清吏司，移文户科等衙门，查得前冒田地原系赐田，照册开单回司，转行僧录司备由申，蒙巡抚都老爷海□并湖册批行应天府查报。该司又移文本县改正。间爱七又将前项妄报情由，仍禀邓同知，将赐田与民田一例科粮等因，备由参申抚按，并本府详允。本县将原纳劝米二升，与民一则，每亩科米九升五合六勺，地每亩三升，照数办纳。今有在官管事僧满登、能章等，又将爱七等朦胧供报前情，及赐田与民田一概科粮不服等情，具告僧录司申。蒙南京礼部

---

① 欧阳□：应为"欧阳铎"。《明督抚年表》卷3《应天》；《明世宗实录》卷193、卷227，嘉靖十五年十一月丙寅、十八年闰七月庚戌条均有记载。《明世宗实录》卷193，嘉靖十五年十一月丙寅："命提督操江南京都察院右副都御史欧阳铎以原职总理粮储兼巡抚应天地方"。《明世宗实录》卷227，嘉靖十八年闰七月庚戌："巡抚应天右副都御史欧阳铎为南京兵部右侍郎"。

随蒙抄粘湖册原额田地数目，札行本府查审。及满登与管事僧能章等又将分辨情词，具告本府，蒙俱并送管粮厅查明详报行。间比僧官兴善等亦将分理情由，具揭禀府。爰七亦将遮饰情词，及葛梗混要减租，亦不合混称天界寺原赐田地三千七百亩，正德八年，府、县委官查勘数内，迷失田一百二十五亩五分，实存三千五百七十四亩五分，每亩岁收租米二斗五升，共米八百九十三石六斗二升五合，岂被僧夥妄加一千一百余石等虚情，混实具状。俱于隆庆五年九月十二日，前赴本府，告送管粮厅并审。随蒙谭老爹吊取黄册、碑文一应册簿到官，逐一查看得，国朝版籍，俱以湖册为宗，天下江山，尽取衷于此。查得天界寺钦赐额田，蒙礼部发下湖册一单，抚院海□发下湖册一单，本寺查来湖册一单。除洪武十四年、二十四年烂不存，有永乐元年、永乐十年、二十年、宣德七年、正统七年、景泰八年、天顺六年、成化八年、弘治五年、十五年、正德七年、嘉靖元年、十一年、二十一年、三十一年、四十一年，除于嘉靖元年收官田一亩，又于十一年收二亩二分，俱系三十七顷二十一亩九分九厘。又据誊黄书册并碑文，皆与黄册数目相同，此则基本不可动者也。据招内与欧阳书册，系三千二百七十四亩八分一厘。不知欧阳书册原未临田履亩，不过即民间之所见存者，立为则例，使人不得移易耳。盖亦一时之书，不可执信。假令书册之田亩，毫发无有潜差，江南行之已久，即书册足矣，去年又何必丈量，增一番劳苦为耶？此不可凭者一也。又据招内逐年会计文卷查得，本府嘉靖七年会计单浥澜不存，嘉靖八年会计单开高淳县原额秋粮，正米二万九千六百六十九石六升六合六勺；弘治十五年造册，新收开垦起科秋粮，正米二百九十五石三升九合一勺，共实征正米二万九千九百五十六石五合八勺；又于嘉靖十五年会计单，开正米二万九千六百六十石六升六合八勺，亦未明开天界寺田止若干亩，米该若干石。此不可凭者二也。又据招称，四百五十五亩五分七厘，系天界寺收佃逃绝故民梁旺七、周仁、唐仁四、芮俊、徐善、孙玉六、芮敬、张瓒四、孙礼三、吴桂、夏胜五、王满一、陈安七等田入户，作为钦赐，一概冒免。续有见今佃户葛梗具状告称，前田实无三千七百之数，因先年迷失一百二十五亩，止有三千五百七十四亩五分。今日妄加额租，致累佃户。细看葛梗之词，名虽欲僧减租，实则减寺之田。其意正与卞爰七相同。其字迹笔画，皆出一人之手，其谋可知矣。具一书册，内开于正德八年，具告抚按，批县差官、老人、里长知，因人并佃户连名结状，唐仁四等佃种九百八十八亩八分六厘五毫，孙礼三佃种九百五十七亩七分四厘五毫，吴桂等佃种七百一亩六分五厘，芮俊等佃种九百二十六亩二分四厘，俱系开上名亩数。此皆佃天界寺之田，非天界寺佃此众人之田。况人皆具存，非逃绝，安得又冒收此数人之田耶？即为逃佃绝户之田，当自推收何年。今查之，即无一字可据。此不可凭者三也。今概为一则，于一视同仁之中，有闵农重本之意。虽为善美，但于原额钦赐之数，不足三千七百之额，而又泯没其钦赐之迹，不得沾一毫优恤之恩。逆知天界万万必不肯甘心帖然也，似于法有碍。合将以三千七百二十一亩九分九厘尽行还寺，仍照旧规，二升劝米起科，杂差悉免为当。蒙将爱七等取供备由，于本年十月初八日，连人牒送本府详审。蒙批："据议查审既悉，区处亦当，但所少额田四百五十亩三分，原日报丈之时，混入何区何里？其田土号段、界址坐落何处？历年租佃何人？即今断以归僧，应于何区何里何人名下追给？必须通并查明，穷究始末。庶免覆蹈往年认租包田之弊，以滋刁豪指亩影射之奸。毋厌烦琐，冀杜后词。"招详报夺，及僧满登不合具揭，添捏原赐前田被卞爱七等佃种年深，视为己业，将田以窄易宽，以厚易薄，以低易高，以荒易熟，逐年减租，故作拖欠等情，并开佃户占田书册一本，投递本府，批送管粮厅查审开详。随蒙谭老爹覆加查审，得原隐前田四百五十亩三分八厘，俱坐落该县永宁乡相国圩。该县先以书册，作寺续收民田。今查实系原额赐田之内，见系佃户葛梗、徐应举、陈应祥、唐道六等五百余户接佃种。该寺收租册籍可证。及查满登原揭，占田人户，止有数内佃户陈应祥，不合将原佃田八亩二分七厘，拖欠租米一石六斗，应合究罪，追给其前田，合候详允，行县改正征纳。及该寺续收显慈寺等田共三亩二分，不在赐田之内，合照民纳粮当差。今将爱七取问罪犯。

一、议得卞爱七、陈应祥、徐应举、葛梗、满登、复清所犯，俱合依不应得为而为之事理重者律，各杖八十，俱有《大诰》及遇蒙恩例，通减二等，各杖六十。卞爱七等俱民，满登、复清俱僧，满登、复清审俱有力，徐应举审稍有力，各照例纳各赎罪。葛梗、陈应祥审俱无力，卞爱七招年七十以上，依律收赎各完日，与供明忧济各发焚修宁家，合候具招牒府覆审，转详施行。

一、照出供明人俱免纸外，满登、卞爱七、葛梗各纳告纸稻一石二斗五升，陈应祥、徐应举、复清各纳民纸稻六斗二升五合，满登、复清各赎罪稻一十二石，徐应举纳赎罪稻六石，卞爱七收赎钞银折稻二斗二升五合，俱追收本府常平仓，听候备赈。断令陈应祥将原欠寺僧租稻米一石六斗，缴其原作寺续收。民田四百五十亩三分八厘，今查系原额赐田三千七百二十一亩九分九厘内之数，仍听葛梗等照旧佃种纳租。该寺续收显慈寺田三亩二分，不在赐田之内，合照民田办纳当差，俱行县改正。未到有罪徐慎另提结，唐科等供明人免提吊来县。卷一宗发回收架。余无照。

附旧卷　高淳县议应豁粮申文

应天府高淳县为清弊事。案：照隆庆三年八月初一日，抄蒙钦差总理粮储提督军务兼巡抚应天等府地方都察院右佥都御史海□批：据本县申详犯僧复清冒领田粮缘由。蒙此。依拟发落，取库收缴，僧复清自四年以后不免，四年以偿前冒免银数缴。蒙此遵行。申缴讫卷。查先该升任掌县事直隶安庆府同知邓楚望，申明丈田均粮，查得天界寺自洪武年间蒙钦赐高淳县地名相国圩民田三千二百七十四亩八分一厘，后寺僧将先存今故民梁旺七等投寄民田四百五十五亩五分七厘，一概朦胧捏作寺田，冒免杂差。随该本官清出前弊，将僧复清问拟应得罪名。招开复清冒隐民田四百五十五亩五分七厘，但未免漏版籍，姑免入官，仍令改正，立户当差。其三十余年冒免过各项差粮，及近年粮价等银，大约该追银一百二两，责偿不无窘迫。合自隆庆四年为始，将前项应免田三千二百七十四亩八分一厘不免，四年以偿冒免过银数。自隆庆四年为始，至万历元年止编差，不免四年，补还与民。迄今万历二年分，原蒙钦赐寺田三千二百七十四亩八分一厘，各条编银两相应照旧优免。其原冒免四百五十五亩五分七厘，已经立户，与民一例当差不免外，原系查复赐田优免事理，卑县未敢擅便，拟合申请。为此县司今将前项缘由，理合具申，伏乞照详明示施行。须至呈者。右申钦差总理粮储提督军务兼巡抚应天等府地方都察院右佥都御史宋□批语：钦赐庄田，准照例优免。近来有司将僧、民异视，多致恤民磨僧，非均平之政也。该县毋效前辄可焉。缴。

附旧卷　高淳县议仍派粮申文

应天府高淳县该蒙巡抚都院张□①据南京僧录司申，具天界寺住持方矩等呈前事帖，仰本县即将前项田数，作速查明申报，中间若有别故，亦要明白申说等因。随据合县里老耆民呈，为豪僧欺诳蔑法害民事等因。勘得该寺田亩，先该同知邓，丈田均粮，通行申报，

① 张□：应为“张佳胤”。《明督抚年表》卷3《应天》；《明穆宗实录》卷62，隆庆五年十月甲寅条均有记载。《明穆宗实录》卷62，隆庆五年十月甲寅：“升山西按察司按察使张佳胤为都察院佥都御史巡抚应天等处地方总理粮储提督军务。”

已经纳粮三年。讫今寺僧见邓已升任，仍图冒免，妄执誊黄书文为证。夫誊黄碑文，乃圣旨所出也，孰敢违之？寺僧既有此据，当遇均粮之时，何不执出辩证？直待均田纳粮之后，方执此以告扰耶？纵碑文近真，则均派已定；册籍既成，亦噬脐无及矣。申蒙抚按，俱批：依拟。

天界寺禅堂

靖安庄 附寺前地。丈过实在田、地、荡共九百二十五亩七分三厘，房地一十二间。坐落上元县长宁乡。与民田交杂，星散不一，其田多系低洼瘠薄。离寺水路一百四十里，陆路一百二十里。房地、菜地坐落寺前。

夏租银共二十四两七钱二分八厘。每两外加耗银三分。

冬租米共九十八石四斗一升六合。每石外加脚耗米一斗。

冬租银共八两九钱八分。每两外加耗银三分。

上田五十亩五分三厘。夏租银每亩六分，共银三两三分一厘冬租米每亩三斗五升。共米一十七石六斗八升五合

中田二百二亩七厘。夏租银每亩四分，共银八两八分二厘冬租米每亩二斗五升。共米五十石五斗一升七合

下田五十四亩四分六厘。夏租银每亩三分，共银一两六钱三分三厘冬租米每亩二斗。共米一十石八斗九升二合

荡田一百九十三亩二分二厘。夏租银每亩二分，共银三两八钱六分四厘冬租米每亩一斗。共米一十九石三斗二升二合

草塌三百五十二亩五分二厘。夏租银每亩一分五厘，共银五两二钱八分七厘冬租银每亩一分五厘。共银五两二钱八分七厘

地二十一亩五分六厘。夏租银每亩二分，共银四钱三分一厘冬租银每亩六分。共银一两二钱九分三厘

荒、荡田、塘三十六亩二分八厘。免科。

寺前房地一十二间。夏租银每间二钱，共银二两四钱冬租银每间二钱。共银二两四钱

寺前菜地一十五亩九厘。外塘一口本堂自种。

本庄盘费，银共一十二两六钱。

一、夏季用银六两三钱。正、副管庄僧连带跟，每日工食及杂用银八分，甲首饭食在内，夏季限二个月，用银四两八钱。甲首一名，工食银一两五钱。冬季同。

一、冬季用银六两三钱。

以上除盘费外，实上堂夏租银一十八两四钱二分八厘，冬租米九十八石四斗一升六合，冬租银二两六钱八分。

采石芦洲　丈过洲二千七百九十七亩六分。土名鲫鱼洲，坐落太平府当涂县。离寺一百二十里，渡江十里至洲。

实上堂冬租银一百六十两。盘费、刀工除外。

施舍田地　丈过实在田、地、山、塘共一百五亩一分。江宁县三十九亩二分七厘，江浦县六十五亩八分三厘。

夏租银共七两六钱九分三厘。

冬租米共五十四石七斗八升二合。

冬租银共一两五钱一分八厘。

上田五十亩二分七厘。系江浦县夏租银每亩九分，共银四两五钱二分四厘冬租米每亩八斗。共米四十石二斗一升六合

中田二十亩。系江宁县夏租银每亩九分，共银一两八钱冬租米每亩五斗。共米一十石

地一十五亩二分二厘。夏租银每亩九分，共银一两三钱六分九厘冬租米每亩三斗。共米四石五斗六升六合

基地、山一十五亩一分八厘。冬租银每亩一钱。共银一两五钱一分八厘

塘四亩四分一厘。免科。

官粮，银共四两五钱五分八厘。耗费在内。

实上堂夏租银三两一钱三分五厘，冬租米五十四石七斗八升二合，冬租银一两五钱一分八厘。

报恩寺常住

戴子庄　丈过实在田、地、塘、荡共五千八百五十九亩七分三厘。坐落上元县长宁乡麒麟门外，对江，相连一块。其田多系膏腴，惟黑鱼荡、大圩二处，间有低洼。离寺水路一百八十里，陆路九十里。渡江至洲十里。

夏租银共一百五十五两四钱八分四厘。每两外加耗银三分。

冬租米共一千五百四十二石六斗三升。每石外加脚耗米一斗。

田四千一百一十亩九分七厘。夏租银每亩三分，共银一百二十三两三钱二分九厘冬租米每亩三斗。共米一千二百三十三石二斗九升一合。

上荡田四百九十九亩三分四厘。夏租银每亩二分五厘，共银十二两四钱八分三厘冬租米每亩二斗五升。共米一百二十四石八斗三升五合

下荡田、圩滩二百五十七亩八分四厘。夏租银每亩一分，共银二两五钱七分八厘冬租米每亩一斗。共米二十五石七斗八升四合

地七百五十六亩九分二厘。夏租银每亩二分，共银一十五两一钱三分八厘冬租米每亩二斗。共米一百五十一石三斗八升四合

塘七十三亩三分六厘。冬租米每亩一斗。共米七石三斗三升六合

草地三十二亩六分。夏租银每亩六分。共银一两九钱五分六厘

沟埂、划场一百二十八亩七分。免科。

芦课无。

本庄盘费，银共二十九两六钱。

一、夏季用银一十四两八钱。正、副管庄僧连带跟，每日工食及费用银一钱八分，夏季限二个月，该银一十两八钱。甲首二名，工食银四两。冬季同。

一、冬季用银一十四两八钱。船家饭食在内，俱夏租银内扣用。

以上除盘费外，实上寺夏租银腊真庄盘费不足用，本庄代给银一十两九钱八分净银一百一十四两九钱四厘，冬租米一千五百四十二石六斗三升。

腊真庄　丈过实在田、地、塘、沟共三千八十七亩七分四厘。坐落与戴子庄相连一块。

夏租银共一百九十六两五钱七分七厘。每两外加耗银三分。

冬租米共五百二十四石六斗九升五合。每石外加脚耗米一斗。

田二千三百一十八亩九厘。夏租银每亩七分，共银一百六十二两二钱六分六厘冬租米每亩二斗。共米四百六十三石六斗一升八合。

地三百九十亩二厘。夏租银每亩四分，共银一十五两六钱冬租米每亩一斗五升。共米五十八石五斗三合。

塘二十五亩七分四厘。冬租米每亩一斗。共米二石五斗七升四合。

芦地二百三十三亩八分九厘。夏租银每亩八分。共银一十八两七钱一分一厘。

沟埂、划场、泥滩一百二十亩。免科。

芦课腊真洲、腊真畔洲、新生洲共三票银共一百八十五两五钱五分七厘。

一、正银一百六十八两六钱八分九厘。加耗并使费银一十六两八钱六分八厘。

本庄盘费,银共二十二两。本庄除纳芦课外,止余银一十一两二分,尚欠银一十两九钱八分,于戴子庄借用。

一、夏季用银一十一两。正、副管庄僧连带跟,每日工食及费用银一钱五分,夏季限二个月,该银九两。甲首一名,工食银二两。冬季同。

一、冬季用银一十一两。船家饭食在内。

以上除官课、盘费外,实上寺夏租银无,冬租米五百二十四石六斗九升五合。

附旧卷　拨还报恩寺芦洲帖文

僧录司为礼仪事。近奉礼部札付,准户部咨,承准中军都督府照会、准镇守南京襄城伯李咨,准本府咨该户部咨,承准本府照会、准本府爵咨,委官指挥同知徐仲善呈,及准户部咨,呈该差办事官龙克嵩,与同本寺僧善相前去,踏勘前项芦场及空地缘由,移咨户部,钦遵施行。照会到部,不见开到缘由,难以施行。照会到部,咨呈该府定夺,希报备呈。查得先同户部钦奉敕书,钦遵各委官员踏勘,得前项芦场及空地缘由,转行户部,钦遵施行。照会到部,左侍郎郝咨,宣德三年四月初十日,同镇守南京襄城伯李,节该钦奉敕书:"洪武年间,太祖皇帝原拨赐大报恩寺当江沙洲芦场等处,砍斫芦柴,入寺应用。比闻为人所占,敕至,即照旧与之。及寺西边越王台下,有空地一段,原作木厂,如今空闲不用,就拨与大报恩寺种菜供众。如非原旧拨赐芦洲及非空闲之地,仍具奏来闻。故敕。钦此。"钦遵行咨工部,咨开:洪武年间,本部定拟本寺岁拨芦柴三万六千束,移咨为无开到芦场原由,行准礼部咨,备僧录司申。据大报恩寺管事僧善相呈,查得洪武二十年五月二十六日,鞍辔局大使黄立恭等于大庖西等处,节该钦奉太祖皇帝圣旨:"当江沙洲芦场,与天禧寺砍柴供众。"钦遵开差办事官龙克嵩,同镇守南京襄城伯李,差指挥同知徐仲善、应天府委官阴阳学正术薛仲得等,同本寺僧善相,指引到当江沙洲戴子洲前项芦场踏勘。得除高资镇巡检司等衙门照旧采办官用外,余有六十二顷余亩,及寺西边越王台下有地一段空闲,据呈钦遵将前项芦场、空地，拨与本寺砍柴、种菜供众。已镇守南京襄城伯李，行该府将原奉敕书奏缴外，合咨该部，颁行僧录司，转行该寺，钦遵施行。准此。查得先准户部咨为前事，据僧录司申，已经备行去后。今准前因，合行本司，该寺钦遵施行。奉此。案：照先于前事已行备申去后，今奉前因，拟合就行。为此，文书到日，仰寺钦遵，知会施行。须至帖者。右帖下大报恩寺。准此。宣德三年六月二十八日帖。

寺前房地

号房四十二间半。夏租银每间七钱二分，共银三十两六钱冬租银每间七钱二分。共银三十两六钱。

浴堂房一所。每年租银二十二两。内除众僧洗浴银七两。

夏租银每年七两五钱，冬租银每年七两五钱。

菜地五十四亩五分一厘。

夏租银每亩二钱二分五厘，共银一十二两二钱六分四厘冬租银每亩二钱二分五厘。共银一十二两二钱六分四厘

基地一块。

夏租银一钱，冬租银一钱。

实上寺夏租银共五十两四钱六分四厘，冬租银共五十两四钱六分四厘。

附旧卷　拨赐报恩寺廊房帖文

行在工部为廊房事。宣德三年六月二十日，该主事任礼于内府赍出白纸帖，开本月二十六日，御用监太监尚义于左顺门奏："南京大报恩寺，洪武年间拨赐官廊房四十二间，与常住讨房钱用。永乐十年，盖寺殿，开拆了。如今合无将本寺前面的廊房，照数拨与他。奏知。"奉圣旨："工部兵马司还拨与他。钦此。"揭帖开数，传奉到部，除钦遵外，欲行工部查照明白，转行该城兵马司，将前项廊房照数拨与本寺常住，讨房钱用。原奉传奏事理，未敢擅便。宣德三年六月二十六日早，本部官于右顺门题奏。奉圣旨："是。钦此。"钦遵合行移咨该部，及行该城兵马指挥司，照依奏奉钦依内事理，钦遵施行。须至咨者。计拨廊

房四十二间,"南"字三百十六号,至三百五十七号,四十一间;"南"字七百八十五号,一间。每间一年房租银三两六钱。差办事官李信赍捧右咨工部。宣德三年六月二十七日,对同都吏贾畠。

报恩寺禅堂

藏经板一副 贮本寺藏经殿内。

印经一藏,板头银一十二两。每年约二十藏,银二百四十两。

印四经一部,板头银一两八钱。每年约二十部,银三十六两。

印杂号一函,板头银二分。每年约四两。

实上堂每年银约二百八十两。

寺内池地

放生池一口。听人放生,不许取利。

菜地二大条。本堂自种供众,无租。

新卷 本部查复放生池、菜地札付

南京礼部为议复敕建寺迹事。祠祭清吏司案呈,奉本部送准南京内守备厅揭帖,内开准南京礼部手本前事。查报恩寺放生池一口,临池地二条,并库司小房三间缘由等因。准此。随行司礼监,查得放生池一口,临池地二条,先年池内淤填,地土抛荒。有提调官张润挑挖开垦,召人佃种,岁取租钱。后故,退与奉御张喜。仍查库司小房三间,向系奉御侯朝居住,果属空闲。今各官将前项池、地、房屋退入本寺,其所议粮米,愿输常住公费,回报前来。看得前项情由,虽谓用过工本,佃种多年,但系寺中之迹,其池塘照旧为放生之壑,房屋听凭修理。所议粮米十石贮收,稍助僧众之需,拟合回复缘由,到部送司。准此。案:照先为前事,已经移文内厂,行令退还去后。今准前因。看得放生池虽经退还,如看守不得其人,恐后又复湮没。今责委本寺禅堂僧管理池塘,仍旧放生,不许网鱼取利。菜地即与禅堂,种菜供众。房三间,仍归常住公用,租米不必给与,以成内监退让之美。合给札刻碑,永远遵照。又经禀堂,奉批:准给札镌碑,永远遵守。奉此。案呈到部,拟合就行。为此,札仰该寺官住并禅堂主僧照札事理,前池责委禅堂管理,照旧放生,不许网鱼取利。临池地二条，亦入禅堂，种菜供众。其库司房三间，仍归常住。永远遵照施行，俱毋违错。一札付报恩寺官住，并禅堂主僧收执。万历三十五年四月初四日。

鸡鸣寺常住

小梅子洲　丈过实在地九百四十亩四分。即小和尚洲，坐落江浦县地方，出江东门外，对江，与大梅子洲相连。离寺陆路三十里，渡江至洲十里，水路四十里。

冬租银四十七两二分。每亩五分。刀工、盘费除外。

芦课银无。

接生子洲　丈过实在地共五百一十四亩三分。相连小梅子洲。

冬租银二十五两七钱一分五厘。每亩五分。刀工、盘费除外。

芦课银二十两五钱七分四厘。加耗、使费该银二两五分七厘。冬租银三两八分四厘。

鲫鱼洲　丈过实在地七百八十六亩。坐落太平府当涂县采石地方，对江。离寺陆路一百二十里，渡江至洲十里，水路一百五十里。

冬租银四十三两二钱三分。每亩五分五厘。刀工、盘费除外。

芦课银无。

以上芦地共二千二百四十亩七分。实上寺冬租银共九十三两三钱三分四厘。灵谷安西庄给粮二百八十石。

新卷　本部议鸡鸣寺附粮帖文

南京礼部为恳恩查复旧例，以隆圣泽事。祠祭清吏司案呈，奉本部送据南京僧录司申前事，到部送司拘审，得鸡鸣寺为代灵谷寺祀宝志公，原系灵谷别院。灵谷赐田，为志公而设，御祭乃在鸡鸣，租粮反少，费用不给。据称欲将灵谷田分拨办祭，于理虽长，于例未合。查观音阁系灵谷下院，僧人俱附该寺食粮。鸡鸣既系一家，岂得独外？田亩不敢擅拨，而僧粮可以分给。合将鸡鸣寺僧悉附灵谷寺食粮，此不独鸡鸣僧得均沾其惠，即灵谷僧亦自无词者也。具由禀堂，奉批：鸡鸣寺既奉志公谕祭，寺僧准附灵谷食粮。奉此。又具由禀堂：鸡鸣寺额定牒僧七十名，学僧三十名，共一百名，朔望轮班到灵谷寺焚修，余日在本寺。口粮每名给米三石八斗，银不给，以毋失灵谷在寺在外之别。禀堂，奉批：如议行。奉此。相应给札执照，案呈到部，拟合就行。为此，合札该寺，照札事理，即便遵将本寺僧人前去灵谷寺食粮施行，毋得违错。朔望日，每次轮牒僧十名，到灵谷寺焚修。万历三十四年八月初六日。

鸡鸣寺禅堂

大梅子洲 丈过实在地一千五百五十八亩。即大和尚洲，坐落与小梅子洲相连一块。

实上堂冬租银七十两一钱一分。每亩四分五厘。刀工、盘费除外。

芦课银无。

能仁寺常住

梅子洲 丈过实在田、地、塘共八百一亩七分。坐落江浦县白马乡，出江东门外，对江，相连一块。其田多系膏腴，惟临江百余亩低洼。离寺水路十五里，陆路十里，渡江至洲十里。寺内外地、塘附此。

夏租银共一十九两四钱六分四厘。每两外加耗银三分。

冬租米共一百四十三石七升一合。每石外加脚耗米一斗。

冬租银共四两三钱八分。每两外加耗银三分。

上田三百三十亩四分八厘。夏租银每亩三分，共银九两九钱一分四厘冬租米每亩二斗五升。共米八十二石六斗二升。

中田二百一十一亩六分三厘。夏租银每亩二分五厘，共银五两二钱九分冬租米每亩二斗。共米四十二石三斗二升六合。

下田一百八十一亩二分五厘。夏租银每亩一分五厘，共银二两七钱一分八厘冬租米每亩一斗。共米一十八石一斗二升五合。

基地、芦地一十二亩六分四厘。冬租银每亩七分。共银八钱八分四厘。

划场四十八亩八分五厘。冬租银每亩四分。共银一两九钱五分四厘。

寺内外地一十四亩九分二厘。夏租银每亩一钱，共银一两四钱九分二厘冬租银每亩一钱。共银一两四钱九分二厘。

寺内塘一亩九分三厘。夏租银五分，冬租银五分。

芦课银无。

新卷　本部清还能仁寺划场埂界告示

南京礼部祠祭清吏司为聚凶倚势，逼占赐田事。奉本部送据能仁寺官住仁勋等申称，本寺钦赐梅子洲田八百余亩，自来取租，祝釐供众，相传二百余年。今据作户杨应节等报到，四月十六日，有地虎一起，倚势逼献，纠党三十余人，将圩埂挖缺数丈，故放江水入圩，夏麦尽淹，秋禾失望。吞占赐田，事关部台职掌，恳乞俯准，踏勘根究，庶恩典不虚，僧命有赖等因。申部，奉批：能仁，瘠寺也。无此田，则寺将废矣。该司速为勘处，仍会同四司。奉此。随该本司会同仪制、主客、精膳等司公同踏勘会审得，能仁寺原蒙钦赐田八百亩，坐落梅子洲，与襄①府新佃内厂田仅隔一埂，埂内各自为业，埂头相连，自来无异。厂田先年召佃不一，万历二十四年，始佃与诚意刘府②。二十九年，诚府因亲又转佃与襄府，俱杨繁等十户领种。寺田先年佃与陶富、杨完、朱朝臣三家。厂埂不知何年所筑，寺埂包围在外，系嘉靖三十三年僧官赵松、住持明洸所筑。陶富等祖父领种，节次修筑，费银不等。万历

---

① 襄府：即“襄城伯李成功府”。《明史》卷105《功臣世表一》载：李成功于万历十年袭襄城伯。二十九年七月，领南京右府兼操江。三十六年十一月，卒。

② 诚意刘府：即“诚意伯刘世延府”。《明史》卷105《功臣世表一》载：刘世延于嘉靖二十八年二月袭诚意伯，屡领南京军府，后以罪废。隆庆二年，复爵。万历三十四年，坐罪论死。

二十九年二月，陶富等又用银十一两七钱，买木作涵洞一座。有诚府四公子原批手本可据。寺埂以内，划场鱼利，原属该寺佃户取用。先年，邢探花家人邢五越取一次，理说伊主责禁。襄府径自强取，府佃杨繁等恃势，又各向寺佃名下分种，吞租不纳。三十一年十月初四日，襄府票拿陶富等三人到府，索取寄埂银四两，批送江浦县监追。本年十二月内，陶富等退佃。口词存证。本年，寺僧改召李指挥弟生员李廷萃佃种。襄府又勒令李指挥退佃，原文可据。三十二年，该寺将田自种。襄府复差役偷掘圩埂，淹没无收。僧义升等报状可据。及今三十三年，本寺又召陈午长等佃种，房舍、农具俱备，加筑前埂，费过银一百一十余两。四月十六日，府役张松山称奉票差，带领杨繁、袁甫等三十余人，决开寺埂，阔逾二丈，喝称若不投献，仍要将僧、佃各行捆打。陈午长、杨应节、陈仲奇、戎世科等证水入。见今八百余亩僧田，俱成巨浸。该四司亲往踏看，圩埂挖掘是的。禀堂，移文该府，令将张松山、杨繁等一起送部查审。候至一月余，占匿不发，并不回覆。本司于八月十二日，遣役往拘，止获恶党杨广，到部会审，供称本年四月间，府里张松山来，分付圩长田文高、袁甫、周富、丁仓四人，率令身等二十余人，各带铁锹挖掘，身等不敢抗违。划场原是寺田挑成，府里因用寺田取土修埂，就说是府里。划场鱼利，自来本寺佃户陶富等捉取，后府佃杨繁分佃寺田，一同取用。自万历二十四年，诚府着家人取去。今襄府也自取，众佃无分。据供，随录有口词在卷。仍令陈午长、陶富、杨完、朱朝臣等对质相同。又据该寺众僧义升等通状告同前事，到部送司，一并呈堂，覆审无异。据此看得，该寺赐田管业已二百余年，即相连厂监，亦自帖然。自刘诚意承佃，始为僧患，而继之襄府，图谋更甚。旧佃陶富等，以祖父相传佃业，费本数百金。而今日取沟鱼，明日索寄埂，为挨身入室之计，而不使得旦暮安生。然犹曰所失者微利，得忍犹可忍也。既已改佃李指挥弟李生员，仍逼退业，必使寺田无一人耕种而后可。然犹曰所禁者武弁，他人未必能禁也。该寺不得已自种，又偷挖圩埂。而一岁之计，竟使绝粒。然犹曰暗行妒害，未敢明肆也。今则新佃陈午长修埂造房，经理布种，一决成渠，而洪水横流，不异抄没；凶党喊聚，不异劫虏。此其势必欲令寺田经年抛弃，不得管业，乃始拱手坐献，而安受其烬，视寺僧直一机二肉，而惟所吞啮矣。不意本部为之诘问，无可自讳，乃以划场属彼为辞。不知划场即系彼物，亦无解于掘埂祸人之罪？况划场者，有埂从中界，彼此各分。埂内属府，埂外属寺，一勘自明。而乃以平日势劫之举，为目今抵辩之词。岂该府惑于偏听，而未识疆界之分耶？该府节钺重寄，职在诘盗安民，乃纵容狐假之奸，大肆鲸吞之计，日侵月削，无敢谁何。使贫僧终岁租粮，永填溪壑；而穷佃百金工本，尽付江流。圣祖之恩赐为虚，荒寺之香灯欲灭。此本部职掌所关，不容坐视者也。若以削发披缁之辈，无足重轻，遂使此疆彼界之田，任从侮夺，揆之情法，恐亦未平。况地方重臣，行事如此，则监司守令皆可鱼肉乎部民，而国宪王章顾反弁髦于大吏矣。其为利害，又岂但在一寺之僧徒，八百亩之僧田已哉？合将杨广先行参送，其张松山、杨繁、袁甫等尤系首犯，听候法司严拘鞫审，依律治罪。或会同本部、襄府三面踏看。至于寺僧田租，佃户工本，作何赔偿；混赖划场，掘断埂界，作何清理，一听理断。使豪强永杜兼并之谋，僧佃复见安生之业。庶理法伸，而本部犹可相安无事耳。禀堂参送。间随奉本部送据该府手本，开称：本爵自三十年为内厂召佃江浦南北漾洲田一处，因先年邢探花、诚意府承佃，拖欠课银，欲与代纳，以完上用钱粮，彼退此佃，由帖具载，经界甚明。但因本田连接能仁寺田梅子洲，前月接得南京礼部移文，内云僧人告称本爵佃户掘埂淹田等情。细查各佃，俱无的据，难以究处。惟本田埂外划场，向系诚意府佃日执管，亦与本爵无干。既经移文前来，若不通融议处，诚恐彼此参差，结局无期。今将划场拨还寺僧管业，其寺田圩埂坏缺去处，已经行各佃修筑，以成两家和美。向后不得多事，庶彼此相安，各无异言等因。到部，奉批：八百亩赐田，二百年旧业，几付东流，此本部之所不容坐视者也。今修完原掘之圩埂，退还前占之划场，疆界既明，争端可杜。该府足见虚心，贫僧亦保恒产矣。该司移文礼科知会，仍给堂帖，付寺僧执照。他日或有强佃，仍肆侵陵，则上有国法，下有部科，孰敢蔑视而不顾乎？业已讲解，可免参送。但该司与同事者一片苦心，则后来君子尚其念之，毋以缁流而置度外可也。送司。奉此。合行出示，晓谕僧、佃人等知悉。恶党张松山、杨繁、杨广、袁甫等狐鼠之奸，不知国法，掘埂淹田，希图逼献，罪本难贷，正拟参送。续准该府手本，回称前因，掘断圩埂，已经赔补；占去划场，已经退还。则该府似无故纵之情，寺僧可复安居之业。杨广业加重责，候各佃结状到，准释放。各恶姑暂免究。自今府、寺各以大埂为界，该府佃户敢有越过埂界生事扰害者，本部定参送法司，依律治罪，决不姑贷。须至告示者。万历三十三年九月十六日。

鲚鱼洲　丈过实在地一千二百八十三亩三分三厘。坐落太平府当涂县，对江。离寺水路一百五十里，陆路一百二十里，渡江至洲八里。

冬租银七十七两。每亩六分。刀工、盘费除外。

芦课银无。

以上二洲并寺内外地，共田、地、洲二千八十五亩三厘。实上寺夏租银一十九两四钱六分四厘，冬租米一百四十三石七升一合，冬租银八十一两三钱八分。

栖霞寺常住

黄城、木芦等圩　丈过实在田、地、山、塘共一千四百七十四亩。黄城等圩一千六十一亩八分七厘，木芦等圩四百一十二亩一分三厘，俱坐落上元县清风等乡姚坊门外。其田星散不一，与民田交杂。黄城多系膏腴，木芦稍瘠薄。离寺陆路约十里。

夏租银共五十七两七钱一分五厘。每两外加耗银三分。

冬租米共二百三十四石七斗七升三合。每石外加耗米三升，亲送，无脚米。

冬租银三十七两四分八厘。每两外加耗银三分。

上田一百八十五亩四分。黄城一百四十三亩一分，木芦四十二亩三分。夏租银每亩七分，共银一十二两九钱七分八厘冬租米每亩五斗。共米九十二石七斗。

中田二百五十七亩。黄城二百五亩一分八厘，木芦五十一亩八分二厘。夏租银每亩五分五厘，共银一十四两一钱三分五厘冬租米每亩四斗。共米一百二石八斗。

下田一百三十亩九分一厘。黄城五十八亩三分八厘，木芦七十二亩五分三厘。夏租银每亩四分，共银五两二钱三分六厘冬租米每亩三斗。共米三十九石二斗七升三合。

上地二百一十二亩九分。黄城一百九十四亩，木芦一十八亩九分。夏租银每亩七分，共银一十四两九钱三厘冬租银每亩一钱。共银二十一两二钱九分。

下地一百七十六亩五分。黄城一百二十四亩七分，木芦五十一亩八分。夏租银每亩四分，共银七两六分冬租银每亩七分。共银一十二两三钱五分五厘。

山三百四十亩三分五厘。黄城二百亩三分五厘，木芦一百四十亩。夏租银每亩一分，共银三两四钱三厘冬租银每亩一分。共银三两四钱三厘。

塘、基地二十六亩二分八厘。黄城九亩六分七厘，木芦十六亩六分一厘。免科。

众户塘基、荒田一百四十四亩六分六厘。黄城一百二十六亩四分九厘，木芦一十八亩一分七厘。免科。

上元县官粮，黄城、木芦并摄山等圩同纳银，照数送僧录司起批，赴部挂号，解县交纳，取批回照验。米送折价，与灵谷靖东庄附纳。银共二十五两八钱五分。

一、正米一十九石四斗六升三合，折银连耗费每石五钱五分，共银一十两七钱四厘。

一、条编正银五两三钱三厘，耗费银二钱六分五厘。

一、折色正银七两四钱二分八厘，耗费银三钱七分一厘。

一、学耗、荒白、人丁、肆丁正银一两六钱九分五厘，耗费银八分四厘。

以上除官粮外，实上寺夏租银三十一两八钱六分五厘，冬租米二百三十四石七斗七升三合，冬租银三十七两四分八厘。

新卷　本部札管绝僧寺产帖文

南京礼部为归并绝僧寺产，以杜侵盗事。祠祭清吏司案呈，照得衡阳寺常住，原有国初在碑田、地、山、塘三百四十一亩，续后又有徐镇等施舍田地一百八十余亩，共五百二十一亩零，被寺僧盗卖出九十一亩。本司于去年清理寺田，查系年远，未必皆见在僧所为，姑不究治，已案候外。今于本年正月初五日，偶亲至该寺，随有地方居民秦洪邦等禀称，住持如升将荫寺古木尽数盗砍，打造桌椅家火，发回原出家高座寺私用，仍又盗卖，得价入己。管事僧兴楷、僧真晓亦通同伙卖。引至山场，果见存有树根，自一尺以至四尺围圆，共计六十一颗。又每年所收夏、秋租粮，约该二百余石。寺内僧众，通共不过三名，所食有限。其多余者，皆系如升及兴楷、真晓等侵匿入己，并不为修理殿堂之用。比至入寺，复见如升房内摆列荤酒，真晓房内藏匿二妇陆氏、孙氏，即时将二妇逐出，皆本司亲验，秦洪邦等禀证。查如升系高座寺僧，兴楷系蒋庙僧，为希图该寺利益，谋充住持、管事，止秋收及新正一至，原非住寺实僧。其真晓虽系本寺，见今藏匿妇女，大干部禁，皆应追牒逐出。而如升侵损常住尤甚，更当追赃。今已脱逃，一面严缉，候获日重加究治。该寺僧众一空，遗下寺宇、田地，无人承管。如再以别寺僧充补住持，必仍蹈前辙。看得该寺离栖霞寺止三、四里，各寺原有以小属大，名为下院之例，合将该寺充栖霞寺下院，以栖霞住持带管。每年拨栖霞僧轮流看守，所收租粮，即入栖霞，公同散众。盖轮管则事权分，僧多则耳目众，即欲侵耗，势终参便。而焚修之恒产，可以常存；荒寺之香灯，亦不终废矣。具由禀堂，奉批：衡阳寺如议改属栖霞住持带管。奉此。相应给帖遵照，案呈到部，拟合就行。为此，帖仰栖霞寺住持照帖事理，即便遵将衡阳寺充该寺下院，其田、地、山、塘照数管业，所收租粮，公同散众。每年轮拨僧人，前去看守施行。如有犯僧人扰害，许执帖禀究。计开田、地、山、塘、基场、荒共四百一十二亩二分。万历三十五年正月二十日。

附旧卷　应天府查免栖霞寺杂派帖文

应天府为恳恩给帖勒石，永为遵守事。据栖霞寺住持僧清柏告前事，告称本寺于洪武二十五年，荷蒙太祖钦赐香灯田地十三顷有零，坐落上元县长宁乡地方。弘治年间，赈边紧急，每亩劝借米二升，遂以为常，办纳无异。隆庆四年，遇例丈量，已蒙本府备查，在京诸寺，惟蒋山、天界、栖霞等处各有钦赐田土，申呈抚按详允造册。间里书遗失“钦赐”字样，致将本寺赐田混与民田，一则科米，刊就书册。寺僧惠儒具告巡抚衙门，送府吊取黄册碑文。查得本寺原奉钦谕，本该优免，断令仍照劝借则例，每田一亩，科米二升；每地一亩，科米一升；山、塘每亩科米三合，免其杂泛差役。呈详抚按，依拟给帖，付寺执照。蒙将原派多米，行县刊附书册开除外。万历九年，复奉丈量，府、县勒有碑石。身等切虑，世远人隔，书册未蒙改正。日后里书亦或因隙生弊，飞派粮差，寺僧不能持守，将田典佃埋没，势豪吞并。不惟有辜圣祖赐赡洪恩，抑且深负府台周恤厚德。乞赐怜准，俯赐给帖，勒石本寺，永为遵守。庶香火不废于万年，天恩永沾于百世等情，具告到府。照得钦赐本寺田产，粮差一切优免。续因赈边紧急，稍征升合之粮，犹立劝借之名，恩至渥也。后与民田一则科派，浸失祖宗优恤之意矣。抚按已行改正，至今遵守无异。而寺僧清柏复告给帖勒石，盖以杜吏书之飞派，与夫徒众之典佃也。其意良善，理应俯从。为此，给帖本寺僧清柏，查照帖内事理，遵守施行，毋得违错未便。须至帖者。右帖给付栖霞寺住持清柏。准此。万历十七年八月二十日，田土科典吏闵雍行。

栖霞寺禅堂

摄山圩并施舍 丈过实在田、地、塘共三百九十四亩四分八厘。摄山圩二百三十五亩七分五厘。坐落上元县长宁乡三图姚坊门外，与民田交杂。多系膏腴。离寺陆路约四里。施舍一百五十八亩七分三厘。坐落上元县清风乡姚坊门外乌鸦等圩，星散不一，与民田交杂。其田多系膏腴。离寺约有十里。

夏租银共二十四两三钱四分六厘。每两外加耗银三分。

冬租米共一百五十八石二斗七升八合。每石外加耗米三升，亲送无脚米。

冬租银共三两三钱八厘。每两外加耗银三分。

上田二百四十九亩六分。摄山一百五十五亩六厘，施舍九十四亩五分四厘。夏租银每亩七分，共银一十七两四钱七分二厘冬租米每亩五斗。共米一百二十四石八斗。

中田六十八亩八分三厘。摄山五十亩一分三厘，施舍一十八亩七分。夏租银每亩五分五厘，共银三两七钱八分六厘冬租米每亩四斗。共米二十七石五斗三升二合。

下田一十九亩八分二厘。系施舍。夏租银每亩四分，共银七钱九分二厘冬租米每亩三斗。共米五石九斗四升六合。

上地二十九亩六分六厘。摄山二十三亩七分九厘，施舍五亩八分七厘。夏租银每亩七分，共银二两七分六厘冬租银每亩一钱。共银二两九钱六分六厘。

下地四亩七厘。系施舍。夏租银每亩四分，共银一钱六分二厘冬租银每亩七分。共银二钱八分四厘。

山五亩八分一厘。系施舍。夏租银每亩一分，共银五分八厘冬租银每亩一分。共银五分八厘。

基地、塘一十六亩六分九厘。摄山六亩七分七厘，施舍九亩九分二厘。免科。

上元县官粮，摄山本寺代纳，今止办施舍粮，银共八两四钱六分三厘。

一、正米四石九斗九升，折银连耗费每石五钱五分，共银二两七钱四分四厘。

一、条编正银二两九钱四厘。耗费银二钱九分。

一、折色正银一两八钱八分二厘。耗费银一钱八分八厘。

一、学耗、荒白正银四钱一分四厘。耗费银四分一厘。

以上除官粮外，实上堂夏租银一十五两八钱八分三厘，冬租米一百五十八石二斗七升八合，冬租银三两三钱八厘。

栖霞寺圆通禅院

施舍田地　丈过实在田、地、山、塘共五百五十亩二分六厘。坐落上元县长宁乡姚坊门外。其田与民田交杂，星散不一。多系膏腴。离寺约有十里。

夏租银共二十两五钱七厘。每两外加耗银三分。

冬租米共一百五十一石二斗四升三合。每石外加耗米三升，亲送无脚米。

冬租银共二两六钱一分九厘。每两外加耗银三分。

上田一百九十亩八分七厘。夏租银每亩七分，共银一十三两三钱六分冬租米每亩五斗五升。共米一百四石九斗七升八合。

中田三十八亩五分三厘。夏租银每亩五分五厘，共银二两一钱一分九厘冬租米每亩四斗五升。共米一十七石三斗三升八合。

下田八十二亩六分五厘。夏租银每亩四分，共银三两三钱六厘冬租米每亩三斗五升。共米二十八石九斗二升七合。

上地一十七亩五分六厘。夏租银每亩七分，共银一两二钱二分九厘冬租银每亩一钱。共银一两七钱五分六厘。

下地一十二亩三分四厘。夏租银每亩四分，共银四钱九分三厘冬租银每亩七分。共银八钱六分三厘。

基场、塘、荒田、山共二百八亩三分一厘。免科。

上元县官粮，银共一十九两九钱三厘。

一、正米一十四石一斗一升五合，折银连耗费每石五钱五分，共银七两七钱六分三厘。

一、条编正银五两三钱六分七厘。耗费银五钱三分六厘。

一、折色正银四两五钱八分。耗费银四钱五分八厘。

一、学耗、荒白正银一两九分。耗费银一钱九厘。

以上除官粮外，实上院夏租银六钱四厘，冬租米一百五十一石二斗四升三合，冬租银二两六钱一分九厘。

弘觉寺常住

莲花等圩 丈过实在田、地、山、塘共六百六十六亩一分五厘。坐落江宁县安德乡凤台门外。星散不一，其田多系山冲。离寺陆路四十里。

夏租银共一十四两六钱四分九厘。每两外加耗银三分。

冬租米共一百四十五石六斗二升三合。每石外加耗米三升，亲送无脚米。

冬租银共一十两一钱五分。每两外加耗银三分。

上田一百七十九亩五分七厘。夏租银每亩五分，共银八两九钱七分八厘冬租米每亩五斗五升。共米九十八石七斗六升三合。

中田七十五亩七厘。夏租银每亩四分，共银三两二厘冬租米每亩四斗五升。共米三十三石七斗八升一合。

下田三十七亩三分七厘。夏租银每亩二分五厘，共银九钱三分四厘冬租米每亩三斗五升。共米一十三石七升九合。

地三十五亩三分七厘。夏租银每亩四分，共银一两四钱一分四厘冬租银每亩八分。共银二两八钱二分九厘。

塘三十二亩一分一厘。夏租银每亩一分，共银三钱二分一厘冬租银每亩一分。共银三钱二分一厘。

山二百二十六亩七分四厘。冬租银七两。山分三段，每年拨一段，银七两。

本寺坐山七十二亩八分六厘。本寺每年砍柴分用。

基场七亩六厘。免科。

江宁县官粮，本寺代禅堂田同纳，银共二两八钱。

一、条编正、耗银二两六钱二分四厘。

一、人丁二丁纳银一钱七分六厘。

米共二十石六升。连耗费在内。

以上除官粮外，实上寺夏租银一十一两八钱四分九厘，冬租米一百二十五石六斗一升三合，冬租银一十两一钱五分。

新卷　本部札管绝僧寺产帖文

南京礼部为施田入寺，以供香火事。祠祭清吏司案呈，奉本部送据甘燕礼通状告前事，到部送司。禀堂，奉批拘审。奉此。审得慈相寺田，原系钦赐。先年有僧如意，将田、地、山、荡共一百五十余亩，出典与鸡鸣寺僧正英，得银六十五两。于万历二十六年，借甘燕礼银一百零五两赎回。如意随故，有徒性杰、性晓分管，性晓田一半，复退与正英徒觉华，一半仍属性杰，二僧俱负债不偿。燕礼思得田系钦赐，既难起业，又不甘与二僧享利，通状告称，情愿就近舍入牛首弘觉寺。此虽属有激，然其一念之慷慨，实可加也。又查帖文，慈相寺田、地、山、塘共计五百二十八亩三分九厘，被牛首等寺僧昌顺等以贱价谋吞。该寺僧性杰、性晓、如山各分析出卖，盖明知法之所禁，故价不酬值，卖者视得少而犹多，买者即知非而故犯矣。据法本应参究，姑念贫窭，性晓、性杰、如山俱逐出，昌顺等不遵禁例，辄敢吞谋，合应追业。或以费有微赀，照三大寺佃田例，止令认佃输租，亦庶几无失寺业。觉华田己得过原价，合尽追出。但该寺殿宇颓废，僧众已绝，遗下田地，无人管理。查慈相原系牛首所领，合即充牛首下院，每年该寺拨僧轮流看守。其田、地、山、塘，俱牛首寺常住带管，租粮即听散众。盖牛首僧多，收租则利得均沾，盗卖则弊难独作，庶恩赐可以无虚，恒产不致坐失。况彼既失业，而此乃承管，原非夺诸其怀而与之者也。其甘燕礼好义乐施，今年田租合追出给之，以少酬其本。又经备由禀堂，奉批：钦赐寺田，安得私相卖买？俱追入牛首寺，召佃输租，如各寺下院之例。昌顺等本当究罪，姑念愚僧豁免。如再执占，即行参送。余依拟。奉此。今将昌顺等名下田、地、山、塘尽数追出，另着牛首弘觉寺带管。相应给帖遵照，案呈到部，拟合就行。为此，帖仰该寺住持即便遵照，将前项查出田地，速行召佃，其一应田亩、租税数目，备行管理。每年仍拨僧赴慈相，轮流看守，永远遵照施行。万历三十三年十一月三十日。

新卷　本司查弘觉下院田地湖册帖文

南京礼部祠祭清吏司为给帖遵守事。照得弘觉寺所领下院慈相寺田地，见有正德十年按院吴□批详太平府审定慈相寺僧人妙良招由，已经查过黄册，内开查得五图永乐元年一户慈相寺旧管实在项下，民田、地、山、塘五顷二十七亩八分二厘。永乐十年至景泰三年，旧管实在项下，田地顷亩、麦米丝绵，俱与前册相同。天顺六年，新收官民山一十二亩实在，开称人口事产，俱拨付本乡四图，并图当差。成化八年，第四图一户慈相寺旧管实在项下，官民田、地、山、塘五顷三十九亩八分二厘。成化十八年至弘治五年，在本乡第三图旧管实在项下，田地顷亩、麦米丝绵俱与天顺六年、成化八年册内相同。弘治十五年，册头格眼内，写有“钦赐”字样。以上册籍，逐一查明，将张景春等问罪。帖文可证。近因僧性晓、性杰将田地盗卖与弘觉等寺僧昌顺等，该本司查出，将性晓、性杰追牒，田地无人看守。呈堂，着弘觉寺常住常管，取租供众，已给帖遵照外。今被积棍张镗、张元诏等田土相连，希图谋占，买出庐州府指挥同知张勋臣出名，令张霖具禀，内称始祖张德胜原籍合肥县人，原有钦赐田、地、山、塘五百余亩，坐落江宁县朱门乡三图地方，有湖册可查，伏乞移文取查等情。备用手本，前去南京户科取册查理去后。今据该科抄录黄册一本，到司查对，并无张勋臣名目，正与正德十年按院吴□帖文相同。足见张镗、张元诏、张勋臣、张霖等谋占前田是实。张元诏、张霖等各责治外，合将黄册发寺抄录一本，并再给帖各寺防照。为此，帖仰弘觉寺住持照帖事理，遵将前田管理。敢有棍徒再行生事谋占，许指名执帖赴部呈禀，以凭参送究罪，决不姑息。须至帖者。万历三十四年十月二十八日。

附旧卷　拨还弘觉寺田山帖文

户部为乞恩事。江西清吏司案呈，奉本部送内府抄出南京内官监内使阮昔题：照南京敕赐弘觉禅寺，坐落应天府江宁县牛首山。先于洪武年间，本寺名为佛窟禅寺，原有山场、田地七十二亩，专一耕种收租，采斫柴薪，供给常住。彼寺有住持僧李行琛，系本县安德乡三图人，后于洪武十九年还俗。至二十二年，本人因见本寺荒废，遗下山、地无人收管，私自占入本户管业。至永乐二十二年，李行琛男李真、义男张福果思得前项山、地，原系本寺之数，却行转还本寺僧斗南管业。后僧斗南住持本寺，已后退院，因见山、地与本县长泰北乡大户李哲家附近，不合诡寄在李哲户内，收租采薪，以此本寺僧含忍不敢具告。迨至正统七年造册，李哲与僧斗南将山平分，至今各自管业。如蒙准题，伏望圣恩怜悯，乞敕该部明白豁，照旧拨赐本寺，永远供给僧众，实为便益。具题。景泰三年六月二十四日，户部掌管事太子太保兼本部尚书金濂等于奉天门钦奉圣旨："准他与寺供给。户部知道。钦此。"钦遵抄出，送司案呈，拟合通行除外，合咨该部类行南京礼部，转行南京僧录司，着落该寺住持照依钦依内事理，钦遵施行。景泰三年六月二十四日。右敕赐牛首山弘觉寺山、塘、田、地，周围共计二十一里零三十步，与寺焚修供众，计开山、塘、田、地四至：东至白石坑，西至文殊岭顶，南至赵库村，北至太子岭脚。

弘觉寺禅堂

东圩并施舍　丈过实在田、地、山、塘共二百一十三亩八分六厘。东圩五十六亩五分。坐落江宁县安德乡凤台门外赵库村。离寺陆路三里。施舍一百五十七亩三分六厘。坐落江宁县建业乡凤台门外吉山脚下。离寺陆路二十里。

夏租银共九两七钱二分四厘。每两外加耗银三分。

冬租米共七十六石六斗八升九合。每石外加耗米三升，亲送到无脚米。

冬租银共二两五钱二分。每两外加耗银三分。

上田八十亩三分九厘。系施舍。夏租银每亩七分，共银五两六钱二分七厘冬租米每亩六斗五升。共米五十二石二斗五升三合。

次上田四十四亩四分三厘。系东圩。夏租银每亩五分，共银二两二钱二分一厘冬租米每亩五斗五升。共米二十四石四斗三升六合。

上地一十四亩四分九厘。系施舍。夏租银每亩七分，共银一两一分四厘冬租银每亩一钱。共银一两四钱四分九厘。

次上地五亩二分二厘。系东圩。夏租银每亩四分，共银二钱八厘冬租银每亩八分。共银四钱一分七厘。

山五十亩。系施舍。夏租银每亩一分，共银五钱冬租银每亩一分。共银五钱。

塘一十五亩四分六厘。东圩五亩三分六厘，施舍十亩一分。夏租银每亩一分，共银一钱五分四厘冬租银每亩一分。共银一钱五分四厘。

基场三亩八分七厘。东圩一亩四分九厘，施舍二亩三分八厘。免科。

江宁县官粮，东圩本寺代纳，今止办施舍粮，银一两四钱七分六厘，连耗费在内。米六石八斗六升五合。连耗费在内。

以上除官粮外，实上寺夏租银八两二钱四分八厘，冬租米六十九石八斗二升四合，冬租银二两五钱二分。

静海寺常住

盘槐田并寺前房　丈过实在田、地、塘共二百三亩二厘。

又房地四十间，走道一条。田地坐落锦衣、留守二卫金川门外盘槐树草场，多系膏腴。离寺陆路五里。房坐落寺前。

夏租银共二十八两三钱三分四厘。每两外加耗银三分。

冬租米共四十八石九斗一升二合。每石外加耗米三升，亲送无脚米。

冬租银共二十两九钱九分八厘。每两外加耗银三分。

田一百二十二亩二分八厘。夏租银每亩六分，共银七两三钱三分六厘冬租米每亩四斗。共米四十八石九斗一升二合。

地基、坟地七十六亩三分五厘。夏租银每亩一钱，共银七两六钱三分五厘冬租银每亩一钱。共银七两六钱三分五厘。

塘四亩三分九厘。夏租银每亩一分，共银四分三厘冬租银每亩一分。共银四分三厘。

左新房六间。夏租银每间八钱四分，共银五两四分冬租银每间八钱四分。共银五两四分。

右新房六间。夏租银每间一两五分，共银六两三钱冬租银每间一两五分。共银六两三钱。

房地二十八间。夏租银每间六分，共银一两六钱八分冬租银每间六分。共银一两六钱八分。

走道一条。夏租银三钱，冬租银三钱。

官粮，盘槐田地无，止房地纳中府银五钱。

以上除官粮外，实上寺夏租银二十七两八钱三分四厘，冬租米四十八石九斗一升二合，冬租银二十两九钱九分八厘。

静海寺禅堂

施舍田地　实在田、地、山、塘共二百三十[1]五亩二厘。坐落江宁县惠化乡五图。其田相连一块，腴多瘠少。离寺陆路八十里，水路八十五里。

夏租银共八两七钱四分七厘。每两外加耗银三分。

冬租米共七十九石八斗九升。每石外加脚耗米一斗。

冬租银共二两三钱七分一厘。每两外加耗银三分。

上田一百一亩九分。夏租银每亩五分，共银五两九分五厘冬租米每亩五斗五升。共米五十六石四升五合。

下田六十八亩一分三厘。夏租银每亩三分，共银二两四分三厘冬租米每亩三斗五升。共米二十三石八斗四升五合。

地二十五亩四分二厘。夏租银每亩五分，共银一两二钱七分一厘冬租银每亩八分。共银二两三分三厘。

山一十三亩三分六厘。夏租银每亩一分五厘，共银二钱冬租银每亩一分五厘。共银二钱。

塘一十三亩八分四厘。夏租银每亩一分，共银一钱三分八厘冬租银每亩一分。共银一钱三分八厘。

基地一十二亩三分七厘。免科。

江宁县官粮，银共五两七钱五分四厘，米共八石五升二合。

一、本色米八石五升二合。

一、折色银二两六钱八分八厘。

一、条编银二两八钱九分。

一、人丁二，丁银一钱七分六厘。

---

① 此处原文磨泐无字，据本书卷18《卢龙山静海寺·公产》补。

本田盘费银共一两五钱。

以上除官粮、盘费外，实上堂夏租银一两四钱九分三厘，冬租米七十一石八斗三升八合，冬租银二两三钱七分一厘。

新卷　本部札管施舍田地帖文

南京礼部为恳恩归一事。祠祭清吏司案呈，奉本部送据上元县籍徐汝元通状告称，有身故叔徐文谟，存无子嗣，募化并捐己资，共银五百八十两，买到江宁县惠化乡民田计一百八十二亩，地三十六亩，山、塘共二十二亩，一向报恩寺僧洪恩执业接众，斋僧无异。近洪恩暂居别处，将田地并原契呈出，无人承管。今见静海寺禅堂僧众甚多，愿将田地、文契、房屋、家伙等件，舍入本寺，永远接众。若不告鸣，诚恐日后族属、僧人告争不便，伏乞准送南京礼部，俯给帖文执业等情。到部送司。禀堂，奉批：准施静海寺禅堂供众，仍给帖。奉此。案呈到部，拟合就行。为此，帖给该寺禅堂主僧，照帖事理，即便遵照，永远执业，收租供众。如有僧俗人等生事扰害者，许执帖赴禀提究，毋得违错。一帖给静海寺禅堂主僧。万历三十五年六月初十日。

条　约

一、册籍　田地以册为凭，自海抚院[①]清丈，造有鱼鳞等册，至今年久，或存或毁。又佃户更改不一，难以尽据。今委各寺官住，前往各庄，丈量丘亩，踏勘肥瘠，详注弓口四至，及分别上、中、下等则。每庄造田形册二本，实征册三本。田形照鱼鳞式，实征照鼠尾式，各一本存司，一本给该寺或禅堂。又实征一本，给管庄僧执催。逐年有佃户更改，征租完日，管庄僧开单类禀，批寺覆查，暂票改实征册内。每五年，遇丙、辛年分，照芦课例，僧录司会同各该寺官住及堂主，禀部清查，大造一次。凡佃

① 海抚院：即“海瑞”。事见本卷前注。

户有更改者，悉与勘明改正。

一、佃帖　往时田地，被佃户私相承佃。该寺虽给有公据，慢不遵行。合比照兵部草场、工部芦课事例，僧录司给各户佃帖一张，先发各该寺，查照实征册，填注用印，仍送本司挂号。每户民间不许过三百亩，僧人不许过一百亩。以后新佃者，民间亦只以百亩为率。本寺不许收受佃价，尤不许佃与仕宦、举监生员及外县富户。如承佃在前者，遽难起业，姑将该户名下小佃立户给帖，租粮亦即拘小佃征收，庶防措勒。又有本寺僧承佃者，以公产割为私业，奸弊尤多，应与众户一例严查，弗得姑纵。凡有分佃、转佃，必须赴寺领帖，申部挂号，方准承佃。如或未经给帖，私相交易，即系盗卖强占，管庄僧及甲首随即指名赴禀，定行重责枷号，追田还寺。租粮过二年不完，追田另佃。每隔五年，清查一次，缴旧换新，以防隐弊。

一、租单　往时租粮，被佃户拖欠不完。给佃帖外，临期僧录司再给租单一纸，亦先发该寺，照册填注，送本司挂号，发寺给散。仍造租单册一本，送司存照。每就近十户以上，二十户以下，共一单，以田多者为单首。甲首同单首执催，夏租限五月征一半，六月全完；冬租限九月征一半，十月全完。佃户固不许过限迟交，该寺亦不许先期混取。银、米额派已定，豆、麦非急用，故从折色，以充杂费。米所必需，且不似银两之易于侵耗，故从本色，以赡僧徒。如有擅自更改者，即系官住及库僧、庄僧作弊，定行重究。每银一两，照例加耗银三分。每米一石，加耗米三升，脚米七升。亲送到寺者，无脚米。交寺务要上好净米，足数纹银。但有糠水夹杂，成色低欠，货物折算，一概不准。单首特免加耗，以酬其劳。完过租数，庄僧亲注租单内本户格下，仍给与小票为照。每五月、九月初，僧录司先期催征。至六月、十月终，甲首、单首一同庄僧赴司报完。查有拖欠，定行责治监比。该寺不先期催征，官住罚俸，管事、管库僧檄锁。

一、庄僧 寺租失额，多因一、二奸僧恋役包管，或得佃户贿嘱，或自己佃有私田，往往唆使佃户告灾，而己为之证。一时不察，必为所愚。罔上克下，弊无纪极。除前究追外，以后管庄、管洲僧，设一正一陪。今年之陪，即为明年之正。每二人轮换，不过二年。如差三人，亦照此，不得越三年。内差僧挨房点用，如力薄才短，许其告辞，但不得托故推避。该庄佃有私田者，不许送点。隐情举用，官住议罚。属禅堂者，用堂内一人，堂外一人。堂内听堂主自择，堂外一年即换。每年正月初点定，各给一差票，将该庄租额总数，及各单首名下数目，开注照催。收到银、米低恶，即追庄僧赔补。过期不完，究治严比。又官粮及盘费，亦各注明。过用毫厘，不准销算。

一、甲首 往时各庄，俱设有甲首，不能为寺催租，而反以耗食。姑以旧例不革，自今口食议定，不许过支。领单催征，务与管庄僧协力，一同听比。凡田土坐落、户口淳顽，甲首系土著，必皆熟练。但有分佃、改佃，及庄内一应事务，不先呈报，定责治革役。

一、官粮 国初原奉旨钦免，弘治年间，巧立劝借名色，科米二升。隆庆年间，诳称丈多田地，陆续加税。然初议即丈出者，亦止有正课，而无杂派。今房书每假此需索，上下其手。而管事僧因以为利，凡交官俱称加二加三，以报循环。且又交不以时，那前挪后，动称借债，明系欺诳。粮非请旨，虽难复议，岂得更恣干没？今查据各县丁粮册及由票，开载册内。每银一两，仍加耗费五分；米一石，加耗费二斗以外，过用毫厘，不准销算。银用夏租，限七月初；米用冬租，限十月初，俱僧录司催齐起批，赴部挂号，赴县、卫一并交纳，取批照回验。过期不完，听县、卫申请，本司定行严究。不得先期零星催比，以滋书皂需索。已经行文该县，依准在卷。如有先期骚扰，及额外加派者，该司申部，呈堂执辩，定拘该县房书究责，毋许叠增，重违明旨。

一、盘费　夏、冬二季，各定限两月。逐日盘费，照庄大小酌定。自收租起，至交寺止，一应杂用，俱在所议额数中，不得多开名色，逾额过用。限外不完，即庄僧自己赔费，不得添补。搬运已有脚米，虽路程远近不等，而宽紧俱已足用。酬劳已有耗银、耗米，虽大小庄多寡不等，而劳逸亦适相当。不依定额，即不准销算，仍行檄锁。

一、灾伤　租额仅复国初之半，所定原轻，即有水旱灾伤，纳租亦自有余，不许告减。如遇灾重，抚按应有题免。一县所同，非一寺所独。必先经府、县申报抚按，本部方差官住，公同踏勘。分别被灾分数报司，候抚按果有钱粮题免，租粮亦即照灾减征。如县无例而妄扯者，决不开端，以杜觊觎。至于下田、荡田，租额更轻。一年之熟，即可赔补数年之荒。乃通融酌量，从宽定租。虽遇重灾，断不蠲免。

一、远佃　外县租粮，远难遥制。近高淳县田，已经移文抚院，转行府、县，议定租额限期，责委该县粮衙催征，最为良法。每年九月初，本司发单，粮衙转给各甲首、单首，令照限严催，务依限照数全完。甲首赍粮衙报完申文并租单,赴部听查。事有责成,征收必易矣。溧水县田,悉系本寺僧人赎回自佃,亦无难处。独溧阳县田,顽户任意迟误。今应比照高淳事例,移文抚院,亦责委粮衙,有顽梗者提究,行催报完,岁著为令。不惮文移之烦,乃可永永无弊耳。

一、报完 夏、冬租粮,庄僧依限催完,起解到寺。官住督同库僧细验,银、米果合例无欠,一面报司,一面查收,出给库收,付庄僧缴验。有通同滥收者,本司不时掣查,定行究赃治罪。各庄通完,存留给众讫,官住将差票、租单、库收类齐,同岁报册一并送查,听凭考校。一寺租粮完欠,散众公私,全系官住。如有弊端,决不轻贷。

附:三大寺及五次大寺租粮文籍数目

册籍、佃帖五年一造,票单、告示逐年一给。

灵谷寺常住各庄差票、租单总册一本。

靖东庄　本部田形册二本,本部实征册一本,本部差票一张,本部告示一张;本寺田形册二本,本寺实征册一本,本寺佃帖、租单,本庄实征册一本。

安西庄　本部田形册二本,本部实征册一本,本部差票一张,本部告示一张;本寺田形册二本,本寺实征册一本,本寺佃帖、租单,本庄实征册一本。

溧水庄　本部田形册一本,本部实征册一本,本部差票一张,本部告示一张;本寺田形册一本,本寺实征册一本,本寺佃帖、租单,本庄实征册一本。

柳桥田、白水洲、十人洲　本部田、洲形、实征册一本,本部差票三张;本寺田、洲形、实征册一本,本寺佃帖、租单。

灵谷寺禅堂各庄差票、租单总册一本。

悟真庄　本部田形册一本，本部实征册一本，本部差票一张，本部告示一张；本堂田形册一本，本堂实征册一本，本堂佃帖、租单，本庄实征册一本。

桐桥庄　本部田形册一本，本部实征册一本，本部差票一张，本部告示一张；本堂田形册一本，本堂实征册一本，本堂佃帖、租单，本庄实征册一本。

陈茄洲　本部洲图、实征册一本，本部差票一张；本堂洲图、实征册一本，本堂佃帖。

灵谷寺律堂各庄差票、租单总册一本。

龙都庄　本部田形册一本，本部实征册一本，本部差票一张，本部告示一张；本堂田形册一本，本堂实征册一本，本堂佃帖、租单，本庄实征册一本。

散甲庄　本部田形册一本，本部实征册一本，本部差票一张，本部告示一张；本堂田形册一本，本堂实征册一本，本堂佃帖、租单，本庄实征册一本。

天界寺常住各庄差票、租单总册一本。禅堂在内。

湖塾庄　本部田形册一本，本部实征册一本，本部差票一张，本部告示一张；本寺田形册一本，本寺实征册一本，本寺佃帖、租单，本庄实征册一本。

溧阳庄　本部田形册一本，本部实征册一本，本部差票一张，本部告示一张；本寺田形册一本，本寺实征册一本，本寺租单，本庄实征册一本。

高淳庄　本部田形册一本，本部实征册一本，本部差票一张，本部告示一张；本寺田形册一本，本寺实征册一本，本县实征册一本，粮衙实征册一本，粮衙租单，本庄实征册一本。

天界寺禅堂

靖安庄　本部田形册一本，本部实征册一本，本部差票一张，本部告示一张；本堂田形册一本，本堂实征册一本，本堂佃帖、租单，本庄实征册一本。

采石洲施舍田　本部田、洲图、实征册一本，本部差票二张；本堂田、洲图、实征册一本，本堂佃帖、租单。

报恩寺常住各庄差票、租单总册一本。

戴子庄　本部田形册一本，本部实征册一本，本部差票一张，本部告示一张；本寺田形册一本，本寺实征册一本，本寺佃帖、租单，本庄实征册一本。

腊真庄　本部田形册一本，本部实征册一本，本部差票一张，本部告示一张；本寺田形册一本，本寺实征册一本，本寺佃帖、租单，本庄实征册一本。

寺前房地　本部房地图实征册一本，本部差票一张，本部告示一张；本寺房地图实征册一本，本寺佃帖、租单。

报恩寺禅堂

藏经板头　本部造经号簿一本，本部刻经循环簿二本，本部管经差票一张，本部造经号票，本部刻经号票。

五次大寺各寺差票、租单总册一本。

鸡鸣寺　本部洲图、实征册一本，本部差票三张；本寺洲图、实征册一本，禅堂洲图、实征册一本。

能仁寺　本部田、洲图、实征册一本，本部差票二张，本部告示一张；本寺田、洲图、实征册一本，本寺佃帖、租单。

栖霞寺　本部田形册一本，本部实征册一本，本部差票二张，本部告示二张；本寺田形册一本，本寺实征册一本，禅堂田形、实征册一本，圆通禅院田形、实征册一本，本寺佃帖、租单。

弘觉寺　本部田形、实征册一本，本部差票二张，本部告示二张；本寺田形、实征册一本，禅堂田形、实征册一本，本寺佃帖、租单。

静海寺　本部田、房形、实征册一本，本部差票一张，本部告示一张；本寺田、房形、实征册一本，本寺佃帖、租单。

附　僧录司　本部诸山公费实征册一本，本部诸山田形、实征册三本；僧司诸山公费实征册一本，僧司诸山田形、实征册三本，僧司诸山由票。

卷五十一　各寺公费条例

南京礼部祠祭清吏司为酌定赐租出入事。据南京僧录司申称，奉南京礼部祠祭清吏司纸牌前事，内开照得三大寺及五次大寺各有钦赐租粮，节经奉旨赡僧。近被无赖官住及管事、管庄僧通同耗没，众僧不得沾惠。虽有循环簿到司，只成虚套。查得先年朝天宫有本司议定书册则例，合行委该司印官会同三大寺官住及五次大寺住持，各将本寺常住公费，及众僧口粮，逐项会议一则，并开列条约，送司详夺等因。奉此。遵依随会同三大寺官住及五次大寺住持、各管事等僧到司，备将各寺每年常住公费，并众僧口粮，逐款酌定数目，及各条约事例，一一备细开列，造册详报，伏乞裁夺，编立规则以便行，令永远遵行等因。回报到司。据此案照先为前事，已经牌行该司会议去后。今据造册前来，尤恐未的。仍令各官住到司，逐项对议。内有应增、应减，及条约应改正者，一一斟酌停妥，发寺遵行，以后不许再有更改。拟合刊刻书册，给发遵守，使租粮出入，昭然在人耳目，而奸弊不得复作。具由禀堂，奉批：所议综核之法虽密，体恤之意良多。悉如议行。后之君子留心细玩，不为阴坏偏辞所惑，即久永可无更矣。奉此。今将三大寺及五次大寺议定每年出入租粮数目，并条约事例，刊刻书册，印发各寺，永远遵照施行。须至书册者。

今将三大寺及五次大寺租粮出入数目开后。

灵谷寺

常住入数

靖东庄　夏租银九十六两七钱三分五厘，冬租银五十九两四钱二分六厘，冬租米一千三百九石五斗二升七合。

安西庄　夏租银三百八十三两八钱七分一厘，冬租银一百一十四两二钱三分，冬租米一千三百六十六石八升一合。

溧水庄　冬租银六十八两七钱五分三厘。

柳桥田　冬租银一十五两一钱六分三厘。

白水洲田　冬租银一十五两五钱二分五厘。

十人洲　冬租银一十三两。

以上夏租银通共四百八十两六钱六厘，冬租银通共二百八十六两九分七厘，冬租米通共二千六百七十五石六斗八合。

禅堂入数

悟真庄　夏租银一百一十一两四钱七分二厘，冬租银九两四钱九分八厘，冬租米四百三十九石五斗九升一合。

桐桥庄　夏租银五十二两三钱三分九厘，冬租米三百六石八斗五升一合。

陈桥茄地洲　冬租银七十两。

以上夏、冬租银通共二百四十三两三钱九厘，冬租米通共七百四十六石四斗四升二合。

律堂入数

龙都庄　夏租银一百六十七两九钱七分四厘，冬租米九百八十三石九斗五升二合。

散甲庄　夏租银一十七两四钱一分五厘，冬租银三两八钱四分一厘，冬租米六十二石五合。

以上夏、冬租银通共一百八十九两二钱三分，冬租米通共一千四十五石九斗五升七合。

常住出数

殿堂焚修公费　共银七十五两八钱。夏季存四十二两九钱，冬季存三十二两九钱。

一、正殿香烛、灯油银九两六钱。每月银八钱。

一、各殿香烛、灯油银共十二两。金刚、天王、法堂、伽蓝、祖师共五处，每处每月银二钱。

一、每初二、十六伽蓝斋供银七两二钱。每次三钱。

一、新正礼千佛一月，茶点银四两。冬季预存。

一、清明、中元祀祖银三两。

一、如来降诞、成道斋供银三两。

一、五月圆觉会一月，茶点银四两。冬季预存。

一、万寿、千秋斋供银一十二两。夏季预存。

一、年节斋供银六两。夏季预存。

一、宝公诞、忌二辰斋供银三两。

一、殿堂揭盖银一十二两。

常住事务公务　共银五十两。夏季存银二十五两，冬季存银二十五两。

一、纸札笔墨银三两。

一、常住茶银四两。

一、公务杂费银一十八两。科举年加银三两。

一、常住小费银一十四两。部前借寓庵银二两在内。

一、寺前施茶银六两。

一、僧司牌示卷饼银五两。

官住教学等俸粮　共银一百八十一两。夏季给九十两五钱，冬季给九十两五钱。米八十四石。俱冬季给。

一、印官一员，银二十四两，折米银一十八两。

一、僧官一员，银二十四两，米三十六石。

一、大住持二名，共银三十二两，米四十八石。

一、教学僧二名，共银三十两。

一、算手一名，银三两。三大寺通用。

一、门、库、巡山夫皂十名，共银五十两。

通经执事口粮　共僧粮五十分。银共三十八两。夏季给二十七两，冬季给一十一两。米一百九十石。俱冬季给。

一、通经优给僧十名。每名加僧粮二分。

一、前堂僧四名。每名加僧粮一分，内一名系祝白前堂。

一、维那僧三名。每名加僧粮一分。

一、书记僧二名。每名加僧粮二分。

一、管事僧二名。每名加僧粮一分。

一、直库僧二名。每名加僧粮一分。

一、直日僧四名。每名加僧粮一分。

一、管殿僧三名。每名加僧粮一分。

一、堂司僧二名。每名加僧粮一分。

一、净发僧二名。每名加僧粮一分。

一、施茶僧一名。加僧粮一分。

一、音乐僧二十众作二名。每名加僧粮一分。

一、管山门僧一名。加僧粮一分。

一、管庄管洲僧。各庄俱有耗银、耗米,常住不必再给。

众僧口粮　共银三百八十两。夏季给二百七十两,冬季给一百一十两。米共二千三百五十六石。俱冬季给。

一、牒僧三百五十名。每名银七钱六分。夏季给五钱四分,冬季给二钱二分。米三石八斗。

一、学僧一百五十名。每名银七钱六分。夏季给五钱四分,冬季给二钱二分。米三石八斗。

一、别院僧一百二十名。鸡鸣寺牒僧七十名,学僧三十名,观音阁牒僧二十名,每名银无,米三石八斗。

以上夏租银用过四百五十五两四钱,科举年加用银三两余剩二十五两二钱零六厘。科举年除银三两冬租银用过二百六十九两四钱,余剩一十六两六钱九分七厘。冬租米用过二千六百三十石,余剩四十五石六斗八合。凡余剩银、米,年终开报,尽数为修理殿堂之用。

禅堂出数

每日约赡禅僧一百七十一名。每僧一日算银一分,或米二升。

律堂出数

每日约赡律僧一百九十八名。每僧一日算银一分,或米二升。

天界寺

常住入数

湖塾庄　夏租银五十三两七钱六分九厘,冬租米五百四十九石二斗六升一合。

溧阳庄　夏初收到冬租米一千三石八斗九升七合。

高淳庄　夏初收到冬租银三百四十三两九分五厘。

以上夏租银并高淳夏初收到银通共三百九十六两八钱六分四

厘，夏初收到冬租米一千三石八斗九升七合，冬租米五百四十九石二斗六升一合。

禅堂入数寺前菜地一块，自种，无租。

靖安庄　夏租银一十八两四钱二分八厘，冬租银二两六钱八分，冬租米九十八石四斗一升六合。

采石芦洲　冬租银一百六十两。

施舍田地　夏租银三两一钱三分五厘，冬租银一两五钱一分八厘，冬租米五十四石七斗八升二合。

以上夏、冬租银通共一百八十五两七钱六分，冬租米通共一百五十三石一斗九升八合。

常住出数

殿堂焚修公费　共银五十六两六钱。俱夏季存。

一、正殿香烛、灯油银六两。每月银五钱。

一 各殿香烛、灯油银十两八钱。金刚、天王、三圣、观音、轮藏、伽蓝、祖师等殿，毗卢阁上、下，共九处，每处每月银一钱。

一、每初二、十六伽蓝斋供银四两八钱。每次二钱。

一、新正礼千佛一月，茶点银三两。

一、清明、中元祀祖银二两。

一、如来降诞、成道斋供银二两。

一、五月圆觉会一月，茶点银三两。

一、万寿、千秋斋供银十两。

一、年节斋供银五两。

一、殿堂揭盖银十两。

常住事务公费　共银三十五两。俱夏季存。

一、纸札笔墨银三两。

一、常住茶银四两。

一、公务杂费银十四两。科举年加银三两。

一、常住小费银十两。

一、寺前施茶银四两。

官住、教学等俸粮　共银九十八两俱夏季给米八十四石。夏季给六十三石，冬季给二十一石，

一、僧官一员，银二十四两，米三十六石。

一、大住持二名，银共三十二两，米四十八石。

一、教学僧二名，银共三十两。

一、门、库夫皂三名，共银一十二两。

通经执事口粮　共僧粮五十分。共银一十七两俱夏季给米一百三十石。夏季给八十二石五斗，冬季给四十七石五斗。

一、通经优给僧十名。每名加僧粮二分。

一、前堂僧四名。每名加僧粮一分。内一名系祝白前堂。

一、维那僧三名。每名加僧粮一分。

一、书记僧二名。每名加僧粮二分。

一、管事僧二名。每名加僧粮一分。

一、直库僧二名。每名加僧粮一分。

一、直日僧四名。每名加僧粮一分。

一、管殿僧四名。每名加僧粮一分。

一、堂司僧二名。每名加僧粮一分。

一、净发僧二名。每名加僧粮一分。

一、施茶僧一名。加僧粮一分。

一、音乐僧二十众作二名。每名加僧粮一分。

一、管庄、管洲僧。各庄俱有耗银、耗米，常住不必再给。

众僧口粮　共银一百七十两，俱夏季给。米一千三百石。夏季给八百二十五石，冬季给四百七十五石。

一、牒僧三百五十名，每名银三钱四分，米二石六斗。夏季给一石六斗五升，冬季给九斗五升。

一、学僧一百五十名，每名银三钱四分，米二石六斗。夏季给一石六斗五升，冬季给九斗五升。

以上夏租银并高淳夏初收到银用过三百七十六两六钱。科举年加银三两。余剩二十两零二钱六分四厘。科举年除银三两。夏初收到冬租米，用过九百七十石五斗，余剩三十三石三斗九升七合。冬租米用过五百四十三石五斗，余剩五石七斗六升一合。凡余剩银、米，年终开报，尽数为修理殿堂之用。

禅堂出数

每日约赡禅僧七十三名。每僧一日算银一分，或米二升。

报恩寺

常住入数

戴子庄　夏租银一百一十四两九钱四厘，冬租米一千五百四十二石六斗三升。

腊真庄　冬租米五百二十四石四斗九升五合。

寺前房地　夏租银五十两四钱六分四厘，冬租银五十两四钱六分四厘。

以上夏租银通共一百六十五两三钱六分八厘，冬租银通共五十两四钱六分四厘，冬租米通共二千六十七石一斗二升五合。

禅堂入数放生池边地二大条，自种供菜。

藏经板头　每藏一十二两，每年约银二百四十两。又四经每年约银三十六两，杂号约银四两。目今每藏八两刻经，止四两赡众。

以上约银二百八十两。目今除刻经，止约银一百二十两。

常住出数

殿堂焚修公费　共银四十九两八钱。夏季存二十九两四钱，冬季存二十两四钱。

一、塔上灯油，内府送用。月大一千九百三十一斤四两，月小一千八百六十六斤一十四两。灯共一百四十六盏，昼夜长明。每日该油六十四斤四两零。

一、大禅殿香烛、灯油银六两。每月银五钱外，月支内府油五斤。

一、各殿香烛、灯油银四两八钱。后禅殿、伽蓝殿每处每月各银一钱五分，塔殿每月一钱，止办香烛。其灯油系内府供。

一、每初二、十六伽蓝斋供银六两。每次二钱五分。

一、新正礼千佛一月，茶点银三两。冬季预存。

一、清明、中元祀祖银二两。

一、如来降诞、成道斋供银二两。

一、五月圆觉会一月，茶点银三两。冬季预存。

一、万寿、千秋斋供银十两。夏季预存。

一、年节斋供银五两。夏季预存。

一、殿堂揭盖银八两。

常住事务公费　共银三十九两。夏季存一十九两五钱，冬季存一十九两五钱。

一、纸札笔墨银三两。

一、常住茶银四两。

一、公务杂费银十六两。科举年加银三两。

一、常住小费银十两。

一、寺前施茶银六两。

官住、教学等俸粮　共银九十八两，俱夏季给。米一百二十四石。俱冬季给。

一、内监米共四十石。提督一员，十石。司香五员，每员六石。员数或有多寡，米无增减。

一、僧官一员，银二十四两，米三十六石。

一、大住持二名，共银三十二两，米四十八石。

一、教学僧二名，共银三十两。

一、门、库夫皂三名，共银十二两。

通经执事口粮　共僧粮五十分，共米一百七十五石。俱冬季给。

一、通经优给僧十名。每名加僧粮二分。

一、前堂僧四名。每名加僧粮一分。内一名系祝白前堂。

一、维那僧三名。每名加僧粮一分。

一、书记僧二名。每名加僧粮二分。

一、管事僧二名。每名加僧粮一分。

一、直库僧二名。每名加僧粮一分。

一、直日僧四名。每名加僧粮一分。

一、管殿僧二名。每名加僧粮一分。

一、管塔僧一名。加僧粮一分。即修塔僧。

一、堂司僧二名。每名加僧粮一分。

一、净发僧二名。每名加僧粮一分。

一、施茶僧二名。每名加僧粮一分。

一、音乐僧二十众作二名。每名加僧粮一分。

一、管庄、管洲僧。各庄俱有耗银、耗米，常住不必再给。

众僧口粮　共米一千七百五十石。俱冬季给。

一、牒僧三百五十名。每名米三石五斗，银无。

一、学僧一百五十名。每名米三石五斗，银无。

以上夏租银用过一百四十六两九钱，科举年加银三两。余剩一十九两四钱六分。科举年除银三两。冬租银用过三十九两九钱，余剩一十两零五钱六分四厘。冬租米用过二千四十九石，余剩一十八石一斗二升五合。凡余剩银、米，年终开报，尽数为修理殿堂之用。

禅堂出数

每日约赡禅僧七十六名。每僧一日算银一分。见今除刻经，止该赡僧三十二名。

一、校经僧一名，银二两。

一、管板僧二名，共银三两。

附：僧录司入数

灵谷寺办印官俸粮银四十二两，牌示卷饼银五两。上、江二县诸山银二十二两七钱三分三厘。

溧阳县僧会司银六两。

高淳县僧会司银四两五钱。

句容、江浦、六合三县僧会司银各四两。

溧水县僧会司银二两五钱。

以上共银九十四两七钱三分三厘。

僧录司出数

一、印官一员，银二十四两，折米银一十八两。

一、年终送换诸山告示、十家牌银三两。

一、年终考通经僧，卷饼素饭银二两。以上灵谷寺出办。

一、年终造岁报册银五两。

一、纸笔墨银三两。

一、僧吏二名，共银九两六钱。

一、书手二名，共银七两二钱。

一、皂隶四名，共银一十二两。

一、杂费银一十两九钱三分三厘。

以上共用银九十四两七钱三分三厘。

五次大寺

各寺常住入数

鸡鸣寺　冬租银九十三两三钱三分四厘，灵谷给冬租米三百八十石。

能仁寺　夏、冬租银一百两八钱四分四厘，冬租米一百四十三石七升一合。

栖霞寺　夏、冬租银六十八两九钱一分三厘，冬租米二百三十四石七斗七升三合。

弘觉寺　夏、冬租银二十一两九钱九分九厘，冬租米一百二十五石六斗一升三合。

静海寺　夏、冬租银四十八两八钱三分二厘，冬租米四十八石九斗一升二合。

各寺禅堂入数

鸡鸣堂　冬租银七十两一钱一分。

能仁堂　无。

栖霞堂　夏、冬租银一十九两一钱九分一厘，冬租米一百五十八石二斗七升八合。

栖霞圆通禅院　夏、冬租银三两二钱二分三厘，冬租米一百五十一石二斗四升。

弘觉堂　夏、冬租银一十两七钱六分八厘，冬租米六十九石八斗二升四合。

静海堂　夏、冬租银三两八钱六分四厘，冬租米七十一石八斗三升八合。

各寺常住出数

殿堂焚修公费　鸡鸣二十二两，栖霞一十九两，能仁、弘觉、静海各一十三两七钱。

一、各正殿逐日香灯。鸡鸣、栖霞各三两六钱，能仁、弘觉、静海各二两四钱。

一、各傍殿逐日香灯。鸡鸣、栖霞各三两六钱，能仁、弘觉、静海各二两四钱。

一、初二、十六伽蓝斋。鸡鸣、栖霞各二两四钱，能仁、弘觉、静海各一两八钱。

一、正月礼千佛茶点。鸡鸣、栖霞各一两二钱，能仁、弘觉、静海各一两。

一、清明、中元祀祖。鸡鸣、栖霞各一两，能仁、弘觉、静海各八钱。

一、如来降诞、成道斋。鸡鸣、栖霞各一两，又鸡鸣宝志公三两，能仁、弘觉、静海各八钱。

一、五月圆觉会茶点。鸡鸣、栖霞各一两二钱，能仁、弘觉、静海各一两。

一、万寿、千秋斋供。鸡鸣、栖霞各三两，能仁、弘觉、静海各二两。

一、年节斋供。鸡鸣、栖霞各二两，能仁、弘觉、静海各一两五钱。

常住事务公费　鸡鸣、栖霞各十二两，弘觉七两八钱，能仁、静海各五两一钱。

一、常住茶叶。鸡鸣、栖霞各四两，弘觉二两，能仁、静海各一两。

一、疏结纸札。鸡鸣、栖霞各一两，弘觉八钱，能仁、静海各六钱。

一、公务杂费。鸡鸣、栖霞各四两，弘觉三两，能仁、静海各二两。

一、常住小费。鸡鸣、栖霞各三两，弘觉二两，能仁、静海各一两五钱。

住持、教学等口粮　鸡鸣银三十五两，能仁银三十五两，栖霞银三十四两，弘觉米五十六石，静海银二十六两。

一、大住持。鸡鸣、能仁各一名，每名二十五两。

一、堂札住持。栖霞、静海各一名，每名一十六两。弘觉一名，折米二十八石。

一、教学僧。鸡鸣、能仁、栖霞、静海各一名，每名八两。弘觉一名，折米一十四石。

一、门夫、山夫。鸡鸣、能仁、静海各一名，每名二两。栖霞二名，共四两。弘觉二名，共折米六石。

一、守下院僧。栖霞二名，共银六两。弘觉二名，共米八石。

通经执事等口粮　各加僧粮十六分，俱照本寺给，独鸡鸣每分折银一两。鸡鸣银一十六两，能仁银五两七钱六分、米一十九石二斗，栖霞米三十二石，弘觉米九石六斗，静海米六石四斗。

一、通经优给僧各三名。每名加僧粮二分。

一、维那僧各三名。每名加僧粮一分。

一、书记僧各一名。加僧粮二分。

一、管事僧各二名。每名加僧粮一分。

一、直库僧各一名。加僧粮一分。

一、管殿僧各二名。每名加僧粮一分。

一、催租管洲僧。有耗银、耗米，不必再给。

各众僧口粮　各寺牒僧七十名，各寺学僧三十名。鸡鸣给灵谷米四百八十石。能仁银三十六两，米一百二十石。栖霞米二百石。弘觉米六十石。静海米四十石。

鸡鸣。每名灵谷给米三石八斗。

能仁。每名银三钱六分，米一石二斗。

栖霞。每名米二石。

弘觉。每名米六斗。

静海。每名米四斗。

鸡鸣。用过银八十五两，米三百八十石。余剩银八两三钱三分四厘，米无。

能仁。用过银九十五两五钱六分，米一百三十九石二斗。余剩银五两二钱八分四厘，米三石八斗七升一合。

栖霞。用过银六十五两，米二百三十二石。余剩银三两九钱一分三厘，米二石七斗七升三合。

弘觉。用过银二十一两五钱，米一百二十五石六斗。余剩银四钱九分九厘，米一升三合。

静海。用过银四十四两八钱，米四十六石四斗。余剩银四两三分二厘，米二石五斗一升二合。

凡余剩银、米，年终开报，尽数为修理殿堂之用。

各寺禅堂出数

鸡鸣堂　每日约赡禅僧二十名。

能仁堂　无。

栖霞堂　每日约赡禅僧二十七名。

栖霞圆通禅院　每日约赡禅僧二十二名。

弘觉堂　每日约赡禅僧一十三名。

静海堂　每日约赡禅僧一十一名。

条 约

一、**殿堂焚修**　凡香烛、斋供等项，管事僧案期照数领出，公同各殿堂僧买办应用，不许将银一并预支，及径付殿堂僧手内。如有预支及破冒等弊，许众僧禀究。殿堂逐年揭盖一次，已有额定银两。每年终，查有应修理处，将二季缺僧粮及余剩银充用。每五年，遇丙、辛年分大修一次，将官住俸粮、众僧口粮扣除一半。如有兴造工大，即连扣二年亦可。工完，仍复旧额。目今灵谷、报恩已半扣修造。别寺如有兴造，俱照此例。凡用缺僧粮及余剩银，须呈禀批给。循环簿及岁报册内，另开“额外大修”一款，不得混入前数，致乱定规。其五年半扣者，钱粮尤广，须另造稽工簿报查。

本部议灵谷寺扣粮修殿稿

南京礼部祠祭清吏司为修建殿堂，以护陵寝事。照得灵谷寺乃圣祖敕工部建造，护卫陵寝，自来皆系本部移文工部修理。目今殿堂虽多颓毁，值公帑匮乏，难以复议。看得报恩寺大禅殿二层，已经官住、众僧扣粮修理，前一层工程已完。今灵谷租粮颇饶，亦应比例通查一年内应扣之数。原额殿堂揭盖银十二两全扣，印官一员折俸银十八两，僧官一员俸米三十六石，大住持二名，每名米二十四石，通经、执事等粮五十分，牒僧、学僧等粮五百名，每分银七钱六分、米三石八斗，别院僧粮一百二十名，每名米三石八斗，俱半扣。每年共扣夏租银一百五十九两，冬租银七十一两，冬租米一千三百一十五石，每石约变价四钱二分，约该银五百五十二两三钱，通共银七百八十二两三钱。该寺工程，有大殿四围廊墙全缺，无量殿擔角朽坏，禅堂、律堂方建未完，方丈将颓，廊房、库司移改，万工池挑浚，共该工一千二百余两。已经动支去岁租粮，并征夏租银起工，候完日另报。又观音殿、金刚殿重修，禅堂内大法堂、公学堂改建，共估银五百余两。五方殿重造，估银二千余两。今岁冬租银内，除将五百两修观音等殿外，余银置买五方殿木植，候下年租银起造。又下年租银装修,三年内工程约可全完。所扣俸米、口粮,一体复旧,不许因而干没,及私意增减。其扣粮内,有别院僧口粮。如别院自举大工,即准给用。无工,仍归灵谷。又扣米变银,如时价不等,临期再禀酌定。即遇价贱,佃户必照额征米,不得贪取小便,擅改折色,致酿奸弊。僧人有禀改者,重治,伏候批示。置立印信循环薄二扇,给该寺登记出入。本司逐月稽考,工完即备细造册,报堂,听候查验。堂批:如议行。万历三十五年三月十六日。

一、**常住事务** 凡常住不定事务,如官住到任,及拨僧祈祷之类,即在"常住小费"一款内。凡衙门内各役费用,即在"公务杂费"一款内。到任祈祷,事不恒有,有亦易办也。独马下钱,日增无厌。今止三大寺照旧,余寺绝无,不许分外需索分文。又本部官到寺设席,风闻各役逼令常住添设素饼,捏称旧规,实绝无根据,已经各厅、司会同禀堂申饬。如再有指索,用及各寺分毫,定行禀堂,从重究治。各寺有惧恶滥与,献谄妄用,致使经费不足,定额那移者,并将官住罚俸,管事、管库僧檄锁。除此外,果有事出不测,费至二两以上,仍许临时禀查。亦照大修例,于余银批给,另开"额外公费"一款,附册簿后注销。

本部会议禁革各役指骗稿

南京礼部司务厅、仪制等四司为严禁各役指骗事。照得三大寺及朝天宫,虽有钦赐租粮,原奉旨赡给僧、道及充香灯、修理,额派已定,常住并无宽余,可为不经之费。况本部官于各寺、宫分既相临,即用其分文粒米,亦不免瓜李为嫌。风闻本部官到寺、宫设席,各役逼令常住添设素菜、面饼,称为旧例。如不供应,即肆呵斥。又谓发银办饭,借用什物,亦间有例,可行各厅、司查。自到任以来,绝未经见,止闻有一无籍僧官,偶尔献谄,已经为事革职,他寺实不皆然。此等陋举,即相习成风,亦宜禁绝。况一人甫倡,而遂欲众人效尤,则科索之端,滥觞何极!虽先后各厅、司皆能自爱,必不至误听。而此辈敢于称说,惟思肆彼贪饕,不顾官府体面,可谓知有忌惮者乎?念系风闻,未有指名的据,姑不追究。合禀堂严行申饬。至于马下钱,三大寺、朝天宫往时间有拜客银二分,设席银四分,堂役加倍,据法本宜裁革,姑念所费不多,量存以塞馋口。除此外,并无毫厘相涉。如有门皂巧立名色,指称旧规，如前素饼之类，用及各寺、宫分文，即以倚官吓诈论，重责革役，仍枷号各寺、宫门首。各寺、宫如惧恶滥与，献谄妄用者，官住罚俸，管事、管库僧、道重责追牒。各寺、宫公费出入，原有循环簿开报祠祭司。簿内但有前项滥费开入，及簿虽不载，而实系那移影射者，应即呈堂，或知会各厅、司。各厅、司亦务期相成，毋嫌彼此。更乞批示，严谕各役，用使知儆禁于未然，毋致为清曹之点染也。各厅、司未敢擅便，伏候裁夺施行。堂批：供应素馔之类，虽事属细微，实伤大体。各役妄捏旧规，希图指索，情实可恨。再有犯者，定枷责革役。祠司仍不时查核循环簿，如系堂役及各厅、司等役，即呈禀知会，务使弊端永杜，以副各厅、司相成雅意，于清曹体面实大有裨也。俱如议。着实严行。万历三十三年正月十六日。

一、**官住、教学**　官住俸薪，不为不厚。欲其领袖众僧，护持一寺。乃只求俸薪到手，租粮耗损，漫不经心，则设官住何用？自今务要各庄通完，散众及存留俱足，岁报册送查，果无欠少错误，方许官住支给。如过期不完，官住俸粮截支，候征完方与开粮。至于教学僧，须以通经考前列者充之，事务最烦，应当优厚。俸粮俱以到任着役日为始。但有开除，俱合申报。

一、**通经、执事**　通经优给僧，原为考官住及教学而设，务取能作解义、精通经典者。如文理不甚通，姑以填数，则粮止半给。前堂、维那僧，专领众焚修，每月朔具结；管事僧专管常住一应事务；书记僧专管填写逐年租单告示、月报岁报，及一应册籍疏结；直库僧专管收放银米；直日僧专答应上司，及巡察寺内一应违禁事举报；殿堂僧专管殿堂香灯。各僧但有误事及作弊者，俱檄锁究革。限一年一换。而管事、直库尤关紧要，更不许恋役。堂司、净发、施茶、音乐等僧，无过不必更换。数已额定，不得别立名色，分外增加。年终送岁报册日，俱送司查点，以防虚冒。通经僧考定，音乐僧粮少，姑免点。通经、书记僧每名支僧粮二分，前堂等僧每名各支僧粮一分。如有牒补粮，仍本分兼支。

一、**牒僧口粮**　僧无定数，粮难稽考，弊窦甚多。今以各寺见在僧，酌为成额。查灵谷寺原系护卫陵寝，有旨赡僧千人，似难擅议。而天界、报恩亦与鼎立，但见在实不及额。今各定牒僧三百五十名，外加学僧、禅僧，灵谷又加别院僧，则亦近千人之数矣。鸡鸣等五次大寺，牒僧各七十名，大约皆见在实数。凡食粮牒僧，专以本寺度牒为主。牒僧逾于额外，则照数截住，候缺出顶补。年终，该寺申报，总收一次。如牒多缺少，仍以默经为定。目今独报恩牒多，补粮以考定。别寺牒少，俱不必考牒僧亏于额内，则扣粮贮库，待有纳牒者，亦年终总收。牒僧又以实在寺焚修为主，如外寺僧已纳本寺牒，置房进住者，即准挨缺补粮。本寺牒已出外住，不实在寺者，即除名革粮，取度牒批过给还，不许冒滥。僧分三班，逐日上殿。三次不到，及告假满三月者，停粮。过一年者，径革。有故辞粮者，免其上殿。夏、冬二季给粮，各该寺备造花名册一本，分“额定”、“旧管”、“新收”、“开除”、“实在”、“扣缺”六款，先后即将度牒对查，专以纳牒日期为序，同日序齿。如以默经序补，则先后论案、花名册先送司查的批发，官住即公同众僧，照册唱名给散。各僧于本名下亲注“领足”缴查，本司仍不时掣问。其缺僧余粮，止充修理，不作别用。册内另开“缺僧粮”一款，以凭查估批发，毋得混入余剩数内，致有隐漏。

一、**学僧口粮**　三大寺各额定学僧一百五十名，五次大寺各额定学僧三十名。食粮专以到学为主，实在学半年开粮，出学即除粮。数足，候缺顶补。不足，扣粮贮库，俱与牒僧一例。

每正月半开学，十二月半止。分上、下半年，正、七月分。官住督同教学僧，将实在学僧造花名假簿，各名下开某年月日到学，先后即以到学为序，同日序齿。一样三本，送司用印。一存本司，一给官住，一给教学僧。遇有告假及事故，从实填报。假满一月者，革粮。如有虚冒，教学僧究革，官住罚俸。凡纳牒，必先经入学，教学僧具结，官住于夏、冬二季类总报司，方准起送。如未经入学者，不许纳牒。牒僧在学，二分兼支，仍免上殿。行童年八岁以上，二十岁以下，不到学，该寺拨令打扫殿堂。学内所习，用《梵网》、《楞严》等经，不许习应付法事，只图射利。夏、冬给粮，备造花名册一本，即附牒僧册后，事例、式样俱同。先后序次，即将假簿照验，不得搀越。教学僧给与札付为照。

一、**禅堂供众**　禅堂多系行僧，参学持斋，僧规不失。国初拨田赡僧，原为此辈。奈房僧好丑相形，每怀忌嫉。姑念习久难反，止于各该寺租粮十之二、三，拨入供众。此皆系本司查增，而非夺房僧所有。如敢生事扰害，定从重究治。给有堂帖为照。其堂内规条，每堂算定岁入租银若干两，米若干石。每僧一日饭食、腐菜银一分，或米二升。每日该赡禅僧若干名，堂主登簿，知会官住。除香灯募外，僧多亦听募助，僧少以侵克论。官住不为催租，致有拖欠，革俸抵偿。田地如有典佃，虽费出有因，亦必从重追究。堂主或缺，听堂内众僧公同官住，另举贤能充补，不许徒弟、眷属、世恋接管。租粮俱堂主管理，如有法师止觉察而不经手，原无责任，不宜赴司进谒。催租僧，堂、内外各一人，不许偏用。堂内不得将荤酒进入，及蓄养行童。违者，堂主不许住堂。各堂大门，设立左、右二示悬挂，务使僧众通知，用防隐阁。

本部给各禅堂札付

南京礼部为拨给禅堂，以励行僧，以存祖制事。祠祭清吏司案呈，照得禅堂多系行僧，参学持斋，僧规不失。国初，本部奉旨分为三等，曰禅，曰讲，曰教。《钦录集》开载甚详。今禅、讲仅存于禅堂，而房僧绝不知为何物矣。然则圣祖所赡养之僧，在今日亦惟禅堂足当之也。奈薰莸不能同器，每加忌嫉。纵习久难以尽移，而德意岂容偏壅？况一寺之中，安得有分彼此？今查栖霞寺见有钦赐金官等庄，拨入禅堂。乃三大寺独无，殊失优给行僧之意。今议，各寺以十分之三给之。灵谷禅堂，悟真、桐桥二庄及陈桥茄地洲，约赡僧一百七十一名；律堂，龙都、散甲二庄，约赡僧一百九十八名。天界禅堂，靖安庄、采石洲、菜地并施舍田，约赡僧七十三名。报恩禅堂，藏经板头、菜地，约赡僧七十六名。又鸡鸣禅堂，大梅子洲，约赡僧二十名。皆给与帖文执管。盖寺租自经清查，给众较前有余，非夺房僧原有之物。如有敢生事扰害者，定从重追牒究治。其禅僧虽难额定，大略常存有约定之数，即见无弊。其收租正、副二僧，用堂内一人，堂外一人互察，官住一体严催。钱粮既多，堂主要须得人，官住亦宜不时稽考。但不许有分彼此，私意中伤。具由禀堂，奉批：僧非禅则不成僧，寺无禅堂则不成寺。圣祖赡养本意，原为此辈。俗僧反怀忌嫉，殊可恨也。如议拨给。有敢生事扰害者，查出重究。奉此。又禀堂，奉批：准各给帖。奉此。案呈到部，拟合就行。为此，合札某寺禅堂主僧照札事理，即便遵照，将后开各庄田地、洲场永远执管，收租供众。有敢生事扰害者，许执札赴禀，以凭重究，毋得违错。须至帖者。万历三十四年八月初六日。

一、**拨佃借贷**　各寺租粮所入，尽足充用，原无重大事务赔累。近年，官住多假修理、散众为名，豫拨洲田，广借债务，实费仅十之二、三，而虚耗已十之七、八。官住利于侵用，虽屡经本部禁谕，弊终不止。至令洲久假而不归，债盘算而无已，贻累该寺，莫此为甚。除前革职赔认外，以后但有犯者，不论实用与否，官住即行革职，责令赎洲召债。如有实赃，仍加参送。至于佃田受价，佃户得以藉口，尤为不可。幸未有犯，亦合预禁。如各寺果有紧急公费，必不容已，许于三大寺公费内，相通借用，申禀批给。银不起利，租到即还，不得延挨。

一、**月报岁报**　各庄租粮，俱分夏、冬二季，租到，即查额定公费，照数扣存库内，以待半年之需。下次租银相接，亦如之。未应交纳者，不许预先那用，及零星取讨，以致折减虚耗。其官住俸薪、众僧口粮，亦分二季支给，各有定数定时，不许银米那移，后先搀乱，致酿弊窦。凡众僧口粮，随到即具花名册，送部批给，不许迟延。散众完，方给官住。至于公费逐时关支者，须管事僧具领，官住查照额例批发，管库僧将银送官住验封兑出，仍封固判押发收。书记僧即登报循环，买何物料，给何工役，仍听官住验过。盖官住查理而不经手，库僧收贮而不折[①]封。用费不实，责在管事。登报不实，责在掌书。互相觉察，毋得党同。额定外，又量存余剩银米，备额外不常之需，听临时具手本批给。如无手本，不准支销。每月开报循环，照例分“旧管”、“新收”、“开除”、“实在”四款。款内仍备开原议额定数目，各将见用数目附注其下，以便查对。每月终日，预将簿送司。朔日，管事、书记、管库僧一同赴领。如有用不合例，及指称揭债那借等项名色，即系侵欺，定重究追补。每夏、冬二季，仍总造岁报册，规则与循环簿相同。但彼以月计，而此以岁计，分散与结总之异耳。册内有过用者追赔，合例与否，官住年终考校，即以此为定。余剩银米，如至年终尚未支销，即报明，与缺僧粮同充修理之用。五次大寺钱粮不多，止于夏、冬岁报，不必月报。

① 折：应为“拆”。

一、**灵谷分给租粮**　灵谷寺田租独多，内有天禧溧水等田，又原系报恩、天界等寺赐田归并。僧录司印官俸粮，应独派灵谷出办，余寺俱免。又鸡鸣系灵谷别院，观音阁系灵谷下院，共额定僧一百二十名，附灵谷关支米粮，独银两不给，以存寺内寺外之别。

一、**报恩禅堂板头**　板头银俱禅堂赡僧。目今用八两刻补缺板，约五年通完，仍用赡僧。每请藏，逐月有循环簿开报；印经刻板，有号票给查，悉载《请经条例》内。

附：三大寺及五次大寺公费文册数目

灵谷寺　循环公费簿二本，岁报租粮册夏、冬二本，散粮花名册夏、冬二本，公学假簿本司、本寺、本堂三本。

天界寺　循环公费簿二本，岁报租粮册夏、冬二本，散粮花名册夏、冬二本，公学假簿本司、本寺、本堂三本。

报恩寺　循环公费簿二本，岁报租粮册夏、冬二本，散粮花名册止冬季一本，公学假簿本司、本寺、本堂三本。

鸡鸣寺　岁报租粮册夏、冬二本，散粮花名册止冬季一本，公学假簿本司、本寺、本堂三本。

能仁寺　岁报租粮册夏、冬二本，散粮花名册止冬季一本，公学假簿本司、本寺、本堂三本。

栖霞寺　岁报租粮册夏、冬二本，散粮花名册止冬季一本，公学假簿本司、本寺、本堂三本。

弘觉寺　岁报租粮册夏、冬二本，散粮花名册止冬季一本，公学假簿本司、本寺、本堂三本。

静海寺　岁报租粮册夏、冬二本，散粮花名册止冬季一本，公学假簿本司、本寺、本堂三本。

卷五十二　各寺僧规条例

南京礼部祠祭清吏司为条议僧、道官职事宜事。照得南京僧、道录司，乃额设正六品衙门，管辖各寺、观僧、道，及一切租粮词讼，人众事烦，居然一有司也。往时，官住多系匪人，清规大坏。本司职掌所关，何忍藐忽，以恣决裂？除坏事官住已经革职另补外，所有节次条议，奉批遵行在卷。今合通查，约总开款，另呈批示，以便刊刻书册，永久遵照。禀堂，奉批：官住为寺、观纲领，向时考补，丛弊滥费。近经搜剔，百凡清楚矣。该司所别诸款，更加体悉。凡在缁黄，各宜自爱。至于遵成事，杜弊端，则后之典兹曹者，尤宜加意耳。奉此。合行刊刻书册，永远遵照施行。

计开：

一、**额设**　僧录司额设左觉义一员，右觉义三员，往时各住一寺。近经咨北，左觉义专住僧录司；右觉义三员，分住灵谷、天界、报恩三大寺，系本部考选，起送礼部具题，吏部覆授。其大住持八员，灵谷、天界、报恩各二员，鸡鸣、能仁各一员，俱系本部考选起送。近亦咨北，免其亲赴，止移咨礼部类题。其栖霞、弘觉、静海各一名，系本部堂札。其通经优给僧，灵谷、天界、报恩各十名，鸡鸣、能仁、栖霞、弘觉、静海各三名，系本司考试，呈堂发落。凡官住俱以别寺僧考补，不许即用本寺，以滋偏私。至于中寺住持，体统与大住持迥别。遇缺，僧录司将该寺有行僧送本司，默经考补给札。小寺首僧，又与中寺住持不同，径听僧录司选补。

新卷　本部咨定官住事宜札付

南京礼部为省繁文，以杜措勒，并条议官住未尽事宜事。祠祭清吏司案呈，奉本部送准礼部咨开准南京礼部咨议僧录司未尽事宜，烦为查议回咨等因。到部送司。查得新补官住，旧例行查三次。本部因其烦扰，已经裁减二次。今即取用本寺一结，又何必再取见任寺结，以滋勒索？及查左觉义既管衙门印务，总理诸山，再兼本寺，委属重复。其能仁寺既称事简，止留住持，不必再设僧官。及本寺僧官调灵谷寺，则官省而事亦集矣。至于住持，原系不急之官，既经查勘无碍，又经考选堪充，止须知会本部给札，不必令其亲往，以省盘费，俱为便益。相应回咨，案呈到部。看得事求便民，法宜通变，既经南京礼部移咨前来，又经该司查议妥当，合咨烦为照依来文内事理，永为定例施行等因。咨部送司，案呈到部，拟合就行。为此，札仰该司官吏，照札事理，即便转行各大寺，以后如遇新补官住，止取本寺一结，不必重取见任寺结。又该司左觉义见兼灵谷寺，今只专住僧录司衙门掌印，总理诸山，不兼本寺。其能仁寺僧官，即调补灵谷寺，能仁寺止留住持一名，僧官不必再设。又新补住持，不必亲往北部，止听本部移咨，知会北部，给札管事，俱永为定例。仍将遵过缘由，并各官到任日期，申报施行。一札付僧录司。万历三十三年十一月十六日。

一、**考补**　查《大明会典》一款，本司官俱选精通经典、戒行端洁者为之。查《钦录集》一款，奉圣旨："灵谷、天界、天禧、能仁、鸡鸣五寺，系京刹大寺，今后缺大住持，务要丛林中选举有德行僧人，考试各通本教，方许着他住持，毋得滥举。钦此。"又查《大明会典》一款，洪武年间，礼部奏准，凡度僧皆本部考试，能通经者方准给牒，不通者黜还俗。是考经，即度僧皆然，不独官住已也。自来官住皆考经不废，近忽将僧官改为用阄。夫僧官得辖各寺钱粮、词讼，关系最大，今不问贤不肖，而一听之阄，已非祖制。况阄虽示公，实有不尽然者。今该本司呈堂，一以考经为准。经之通否，自难掩人耳目。但往时虽系堂考，本司得以阅卷，定拟去取，故请托终不能禁。今堂属分为两考，如左觉义缺，本司就右觉义三员内，考选二员送堂。右觉义缺，本司就大住持八员内，考选三员送堂。大住持缺，本司就堂札住持三名内考选一名，又通经僧内考选四名，共五名送堂。堂札住持缺，本司就通经僧内，考选五名送堂。考用《梵网》、《楞严》二经出题，皆堂上亲自阅卷取补，本司止散卷收卷，并不干预去取。如此，则果系不通，必难屡幸。各僧希冀之心，或可藉以潜杜耳。官住考补，必由通经僧挨序而进。有越次者，即系钻刺。其戒行优劣，官住见有年终纪录簿可查。如有过犯，不准送试。通经僧取官住保结为据。凡通经僧，每年终，本司取八大寺僧考补一次。通经者照缺填补，不通者黜革。人少，姑以默经充数，粮止半给。试卷俱呈堂发落。如本司官止一员，仍会仪制司官一员同考。承恩寺原不在大寺之列，最善钻刺，不得破例滥收

一、**禁费**　往时遇补官住，本衙门各役及寺僧需索，各不下六、七十金。是何脂膏之地，而滥费至是？将安望其修洁为也？因各僧、役不遵禁谕，已经吊取用过底簿，送堂面审，革役枷责有差。至于各寺结状，又经咨北，止用本寺一结。其三次叠取，及见任寺结俱革。惩创之后，似可稍戢矣。复访得逼索之患，皆起于文书稽缓。自今但有官住缺出，本寺即时申报，本司即牌行僧录司，取应考僧名到司，定限第一堂考试发案，第二堂送堂覆考。当日补定，随牌行僧录司取结。第三堂，僧录司将本僧原住寺一结申送，本司吏书随即写备咨文，限第四堂呈堂给发。其使费等项，一概禁绝。如有迟延，即审系何处留难。过一堂者责治，过二堂者究赃，务期严查，以塞弊窦。

新卷　本部究追逼索官住银钱告示

南京礼部为究追逼索官住银钱事。祠祭清吏司案呈，照得往时三大寺遇补官住，本衙门各役索费约六、七十两，各寺画结，亦近此数，而北上盘费不与焉。此何等前程，滥用至是？为此，既补之后，种种不肖，难以化诲。该本司呈堂，严行禁革。今各不遵行，逼索如故。一经补出，各役数十人环集其家，少不遂意，喧呼喝骂。而寺僧画结，则有去衣夺笔，肆行诟辱者，大可骇异。该本司吊取近年住持用过底簿送堂，蒙拘衙门旧役方四及官住等，面审是的。奉堂批：各寺补住持、僧官，此公典也。而合署奸役以为利薮，群起需索，是何理法？即相沿已久，难以追究。而自去岁，该司禀堂禁革以后，独不可遵行乎？往者，考补多系夤缘，本僧或尚有力，可以出钱。而近来堂司所考，皆出至公，尽绝请托。其见取者，多是贫僧，通晓经典，安能得钱，填此辈溪壑也？今经细访，并查出底簿，及旧役方四等口供，其刁恶泼赖，集众横行，最为大害者，堂上则有长班王臣，而班头徐相次之；司厅则有皂隶侯强儿，而顾辣次之；该司则有皂隶焦德，而钱伦、蔡春次之。此皆蠹法恃凶，均当痛治。但念人多，不能尽法。王臣、侯强儿、焦德各责二十，枷号二十日，革役，其余各责二十。追还骗去银钱，发各祠修理。至于簿内所开庄先生，是何幺么，而动辄骗银，少者两余，多者数两。计其所得，反在各役之上。而该司书手刘汝登，罪亦次之，似当各行革役。而庄先生加责二十，枷号。其余吏书等项得钱不多者，姑且宽贷免究。但钱自一千，银自一两以上者，尽行追出，为各祠庙修理之用。衙门既清，则群僧之浪费亦所当究。合行按簿追出，于寺中修理，或还债等项公用，以前勿问，但查此簿以后者可矣。本部大意如斯，中间有情法未当，处置未尽者，该司再酌量禀行，务于合人情而塞弊窦，亦衙门一快事也。其各寺刁僧，并访其尤无赖者，枷号一、二警众。奉此。会同厅、司遵照批示，将庄先生即庄显宗、侯强儿即侯举、王臣、焦德各责治革役，枷号报恩寺门首二十日；顾辣即顾朝栋，又经霸占乐妇，奉批责二十板，革役，枷号教坊司门首半月；刘汝登革役，徐相、钱伦、蔡春各责治讫。其底簿所开，除年远不究外，止据三十二年十二月间性敏、本性二簿。性敏用过衙门内共银一十六两五钱五分，共钱五万六千七百二十五文；寺内共银三十九两八钱，共钱六万二千六百二十四文。本性用过衙门内共银一十四两九钱四分，共钱六万四千二百一十文；寺内共银三十两七钱三分，共钱三千一百七十文。其各役及各僧名下，除得钱少及钱多，而已经革役免追外，今查银自一两以上，钱自一千以上，开报衙门人役，共银一十两零二钱，共钱二万三千二百三十二文，付送精膳司追收，为黄公祠修理之用。灵谷寺索过性敏共银二十四两四钱，共钱五万二千三十文。性敏原系报恩寺僧，追出，仍给报恩寺常住，偿还欠债。鸡鸣寺索过本性共银二十三两六钱七分，追出，亦给报恩寺湊刻续藏经板。完日，取该寺官住库收缴。又查新补报恩寺住持明裕，到寺画结，有僧海宁、道盛、德华等，索取点茶，去衣夺笔，纠众辱骂。查德华素行无犯，姑责治释放。道盛因醉酒放肆，追牒还俗。海宁惯能赌博，追牒重责，枷号。又查各官住皆索新补住持贽仪，大约三、四两。如已退僧官如选，則多至九两。独报恩寺住持满簣，簿中无名。据众称，自来坚辞不受。不意众浊之中，有此独清之品。合动支该寺库银五两，给扁旌异。并去年所派认债银，共二十两五钱六分，亦仍归常住，免其召偿，大行奖劝，以励颓俗。自今新补官住，不許衙门人役及寺僧仍前需索。大书木榜一通，悬之衙门公署，永远遵行。又经稟堂，奉批：俱如议行。奉此。合再书示，知悉遵守。案呈到部，拟合就行。为此，示仰本衙门一应人役，及诸山官住、僧、道知悉。各犯俱系初次，姑从轻处。今后考补官住，敢有仍蹈前辙者，体访得实，定行参送究赃治罪，决不轻贷。万历三十三年十二月十二日。

一、**词讼**　查《大明会典》一款，凡内外僧官，专一检束天下僧人，恪守戒律清规，违者从本司惩治。若犯与军民相干者，从有司惩治。又《钦录集》一款，礼部为钦依开设僧、道衙门事。一在京在外僧、道衙门，专一检束僧、道，务要恪守戒律，阐扬教法。如有违犯清规，不守戒律，及自相争讼者，听从究治，有司不许干预。若犯奸盗非为，但与军民相涉，在京申礼部酌审，情重者送问，在外即听有司断理。是僧、道专属本部，如武学、军卫之于兵部，与有司原无预也。自来僧、道词讼，皆在本部。如有司衙门行提，必抄录奉批原词，或移文知会，或具由申请。牵害者免提，情重正犯量发，原系相沿旧规。近有未经知会申请，径自拘提，本司不得与闻，因有差役受嘱，借本部禁例，朦胧赴该衙门注销者。既侵职掌，且长奸弊，殊属非法。今后凡遇违制径提者，僧官、住持速行报夺。惧威擅发，一并究罪。至于僧、道词状，往时间批有司，事易藐忽，经年不为申结，为累非细。今后一遵祖制，例不行有司衙门，止批僧、道录司。其僧、道讦讼，亦例不许赴别衙门告理，以长健讼刁风。如系真正强盗人命，例应赴别衙门，须先禀知批词限十日内申详。有枉断者革职，受赃者参送。违限不结，提吏究责。若犯奸盗非为，与军民相涉，遵照钦依条例，申部酌审，情重送问，情轻径自发落。此外本部有民间坟地相争，及天文生、医生词讼。坟地原系户婚之类，自应归属有司。天文、医生虽属本部，然其词讼并不见之典故，亦似越局。自今概不准理，即通状到部，亦止立案。职内毋侵入，职外亦毋侵出，恪遵掌故，毋致那移。

一、**优恤**　往时官住不务行修事举，专以趋奉为恭，体貌日贱。即有好修僧、道，多不愿就，以致无赖成风，诸务尽坏。查国初僧、道录司止属部堂，宣德年间，本司文移，犹用手本。在今虽难追论，而体貌似宜稍优。凡本部官到寺、观拜客饮宴，趋承之礼，或可量省。至于各役需索呵斥，尤伤本部体面。各司亦俱体恤，已经呈堂严禁，合再申饬。

一、**卯结**　往时各寺逐月到司具结，有寺小止一、二僧者，不无烦累。而联属觉察之规，又不可废。查三大寺原就近分统各寺，今复于各寺中就近，如城中相去四、五里内，城外相去十余里内者，各以中寺领小寺。每月终，各小寺互相具结，送中寺住持。中寺住持于次月朔，类总送司。结内照节年告示条约："一、不许勾引妇女；一、不许安歇奸细；一、不许畜养牲口；一、不许摆设荤宴；一、不许典佃公产；一、不许砍伐荫树；一、不许污秽殿宇；一、不许私创庵堂；一、不许干与讼事；一、不许废缺焚修；一、不许窝藏赌博；一、不许容留追牒。"逐项登答，有违犯者，各该管官住及左右邻觉察申禀，而尤以左右邻为主。如纵容不举，一体究治。近行十家牌法，每月十房内轮一房直牌应卯，互结各房

一、**考校** 官住管辖钱谷词讼，不别贤否，何以劝惩？今议每岁终，照武职例，考校一次。十一月终，本司先发簿一扇，将应考事列为条件："一、征租有无拖欠；一、给众有无足数；一、官粮有无完纳；一、公费有无合例；一、芦洲有无拨佃；一、公债有无揭借；一、批详有无迟延；一、问理有无偏私；一、焚修有无废缺；一、戒律有无破毁。"报恩寺加"经板有无欺隐"。各官住逐一登答，本司覆核，填注考语，呈堂定夺。过重革职，过轻罚俸。有贤能者奖赏，少则二两，多则四两，于该寺、宫公费内动支。逐时有贤不肖事件，俱纪录各名后，年终备查，以定优劣。每遇丙、辛造册年分，仍总考一次，奖多者候缺送考，罚多者革职。

一、**度籍** 僧人度牒，往时零星请给，本司不便查考。至有犯事被逐行童，亦得朦胧赴纳。自今各僧愿请牒者，听其陆续报名僧司。僧司于夏、冬二季，类总报部。本司呈堂，札行应天府，各僧一同请给。不但本部得以稽查，各僧亦甚便益。年终，僧录司备开所属寺、观僧、道年甲、籍贯、度牒字号，造册二本，一存本部，一送礼部。其亡故度牒，缴部涂抹收架。但往时册籍，已成故套，多非实僧。今咨北者，仍依旧式。本部另照散粮花名册造送，庶为实据，以便查考。

万历三十四年四月□日。

附：十家牌告示

南京礼部祠祭清吏司为申明排门旧例，以净僧规事。据南京僧录司申称万历十五年间，奉本部设立各寺十家牌法等缘由到司。据此查得，先年委有编甲事例，合无设立牌式，行僧录司刊印。各大、中寺约十房，设木牌一扇。如房少，尽本寺为止。各小寺同一所领者，就近共牌。各填注花名，并造册，送司挂号，给发各僧遵照，后开条款，十房互察。有违禁者，公同禀究。如容隐事犯，牌内左右邻房及轮牌直日之家，一体檄锁追牒。每月朔日，各牌内轮一僧，具"有无违犯"结状送查。每年终，另填新票，申请更换。具由禀堂。奉批：如议速行。奉此。除牌仰僧录司照式刊印，给发各寺，轮房悬挂外，合再出示晓谕，各该寺僧众，一体逐款遵照施行。

一、不许勾引妇女。

一、不许安歇奸细。有事在官者尤不得容留。

一、不许畜养牲口。

一、不许摆设荤宴。除官府遣厨外，余人俱禁。

一、不许典佃公产。即有重大紧急公务，不得借名开例。

一、不许砍伐荫树。

一、不许污秽殿宇。如寄琐货物、帖贴号票，聚集闲棍、牲牧等类。

一、不许私创庵堂。大寺内有愿造庵进住，本寺毋得拦阻。

一、不许干与讼事。

一、不许废缺焚修。有公学者尤不得废业。

一、不许窝藏赌博。

一、不许容留追牒。无牒被逐者，概不准留。

万历三十五年二月□日。

年终缴旧换新。

卷五十三[①] 各寺公产条例

南京礼部祠祭清吏司为清查常住公产事。案查先该本司禀堂,会同仪制司郎中汪□清查常住田地,除大寺钦赐原无盗卖,租粮已经议定外,复将各中寺、小寺公田,载在本部职掌及碑记内者,一一查核。行委僧录司印官通行各寺,攒造田形、实征二册,陆续送司。汪郎中随经升任,复呈委仪制司主事洪□会同清理。备查得《钦录集》及碑记内开载,洪武十五年三月初六日,曹国公钦奉圣旨:"天下僧、道的田土,法不许买;僧穷寺穷,常住田土,法不许卖。如有似此之人,藉没家产。钦此。"又本年九月二十五日,户部尚书孙英同本部官于武英殿钦奉圣旨:"天下僧、道的田土,依着曹国公置惠光庵的田土,还与他庵内了。常州府武进县怀德乡粮长陆衡,典了弥陀寺田土三千亩,止还一千亩,今又要原钞。惟有这厮不怕法度,勒要和尚钞。如此之人,难以本乡住坐,免他死罪,连家小发去边卫充军。照得天下有此土霸之人,倚恃豪富,将那僧、道田土在已余过年月,以利息过本为由,僧、道乏钞收赎,拟将他绝卖,以致僧、道穷乏。土霸之家豪富,体得如此者,着有司拘集僧、道,取勘常住田产,若纳官粮外,计赃坐罪,田产还他本寺。钦此。"又查《大明律》一款,僧、道将寺、观各田地朦胧投献,私捏文契典卖者,投献之人问发边卫,永远充军。田地给还各寺、观,其受

---

① 五十三:原书为"五十二",径改。

投献家长并管庄人参究治罪。夫寺、观田地不许典卖，圣谕及律例历历可据。况今常住公产，又与僧、道私置不同，上则请敕护持，下则呈部禁约。内亦间有钦赐田土盈缩，悉载职掌，安得私卖之而私买之？甚且以白占为也。今查据本部职掌及碑记内开载田地，其间见存者固多，所有隐失，情各不等。如寺小之处，有等奸猾里长，设计逐僧，借口户绝，无人办粮，收归执业，则径自白占，与僧人原无干涉，直当追田还寺者也。又有土霸，田亩相连，计串黠僧，暗卖暗买，实契虚钱。黠僧利值虽少，犹愈于无。众僧受欺，即觉，已无可挽者。又有寺小僧稀，以他寺僧带管，则视常住为传舍，急售其田，挟轻资以去。每亩止不过数钱，而众僧亦视为无主物，袖手不顾者。此二项显系投献，律例甚明。但人情既以积弊为固然，本司亦难尽法以大创，相应斟酌议处。除卖僧已故，无从追究外，其见在者，俱责令照备原价赎回。力不能者，即追度牒逐出，另着他僧赎之。内有民情恋产，不欲退赎，情愿照佃田例，减半输租；或田多而量退一、二，抵补薄价，免于全赎，皆听从情处，各随所便。无非上不欲失圣祖“田产还他本寺”之旨，下则宁使法常不足，情常有余，期于调剂之当而已。今查据各寺见在田共二千六百五十四亩八分六厘，地共八百五十一亩八厘，山共一千九百三十四亩三分五厘，塘共二百四十二亩一分六厘，通共五千六百八十二亩四分五厘，房一百一十五间，房地六十二间半。大约旧管及新收者十之九，清出者十之一，尽数查照入册，各情俱已输服。其刁恶怙终，难以理喻者，则有窑墩庵田之被占于里长李鹤等，复告上元县；昭明院田之被占于生员戎自华等，复告巡视衙门，俱经参送法司，仍如本司原断，田归该寺，各犯俱各拟罪。有法司回文在卷。然田地虽已清理，犹恐向后复有盗卖之弊。查三大寺原分统各寺，今复就各寺中以中领小，互相觉察，每月具结呈递。又以僧录司总之，每年该司给各寺由票一通，送本司挂号，岁终倒换。每五年，同三大寺通查一次。伏候批示，刊刻书册，永远遵照。庶黠僧、豪户不得私相买卖，施主义举可以不孤，而明禁昭然，亦不至终于废阁也。禀堂，奉批：中、小寺田业，虽不尽出钦赐，然皆各寺之恒产也。既经查明，甚者至法司治之，霸占者其庶知警乎？以中、小寺而分属大寺，尤得提纲挈领之意。俱如议行。奉此。合行刊刻书册，永远遵照施行。

今将各中、小寺公产开后。

灵谷寺所统

栖霞寺　公产载本寺册内。领有产小寺一。

　　西坟庵　田三亩八分八厘，地八亩二分三厘，山五分二厘，塘无。

佛国寺　田七亩三分，地无；山一十五亩，塘无。领有产小寺三。

　　清果寺　田一亩三分五厘，地四亩七分一厘，山十亩七分三厘，塘五分。

　　梵惠院　田四亩七分四厘，地三亩六分八厘，山八亩，塘七分九厘。

　　茶亭庵　田九亩五分八厘，地十一亩四分一厘，山五亩，塘四亩。

草堂寺　田一百九亩五分，地二十七亩八分五厘，山十三亩，塘八亩五分二厘。领有产小寺一。

　　慈仁寺　田无，地十亩二分五厘，山五十五亩九分，塘二分九厘。

翼善寺　田无，地十亩八分七厘，山五十四亩五厘，塘无。领有产小寺四。

　　祈泽寺　田二十二亩五分五厘，地八亩四分，山六亩，塘无。

天宁寺　田二十亩，地无，山三十二亩，塘二亩一分。

云居寺　田四亩一分四厘，地七亩二分六厘，山无，塘六分三厘。

庄严寺　田十二亩二分六厘，地无，山无，塘五亩。

定林寺　田六亩，地无，山七十五亩，塘二分。领有产小寺一。

外永福寺　田九亩九分二厘，地无，山无，塘无。

光相寺　田无，地八亩，山无，塘无。领有产小寺二。

天隆寺　田无，房六间，地无，山三亩，塘无。

积善庵　田四亩七厘，地四亩三分一厘，山无，塘二亩。

广惠院　田四十四亩五分，地二十二亩八分五厘，山二十八亩五分，塘五亩二分。领有产小寺四。

宝善寺　田三十九亩四分五厘，地七亩六分，山五亩，塘三亩二分九厘。

龙泉庵　田六亩一分四厘，地一亩七分七厘，山五亩，塘三分。

本业寺　田十八亩二分，地十二亩九分，山十二亩，塘三亩五分三厘。

普济寺①　田十六亩三分三厘，地十五亩五分四厘，山三十三亩，塘六亩。

昭明院②　田七十六亩五分，地四亩二分七厘，山一亩二厘，塘四亩二分。领有产小寺二。

吴读庵　田十五亩二分六厘，地十亩二分，山九分，塘三分五厘。

多福寺　田三十四亩一分三厘，地七亩五厘，山无，塘七亩四分。

三禅寺　田七十六亩八分八厘，地一亩三分三厘，山一百亩六分九厘，塘六亩五分。领有产小寺五。

安平寺　田十四亩一分六厘，地二亩九分四厘，山无，塘一亩五分。

登台寺　田六亩三分一厘，地十三亩一分九厘，山一亩，塘二亩。

---

① 普济寺：本书卷13为“普济庵”。

② 昭明院：本书卷14为“法清院”。

慈光寺　田二亩二厘，地无，山无，塘无。

无垢寺　田二十七亩七分，地九亩九分八厘，山二十六亩八分，塘一亩八分六厘。

紫草寺　田一十六亩四分，地一亩，山六亩五分，塘无。

天界寺所统

承恩寺　向南廊房十一间，房地四间半；向西廊房二十间，房地十一间。

本寺禅堂　向南廊房十二间，向西廊房十二间。

鹫峰寺　租房十六间，地五亩七分五厘，山无，塘无。领有产小寺一。

清溪庵[①]　田四十一亩，地无，山无，塘无。

瓦官寺　田无，地无，山无，塘无。领有产小寺一。

普利寺　租房十一间，房地十五间，地二亩，塘无。

金陵寺　田无，地三亩八分，山十六亩二分，塘无。

普惠寺　租房十三间，房地二十三间半，地一亩，塘无。

本寺禅堂　租房十四间，地无，山无，塘无。

嘉善寺　田三十一亩四分，地二亩六分，山十亩，塘无。领有产小寺三。

三塔寺　田十七亩三分四厘，地九亩一分九厘，山六十九亩七分，塘八分二厘。

幕府寺　田七亩四分一厘，地十亩五分六厘，山一百十一亩四分八厘，塘无。

崇化寺　田五亩八分七厘，地无，山三十三亩，塘无。

弘济寺　田十亩三分五厘，地二十一亩六分六厘，山五十八亩一分八厘，塘无。领有产小寺二。

本寺禅堂　田八十五亩，地无，山无，塘无。

清真寺　田十亩四分四厘，地十四亩四厘，山七亩八分一厘，塘无。

---

① 该寺坐落、建置等，前文均无介绍，仅以公产见于本卷此处。

梵惠寺　田二十一亩三分三厘，地无，山五亩六分，塘无。

报恩寺所统

能仁寺　公产载本寺册内。领有产小寺一。

外鹫峰寺　田无，地四亩一分九厘，山六亩，塘一亩三分六厘。

弘觉寺　公产载本寺册内。领有产小寺七。

外承恩寺　田二十八亩八分五厘，地十三亩六分，山四十一亩，塘八分。

通善寺　田二十七亩九厘，地九亩七分八厘，山二十七亩三分七厘，塘二亩七分七厘。

广缘寺　田三十亩一分，地八亩五分，山十亩，塘七亩。

三山寺　田十八亩九分二厘，地四十亩九分九厘，山一百五十一亩，塘无。

圆通寺　田无，地九亩，山六亩，塘无。

佑圣庵　田二亩二分三厘，地四亩八分七厘，山无，塘无。

净明寺[①]　田六亩一分三厘，地八亩二分六厘，山二十亩五分，塘三亩九分。

碧峰寺[②]　田无，地四亩七分，房地九间，山无，塘无。领有产小寺一。

万松庵[③]　田无，地三亩，山六亩，塘无。

西天寺　田无，地无，山无，塘无。领有产小寺一。

德恩寺　田无，地无，山一十亩，塘无。

高座寺　田无，地无，山无，塘无。领有产小寺三。

安隐寺　田四亩五分，地六分二厘，山二亩，塘一亩五分。

宝光寺　田四十九亩一分，地三亩，山十五亩，塘无。

---

① 净明寺：本书卷33为“静明寺”。

② 碧：原文磨泐无字，据本书卷39《碧峰寺·公产》补。

③ 万松庵：该寺坐落、建置等，前文均无介绍，仅以公产见于本卷此处。

均庆寺[1] 田六亩五分，地六亩四分五厘，山无，塘无。

永宁寺 田无，地无，山无，塘无。领有产小寺二。

本寺方公祠 田三十五亩，地无，山无，塘无。

宝林庵 田一亩七分，地十八亩五分九厘，山二十二亩，塘一亩五分。

普德寺 田二十五亩九分九厘，地十四亩四分九厘，山二十七亩，塘三亩八分八厘。

本寺禅堂 田一百六十九亩三分二厘，地二十五亩三分，山十五亩，塘十四亩九分五厘。

永兴寺 田一百八十九亩六分二厘，地十亩三分七厘，山三亩，塘一亩三分六厘。

外永宁寺 田二百七十二亩一分六厘，地七十六亩二分，山二十三亩九厘，塘二十一亩四分八厘。领有产小寺四。

德胜寺 田三十一亩五分五厘，地无，山六十四亩，塘一分二厘。

智安寺 田十亩二分四厘，地十三亩九分二厘，山六亩七分，塘一亩四分。

德寿寺 田四亩二分九厘，地无，山十亩三分，塘一亩四分八厘。

永泰禅寺 田四十四亩六分七厘，地二十一亩四厘，山四亩，塘五亩一分七厘。

崇因寺 田一百五十五亩七分六厘，地十八亩七分一厘，山二十七亩四分八厘，塘十七亩五分七厘。领有产小寺三。

英台寺 田三亩五分，地十二亩三分六厘，山八亩，塘二亩。

慈善寺 田十一亩二分六厘，地二十六亩四厘，山无，塘无。

凤岭寺 田十八亩四分九厘，地二十七亩八分八厘，山十亩，塘二亩五分一厘。

祝禧寺 田一百四十七亩九厘，地二十六亩六厘，山四十五亩九分四厘，塘十五亩三分五厘。领有产小寺一。

天隆极乐寺 田十五亩五分二厘，地十四亩一分七厘，山十二亩三分九厘，塘三亩八分三厘。

---

① 均庆寺：本书卷 34 为“均庆院”。

花岩寺 田一百六十三亩九分，地三十五亩，山六十一亩八分，塘二十六亩九厘。领有产小寺一。

惠光寺 田十一亩二分，地无，山三分，塘无。

祖堂寺 田六十亩九分三厘，地三十五亩七分三厘，山四百四亩二分八厘，塘七亩四分九厘。领有产小寺二①。

永泰讲寺 田十九亩五厘，地无，山十亩，塘九分五厘。

净居寺② 田无，地五亩六分一厘，山六亩七分五厘，塘二亩四分六厘。

建昌寺 田四十二亩六分四厘，地三亩五分一厘，山无，塘七亩一厘。领有产小寺三。

西林寺 田二十八亩七分，地三亩二分四厘，山五亩，塘二亩。

般若寺 田四十五亩，地一亩二分，山十二亩，塘一亩。

高台寺 田二十七亩三分九厘，地五亩七分七厘，山九亩八分，塘无。

清福寺 田二十亩五分五厘，地四亩，山无，塘一亩五分一厘。领有产小寺二。

栖隐寺 田十五亩六厘，地二十五亩四分七厘，山二亩，塘十三亩六分四厘。

葛塘寺 田三十六亩八分六厘，地二亩，山四亩，塘无。

福兴寺 田二十二亩一分四厘，地二亩三厘，山三十一亩，塘三亩。领有产小寺一。

后阳寺 田八亩四分，地十九亩六厘，山三亩，塘无。

懋德庵 田五十亩零七分，地二十一亩五分，山五分，塘八亩。

---

① 二：应为“三”。据本书卷44记载，祖堂寺所领有产小寺，除永泰讲寺、静居寺以外，还有懋德庵，本卷将其置于文末。

② 净居寺：本书卷44为“静居寺”。该寺南北朝梁时建，名“净居寺”，宋治平年间改“静居寺”，明朝“因之”。

后　序

西教入支那，始于东汉，而最炽于六朝。维时递都金陵，鹫宫鹿苑，盛甲宇内，所谓“四百八十寺者”是也。历唐逮宋，崇替靡常。高皇帝神圣，深究三教之理，洙泗而外，兼采迦维，一时高僧辈出，而所以护诸丛林，法亦详微。金陵梵刹，于斯再盛。嗟夫！同一象教也，萧氏用之，以酿太清之乱；高帝未尝不用之，而成洪武之治。何也？萧氏撷其粗，而高帝茹其精也。辟观东来，单提秘密。萧氏既所不解，第以人主，蔬食舍身，为足成果，纲沦法斁，其何能国？今观高帝《三教论》及谕诸僧敕，于宗门妙义，抑何畅也？取其精者，以翼圣真、赞王度，而粗者不以加伦物之教。故夫达儒、佛同异之旨者，无如高帝。妙于处摩竭一派者，亦无如高帝。得道统之大，岂不与其得国统之正，均千古未有哉！今世辟佛者，祖昌黎之说，仇之若敌国。而尚佛者，口讽贝多，自同方袍。彼兼吐其精，而此仅剽其粗，所谓“齐失而楚未为得”矣。南祠郎职诸梵刹，同官钱塘葛君莅事，日夕循令甲以率其职，颓者葺之，去籍者复之，不持仪律者饬之。其教既用复振，已复摭往；牒按近事，汇而为志。余藉手成事，因宣言于简。俾后之观者，想见我高皇帝统一道真，而于辟佛、尚佛纷纷边见，皆可无设。其为得志之精乎？若夫睹仙陀之庄严，侘[①]其胜概；览吟笔之富丽，增其藻思。斯亦志之粗者

① 侘：音、义均同“诧”。

而已。

赐进士第、承德郎、南京礼部祠祭清吏司主事、建德郑三俊撰。

题　识

释惟光

右《金陵梵刹志》五十三卷，明钱塘葛寅亮纂。清光绪末年，济南禅师领众金陵，得之于无意，而宝之甚至。旋退老京口兴善庵，付其门人智隐和尚，因以贮之金山，付惟光，守之有年矣。尝欲施诸梨枣，顾以事重难举，逡巡未果。世变日亟，衰老骎至，大惧其自我而湮没也。乃付上海影印如[①]干部，以诒[②]当世。其原书间有残缺，丹徒柳翼谋居士以国学图书馆所藏者校补之。抑有两部缺叶相同者，由丹徒尹石公居士杂取明代集部钞补之，而溧水濮一乘居士复总斠[③]一过，其书始获完整。至与书坊订约谐价，邮函往复，则丹徒柳贡禾居士及其令嗣芸浚始终任之。盖因缘会合，群力辐辏，而始克有成焉。窃惟金陵梵刹之盛，源于六朝，保于唐、宋。书传所载，盖与长安、洛阳相鼎足。明太祖以淮上沙弥，奋起兵革，驱逐胡元，混一中夏，营金陵而都之。时则儒臣文士如宋金华之伦，咸以邹鲁诵习之英，博通竺乘。而方袍圆顶者流，亦复有宗泐、如玘诸尊宿，辅翼倡化于其间。太祖乃得现轮王之身，行菩萨之道，广事土木，躬为区画，绀宇赭垣之伟丽，殆远接竹林祇树矣。尤复整理僧伽，宏扬戒律。范其现在，而杜其未然；谨其薙度，而勤其沙汰。科条

① 如：应为“若”。
② 诒：书同“贻”。
③ 斠：书同“校”。

绵密，训诰谆切。五百年后读之，尚凛凛有生气。适如善信男女意中之所欲言，且若可举而施之今日。而决其旦夕奏效者，宜其政令修明，民安物阜，四夷向化。虽承中原浩劫之后，而幽昧灵爽，亦感通祥和，而不为大厉。洪武之治，媲美汉唐，岂无故哉？惟光，江上枯禅，那复着眼尘世，有所哓舌？因重印此书，而俯仰今古，憬然于政教相维之故，不能无渊渊之思。后之揽者，倘复留意及此，岂仅方外之人厚幸也欤？中华民国二十五年十月，霜亭惟光谨识于金山江天寺之楞伽丈室。

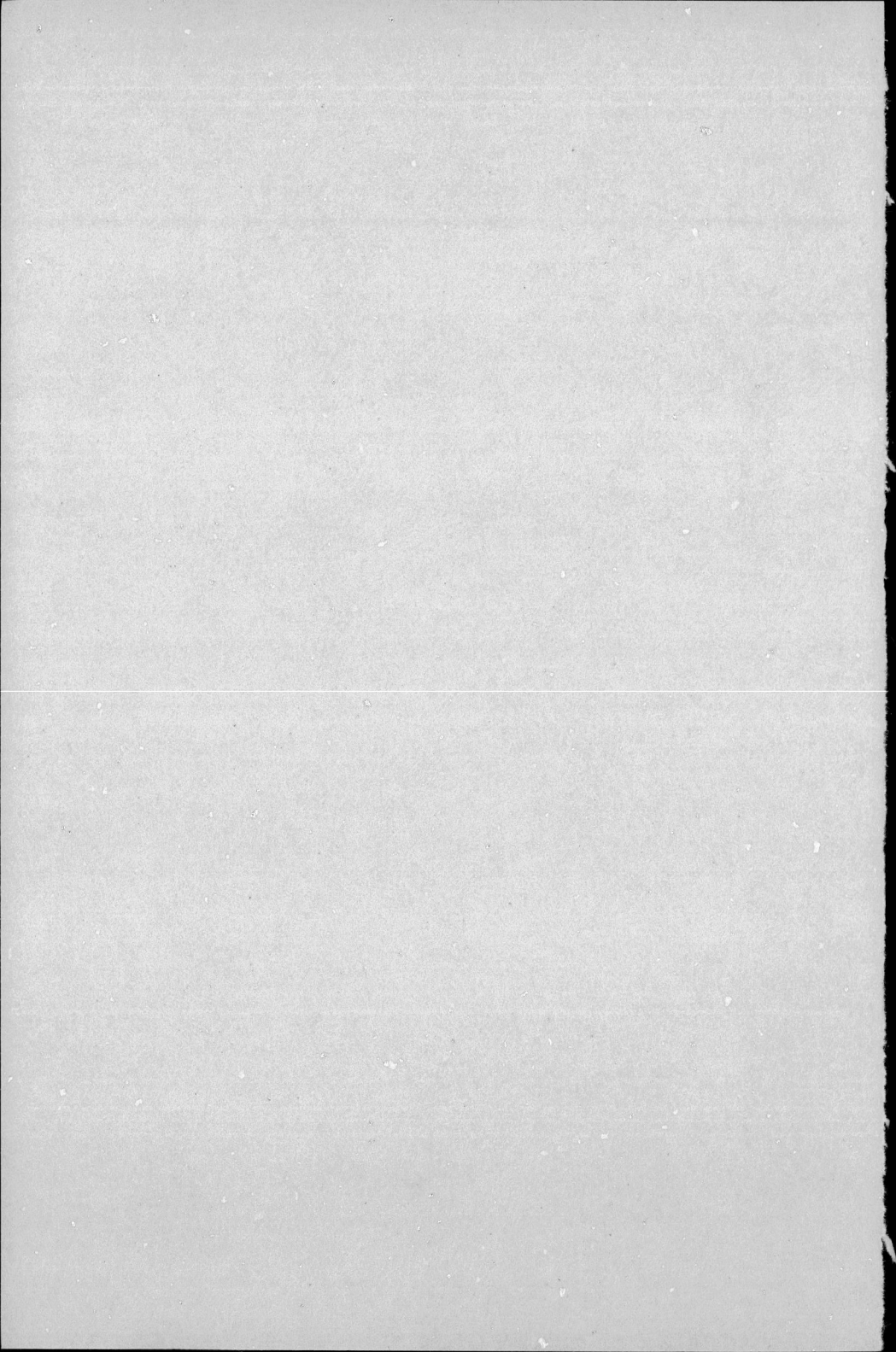

南京文献精编

金陵梵刹志（中）

（明）葛寅亮 撰

点校 何孝荣

审校 濮小南

南京出版传媒集团
南京出版社

卷五　铜井院

中刹　铜井院　古刹

在朝阳门内，东城柳树湾地。东去所统灵谷寺十二里。背城面河，城下伏道中引水，从铜井口溢出，达于御沟。霖雨后，汹涌可观。院因井得名。虽僻隘，不足匹诸中寺，而抚槛临流，颇有濠梁之趣。所领小刹，曰十方律院、吉祥庵、回龙庵、龙华庵、双桥圆通庵、慈悯庵。

殿堂

佛殿三楹。观音堂三楹。左伽蓝堂一楹。僧院一房。基址二亩。东至城墙，南至城墙，西至河，北至城墙。

古迹

铜井水自伏道中来。按志：义井二，一在石子岗七里铺，井阑铸有僧慧广名，南唐保大三年置。

小刹　十方律院　即三一庵

在朝阳门里，相望东城地。南去所领铜井院二里。系灵谷律堂下院。

殿堂

山门一座。韦驮殿三楹。大佛殿五楹。左西方殿三楹。右观音

殿五楹。禅堂九楹。僧院一房。基址十一亩五分

小刹　吉祥庵

在都城内，东城柳树湾地。北去所领铜井院二里。

殿堂

伽蓝堂一楹。佛殿三楹。僧院一房。基址一亩东至单指挥菜园，南至水塘，西至官巷，北至官街。

小刹　回龙庵

在都城朝阳门内，东城柳树湾地。北去所领铜井院二里。

殿堂

山门一座。关圣殿三楹。佛殿三楹。僧院一房。基址二亩东至民房，西至户部官宅，南至官河，北至户部官地。

小刹　龙华庵

在都城外，东城水关地。北去通济门半里，东北去所领铜井院五里。

殿堂

佛殿三楹。僧院一房。基址一亩东至大河，南至周义房，西至城墙，北至水关。

小刹　双桥门圆通庵

在郭城双桥门外，东城锦衣卫地。东北去所领铜井院七里，北去通济门二里。

殿堂

观音殿五楹。佛殿三楹。僧院一房。基址一亩东至民塘，南至官水沟，西至官水沟，北至芦洲。

小刹　慈悯庵

在都城外，东城锦衣卫曾湾地。东北去所领铜井院七里，北去通济门二里。

殿堂

伽蓝殿三楹。佛殿三楹。僧院一房。基址四亩东至官街，南至官街，西至清水沟，北至李家地。

卷六　兴善寺

中刹　兴善寺

在太平门内北安门后，东城地。洪武初年创。成化己亥重修。东去所统灵谷寺十五里。所领小刹，曰观音庵。

殿堂

山门一楹。天王殿三楹。正佛殿三楹。左伽蓝殿三楹。右祖师殿三楹。大悲殿三楹。藏经殿三楹。方丈六楹。僧院二房。禅堂五楹。斋堂五楹。基址十亩东至石厂，南至北安门，西至官街，北至官街。

小刹　观音庵

在太平门内，东城八府桥地。东去所领兴善寺二里。

殿堂

正佛殿三楹。僧院一房。基址五亩东至宋府园，南至宋府园，西至官街，北至火巷。

卷七　观音阁

中刹　**观音阁**　敕建

在都城外，即所统灵谷寺下院。东去寺五里，西去朝阳门三里。太宗文皇帝尝顾瞻山麓有气不散，命工琢石，肖形构阁，以记其处。正德庚午，毁。越五年，募缘重建。中石壁，光莹如镜。所领小刹，曰苜蓿庵。

殿堂

金刚殿三楹。观音殿三楹。左碑亭一座。右碑亭一座。正佛殿三楹。毗卢殿三楹。后卷蓬一楹。官房二十楹。僧院十房。基址一百二十九丈东至潘家火巷，南至官街，西至王家火巷，北至民房。

文

重修观音阁记略

（明）南兵部尚书　太原乔宇

南都第一山曰钟山，跨江南北诸山及江、汉诸水，以独钟其秀。望之者，时若祥云紫气，拥护旋绕，我太祖高皇帝陵庙在焉。陵之东南有阁，曰观音阁。正德庚午春，罹郁攸之变，太监萧公通图嗣兴之。越五年甲戌，始克就绪。又明年，而阁成。萧公诣余言曰："公知兹阁之始乎？我太宗文皇帝缵承大统，绥靖四方。追惟圣祖，肇建丕基；祇谒陵庙，实兴永慕。顾瞻山麓，有气轮菌芬郁，良久不散，异之。命工琢石肖形，构阁以纪其处。召方外之有戒行者，特虔焚修，以仰答圣祖在天之灵，意天人之格可以诚通。而桥山剑舄之所，瑞应祯祥之集，又感通之所必有者。所以祝鸿釐，延景福，匪徒为象教设也。”方阁之灾，公谋之诸同官，所助金总千有余两。筮日授事，厥既经营，庶工翕聚。殿堂门庑，焕焉一新。都人士来观，妥灵有舍，祈休有所，栖僧有庐。莫不忻然以喜，如履乐界，临净土，而心目为之豁如也。正德十六年辛巳。

小刹　苜蓿庵

在都城外，东城留守卫地。洪武时建。东去所领观音阁二里，西去朝阳门一里。

殿堂

伽蓝堂一楹。观音殿三楹。正佛殿三楹。僧院一房。基址二亩东至官路，南至官路，西至水沟，北至民园。

卷八　佛国寺

中刹　**佛国寺**　古刹、敕赐

在都城外，东城地。南去太平门二里，东南去所统灵谷寺十八里。蒋山西畔，古华藏庵。景泰间，僧妙庆募建，奏赐今额。所领小刹，曰普济庵、清果寺、梵惠院、茶亭庵、地藏庵。

殿堂

山门三楹。钟楼一座。天王殿三楹。左伽蓝殿三楹。右祖师殿三楹。正佛殿三楹。僧院四房。基址三十五亩东至本寺官坟，南至刑部墙，西至官路，北至官路。

公产

田、山共二十二亩三分。

藏经护敕

文同灵谷。

文

佛国寺记略

（明）礼部尚书　毗陵胡濙

寺在京都太平门外二里许，相传古华藏庵也。无碑可考，不知创始何时。荒废已久，基址犹存。形势雄伟，最为胜处。僧妙庆化募众缘，鸠工集材，诛茅剪棘，凡殿堂、廊庑以次建立。钟鱼振扬，香积芬苾。缭以穹垣，种植松柏。于景泰五年六月十有八日奏请，赐额为佛国寺，钦赐藏经、敕谕，永为护持。天顺元年八月。

诗

游佛国寺

（明）王　韦

嶂开佳丽地，门对泬廖天。幽室怜容膝，尘劳喜息肩。望穷鸿雁外，歌向菊花前。回首重城路，钟声隔暮烟。

小刹　普济庵

在都城太平门外半里，东城牧马所地。西北去所领佛国寺二里，与城邻近。

殿堂

伽蓝殿三楹。佛殿三楹。观音堂一楹。僧院一房。基址二亩东至空地，南至城墙，西至官街，北至荷花塘。

小刹　清果寺

在都城外，东城牧马所红沙群地。南去所领佛国寺十三里，太平门十六里。

殿堂

山门一楹。左钟楼一座。佛殿三楹。法堂殿五楹。僧院三房。基址三亩东至丘家山，南至官路，西至雷家山，北至刘家山。

公产

田、地、山、塘共一十七亩二分九厘。

小刹　梵惠院

在都城外，东城兴武卫赤马群地。南去所领佛国寺十一里，太平门十三里。

殿堂

山门三楹。左钟楼一座。佛殿三楹。僧院一房。基址二亩东至本院塘，南至本院田，西至本院地，北至本院山。

公产

田、地、山、塘共一十七亩二分一厘。

小刹　茶亭庵

在都城外，东城牧马所玉脸群地。南去所领佛国寺八里，太平门十里。

殿堂

山门三楹。观音殿三楹。佛殿三楹。华藏楼三楹。僧院一房。基址四亩东至官街，西至官街，南至官街，北至周家田。

公产

田、地、山、塘共二十九亩九分九厘。

小刹　地藏庵

在都城外，东城牧马所凉马群地。西北去所领佛国寺一里，南去太平门二里。

殿堂

伽蓝殿三楹。地藏殿三楹。僧院一房。基址二亩东至皇墙，南至大桥，西至官路，北至胡鸾房。

卷九　东山翼善寺

中刹　东山翼善寺　古刹、敕赐

在郭城东南，北去所统灵谷寺三十里，正阳门十七里，东城地。晋谢太傅高卧东山，及与张玄围棋赌墅，即其处。梁资福院。武帝建净名院，神僧宝公说法其间。宋、元改净名寺。国朝正统十年，重建，赐今额。所领小刹，曰广惠寺、祈泽寺、天宁寺、云居寺、庄严寺。

殿堂

山门三楹。天王殿三楹。正佛殿五楹。左观音殿三楹。右地藏殿三楹。诸天殿五楹。左伽蓝殿一楹。右祖师殿三楹。宝公殿三楹。灵官堂一楹。方丈三楹。僧院十八房。基址十亩东至骆子美民山，南至官路，西至孙明山，北至杨家山。

公产

地、山共六十四亩九分二厘。

山水

东山一名土山，周四里，高二十丈，无岩石，故曰土山。《舆地志》云：山下有湖，自方山至京师，此为半道，今谓此山下道为半逻。晋石季龙入寇①，蔡谟所戍，自土山至江乘。沈约《郊居赋》：“临巽隅兮纵目，即堆冢而流眄。虽东山之培嵝，乃文靖之所宴。”

① 寇：原文为“冠”，据《景定建康志》卷17改。

古迹

布赛亭 《实录》[1]:吴景帝自会稽至曲阿,有老翁干帝速行。即日,进至布赛亭。孙綝迎于土山之半野。 **土山墅**秦苻坚入寇,谢安命驾出土山墅,张晏与张玄围棋,赌别墅,即此。时楼馆林木甚盛,今无存。

文

翼善寺碑记略

(明)礼部侍郎 陈琏

土山有寺一区,名曰东山净名寺。旧名资福院,世传吴景帝欲至金陵,有老翁干帝速行。起自会稽,即日至布塞亭。孙綝迎帝于土山之半墅,而兹山之名始胜。晋丞相谢安谢事,栖止于斯。侄谢玄入而问计,丞相高卧于山间,怡然无惧色。玄复请,遂命驾出,张宴于土山之阳,而兹山之名益振。至梁武帝,建名净名院。有神僧宝公者,遍游名山,求栖息之所,睹是山之胜,遂讲经说法于其间。由是,土山之胜益彰,而净名之境益显矣。下自宋、元,改额净名寺。以至于今,殿庑僧舍年深,已毁及半,惟佛殿一所独存。于是袁智海等募缘资财,大作修崇,巍然鼎创。香火增崇,僧行日盛,诚足以表兹山之胜概也。正统十年六月初十日,题奏,礼部尚书胡濙奉旨:“与做翼善禅寺。”因识其事于久远云。正统乙丑八月十五日。

① 实录:应为“建康实录”。

诗

谢公墅歌

（唐）温庭筠

朱雀航南绕香陌，谢郎东墅连春碧。鸠眠高柳日方融，绮榭飘飖紫庭客。文楸方罫花参差，心阵未成星满池。四座无喧梧竹静，金蝉玉柄俱持颐。对局含情见千里，都城已得长[①]蛇尾。江南王气系疏襟，未许苻坚过淮水。

土山[②]

（唐）李　白

不向东山久，蔷薇几度花。白云还自散，明月落谁家？

游谢氏山亭谢灵运故亭

（唐）李　白

沦老卧江海，再欢天地清。病闲久寂寞，岁物徒芬荣。借君西池游，聊以散我情。扫雪松下去，扪萝石道行。谢公池塘上，春草飒已生。花枝拂人来，山鸟向我鸣。田家有美酒，落日与之倾。醉罢弄归月，遥欣稚子迎。

---

① 长：原文缺，据《温飞卿诗集笺注》卷 2 补。

② 《李太白文集》卷 20 收录该诗，题作“忆东山二首”，此为第一首。

土山

(明)黄姬水

昔卧会稽客,因留东山名。宛然林泉趣,犹是谢公情。远墅草全没,空门台半倾。谁知游衍者,偏解慰苍生。

东山

(明)焦　竑

谢墅维青舫,萧台接紫城。到门双树立,隔岸乱峰迎。龙卧曾先达,鸿冥愧独行。苍生谁系望,怀古重含情。

小刹　广惠寺

在郭城上方门外,东城地。西北去所领翼善寺一里,去通济门二十五里。

殿堂

佛殿三楹。僧院一房。基址三亩东至官路,西至沟港,南至竹山村,北至官路。

小刹　祈泽寺　古刹

在郭城高桥门外,东城地。南去所领翼善寺十里,西去正阳门三十里,即祈泽山。宋少帝景平元年建,名祈泽治平寺。会昌中,废。南唐升元间,复。宋治平间,改祈泽寺。元至正二年,重建。国朝嘉靖十二年,修葺,为祈祷雨泽之所。连彭城,接青龙,泉流澄彻如镜。

殿堂

金刚殿三楹。天王殿三楹。正佛殿五楹。左观音殿三楹。钟楼一座。右地藏殿三楹。龙王殿二层共六楹。僧院三房。基址二十一亩东至本寺山顶,南至官路,西至官水沟,北至青龙山。

公产

田、地、山共三十六亩九分五厘。

山水

祈泽山高五十丈,周十里。堕云峰寺左山上,乱石谽谺,若飞云而堕。仙人岩在寺墙外,起伏如仙人座。翻经平寺后山上,广可盈亩,平若掌。上有流水痕,环曲如凿。登则四山入望,山最佳处。祈泽泉寺左。

古迹

双文杏在殿墀内,相传为初法师手植,大三、四围,曾经雷火。南唐断碑旧埋殿角,盛时泰出之。其文首云:"晋水齐云,山释无名"。后云:"秦正之月元年与德谦"及"保大惟新"诸字,余残缺不可读。以上俱存。

诗

游祈泽寺[①]

(宋)王安石

驾言东南游,午饭投僧馆。山白梅蕊长,林黄柳芽短。笭箵河[②]际来,略彴桑间断。春映一川明,雪消千壑漫。鱼随竹影浮,鸟误人声散。玩物岂能留,干时吾自懒。

① 宋王安石《临川文集》卷9、明曹学佺《石仓历代诗选》卷142等各收录该诗,题均作"饭祈泽寺"。

② 河:《临川文集》卷9为"沙"。

堕云峰

(明)盛时泰

仿佛晴云气,堕影青林隈。有日从龙去,长空起迅雷。

仙人岩

(明)盛时泰

名山多灵踪,古仙探仙迹。白鹤忽归来,疑是双飞舄。

翻经平

(明)盛时泰

道人持经函,坐向盘陀读。经罢寂无声,松风起岩谷。

小刹 天宁寺 古刹

在郭城高桥门外,东城地。北去通济门三十七里,西南去所领翼善寺十五里。宋治平二年建。国朝正统间重建,复毁。今仅僧舍数椽。山林幽迥,野泉散落,人迹鲜至。

殿堂

山门三楹。佛殿止存基址。僧院三房。基址五亩东至张家山,南至王家山,西至青龙山,北至王家山。

公产

田、山、塘共五十四亩一分。

文

天宁寺游记略

（明）按察副使　顾璘

正德丁丑春三月九日，予兄东桥先生赴官台州，李饮虹、王南原、罗半窗诸君，偕予出饯于祈泽寺。寺在高桥门外十里，有龙泉古木之胜。酒数行，东桥别去，予与诸君共宿祈泽。旧闻邻寺号天宁者，境绝幽敻。次早邀诸君游，询祈泽僧，多诒以道远且险，不可至。予意良阻，王、罗二君锐意欲行，遂从僧借小童导骑，缘寺前径登山，历墟墓数处，即平野旷然，两傍皆童山环抱。纵辔行里余，见山尽处如门阙状。阙外诸山，浓淡晦明如画。方爱玩未已，觉山腹间隐隐有楼阁在空际，到即寺也。众皆大喜，弃马振衣，缘石径而登。径且半，闻陂陀下灌莽中，有声汹汹，如雷奔风怒。予谓诸君："此当有异泉。"乃遣人踪迹之。徐步入寺，寺僧多出乞食。独老僧惠禧者，见客至似喜，延入室，焚香供茗甚肃。室亦雅洁，不类荒山。少憩，复出寺。先所遣人来报，山下果得泉，但荒翳不可入。予奋然先行，道诸君。藤稍竹刺，时絓冠袂，辄绝之以去。稍下，见泉珠零玉散，飞落石涧中，可十数处。不知所从来，亦莫能极其所止。涧阔尺余，两傍及底皆山石，自然所成，玲珑谽谺，清泉如空碧下渍。予喜，呼酒饮，诸君择泉流平缓处，列坐泛觞，各饮满数觥而出。回及山半，得泉脉树间，乃平地涌出，不甚㳽溢，不知何源流衍之广乃尔。既登，复觞寺外石上，数行，乃上马归。

诗

游天宁寺

(明)王　韦

问年看井干，结夏闭山门。路夹双峰起，泉流百道喧。葡萄缠废栋，蛱蝶舞荒园。窈窕堪栖隐，逢人未可言。

小刹　云居寺　古刹

在城郭高桥门外，东城地。西去正阳门四十里，西南去所领翼善寺三十里。钟山旧有云居寺及登览诗，今相去尚远，或移改，无考，因另入钟山废寺。

殿堂

山门三楹。观音殿三楹。右伽蓝殿三楹。僧院一房。基址三亩东至官沟，南至官沟，西至八甲民田，北至太子山。

公产

田、地、塘共一十二亩三厘。

小刹　庄严寺　古刹

在郭城高桥门外凤城乡，东城地。西去正阳门四十七里，西南去所领翼善寺二十五里。《实录》：谢尚以永和四年舍宅，造庄严寺。宋大明中，路另造庄严寺于西药园，改为谢镇西寺。陈大建元年，毁。后五年，豫州刺史程文秀修复，孝宣帝敕改兴严寺。按元《金陵新志》:谢尚庄严寺已改兴严寺,今寺仍名庄严。考谢尚宅,又在城中竹格渡,不知何年徙此据其寺。唐贞观已酉间,牛头惠忠禅师移住,建法堂。元季,复毁。国朝永乐间,僧真常重建。

殿堂

山门三楹。佛殿三楹。左伽蓝堂一楹。僧院二房。基址十五亩东至唐钛民房,西至官路,南至本寺冲田,北至王镇民地。

公产

田、塘共一十七亩二分六厘。

人物

(宋)昙斌南阳人。融治百年①,陶贯诸部。开筵讲说,四远皆至。孝建初,敕王玄谟资发出京。陈郡袁粲嘉斌行解,尝令中书舍人巢尚介,意欲试之。斌不屈,粲乃躬自往候,每劝斌数觐天子。斌曰:"贫道方外之人,岂宜与天子同游②?"粲益高之。后请为母师。宋建平王景素亦咨其戒范。元徽中,卒于庄严寺。(齐)僧旻有碑传。道慧止灵曜寺。褚澄、谢超宗名重当时,并见推礼。慧以母老,欲存资奉,乃移憩庄严寺。母怜其志,复出家为道,舍宅为寺③,不远精舍。葬于钟山之阳,陈郡谢超宗为造碑铭。(唐)慧涉会稽人,即东晋太傅安之后。戒节孤峻,好寂为乐,不栖名闻。大历初,于金陵庄严寺遇牛头山忠禅师,一言知归。遂命入室,授以法要。洎忠捐世,踵武兹岭。问道者众,四维沾洽。时称师艺文,与草堂、庐岳争美当代云。惠忠配庄严寺。闻牛头山威禅师袭达摩踪,得佛法印,遂造山礼谒。夙夜精励,常头陀山泽,饮泉藉草,一食延时。每用一铛,众味同煮。用毕,悬于树杪,方复绳床晏坐,终日如杌。衣不易时,寒暑一衲,积四十年,遂彰灵应。州牧明贤频诣山礼谒,再请至郡,施化道俗。天宝初年,始出,止庄严。传详《弘觉

① 年:《高僧传》卷 7 为"家"。
② 游:《高僧传》卷 7 为"趣"。
③ 寺:《高僧传》卷 8 为"福"。

寺》。

附：参讲栖览

（晋）谢尚永和四年，舍宅造寺。

文

大庄严寺碑铭

（隋）开府仪同三司　江总

盖闻僧伽水滨，波斯创以禅地；醍醐山顶，舍那肇其梵域。此乃往劫之胜因，上方之妙范。于是俯察地势，悬之以水；仰惟星极，揆之以日。百堵咸作，千坊洞启。前望则红尘四合，见三市之盈虚；后睇则紫阁九重，连双阙之耸峭。加以园习欢喜，水成功德。池溢甘露，不因玉掌；树摇音乐，无待金奏。薰炉夜爇，遥来海岸之香；法鼓早欢[①]，非动泗滨之石。擢茎金表，跨八万之俱成；界道银绳，面四衢而拓制。厕璧缀珠，凌丹霞而结宇；雕光镂采，望紫极而开轩。俯看惊电，影彻琉璃之道；遥掩宛虹，光遍水精之域。层楹刻桷，风伯走而未升；灵榱飞甍，雨师攀而不逮。铭曰：灼烁金茎，崔嵬银表。翔鹨仰翥，威凤灵矫。木密联绵，香泥缭绕。日图檐外，荷披栋杪。翠落阴虬，朱填阳乌。高僧累萃，硕学滋多。弘宣方等，博综围陀。皆伤寸晷[②]，并悟天[③]波。式旌镂碣，无待雕戈。标年刹土，比数恒河。

① 早欢：《艺文类聚》卷77为“晨欢”。

② 晷：据《艺文类聚》卷77补。

③ 天：《艺文类聚》卷77为“尺”。

庄严寺重兴记略

（明）释印庵

寺在上元之凤城乡，距都城四十里许。东晋永和四年，谢尚舍宅为庄严寺。宋大明中，路后于宣阳门外太社西药园造庄严寺，改此为谢镇西寺。至陈大建元年，毁于延燎。后五年，豫州刺史程文秀更加修复。唐贞观己酉，牛头惠忠禅师移居庄严寺，建法堂。元季，毁于兵燹，悉为瓦砾之区。大明开国，四海乂安，在处佛寺，废而复兴。主僧真常，奋志募缘建造，兴复于洪武戊午，毕工于永乐癸卯。复置田亩，以赡众食。而寺额从旧名焉。成化元年仲吕月。

传

庄严寺僧旻法师碑

梁元帝

夫宏才妙物，云液之所降生；独振孤标，伦类之所远绝。是故隋光烛魏，非折木之恒珍；和璧入秦，岂润山之常宝。僧旻法师，盖天地之淳精，宇宙之瑰器。本姓孙氏，有吴开国大皇帝，其先也。法师道霭二仪，德充四海。含春夏之生长，抱日月之贞明。辞旨清新，置言闲远。千门万户，必臻其奥；九部五时，若指诸掌。坦然夷易，豁尔洞开。故缁素结辙，华戎延道。晨风之郁北林，龙鱼之趋深泽。哲人云逝，指南谁属。铭曰：永离百非，闻之寂灭。苟云未树，共归今辙。方坟结构，伽蓝罢设。朱火一潜，青松长列。

僧旻法师传略①

《高僧传》②

释僧旻，家于吴郡之富春。吴大皇帝，其先也。七岁出家，住虎丘西山寺。特进张绪见而叹曰："松柏虽小，已有凌云之气。"由是显誉。年十三，出都住白马寺。寺僧多以转读唱道为业，旻风韵清远，了不厝意。年十六，移住庄严。尚书令王俭延请僧宗讲《涅槃经》，旻扣问联环，言皆摧敌。俭曰："若③竺道生入长安，姚兴于逍遥园见之，使难道融义，往复百翻，言无不切。众皆睹其风神，服其英秀。今此旻法师超悟天体，性极照穷，言必典诣，能使前无横阵，便是过之远矣。"文宣尝请柔、次二法师，于普弘寺共讲《成实》。大致通胜，冠盖成阴。旻于末席论议，词旨清新，致言宏邈，往复神应，听者倾属。次公乃放麈尾而叹曰："老夫受业于彭城，精思此之五聚，有十五番以为难窟。每恨不逢勍敌，必欲研尽。自至金陵累年，始见竭于今日矣。且试思之，晚讲当答。"及晚，上讲裁复，数交词义。遂拥次公动容，顾四坐曰："后生可畏，斯言信矣。"年二十六，永明十年，始于兴福寺讲《成实论》。先辈法师高视当世，排竞下筵。其会如市，山栖邑寺，莫不掩扉毕集。衣冠士子，四衢辐凑。坐皆重膝，不谓为迮；言虽竟日，无起疲倦。晋安太守彭城刘业尝谓旻曰："法师经论通博，何以立义多儒？"答曰："宋世贵道生，顿悟

① 该文出自唐释道宣《续高僧传》卷5《梁杨都庄严寺沙门释僧旻传》。
② 高僧传：应为"续高僧传"。
③ 若：《续高僧传》卷5为"昔"。

以通经；齐时重僧柔，影毗昙以讲论。贫道谨依经文，文玄则玄，文儒则儒耳。"永元元年，敕僧局请三十僧，入华林园夏讲。僧正拟旻为法主，旻止之。或曰："何故？"答曰："此乃内润法师，不能外益学士，非谓讲者。"由是誉传遐迩，名动京师。琅琊王仲宝、吴人张思光，学冠当时，清贞独绝。并投分请交，申以缟带。值齐历横流，道属昏诐，因避地徐部。仍受请入吴，法轮继转，胜幢屡建，皆随根获润，有闻南北。皇梁膺运，乃翻然自远，言从帝则。以天监五年游于都辇，天子礼接下筵，亟深眷悦。敕僧正慧超衔诏到房，欲屈与法宠、法云、汝南周舍等，入华林园道义。自兹已后，优位日隆。六年，制注《波若经》，以通大训。又敕于惠轮殿讲《胜鬘经》，帝自临听。仍选才学道俗释僧智、僧晃、临川王记室东莞刘勰等三十人，同集上定林寺，抄一切经论，以类相从，凡八十卷，皆令取衷于旻。十一年春，忽感风疾。后虽小间，心犹忘误，言语迟蹇。旻曰："自登座讲说，已二十年，如见此病，例无平复，讲事尽矣。"乃修饰房内，隔立道场，日夜礼忏。后吴郡太守张充、吴兴太守谢览各遣僚佐至都，表上延请。有敕给船仗资粮发遣，二郡迎候，舟楫满川。京师学士，云随雾合。中途守宰，莫不郊迎。晋陵太守蔡撙，出候门迎之，叹曰："昔仲尼素王于周，今旻公又素王于梁矣。"天监末年，下敕于庄严寺建八座法轮，讲者五僧，以年腊相次，旻最处后，众徒弥盛。庄严讲堂，宋世祖所立，栾栌增映，延袤遐远。至于是日，不容听众。执事启闻，有敕听停。讲五十日，悉移窗户，四出檐霤，又进给床五十张，犹为迫迮。桄桯摧折，日有十数。少与齐人张融、谢朓友善，天人才学，通人莫不致礼。虽居重名，不嘉荣势；闲处一室，简通豪右。众人多恨之，唯吴郡陆倕，博学自居，名位通显，早崇礼敬，旻亦密相器重。时为太子中庶，傧从到房，旻称疾不见。倕欣然曰："此诚弟子所望也。"普通之后，先疾连发，弥怀退静。夜还虎丘，人无知者。时萧昂出守吴兴，欲过山展礼。山主智迁先知，以告旻。旻曰："吾山薮病人，无事见贵二千石。昔戴颙隐居北岭，宋江夏王入山诣之，高卧牖下，不与相见。吾虽德薄，请附戴公之事矣。"及萧至，旻从后门而遁。其年，皇太子遣通事舍人何思澄衔命致礼，赠以几杖、炉奁、褥席、麈尾、拂扇等。五年，下敕延还，移住开善，使所在备礼发遣，不得循常，以稽天望。于路增剧，未堪山寺，权停庄严。因遂弥留，以至大渐。中使参候，相望驰道。以大通八年二月一日清旦，卒于寺房，春秋六十一。敕以其月六日，窆于钟山之开善墓所。隐士陈留阮孝绪为著墓志，皇太子、湘东王并为制文，树于墓侧。征士何胤著文，立于本寺。初，旻尝乐于禅默，乃依所立义，试遍安心。旬日之间，遂得入定。问诸禅师，皆云："门户虽殊，造寂不异。"旻尝造弥勒佛并诸供具，朝夕礼谒，乃梦见弥勒佛遣化菩萨，送菩提树与之。菩萨曰："菩提树者，梁言道场树也。"弟子颇宣其言，旻闻而勖之曰："礼有六梦，正梦唯一，乃是好恶之先征，故周立占梦之官，后代废之。正以俗人浇伪[①]，亟多假托。吾前所梦，乃心想耳。汝勿传

① 伪：《续高僧传》卷5为"薄"。

之。"以庄严寺门及诸墙宇古制不工,又吴虎丘山西寺朽坏日久,并加缮改,事尽弘丽。旻所造经像,全不封附,须者便给。放生布施,未尝倦废。所著论疏杂集、《四声指归》、《诗谱决疑》等,百有余卷流世。

卷十　方山定林寺

中刹　方山定林寺　古刹

在郭城高桥门外。北去正阳门三十里，所统灵谷寺四十里。东城天印山后。宋乾道末年，秦高僧善鉴创。按，上定林寺在钟山，寺废，因请其额于此，遂名定林。元至正间，重修。国朝洪①治五年，重建。山林幽靓。齐武欲起离宫，即此。所领小刹，曰东霞寺、外永福寺。

殿堂

金刚殿三楹。天王殿三楹。左钟楼　右禅堂　正佛殿三楹。左观音殿三楹。右轮藏殿三楹。毗卢殿五楹。僧院五房。基址五亩东至许家山，南至方山，西至龙山，北至岳家山。

公产

田、山、塘共八十一亩二分。

山水

方山高一百一十六丈，周二十七里。《图经》云："四面方如城，东南有水，下注长塘，流溉平陆。"《丹阳记》曰："山形方如印，故曰方山，亦名天印山。"秦始皇时，术者言金陵有天子气，乃遣朱衣三千，凿方山，流淮水，以断脉。齐武帝尝欲于天印山起离宫，期胜新林苑。徐孝嗣答曰："绕黄山，款牛首，乃盛汉之事。今江南未广，愿少留神。"乃止。见《世

① 洪：应为"弘"。

说》①方山埭《建康实录》：吴赤乌八年，使校尉陈勋发屯田兵，于方山南，截淮立埭，号方山埭。又按《南史》：湖熟县方山埭高峻，冬月，行旅②以为难。齐明帝使沈瑀修之，乃开四洪，断行客。石龙池山顶，大旱不涸。八卦泉山后。

古迹

乳钟即景阳钟，有一百八乳，乳各异声。相传有勋贵取去，叩之，无声。返寺，如故。见存。

人物

（宋）昙摩蜜多蜜多天性凝静③，雅爱山水。以为钟山镇岳，埒美嵩、华，常叹下寺基构临涧低侧，于是乘高相地，揆卜山势，以元嘉十二年，斩木刊石，营建上寺。法愿有传略。僧远有传略。道嵩沉隐有志用。好律学，诵经三十万言。性好舍，瓶、衣外，无兼物。宋元徽中，止钟山定林寺。人有造者，辄为说法训奖，以代馔焉。慧弥志修远离。岩谷峻④绝，负锡独前。少诵《大品》，精修三昧。乃观化京师，止钟山定林。足不出山三十余年，六时忏诵，必为众先。法献元嘉十六年，止定林上寺。后西游于阗，获佛牙及龟兹国金锤鍱像，赍还京师。行律⑤精纯，德为物范。永明中，被敕与长干玄畅同为僧主，分任南北两岸。僧镜家贫母亡，庐墓泣血。服毕，出家。大阐经论。司空东海徐湛之重其风素，请为一门之师。陈郡谢灵运以德音致款。宋世祖敕止定林下寺，频建法聚，听众云集。著有《法华》、《维摩》、《泥洹》⑥义疏，并《毗昙玄论》。（齐）僧柔齐太祖创业之始，世祖袭图之日，皆建立招提，旁求义士。以柔耆素有闻，征书岁及。文宣诸王再三招请，乃更出京，止定林寺。躬为元匠，四远钦服。法通入京，初止庄严，后憩定林上寺。栖闲隐素，履道惟勤。齐竟陵文宣王、丞相文献王皆纡贵慕德，亲承顶礼。陈郡谢举、吴国

---

① 世说：应为“世说新语”。
② 旅：《南史》卷70为“侣”。
③ 静：《高僧传》卷3为“靖”。
④ 峻：《高僧传》卷12为“险”。
⑤ 行律：《高僧传》卷13为“律行”。
⑥ 泥洹：原文为“尼”，据《高僧传》卷7改。

陆果、寻①阳张孝秀，并策步山门，禀其戒法。晦迹钟阜三十余载，坐禅诵念，礼忏精苦。

僧佑见《报恩寺》。（梁）傅大士弘有传。

附：参讲栖览

（晋）何尚之致仕，退居方山。（梁）刘慧地有传。

文

方山上定林寺记

（宋）免解进士、建康府校正书籍　朱舜庸

古者四民各有所居，故居士于学，居农于田，居工于肆，居商于市。是时，释、老二氏未兴，其奚居？此王政之所必无也。迨汉之东，始居僧于寺。历代相因，讫于今，释教之盛极矣。凡城郭山林，寺之占胜者多。而其徒之居山，尤为人所重。岂不以是道之妙，非求之于寂寞之滨，则不可得。苟其徒不以精勤枯淡为心，亦必不能久安于此。其取重以是乎！方山上定林寺，盖即山而居者也。当乾道末年，有秦高僧善鉴始来是山，结庐行道。未几，远近信慕，施者踵至。于是率其徒疏泉莳松，徙石辟涂，土木之工，次第而举。无何，有殿以奉佛，有堂以会法，有室以安众，以至门庑庖湢，莫不毕具。方其事之权舆也，即诣府，请移钟山梁朝废寺上定林额于此。其地故有山川登临之美，为荆榛所蔽，为狐狸所嗥，为樵夫牧子所过而不睨，不知几年。一旦雪脊，朱甍隐然出于烟霏空翠间，号清净伽蓝，信其地有待欤！鉴寻示灭，其弟子义琼主之。已而令义城代焉。繇荐

① 寻：《高僧传》卷 8 为“浔”。

得人，阅三十稔。堤濒河之田，而岁有计；建转轮之藏，而日有资。此其师畴昔之志，卒待琼、城而后成，其勤至矣。洎城领事，犹以身先人。盖思备其所阙，壮其所居，以称其山之高且大也，骎骎乎与诸雄刹亢。一日，踵仆门告曰："寺之成已久，曾无纪述。惟累世经营之难，恐寖就暧昧。子与我善，且习知其详，盍记之？"仆固辞不获，则为叙其本末，又从而为之说。释氏以寂灭为宗，以苦空为行，以慈悲为愿，以远去尘嚣为高。从上诸祖师，以是道密相付嘱。故其建立，往往壮岩谷荒寒之境，疑若过清难居，而必栖其徒于此者，盖使其朝夕所接，不见异物，无害于心，惟佛法是求。如此则于一切经行坐卧去处，觉水鸟风林，无非宣扬第一义谛。惟恐山之不深，林之不密。此所以为真实坚固，不可退转也欤！今定林为寺，诚得其所。而鉴之遗范，所谓向䦆头边取人者耶！嘉定庚辰正月望。

方山重修上定林寺记

（元）翰林学士　虞集

集庆郡城东南出三十里，有方山焉。敦厚方正，岿然在望，于地势为贵重者也。故宋乾道中，蜀僧善鉴筑佛寺于山半，请上定林之名而名之，度弟子以居，二百年于兹矣。世有广学博闻之士，出于其间，盖人境相成为胜者也。国家至元初，开讲席于郡之天禧，真定德公实来。上禀朝廷之旨，下为民庶之归。宣通要言，闻见开悟。居数十年，学者日盛。德公之殁，用其法阇维之。烟焰所及，凡竹石林木，皆成舍利。绀碧圆洁，人争取而奉之，以求福焉。嗣其讲者，则瓦官戒坛东鲁儒公也。志乐闲退，委而去之。自方山来主其席，宣慈恩之教，沛然于是邦者，则退庵无公其人也。天历天子久潜金陵，清燕之暇，洗心于佛乘。凡行道明教之士，莫不知名。岁己巳，无公与二、三大僧同朝于京师，其徒嵩公偕行。召见讲法，深称旨意。宠遇之厚，久留弗遣。明年，俄示寂焉。上加闵悼，思所以继之者。平山嵩公简在上心，即遣近臣今湖广行中书省左丞王士弘、浙西廉使伯颜帖木儿锡命嵩公主天禧之席，嵩公曰："上恩深重，非所敢当。况我遵行，有绝流演公在，请以命之。"上嘉其能让，不违其请，又兴叹若曰："虽佛氏之言无所忌讳，无公既退就寂灭，又以绝流继之，非所以广学海而兴大乘也！"时虞集侍立奎章，诏为更之。集以上意更之曰道源。于是命士弘传诏，俾演主讲于集庆，而嵩次之，赐伽梨衣，织金为文，妙丽殊胜。上尝奉观音大士香像于内阁，及北还，出付演、嵩崇奉之。至是，两赐钱，凡五万余缗，俾为阁以居之，日致瓜、华之供，皆士弘所传旨也。既而，衣以重币，锡以名香，加以美号，恩数之隆，演、嵩二公盖无异也。及嵩继演，今上皇帝御极，嘉惠法林，金衣香币之赐，名号之美，亦一再至。而天禧之盛，洋溢于方山之表矣。定林三出名士，宠光相承，泛观东南，未有能及之者矣。嵩公思定林之旧，而受业师妙至在焉，不忍忘其初也。乃出衣盂之资，兴土木之役，加意于定林，大修宝殿、经藏，傍及修廊。与凡屋之为羽翼者，弊而图全，与更新无异。所特作者，寺之僧堂、三门。铸大钟，建楼以居之。买田得若干亩，取其租，以备岁月之完葺者焉。功成，今浙西廉使伯颜帖木儿至中，与集皆同朝过行台，见嵩之成绩，以书相告，请为之记焉。其来者，径山第一坐道甫，蚤受业于定林者也。至于山中相从易朔，而后从容及之，可谓委曲者矣。集尝闻之，众生自无始以来，执着诸有，以受苦极。诸佛悲悯，示以空法。又惧滞于空寂，中道出焉。是故无有亦有，无有亦空，则妙有真空，无间然矣。使彼蠢然含灵之众，日用而不知者，以冰释疑情，顿识根本，此吾佛教意。自世祖至于今上皇帝，列圣一心，崇是教以福斯民，有在于是。其可无以记之哉！嵩公身任讲事之重，不违世法，又广刹海，以表其初心。道甫分席之山，其所以来告者，不堕于有为，不滞于无为。故集得以绪言记之也如此。大元至正五年乙酉四月。

重建方山定林寺记略

(明)南太常少卿　翟瑛

金陵据天下之形胜，为四方之都会。去城东南三十里许，其峰峦竞秀，望之岿然端重而苍翠者，天印山也。风气凝聚，林木蓊郁，隐映于林壑之间者，定林寺也。宋乾道间，善鉴法师始建其寺，至今五百余年矣。国朝有僧曰道泰者，尝住持是寺，遍叩诸檀越，建大佛殿、四天王殿。时天顺甲申，金陵居士朱福珍慨然罄其所积之赀，而一新之。其所建者，若毗卢殿、大士殿、金刚殿、轮藏殿，与夫大藏尊经及诸供器之类，罔不周备。其余斋堂、禅室、廊庑、方丈、山门，又福珍之子鉴、钤、镛、铎之所完。皆次第而一新之，诚可谓规模弘丽矣。经始于天顺庚辰，落成于成化壬寅。

定林寺沙门表请断杀议[①]

《广弘明集》

梁高祖武皇帝临天下十二年，下诏："去宗庙牺牲，修行佛戒，蔬食断欲。"上定林寺沙门僧佑、龙华邑正柏超度等上启云："京畿既是福地，而鲜食之族犹布筌网，并驱之客尚驰鹰犬，非所以仰称皇朝优洽之旨。请丹阳、琅玡二境，水陆并不得搜捕。"敕付尚书详之。议郎江贶以为："圣人之道，以百姓为心；仁者之化，以躬行被物。皇德好生，协于上下，日就月将，自然改[②]俗。一朝抑绝，容恐愚民。且猎山之人，例堪祓[③]涉；捕水之客，不惮风波。江宁有禁，即达牛渚；延陵不许，便往阳羡。取生之地虽异，杀生之数是同。空有防肓之制，无益全生之术。"兼都令史王述以为："京邑翼翼，四方所视；民渐至化，必被万国。今祁寒暑雨，人尚无怨；况去俗入真，所以可悦。谓断之为是。"左丞谢几卿曰："不杀之礼，诚如王述所议。然圣人为教，亦与俗推移。即之事迹，恐不宜偏断。若二郡独有此禁，更[④]似外道。谓不杀戒皆有界域，因时之宜，敬同议郎江贶议。"尚书臣亶、仆射臣昂、全[⑤]莹已下，并同贶议。帝使周舍难贶曰："《礼》云：'君子远庖厨，血气不身翦[⑥]。''见生，不忍其死；闻声，

---

① (唐)释道宣《广弘明集》卷26收录该文，题作"断杀绝宗庙牺牲诏〔并表请〕"

② 改：《广弘明集》卷26为"愍"。

③ 祓：似应为"跋"。

④ 更：《广弘明集》卷26为"便"。

⑤ 全：《广弘明集》卷26为"令"。

⑥ 此句出自《礼记・王藻》："君子远庖厨，刃有血气之类，弗身践也。"

不食其肉[①]。'此皆即目兴仁，非关及远。三驱之礼，向我者舍，背我者射。"于是依王述议，遂断。又敕：太医不得以生类合药；公家织官纹锦，并断仙人、鸟兽之形，以为亵衣裁剪，有乖仁恕。至乃祈告天地、宗庙，以去杀之理，被之含识。郊庙皆以面为牲牷，其飨万国用菜蔬，去生类。其山川诸祀则否。乃敕有司曰："近以神实爱民，不责无识；所贵诚信，非尚血膋。凡有水旱之患，使归咎在上，不同牲牢，止告知而已。而万姓祈求，谄黩为事。山川小祇，难期正直。晴雨或乖，容市民怨。愚夫滞习，难用理移。自今祈请报答，可如俗法所用。以身赛[②]咎，事自依前。"前臣曰："夫神道茫昧，求诸不一。或尚血腥之祀，或歆蕴藻之诚。设教随时，贵其为善。其诚无忒，何往不通？若祭享理无，则四代之风为爽；神明实有，三世之道为弘。语其无不待牲牷之洁，据其有宜存去杀之仁。周文礿祭，由来尚矣。苟有明德，神其吐诸。而以面为牲，于义未达，方之纹锦，将不矛盾乎？"

集程伯淳语

《法喜志》

程伯淳[③]尝曰："佛说光明变玩，初莫喻其旨。后看《华严合论》，却说得分晓。应机破惑，名之为光；心垢解脱，名之为明。只是喻自心光明，便能得入光照无尽世界。"公每见释子读佛

---

① 此句出自《孟子·梁惠王章句上》："见其生，不忍见其死；闻其声，不忍食其肉。"

② 赛：《广弘明集》卷 26 为"塞"。

③ 程颢(1032～1085)，字伯淳，河南洛阳人。宋代哲学家。嘉祐进士，曾任上元(今南京)主簿。

书，端庄整肃，乃语学者曰："凡看经书，必当如此。今之读书者，形容先自怠惰了，如何存主得？"一日，过定林寺，偶见众僧入堂，周旋步武，威仪济济；一坐一起，并准清规。乃叹曰："三代礼乐，尽在是矣。"

传

释法愿传略[①]

《高僧传》

释法愿，先颍川长社人。祖世避难，移居吴兴长城。愿常为梅根治监，有施慎民代之。先时，文书未校，慎民遂偏当其负，愿乃诉求分罪。有旨免慎民死，除愿为新道令。家本事神，身习鼓舞。世间杂伎，及蓍爻占相，皆备尽其妙。尝以镜照面云："我不久当见天子。"于是出都住沈桥，以傭相自业。宗壳、沈庆之微时，经请愿相，愿曰："宗君应为三州刺史，沈君当位极三公。"如是历相众人，记其近事，所验非一。遂有闻于宋太祖，太祖见之，取东治囚及一奴美颜色者，饰以衣冠，令愿相之。愿指囚曰："君多危难，下阶便应著钳锁。"谓奴曰："君是下贱人，乃暂得免耶。"帝异之，即敕住后堂，知阴阳秘术。后少时，启求出家，三启方遂，为上定林远公弟子。及孝武龙飞，宗壳出镇广州，携愿同往，奉为五戒之师。会谯王构逆，羽檄岭南。壳以咨愿，愿曰："随君来，误杀人。今太白犯南斗，法应杀大臣。宜速改计，必得大勋。"果如愿言。壳迁豫州刺史，复携同行。及竟

① 该文出自《高僧传》卷13《齐正胜寺释法愿传》。

陵王诞举事，愿陈谏亦然。愿后与刺史共欲减众僧床脚，令依八指之制。时沙门僧导独步江西，谓愿滥匡其士，颇有不平之色。遂致闻于孝武，即敕愿还都。帝问愿："何致故诈菜食？"愿答："菜食已来十余年。"帝敕直阁沈攸之强逼以肉，遂折前两齿，不回其操。帝大怒，敕罢道。作广武将军，直华林佛殿。愿虽形同俗人，而栖心禅戒，未尝亏节。有顷，帝崩，昭太后令听还道。太[1]始六年，校长生舍宅为寺，名曰正胜，请愿居之。齐高亲事幼主，恒有不测之忧，每以咨愿。愿曰："后七月当定。"果如其言。及高帝即位，事以师礼。武帝嗣兴，亦尽师敬。永明二年，愿遭兄丧，启乞还乡。至乡少时，敕旨重叠。愿后出，憩在湘宫。銮驾自幸，降寺省慰。愿云脚疾未消，不堪相见，帝乃转跸而去。文惠太子尝往寺问讯，愿既不命令坐，文惠作礼而立，乃谓愿曰："葆吹清铙，以为供养，其福云何？"愿曰："昔菩萨八万妓乐供养佛，尚不如至心。今吹竹管子，打死牛皮，此何足道！"其王侯妃主及四远士庶并从受戒，悉遵师礼。愿往必直前，无有通白。咸致随喜，日盈万计。愿随以修福，未尝蓄聚。或雇人礼佛，或借人持斋。或粜米谷，散饲[2]鱼鸟；或贸易饮食，赈给囚徒。后入定，三日不食，忽语弟子云："汝等失饭箩矣。"俄而寝疾，时寺侧遭烧，寺在下风，烟焰将及。弟子欲舆愿出寺，愿曰："佛若被烧，我何用活？"即苦心归命，于是三面皆焚，唯寺不烬。齐永元二年，卒。

---

① 太：应为"泰"。
② 饲：《高僧传》卷 13 为"饴"。

释僧远传略[1]

《高僧传》

释僧远，勃海重合人。幼而乐道，年十六，欲出家，父母不许。因蔬食忏诵，晓夜不辍。年十八，方获入道。远周贫济乏，身无留财。有玄绍比丘，每给以金贝，远让而弗受。尝一时行青园，闻里中得时气病者，悯而造之，见骈尸侣病者数人，人莫敢近。远深加痛惋，留止不忍去。因为告乞，敛死抚生，恩加骨肉。宋新安孝敬王子鸾，为亡所生母殷贵妃造新安寺，敕选三州，招延英哲。远与小山法瑶、南涧显亮俱被征召，皆推远为首。大明六年九月，右[2]司奏曰："臣闻邃拱凝居，非期宏峻；拳跪盘伏，岂止敬恭。将以昭张四维，缔制八寓；故虽儒法枝派，名墨条流。至于崇亲严上，厥繇靡爽，唯浮图为教，逖自龙裔。宗旨缅邈，微言沦远。拘文蔽道，在末弥扇。遂乃陵越典度，偃居尊戚。失随方之妙迹，迷制化之渊美。夫佛法以谦俭自牧，忠虔为道。不轻比丘，遭人必拜；目连桑门，遇长则礼。宁有屈膝四辈，而简礼二亲，稽首耆腊，而直骸万乘者哉？故咸康创议，元兴载述，而事屈偏党，道挫余分。今鸿源遥洗，群流仰镜；九仙贶宝，百神耸职。而畿辇之内，含弗臣之氓；阶席之间，延抗礼之客。惧非所以澄一风范，详示景则者也。臣等参议以为：沙门接见，皆当尽礼敬之容。依其本俗，则朝徽有序，乘方兼远矣。"帝虽颇信法，而尤自骄纵，故奏上之日，诏即可焉。远

---

① 该文出自《高僧传》卷8《齐上定林寺释僧远传》。

② 右：《高僧传》卷8为"有"。

时叹曰:“我剃头沙门,本出家求道,何关于帝王。”即日谢病,仍隐迹上定林山。及景和之中,此制又寝,还遵旧章。宋明践祚,请远为师,竟不能致。其后,山居逸迹之宾,傲世凌云之士,莫不策踵山门,展敬禅室。庐山何默、汝南周颙、齐郡明僧绍、濮阳吴苞、吴国张融,皆投身接足,咨其戒范。后宋建平王景素,谓栖玄寺是先王经始,既寺是人外,欲请远居之。殷勤再三,遂不下山。齐太祖将升位,入山寻远。远固辞老疾,足不垂床。太祖躬自降礼,咨访委悉。及登禅,复銮驾临幸,将诣远房。房阁狭小,不容舆盖。太祖欲见远,远持操不动。太祖遣问卧起,然后转跸而去。至于寝疾,文惠、文宣并伏膺师礼,数往参候。远蔬食五十余年,涧饮二十余载。游心法苑,缅想人外;高步山门,萧然物表。以齐永明二年正月,卒于定林上寺。帝致书于沙门法献曰:“承远上无常,弟子夜中已自知之。远上此去,甚得好处,诸佳非一,不复增悲也。一、二迟见法师,方可叙瑞梦耳。今正为作功德,所须可具疏来也。”竟陵文宣王又书曰:“远法师一作名德,志节清高;潜山树美,四海餐风。弟子暗昧,谬蒙师范。方欲仰禀仁化,用洗烦虑,不谓此疾,奄成异世。悲痛之心,特不可忍。远上节概[①],业行圆通,旷劫希有。弟子意不欲遗形影迹,杂处众僧墓中。得别卜余地,是所愿也。方应树刹表奇,刻石铭德矣。”即为营坟于山南,立碑颂德,太尉琅琊王俭制文。

① 节概:《高僧传》卷8为“即”。

傅大士传[①]

《神僧传》

大士傅弘者，住东阳郡乌伤县双林寺。体权应道，蹑嗣维摩，时或分身济度为任。或金色表于胸臆，异香流于掌内；或见身长丈余，臂过于膝。脚长二尺，指长六寸，两目重瞳，色貌端峙。梁孝武闻之，延居钟山定林寺。天花甘露，恒流于地。帝后于华林园重云殿，独设一榻，拟与天旨对扬。及玉辇升殿，而公宴然共坐。宪司讥问，但云法地无动，若动则一切不安。且知梁运将尽，救愍兵灾，乃然臂为炬，冀禳来祸。至陈大建元年夏中，于本州右胁而卧，奄就升遐。初，大士在日，常以经目繁多，人或不能遍阅。乃建大层龛一，柱八面，实以诸经，运行不碍，谓之轮藏。今天下所建轮藏，皆设大士像，实始于此。其饲虎余饭，弃掷林间，化而为石。青白错杂，可作数珠。

刘慧地传[②]

《梁书》

刘勰，字彦和，东莞人。雅为太子昭明所重，撰《文心雕龙》五十篇。家贫不婚娶，依沙门僧俗[③]，遂博通经论，区别部类，而为之叙。定林寺藏经，即其铨次也。中书令沈约绝重其文，常置几案间。凡都下寺塔及名僧碑碣，皆出其手。表求出家，先燔须自誓。帝嘉之，赐法名慧地。

---

① 该文出自明成祖《神僧传》卷4《傅弘传》。

② 该文出自《梁书》卷50《刘勰传》。

③ 俗：应为“佑”。

诗

邻里相送至方山

(南朝宋)谢灵运

祇役出皇邑,相期憩瓯越。解缆及流潮,怀旧不能发。析析就衰林,皎皎明秋月。含情易为盈,遇物难可歇。积疴谢生虑,寡欲罕所阙。资此永幽栖,岂伊年岁别。各勉日新志,音尘慰寂蔑。

与诸兄弟方山别诗

(晋)王彪之

脂车总驰轮,泛舟理飞棹。丝染墨悲欢[①],路歧杨感悼。缺

侍游方山应诏

(齐)王　融

巡躅望登年,帐[②]饮临秋县。日羽镜霜寻[③],云旗落风甸。四瀛良在目,八寓婉如见。小臣窃自嘉,预奉柏梁宴。

侍游方山应诏

(梁)沈　约

清汉夜昭晢,扶桑晓陆离。发吹垂杨下,建羽朝夕池。扱金浮水若,耸跸诏山祇。一沾九霄露,藜藿终自知。

---

① 欢:《古诗纪》卷 42 为“叹”。

② 帐:《古诗纪》卷 67 为“帐”。

③ 寻:《古诗纪》卷 67 为“浔”。

下方山

（梁）何　逊

寒鸟树间响，落星川际浮。繁霜白晓岸，苦雾黑晨流。鳞鳞逆去水，泱泱急还舟。望乡行复立，瞻途近更修。谁能百里地，萦绕千端愁。

定林

（宋）王安石

定林青木老参天，横贯东南一道泉。六月杖藜浔石路，午阴多处弄潺湲。

自读书台上定林①

（宋）王安石

横绝潺湲度，深寻荦确行。百年同逆旅，一壑我平生。

登方山绝顶

（明）许　穀

天印山高四望遥，振衣同上兴飘萧。深岩藉草秋仍茂，绝顶清池旱不消。散睇青峦围锦甸，举头苍蔼接丹霄。洞中却爱栖真者，不信人间有市朝。

小刹　东霞寺

在郭城上方门外，东城崇礼乡。西去所领定林寺二里，北

① 宋王安石《临川文集》卷26、《王荆公诗注》卷40各收录该诗，题均作"与徐仲元自读书台上定林"。

去正阳门三十二里。

殿堂

山门一楹。右观音殿三楹。僧院一房。基址十亩东至官街,南至荒圩,西至秦淮河,北至鸡笼山。

小刹 外永福寺

在郭城上方门外泉水乡,东城地。西去所领定林寺十里,北去正阳门四十里。

殿堂

山门三楹。佛殿三楹。左伽蓝堂一楹。右祖师堂一楹。观音殿五楹。僧院二房。基址九亩东至官路,南至小埠寺田,西至本寺水沟,北至官路。

公产

田共九亩九分二厘。

卷十一　光相寺

中刹　光相寺　古刹

在郭城高桥门外，北去所统灵谷寺五十里，通济门五十八里，东城地。乾道志：名光相院。国朝永乐间，僧行镃重建。所领小刹，曰天隆寺、积善庵。

殿堂

天王殿五楹。大佛殿五楹。左伽蓝殿一楹。观音殿五楹。僧院一房。基址七亩东至本寺地，南至官河，西至徐贵民地，北至民山。

公产

地共八亩。

小刹　天隆寺

在郭城高桥门外，东城丹阳乡。西去所领光相寺五里，北去正阳门五十里。

殿堂

山门三楹。天王殿三楹。正佛殿三楹。观音殿五楹。方丈三楹。僧院三房。基址五亩东至李家井，南至秦淮河，西至王家井，北至本寺后山。

公产

山三亩。房六间。

小刹　淳化镇积善庵

在郭城高桥门外清风乡，东城地。南去所领光相寺三十里，西去正阳门四十里。

殿堂

地藏堂一楹。正佛殿三楹。左观音堂一楹。僧院一房。基址二亩五分六厘东至社坛，南至马家民田，西至周见贵民田，北至葛焕民田。

公产

田、地、塘共一十亩三分八厘。

卷十二　三禅寺

中刹　三禅寺　古刹

在郭城凤台门外，东城尽节乡[1]。北去所统灵谷寺一百二十里，聚宝门一百二十里。所领小刹，曰安平寺、登台寺、慈光寺、无垢寺、紫草寺、华严寺。

殿堂

山门三楹。左观音殿五楹。右轮藏殿三楹。僧院三房。基址六亩东至朱家山，南至刘家山，西至刘家山，北至范家山。

公产

田、地、山、塘共一百八十五亩四分。

小刹　安平寺

在郭城外，东城尽节乡。南去所领三禅寺十五里，北去聚宝门一百五里。乾道志有安平院，在下桥村。今或本此。

殿堂

佛殿三楹。僧院二房。基址三亩东至韩村，南至游方桥，西至刘家山，北

① 应为“飞地”。飞地：指位居甲地而行政上隶属乙地的土地。明代江宁、上元两县互有“飞地”。

至马溪桥。

公产

田、地、塘共一十八亩六分。

小刹 登台寺

在郭城外，东城尽节乡。南去所领三禅寺十里，北去聚宝门一百里。

殿堂

佛殿三楹。法堂五楹。僧院一房。基址八亩东至社塘冲，南至门塘冲，西至积田冲，北至茅塘冲。

公产

田、地、山、塘共二十二亩五分。

小刹 慈光寺 古刹

在郭城凤台门外，东城尽节乡张桥村。南去所领三禅寺二十里，北去聚宝门一百一十里。乾道志有慈光院，在章墅村，去城百里，疑即此。

殿堂

山门三楹。正佛殿三楹。法堂殿五楹。僧院一房。基址五亩东至龙母山，南至新庄山，西至章桥村，北至雁滩山。

公产

田共二亩二厘。

小刹　无垢寺　古刹

在郭城凤台门外道德乡，东城。北去所领三禅寺五里，北去聚宝门一百二十五里。原先朝天喜寺，梁天监二年，改无垢寺。乾道志：又名无垢院。国朝重修，如今额。

殿堂

山门三楹。佛殿三楹。左观音殿三楹。右轮藏殿三楹。僧院二房。基址五亩东至伍庵庄，南至来龙山，西至磨盘山，北至胡家店。

公产

田、地、山、塘共六十六亩三分四厘。

小刹　紫草寺　古刹

在郭城夹冈门外，东城道德乡。北去所领三禅寺十里，北去聚宝门一百二十里。系唐古刹，国初重建。殿宇经毁，嘉靖间，募修。

殿堂

佛殿三楹。僧院一房。基址十亩东至石秋坝，南至桑园圃，西至桃洪街，北至铜山。

公产

田、地、山共二十三亩九分。

小刹　华严庵

在郭城外，东城道德乡。北去所领三禅寺十里，北去聚宝门一百二十里。

殿堂

山门三楹。地藏殿三楹。观音殿三楹。僧院一房。基址二亩东至溧水塘，南至本寺山，西至吴家山，北至武家山。

卷十三　广惠院

中刹　**广惠院**　古刹

在都城外。西去所统灵谷寺二十五里，朝阳门三十里，东城蒲塘地。宋延佑间创，名护烈庵。元至正癸未，改广惠院。国朝弘治四年，重建。所领小刹，曰崇善寺、宝善寺、龙泉庵、隐静寺、本业寺、普济庵、普济寺、山海院。

殿堂

山门一楹。伽蓝殿五楹。正佛殿三楹。观音殿三楹。僧院一房。基址三亩东至灵山，南至官山，西至南村，北至后南村。

公产

田、地、山、塘共一百一亩五厘。

小刹　**崇善寺**　古刹、敕赐

在都[①]城沧波门外，东城。北去所领广惠院五里，西去朝阳门二十二里。梁宝志公行化之地，旧名城头庵。宣德间，僧文瑞规创。景泰壬申，遣徒赴奏，赐额。今殿仅存，钟梵销歇，遗址在荒榛断岸间。

---

① 都：应为“郭”。沧波门为明代南京郭城十八门之一。

殿堂

正佛殿三楹。左钟楼一座。僧院一房。基址三亩东至寺塔院,南至官路,西至窑塘,北至官路。

文

崇善禅寺碑铭略

(明)南尚宝少卿　夏瑄

寺去都城东十里许,旧名城头庵,梁朝宝志公大士行化之地也。溪山萦映,得地幽胜。历年久远,兴废不一。宣德间,僧文瑞募十方信施营造,仍续置田地若干亩,以充常住香灯。近村往来病涉,建桥梁四处,以便行人。沧波门外置化人亭一所,为此方送终者计,可免暴露。景泰壬申年,遣其徒良禋赴阙,奏请寺额。圣旨:“以崇善赐之。”经始于正统丁巳,落成于景泰壬申。

小刹　宝善寺　古刹、敕赐

在郭城沧波门外,东城。北去所领广惠院八里,西去朝阳门二十二里。旧名解脱庵,大定间创。国朝正统初,为灵谷寺僧左讲经正映塔院。上遣礼官谕祭,增葺殿宇,奏赐今额。枕山临涧,古柏阴深,叠嶂平畴,村春野外,居然乡落。

殿宇

天王殿三楹。正佛殿三楹。僧院三房。基址四亩东至本寺,西至官沟,南至忻府坟,北至庙基。

公产

田、地、山、塘共五十五亩三分四厘。

小刹　龙泉庵　古刹

在郭城沧波门外，东城白岩嶂地。北去所领广惠院三十里，西去正阳门三十五里。相传有白鹤仙曾此修炼。元至正初，僧祥云庆结庵，有泉飞瀑如龙，因名。

殿堂

宝公堂三楹。正佛殿三楹。僧院一楹。基址一亩东至吴家山，西至石灰窑，南至磨盘山，北至官沟。

公产

田、地、山、塘共一十三亩二分一厘。

小刹　隐静寺　古刹

在郭城沧波门外，东城地。北去所领广惠院二十五里，西去正阳门三十里。唐时建，古碑剥落苔藓间，字蚀其半。

殿堂

山门三楹。佛殿三楹。观音殿三楹。左三界殿三楹。僧院一房。基址三亩东至土地庙，西至孟朱山，南至官路，北至孟廷珮山。

小刹　**本业寺**　古刹

在郭城麒麟门外，东城地。西去所领广惠院七里，朝阳门二十五里。《实录》[①]：天监九年，置本业寺。释净玉舍宅，不知何时。保大间，僧令安重修。唐乾德年碑尚存。

殿堂

天王殿三楹。正佛殿三楹。法堂殿五楹。僧院二房。　基址十亩东至本寺山，南至本寺山，西至官路，北至本寺山。

公产

田、地、山、塘共四十六亩四分五厘[②]。

文

本业寺记

（唐）僧契抚

夫以星池布彩，扶列宿于玄穹；鹤树收光，运真风于像教。远则摩腾入汉，近乃达磨来梁。传三乘一性之宗，古今恒尔；指见智无生之忍，人我自除。所以佛依法住，法假人私[③]；道本无心，即心悟道。未证斯理，体解如然。喧寂之居，故非常得。依国[④]王水土，事佛瓶盂；设戒防身，藏名远恶。克修三业[⑤]，不止

① 实录：应为“建康实录”。

② 本书卷53《各寺公产条例》为“共四十六亩六分三厘”。

③ 私：《全唐文》卷921为“弘”。

④ 国：《全唐文》卷921无此字，似应为衍字。

⑤ 业：《全唐文》卷921为“界”。

六尘；禀奉四仪，方归八正。其本业寺者，梁天监九年，有释净玉舍宅为寺。累代废兴，石像既存，乡人崇信。凡经亢燎，众聚祈求。进奉国而事家，实遵尧而慕舜。其民戚戚，其化堂堂。既偶上垂衣，寰中举首。山河秀实，日月光轮。遐迩奔趋，车航辐辏。三教济兴于圣代，一乘别纪于明朝。非频婆王而再出如何，非须达多而重生弗已。于保大五年，有上元县近寺众多檀信，溟义、开宁两乡周俊、周禓等，云集图奏，请开善寺僧令安归寺，整葺焚修。蒙先元宗皇帝御批，奉功德使齐王旨，承省司给牒，重赐开基，再修此寺。江月沉而犹出，塞雁去而还来。唯酬帝祚之恩，永感乘时之德。尔后召募四方檀信，共创伽蓝。绀殿光鲜，晨夜之香灯馥郁；青龙迤逦，塞暄之苍[①]翠联环。寺主安上人，俗姓吴，当阙人事，开善出家。顺义六年，武皇戒品习延。经论罢，好虚闲，拟易高踪。应来众请，徇居名迹。独质劬劳，执火拾薪，犹希弟子。有上足门人道新、道升、道通、道暹、道圆等，相次出家，俱承旨训，如子奉亲。及至经业该通，升元受具，甘露之香坛灌顶，如来之戒制持心。戴日衔恩，擎山捧国。师资之义，恭效无疲。侍膳之心，始终曷已。次教化造得正堂厨库，其有廊屋僧堂，必取圆就。良时已偶，星宇重兴。东接文园，昔是储君之主；西连符[②]峤，今兹萧帝之踪。几百年而钟梵泠音，流传佛事；一千载之龙图阐化，普遍皇恩。愿戈铤无讨伐之心，愿稼穑有丰登之序。九功乐业，三界同安。长开十

① 苍：《全唐文》卷921为“芥”。

② 符：《全唐文》卷921为“蒋”。

善之门，共续五天之教。金言可显，盘石恒坚。名籍有图，遗踪莫朽。年移事往，纪德难胜。经踵宏扬，刻镌铭石。谨记。唐乾德五年丁卯七月日。

游阳山本业寺记[①]

（明）翰林学士　胡广

永乐三年秋，皇帝因建碑孝陵，斵石于都城东北之阳山，得良材焉。其长十四丈有奇，阔不及长者三之一，厚丈二尺。色黝，泽如漆，无疵璺。越九月戊午，特命翰林臣往观。于是学士解公缙[②]绅、侍讲金公幼孜，暨广偕往。己未，由朝阳门出，过十里铺，直抵沧波门。门外隔平畴，山蝉联起伏，即城中所见诸山也。山下烟林村落，耕夫饷妇，横纵陇亩。予三人观其作劳，徘徊久之，见田塍畔系三[③]舟，田水与大江相通，故有舟。然平畴旷野，见此一舟，亦自奇绝。水之上有古石桥，石半堕桥下。桥西北有土沟，问之沟傍人，云国初取土，筑拒马墙，就以疏墙内流水。由拒马墙折北，而墓在宣义乡，即此，而俗误传叶丞相也。南望钟山一峰，秀立天际，如玉笋。都城万雉，红光紫气，蔚蔚葱葱；结为龙文，散为霞彩，诚万世帝王之都也。日午，下山，回至小村市，望见树林阴翳中，一径沿涧上，两傍皆松柏，有古寺甚牢落，梁本业寺也。创于天监九年，五代时碑刻尚存。有古桂二株，其本枯朽，其旁枝复拱抱，又将枯矣，疑与寺同植者。从旁入一小轩，轩外多竹。其南有古井，汲以烹茶，味甘

① 该文出自明胡广《胡文穆公文集》卷10《游阳山记》，有节略。

② 缙：《全唐文》卷921为“大”。

③ 三：《全唐文》卷921为“一”。

洌。复寻寺前小径，转登寺后山。山多石，石罅多棘刺，行则钩衣，以手褰衣，去地尺，徐行。至一巨石上，坐眺。少顷，从山脊下，至寺，地志云，谢灵运墓在寺近。叩僧，不知其处。庚申旦，离寺，由故道入麒麟门，缘钟山麓而行。午至灵谷寺，观当时善画者图《雪景海水》于壁。寺僧出东坡诗翰、有元诸名公品题，并宋遂篆书《金刚经》观之，至暮而还。

诗

游本业寺

（明）顾 源

石壁瞻龙象，香林踏虎踪。云中开殿阁，烟际织杉松。日月三天过，乾坤一气封。此心随物化，长啸倚诸峰。

小刹 普济庵 古刹

在郭城麒麟门外。西北去所领广惠院十五里，西去朝阳门三十里。东城，黄龙山。宋政和间，蒋山寺佛鉴祈雨有感，里人为建庵。后成荒墟。国朝洪武间，僧正映重建。

殿堂

佛殿五楹。僧院一房。基址一亩五分东至黄龙山，南至西竿村，西至本庵塔院，北至黄龙山官路。

公产

田、地、山、塘共七十亩八分七厘。

小刹 普济寺 古刹

在郭城东麒麟门外，东城。西去所领广惠院五里，朝阳门三十里。按《金陵新志》载：《实录》①：梁头陀寺，在今蒋山顶。后徙置山下。治平中，改额普济寺。今寺亦名普济，麒麟门又近蒋山之下，为古普济未可知。附此俟考。

殿堂

金刚殿三楹。正佛殿三楹。僧院一房。基址三亩东至周家山，南至周家山，西至姚家田，北至周家山。

小刹 山海院 古刹

在郭城沧波门外，东城丁墅地。西北去所领广惠院二十五里，西去朝阳门五十里。唐天宝间创。国朝洪武间，重建。

殿堂

正佛殿三楹。僧院二房。基址十八亩东至山冈，南至官路，西至祠山庙，北至水涧。

① 实录：应为“建康实录”。

卷十四　法清院

中刹　**法清院**　古刹

在郭城东湖塾地。西去所统灵谷寺七十里,正阳门七十里,东城地。梁天监间建,名法清院。昭明太子读书其中,有东湖读书台。宋淳熙中,方拱辰扁:"昭文精舍"。元至元中,改昭文书院。后废。国朝正德间,上元令程栴重葺,祀昭明,并奉释像,为祝釐之所。所领小刹,曰香林寺、吴读庵、许村庵、多福寺、桂阳寺。

殿堂

山门三楹。正佛殿三楹。昭明祠五楹。左韦驮殿三楹。官房五楹。禅堂三楹。僧院一房。基址四亩东至本院塘,南至詹元诚园,西至官路,北至兰田。

公产

田、地、山、塘共八十五亩九分九厘。

小刹　**香林寺**　古刹

在郭城高桥门外,东城丹阳乡湖塾镇。北去所领法清院十五里,西去正阳门八十里。按《金陵新志》有杜桂院,南唐保大六年建,在杜桂村,因为院额。庆元志:院有吴钟记云:梁天监中，杜、桂二卿平章朝政，舍居为寺，故从其姓，以旌名。今名香林寺，又曰香林院。名与地合，当即此。

殿堂

佛殿三楹。左伽蓝殿一楹。僧院四房。基址三十亩东至长塘，南至陶家田，西至本寺桥，北至中桥。

小刹　吴读庵

在郭城高桥门外，东城土桥地。北去所领法清院五里，西去正阳门七十里。

殿堂

山门三楹。佛殿三楹。观音殿三楹。法堂五楹。僧院二房。基址四亩东至本庵墙，南至上庄村，西至张家巷，北至土桥。

公产

田、地、山、塘共二十六亩七分一厘。

小刹　许村庵

在郭城高桥门外，东城清化乡。南去所领法清院五里，西去通济门七十里。

殿堂

佛殿三楹。僧院一房。基址□□亩东至□□，南至□□，西至□□，北至□□。

小刹 多福寺 古刹

在都城东神泉乡。东南去所领法清院十五里，西去朝阳门七十里，东城地。唐天宝初，玉镜圆师创。元末，罹兵燹。洪武初，有牧童于寺基傍戏劚二窟，偶得赵孟頫书“多福寺”三字碑扁，僧永定即废址重建，揭赵额于寺门。永乐间，僧惠果继葺。今颓落，无复旧观。

殿堂

天王殿三楹。佛殿五楹。僧院二房。基址□□亩东至□□，南至□□，西至□□，北至□□。

公产

田、地、塘共四十八亩五分八厘①。

文

多福寺重兴记

（明）翰林学士　钱塘倪谦

寺在上元神泉乡。唐天宝初，玉镜圆师肇创。其地控钟阜，接秦淮，左襟勾②曲，右达神京。泉甘土肥，风气完固。寺去都城六十余里，元末罹于兵燹，鞠为荆莽。洪武初，有牧童于寺基之傍戏斸二窟，以避风雨，偶得元翰林学士赵孟頫所书“多福

① 本书卷53《各寺公产条例》为“共四十九亩三分”。

② 勾：应为“句”。

寺”三字于土中。而乡之父老视之，欣然相谓曰：“寺之当兴也。”因延僧永定，即旧基重建寺宇，揭旧额于门。永乐间，有曰惠果者，复出己帑，并募檀信谷玉等，集材度木兴工。以天顺壬午孟冬为始，毕工于成化丙戌季秋。

小刹　桂阳寺　古刹

在郭城沧波门外，东城神泉乡。南去所领法清院十四里，西去正阳门九十里。

殿堂

山门三楹。佛殿三楹。僧院二房。基址□□亩东至官山，南至王家村，西至坟山，北至水间。

卷十五　草堂寺

中刹　**草堂寺**　古刹、敕建

在都城外，慈仁乡唐家渡。南去所统灵谷寺三十里，太平门二十七里，东城地。宋绍兴间赐额，本齐周颙舍宅与慧约法师为草堂寺。在钟山，一名宝乘寺。元泰定间，殿宇大备。至正丁酉，毁兵燹。洪武七年，以其地为开平忠武王墓，拨杨府庄田易之，徙寺于此。今田啮于江，仅存百余亩，寺亦几废。所领小刹，曰慈仁寺。

殿堂

山门一楹。正佛殿五楹。僧院二房。基址四亩东至江滩，南至本寺山，西至晏公庙，北至大江。

公产

田、地、山、塘共一百五十八亩八分七厘。

文

草堂寺千僧会愿文

（梁）尚书令　沈约

上白十方诸佛、十方诸大圣：今日见前众僧，三界非有，五阴皆无；四倒十缠，共相和合。一切如电，挥万劫于俄顷；丘井易沦，终漂沉于苦岸。迷途邃远，弱丧忘归。区区七尺，莫知其假。耳目之外，谓为空谈。靡依靡归，不信不受。生灵一谢，再得无期。约所以抚心自恻，临践非譬者也。至圣凝寂，无迹可寻。缘应所感，事惟拯物。持钵安行，出彼祇树。不逾亭午，以福众生。芳尘余法，峨然未改。约以往夏遘罹疴疾，帝上哀矜，深垂愍虑。以月次徂暑，日在丙寅，仰会千僧，于其私宅。隆兹重施，弗知所限。既已奉祇洪德，又思自罄家财。一举盈千，力难私办。稍而后满，事或易充。草堂约法师于所住山寺，为营八集，其一仰凭上定林寺佑法主，今月二十九日，第十会集百僧，于所创田庐。福不唐捐，闻之经训。心路皎然，又过于此。凡有涓毫，应证来业。无巨无细，咸归圣主。仰愿十方，共明此誓。岂足少酬天眷，盖以微寄诚心云尔。

草堂寺缘起记略

(明)惠州知府　海陵俞经

宋慧约法师者，道行弥博，学者云输川委。择地而居，以安徒侣，得钟山之原，结茅为室，名曰草堂，渐成法席。元泰定间，有继其业者，恢宏旧观，实为中兴。至正丁酉，罹于兵燹，兴替不一。洪武七年秋，为开平忠武王择葬地，驾幸于寺。视其山林岩巘，草木郁畅，足称所谋，乃命有司拨杨府庄以易之。其庄在上元县慈仁乡，田、地、山、塘一千三百亩，移建其寺于彼，亦以草堂名之。正统壬申仲春。

传

智者约法师碑

(梁)王　筠

结宇山椒,疏壤幽岫。蓄云泄雨,霭映房栊。浴日涵星,翻光池沼。震居暇豫,留思幽微。研精经藏,探求法宝。香城实相之谈,金河常乐之说,究竟微妙,洞达幽玄。掖庭为道心之宫,华林构重云之殿。师子之座,高广于灯王;听法之筵,众多于方丈。开宝函之奥典,阐金字之微言。显证一乘,宣扬三慧,辩才无阂,游戏神通。莫不皆悟无生,咸知妄想;随类得解,俱会真如。铭曰:形在江湖,心超祇鹫。思协风云,量包宇宙。轩瞰苍波,窗承翠岭。须枕烟露,擥持光景。

与草堂寺约法师书

(梁)尚书令　沈约

周中书风趣高奇,志托夷远;真情素韵,冰桂齐质。自接彩同栖,年逾一纪。朝夕联事,靡日暂违。每受沐言休,逍遥寡务。何尝不北茨游览,南居宴宿;春朝听鸟,秋夜临风。匪设空言,皆为实事。音容满目,言笑在耳。宿草既陈,楸槚将合。眷往怀人,情不胜恸。此生笃信精深,甘此藿食。至于岁时包篚,每见请求。凡厥菜品,必令以荐。弟子辄靳而后与,用为欢谑。其事未远,其人已谢。昔之谐调,倏成悲绪。去冬今岁,人鬼见分。石耳紫菜,怆焉兴想。泪下不禁,指遣恭送,以充蔬僧一饭。法师与周,情期契阔,非止恒交。览物存旧,弥当楚切。痛矣如何!往矣奈何!

诗

草堂寺寻无名法师

(梁)刘孝先

飞镜点青天,横照满楼前。深林生夜冷,复阁上霄烟。叶动花中露,湍鸣暗里泉。竹风声若雨,山虫听似蝉。摘果仍荷藉,酌水用花传。一卮聊自饮,万事且萧然。

秋夜草堂寺禅房月下

(梁)刘孝先

幽人住山北,月上照山东。洞户临松径,虚窗隐竹丛。出林避炎影,步径逐凉风。平云断高岫,长河隔净空。数萤流暗草,一鸟宿疏桐。兴逸烟霄上,神闲宇宙中。还思城阙下,何异处樊笼。

游草堂寺四首

(宋)王安石

野寺真兰若,山僧老病多。疏钟挟谷响,悲梵入樵歌。水映草[①]篁竹,云埋茑女萝。拂尘书所见,因得拟阴何。一　桑杨已零落,藻荇亦消沉。园宅在人径[②],岁时伤我心。强穿西埭路,共望北山岑。欲见道人悟[③],跨鞍聊一寻。二律诗二首 周颙宅作阿兰若,娄约身归窣堵波。蕙帐铜瓶皆梦事,翛然陈迹翳松

① 草:《临川文集》卷14为“茅”。

② 径:《临川文集》卷14为“境”。

③ 欲见道人悟:《王荆公诗注》卷22为“欲觅道人语”。

萝。一偶向松关[1]觅旧题，野人休诵《北山移》。丈夫出处非无意，猿鹤从来自不知。二绝句二首

游草堂寺

（明）王　韦

故结钟峰麓，今开江水渍。门犹妨俗驾，僧尚诵《移文》。猿鹤何年谪，烟霞别涧分。山灵招未得，休遣昔贤闻。

小刹　慈仁寺　敕赐

在郭城姚坊门外，东城地。西去所领草堂寺五里，南去太平门三十里。古刹，名戒坛庵。宣德二年，僧智亨重建，请额。

殿堂

佛堂一楹。僧院二房。基址十二亩东至花林，西至瓜冲，南至阳明塘，北至曹家边。

公产

地、山、塘共六十六亩四分四厘。

---

① 关：《临川文集》卷30为“间”。

卷十六　凤山天界寺

大刹　凤山天界寺　古刹、敕建

在都城外，南城凤山。离聚宝门二里。旧名龙翔集庆寺，在城中闪驾桥北。元文宗即位，诏以金陵潜宫改建。国朝洪武二十一年，寺灾，敕徙城南阒寂处，与民居不相接，出内帑，大建刹宇，更名天界，榜寺门曰善世法门。复赐田、地、芦洲若干顷。永乐间，增建旃檀林、毗卢阁、三十六庵，并设僧录司于内。癸卯，寺复灾，止存大殿。天顺间，觉义道香募缘，重建观音、轮藏、天王等殿。其徒戒谦继之，成化间，益廊庑百余楹，规制弘敞严靓甲诸寺。僧庐幽邃，松竹深通，有"西庵曲径"、"苍翠乔松"、"半峰烟雨"、"双桂返照"、"南庵碧玉"、"古拙品梅"，为六景，得城南幽胜。岁久颓敝。万历丙申，觉义定椿等复募修毗卢阁。壬寅，部檄诸山修僧录司。丁未，征寺租粮，修金刚殿、左右画廊百间，兴复公塾，禅堂中增建华严阁。额设右觉义一员。统次大刹二，城内曰鸡鸣，郭内曰静海；中刹十二，城内曰清凉、曰永庆、曰瓦官、曰鹫峰、曰承恩、曰普缘、曰吉祥、曰金陵，郭内曰嘉善、曰普惠，郭外曰弘济、曰接待，皆中、西、北三城地。

殿堂

金刚殿五楹。天王殿五楹。正佛殿五楹。左观音殿三楹。右轮藏殿三楹。三圣殿五楹。左伽蓝殿三楹。右祖师殿三楹。回廊百楹。钟楼一座。毗卢阁七楹。半峰亭一座。方丈三所僧官方丈十三楹，左住方丈十一楹，右住方丈十四楹。公塾佛殿三楹，东、西学十楹。库司十二楹。僧院一百一十房食粮牒僧三百五十名，食粮学僧一百五十名。基址六百亩东至凤台街，南至西宁侯坟，西至安德街，北至普德寺山。

禅堂

韦驮殿三楹。大禅堂七楹。华严楼五楹。又厢楼四楹。十方堂三楹。斋堂五楹。铁佛堂静室五楹。涅槃堂三楹。仓库厨茶等房共十三楹。

僧录司

大门三楹。正堂五楹。方丈十二楹。

公产

湖塾庄丈过实在田、地一千七百亩六分五厘。溧阳庄原额田共三千九百九十五亩四分一厘。高淳庄原额田、地共三千七百二十一亩九分九厘。

禅堂

靖安庄附寺前地。丈过实在田、地、荡共九百二十五亩七分三厘，房地一十二间。采石芦洲丈过洲二千七百九十七亩六分。施舍田地丈过实在田、地、山、塘共一百五亩一分。

山水

凤山山不高，而林峦回映，最幽胜。有六景，曰“西庵曲径”、“苍翠乔松”、“半峰烟雨”、“双桂返照”、“南庵碧玉”、“古拙品梅”。俱见存。

古迹

琢炼堆泐师炼诗琢句处，在毗卢阁后。佛牙僧真淳得自天台，陆太宰光祖供以文龛。俱存。画壁天历中，钱塘王若水笔。又刘总管命于门壁作一鬼，令先画裸体，后加衣冠，果善。不存。

人物

（元）笑隐、昙芳皆明德之上举，行《百丈清规》。（明）宗泐有传略。碧峰乾州永寿人。高皇帝定鼎金陵，诏至京师。上曰："朕闻师名，以中州苦寒，特延师居南方尔。"止于天界寺。来复聘高僧，任左觉义。宗邕聘高僧，任右觉义。戒资聘高僧，任左善世。行椿聘高僧，任住持。孚中有志略。觉原有志略。白庵有志略。广慧有志略。清远有志略。介庵有志略。雪轩有志略。

藏经护敕

正统十年二月十五日

皇帝圣旨："朕体天地保民之心，恭成皇曾祖考之志，刊印大藏经典，颁赐天下，用广流传。兹以一藏安置南京天界寺，永充供养。听所在僧官、僧徒看诵赞扬，上为国家祝釐，下与生民祈福。务须敬奉守护，不许纵容闲杂之人私借观玩，轻慢亵渎，致有损坏遗失。敢有违者，必究治之。故谕。"

文

龙翔集庆寺碑

（元）翰林学士　虞集

上①自金陵入正大统，改②元天历，以金陵为集庆路，遣使传旨行御史台③大夫阿思兰、海牙等，以潜宫之旧，作大龙翔集庆寺云。明年，召中天竺住持禅师大许④于杭州，授太中大夫，主

① 上：《道园学古录》卷 25 为"钦惟统圣德诚功大文孝皇帝"。

② 改：《道园学古录》卷 25 为"建"。

③ 台：据《道园学古录》卷 25 补。

④ 许：《道园学古录》卷 25 为"欣"。

寺事，设官隶之。画宫为图，授工部尚书王弘[①]，往董其役。斥广其地，为民居者，悉出金购之。土木、瓦石、丹垩、金碧之需，材[②]自内出，不涉经费。工以佣给，役弗违农。有司率职尤勤[③]，景从响应。御史中丞赵世安承禀于内，行御史中丞易[④]董阿忽都、海牙相继率其属以莅之。是以吏勤于事，而民若不知[⑤]。材既具，期以又明年正月朔日壬午[⑥]之吉，乃建立焉。其大殿曰大觉之殿，后殿曰五方调御[⑦]之殿，居僧以致其道者曰禅宗海会之堂，居师以尊其道者曰传法正宗之堂，师弟子之所警发辩证者曰雷音之堂，法宝之储曰龙藏，治食之处曰香积，鼓钟之宣，金谷之委，各有其所。缭以垣庑，辟之[⑧]三门，而佛菩萨天人之像设，缨盖床座严饰之具，华灯音乐之奉，与凡所宜有者，皆致精备，以称上意焉。赐姑苏腴田，以饭其众。上在奎章阁，亲诏臣集制文，刻石以志之。臣闻金陵之墟，自秦时，望气者尝言有天子气，至藏金土中以镇之。其后，若吴、晋、宋、齐、梁、陈、南唐之君，长据以为都，然皆瓜裂之余，仅克自保，要不足以当王气之盛。夫孰知江山盘踞之固，天地藏闷之久，积千余年，而有待于我圣天子之兴也。不然，何渊潜之来处，遂飞跃之自兹，见诸祯祥，行事昭著之若此者乎？夫太阳之升丽于天，光耀熙赫。

① 弘：《道园学古录》卷25为“僧家奴”。

② 材：《道园学古录》卷25为“财”。

③ 尤勤：《道园学古录》卷25为“庀工”。

④ 易：《道园学古录》卷25为“赤释”。

⑤ 是以吏勤于事，而民若不知：《道园学古录》卷25为“吏敏于事，民若不知”。

⑥ 又明年正月朔日壬午：《道园学古录》卷25为“明年正月甲子”。

⑦ 五方调御：《道园学古录》卷25为“无量寿佛”。

⑧ 之：《道园学古录》卷25为“以”。

高深广袤之区，生成动、植之类，孰不受其煦燠，而其次舍之所经。知天者，必仰推而志之。天子以四海为家，莫非圣明之所临鉴。惟帝运之所由起，天人应合之机，实在于此，其可忽诸？今上建极于中，抚制万国，顾怀昔居，势隆望重。非我佛世尊无量之福，孰足以处乎此也？兹事①之成，上以承祖宗之洪庥，下以广民庶之嘉惠。圣天子之至仁大慈，垂示乎亿万斯年者，以此可见矣。于戏！盛哉！敢不拜手稽首，而述赞曰：明明上天，祚我皇国。圣祖神宗，立我民极。于昭武皇，懋建丕绩。宪章修明，民用齐饬。天下为公，仁庙受册。治极而圯，或斁彝则。乃眷明哲，是保是翼。俾久而安，弗迩②以逖。祝融效灵，海若率职。更相吉土，此惟与宅。吉土惟何，建业旧邑。龙依崇丘，虎在③盘石。昔有居者，不称厥德。惟我圣皇，天命攸迪。川宁于波，田宜于穑。民用孝敬，神介景福。帝命不迟，师武臣力。遂开明堂，受天之历。庙而祖飨，郊而帝格。治功告成，庶物蕃息。江流汤汤④，经我南服。中城有宫，皇所肇迹。惟时父老，载慕畴昔。云来日临，庶我心怿。皇帝曰嘻，余岂汝释？惟大觉尊，宝相金色。常怀慧慈，拯汝迷溺。我即我宫，作祠奕奕。照汝明光⑤，沐汝甘泽。汝见大雄，如我来即。玛瑙象宝，缨络金璧。凡为汝故，我施无惜。无菑无害，居佛之宅⑥。民庶稽

① 事：《道园学古录》卷 25 为“寺”。

② 迩：《道园学古录》卷 25 为“遐”。

③ 在：《道园学古录》卷 25 为“立”。

④ 汤汤：《道园学古录》卷 25 为“浪浪”。

⑤ 明光：《道园学古录》卷 25 为“净月”。

⑥ 宅：《道园学古录》卷 25 为“域”。

首,我不知识。我愿天子,圣寿万亿。与佛同体,住世有赫。

天界寺毗卢阁碑

(明)太子少师　吴郡姚广孝

天界善世禅寺,旧在京城阛阓中。洪武二十一年戊辰二十一日,寺灾。翌日,前住持宗泐率寺众奏闻,太祖圣神文武钦明启运俊德成功统天大孝高皇帝御奉天门,谕泐等曰:"佛氏以清净寂灭为教,建立佛刹,不宜于城市阛阓中,与民居混。秽浊喧嚣,佛灵虽无有碍,僧徒禅诵有妨。宜徙于虚旷阒寂之地,僧得安于禅诵,而无延燎之患,庶乎称其教也。"泐再拜稽首,对曰:"陛下圣意,与佛意合。聚宝门外,西行不四、三里,有山地,旷绝幽邃,林麓茂密,与民居不相接,可建立佛刹。"上亟命泐引某官相视地方,为图进呈。上曰:"可。"遂徙于此,而兴建焉。锦衣卫指挥尹某奉敕督役。凡寺之方向、规制,泐与谋画。所用一切材料、工佣之费,尽出公帑。不三年,而门庑、殿堂、库庾、庖湢,于教所宜有者皆具,惟毗卢阁、旃檀林缺然。寺成,其额依旧所赐,曰天界善世。寺宇之清洒开廓,比旧倍焉。又命泐复主之,以完寺事。未几,泐示寂。后三易住持,而不见有作也。青州府僧纲司都纲禅师道成,二十八年十一月宣至京,三十年丁丑秋八月朔日,奉旨住持。甫及期,太祖高皇帝宾天。皇上继登大宝,屡沐宠恩。永乐元年癸未,钦选使日本。回朝,六年戊子夏四月,首建旃檀林屋计若干楹间,为众僧习诵休息之所。八年庚寅,募缘创造毗卢阁若干楹间。其崇若干尺,广如崇若干尺,修去广若干尺。一一梁柱,一一门闼,一一窗牖,一一阑楯,皆以刻画髹彩,金璧丹垩为饰。阶戺庭霤,甃以碱石，其平如掌。至于罗网铃铎，出微妙音，振动林木，闻者莫不忻忭。阁之雄杰瑰伟，如冈如陵。搴霞凌云，倚天照日。广博无碍，同于虚空。十年壬辰冬，始乐成。上供法、报、化三佛，及设万佛之像，左右庋以大藏诸经。法匭后延观音大士，示十普门。下奉毗卢遮那如来，中坐千叶摩尼宝莲华座，一一叶上有一如来，周匝围绕。旁列十八应真罗汉，二十威德诸天，珠璎宝幢，旛盖帷帐，香灯瓜华之供，靡不毕备。俾一切人登陟礼敬，睹此不可思议大解脱境界，无有不发无上菩提之心。十四年丙申，又建方丈二所，基于阁之两傍，相对翔峙。山林增其亢爽，神物益其英灵。非惟绮严梵刹，亦足壮观天都。然其所用梓材、陶甓、彩绘、工佣之赀，计若干万缗，悉出于众檀度也。以此希有胜妙功德，上资太祖高皇帝圣灵，庄严报土。钦惟皇上圣寿亿万斯年，永为天下苍生之主。秋九月，禅师具状来请余文为记刻石，以告夫来者，谓佛法利济有情，岂不博而大哉？必也依人而后行，所以释尊于灵山会上，付嘱国王、大臣，护持象季之教法也。兹寺始蒙太祖赐额，移徙兴复，仰惟神功与天同大。逮我皇上继承大统，平治万邦。兆民乐业，天下大康。岁谷之丰登，资生之蕃息，无有一物不被其仁风德泽者也。今禅师虽乘愿轮来董是刹，成兹妙宝楼阁，开大施门，皆出于帝之力也。一宜书！易三住持而不有作者，而禅师作之，俄然成此大业，略不见其艰苦之心、劳悴之态，如幻如化，孰不羡之？二宜书！以此不可思议大解脱境界，示一切人，俾其皆发无上菩提之心，三宜书也！广孝虽谫才陋学，故弗敢辞，乃以寺之前后兴复，备悉为记。禅师字就[1]峰，道成其讳也。容貌魁伟，身颀然出人一头地。才能度量，又人所不能及。前为僧录司右阐教，政平僧安。上喜，恩升左善世云。颂曰：毗卢法界无有边，无边法界一尘摄。法界不广尘不狭，自在解脱难思议。有大长老曰道成，宿修普贤之妙行。乘斯愿力应于世，来董天界大禅刹。广开法施度诸有，能以土木为佛事。鼎建毗卢宝楼阁，广博严净世希有。藻棁璇题日月明，朱甍碧瓦烟霞灿。梁柱门阃与窗牖，髹彩丹垩为严饰。阶戺庭除甃碱石，莹洁无染平如掌。佛子游行践其上，如鸟飞空不见迹。阑楯宝网悬铃铎，出微妙音振林木。尽谈苦空无我法，闻者靡不生净信。上延法报化身佛，下奉毗卢大教主。中坐千叶莲花台，一叶一佛众围绕。旁列十八大声闻，诸天龙侍常拱卫。幢旛璎珞及宝盖，香灯瓜华微妙供。有来登陟瞻礼者，皆发无上菩提心。如上种种诸胜缘，皆蒙帝力所成就。无着无染常清净，无漏无为不断灭。以此无量功德海，上资太祖严报土。伏愿天子寿无疆，金轮永与法轮转。普天率土扬化风，勒文苍岩诏来古。永乐二十二年八月。

① 就：应为“鹫”。

重修天界寺记略

（明）南吏部尚书　三山林瀚

大天界善世禅寺，旧名龙翔，始建城中会同桥之北。我太祖高皇帝徙建于兹，乃赐今额。连冈回抱，据高向明，环秀拱碧，诚一出尘之境。复赐圩田、芦洲，以充香积之具。永乐癸卯，廊僧不谨于火，遂荡然一空，所存者惟大雄殿耳。后三十余年，为天顺戊寅，觉义道香奏请募缘，重造天王、观音、轮藏等殿，法堂及僧录司亦有体焉，志未毕而逝。其徒戒谦，成化壬辰继主是寺，阅理各庄田租及芦洲课赋，斋供之余，随适丰俭，悉充修葺。复缘募十方，鸠工命材，建廊庑百有余间，沟渠阶道凡四百余丈，月台、甬道、台基、浪坡靡不周整，幻成西方三圣、应真诸像，迥出常伦。庭墀阶除，植以松桧，郁然空翠，莹净无尘，履之如出人世外者。其毗卢阁，永乐中所建，迨今弘治甲子，久而将颓，复撤新之。其高七丈有六，深如之，加六尺焉，广十有一丈六尺，大藏经置于其中。概将大雄、三圣、观音、轮藏、伽蓝、祖师等殿，缀葺珠林，规制悉易观焉。弘治十八年岁乙丑中秋日。

天界寺佛牙碑略

（明）大名知府　秣陵姚汝循

今上御极之十有八年，浙僧真淳得佛牙于天台山中，异之，不敢留，因献于长洲佥宪管公。管公验之良然，又念太宰平湖陆公现宰官身，说法于南曹，于内外教典尤所该博，复命僧转献于公。公一见，惊叹不已，乃择所宜置。以今天界寺，留都丛林之胜也。于是捐赀，命工雕紫檀小浮图一具贮之，外加文龛崇护。卜吉斋沐，导以播幢鼓乐，躬自送于寺之毗卢阁中安奉。是日，天清气融，风恬日丽，士庶观者，填溢衢路，无不赞叹顶礼，若崩厥角者。呜呼！方今正法陵夷，邪说炽盛，振颓起弊，其兆于是乎？自昔儒者，如韩退之谏佛骨有表，欧阳永叔排佛法有论，以至程、朱诸子，皆亦有异议，然竟不能废。肆我太祖高皇帝初平宇内，即建五大寺于留都。今天界，其一也。嗣后一郡一邑悉有之，至与儒宫鼎列，而设僧纲、正、会，以董其事。迨乎列圣相承，有隆无替。于是宝坊棋布于寰区，精舍星罗于闾里矣，在今日尤为特盛焉。夫岂不闻若说乎？要其理有必不可废者。故尔孔子尝曰："西方之人有圣者焉，不治而不乱，不言而自信，不化而自行①。"盖指佛言也。呜呼！是虽三皇五帝之化，何以过此？而诸儒固欲诋之，何哉？寺官住定椿等谓兹胜事，不可不勒之琰琬，乃以属予，次其说如左。万历壬辰季春。

半峰亭记略

（明）南大理卿　沔阳陈文烛

半峰者，果斌尚人之别号也。半峰有诗名在嘉靖间，先大夫按察公常诵所云"天台雁宕天下奇，有生不往将焉之"。不佞少而爱焉。顷宦金陵，半峰久化去。其徒孙文秀雅好诗翰，请余一言记亭事。陈子曰：金陵自秦始皇以来，凿钟阜，断长陇，汉秣陵为建业。其后，孙吴、东晋、南朝建都其间。至高皇帝定鼎，山川佳丽，盖自天地剖判以来一奇遘也。其间王侯将相所遗宫殿、坟墓，俱已颓落埋没，往往童子樵采嬉游于其上，而不

① 语出《列子·仲尼第四》。

复禁，奈何有于兹亭哉？即天界寺，在洪武初年称为善世法门，永乐、天顺间，往往遭火灾者二。即兹亭，安能保其常好乎？或云，唐升州土宇泯灭殆尽，而皎然、灵彻之诗名，千载如新。夫半峰高咏，不减清昼澄源，则后之视今，亦犹今之视昔也。半峰之名常在，而亭且不朽。况吾侪树立，有出于言语文字之外者乎？古人等光阴为过客，叹俯仰为陈迹，良有以也。若夫环亭皆山，环山皆竹、树，日出而晖，云归而暝，此朝暮之景也；花开而草荣，木落而石出，此四时之景也。游人称快焉，又有目者所睹记矣。因操笔书之，俾后之登斯亭者，将有感于余言。万历庚寅冬日。

八大寺定租碑记[①]

八大寺以灵谷为首，诸记宜入灵谷。因僧录司在天界，各寺总于僧司，故碑亦竖此。

（明）南吏部侍郎　福唐叶向高

自佛教入中国，儒者群然排之。昌黎氏至欲人其人、火其书、庐其居，世以为名言，然其说终不行也。盖自汉至今，千有余年间，尽世之贤人君子，与之力争而不能胜。其甚者，如魏道武、唐武宗、宋道君，以天子之威灵，毅然欲划除其教。曾不逾时，而复其故。是何其抑之而愈张，扑之而愈炽，一至此耶？欧阳氏乃欲修三代之教，明礼义以导之，使其自息。余谓其说似矣，而有未尽也。自三代而上，民生未蕃，分田制里之法，足以衣食长养。其民无饥寒冻馁、惸独怨旷之忧，出入相友，守望相助，疾病相扶持，不待劝诱，而自相收恤。佛氏虽欲以慈仁化导

① 明叶向高《苍霞草》卷11收录该文，题作“金陵各寺定租碑记”。

之，固无所用。后世民生日众，朘削日甚，饥不得食，寒不得衣，壮不得有室，鳏寡孤独不得自存者，不知何限。而其人又率自私自利，同室之内，漠如胡越，民有穷困以死，无复之耳。于是佛氏得以其教，群天下之穷民，而养育其中。其稍有赀财者，又夺以福田利益之说，损其有余，以补不足，庶几于古者相收相恤之义。故自王政废而佛教行，虽其清言渺论足以入人，亦以为教之便利，势有必趋而不能止也。高皇帝神圣聪明，卓绝千古。其立纲陈纪，宰世莅民，一循五帝三王之道。乃于佛教，亦存而不废。近畿名刹，大者六、七处，皆有赐田，以赡给缁流，蠲其常赋，定其租额，载在《御制集》、《钦录集》甚详。夫高皇帝岂不知游手游食之无益，而为是以滋蠹哉？正虑天下之人，有不得其所，而吾衣食长养之恩，有所不及，存此一门，以收恤之，明吾治之广大耳。夫庶人之家，耕奴织婢，自是生涯。至于力稍饶裕，则必有园池林馆，使一、二闲人游客，得寄食其中。而况于天子之尊，四海之富哉？近世士大夫不明此义，谈空说幻者，既欲其与尼山争道而驰，而守土之吏，复贱弃缁流，不得与齐民齿。闾右之豪，因以为利，若故业然。加赋减租，日侵月削，浸淫不止，且至无田。是于圣祖之意，殆两失之。寺田故隶祠曹，因循日久，莫有问者。自武林葛君来典是曹，始悉力稽查，籍在则问田，田在则问租。条分缕析，升斗不遗，尺牍文移，往复甚苦。于是田始有租，租始不逋，虽不能尽如旧额，而亦庶几十之六、七矣。或有引昌黎之言诮君者，君曰："吾不知其他，知吾职耳。且高皇帝能以天下之大，覆露群生。而不能以区区尺寸之土田，自行其意，是何臣子之敢于倍违也？夫守职遵制，自寻常事，又何讥焉！”事既竣，君乃悉籍其租赋之额，刊之于石。而以余常摄事其曹，请为之记曰：“藉此以垂之，他日毋再湮没也。”余曰：“君过矣。夫以高皇帝之诏令，炳如日星，而且弁髦也，其何有于兹石，与不佞之言哉？”虽然孟氏有言：“恶害己者皆去其籍。”[①]夫籍在，则恶害己者终有所畏，而不得逞也。是使后之为葛君者，得有所藉也。是君之志也夫。万历三十五年三月。

重修南京僧录司碑记

（明）南祠部侍郎　姚江陈治本

法之废兴，存乎人事，匪独经常，赖以修举，而象教亦藉之维持。且余莅祠官，而叹昭代之垂摹远也。江左自达摩初祖以人天漏果感冠达帝，而禅宗大盛浸淫。至于唐之元和、宋之兴国、元之至元，而烂漫极矣。我高皇帝知出世有裨于治世，故阳摄以纲常，而阴范以名相。昙那、止观之论，未必非摩善厉俗之方也。于是既定鼎金陵，百司庶府而外，建善世诸刹，宏丽冠天下。而又虑苾刍人操异意，凿旁蹊而谬正印也，则设僧录于中以统之。二百年来，其高者归心法镜，而无敢吊诡以叛宗；下者亦谨禀呗诵，而不至毁戒以乱俗。彼不制以势，而制以道。洞涅槃之性，而侈衣珠之富；哜禅悦之味，而断无明之想。盖大乘成于慧，而起于戒、定，其法极于不可思议，而未始不自薰修得之。故能大师受法为南宗，而拭尘明镜之旨，尤人人所易趋。虽顿、渐攸分，而智不世出，则弥下弥□。其从入之途，要不容诬也。今僧录多以高宿领之，其行足以摄众，其解足以证心。

① 恶害己者，皆去其籍：《孟子·万章下》为“诸侯恶其害己也，而皆去其籍”。

日夕升座，拈尾树拂，无非为一大事因缘。诸苾刍耳而目之，即此微尘，便成净土。若奔走颐指，傲然坐立，是以火宅心居清凉地，佛所不载，又何表率化导之有乎？余尝偕同舍王君结毗卢缘，道经僧录，慨其日就圮败，询其主者，谓谋请水衡而不得。不知以方外之局，仰责于宰官难；而以不二之门，趣成于法众易。鸠[①]登坛首座而下，伊蒲塞等人出其余，固无俟檀越而足也。约之期限，景响以赴，即不待岁月而毕也。于是诸僧用其言，辄逾时而告成。登之肃然，其靓深且与毗卢交相壮也。夫一僧舍耳，余岂任受德？独念圣祖不绌以异，而隶之寅清；复不荡以衺，而总之尊宿。凡以妙函三之柄，而练至一之术也。录僧者，诚能以指喻真，以幡证妄。俾大众知无所住，而生心由；不可分别，而得法则。堂虽步武，无减给孤之布金；室匪由旬，可并维摩之容座。妙法之明，将在今日。故凡吾所为，非徒饰其观美，实冀宗风梵行，为之一振也。若榱桷之层矫，坛宇之崇隆，以法眼示之，曾不足当劫灰之毫末。而余与王君之所经营，皆幻泡缘而有漏因也。异日有好事者，迹是而为修葺计，亦可以转法轮于不碍，濯恒沙于无竟乎哉！既以属诸僧，复为记之石。万历壬寅岁孟夏谷旦。

八大寺定租碑记

（明）南祠部郎　钱塘葛寅亮

我太祖高皇帝削平宇内，治具毕张。既饩士学宫，崇尚儒术，至大雄氏教，复云暗助王纲，于国有益。若灵谷、天界、报

① 鸠：义通"究"，聚也。

恩、鸡鸣、能仁、栖霞诸刹，共赐有赡僧田近五百顷，芦州亦几其半，计斗受租，秋五之、七之，而夏三之，敕宗伯氏稽其登耗，蠲一切徭税，有司弗得问。《御制集》、《钦录集》诸书，斑斑可镜也。夫佛氏，固儒者所谓骨朽而神不灵，且欲人人庐居者，是何天纵圣人见，顾与唐、宋诸儒刺谬哉！此予愚而不得其解。而予所知，则惟宗伯氏之典守在予。每见寺僧岁报，赐租田之隶籍未有恙也，佃户之名又非有改于昔也。而或半菽不吐，或升斗犹靳，田漏其租，租之入漏其额。僧人不敢言，祠官不可问，穰穰满车，徒以果闾右之腹矣。有司又诡其名以箕敛，或称劝借，或称丈余。在彼负益上之虚声，在此慑崇禅之握笑。一以窃辔，一以委驭，而缁流遂无可控告。呜呼！弗翦之泽，流荫甘棠；瞻乌之爱，兴思谁屋？此伊谁之惠，而不使得比甘棠、屋乌于今日哉！且尺寸之土，严益赋无裨国储；锱铢宽贷，租讵满豪家溪壑。又焉用此，以衡命为也？予摄官承乏，缁羽即吾民，清租亦即吾职，安能恝然为秦越之视？而或谓势重伏祸，事琐无名，予不忍闻之矣。于是博求文卷，旁稽记籍，执籍以问田，执额以问租。畿以内者，讨佃民而训之；畿以外者，檄邑长而布之。租较昔而量为复，赋准今而杜其增。履亩有图，科粮有籍，则灿然明备，期可垂之久焉。予愚无似，实仰藉大宗伯主持于上，诸曹长协力于下，而署部少宰叶公、仪司汪君、予司郑君为力尤多。虽初制未能悉协要以，弊取渐更，事因宽济，自兹日引月长，是在后之当事矣。予于是而窃叹：高皇帝以神圣开基，百司庶府，蔑弗尽善。能遵其教，自可万万世无敝。而今之蠹日积，而意为更者，独一僧田为然乎？予也嫠恤其纬，犹时有跋前疐后之虑。况其大者，挽于极重，更何如也？迄今诵圣谟洋洋，若“暗助王纲”之旨。虽未易窥，而仰维德意，俯循职司，饩羊之爱，其能无恻然哉！其能无恻然哉！万历三十五年三月。

八大寺赡僧碑小引

（明）南祠部郎　钱塘葛寅亮

赐田赡僧，载之令甲，往时籍报甚详。自租失而僧粮亦失，典寺事者得阴为盈缩，月成岁会，只空文耳。迩者，租额既清，僧粮可复，因考古参今，量入制出，授餐者寺大三百五十人，次大七十人。一切宝华香积之供，官师执事之饩，各校然画一，勒之贞珉，杜侵轶焉。或谓是不耕之众，食之何为？夫高皇帝业已赐之矣。越世小臣，乌号有慕，第不敢委成命于今日耳。其当食与否焉，能排阊阖，叩九天，陟帝左右，而问之哉？国初，原以试经隶牒，其人无不晓畅本业者。自援纳开，而贤愚混。今隶牒无论饩廪，仍不废乎试法，即于初制未荡然也。夫祠官所职，虽曰祀事、祝史、陈信，实惟奉常。独此一、二缁羽，茕茕委命，又或以无关轻重而屑越之，则为委吏者，顾可不必会计当哉。博弈犹贤乎饱食，运甓且可以惜阴。予不敢谓举其职，亦聊以消吾永日可矣。万历三十五年六月二十九日。

八大寺重修禅、律堂及赡田碑记

（明）南祠部郎　钱塘葛寅亮

国初，宗伯氏奉高皇帝旨，分释子为三：曰禅，曰讲，曰教。今伏读钦定榜文，禅取见性，讲事明经，教以消业涤愆，俾各务其业。而禅非习静不能，独有堂以居之，视讲与教加重焉。至给田赡僧，则三大寺最饶，次亦间有锡予，规制划然具也。夫高皇帝方息马横经，投戈论道，亦何暇于倥匆中修出世之业，而结缁衲缘哉？盖圣主宰制区宇，则六合同堂；统一圣真，则百家共贯。原不见有异视。而可置膜外者，后世不问其徒之贤不肖，一切厌薄。不知释教自入中国，阅千百载不能废，名蓝缁侣，布满京畿。其贤者无求于世，我不能加彼法，而观空足以自澹；其不肖者无异齐民，彼不能损吾道，而犯戒或为众尤。祠官之职，缁羽是问，在世法中，不废彰瘅。与其治之，孰若薰之。此国初禅堂之设，明教摄心第一义也。迩者，寺僧各立门户，梵呗稀闻，触蛮时竞，已失千僧一釜之旧。即有数椽，仅存遗制，而主者非人，檀施不继，渐欲圮焉。予适清赐田，乃就各大刹中剖额租以还禅衲，括羡缗以拓禅居。爰有钟山左阜，万松盖舒。绕宝公塔之轮，拂青林堂之翼。一严净毗尼，一宣扬娑竭，堂之于灵谷也；平冈列嶂，倚若负扆。增构飞阁而额以华严，堂之于天界也；琉璃九级而高瞰，窣堵三藏而下峙。请经之室，腋连讲坛，堂之于报恩也。若夫玄武澄波，映带几席。顶浮图之玲珑，面星台之岌嶪。靓爽而为鸡鸣之堂；岩佛千连，山峰四抱；栾庐中构，林壑翳然。秀郁而为栖霞之堂；塔影丹灶，种种现奇。梯百级，表双峰。雄峻而为弘觉之堂；连仪凤之崻嵲，封灵石之巉岩。自河之曲，徙城之隅。襟要而为静海之堂。或园陵宫阙，远近见奇；或山川城郭，枕带据胜。而隘者加辟，敝者易新；招提之观，烂焉增色。僧寮各约三、四十楹。钱谷之饭僧，天界、报恩各约七百余指，灵谷倍之，栖霞杀之，鸡鸣、弘觉、静海又杀之。能仁独缺，则姑有待焉。岁入，具诸帖文中。自是，法席无虚，钟梵不辍。赐租非复空靡，而寺僧之闻且见者，庶其有兴焉已。顾予犹告居是堂者，往时偶见执爨司庾，阳取赡僧，阴希润橐。眷属中据而蔓延，学人望门而敛迹。登坛竖义者屑屑，幢幔香华，以法为市；禅居无度，奔走世缘。则末法之衰，谁执其咎？今虽不尽然，而窃虑其然。欲护胜因，先破劣相。毋设人我，毋着悭贪。要使清修足以消鄙吝，仪律足以肃观瞻。即以素厌薄者视之，将毋发程伯子三代威仪之叹乎！不然，以圣祖特恩，至不惜膏腴，以供香积。且敕宗伯氏为举扬，夫宁爱尔众之不耕不织为？予不能为尔众解矣。

附记：承恩、普惠二寺禅堂略

诸大寺禅堂外，有寺二，曰承恩，曰普惠，一附旧内，一迩三山门，届都城水陆之冲。僧近市知价，多废经、律，禅栖业割。入僧寮，不可返。近各于大雄殿后辟十余楹，以旧赐僦椽金钱，饷诸住锡者，六时稍焚诵其中。出见毂击肩摩，红尘四合；入闻钟鱼梵呗，清韵悠然。几解烦浊，为清凉界。然方诸大寺，地胜租饶，弘开法席者，阙如也。是法平等，谋并存其制。因附书之。万历三十五年六月。

八大寺重设公塾碑记

（明）南祠部郎　钱塘葛寅亮

盖管子之论四民也，谓圣王治天下，必使群萃州处。少而习，长而安，不见异物而迁。故其父兄之教，不肃而成；子弟之学，不劳而能。士之子恒为士，农、工、商之子亦恒为农、工、商者。若然，则四民贵各还其业，为士者不蕲为农、工、商，为农、工、商者亦不蕲为士。而释氏子独无业哉！国初，令天下僧徒各习其教，三年试之，精通者隶剃牒。正以释子充满宇内，几与四民等，听其纵逸，必且荡而为非。故即以其业治之，是圣王之所以处释氏者也。迩者，法久窳驰，经、律、论，置之不问。徒效其师，孙仍其祖。锢习俗为膏肓，日申令犹跳而轶诸外。夫若辈既不习诵诗读书，为经世之业；又不任耕田凿井，比力食之民。而门风涴落，游惰卒岁，宁不亦天地间一大蠹哉？耆年老宿业计无所施，而少者爱欲未缠，接引犹易，是以先年各大寺有公塾之设，意至善也。独惜膳脯无资，众咮易煽，贫者画而富者怠，卒以解散。偶寺僧陈其遗制，遂为仿而复之，辟堂之闲敞者为塾，辟僧之明笃者为师，岁给修脯，寺大二人，次者一人。群寺之僧，蒙训之而饩以廪给，寺大百五十人，次者三十人。先之律，以严其戒；继之经、论，以示其义。大都责以禅、讲，而瑜伽无取也。尔时，经声应罊，梵韵飘钟。济济簇簇，日无旷景。行之不辍，习与性成。十诵五戒，如王章国宪，枷械切身而不敢犯；三藏九部，如布帛菽粟，饮食日用而不能去。以此印性，或借筏而为彼岸之登，或标指而忘真月之视。虽不可知第就，其得与四民各守其业，各居其所，少习长安，不迁异物而相于淫僻，斯不亦有裨世法，无点王治哉？至于四民中，犹或苦苜蓿而乏藻斧，兹独藉有赐租，坐靡无争之饩，逸享不求之教，则又视四民为独幸者。何可不念国恩，而负此塾也？设塾之大寺三，曰灵谷、天界、报恩；次大寺五，曰鸡鸣、能仁、栖霞、弘觉、静海。得并书。万历三十五年三月。

诸刹常住田碑小引

（明）南祠部郎　钱塘葛寅亮

清复诸大刹田租，重君赐也。其它中、小刹，亦有檀越所施。今或存或没，或增或损，田与籍多不相蒙，而不可悉问矣。疆场之地，一彼一此，若无足道。然此皆常住所隶，而非僧人私业，檀施所计为不朽者。未几，而侵之豪右，贸之黠僧，其若施者之意何？且独不有“常住田土，法不许买”之令甲在。予于是并为清核，所幸此亏彼溢，总其大校成额，犹未有恙也。即有强啮者追，价贸者赎，甚至质之司寇，亦千百中什一耳。悉籍见存，以入寺版，得田、地、山、塘共五千二百亩有奇。夫乌衣第宅，久鞠黍离；古殿荒蓝，时开金碧。兴亡之事，千古同慨。则夺彼有常，以为我不常者，不亦愚而可笑也哉！其又何论三尺为也！因书之以志感。

传

释宗泐传略

集各志

宗泐，临海人。始生，坐即跏趺，人异之。八岁，从天竺僧广智学佛，经藏过目辄成诵。一日，智问泐曰：“三唤侍者，三应，于意云何?”泐曰：“何得剜肉作疮?”智曰：“将谓汝奇特，今故无所得也。”泐喝，智拟棒之，即拂袖出。自是，深入秘密法门。高皇帝诏致天下高僧有学行者，泐首应诏至，主天界寺。凡对，皆称上旨，荣遇为一时冠。寺杂民居，洪武二十一年，家人失火延烬。高皇帝欲另于幽寂处营之，泐启奏今地，上即俞允。凡寺之方向、规制，皆泐所指画也。工告成，复命泐主之。后数载，入寂于寺。

孚中信禅师志略[①]

(明)翰林学士　宋濂

大天界寺住持孚中禅师，名怀信，明之奉化人。入法华院，闻延庆半岩全公弘三观十乘之旨，复与之游。久之，且叹曰："教相繁多，浩如烟海。苟欲穷之，是诚算沙，徒自困耳。"即弃去，渡浙汀而西，凡遇名丛林，辄往参扣，下语多枘凿弗合，不胜愤悱。华藏竺西坦公迁主明之天童景德禅寺，师随质所疑。竺西一见，知为法器，厉色待之，不与交一语。师群疑愈炽，一日上堂，举"兴化打克宾"公案问师，师拟曰："俊哉！师子儿也。"师自是依止，不忍去。天历已巳，住补怛洛迦山。师不以位望之崇，效它浮屠，饰车舆，盛徒御，以夸炫于人。自持一钵，丐食吴、楚间。己丑冬十月，江表大龙翔集庆寺虚席，行御史台奉疏迎师主之。龙翔，文宗潜邸，及至践祚，建佛刹于其地，栋宇之丽甲天下。其秉住持事者，若笑隐欣公、昙芳忠公，皆名德之士，举行《百丈清规》，为东南之楷则。居亡何，毁于火。忠公新之，惟海会堂未就而化。师乃出衣盂之私，补前未建之堂，不日而集。会元政大乱，戎马纷纭，寺事日见艰窘。师处之裕如，一不以屑意。一旦，晨兴，索兰汤沐浴，更衣趺坐，谓左右曰："吾将归矣。汝等当以荷法自期，励精进行可也。"言毕而瞑。侍者

① 该文出自明宋濂《宋学士文集》卷5《大天界寺住持孚中禅师信公塔铭有序》。

撼且呼曰："和尚去则去矣，宁不留片言以示人乎？"师复瞑[①]目叱之。侍者呼不已，师握笔书曰："平生为人戾气[②]，七十八年漏泄。今朝撒手便行，万里晴空片雪。"书毕，复瞑。时丁酉秋八月二十四日也。荼毗[③]于聚宝山前，舍利如菽如麻，五色灿烂，虽烟所及处，亦累累然生。贮以宝瓶，光发瓶外。初，大明兵下金陵，僧徒俱风雨散去，师独结跏宴坐，目不四顾。执兵者满前，无不掷杖而拜。上尝亲幸寺中，听师说法，嘉师言行纯悫，特为改龙翔为大天界寺。告终前一日，上统兵驻江阴沙洲，上当昼而寝，梦师服褐色禅袍来见。上还，闻迁化，衣与梦中正同，大悦，诏出内府帛泉，助其丧事，且命堪舆家贺齐叔为卜金藏。举龛之夕，上亲致奠，送出都门之外。师有五会《语录》，行于世。

觉原昙禅师志略[④]

（明）翰林学士　宋濂

浮图之为禅学者，自隋、唐以来，初无定止，唯借律院以居。至宋，而楼观方盛，然犹不分等第，唯推在京巨刹为之首。南渡之后，始定江南为五山十刹，使其拾级而升。黄梅、曹溪诸道场，反不与其间，则其去古也益远矣。元氏有国，文宗潜邸在金陵。及至临御，诏建大龙翔集庆寺，独冠五山，盖矫其弊也。国朝因之，锡以新额，就寺建官，总辖天下僧尼。当是时，觉原禅

---

① 瞑：《宋学士文集》卷5为"瞋"。

② 气：《宋学士文集》卷5为"契"。

③ 荼毗：梵文音译，意为"焚烧"、"火葬"。《翻译名义集》卷5："阇维或耶旬，正名'荼毗'，此云焚烧。"

④ 该文出自《宋学士文集》卷25《天界善世禅寺第四代觉原禅师遗衣塔铭有序》。

师实奉诏莅其职。师讳慧昙，觉原其字也，天台人。依越之法果寺。时广智禅师笑隐欣公敷扬大法于中天竺，师往造焉，备陈求道之切。广智斥曰："从外入者，决非家珍。道在自己，奚向人求耶?"师退，凝然独坐一室，久之，未有所入。广智一日举"百丈野狐语"，师大悟，曰："佛法落我手矣。只为分明极，翻成所得迟。"广智曰："尔见何道理，敢尔大言耶?"师展双手曰："不直一文钱。"广智颔之。十六年丙申，王师定建业。师谒皇上于辕门，上见师气貌异常，叹曰："此福德僧也。"命主蒋山太平兴国禅寺。时当俭岁，师化食以给其众，无缺乏者。山下田人，多欲隶军籍，师惧寺田芜废也，请于上而归之。山之林木，为樵所剪伐，师又陈，上封一剑授师曰："敢有伐木者斩。"至今盖郁然云。逾年，丁酉，赐改龙翔为大天界寺，诏师主之。每设广荐法会，师必升座，举宣法要。车驾亲帅群臣幸临，恩数优渥。远迩学徒，闻风奔赴，堂筵至无所容。先是，僧堂寮库，有司权以贮戎器，久而不归。上见焉，亟命相国李韩公出之。洪武元年戊申春三月[①]，开善世院，秩[②]视从二品，特[③]授师演梵善世利国崇教大禅师，住持大天界寺，统诸山释教事。颁降诰命，俾服紫方袍。章逢之士，以释氏为世蠹，请灭除之。上以其章示师，师曰："孔子以佛为西方圣人，以此知真儒必不非释，非释必非真儒也。"上亦以佛之功阴翊王度，却不听。三年庚戌夏六月，奉

① 《明太祖实录》卷29原文为：洪武元年正月庚子，"立善世院，以僧慧昙领释教事。"据此，应为正月。

② 秩：原文误为"秋"，据《宋学士文集》卷25改。

③ 特：原文误为"持"，据《宋学士文集》卷25改。

使西域。四年辛亥秋七月，至省合剌国，布宣天子威德，其国王喜甚，馆于佛山寺，待以师礼。乙亥，呼左右谓曰："予不能复命矣。"跏趺端坐，夜参半，问云："日将出否？"曰："未也。"已而复问，至于四、三，曰："日出矣。"恬然而逝，其日盖丙子云。逾五日，颜貌如生。王大敬叹，斵香为棺，聚香代薪，筑坛而荼毗之。

白庵金禅师志略[①]

(明)翰林学士　宋濂

师讳力金，字西白，吴郡姚氏子。七岁，颖悟异常。一日，请于母曰："儿患世相起灭不常，将求出世间法，可乎？"母曰："出家甚苦。尔年幼，岂能堪乎？"曰："儿心自乐之，想无苦也。"自后，请之不已，父母知志不可夺，俾依吴县宝积院道原。至正丁酉，出世住苏之瑞光寺。会嘉兴天宁寺灾，郡守二咸曰："非师不足起其废。"具币遣使者，力邀致之。师至未久，俨如兜率天宫下现人世，道路过者莫不瞻礼赞叹。帝师大宝法王闻师之贤，授以圆通普济禅师之号。师自幼丧父，唯有母存，乃去城东一舍筑"孤云庵"，以奉养焉。同袍或议之，师呵之曰："尔不见编蒲陈尊宿乎？何言之易易也？"洪武改元，有旨起师住持大天界寺。师应诏至阙，见上于外朝，慰劳优渥，即令内官送其入院，赐以天厨法馔。万机之暇，时时召入庭，奏对多称旨。盖师精通西竺典及东鲁诸书，其与荐绅谈论，霏霏如吐玉屑，故咸乐与之游。四年春，诏集三宗名僧十人及其徒二千，建广荐法华

① 该文出自《宋学士文集》卷29《大天界寺住持白庵禅师行业碑铭有序》。另，力金：或作"万金"。

会于钟山，命师总持斋事。师能灵承上旨，凡仪制规式皆堪传永久。寻以母年耄，举径[①]山泐公自代，复还庵居。五年冬，诏复建会如四年，大驾临幸，诏师阐扬第一义谛。自公侯以至庶僚，环而听之，靡不悦服。一日，忽示门弟子曰："吾有夙因未了，必当酬之。汝等勿以世相遇我。"未几，示微疾，谢去医药、饮食，委顺而化。荼毗设利无算，观者竞取之而去。

广慧及禅师志略[②]

（明）翰林学士　宋濂

师讳智及，字以中，苏之吴县顾氏子。入海云院。祝发，受具足戒。师闻贤首家讲法界观，往听之，未及终章，莞尔而笑曰："一真法界，圆同太虚。但涉言辞，即成剩法。纵获天雨宝花，于我奚益哉？"遂走建业，见广智欣公于大龙翔集庆寺。广智以文章、道德倾动一世，如张文穆公起岩、张潞公翥、危左丞素，皆与之游，以声诗倡酬为乐。师微露文彩，珠洁璧光。广智及群公见之，大惊，交相延誉。师之同袍聚上人呵曰："子才俊爽若此，不思负荷正法，其作诗骚奴仆乎？无尽灯偈所谓'黄叶飘飘者'，不知作何见解？"师舌崇[③]不能答，即归海云，胸中如碍巨石，目不交睫者逾月。忽见秋叶吹坠于庭，豁然有省，机用彰明，触目无障。戊戌，江浙行省左丞相达识帖穆尔兼领院事，延师主杭之净慈。兵燹之余，艰窘危厉，人所不能堪。师运量有方，轨范峻整，绰有承平遗风。皇明龙兴，洪武癸丑，诏有道浮

① 径：据《宋学士文集》卷29补。

② 该文出自《宋学士文集》卷56《明辩正宗广慧禅师径山和上及公塔铭》。

③ 崇：《宋学士文集》卷56为"噤"。

图十人,集京师大天界寺,而师实居其首。以病,不及召对。乙卯,赐还穹窿山,山即海云所在也。戊午八月,忽示微疾。而逝。九日,行荼毗法,火焰化成五色,有气袭人如沉香。遗骨绀泽,类青琉璃[①]色,舍利[②]罗交缀于上。

清远渭禅师志略[③]

(明)翰林学士　宋濂

清远师,全悟俗姓之甥,诵书攻文,不待师授,知解日胜。时全悟以太中大夫住持集庆大龙翔寺,闻之,喜曰:"此吾宗千里驹也。"亟挽致座下。集庆为东南都会,而行御史台莅焉,四方名荐绅无不与全悟游。初科第一人张公起岩来为中丞,翰林承旨张公翥、中书左丞危公素时尚布衣,俱往来乎其中。四、三君子,或发天人性命之秘,或谈古今治忽之几,或论文辞开阖之法。清远咸得与闻之,反复参求,益探其阃奥,其学于是大进。形诸篇翰,如千葩竞放,锦丽霞张,老于文学者争歆慕之,欢曰:"此文中虎也。"清远恚曰:"公等谓吾专攻是业耶?佛法与世法,不相违背,故以余力及之,将光润其宗教尔。苟用此相夸,岂知我哉!"一日,全悟警厉诸徒,众未有对。清远直前肆言,如俊鹘横秋,目无留行。全悟振威叱之,众为骇愕。清远气不少沮,如是诘难,至于二、三,全悟莞尔而笑曰:"汝可入吾室矣。"命为记室。浙江行省丞相康里公重其文行,遣使者具书币,延住会稽之宝相。未几,迁杭州之报国,转湖之道场。虽当兵燹

① 琉璃:原文为"流离",据《宋学士文集》卷56改。

② 舍利:原文为"室利",据《宋学士文集》卷56改。

③ 该文出自《宋学士文集》卷57《净慈禅师竹庵渭公白塔碑铭》。

相仍之际，为法求人，无少退转。国朝洪武初，仪曹奉诏，设无遮大会于钟山，二浙名浮屠咸集。清远一至京师，遂退居钱塘之梁渚。梁渚，乃全悟藏爪发之地。八年十二月，怡然而逝。火化，得不坏者三，曰齿牙，曰钵塞莫，曰室利罗。四会语有录，其诗文曰《外集》者，凡若干篇。

介庵良大师志略[①]

(明)翰林学士　宋濂

师讳辅良，字用贞，号介庵，苏州吴县人，范文正公之十叶孙。年十五，从同里迎福院薙落，受具戒。时笑隐欣公见主龙翔集庆寺，赐号广智全悟大禅师，师往见，问答之际，棒喝兼施，凡情顿丧。他日，广智再有所问，大师发言愈厉。广智笑曰："得则得矣，终居第二义也。"大师弗懈益虔，久之，乃契其心法。云空川流，了无留碍。后移杭之中天竺。时海内大乱，兵燹相仍，南北两山诸刹，皆化于烈焰。灵隐古称绝胜觉场，凉烟白草，凄迷于夕照之间，过者为之慨叹。康里公为浙江[②]行省丞相，妙拣名僧，能任起废者，莫大师为宜，遣使者命居之。既至，剪剔荆丛，葺茅为庐，以栖四方学者。虽当凋零之秋，开示徒众，语尤激切。其言有曰："达摩一宗，陵夷殆尽。汝等用力如救头然，可也。然百千法门，无量妙义，于一毫端可以周知。如知之，变大地为黄金，受之当无所让。否则，贻素餐之愧矣。岁月流电，向上之事，汝等急自进修。"参学之士，多有因其语而入

① 该文出自《宋学士文集》卷13《杭州灵隐寺故辅良大师石塔碑铭有序》。

② 浙江：《宋学士文集》卷13为"江浙"。

者。化缘既周，手素[①]衣赀入公，币[②]散交游。顾谓左右曰："翌日巳时，吾将逝矣。"及期，澡浴端坐而殁。

雪轩成禅师志略

（明）南兵部侍郎　李震

宣德戊申春，左善世道成入疏，乞归南京天界寺之西庵以终老。上从之，赐白金、楮币及镀金铜佛一尊。明日，入谢，敕兵部给驿舟，命中官姚忠护送。既至，逾三岁，辛亥十二月八日，微疾，端坐而逝。阇维，得坚固无算于遗烬中。上遣官谕祭，赐塔所曰鹫峰禅寺。师讳道成，字鹫峰，别号雪轩，居蓟北之云州。出家于保定蠡县之兴国寺，受具戒。结三人为友，云游至山东之青州，同居土窑，密究教典，胁不沾席者三逾寒暑。一日，忽见一老人自外而来，仪貌甚古，谓师曰："汝三人者在此苦学，他日必作法门梁栋。"师曰："既作法门梁栋，何居土窑之中？"老人曰："未有常行而不住，未有常住而不行。"言讫而去。师默记之。又岁余，乃自警曰："生不知来处，死不知去处，岂可久居此乎？"闻济南灵岩寺秋江洁公大弘曹洞宗旨，即往见之。洁问云："汝何处来？"师曰："青州来。"又云："带得青州布衫来么？"师曰："呈似和尚了也。"又云："如何是布衫下事？"师曰："千年桃核里，元是旧时仁。"洁深器之，嘱曰："是汝本有之事，善自护持。他日能弘吾道者，必汝也，惜乎不及见矣。"师复回青州，而道益著。州人有乔氏者，舍地建普照弥陀寺以居师。

---

① 素：《宋学士文集》卷13为"疏"。

② 币：《宋学士文集》卷13为"帑"。

出世住莱州大泽山之智藏寺，每说法，听者日千余人，而屠沽有为之易业者。洪武壬戌，诏天下设僧司，拣名德以居之。师首膺其选，授青州僧纲司都纲。数岁，太祖高皇帝闻其贤，召为僧录司右讲经，命考试天下僧人。因进试卷，奏对称旨，赐金襕袈裟，命住持今寺。恳辞，上不允，亲洒翰作诗赐之，曰："不答来辞许默然，西归只履旧单传。鼓钟朔望空王殿，示座从前数岁年。"俾悬于法堂。未几，奉敕建普度大会。车驾临幸，咨问法要。师对扬有序，深蒙眷顾。永乐改元之初，太宗文皇帝谓日本国在鲸波万里外，俗尚佛乘，以师道行尊宿，命捧玺书往谕之。陛辞，赐金钵、锡杖、净瓶等物。师经涉波涛，如履平地。既至，宣布朝廷恩威，阐扬佛祖宗旨，自其国王而下，莫不俯伏向化。明年，师还，而国人入贡称谢者即至。文庙大悦，升师左善世。奉迎西天大宝法王哈立嘛吧[①]上师至灵谷寺。复率天下僧于钟山寺修设普度大斋，师承旨说法。是日也，有祥云瑞雾之现。会听者数万人，咸聚观焉。上闻之，御制感应诗三章赐师，累赐金帛。作毗卢佛阁于寺后，高十余丈。皇上巡狩北京，师数入觐，赏赉甚厚。尝因建水陆大会，屡感瑞应，特赐敕褒嘉，兼赐刻丝佛像一轴。仁宗在春宫时，有忌师之毚者[②]，构词间之。及御极，遂谪师海南。宣宗章皇帝嗣位，首遣官召师还，且敕礼部："左善世到，不要班里来见。"师至，入见便殿，慰劳甚至，赐彩段若干匹，钞万缗，仍命掌僧录司事。师身长七尺，广

---

① 嘛吧：本书卷3，为"麻"。

② 毚者：《补续高僧传》卷16为"宠者"。

颡丰颐，修然出人之表。历事四朝，五十余年，三坐道场，四会说法，有《语录》行于世。天顺八年甲申春正月。

诗

登天界寺

（明）高　启

雨过帝城头，香凝佛界幽。果园春乳雀，花殿午鸣鸠。万履随钟集，千灯入境流。禅居容旅迹，不觉久淹留。

游天界寺

（明）傅若金

楚王宫殿倚青冥，先帝旌幢拥百灵。宝网自鸣空里乐，琅函时出赐来经。近山风去花仍碧，遥海人归树独青。玉辇宸游竟廖廓，行人挥泪读新铭。

游牛首山，归宿天界[①]

（明）王　问

看山遥在万峰西，归路亭亭[②]江日低。散吏自堪携伴侣，闲心犹得住招提。经坛露净天花落，塔院清风[③]谷鸟啼。长习跏趺入禅寂，亦知虚幻此生迷。

---

① 清彭孙贻《茗斋集明诗》第 2608 册收录该诗，题作“游牛首山归，与寮友宿天界寺”。

② 亭亭：《茗斋集明诗》为“停停”。

③ 清风：《茗斋集明诗》为“风清”。

春日家兄至,宿天界

(明)王世懋

云路分飞各渺茫,人天此会意差强。百年星聚南朝寺,万里鸿归北地霜。倚玉自怜双树色,连床犹借一灯光。不知忍草经春发,看作池塘梦后长。

卷十七　鸡笼山鸡鸣寺

次大刹　**鸡笼山鸡鸣寺**　敕建

在都城内，北城地。南去所统天界寺十三里。金吾后卫鸡笼山，与覆舟山、台城连接。晋永康间，倚山为室，始创道场。旧有寺五所，迄无遗址，题识间存。国朝洪武二十年，命崇山侯督工重创，改鸡鸣寺。有门三，曰秘密关、观由所、出尘径，皆圣祖命名。迁灵谷寺宝公大师法函，瘗于山砦，建塔五级，每岁遣官谕祭。寺阻城，地不广数亩。入寺，曲廊迤逦，经数门至佛宇，皆从复道陟降而进，若行数里。傍有凭虚阁，俯视京城大内，直望郊垧，峰壑无极。登浮图，北瞰玄武湖，西连祠庙台榭，皆隐隐于木末见之。弘治间，殿堂渐圮，僧德旻募修。今复厘整，立山门亭，葺廊墙，改建禅院于浮图之下，益助崇丽。

殿堂

凉亭一座。秘密关一座。第一门。观由所一座。第二门。出尘径一座。第三门。天王殿三楹。千佛阁三楹。即在天王殿上。正佛殿五楹。左观音殿三楹。钟楼一座。右轮藏殿三楹。鼓楼一座。五方殿五楹。左伽蓝殿三楹。右祖师殿三楹。施食台一座。凭虚阁五楹。又厨房一楹。方丈三楹。又小楼六楹。公学五楹。即廊房。僧院三十三房食粮牒僧七十名，食粮学生三十名。基址一百亩东至国子监墙，南至功臣庙，西至古台城，北至台城脚。

鷄鳴寺右景

中，文帝立儒馆于北郊，命雷次宗居之，次宗开馆其下。齐高帝、竟陵王子良尝移居鸡笼山下，集学士抄“五经”、百家，为《四部要略》千卷。法融墓见法融传。以上俱不存。

藏经护敕

正统十年十月十五日

文同天界。

文

重修鸡鸣寺记略

（明）南吏部尚书　晋陵王㑺

鸡鸣禅寺在都城西北隅，晋永康间，倚山为室，始创道场。历隋、唐、宋、元，虽钟鼓香灯不乏声焰，而规模卑隘，未入丛林之列。至我太祖高皇帝命崇山侯督工创造，尽撤故宇而开拓之。由是，殿堂门庑，举轶旧观。建大浮图，尤出新制。自远望之，俨然一祇园鹫岭。其所谓“秘密关”、“观由所”、“出尘径”、“西番殿”诸额，又皆出自上命。既成，乃于灵谷迁故普济宝公大师法函，瘗于山垄，岁时享祀甚谨。去是百年，荐经灾毁，楹欹甓坼，有不胜风雨之震凌者矣。顷有僧德旻者，敏爽有为，遍叩檀越。由是，南京兵部尚书张公蓥首倡之，都邑中高赀巨室，闻风而起，输财荐货，争先乐助。旻遂鸠工购材，肇始于弘治戊申之春，落成于癸丑之夏，凡六阅寒暑，所费几数千百缗。于是浮图及大悲、大雄、轮藏、天王诸殿，千佛阁、法堂、廊庑、庖湢、山门，髹镘藻绘，轮奂一新。是宜列之贞石，以示来者。

鸡鸣寺施食台记

（明）释道果

粤稽鸡鸣山在六朝时为北郊之冈，冈下有坑堑，凡诛戮者皆置之，俗呼为万人坑。国朝筑城禁，则冈堑皆在城内矣。我圣祖高皇帝观其山势秀丽，乃建十王功臣等庙，及鸡鸣寺于冈之阳，以为祀神演法之所。而坑堑之地，形势益胜，又命司空建立国学，以育天下英才，用以镇压其地。而余魂滞魄尚未泯没，往往结为黑气，人有触之者，则昏迷僵仆，甚至殒命亡躯。一日，事闻于朝，圣祖疑且骇，乃服儒服，幸广业堂，以试其事，则寂无妖怪之状。驾回，则妖气复作，于是思以神道治之。遂敕使迎取西番有道僧，因得惺吉坚藏等七僧，诣城阙，结坛场于寺之东南隅，与监之六堂对峙。坛内具三大石钵盂，贮蓄净水、菜、饭三物。诸僧登坛，运心作法，广施济度。忽感天雨宝花之异，监中黑气，充塞坛场上下。或聚或散，时开时合，宛若趋向之状。往来供事人役，身皆为气所翳。所可见者，惟顶额兀然在外，盖阴邪不能掩至阳也。似此者七昼夜，妖气始灭，自是不复作矣。圣祖嘉其神妙，乃构西番殿与居，用黄金以饰之，日命光禄寺厚馈饮馔。其馂余者，不以食人，俱留贮于豆。诸僧旋绕诵咒，则馂余皆化为水。越数年，藏等乞还本国。圣旨可其奏，止留二僧守奉香火。至宣德间，殁于本寺，葬神策门外崇化寺。所居坛场门径，皆有钦赐匾额，曰秘密关，曰观由所，曰出尘径。其坛场石牌坊，则曰鸡鸣寺施食台，盖将以旌其法，奖其人，而垂之不朽也。迄今殿堂基址，犹有遗迹可见。果自师祖住持兹山，相承五世，得闻其详。窃恐世远迹湮，嗣今者不得以考其实也，遂书为记。嘉靖辛亥六月望日。

凭虚阁记略

(明)南刑部郎　晋陵吕律

凭虚阁在鸡鸣山之阳，山高三十丈余，而阁驾出其上。国初，建佛寺，以崇宝志公祠事，兹阁未有。宣德间，始构焉，而规制弱小。至成化中，已垂敝矣。时吾乡康敏白公来尹兹土，乃广之，为间凡五，轩豁爽垲，迄今屹然。缘崖插壁，平临木杪，俯瞰山麓，空耸若寄太虚然。名之所起，意在兹乎？其南则凤台、牛首，其西则石城、长江，其东则大内宫阙，其北则玄湖、钟阜，景未有若此之胜者也，而一览可以尽之。嘉靖四年秋七月。

附：过后湖记

(明)南户部主事　计弘道

天下版籍，尽载贮后湖，南京户部官率一往磨勘。正德壬申秋，予叨职寄斯役，自八月至十月，始讫事。凡过湖，必出太平门，命舟行，可七、八里许，一望渺漫，光映上下，微风播扬，文漪聿兴。荡漾烟波之上，莫不情畅神爽，若游仙焉。予间立四顾，其嵯峨霄汉之表，王气郁葱，而峙乎东南者，钟山也；叠连如屏如帷，在西北者，幕府山也；峦岭偃蹇，盘伏于地，而松森其上者，覆舟山也；挺拔而凸出城头，殿阁参差，浮图耸空者，鸡鸣山也；山东、西一带，列如悬榜者，世传台城也；崚嶒冒水而出者，岛屿也。傍视三法司，隐隐错落。云水之湄，重冈叠阜，遥连于其外，岿然而鸾凤峙，腾然而蛟龙走矣。其中远近芳洲，相聚如五星；红紫烟花，毕绚如匹锦。鸥鹭凫鸿，载飞载鸣；鲦鲿鰋鲤，以潜以泳，则已目饫而心怡矣。忽惊风暴作，洪涛舂撞，篙人惶惧，拏舟舣岸而行，经败荷间，香气犹袭人。浮藻乱荇，牵舟缀楫。已乃引入曲渚，两岸荟蔚。须臾，抵小陂，遂舍舟以陟焉。命隶剪荆分莽，排雾穿云，逡巡而进，见数处颓垣废址，意前朝遗迹，令人慨叹。而丛林蒙翳，追探前路尚空①，众亦惫焉。或藉草坐茵，箕踞少憩。复进，望一高丘，隶指曰："此相传郭仙墩也。"众狙猱以上，四围树林蔽日。复下故道，向新建籍库。过石桥，延伫其上，骋望云水茫茫，清飙飒飒，遂相与携手入旧库之洲。摄齐而升玄武厅，则黄门赵君惟贤已先渡，见予辈，殊讶。既而，闻述所遇，则又曰："是何奇也。予往返数矣，而未有若诸君所遇者。"众亦相与慰喜，以为非因风之故，则谁使之一探此奇哉！凡以公事至，及暮而归，则见日光射水，晚霞相荡，回视湖上，诸宇在苍烟杳霭间，不啻蓬莱阆苑然，岂不信为胜地哉！昔欧文忠公以金陵、钱塘山川人物之盛，各为一都会。钱塘莫美于西湖，金陵莫美于后湖，固游冶之所趋也。我皇祖奋出江表，收天下版籍，建库而储之于此，特设科部官司之，禁非公遣不得至。则凡好游者，虽慕幽遐瑰玮之观，无所可及。而吾侪今获因公而至，而又探奇于无心之会，岂非至幸哉！

① 空：《后湖志》卷11为"窒"。

诗

鸡鸣埭曲

(唐)温庭筠

南朝天子射雉时，银河耿耿星参差。铜壶漏断梦初觉，宝马尘高人未知。鱼跃莲东荡宫沼，濛濛御柳悬栖鸟。红妆万户镜中春，碧树一声天下晓。盘踞势穷三百年，朱方杀气成愁烟。彗星拂地浪连海，战鼓渡江尘涨天。绣龙画雉填宫井，野火风驱烧九鼎。殿巢江燕砌生蒿，十二金人霜炯炯。芊绵平绿台城基，暖色春容荒古陂。宁知《玉树后庭曲》，留待野棠如雪枝。

宿鸡鸣寺

(明)王履吉

昔诵《北山文》，今栖钟阜云。秋林时夜啸，天乐忽空闻。弟子胡麻荐，头陀罽席分。那知江海客，不乱衲衣群。

登鸡鸣寺塔望后湖

(明)王履吉

晓日鸡鸣塔，秋光玄武湖。石鲸吹屃赑，天马浴虚无。太液金沟泻，钟山玉垒纡。载歌皇祖烈，永保万方图。

鸡笼山

(明)吴　宽

秋尽荒山鸟迹稀，拂衣独上扣柴[1]扉。屋头鹿下缘青涧，树杪僧行入翠微。千里风烟搔短鬓，六朝文物付斜晖。悠悠身世混如此，目断天边一雁飞。

① 柴:《家藏集》卷1为“禅”。

雨中集凭虚阁饯客[①]

（明）钱　琦

春云压树雨不休，千花万花含别愁。白门行客驻长旆，粉署同官祖胜游。江鸿渺渺沉孤影，烟草离离散远洲。道上喜添三尺水，马蹄还许暂迟留。

同年会集凭虚阁，余抱病不赴

（明）钱　琦

惊风吹雨花欲尽，有客冲泥偏漫游。百年能得几回醉，此日真堪一破愁。高阁垂阴飞鸟没，青山出树远烟浮。那知枕畔足幽梦，已到鸡鸣最上头。

宿鸡鸣寺

（明）陈　沂

春山临净域，夜槛出高城。万境烟云暝，诸天象纬明。宝灯分塔影，金铎乱松声。定处尘机破，喧中道念平。感灵僧锡化，虚寂佛香生。鸟息林初静，龙归水自清。萧皇遗世志，师竺住山名。不到深栖地，那时识此情？

鸡鸣寺凭虚阁[②]

（明）陈　沂

春云如黛点钟陵，湖水生波尽解冰。几处春风回弱柳，千岩雨色润垂藤。香筵宝座初闻梵，塔院莲龛正试灯。阁上莫辞

① 明钱琦《钱临江先生集》卷4收录该诗，题作“雨中集凭虚阁，饯佥宪丁宗鲁、郡守冯行甫、汪立之、江朝会”。

② 清钱谦益《列朝诗集》卷99、清陈田《明诗纪事》卷134等各收录该诗，题均作“望凭虚阁外山色，赠詹东图，因寄陈仲鱼”，作者为“盛时泰”，而非“陈沂”。

同醉酒，望中原草渐层层。

凭虚阁雨中秋望

（明）焦　竑

断塔棱层过雨痕，萧然秋满给孤园。云屯殿角寒钟咽，潮浸城根远屿昏。随俗杯盘虚永日，媚人梧竹隔颓垣。梁台宋苑消沉尽，犹有残经鸟自翻。

静海寺右景

湊淮河
傅汝賢刊

卷十八　卢龙山静海寺

次大刹　**卢龙山静海寺**　敕赐

在都城外，南去仪凤门半里，所统天界寺二十里，西城卢龙山之麓。文皇命使海外，平服诸番，风波无警，因建寺，赐额静海。正德间，重修。寺左有巨石，名真假山，从地矗起，下空洞，潦水微渚，曲径盘折而上，形类累石为之。潮音阁杰出殿表，见千帆下上涛浪。今禅院因避河患，改建方丈之左。所领小刹，曰一真庵、金川积善庵。

殿堂

金刚殿三楹。左钟楼一座。右井亭一座。天王殿三楹。正佛殿三楹。左观音殿三楹。左伽蓝殿二楹。右轮藏殿三楹。右弥勒殿三楹。右祖师殿二楹。潮音阁五楹。左华严楼三楹。回廊二十楹。玩咸亭一座。方丈一所十六楹。公学三楹。僧院四十房食粮牒僧七十名，食粮学僧三十名。基址三十亩东至天妃宫，西至城河，南至官街，北至城河。

禅堂

正门一座。华严楼三楹。禅堂左、右二堂，共六楹。十方堂三楹。在正门外右首。茶厨等房□楹。旧禅堂一所在寺右。

公产

盘槐田并寺前房丈过实在田、地、塘共二百三亩二厘，又房地四十间，走道一条。

禅堂

施舍田地实在田、地、山、塘共二百三十五亩二厘。

山水

卢龙山高三十六丈，周八里。晋元帝初渡江，见此山岭绵延，远接石头，真江上关塞，以比北地卢龙。又俗名狮子山。 真假山寺内方丈左有巨石，从地矗起，高四、五丈，周二十余丈。又俗名狮子头。 三宿岩宋时为江岸，虞允文破金人于采石，曾三宿此，故名。即真假山。 井泉味甘洌。 西岩在卢龙山顶。太祖伏兵破陈友谅山下，后欲建阅江楼于西岩，旋止，怪群臣无谏者。

古迹

宋题名石即真假山。宋人题刻、泊舟于此，盖江浒也。又三宿岩题："万元范以嘉定丁丑仲春月别赵君用"。字类黄太史。 水陆罗汉像来自西洋。

藏经护敕

正统十年二月十五日

文同天界。

文

静海寺重修记略[①]

（明）南礼部侍郎　杨廉

仪凤门外狮子山之阳，有静海寺焉，鼎创岁深，虫坏日甚。用浮图故事，费出募缘，经营三载，厥功告僝。凡为殿四，堂六，亭亦四；若门，若阁，若楼，若方丈室各一；若画廊，以间记则四十云。永乐间，命使航海，往来于粘天无壁之间，曾未睹夫连山

---

① 明杨廉《杨文恪公文集》卷 62 收录该文，题作"敕建静海禅寺重修记"。

排空之险。仁宗皇帝敕建此寺，而因以名焉。盖以昭太宗皇帝圣德广被，薄海内外焉耳。昔静修刘梦吉记高氏园，以成毁代谢，二者相因，为气机之使然。以前者既不为焉，后者复不为焉，则天地间皆化为草莽之区，而斯人安得遂游观之乐？兹寺岂特如高氏园之于游人而已哉？正德己卯夏四月。

玩咸亭记略

（明）南贵州道御史　桐城方克

金陵之静海寺，其东乃狮子山。其山既夷，有陵突起，维石岩岩。其上有泽，中虚而明。克每爱其泉石之雅。嘉靖丙申，监督抽分，爰与分司张子钟谋除其泽之东，倚山面泽，重构小亭，与泽西之旧亭相伍。亭成，僧以名请。予曰："山上有泽，其卦为咸。兹亭名欲称其实，其玩咸矣乎。"若夫泉之甘足以悦口，石之奇足以娱目，修竹茂林之足以尔休尔游。钟山如龙之蟠其东，澄江如练之绕其西，皆斯亭之可玩者，抑末矣。嘉靖戊戌夏五月。

三宿岩记略

（明）南大理卿　沔阳陈文烛

南京下关，去城四、五里，有静海寺，余常过之，住持请余游山亭。南京名园假山者众矣，而此山突怒偃蹇，负土而出，奇怪万状。涣若奔云，错若置棋。怒者虎斗，企者鸟厉。如熊罴之士，鼓勇而立；又如战马森列，渴而饮于溪也。昔人所谓抉其穴，而鼻口相呀；搜其根，而蹄股交峙者也。假令香山仙客、平泉庄主人、海岳庵居士见之，有不欣于所遇，而赏鉴者哉？余每过之，风月之夕，有登临忘倦，徙倚忘去者矣。山僧请余一言，且曰:“此山在宋时原系江岸,虞允文大破金人于采石,曾系舟三宿山岸,至今名三宿岩。而高皇帝起淮甸,命使大征西洋,奏凯而归,建静海寺。此其大概也。”遂题于壁而记之。万历辛卯冬日。

静海寺重修疏序

(明)进士　吴郡俞彦

都城以南,花宫兰若,芙蓉相衔,呗声连起,晨夕铃鼓,相闻数十里,此何减天竺招提也?若城西北隅,介定淮、金川阓阇之间,其门为仪凤,其地为龙江,其寺为静海。盖江山辽落之乡,选一佛址,无处称尊。初,兹土河以西为江涯,聚沙浮渚一瓯,脱不任化城,故六朝无遗刹。文皇帝践祚,海夷西洋,尚逆颜行。爰命专征,艨艟千计,战士帅属,以万万计。乃折鲸鲵,飓涛弱浪之外,楼帆无恙,获所贡琛异以归。岁奉朝朔,皇灵震荡。说者奇其绩,谓为神天护呵,合建寺酬报。诏可,赐今额,遂为名刹焉。两河之壖,气运兴发,烟火万家,繇此饶积矣。守寺缁禅,亦稍稍仰爨一方,仅自生活,不暇谋殿宇。然二百年来,风雨漂剥,岁月凋朽,浸浸失观也。住持某筹葺之,膜拜问疏。不佞尝臆其地之胜,南临凤衢,郊垧回互;北枕狮岭,冈原巀嶭。东则城隍百雉,日月之所闪逼;西则长江万里,云霞之所喷薄。使槎星渡,登崖而裴徊;旅艎风停,跻泛以周览。廛市辐辏,物力充牣。洵吴楚之上游,都畿之巨镇也。故寺之旁近,左侧屯为步骑,列为战舸,设为关厂。登城阅武之隙,重臣弥节,以饮军实;梗楠征榷之暇,部署停轩,以息公余。幢幡参差,与旗旐分色;钟磬清嘹,并钲角争响。是奚讵破苻苇茭牧之旷,资云水烟霞之栖，供瓶履杖钵之憩，实壮我皇图之万一也。若夫长廊广殿，鳞次翚飞；香积经台，马鸣狮吼。散花成雨，植树干云；高极摘星，华争耀日。潮音阁者，罡风昼响，恍度落伽之山；海气晨朝，宛闻灵岩之韵。凭栏则宫阙标鲜，推牖则山川献色，亦足胜矣。复有灵石，奇形怪状，踞虎蹲鸱。突起危岩，削成飞岫，说者谓如狮子头盘伏其间。上捎云根，下连地脉。源泉不涸，洞壑常阴。经年潭浸，苔花坐暑，寒生肌粟。可游可咏，尤最胜云。至于阿罗汉像，水陆毕陈，巧夺造化之奇；博山军持，鼎彝共存，精含制作之妙。此使者得之西洋，藏之兹寺，即他崇刹，不得与论珍。顾名迹远而未湮，檐榱久而易坏。目睹摧敝，足履颓险；登楼心悸，入殿神惊。非无王舍城之上足，终鲜给孤园之长者。嗟夫！人情吝识难除，但狃现前，未思来劫。不知人生如梦中境，如空中华，百年之身，与物俱尽，何有常处？惟施之福地，植之悲田，名勒不磨，功存永世。今宇内废刹遗基，多存叔达之墟；断石残碑，尚系子云之迹。明宿开山，王珣舍宅，至今赞叹以为盛事。夫寸念资福，一夫乐施；砂砾之场，特开宝刹。况已成之业，不费之基，废之病甚于无，修之功省于创。如发大愿心，为无量施，共襄此举，岂独栖玄之流、行路之侣诵功仰德，虽往者海邦之烈，赖以聿新最胜之业。斯其卓哉！

游卢龙山记略

（明）吏部侍郎　吕柟

嘉靖壬辰九月六日，叶大暨黄日思、杨叔用、周宗道、倪维熙过鹫峰东所，曰："泾野子久僻居于此，今登高节至，盍为卢龙游乎？"予方小疾，辞诸友，且易期曰："至十四、五，秉[1]月尤佳也。"已而连雨，至十三日乃霁，遂于明日至山，宴于东道院老子堂。酒半，蹑石磴上山，路险峻甚，乃以二仆搀扶而升。至翠微，已三憩，乃至其巅磨盘平，即阅江楼旧址也。纵目四望，方山、青龙东峙，牛首、花岩南拱，其西定山迤逦绵亘，黄岩裹江而东，直抵瓜步，皆可见也。内则钟山崒嵂，建极而起，万松森蔚，祖陵攸栖。而长江群峰，四面旋绕，真天造地设乎。下见巨艘络绎，指北而趋，足可观一统之盛。初，皇祖欲建阅江楼于此，惜其费财而止，乃叹臣下无一人来谏。夫此楼若建，费亦不多，乃皇祖犹有此言。若见后世无益之作，不知当何如也？时有数鸢飞鸣，旋绕空中，适当坐上。予遂有"日月双鸢度，乾坤一水流"之句。须臾，皓月东升，遂偕诸友秉月而归，如前约。

诗

登卢龙山

（明）金大车

百尺重岩草木齐，古藤垂引蹑云梯。山间晚雾浮窗近，江上阴云压树低。塞雁横空迷北固，淮流带雨入清溪。吾徒飞动

---

① 秉：《古今游名山记》卷2为"乘"。

悲迟暮，散发空林听鸟啼。

游静海寺

（明）蔡　羽

夜宿犹依白鹭洲，朝游忽到古城头。江声不为行人伫，山色常含往代愁。叶下碧栏萧寺晚，马嘶红苑北门秋。风流总是周南客，看海衔杯一倚楼。

小刹　一真庵

在都城门外，西城地。南去所领静海寺一里，仪凤门一里半。

殿堂

关圣殿一楹。祖师殿一楹。僧院一房。基址一亩东至陈家民房，南至城河，西至官街，北至官街。

小刹　金川门积善庵

在都城门外，西城锦衣卫水军三所地。南去所领静海寺三里，金川门三里。

殿堂

韦驮殿三楹。佛殿三楹。左华严楼三楹。僧院一房。禅院六楹。基址二亩东至本卫四所，南至城墙，西至栅栏街，北至外城。

卷十九　石头山清凉寺

中刹　石头山清凉寺　古刹、敕赐

在都城西清江门内，中城地。南去所统天界寺十二里。古清凉山。吴顺义中，徐温建为兴教寺。南唐改石头清凉大道场。宋太平兴国五年，改清凉广惠禅寺。后数废。国初洪武间，周王重建，改额清凉陟寺。左胁而上，为清凉台。山不甚高，而都城宫阙、仓廪历历可数，俯视大江，如环映带。台基平旷，原系南唐翠微亭旧址。今亦有亭，可登览。所领小刹，曰伽蓝庵。

殿堂

山门三楹。天王殿三楹。左钟楼一座。佛殿五楹。左伽蓝殿一楹。右祖师殿五楹。毗卢殿三楹。方丈八楹。僧院九房。基址二十亩东至耿公书院，西至唯心庵，南至官街，北至本寺山亭。禅院三楹。厨房一楹。

山水

石头山自江北来山皆土，至此始有石，故名。驻马坡山后。诸葛孔明尝驻马于此，以观形势。晋时，江在石头下，为险要必争之地。上筑城，尝以腹心大臣守之。南北战伐，咸据此为胜负。《江乘地记》曰："吴之石城，犹楚之九疑也。"龙洞又名桃源洞。乌龙潭寺外山下。相传有黑物似龙，能兴云雨。

古迹

翠微亭在山巅。南唐时建。宋乾道间毁。绍熙中，复建。淳熙中，总领陈绮新而

清凉寺右景

大之。为登临处，故山顶如砥。今亦建亭其上。（附）不受暑亭址无考。李氏避暑宫址无考。德庆堂后主常留寺中，亲书此额。三绝董羽画龙，后主八分书，李霄远草书，共为三绝。弥陀像宋苏轼尝施于寺，有赞，见后。读书处郑介公侠随父晕赴江宁府监税，得清凉寺一小间，闭户读书，惟冬至日归省。后主造钟江南李氏时，有一民死而后苏，云至冥司，见先主被五木甚严，曰："吾为宋齐丘所误，杀和州降者千余人，汝归谓嗣君，凡寺观鸣大钟，苦则暂息。或能为吾造一钟，尤善。"后主造钟于清凉寺，镌云"追荐烈祖孝高皇帝脱幽出苦"。出《新志》①。以上俱无存。

人物

（南唐）文益　有传。悟空　有传。法灯　有传。　文遂　有传。

文

清凉寺阿弥陀佛赞

（宋）学士　苏轼

苏轼之妻王氏，名闰之②，字季章，年四十六，元佑八年八月一日，卒于京师。临终之夕，遗言舍所受用，使其子迈、迨、过，为画阿弥陀像。绍圣元年六月九日，像成，奉安于金陵清凉寺。赞曰：佛子在时百忧绕，临行一念何由了。口诵南无阿弥陀，如日出地万国晓。何况自舍所受用，画此圆满天日表。见闻随喜悉成佛，不择人天与虫鸟。但当常作平等观，本无忧喜与寿夭。丈六金身不为大，方寸千佛夫岂小。此心平处是西方，闭眼便到无魔娆。

① 新志：应为《至正金陵新志》。

② 闰之：原文误为"闵之"，据《东坡全集》卷95改。

重修清凉寺碑略

(明)南吏部尚书　云间钱溥

金陵石城西，古有清凉寺在。吴顺义中，徐温重建，为兴教寺。南唐改石头清凉大道场。宋太平兴国间，改清凉广惠寺。皇明洪武三十五年[①]，周王重建，赐额清凉寺，复命太子少师姚广孝为僧录左善世。迨今余八十年，殿宇脱落漫漶。宣城伯卫颖同主僧德广捐赀重建，以成化十四年十月□日经始，而工毕于明年三月□日。

游清凉广慧寺记[②]

(宋)陆　游

清凉广慧寺，距城里余。据石头城，下临大江，南直牛头山，气象甚雄，然坏于兵火。旧有德庆堂，在法堂前。堂榜乃南唐后主撮襟书，石刻尚存，而堂西徙矣。又有南唐元宗《祭悟空禅师文》。登石头，西望宣化渡及历阳诸山，真形胜之地。若异时定都建康，则石头当仍为关要。或谓今都城徙而南，石头虽守无益，盖未之思也。惟城既南徙，秦淮乃横贯城中。六朝立栅断航之类，缓急不可复施。然大江天险，都城临之，金汤之势，比六朝为胜，岂必依淮为固耶？

① 洪武三十五年：实为建文四年。

② 该文出自陆游《入蜀记》卷1。

游清凉山记略

（明）南兵部尚书　乔宇

石城门内之北二里，有山环绕，经石梁入径，至清凉寺。其寺乃南唐李主避暑处，故曰清凉。至今多竹，相传其所遗者。其山，面城平旷，中有奇基，乃翠微亭之故址也。登眺，则都城宫阙、军廪、官府、居民、街巷，远而长江、列巘，皆历历在目。城中具山水之幽，尽登览之胜者，无如此山。径南折，有灵应观，临乌龙潭，面城负山，亦幽隐，而登眺则不及也。

传

文益禅师传略

《五灯会元》

金陵清凉院文益禅师住清凉。一日，与李主论道罢，同观牡丹花。主命作偈，师即赋曰：“拥毳对芳丛，由来辄不同。发从今日白，花是去年红。艳冶随朝露，馨香逐晚风。何须待零落，然后始知空。”主顿悟其意。

文益禅师传

《传灯录》[1]

余杭人也，姓鲁氏。七岁，依新定智通院全伟禅师落发。弱龄禀具于越州开元寺。属律匠希觉师盛化于明州鄮山育王寺，师往预听，习究其微旨。复傍采[2]儒典，游文雅之场，觉师目

① 传灯录：应为“景德传灯录”。

② 采：《景德传灯录》卷24为“探”。

为我门之游、夏也。师以玄机一发,杂务俱捐。振锡南迈,抵福州长庆法会。虽缘心未息,而海众推之。寻更结侣,拟之湖外。既行,值天雨忽作,溪流暴涨,暂寓城西地藏院,因参琛和尚。琛问曰:"上坐[1]何往?"师曰:"逦迤行脚去。"曰:"行脚事作么生?"师曰:"不知。"曰:"不知最亲切。"师豁然开悟,与同行进山主等四人,因投诚咨决,悉皆契会,次第受记,各镇一方。师独于甘蔗洲卓庵,因议留止。进师等以江表丛林欲期历览,命师同往。至临川,州牧请住崇寿院。初开堂,日中坐茶筵未起,四众先围绕法座。时僧正白师曰:"四众已围绕和尚法座了"。师曰:"众人却参真善知识。"少顷,升座,大众礼请讫,师谓:"众人既尽在此,山僧不可与[2]言。"与大众举一古人方便珍重,便下座。时有僧出礼拜,师曰:"好问着。"僧方申问次,师曰:"长老未开堂,不答话。"子方上座自长庆来,师举先长庆棱和尚偈而问曰:"作么生是万象之中独露身?"子方举拂子,师曰:"恁么会又争得?"曰:"和尚尊意如何?"师曰:"唤什么作万象?"曰:"古人不拨万象。"师曰:"万象之中独露身,说什么拨不拨。"子方豁然悟解,述偈投诚。自是诸方会下有存知解者,翕然而至。始则行行如也,师微以激发,皆渐而服膺。海参之众,常不减千计。师上堂,大众立久,乃谓之曰:"只恁么便散去,还有佛法也无?试说看。若无,又来这里作么?若有,大市里人聚处亦有,何须到这里?诸人各曾看还源,观《百门义海》、《华严论》、《涅

① 坐:《景德传灯录》卷24为"座",下同,径改。
② 与:《景德传灯录》卷24为"无"。

槃经》诸多策子，阿那个教中有这个时节。若有，试举看。莫是恁么经里有恁么语，是此时节么？有什么交涉？所以微言滞于心首，常为缘虑之场；实际居于目前，翻为多相之境。又作么生得翻去？若也翻去，又作么生得正去？还会么？莫只恁么念策子，有什么用处？”僧问：“如何披露，即得与道相应？”师曰：“汝几时披露，即与道不相应。”问：“六处不知音时如何？”师曰：“汝家眷属一群子。”师又曰：“作么生会？莫道恁么来问，便是不得汝道。六处不知音，眼处不知音，耳处不知音。若也根本是有，争解无得。古人道：离声色，著声色；离名字，著名字。所以无想天修得经八万大劫，一朝退堕，诸事俨然。盖为不知根本真实，次第修行三生六十劫，四生一百劫。如是直到三祇果满，他古人犹道，不如一念缘起无生，超彼三乘权学等见。”又道：“弹指圆成八万门，刹那灭却三祇劫。也须体究，若如此，用多少气力。”僧问：“指即不问，如何是月？”师曰：“阿那个是汝不问底指。”又僧问：“月即不问，如何是指？”师曰：“月。”曰：“学人问指，和尚为什么对月？”师曰：“为汝问指。”江南国主重师之道，迎入住报恩禅院，署净慧禅师。师上堂谓众曰：“古人道：我立地待汝觏去。山僧如今坐地，待汝觏去。还有道理也无？那个亲？那个疏？试裁断看。”问：“洪钟才系，大众云臻，请师如是。”师曰：“大众会何似汝会？”问：“汝[1]何是古佛家风？”师曰：“什么处看不足。”问：“十二时中，如何行履，即得与道相应？”师曰：“取舍之心成巧伪。”问：“古人传衣，当记何人？”师曰：“汝什

① 汝：《景德传灯录》卷24为“如”。

么处见古人传衣?”问:“十方贤圣,皆入此宗,如何是此宗?”师曰:“十方贤圣皆入。”问:“如何是佛向上人?”师曰:“方便呼为佛。”问:“声、色两字,什么人透得?”师却谓众曰:“诸上座,且道这个僧还透得也未? 若会此问,处透声、色即不难。”问:“求佛知见,何路最径?”师曰:“无过此。”问:“瑞草不凋时何如?”师曰:“谩语。”问:“大众云集,请师顿决疑网。”师曰:“寮舍内商量,茶堂内商量。”问:“云开见日时如何?”师曰:“谩语真个。”问:“如何是沙门所重处?”师曰:“若有纤毫所重,即不名沙门。”问:“千百亿化身,于中如何是清净法身?”师曰:“总是。”问:“簇簇上来,师意如何?”师云:“是眼不是眼。”问:“全身是义,请师一决。”师曰:“汝义自破。”问:“如何是古佛心?”师曰:“如何是古佛心。”师曰:“流出慈悲喜舍。”问:“百年暗室,一灯能破,如何是一灯?”师曰:“论什么百年。”问:“如何是正真之道?”师曰:“一愿也教汝行,二愿也教汝行。”问:“如何是一真之地?”师曰:“地则无一真。”曰:“如何卓立?”师曰:“转无交涉。”问:“如何是古佛?”师曰:“即今也无嫌处。”问:“十二时中,如何行履?”师曰:“步步踏着。”问:“古镜未开,如何显照?”师曰:“何必再三。”问:“如何是诸佛玄旨?”师曰:“是汝也有。”问:“承教有言,从无住本,立一切法。如何是无住本?”师曰:“形兴未质,名起未名。”问:“亡僧衣,众僧唱;祖师衣,什么人唱?”师曰:“汝唱得亡僧什么衣?”问:“荡子还乡时如何?”师曰:“将什么奉献?”曰:“无有一物。”师曰:“日给作么生?”师后迁住清凉。上堂示众曰:“出家人但随时及节,便得寒即寒,热即热。欲知佛性义,当观时节因缘。古今方便不少,不见石头和尚。因看《肇论》云:

会万物为已者，其唯圣人乎？他家便道，圣人无已，靡所不已，有一片言语，唤作‘参同契’。”末上云：“竺土大仙心。无过此语也，中间也只随时说话。上座今欲会万物为己去，盖为大地无一法可见。”他又嘱人云：“光阴莫虚度，适来向上座道，但随时及节便得。若也移时失候，即是虚度光阴，于非色中作色解。上座于非色中作色解，即是移时失候，且道色作非色解，还当不当？上座若恁么会，便是没交涉，正是痴狂两头，走有什么用处。上座但守分随时，过好珍重。”问：“如何是清凉家风？”师曰：“汝到别处，但道到清凉来。”问：“如何得诸法无当去？”师曰：“什么法当著上座？”曰：“争奈日夕何？”师曰：“闲言语。”问：“观身如幻化，观内亦复然时如何？”师曰：“还得恁么也无？”问：“要急相应，唯言不二，如何是不二之言？”师曰：“更添些子得么？”问：“如何是法身？”师曰：“这个是应身。”问：“如何是第一义？”师曰：“我向汝道是第二义。”师问修山主：“毫厘有差，天地悬隔，兄作么生会？”修曰：“毫厘有差，天地悬隔。”师曰：“恁么会又争得？”修曰：“和尚如何？”师曰：“毫厘有差，天地悬隔。”修便礼拜。师与悟空禅师向火，拈起香匙问悟空云：“不得唤作香匙，兄唤作什么？”悟空云：“香匙。”师不肯。悟空却后二十余日，方明此语。因僧斋前上参，师以手指帘，时有二僧同去卷帘。师曰：“一得一失。”因云门问僧：“什么处来？”云：“江西来。”门云：“江西一队老宿，呓语住也未？”僧无对。僧问师：“不知云门意作么生？”师曰：“大小云门，被这僧勘破。”师问僧：“什么处来？”曰：“道场来。”师曰：“明合暗合。”僧无语。师令僧取土添莲盆，僧取土到，师曰：“桥东取？桥西取？”曰：“桥东取。”

师曰："是真实，是虚妄。"师问僧："什么处来？"曰："报恩来。"师曰："众僧还安否？"曰："安。"师曰："吃茶去。"师问僧："什么处来？"曰："泗州礼拜大圣来。"师曰："今年出塔否？"曰："出。"师却问傍僧曰："汝道伊到泗州不到？"师问宝资长老："古人道：山河无隔碍，光明处处透。作么生是处处透底光？"资曰："东畔打罗声。"师指竹问僧："还见么？"曰："见。"师曰："竹来眼里，眼到竹边？"僧曰："总不恁么。"有俗士献师画障子，师看了问曰："汝是手巧，心巧？"曰："心巧。"师曰："那个是汝心？"俗士无对。僧问："如何是第二月？"师曰："森罗万象。"曰："如何是第一月？"师曰："万象森罗。"师缘被于金陵，三坐大道场，朝夕演旨。时诸方丛林，咸尊风化。异域有慕其法者，涉远而至。玄沙正宗，中兴于江表。师调机顺物，斥滞磨昏，凡举诸方三昧，或入室呈解，或叩激请益，皆应病与药。随根悟入者，不可胜纪。师以周显德五年戊午七月十七日，示疾。国主亲加礼问。闰月五日，剃发沐身，告众讫，跏趺而逝，颜貌如生。寿七十有四，腊五十四。城下诸寺院，具威仪迎引。公卿李建勋以下素服，奉全身于江宁县丹阳乡起塔，谥大法眼禅师，塔曰无相。嗣子天台山德韶、文遂、慧炬等一十四人，先出世，并为王侯礼重。次龙光、泰钦等四十九人，后开法各化一方，如本章叙之。后因门人行言署玄觉导师，请重谥大智藏大导师。三处法集及著偈颂、真赞、铭记、诠注等，凡数万言。学者缮写，传布于天下。

悟空禅师传

《传灯录》[①]

北海人，姓王氏。幼出家，十九纳戒。尝自谓曰："苟尚能诠，则为滞筏；将趣凝寂，复患堕空。既进退莫决，舍二何之?"乃参寻宗匠，缘会地藏和尚。后继法眼，住抚州崇寿。甲辰岁，江南国主创清凉大道场，延请居之。上堂示众曰："古圣才生下，便周行七步，目顾四方，云：'天上天下，唯我独尊。'他便有这个方便奇特。只如诸上座，初生下时，有个什么奇特？试举看。若道无，即对面讳却。若道有，又作么生？通得个消息，还会么？上座幸然有奇特事，因什么不知去珍重?"僧问："如何是佛?"师曰："汝是众生。"曰："还肯也无?"师曰："虚施此问。"问："如何是西来意?"师曰："汝道此土还有么?"问："省要处，乞师一言。"师曰："珍重。"问："如何是道?"师曰："本来无一物，何处有尘埃?"僧礼拜。师曰："莫错会。"问："如何是一尘入正受?"师曰："色即空。"曰："如何是诸尘三昧起?"师曰："空即色。"问："诸余不问，如何是悟空一句?"师曰："两句也。"问："牛头未见四祖时，为什么百鸟衔华?"师曰："未见四祖。"曰："见后为什么不衔华?"师曰："见四祖。"问："如何是自己事?"师曰："几处问人来?"问："古人得个什么，即便休歇去。"师曰："汝得个什么，即不休歇去?"问："如何是学人出身处?"师曰："千般比不得，万般况不及。"曰："请和尚道。"师曰："古亦有，今亦有。"问："如何是亡僧面前，触目菩提?"师曰："问取髑髅。" 后人问："如何是

① 传灯录：应为"景德传灯录"。

诸佛本源?"师曰:"汝唤什么作诸佛?"问:"雨华动地,始起雷音,未审和尚此日称扬何事?"师曰:"向上座道什么?"曰:"恁么即得遇清凉也?"师曰:"实即得。"问:"毒龙奋迅,万象同然时如何?"师曰:"你什么处得这个问头?"师平日居方丈,唯毳一袜,每哂同参法眼多为偈颂。晋天福八年癸卯十月朔日,遣僧往报恩院,命法眼禅师至方丈嘱付。又致书辞国主,取三日夜子时入灭。国主屡遣使候问,令本院至时击钟。及期,大众并集,师端坐警众曰:"无弃光影。"语绝,告寂。时国主问[①]钟,登高台,遥礼清凉,深加哀慕,仍致祭。荼毗,收舍利建塔。

法灯禅师传

《传灯录》[②]

泰钦,魏府人也。生而知道,辩才无碍。入净慧之室,海众归之,佥曰敏匠。初,受请住洪州幽谷山双林院。上堂,未升座,乃曰:"此山先代一、二尊宿,曾说法来。此座高广,不才何升?昔古有言:作礼须弥灯王如来,乃可得坐。且道须弥灯王如来,今在何处?大众要见么?"一时礼拜,师便升座。有僧出礼拜,师曰:"道者前时谢汝请,我将什么与汝好?"僧拟问次,师曰:"将谓相悉却成不委。"师住上蓝护国院,僧问:"十方俱击鼓,十处一时闻,如何是闻?"师曰:"汝从那方来?"问:"善行菩萨道,不染诸法相,如何是菩萨道?"师曰:"诸法相。"曰:"如何得不染相去?"师曰:"染着什么处?"问:"不久开选场,还许学人

① 问:《景德传灯录》卷24为"闻"。

② 传灯录:应为"景德传灯录"。

选也无?”师曰:“汝是点额人。”又曰:“汝是什么科目?”问:“如何是演大法义?”师曰:“我演何似汝演?”师次住金陵龙光院。上堂,升座,维那白椎云:“法筵龙象众,当观第一义。”师曰:“维那是第二义。长老只今是第几义?”师又举衣袖谓众曰:“会么?大众,此是山呼舞蹈,莫道五百生前曾为乐主来。或有疑情,请垂见示。”有僧问:“如何是诸佛正宗?”师曰:“汝是什么宗?”曰:“如何?”师曰:“如何,即不会。”问:“上蓝一曲师亲唱,今日龙光事若何?”师曰:“汝什么时到上蓝来?”曰:“谛当事如何?”师曰:“不谛当即别处觅。”问:“如何是佛法大意?”师曰:“且问小意,却来与汝大意。”师后入金陵,住清凉大道场。上堂,升座。僧出问次,师曰:“这僧最先出,为大众已了答国主深恩。”问:“国主请命,祖席重开,学人上来,请师直指心源。”师曰:“上来却下去。”问:“法眼一灯,分照天下;和尚一灯,分付何人?”师曰:“法眼什么处分照来?”江南国主为郑王时,受心法于净惠[①]之室。暨净惠入灭,复尝问于师曰:“先师有什么不了底公案?”师对曰:“见分析次。”异日又问曰:“承闻长老,于先师有异闻底事?”师作起身势,国主曰:“且坐。”师谓众曰:“先师法席五百众,今只有十数人,在诸方为导首。你道莫有错指人路底么?若错指,教他入水入火,落坑落堑。然古人又道:我若向刀山,刀山自摧折;我若向镬汤,镬汤自消灭。且作么生商量?言语即熟,及问着,便生疏去也。如何?只为隔阔多时。上坐但会,我什么处去不得。有去不得者,为眼等诸根,色等诸法。诸法且置,

① 净惠:《景德传灯录》卷25为“慧”。

上座开眼见什么？所以道不见，一法即如来，方得名为观自在。珍重。”开宝七年六月，示疾，告众曰：“老僧卧疾，强牵拖与汝相见。如今随处道场，宛然化城，且道作么生是化城？不见古导师云：宝所非遥，须且前进。及至城所，又道我所化作。今汝诸人，试说个道理看，是如来禅、祖师禅，还定得么？今火风相逼，去住是常道。老僧住持，将逾一纪，每承国王助发。至于檀越、十方道侣、主事小师，皆赤心为我，默而难言。或披麻带布，此即顺俗，我道违真，且道顺好违好？然但顺我道，即无颠倒。我之遗骸，必于南山大智藏和尚左右乞一坟冢，升沉皎然，不沦化也。努力！努力！珍重！”即其月二十四日，安坐而终。

文遂导师传

《传灯录》[①]

杭州人，姓陆氏。六岁[②]好学，礼池州僧正落发登戒。年十六，观方禅、教俱习。尝究《首楞严经》十轴，于是节科注释，文句交络。厥功既就，谒净慧禅师。净慧问曰：“《楞严》岂不是有八还义?”师曰：“是。”曰：“明还什么?”师曰：“明还日轮。”曰：“日还什么?”师懵然无对。净慧诫令，焚其所注之文。师自此服膺，始忘知解。初住吉州止观。乾德二年，国主延入，居长庆。次清凉，次报慈大道场，署雷音觉海大导师，师上堂谓众曰：“天人群生，类皆承此恩力。威权上界，德彼四生；共[③]禀灵光，咸称妙义。十方诸佛常顶戴，汝谁敢是非及乎？向这里唤

① 传灯录：应为“景德传灯录”。

② 六岁：《景德传灯录》卷 25 为“才草岁，挺然”。

③ 共：《景德传灯录》卷 25 为“若”。

作开方便门，对根设教，便[①]有如此如彼，流出无穷。若能依而奉行，有何不可？所以清凉先师道：佛即是无事人。且如今觅个无事人不可得。”僧问：“崇寿佛法，付嘱止观，止观佛法，付嘱何人？”师曰：“汝试举崇寿佛法看。”问：“巅山岩崖，还有佛法也无？”师曰：“汝唤什么作巅山岩崖？”问：“如何是道？”师曰：“妄想颠倒。”师谓众曰：“老僧平日[②]，百无所解，日日一般。虽住此间，随缘任运。今日诸上座与本无异。”僧问：“如何是无异底事？”师曰：“千差万别。”再问，师曰：“止止不须说，且会取千差万别。”问：“如何是和尚家风？”师曰：“方杖[③]板门扇。”问：“如何是无相道场？”师曰：“四郎五郎庙。”问：“如何是吹毛剑？”师曰：“擀面杖。”问：“如何是正真一路？”师曰：“远远近近。”曰：“便恁么去时如何？”师曰：“咄哉！痴人！此是险路。”师问僧：“从什么处来？”曰：“抚州曹山来。”师曰：“几程到此。”曰：“七程。”师曰：“行却许多山林溪涧，何者是汝自己？”曰：“总是。”师曰：“众生颠倒，认物为己。”曰：“如何是学人自己？”师曰：“总是。”又曰：“诸上座各在止观，经冬过夏，还有人悟自己也无？止观与汝证明，令汝真见，不被邪魔所惑。”

---

① 便：据《景德传灯录》卷25补。

② 日：《景德传灯录》卷25为“生”。

③ 杖：《景德传灯录》卷25为“丈”。

诗

石头山[①]

（唐）李　白

石头巉岩如虎踞，凌波欲过沧江去。钟山龙盘走势来，秀色横分溧阳树。四十余帝三百秋，功名事迹随东流。白马小儿谁家子，泰清之岁来关囚。金陵昔时何壮哉，席卷英豪天下来。冠盖散为烟雾尽，金舆玉座成寒灰。扣剑悲鸣[②]空咄嗟，梁陈白骨乱如麻。天子龙沉景阳井，谁歌《玉树后庭花》？此地伤心不能道，目下离离长春草。送尔长江万里心，他年来访商[③]山皓。

游清凉寺[④]

（唐）温庭筠

黄花红树谢芳蹊，宫殿参差黛巘西。诗阁晓窗藏雪岭，画堂秋水接滥[⑤]溪。松飘晚吹枞金铎，竹荫寒苔上石梯。妙迹奇名竟何往[⑥]，下方烟暝草萋萋。

---

① 唐李白《李太白文集》卷6收录该诗，题作“金陵歌送别范宣”。

② 鸣：《李太白文集》卷6为“吟”。

③ 商：《李太白文集》卷6为“南”。

④ 唐温庭筠撰，明曾益注《温飞卿诗集笺注》卷9收录该诗，题作“清凉寺”。

⑤ 滥：《温飞卿诗集笺注》卷9为“蓝”。

⑥ 往：《温飞卿诗集笺注》卷9为“在”。

游清凉寺[①]

（唐）张　祜[②]

山势抱烟光，重门突兀傍。连檐金像阁，半壁石龛廊。碧树丛高顶，清池占下方。徒悲宦游意，尽日老僧房。

清凉寺翠微亭[③]

（宋）林　逋

亭在江下[④]寺，清凉更翠微。秋阶响松子，雨壁上苔衣。绝境长难得，浮生不拟归。放情何计是，西崦又斜晖。

送大方师归金陵[⑤]

（宋）林　逋

渺渺江天北雁[⑥]飞，石城秋色送僧归。长干古寺经行少[⑦]，为到清凉看翠微。

赠清凉寺和长老

（宋）苏　轼

代北初辞没马尘，江南来见卧云人。问禅不契前三语，施佛空留丈六身。老去山林徒梦想，雨余钟鼓更清新。会须一洗黄茅瘴，未用深藏白氎巾。

---

① 《文苑英华》卷238、明曹学佺《石仓历代诗选》卷69、《全唐诗》卷510各收录该诗，题均作“石头城寺”。

② 张祜：原书误为“张佑”，据《全唐诗》改。

③ 宋林逋《林和靖集》卷1、《石仓历代诗选》卷138等各收录该诗，题均作“翠微亭”。

④ 下：《林和靖集》卷1为“干”。

⑤ 据《林和靖集》卷4补题。

⑥ 雁：《林和靖集》卷4为“鸟”。

⑦ 少：《林和靖集》卷4为“了”。

次旧韵赠清凉长老

（宋）苏　轼

过淮入洛地多尘，举扇西风欲污人。但怪云山不改色，岂知江月解分身。安心有道年颜少，遇物无情句法新。送我长芦舟一叶，笑看雪浪满衣巾。

清凉寺竹赋

（宋）王　愕

棱栾兮娟娟，玉立兮露寒。翠青葱兮荟蔚，风鸾舞兮琅玕。风之来兮天之庭，过岩谷兮韵秋声。金锁碎兮满坠，日晖晖兮净明。若有人兮凛高节，历岁寒兮傲霜雪。我欲从之兮路修绝，隔秋水兮共明月。

清凉白云庵

（宋）王安石

庵云作顶峭无邻，衣月为衿静称身。木落冈峦因自献，水归洲渚得横陈。

游清凉寺[①]

（明）黄省曾

古刹石城里，逶迤丹磴攀。殿悬秋霭树，江吐夕阳山。法食供游馔，林杯悦旅颜。无劳支遁马，碧草步人还。

登清凉寺后台

（明）李东阳

虎距关高鹭岭尊，四山环绕万家村。城中一览无余地，象外空传不二门。人世百年同俯仰，江流今古此乾坤[②]。南都胜概今如许，归向长安父老论。

---

① 明黄省曾《五岳山人集》卷12收录该诗，题作“登清凉山”。

② 江流今古此乾坤：明李东阳《怀麓堂集》卷93收录该诗作“江流中古此乾坤”。

游清凉寺二首[①]

（明）王守仁

春寻载酒本无期，乘兴还嫌马足迟。古寺共怜春草没，远山偏与夕阳宜。雨晴涧竹消苍粉，风暖岩花落紫蕤。昏黑更须凌绝顶，高怀想见少陵诗。一

积雨山行已后期，更堪多病益迟迟。风尘渐觉初心负，丘壑真于野性宜。绿树阴层新作盖，紫兰香细尚余蕤。辋川图画能如许，信是无声亦有诗。二

送陈扬州暮登清凉山

（明）王世懋

石头城外醉离觞，把袂登临兴未央。秋为帝京辞惨淡，地缘天界倍清凉。江吞叠嶂连云白，烟锁千家带日黄。久坐不愁归路杳，尼珠犹可照迷方。

小刹　伽蓝庵

在都城内，中城留守右卫地。北去所领清凉寺半里。

殿堂

韦驮殿三楹。佛殿三楹。僧院一房。基址二亩东至陶家山，南至官街，西至蒋家山，北至陶家山。

① 明王守仁《王文成公全书》卷 20 收录该诗，题作“游清凉寺三首”，本书选录前二首。

卷二十　永庆寺

中刹　**永庆寺**　古刹、敕赐

在都城内，北门桥虎贲右卫，中城地。南去所统天界寺十二里。梁天监间，永庆公主香火，因名寺。有塔，又名白塔寺。代远颓圮，惟塔独存。国朝洪武间，魏国具奏重建，赐今额。正德间，重修。其地深僻，林竹苍翠，萧然野旷。出寺左数十武，有谢公墩，极登眺之胜。所领小刹，曰狮子窟、定林庵、净乐庵、虎贲正觉庵、净土庵。

殿堂

山门三楹。天王殿五楹。正佛殿五楹。左立佛殿三楹。伽蓝殿三楹。右观音殿三楹。宝塔一座。祖师殿三楹。钟、鼓楼二座。回廊二十二楹。方丈十楹。僧院十四房。基址四百一十六丈东至官路，南至谢公墩，西至旗手卫仓，北至干河沿。禅院三楹。

古迹

谢公墩寺右。相传为谢安游览处，墩不甚高，实据江山城阙之胜。

文

永庆寺缘起略

（明）住持　宗海

永庆寺，系梁武帝天监间永庆公主香火。累代年深，殿堂廊庑，倾颓无存，止有塔一座旧基。今左都督徐增寿，同僧清古涧，于洪武三十五[1]年四月内，具本奏准，重建永庆讲寺，启造佛殿、天王等殿及众僧房，修理宝塔。后于永乐六年正月二十六日，南京僧录司右觉义妙乘于灵谷寺口奏："本寺重修，与古涧养老。"又于永乐十年，住持宗海移基，重建正殿、天王、金刚等殿、廊庑、僧房。正统十年八月十五日。

诗

登金陵冶城西北谢安墩

（唐）李　白

此墩即晋太傅谢安与右军王羲之同登，超然有高世之志。余将营园其上，故作是诗。

晋室昔横溃，永嘉逐南奔。沙尘何茫茫，龙虎斗朝昏。胡马风汉草，天骄蹙中原。哲匠感颓运，云鹏忽飞翻。组练照楚国，旌旗连海门。西秦百万众，戈甲如云屯。投鞭可填江，一扫不足论。皇运有返正，丑虏无遗魂。谈笑遏横流，苍生望斯存。冶城访古迹一作至今古城隅，犹有谢安墩。凭览周地险，高标绝人喧。想象东山姿，缅怀右军言。梧桐识嘉树，蕙草留芳根。白

① 洪武三十五年：实为建文四年，时在位者为明惠帝（建文帝）。

鹭映春洲，青龙见朝暾。地古云物在，台倾禾黍繁。我来酌清波，于此树名园。功成拂衣去，归入武陵源。

谢公墩[①]

（宋）王安石

我名公字偶相同，我屋公墩在眼中。公去我来墩属我，不应墩姓尚随公。

谢公墩

（宋）王安石

走马白下门，投鞭谢公墩。昔人不可见，故物尚或存。问樵樵不知，问牧牧不言。摩挲苍苔石，点检屐齿痕。想此绁长樯，想此倚短辕。想此玩云月，狼籍盘与罇。井径迹已没，漫然禾黍村。摧藏羊昙骨，放浪李白魂。亦已同山丘，缅怀莳兰荪。小草戏陈迹，甘棠咏遗恩。万事付鬼箓，耻荣何足论。天机自开阖，人理孰畔援。公色无惧喜，倘知祸福根。涕泪对桓伊，暮年无乃昏。

示永庆院秀老

（宋）王安石

礼[②]房借枕得重欹，陈迹翛然尚有诗。嗟我与公皆老矣，拂天松柏见栽时。

---

① 宋王安石《临川文集》卷28、宋王安石撰、宋李壁注《王荆公诗注》卷42各收录该诗，题均作“谢公墩二首”，本书选录第一首。

② 礼：《临川文集》卷29为“禅”。

永庆寺[①]

(明)顾　璘

城郭晴光荡客车,古岩高寺切清[②]虚。莺花不断人天界,龙象常[③]依水竹居。云里壶觞吞海色,山中风物似秦余。灵踪咫尺常难到,莫怪归迟月满衢。

九日登谢公墩,分得今字

(明)焦　竑

谢公临眺处,胜日一招寻。我辈还时序,荒墩自古今。天空江影净,木脱雁声沉。不有茱萸酒,其如摇落心。

小刹　狮子窟

在都城内,鹰扬仓后,北城地。南去所领永庆寺一里。僧瑞麟建,董太史玄宰书额。林径僻仄,竹树荟蔚,是山林幽寂处。

殿堂

佛殿三楹。禅房□楹。基址□亩

小刹　定林庵

在斗门桥西,□城地。西南去所领永庆寺二里。僧定林

---

① 本诗题名,本书目录作“游永庆寺”。明顾璘《顾华玉集·息园存稿诗》卷12、明曹学佺《石仓历代诗选》卷453各收录该诗,题均作“春日游永庆寺”。

② 清:《顾华玉集》卷12为“青”。

③ 常:《顾华玉集》卷12为“长”。

创，因名庵。

殿堂

佛殿三楹。僧院一房。基址□亩

文

定林庵记

（明）温陵　李贽

余不出山久矣。万历戊戌，焦弱侯归白下，余随之，故余亦至白下，至白下则诣定林庵。而庵犹然无恙者，则以定林在日，素信爱于弱侯也。定林不受徒众，今来住持者，皆弱侯择僧守之，实不知定林作何面目。则此庵第属定林创建耳，名曰定林庵，不虚耶！定林创庵甫成，即舍，去牛首，复创大华严阁，弱侯碑纪其事甚明也。阁甫成，又舍，去之楚，访余于天中之山，而遂化于天中山，塔于天中山。马伯时隐此山时，特置山居一所，度一僧，使专守其塔矣。今定林化去又十二年，余未死，又复来此，复得见定林庵。夫金陵古多名刹，即废与兴，谁复念者？区区一定林庵，安足为轻重？而旧椽败瓦，人不忍毁，则此庵虽小，实赖定林久存，名曰定林庵，岂虚耶？夫定林，白下人也，自幼不茹荤血，又不娶，日随周生赴讲学会场，当时所谓周安者是也。余未尝见周安与生，但见其随杨君道南至京邸耳。时李翰峰、李如真二先生俱在京，告余曰："周安知学，子欲学，幸毋下视周安也。"盖周安本随周生执巾履之任，乃周生不力学，而周安供茶设馔，时时窃听，或独立檐端，或拱身柱侧，不欹不倚，不退不倦，卒致斯道。又曰："周安以周生病故，而道南乃东南名士，终岁读书破寺中，故周安复事道南。”夫以一周安，乃得身事道南，又得二李先生叹羡，弱侯信爱，则周安可知矣。后二年，余来金陵，获交周安，而道南不幸遂[①]死。周安因白弱侯曰：“吾欲为僧。夫吾讫岁山寺，只多此数茎发耳，不剃何为？”弱侯无以应，遂约余及管东溟诸公，送周安于云松禅师处，披剃为弟子，改法名曰定林。此定林之所由名也。弱侯又于馆侧别为庵院，而余复书“定林庵”三字以匾之。此又定林庵之所由名也。弱侯曰：“庵存人亡，见庵若见其人矣。其人虽亡，其庵尚存，则人亦存。虽然人今已亡，庵亦安得独存？惟有记述，庶几可久，公不可以不记也。”余谓庵不足记也，定林之庵不可以不记也。今不记，恐后我而生者，且不知定林为何物，此庵为何等矣。夫从古以来，僧之有志行者多矣，独定林哉？余独怪其不辞卑贱，而有志于圣贤大道也。故曰：“贱莫贱于不闻道。”定林自视其身，为何如者？故众人卑之以为贱，而定林不知也。今天下冠冕之士，俨然而登讲帷，口谈仁义，手挥麈尾，可谓尊且贵矣。而能自贵者，谁欤？况其随从于讲次之末者欤？又况于仆厮之贱，鞭箠之辈，不以为我劳，则必以为无益于充囊饱腹，且相率攘袂而窃笑矣。肯俯首下心，归礼穷士，目[②]倚檐楹，欣乐而忘其身之贱，必欲为圣人然后已者耶！古无有矣。是宜记，遂为之记。不记庵，专记定林名庵之由，盖所以自厉，亦所以风厉于将来者。呜呼！道不虚谈，学务实效，则此定林庵始[③]不虚耳。

---

① 遂：《焚书》卷 3 为“早”。
② 目：《焚书》卷 3 为“曰”。
③ 始：《焚书》卷 3 为“真”。

万历戊戌夏日。

小刹 净乐庵

在都城内，北门桥虎贲右卫地。西去所领永庆寺半里。

殿堂

观音殿一楹。佛殿三楹。僧院一房。基址十亩东至沐府西门，南至民房，西至永庆寺，北至民房。

小刹 虎贲左卫正觉庵

在都城内，西城，虎贲左卫地。西南去所领永庆寺半里。

殿堂

山门三楹。佛殿三楹。僧院一房。基址二亩东至木樨园，西至永庆寺，南至官街，北至干河岸。

小刹 净土庵

在都城内，□城府军卫地。西去所领永庆寺四里。

殿堂

伽蓝殿三楹。佛殿三楹。基址二亩东至官巷，西至官巷，南至朱家塘，北至朱家房。

卷二十一　凤凰台瓦官寺

中刹　凤凰台瓦官寺　古刹

有二寺，在山上者为上瓦官寺，在平地者为下瓦官寺。

在都城内，中城凤凰台。南去所统天界寺五里。晋兴宁二年，诏以陶官地，施为瓦官寺。梁时，就建瓦官阁。唐升元[①]，改寺曰升元寺，阁曰升元阁。宋太平兴国，改崇胜戒坛。国初，寺废，半为徐魏公族园，半入骁骑卫仓。嘉靖间，徐园旁积庆庵改建，名曰瓦官，实非寺址。凤凰台右故有小庵一区，万历十九年，僧圆梓募魏公及诸檀越，尽赎台地，大建刹宇。考志：前瞰江面，后据崇冈。则兹庵为是，因正额上瓦官，改积庆下瓦官，附之。所领小刹，曰华光庵、一苇庵、五云庵、千佛庵、普利寺、封崇寺、正定庵。

殿堂

上寺

金刚殿三楹。天王殿三楹。大佛殿三楹。藏经阁三楹。左观音殿三楹。右禅堂六楹。僧院一房。基址四十亩东至民房，南至吴家地，西至官街，北至官街。

下寺

山门一楹。二门三楹。佛殿三楹。大佛殿三楹。藏经楼三楹。禅堂三楹。僧院一房。基址十亩东至上瓦官寺，南至齐府园，西至城墙，北至万

---

① 唐升元：应为“南唐升元”。

竹园。

山水

凤凰台在上寺内，正殿之左。放生池约十亩，在上寺内，凤凰台前。

古迹

附 瓦官阁梁建，高二百四十尺。升元阁因山为基，高可十丈，平旦阁影半江。开宝中，烬。宋时，重建，高七丈。元毁。玉佛像三绝之一。晋义熙中，狮子国所献，高二尺四寸，玉色洁润，形制殊绝。戴安道佛像三绝之一。宋世子铸丈六铜像，既成，时议面瘦，工人不能改。戴颙曰："非面瘦，臂胛肥耳。"因减臂胛，患即除。顾长康《维摩图》三绝之一。《京师记》①：兴宁中，瓦官寺初置，僧众设会，请朝贤鸣刹注疏。顾恺之，直打刹注一百万。长康素贫，时以为大言。后寺成，僧请勾疏。长康曰："宜备一壁。"遂闭户往来一百余日，画维摩一躯。工毕，将欲点眸子，谓寺僧曰："第一日开，见者责施十万；第二日开，可五万；第三日，可任例责施。"及开户，光明照寺，施者填塞，俄而果百万钱也。苏魏公《题维摩像》云：顾生首创维摩诘像，有清羸示病之容，隐几忘言之状。陆探微、张僧繇效之，终不能及。羊车陆龟蒙《古锦记②》：寺有陈后主羊车一轮，武后裙一幅，锦制绝工③。王右军告誓文寺修讲堂，匠人于鸱吻竹筒中得之。后李延业求献岐王。升元碣南唐末，筑升元阁基，得碣云："抱鸡升宝位，走马出金陵。子建居南极，安仁秉夜灯。东陵骄小女，骑虎渡河冰。"后皆验。三井按《金陵故事》：瓦官寺后有三井，汲一井则三井俱沸，因名其地为三井冈。以上俱无存。

人物

（晋）智颛有传略。又见《栖霞》。竺道一有传略。竺法汰有传略。竺僧敷有传略。释慧力晋永和中，来游京师，常乞蔬食，苦行头陀。至兴宁中，启乞陶

---

① 京师记：应为"京师寺记"。

② 古锦记：陆龟蒙《甫里集》卷19为"记锦裾"。

③ 裙一幅，锦制绝工：《甫里集》卷19为"罗裾，佛幡，杰组绣奇妙"。

处为瓦官寺。晋孝武太元中，火起，塔灾。帝即敕扬[1]法尚、李绪修复。支道林有传。

（宋）僧导有传略。求那摩跋[2]有传略。宝意有传。

（陈）僧洪豫州人。止寺。造丈六金像，铸毕，未及开模。晋末，铜禁严，犯必死。宋武帝为相，系洪相府，惟诵一心《观世音经》，梦像手摩其头曰："怖否?"因云："无忧。"见像胸方尺，铜色燋沸。后得免，仍开模，见像胸果燋沸。道祖吴国人。远公称其易悟，曰："尽如此辈，不复忧后生矣。"后于瓦官寺讲说，桓玄每诣观听，乃谓人曰："道祖后发，愈于远公。"道宗荆州江陵人。住瓦官寺。情性真直，不务驰竞。耳不妄属，口不诳言。修乘[3]洁已，动静有度。历学经论，了无常师。终日寝处卷轴，清谈高论，听者忘疲。

附：参讲栖览

（晋）刘丹阳、王长史、桓护军刘丹阳、王长史同在瓦官寺集，桓护军亦在坐，共商略西朝及江左人物，或问："杜弘治何如卫虎?"桓答曰："弘治肤清，卫虎奕奕神令。"王、刘善其言。何次道次道往瓦官寺，礼拜甚勤。阮思旷语之曰："卿志大宇宙，勇迈终古。"何曰："卿今日何故忽见推?"阮曰："我图数千户郡，尚不能得。卿乃图作佛，不亦大乎?"张永尝请斌公开讲，永问斌："京下复有卓越年少否?"斌言："有沙弥道慧、法安。"永即要请，令道慧覆涅槃，法安述佛性。二人神色自若，叙致无遗。永问："年几?"慧言十九，安言十八。永叹曰："昔扶风朱勃，年十二能诵书咏诗，时号才童。今日二道士，可称义少。"王荀子僧意在瓦官寺中，王荀子来，与共语，便使其唱理。意谓王曰："圣人有情不?"王曰："无。"重问曰："圣人如柱邪?"王曰："如筹算，虽无情，运之者有情。"僧意云："谁运圣人邪?"荀子不得答而去。孙兴公事见《支道林传》内。戴安道年十余岁，在瓦官寺画。王长史见之，曰："此童非徒能画，亦终当致名。恨吾老，不见其盛时耳。"

---

① 扬：《高僧传》卷13为"杨"。

② 摩跋：本卷后为"跋摩"。

③ 乘：《续高僧传》卷6为"身"。

藏经护敕

万历十四年九月

皇帝敕谕瓦官寺住持及僧众人等：朕惟佛氏之教，具在经典，用以化导善类，觉悟群迷，于护国佑民，不为无助。兹者圣母慈圣宣文明肃皇太后，命工刊印续入藏四十一函，并旧刻藏经六百三十七函，通行颁布本寺，尔等务须庄严持诵，尊奉珍藏，不许诸色人等故行亵玩，致有遗失损坏。特赐护持，以垂永久。钦哉！故谕。

文

润州瓦官寺维摩诘画像碑[①]

(唐)黄元之[②]

夫魁北藏枢，秉三奇于紫掖；昆西运轴，森万族于黄舆。方领圆冠，棹九流而宗学海；霓裳羽服，乘六甲而下仙岩。虽辰像微茫，不能味甘陈之识；陬维窅邈，不能探草玄[③]之功。仁义与礼乐可遵，未出死生之境；昏默与清虚可尚，才居天地之先。且造化以六合为功，圣人以二门分教。岂夫百千万劫，量其远近；三十七品，语其功业者哉？况性相之微，不可以名言得；虚有之妙，不可以智力知。三千之净土无边，八万之法门虚受，能住不思义解脱者也。维摩诘者，华言净名居士也。没于妙喜之国，

① 出自《全唐文》卷266，题作“润州江宁县瓦棺寺维摩诘画像碑”。

② 黄元之：原书误为“元黄之”。黄元之，唐睿宗时人，余不详。

③ 草玄：《全唐文》卷266为“章亥”。章亥，指太章和竖亥，古代传说中善走之人。《淮南子》卷4地形训：“禹乃使太章步自东极，至于西极，二亿三万三千五百里七十五步；使竖亥步自北极，至于南极，二亿三万三千五百里七十五步。”

生于毗耶之城，大仙那提之子，常修梵行，世号白衣居士焉。故总妙圆明，现身方丈。无起无住，不去不来。空色空而取真空，灭生灭而求寂灭。或归之于无物，或得之于默然。邪正于是路殊，语言由其道断。居士之真宗也。乃家室不离，而教传缁服；天子回向，而身为白衣。让金粟之尊，未即如来之位；晦玉毫之相，空留长者之名。亦犹百谷之王，以下能大；六虚之相，居高自卑。居士之洪谦也。若乃移外方之诸佛，一室规乎四天；对乐世之众生，一劫成乎七日。毛孔之内，鼓大海之波涛；芥子之中，郁须弥之巘崿。掷世界于恒沙之外，不觉不知；摄高堂于大会之前，同瞻同仰。岚风动地，口吸莫以为难；猛火燃天，腹贮但闻其一。居士之神通也。若乃群邪作梗，诸恶延灾。众生茹焚溺之悲，含识迫伤夷之患。由是骋自在之力，纵无碍之威，破烦恼而击悭贪，斩毒蛇而擒醉象。艨艟暂建，面缚四魔；智剑才挥，心降六贼。故使波旬振詟，不能变帝什之容；外道摧残，不能窃真如之业。居士之威力也。若乃非相成光乎是相，故见于威仪；无言假道于有言，方形于问答。弘乞食之理，须菩提但觉茫然；闻宴坐之谈，舍利佛不能加报。摩诃迦叶息言于二乘，大目揵连吞声于四众。亦由明镜内鉴，照之而不疲；洪钟外发，扣之而必应。是以五百弟子同称我不堪任，二千阙人俱尽得无生法忍。居士之灵辨也。若乃智总大雄，心行菩萨，虽人我无相，以拯救为怀。忧本无忧，忧凡俗之忧；病本无病，病众生之病。富室贫里，等资其福田；酒肆淫房，广谈其善诱。则知去重昏之小翳，朗惠日而无私；□中根之大茎，沾法雨而同润。居士之慈悲也。若乃前际后际，无昧于因缘；成时化时，不为于本愿。光严悟矣，行念其道场；新学豁然，坐知其宿命。晨持乳钵，未息粗言；中设饮盂，普均香气。有疾菩萨，忧恼于是并除；犯律比丘，疑悔由其倾盖。居士之利益也。若乃恭承父训，事方便以崇严；瞻望母仪，奉智度而资受。结齐眉于法喜，坐咏宜家；期上足于尘劳，行同入室。因风起对，共赏慈悲；他日趋庭，独推诚实。知识慕善道，品所有居先；伴侣求真度，法由其见托。居士之宗党也。若乃上栋下宇，空寂为轮奂之资；净服名衣，惭愧入裁缝之用。开八正之路，则众马交驰；坐四禅之床，则身心不动。智惠之果，秋垂无漏之林；净妙之花，春发总持之苑。禅悦为味，讵假珍羞？解脱充浆，宁思玉液？奏法音之乐，则丝竹藏声；烧异品之香，则旃檀罢郁。居士之游处也。于是随意所转，觉路遐通；应缘而摄，梁津克济。恢勇猛之志，则火内生莲；广□虚之因，则水中现月。法本希有，若都[①]优昙之花；道之将行，大备贝多之叶。举阎浮之国土，礼敬忘疲；想毗耶之人天，声尘不朽。居士之遗迹也。得其道者，则三乘弟子羞称多闻；行其法者，则七种学人莫不爱乐。是致四天赞仰而无假，十地攀接而无阶。王者资而九有清，群生闻而六念作。虽骊龙改地，共尊金粟之仪；水土迁行，长奉宝台之供。我国家神明造物，圣政调时。涤瑕秽而玉镜清，划浇讹而抝大朴。牢笼七十七代，郁映万八千年。率土之滨，罔有弗韪；普天之下，共惟帝臣。京坻积而铜爵鸣，钟鼓和而玉羊现。将益四生之福，爰开十善之因。精舍广祇陀之园，列郡扬净名之教。万姓资其分别，八方畅其

① 都：《全唐文》卷266为“睹”。

休明。天地平成,于是乎汲引在江宁县瓦官[1]寺变相者,晋虎头将军顾恺之所画也尔。其上缠珠斗,下控金陵。六代为天子之都,二分入王孙之国。礼让流行之地,英灵诞秀之乡。鹫岩分虎踞之山,雁塔枕龙盘之水。总幽闲与形胜,则瓦官之寺焉。昔有晋庄严净域,时梵侣以规模虽广,雕饰未周。永念粹华,每疚怀于须达;共成圆满,而假力于檀那。凡厥施财,莫匪鸣刹。顾君乃连扣资数百,算逾千万。大众眙愕,不知其然。君习气精微,洗心闲雅。虽缨弁混俗,而缋素通神。乃白缁徒,令其粉壁。于是登月殿,掩云扉,考东汉之图,采西域之变,妙思运则冥会,能事毕则功成。神光谢而昼夜名,圣容开而道俗睹。振动世界,谓弥勒菩萨下兜率之天;照耀虚空,若多宝如来踊耆阇之地。由是士女骈比,拥路争趋;车马轩轰,倾都盛集。玉贝交献,须臾而宝藏忽盈;青凫乱飞,俄尔而铜山崛起。纳缯帛者继踵,施衣服者比肩。当鸣刹而虽则可惊,不崇朝而过其本数。非夫精义入神者,孰能与于此乎?虽江山寂寥,居处缅邈。年移代改,留侯叹过隙之驹;城是人非,丁令歌化辽之鹤。由是观其道场妙矣。谓应供而来仪,床枕俨然;疑有怀于问疾,目若将视。眉如忽颦,口无言而似言,鬓不动而疑动。岂丹青之所叹咏,相好之有灵哉?顶礼者肃如在之心,瞻仰者发归依之念。信受演说之旨,大布于人天;住持负荷之规,实存于牧宰。刺史杨令琛,怀轨物之量,韫不伐之才。五服当列土之荣,千里负专城之寄。移风易俗,频推董相之帷;揖道归真,再拥文侯之篲。

① 官:《全唐文》卷 266 为"棺"。

长史薛宏，仁贤雅望，迈德于仲举之舆。司马成景贺，以卿相高才，屈迹于士元之骥。俱游六艺，贮籝金而常满；共逢三朋，揽衣珠而永悟。县令陆彦恭，风[①]神俊迈，境宇恬虚。虽驯雉已彰，实割鸡焉用。风亭月牖，还开见宝之词；石冷泉清，颇恣分襟之赏。修菩萨之行，则仰之弥高；现宰官之身，则威而不猛。相门出相，兹焉在兹。伫闻搏击鹏衢，栖迟凤沼。岂徒播兹风化，奏彼弦歌而已哉？丞郑孝义，逸气飞腾，英怀倜傥。擢命世之标干，挥舍人之符彩。我之自出，凤楼鸣五色之雏；家之积善，牛渚降九派之族。宏才博学，再阅康成之门；爱客好贤，重睹当时之驿。朋友推其令誉，人吏偃[②]其高风。历州县而暂劳，献盐梅而讵远。主簿于植，才艺早著，水镜长悬。将骋骥于高门，先渐鸿于下位。尉史惟清，以雍容儒雅，门专秉直之风；以磊落才雄，岩引乘箕之宿。则知龙驹千里，非黄绶之所羁；鹄子九皋，惟青天之是瞩。家裘不坠，望台铉而相辉；堂构克隆，见公侯而必复。寺主云影及徒众，并诸寺大德等，并法身挺秀，觉意圆明。屈拔提之尊号，怀盛明之忍辱。四十二之贤圣，接踵比肩；一十八之虚空，心持目想。勇猛精进，将意耳而齐驱；博达多闻，与阿难而并骛。言论辨了，有类鹏耆；体性利根，更嘉鸯掘。故能经行不倦，拯济忘疲。模楷四流，笙簧二谛。邑人左补阙冯宗右、拾遗孙处玄等，并资忠履孝，抱义怀仁。凝大江之精灵，郁高山之景行。莫不衡门育德，华省驰声。或长揖九

① 风：《全唐文》卷266为“夙”。

② 偃：《全唐文》卷266为“仰”。

征，或光膺八命。所以东南蓄宝，江左有人焉。既而道俗披诚，宾僚讫款，滥见推于相箕[①]，远不让于当仁。弟子谬忝词场，夙擢桂林之秀；言瞻法宇，早从祇树之游。睹泡影之皆虚，悟声色之非实。虽心为形役，而志与道俱。思惟必在于佛乘，梦想无忘于梵行。观居士之迹，不可思议；阅居士之言，得未曾有。恨不亲承圣旨，捧袂于不二之门；躬奉尊颜，跪履于大千之界。托菩萨之下位，共拂天花；接比丘之末行，同窥圣果。昔赞舞鸾之化，每有愿于揄扬；今从问鹏之游，岂得默而无述？尔时欲重宣此义，是以敢作铭云。其词曰：元气浩浩，大匠存存。锤鞴精粹，折托乾坤。四生有劫，六趣无门。爱流夕涨，尘飞昼昏。其一　巍哉世雄！应期来现。妙矣居士！随缘利见。大庇生灵，遂荒台殿。劫尘遐邈，恒沙法遍。其二　空床寂寂，虚室闲闲。文殊奄至，波旬遽还。拔毛沃海，剖芥藏山。地分珠柱，天润玉颜。其三　智惠无边，威灵具足。广延宝坐，高蹈金粟。振动人天，津梁道俗。火宅垂荫，幽途炳烛。其四　于赫有晋，像教斯传。绩事□矣，灵仪在焉。神光夕照，瑞相朝圆。艳如电掣，皎若星悬。其五　我皇垂拱，诞膺宝位。控引四流，陶钧万类。法阐妙有，灵通梦寐。政事以和，物无不利。其六　天阴南斗，地拥东吴。江山作固，台垒称都。俗富英杰，人多给孤。庄严结构，炳焕规模。其七　瞻彼邦邑，媚兹寮寀。化偃一同，声驰四海。冰玉常莹，松筠不改。乃眷道场，肃焉如在。其八　薄游净域，永念毗耶。香如致饭，衣似持花。颦容示疾，启齿降邪。室

① 箕：据《全唐文》卷266补。

怀方丈，会想无遮。其九　杳杳三界，茫茫九有。瞻仰睟容，思惟受手。式刊真石，金图不朽。盛烈鸿名，天长地久。其十

升元寺略

宋《方舆胜览》[①]

升元寺，即瓦棺寺也。在城西隅，前瞰江面，后据崇冈，最为古迹。李主时，升元阁犹在，乃梁朝故物，高二百四十丈[②]。李白诗所谓"日月隐层[③]楹"是也。今西南隅戒坛，乃是故基。南唐将归我宋数年前，升元寺殿基掘得古记及诗谶，其辞曰："若问江南事，江南事可[④]凭。抱鸡升宝位，谓李煜丁酉生也走犬出金陵。谓王师甲戌渡江也子建居南极，曹彬列栅城南，乃子建也安仁秉夜灯。谓潘美恐有伏兵，命纵火也东陵[⑤]骄小女，骑虎渡河冰。钱俶以戊寅年入朝，尽献浙西之地，骑虎之谓也瓦棺寺之名，起自西晋长兴年中，长沙城河[⑥]陆地生青莲两朵，民间闻之官司，掘得一瓦棺，开见一僧，形貌俨然，其花从舌根顶颅生出。询及父老，父老曰："昔有一僧，不说姓名，平生诵《法华经》万余部。临终遗言曰：'以瓦棺葬之此地。'"所司具奏朝廷，乃赐建莲华寺。五代，兵火焚之。

---

① 该文出自宋张敦颐《六朝事迹编类》卷11。

② 丈：《六朝事迹编类》卷11为"尺"。

③ 层：《六朝事迹编类》卷11为"檐"。

④ 可：《六朝事迹编类》卷11为"不"。

⑤ 陵：《六朝事迹编类》卷11为"邻"。

⑥ 河：《六朝事迹编类》卷11为"阿"。

凤凰台上瓦官寺记

（明）南祠部郎　钱塘葛寅亮

上瓦官寺者，即晋施陶官地，为瓦官寺故址，在凤凰台右，据山临城。李白《登瓦官阁》诗："楼识凤凰名。"《方舆胜览》记："瓦官前瞰江面，后据崇冈"。其征也。南朝四百八十寺，鞠为灌莽者，不可胜计。然其间地著名存，或地亡名在，皆得标识。瓦官有百尺之阁，有三绝之珍，名僧之所竖义，贤俊之所参游，其胜事相传未泯。乃一更于升元，再废于崇胜戒坛，而国朝遂荡然无存。其地半为骁骑仓，半入徐魏公族[①]。嘉靖间，魏国[②]园旁之积善庵改建，揭张其名，王元美、汪伯玉诸公记之，一时遂多称瓦官。考古者知其非瓦官故址也。余汇寺志，偶一稽核。尝与同署郑君玄岳游其地，登凤凰台故墟。见其右殿阁嵬然，金碧烨然，四环以垣。而台藩其内，俯万竹之名园，连骁骑之公廪。徘徊顾眺，为诵李白之诗，及《方舆胜览》中语，此非即瓦官故址与？虽江波远徙，二水三山杳不知何处，然荒台游风，可凭而吊也。召僧问所自，谓此地故有庵一区，名丛桂。万历之十有九年，魏族以园地售闾左，庵僧圆梓、明澄有志复古，图请赎地，白魏公[③]。魏公慨然布金，其门下陈源、陈淳各赞成之，僧亦撤衣钵资，约三百金，共偿其直。兹地悉为庵有，广可四十亩。于是量高度下，为殿者四，为藏经阁者一，阁之右为禅堂，

① 徐魏公：即明初功臣徐达或其嗣者。据《明史》卷105《功臣世表一》：徐达于洪武三年十一月封为魏国公，八年二月卒，子孙世袭爵位。

② 据《明史》卷105记载，嘉靖时，徐达后裔（七世孙）徐鹏举袭爵"魏国公"。

③ 据《明史》卷105记载，万历十九年，徐鹏举孙徐维志袭爵"魏国公"。

而僧寮错处焉。其凤凰台峙左，林木苍蔚，宜亭。台之下有放生池，约十亩许，为葑翳，宜辟。皆欲有事而未逮。僧一一指点，予与郑君得纵观之。视其殿阁云构，雕栋绮疏，丹饰争耀。前见连雉飞鸟，城南一片烟光翠色，缭绕雨花淮水间。独未识瓦官升元之旧，竟上今阁几百尺，至仰攀日月也。其地入骁骑者，即不可复问。而名蓝旧址，已复其半，规模亦宏敞矣。计是庵之未辟也，仅萧然半锡地，纡之藤蔓硗确间，过者不问。而积善适当交途，又魏公析地施镪，香华甫振。都人怀古之殷思，一寄佳名于垂绝，得此遂不复搜讨。以今相提并论，其不可同年而语，明矣。况积善构于平陆，兹庵据山之上，积善去台尚远，兹庵即台为基。伯玉、元美所记，皆云有废井，为瓦官券。今井在仓内，兹庵去井一壁耳。三者不朽之故迹，可据之遗基。试立马风烟，停车苍莽。想象于江山云树之际，印证于品题游览之篇。地与景合，孰有如丛桂者？乃古额未复，庵名尚沿，不将使金地埋光，琳宫阋色哉？予因正其名曰：瓦官。郑君曰："然则将夺彼予此乎？"曰："否"。"然则将此亦一瓦官，彼亦一瓦官乎？"曰："否。吾将取诸上、下之间。志有之：古者上定林，下定林，上云居，下云居。今犹有存者，非臆也。"乃遂名彼为下瓦官，此为上瓦官寺。因为之记。

瓦官寺碑[①]下寺

（明）兵部侍郎　新都汪道昆　　周天球　书

晋都金陵，则秦淮水南，故有瓦官地。兴宁中，诏徙瓦官水北，就故地建寺，为慧力居。寺集千僧，袖然江左首刹。寺故有三法宝，皆奇绝。其一狮子国所贡玉像，高四尺二寸，玉质莹白，形制微至，经十载始至金陵。其一戴安道绘佛像，盖居寺者余十岁，一云画壁在焉。其一顾长康《维摩图》，杜拾遗尝乞之江宁，诗称"虎头金粟"是也。其以开讲至者，则竺法汰、支道林，递讲《般若经》；天台智者大师说止观。其以游观至者，则王长史、王苟子、刘丹阳、桓护军、何次道、阮思旷，具《世说[②]》中。唐仍旧名，就中筑瓦官阁，李供奉登而有赋，至今诵之。后唐升元中，改瓦官阁为升元阁。无何毁矣。宋乃更始元，更名崇胜戒坛。高皇帝定鼎金陵，并包无外，寺方就圮，有待而兴。其后，魏国为园，凤凰台西地入魏国西园，毕事，隙地犹存。正德中，有神僧杖锡至，指故地而称佛土，投五体而礼十方，且语居人："异日者，此地大兴佛事。"顷之，居人见火光隐隐出地上，始异其言。山西比丘觉恒，善持戒律，修头陀行，就彼中净土寺，投成亮为师。亮日持一斋，夜诵《法华经》达旦，年九十，色若婴儿。将大归，命恒往伏牛山，参印空法师而受记。恒如命，随众二十年，得印空衣法。辄由少林，历南海，次金陵。时岛夷薄留都，魏国居守。闻恒自少林至，则以牛车逆恒，为技击师。恒徐

---

① 明汪道昆《太函集》卷71收录该文，题作"古瓦官寺碑"。

② 世说：应为"世说新语"。

徐曰:“明公必欲弭倭患,报国恩,非佛力不可。其佉佛以贷十力,技击何为?”魏国然其言,且就西园隙地治恒精舍。居人于是告畴昔状,从之。诸长老言:“此故瓦官寺也,井至今留。”掘地迹之,得片石,貌菩萨天王,刻画精良,相好毕具,其上镌“升元阁”三字,厥有明征。乃就故寺址而新之,魏国自署曰古瓦官寺。以殿宇则衡三达,纵三重,前殿主瞿昙,左右《华严钞》十四部;中主无量寿,衡为九品莲台;后主毗卢,左右《华严经》二十四椟,手书者经二椟。前重门,后方丈;左止观堂,次斋堂;右净业堂,次庖湢客寮。园林管库,莫不庄严,有如化人之居。完矣!美矣!壮矣!丽矣!恒度金陵柳氏子,法名悟迎。其后,群弟子自四方来,武林袾宏为上首。恒归伏牛山,立化,则以衣法授迎。迎修念佛法,门投豆而声佛号,尽四十八石。魏公多迎精进,遂命迎嗣恒。迎主祝釐为之代,终而反始居。未期月,丹垩维新,日孳孳聚粮,延十方耆宿,率期三年一解代,起若践更,或讲经,或讽经,或修净业,或修妙观。于是大比丘明安、悟勤、圆爱自上都至,可然自庐山至,法慧自摄山至,常杲、慧宗自峨嵋山至,印空师[①]满起自伏牛山至,方内如期而集,无虑数千百人。佛事中兴,殆非虚语。迎度二弟子,皆出金陵,真权尝赴肇林主无遮大会,真全专修白业,尝枯坐写经。是岁,余习静太函,迎并遣二弟子以寺碑请。余维吾儒闭关以距[②]释氏,不啻华戎。籍令设天网该之,一何数也。金陵巨丽,六代之所更都,其

① 师:《太函集》卷71为“帅”。

② 距:《太函集》卷71为“拒”。

时总总林林，居然佛国。卒之黍社递屋，一切与之俱颓。比及千年，无往不复。高皇帝南面而立，当王气而建名都。文武圣神非挽，近世诸儒所及。乃若通西极以化中国，未尝以为不经也者黜之。于是苾刍相摩，兰若相望，概诸六代，有如畿甸之视要荒。爰及瓦官，岿然再造，犹夜始旦，犹魄始明，国隆则从而隆。其斯为日之卯，月之庚，与治同道，罔不兴矣。要而言之，有兴宁则有慧力，有慧力则有瓦官。由是而竺法汰、道林、智者从之，彼一时也。有太祖则有中山[①]，有中山则有魏国，有魏国则有留后，有留后则有恒、有迎。由是而燕、代、荆、楚、梁、豫诸贤从之，此一时也。借曰："消息虚盈，时乃天道。"准诸古语，天不人不因，人不天不成。如将诘其所由来，即世儒无容口，世主无容心，世尊无容力矣，尚安事碑？二弟子奉足而三请，曰："固然。吾师望此久矣。此在世法，愿徼惠仁者一言。"余尝从文殊方丈室中，闻不二法，是故无世法，无出世法，无法法亦法。谓不二，何不二之云？默然而已。长者子，盍归乎？诸贤圣之声迹具在，有之其问诸杜拾遗、李供奉，无则问诸维摩。

重修瓦官寺祝釐记[②]

(明)南刑部侍郎　琅玡王世贞

瓦官寺者，创自晋兴宁中，地在金陵秦淮之阳，古所称铜官、盐官之类是也。寺故有三宝：一为师子国所贡玉如来像，一为顾长康所绘维摩诘天女，一为戴颙所损臂胛塑像。至宋孝武

---

① 据《明史》卷105《功臣世表一》：魏国公徐达卒后，太祖追封为中山王。

② 明王世贞《弇州山人四部续稿》卷63收录该文，题作"重建瓦官寺祝釐圣寿记"。

时，复以三十二金像益之，遂褎然为四百八十之冠。而是时，有杰阁踞其后，壮丽无偶。以久故，欹其西南角。至唐开元九年七月，大风起龙江，荡秦淮而上，欹者复正，寺僧神之，龛其事于壁。南唐升元中，以纪年为阁名。至宋开宝八年十一月，金陵下，兵燹凌之，阁遂为烬。而神之者犹曰：海舶东来，夕见空中有光，拥一阁而去，隐隐闻梵呗钟磬音，若所称同泰浮图者。距其创，为岁五百八十余。盖自是一毁而不复。绍兴中，一论师于阁址旁百武复建阁，曰卢舍那，高可七尺[①]，逾于瓦官之旧。久之，复中兵燹。盖并其所谓寺者，始而称崇胜戒坛，继而荡为兔葵燕麦之场，而渐不可识。徒令人增忾于法汰、道林、智顗之书，刘丹阳、王长史、何次道、阮思旷之绪论，与李供奉之诗歌，想像暮烟秋色于冶城大桁之间而已。至明，而入魏国上公之圃，为凤凰台西隙地。正德中，有神僧过而膜拜焉，谓为佛土，授记居民以去。自是，时时夜见光怪。久之，山西比丘觉恒者，得法于净土寺法师成亮，已授记伏牛印空师，由少林转历南海，至金陵。魏之先公礼之，为筑精蓝以舍直其地。父老稍稍为言光怪状，且云故瓦官寺址也，废井在焉。迹而掘之，有石刻天王像，精甚，识其阴曰“升元”。于是魏公益慨然自称檀越，颇发其藏镪，以成殿堂、门庑、庖湢、客寮、管库之属，华艳窈窕，深中宏外，经像整丽，咸得其所。而他所未备者，恒公尽以三衣中食之羡足之。其后，得金陵悟迎为弟子，授之衣钵，而脱身走伏牛，立而化。迎公代之，以精勤为法事，以慈悯摄众心。大德具寿，

① 尺：《弇州山人四部续稿》卷63为“丈”，应是。

纷纶而萃。羯磨讲诵，各安其职。今魏公[①]复用三天竺故事，割其余禄，以供常住。迎公既谋所以永兹刹者，祈之宰官汪先生伯玉，俾为文纪之，详且核矣。居复念魏公世世为天子肺腑，其履端履长，万寿之祝，岁不过三。且与百辟共事，亡以专昕旦。而诸苾刍记[②]国主之护持，亡兵革灾沴他厉，以碍薰修，盖未尝食息而忘祝釐。走其徒二人，谒世贞，申为之记。世贞故尝读远法师前后论辩沙门不敬王者，又百丈创立道场，不立佛像，以为卓识。及见宋、元之季，宗师上讲堂，必先拈香而颂佛祝圣，心窃以为疑。其后，复考我世尊所行化之国非一王，其王严事之，不啻大梵帝释，而世尊之所以奖翊而庇佑之者，亦不一、二已也。当此之时，重在法王，则人王赖法王以有其国。世尊灭，大迦叶、阿难陀继之，人王与法王交重，则两相事。迨其既也大法流，而震旦重在人王，则法王赖人王以衍其教。是故远法师之论有所诎，而百丈之见不能以偏用。若是乎，颂佛祝圣之不可已也，诸比丘可谓能得其意者已。若魏公世臣，与宗社共休，其昕旦加额，愿天子万寿无疆，又何庸赘哉？故不辞，与伯玉齿而为之记。万历丙戌夏日。

瓦官寺重创青莲阁记[③]

（明）南刑部侍郎　琅玡王世贞

青莲阁者，故瓦官寺阁也。《六朝事迹》以为，晋时有二青莲，得之瓦棺中，以兹因缘，而建兹寺。《庆元志》亦云。《金陵

① 今魏公：指万历十四年（丙戌）夏日，其时袭爵“魏国公”的是徐邦瑞。

② 记：《弇州山人四部续稿》卷63为“托”。

③ 《弇州山人四部续稿》卷63收录该文，题作“重创青莲阁记”。

新志》曰：非也。晋哀帝时，诏移陶官于淮水北，遂以南岸陶地施僧慧力成之，其宏丽甲诸刹。青莲居士李白尝登瓦官寺阁极眺，有诗纪之。其句云："杳出霄汉上，仰攀日月行。"高也可知已。至江南李主时，寺俱付兵燹，独阁存。盖已改而为吴兴，复改而为升元。升元者，李主僭元也。或云，自址[①]至顶，可二百四十尺，延袤称之。盖至明嘉、隆之季，而荡然无复遗矣。开士觉恒，应真阐化。后比丘悟迎，秉缘询址，遂构兰若。冒以故名，而于转轮藏后得小隙地，益借檀募，别为层宇。虽高广不能什一，而涂泽庄严，于像教毋替。余所谓"不见如来减劫时，丈六金身亦不恶"，匪用解嘲，盖实际也。僧雏骈来谒余请阁名，曰："其瓦官乎？曰寺额故命之矣。将无吴兴乎？曰无取义也。抑取诸升元乎？曰偏国之僭元也。"余乃更之以"青莲"。曰青莲者，居士白所署也，非白而何以知瓦官之有阁也？抑寺之昉起乎？虽不必征，寓教可也。莲以表洁，青以表详，薄伽梵之所趺而安者乎？拈而微笑者乎？书以付僧，使龛之壁。万历戊子六月望日。

古佛记

（明）翰林修撰　秣陵焦竑

金陵僧蓝棋置，其最初而独胜者，无如瓦官。晋兴宁中，诏移陶官淮水北，以南岸地予僧慧力，造寺居之，寺因名，在城西南隅凤凰台畔。李白诗："门余闾阖字，楼识凤凰名。"是也。自林公讲小品天台，论止观，咸在兹所。寺像设备极精美。《南

---

① 址：《弇州山人四部续稿》卷63为"趾"。

史》称：玉像为义熙初师子国所献，经十载乃至，高四尺二寸。玉色洁润，形制殊特。与戴安道手制佛像、顾长康《维摩图》，为寺三绝。自东昏毁玉像为钗钏，戴、顾手迹亦不复存。而寺至胜国时，易名崇胜戒坛，犹不废也。国初，寺圮，地为徐魏公园。嘉靖间，释觉恒见地上光怪，心知其异，发之，得片石，佛菩萨天王相好刻画精巧，细若丝发。一时宣传，瓦官旧物，复出人间。时魏公笃轩[①]以宫保绾留钥，闻而异之，命即其地造屋种树，为往来瞻仰之所。六朝名迹，几还旧观，诚禅诵之名区，素缁之幸事矣。役既竣，公喜其得之奇也，属恒请余文为记。余诘曰："若谓此非佛事耶？则墙壁瓦砾，悉谈妙义。若谓此即佛事耶？则色见声求，是行邪道。若得之，又请之，而余又记之，皆妄也。"虽然有相之身，即实相身；而离文字见，是名断见。则若请之，而余记之，亦无不可。佛以嘉靖庚子二月八日现，恒以甲寅九月七日请，余以丁卯正月十日记。

游瓦官寺记[②]

（宋）陆　游

九日，至保宁、戒坛二寺。保宁有凤凰台、揽辉亭。台有李太白诗云："三山半落青天外，二水中分白鹭洲。"今已废。惟亭因旧丘重筑，亦颇宏壮。寺僧言：亭榜本朱希真隶书，法堂后有片石，莹润如黑玉，乃宋子嵩诗，题云："《凤台山亭子陈献司空》，乡贡进士宋齐丘。"司空者，徐知诰也，后改姓名曰李昪，是

---

① 笃轩：即徐达七世孙徐鹏举。

② 文见宋陆游《入蜀记》卷 1，又收录于宋陆游《渭南文集》卷 44，原文无题。

为南唐烈祖，而齐丘为大臣。后又有题字云："升元三年，奉敕刻石。"盖烈祖既有国，追念君臣相遇之始，而表显之。昇、齐丘虽皆不足道，然当攘夺分裂横溃之时，其君臣相遇，不如是亦不能粗成其功业也。戒坛额曰："崇胜戒坛寺"，古谓之瓦官[①]寺。有阁，因冈阜，其高十丈。李太白所谓"钟山对北户，淮水入南荣"者。又《横江词[②]》："一风三日吹倒山，白浪高于瓦官阁"，是也。

传

释智𫖮传略[③]传详《栖霞寺》内

《高僧传》[④]

释智𫖮学成，诣金陵，与法喜等三十余人，在瓦官寺创弘禅法。仆射徐陵、尚书毛喜等并禀禅慧，俱传香法。会陈始兴王出镇洞庭，公卿饯送，回车瓦官，与𫖮谈论。幽极既唱，贵位倾心；舍散山积，虔拜殷重。因叹曰："吾昨梦逢强盗，今乃表诸软贼，毛绳截骨，则忆曳尾泥中。"仍遣谢门人曰："吾闻暗射则应于弦，何以知之？无明是暗也，唇舌是弓也。心虑如弦，音声如箭，长夜虚发，无所觉知。又法门如镜，方圆任像。初瓦官寺四千[⑤]人坐，半入法门。今者二百坐禅，十人得法。尔后归宗转倍，而据法无几，斯何故耶？吾自化行[⑥]道，可各随所安，吾欲从

① 官：《入蜀记》卷1为"棺"。
② 江：原文误为"冈"，据《李太白文集》卷6改。
③ 该文出自《续高僧传》卷17《隋国师智者天台山国清寺释智𫖮传》。
④ 应为"续高僧传"。
⑤ 千：《续高僧传》卷17为"十"。
⑥ 化行：《续高僧传》卷17为"行化"。

吾志也。”即往天台。

敕智顗禅师[①]

陈宣帝

京师三藏虽弘，皆一途偏显，兼之者寡。朕闻瓦官济济，深用慰怀，宜停训物，岂遑独善？一、二曹义逵口，具得朕意也。

敕迎智顗[②]

陈少主

春寒犹厉，道体何如？宴坐经行，无乃为弊。都下法事恒兴，希相助弘阐。今遣宣传左右赵君卿迎接，迟能即出也。一、二君卿口具，便望相见在促。

又敕

陈少主

得使人赵君卿启，并省来答表，志存林野，兼有疾病，愿停山寺，不欲出都，不具一、二。岩壑高深，乃幽人之节。佛法示现，未必如此。且京师甚有医药，在疾弥是所宜。故遣前主书朱宙迎接，想便相随，出都惟迟。法流不滞，会言在近。朱宙口述一、二。

请智顗讲《法华》疏[③]

（陈）沈君理

仪同公菩萨戒弟子吴兴沈君理和南。窃闻大乘者，大士之

---

① 隋隋释灌顶《国清百录》序收录该文，题作“陈宣帝敕留不许入天台”；明梅鼎祚《释文纪》卷30收录该文，题作“留智顗禅师敕”。

② 《国清百录》序收录该文，题作“至德三年陈少主敕迎”，凡五敕，此处选录为第一敕；《释文纪》卷30收录该文，题作“敕迎智顗”。另，下文“又敕”，为五敕之第二敕。

③ 《国清百录》卷2收录该文，题作“陈义同、沈君理请疏”；《释文纪》卷30收录该文，题同《金陵梵刹志》。

所乘也。高广普运，直至道场。复作四依，周旋六道。仰惟德厚深会经文，于五誓之初，请开《法华》题，一夏内仍就剖释。道俗咸瞻，延伫嘉唱；慈悲利益，不违本誓耳。谨，和南。《国清百录》

与智𫖮书[①]

（陈）毛　喜

累年仰系，不易可言。承今夏在石像行道，欣羡无极。又闻欲于天台营道场，当在夏竟耳。学徒远近归依者，理应转多。安心林野，法喜自娱，禅讲不辍耳。四十二字门令附，虽留多时，读竟不解。无因咨访，为恨转积。南岳亦时有信，照禅师在岳岭徒众，不异大师在时。善公于山讲释论，彼亦迟望，还纲维大法。不者归钟岭、摄山，亦是栖心之处。何必适远方，诣道场，希勿忘京师。边地之人，岂知回向倾心，无时不积。未因接颜色，东望欷潓。敬德信人今返，白书不具。弟子毛喜和南。

竺道一传略[②]

《高僧传》

竺道一，吴人。少出家，真[③]正有学业，而晦迹隐智，人莫能知。与之久处，方悟其神出，琅琊王珣兄弟深加敬事。晋太和中，出都，止瓦官寺，从汰公受学。数年之中，思彻渊深，晋简文帝深所知重。及帝崩，汰死，一乃还东，止虎丘山。学徒苦留不止，乃令丹阳尹移一还都。一答尹曰："盖闻大道之行，嘉遁得

---

① 《国清百录》卷2收录该文，题作"陈吏部尚书毛喜书"；《释文纪》卷30收录该文，题同《金陵梵刹志》。

② 该文出自《高僧传》卷5《晋吴虎丘东山寺竺道一传》。

③ 真：《高僧传》卷5为"贞"。

肆其志。唐虞之盛，逸民不夺其性。弘方由于有外，致远待而不践。大晋光熙，德被无外，崇礼佛法，弘长弥大。是以殊域之人，不远万里，被褐振锡，洋溢天邑。皆割爱弃欲，洗心清玄。遐期旷世，故道深常隐；志存慈救，故游不滞方。自东徂西，唯道是务。虽万物惑其日计，而识者悟其岁功。今若责其属籍，同役编户，恐游方之士，望崖于圣世；轻举之徒，卓长往而不反。亏盛明之风，有谬主相之旨。且荒服之宾，无关天台；幽薮之人，不书王府。幸以时审谳，详而后集也。”一于是闲居幽阜，晦影穷谷。时若耶山有帛道猷者，少以篇牍著称。性率素，好丘壑，一吟一咏，有濠上之风。与道一经有讲筵之遇，后与一书云：“始得优游山林之下，纵心孔、释之书，触兴为诗，陵峰采药，服饵蠲疴，乐有余也。但不与足下同日，以此为恨耳。因有诗曰：连峰数千里，修林带平津。云过远山翳，风至梗荒榛。茅茨隐不见，鸡鸣知有人。闲步践其径，处处见遗薪。始知百代下，故有上皇民。”一得书，既有契心抱，乃东适耶溪，与道猷相会，定于林下。于是纵情尘外，以经书自娱。顷之，郡守琅玡王荟于邑西起嘉祥寺，以一之风德高远，请居僧首。一乃抽六物遗于寺，造金牒千像。一既博通内外，又律行清严，故四远僧尼，咸依附咨禀。时人号曰：九州都维那。后暂往吴之虎丘山。以晋隆安中，遇疾而卒，即葬于山南。孙绰为之赞曰：驰辞说言，因缘不虚。惟兹一公，绰然有余。譬若春圃，载芬载誉。条被猗蔚，枝干森疏。

竺法汰传略[①]

《高僧传》

竺法汰，东莞人。少与道安同学。与道安避难，行至新野，安分张徒众，命汰下京。临别，谓安曰："法师仪轨西北，下座弘教东南。江湖道术，此焉相忘[②]矣。至于高会净国，当期之岁寒耳。"于是分手，泣涕而别。乃与弟子昙一、昙二等四十余人，沿江东下，遇疾停阳口。时桓温镇荆州，遣使要过，供事汤药。汰疾小愈，诣温，温欲共汰久语，先对诸宾，未及前汰。汰乃乘舆历厢回出，相闻与温曰："风痰忽发，不堪久语，比当更造。"温匆匆起出，接与循焉。汰含吐蕴藉，词若兰芳。时沙门道恒颇有才力，常执心无义，大行荆土。汰曰："此是邪说，应须破之。"乃大集名僧，令弟子昙一难之。据经[③]引理，恒拔[④]其口辩，不肯受屈。日色既暮，明旦更集。慧远就席，设难数番，关责锋起。恒自觉义途差异，神色微动，麈尾扣案，未即有答。远曰："不疾而速，杼轴何为?"坐者皆笑，心无之义，于此而息。汰下都，止瓦官寺。晋太宗简文皇帝请讲《放光经》。开题大会，帝亲临幸，王侯公卿，莫不毕集，三吴负帙至者千数。瓦官寺本是河内山玩墓王公[⑤]为陶处，晋兴宁中，沙门慧力启乞为寺，止有堂塔而已。及汰居之，更拓房宇，修立众业，又起重门。汝南世子司马综第去寺近，遂侵掘寺侧，重门沦陷，汰不介怀。综乃感悟，躬

---

① 该文出自《高僧传》卷5《晋京师瓦官寺竺法汰传》。

② 忘:《高僧传》卷5为"望"。

③ 经:原文误为"径"，据《高僧传》卷5改。

④ 拔:《高僧传》卷5为"仗"。

⑤ 山玩墓王公:《高僧传》卷5为"山玩公墓"。

往悔谢。领军王洽、东亭王珣、太傅谢安，并钦敬无极。晋太元十二年，卒。孙绰为之赞曰：凄风拂林，鸣弦映壑。爽爽法汰，校德无怍。

竺僧敷传略[①]

《高僧传》

竺僧敷，因西晋末乱，移居江左，止瓦官寺，盛开讲席。道嵩曰："敷公研微秀发，非吾等所及也。"尝著《神无形论》，以有形便有数，有数则有尽，神既无尽，故知无形矣。理有所归，惬然信服。后终于寺。竺法汰与道安[②]书云："每忆敷上人周旋如昨，逝殁奄复多年，与其清谈之日，未尝不想忆。思得与君共覆疏其美，岂图一旦永为异世。痛恨之深，何能忘情？其义理所得，披寻之功，信难可图矣。"

支道林[③]

《世说》[④]

有北来道人好才理，与林公相遇于瓦官寺，讲《小品》。于时，竺法深、孙兴公悉共听。此道人语，屡设疑难。林公辩答清析，辞气俱爽。此道人每辄摧屈。孙问深公："上人当是逆风家，向来何以都不言？"深公笑而不答。林公曰："旃檀非不馥，焉能逆风？"深公得此义，夷然不屑。

---

① 该文出自《高僧传》卷5《晋京师瓦官寺竺僧敷传》。

② 安：据《高僧传》卷5补。

③ 该文出自《世说新语·文学第四》：三十，道人辩难。

④ 世说：应为"世说新语"。

释支道林传略[①]

《高僧传》

支遁，字道林，陈留人，或云河东林虑人。幼有神理，聪明秀彻。初至京师，太原王濛甚重之，曰："造微之功，不减辅嗣。"陈郡殷融尝与卫玠交谓其神情俊彻，后进莫有继之者。及见遁，叹息以为重见若人。年二十五出家，每至讲肆，善标宗会，而章句或有所遗，时为守文者所陋。谢安闻而善之，曰："此乃九方歅之相马也，略其玄黄，而取其骏逸。"王洽、刘恢、殷浩、许询、郗超、孙绰、桓彦表、王敬仁、何次道、王文度、谢长遐、袁彦伯等，并一代名流，皆著尘外之狎。遁尝在白马寺，与刘系之等谈《庄子・逍遥》篇，云："各适性以为逍遥。"遁曰："不然。夫桀、跖以残害为性，若适性为得者，彼亦逍遥矣。"于是退而注《逍遥》篇。后还吴，立支山寺，晚欲入剡。谢安为吴兴守，与遁书曰："思君日积，计辰倾迟，知欲还剡自治，甚以怅然。人生如寄耳，顷风流得意之事，殆为都尽。终日戚戚，触事惆怅，唯迟君来，以晤言消之，一日当千载耳。此多山县，闲静，差可养疾，事不异剡，而医药不同，必思此缘，副其积想也。"王羲之时在会稽，素闻遁名，未之信，谓人曰："一往之气，何足可言？"后遁既还剡，经由于郡，王故往诣遁，观其风力。既至，王谓遁曰："《逍遥》篇可得闻乎？"遁乃作数千言，标揭新理，才藻惊绝。王遂披襟解带，流连不能已。仍请住灵嘉寺，意存相近。俄又投迹剡山，于沃州小岭立寺行道，僧众百余，常随禀学。时或有堕者，

① 该文出自《高僧传》卷4《晋剡沃州山支遁传》。

遁乃著《座右铭》以勖之。曰:“勤之勤之,至道非弥。奚为淹滞,弱丧神奇。茫茫三界,眇眇长羁。烦劳外凑,冥心内驰。徇赴钦渴,缅邈忘疲。人生一世,涓若露垂。我身非我,云云谁施?达人怀德,知安必危。寂寥清举,濯累禅池。谨守明禁,雅玩玄规。绥心神道,抗志无为。寥朗三蔽,融冶六疵。空同五阴,虚豁四肢。非指喻指,绝而莫离。妙觉既陈,又玄其知。婉转平任,与物推移。过此以往,勿思勿议。敦之觉父,志在婴儿。”时论以遁才堪经济,而洁已拔俗,有违兼济之道,遁乃作《释矇论》。晚移石城山,又立栖光寺。宴坐山门,游心禅苑;木食涧饮,浪志无生。乃注《安般》、《四禅》诸经,及《即色游玄论》、《圣不辨知论》、《道行旨归》、《学道诫》等。追踪马鸣,蹑影龙树。义应法本,不违实相。晚出山阴,至晋哀帝即位,频遣两使,征请出都,止东安寺。讲《道行般若》,朝野悦服。郗超与亲友书云:“林法师神理所通,玄拔独悟。数百年来,绍明大法,令真理不绝,一人而已。”遁淹留京师,涉将三载,乃还东山。上书告辞曰:“遁顿首言,敢以不才,希风世表。未能鞭后,用愆灵化。盖沙门之义,法出佛之圣,雕淳反朴,绝欲归宗。游虚玄之肆,守内圣之则;佩五戒之贞,毗外王之化。谐无声之乐,以自得为和。笃慈爱之孝,蠕动无伤;衔抚恤之哀,永悼不仁。秉未兆之顺,远防宿命;挹无位之节,履亢不悔。是以哲王御南面之重,莫不钦其风尚,安其逸轨,探其顺心,略其形敬,故令历代弥新矣。陛下天钟圣德,雅尚不倦,道游灵模,日昃忘御,可谓钟鼓晨极,声满天下。清风既劭,莫不幸甚。上愿陛下齐龄二仪,弘敷至法。去陈信之妖诬,寻丘祷之弘议;绝小涂之致泥,奋宏辔于夷路。若然者，玄德交被，民荷冥佑。恢恢六合，成吉祥之宅；洋洋大晋，为元亨之宇。常无为而万物归宗，执大象而天下自往。国典刑杀，则有司存焉。若生而非惠，则赏者自得；戮而非怒，则罚者自刑。弘公器以厌神意，提诠衡以极冥量。所谓'天何言哉，四时行焉。'贫道野逸东山，与世异荣。菜蔬长阜，潄流清壑；褴缕毕世，绝窥皇阶。不悟乾光曲曜，猥被蓬荜；频奉明诏，使诣上京。进退惟咎[①]，不知所厝。自到天庭，屡蒙引见。优游宾礼，策以微言。每愧才不拔滞，理无拘新，不足对扬玄模，允塞视听。踧踖侍人，流汗位席。曩四翁赴汉，干木蕃魏，皆出处有由[②]，默语适会。今德非昔人，动静乖理；游魂禁省，鼓言帝侧。将困非据，何能有为？且岁月黾勉，感若斯之叹，况复同志索居，综习辽落。回首东顾，孰能无怀？上愿陛下，特蒙放遣，归之林薄，以鸟养鸟，所荷为优。谨露板以闻，伸其愚管，裹粮望路，伏待慈诏。"诏即许焉。一时名流，并饯离于征虏。蔡子叔前至，近遁而坐。谢安石后至，值蔡暂起，谢便移就其处。蔡还，合褥举谢掷地，谢不以介意。其为时贤所慕如此。既而收迹剡山，毕命林泽。人尝有遗遁马者，遁受而养之。时或有讥之者，遁曰："爱其神骏，聊复畜耳。"复有饷鹤者，遁谓鹤曰："尔冲天之物，宁为耳目之玩乎？"遂放之。遁幼时，尝与师共论物类，谓鸡卵生用，未足为杀，师不能屈。师寻亡，忽现形，投卵于地，壳破雏行，顷之俱灭。遁乃感悟，由是蔬食终身。以晋太

① 咎：《高僧传》卷 4 为"谷"。

② 由：《高僧传》卷 4 为"时"。

和元年闰四月四日，终于所住，即窆于坞中，厥冢存焉。或云终剡，未详。遁善草、隶，郗超为之序传，袁宏为之铭赞，周昙宝为之作诔。孙绰《道贤论》以遁方向子期，论云："支遁、向秀，雅尚庄、老。二子异时，风好玄同矣。"又《喻道论》云："支道林者，识清体顺，而不对于物。玄道冲济，与神情同任。此远流之所以归宗，悠悠者所以未悟也。"后高士戴逵行经遁墓，乃叹曰："德音未远，而拱木已繁。冀神理绵绵，不与气运俱尽耳。"遁有同学法虔，精理入神，先遁亡。遁叹曰："昔匠石废斤于郢人，牙生辍弦于钟子。推己求人，良不虚矣。宝契既潜，发言莫赏。中心蕴结，余其亡矣。"乃著《切悟章》，临亡成之，落笔而卒。凡遁所著文翰，集有十卷，盛行于世。

与高骊道人论竺法深书[①]

（晋）释支遁

字道林，姓关氏，陈留人，或云河东林虑人。终于余姚坞山中，或云终剡

上坐[②]竺法深，中州刘公之弟子。体德贞峙，道俗纶综。往在京邑，维持法网，内外俱赡，弘道之匠也。顷以道业精[③]济，不耐尘俗，考室山泽，修德就闲。今在剡县之岇山，率合同游，论道说义，高栖皓然，遐迩有咏。

释僧导传略[④]

《高僧传》

释僧导，京兆人。十岁出家，师以《观世音经》授之，读竟咨

---

① 该文辑录于《高僧传》卷4《晋剡东仰山竺法深传》，原无题。

② 坐：《高僧传》卷4为"座"。

③ 精：《高僧传》卷4为"靖"。

④ 该文出自《高僧传》卷7《宋寿春石涧寺释僧导传》。

师："此经有几卷？"师欲试之，乃言："止有此耳。"导曰："初云尔时无尽意，故知尔前已应有事。"师大悦之，授以《法华》一部。于是昼夜看寻，粗解文义。贫无油烛，常采薪自照。迄受具戒，识洽愈深，禅律经论，达自心抱。姚兴钦其德业，友而爱焉。入寺相造，乃同辇还宫。及什公译出经论，并参议详定。导既素有风神，又值关中盛集，于是谋猷众典，博采真俗，乃著《成实》、《三论》义疏，及《空有二谛论》等。后宋高祖西伐长安，擒获伪主，荡清关内，既素籍导名，乃要与相见。谓导曰："相望久矣，何其流滞殊俗？"答云："明公荡一九有，鸣鸾河洛，此时相见，不亦善乎？"高祖旌旆东归，留子桂阳公义真镇关中，临别谓导曰："儿年小留镇，愿法师时能顾怀。"义真后为西虞勃人[①]赫连所逼，出自关南。中途扰败，丑虏乘凶，追骑将及，导率弟子数百人遏于中路，谓追骑曰："刘公以此子见托，贫道今当以死送之。会不可得，不烦相追。"群寇骇其神气，遂回锋而反。义真走窜于革[②]，会其中兵段宏，卒以获免。高祖感之，因令子侄内外师焉。后立寺于寿春，即东山寺也。常讲说经论，受业千有余人。会虏灭佛法，沙门避难投之者数百，悉给衣食。其有死于虏者，皆设会行香，为之流涕哀恸。至孝武升位，遣使征请，导翻然应诏，止于京师中兴寺。銮舆降跸，躬出候迎。导以孝建之初，三纲更始，感事怀昔，悲不自胜。帝亦哽咽良久，即敕于瓦官寺开讲《维摩》，而帝亲临幸，公卿毕集。导登高座，曰："昔王宫托

① 西虞勃人：《高僧传》卷7为"西虏人勃"。

② 革：《高僧传》卷7为"草"。

生，双树现灭。自尔已来，岁逾千载。淳源永谢，浇风不追。给苑丘墟，鹿园芜秽。九十五种，以趣下为升高；三界群生，以火宅为净国。岂知上圣流涕，大士栖惶者哉？”因潸然泫泪，四众为之改容。又谓帝曰：“护法弘道，莫先帝王。陛下若能运四等心，矜危劝善，则此沙土瓦砾，便为自在天宫。”帝称善久之，坐者咸悦。后辞还寿春，卒于石涧。

求那跋摩传略[①]

《高僧传》

求那跋摩，解四阿含经，精贯三藏，入定，每有白狮子仰蹑柱而嬉，青莲华遍虚空。界，伺卒无有。至瓦官，恒坐禅树下。时宋文帝持斋问道，跋摩对：“道在心，不在事；法由己，不由人。帝王家四海，子万民，出一言嘉，布一政善，则持斋已大，不杀已众。安在缺一餐，全一禽，为经济耶？”帝称善。命居祇洹寺，讲《法华》拜[②]《十地》品，帝率公卿日集座下。后元凶变，遁迹去。

释宝意传略[③]

《高僧传》

宝意，梵言阿那摩低，本姓康，康居人。世居天竺，以宋孝武建中，来止京师瓦官禅房。恒于寺中树下坐禅，又晓经律，时人亦号三藏。常转侧数百贝子，立知凶吉，善能神咒。以香涂掌，亦见人往事。宋世祖施其一铜唾壶，高二尺许，常在床前，忽有人窃之。意取坐席一领，空卷之，咒上数遍，经于三夕，唾

① 该文出自《高僧传》卷3《宋京师祇洹寺求那跋摩传》。原书为“求那摩跋”，径改。

② 拜：《高僧传》卷3为“及”。

③ 该文出自《高僧传》卷3《宋京师中兴寺求那跋陀罗传附阿那摩低传》。

壶还在席中，莫测其然。于是四远道俗，咸敬而异焉。

诗

游瓦官寺[①]

（唐）李　白

晨登瓦官阁，极眺金陵城。钟山对北户，淮水入南荣。漫漫雨花落，嘈嘈天乐鸣。两廊振法鼓，四角吹风筝。杳出霄汉上，仰攀日月行。山空霸气灭，地古寒阴生。寥廓云海晚，苍茫宫观平。门余阊阖字，楼识凤凰名。雷作百山动，神扶万栱倾。灵光何足贵，长此镇吴京。

横江词[②]

（唐）李　白

人言横江好，我道横江恶。一风三日吹倒山，白浪高于瓦官阁。

凤凰台[③]

（唐）李　白

置酒延落景，金陵凤凰台。长波写万古，心与云俱开。昔时有凤鸟，凤鸟为谁来[④]？凤凰已去久，正当今日回。明君越羲

---

① 唐李白《李太白文集》卷18、唐李白撰、宋杨齐贤集注《李太白集分类补注》卷21、唐李白撰，清王琦《李太白集注》文渊阁四库全书本卷21各收录该诗，题均作“登瓦官阁”。

② 《李太白文集》卷6、《李太白集分类补注》卷7、《李太白集注》卷7各收录该诗，题均作“横江词六首”，本书选录第一首。其中，第二句“我”字，应为“侬”。

③ 《李太白文集》卷17、《李太白集分类补注》卷20各收录该诗，题均作“金陵凤凰台置酒”。

④ “昔时有凤鸟，凤鸟为谁来”：《李太白文集》卷17为“借问往昔时，凤凰为谁来。”

轩，天老坐三台。豪士无所用，弹琴[①]醉金罍。东风吹山花，安可不尽杯？六帝没幽草，深宫冥绿苔。置酒勿复道，歌钟但相催。

又[②]

(唐)李　白

凤凰台上凤凰游，凤去台空江自流。吴宫花草埋幽径，晋代衣冠成古丘。三山半落青天外，二水中分白鹭洲。总为浮云能蔽日，长安不见使人愁。

送许八拾遗归江宁觐省，甫昔时尝客游此县，于许生处乞瓦官寺《维摩图》样，志诸篇末

(唐)杜　甫

诏许辞中禁，慈颜赴北堂。圣朝新孝理，祖席倍辉光。内帛擎偏重，宫衣着更香。淮阴清夜驿，京口渡江航。春隔鸡人昼，秋期燕子凉。赐书夸父老，寿酒乐城隍。看画曾饥渴，追踪恨淼茫。虎头金粟影，神妙独难忘。

登瓦官寺阁

(唐)罗　隐

下盘空迹上云浮，偶逐僧行步步愁。暂憩已知须用意，渐来争忍不回头。烟中树老重江晚，林铎风轻四境秋[③]。懒指台城更东望，鹊飞龙斗尽荒丘。

---

① 琴:《李太白文集》卷17为“弦”。

② 《李太白文集》卷18、《李太白集分类补注》卷21、《李太白集注》卷21等各收录该诗，题均作“登金陵凤凰台”。

③ 唐罗隐《罗昭谏集》卷3、宋李昉等《文苑英华》卷314、《全唐诗》卷657各收录该诗。林铎:为“铎外”。

登升元阁

(南唐)李建勋

登高始觉太虚宽,白雪须知唱和难。云度琐窗金榜湿,月移珠箔水精寒。九天星象帘前见,六代城池直下观。唯有上层人未到,金乌飞过拂阑干。

凤凰台[①]

(南唐)李齐丘

嵯峨压洪泉,岝峉撑碧落。宜哉秦始皇!不驱亦不凿。上有布政台,八顾背城郭。山蹙龙虎健,水黑螭蜃作。白虹欲吞人,赤骥相煿烁[②]。画栋泥金碧,石路盘峣埆。倒挂哭月猿,危立思天鹤。凿池养蛟龙,栽桐栖鸑鷟。梁间燕教雏,石罅蛇悬壳。养花如养贤,去草如去恶。日晚严城鼓,风来萧寺铎。扫地驱尘埃,剪蒿除鸟雀。金桃带叶摘,绿李和衣嚼。贞竹无盛衰,媚柳先摇落。尘飞景阳井,草合临春阁。芙蓉如佳人,回言[③]似调谑。当轩有直道,无人肯驻脚。夜半鼠勃[④]窣,天阴鬼敲椓。松孤不易立,石丑难安着。自怜啄木鸟,去蠹终不错。晚风吹梧桐,树头鸣嚗嚗。峨峨江令石,青苔何淡薄。不话兴亡事,举首思眇邈。吁嗟[⑤]未到此,褊劣同尺蠖。笼鹤羡凫毛,猛虎爱蜗角。一日贤太守,与我观橐籥。往往独自语,天帝相

① 宋姚宽《西溪丛语》卷上、清郑方坤《五代诗话》卷3《南唐宋齐丘》各收录该诗,题均作"凤凰山亭子陈献司空";《全唐诗》卷738收录该诗,题则作"陪游凤凰台献诗"。

② 烁:《全唐诗》卷738为"爆"。

③ 言:《全唐诗》卷738为"首"。

④ 勃:《全唐诗》卷738为"窸"。

⑤ 嗟:《全唐诗》卷738为"哉"。

唯诺。风雷偶不来，寰宇销一略。我欲烹长鲸，四海为鼎镬。我欲取大鹏，天地为矰缴。安得生羽翼[①]，雄飞上寥廓。

咏升元阁铎[②]

（宋）曾　极

摩挲石柱藓痕斑，亡国如鸠去不还。无复切云三百尺，空传风铎在人间。

凤凰台

（宋）周邦彦

危台飘尽碧梧花，胜地凄凉属梵家[③]。凤入紫云招不得，木鱼堂殿下饥鸦。

凤凰台晚眺

（宋）刘克庄

经月疏行台上路，秣陵城郭忽秋风。马嘶卫霍空营里，萤起齐梁废苑中。野寺旧曾开玉帐，翠华今不幸离宫[④]。小儒记得兴隆事，闲对山僧说魏公。

---

① 翼：《全唐诗》卷 738 为“翰”。

② 宋曾极《金陵百咏》、清厉鹗《宋诗纪事》卷 67 各收录该诗，题均作“升元阁铎”。《金陵百咏》该诗第二句“鸠”，为“鸿”；第四句“空”，为“只”。

③ 梵：原书为“楚”，据《宋诗纪事》卷 28 改。

④ 宋刘克庄《后村集》卷 1、明曹学佺《石仓历代诗选》卷 191 等各收录该诗。《后村集》该诗第六句“今”，为“久”；第七句“兴隆”，为“隆兴”。

凤凰台[①]

（宋）郭功父

高台不见凤凰游，浩淼长江入海流。舞罢青娥同去国，战残白骨尚盈丘。风摇落日催行棹，湖拥新沙换故洲。结绮临春无处觅，年年芳草向人愁。

游瓦官寺

（明）余孟麟

经台香梵几登临，江左名山岁月深。三界磬流花坞合，六朝松偃石窗阴。金函新赐袈裟地，宝筏重开薝卜林。但得头陀分罽席，青门堪了白云心。

重创瓦官寺阁[②]

（明）王世贞

昔时瓦官阁，高与天峥嵘。业火一烧尽，不能烧却万古名。莲花比丘苦缘薄，倾钵诛茆覆檐角。不见如来减劫时，丈六金身亦不恶。

小刹　华光庵

在都城内，陡门桥南，中城地。去所领上瓦官寺二里。成

① 宋郭祥正《青山集》卷 24 收录该诗，题作“追和李白《登金陵凤凰台》二首”，该诗为第二首；清曹庭栋《宋百家诗存》卷 9 收录该诗，题作“追和李白《登金陵凤凰台》”；《宋诗纪事》卷 27 收录该诗，题则作“凤凰台次李太白韵”。《宋史》卷 444《郭祥正传》：祥正，字功父，当涂人，熙宁中举进士，官至汀州通判。《青山集》该诗第二句“浩淼长江”，为“望望青天”；第三句“青”，为“翠”；第六句“拥”，为“卷”；第七句“处觅”，为“觅处”。

② 《弇州山人四部续稿》卷 11 收录该诗，题作“重创瓦官寺阁过之有作”。

化间创建，年久颓废。万历三十三年，余大司成重创。有亭阁，临秦淮，可以眺览。

殿堂

山门一楹。华光殿三楹。玄帝殿三楹。观音阁三楹。左佛殿三楹。右地藏殿三楹。河亭三楹。僧院一房。基址三亩东至张宅房，南至秦淮河，西至冯宅房，北至官街。

小刹　一苇庵

在都城内，上浮桥，中城地。去所领上瓦官寺二里。万历初年，创常平茶庵。今余大司成重修，易名一苇庵。

殿堂

伽蓝殿一楹。韦驮殿三楹。后佛殿三楹。僧院一房。基址二亩东至河岸，南至官街，西至空地，北至秦淮河。

小刹　五云庵

在都城聚宝门内，中城地。去所领上瓦官寺一里。建自国初。万历三十三年，余大司成重修。

殿堂

伽蓝殿三楹。佛殿三楹。僧院一房。基址二亩东至张千户空地，南至官街，西至金宅佃房，北至成府园。

小刹 骁骑卫千佛庵

在都城内，骁骑右卫左所地。东去所领上瓦官寺二里。

殿堂

韦驮殿三楹。佛殿三楹。僧院一房。禅院三楹。基址一亩东至官街，南至黄宅房，西至陆家园，北至韦家巷。

小刹 普利寺 敕赐

在三山门内，中城□。西去所领上瓦官寺二里。景泰间建。天顺间，赐额。万历戊戌，灾，山门、围墙，基址仅存。

殿堂

金刚殿三楹。僧院四房。基址十亩东至关王庙，西至金公塘，南至本寺园，北至官街。

公产

租房一十一间。房地一十五间。

小刹 封崇寺 古刹

在都城三山门内，中城地。西去所领上瓦官寺二里。《图经》：旧报慈廨院。近禅灵寺，始末未详。

殿堂

山门三楹。大佛殿三楹。卧佛阁三楹。左伽蓝殿楼三楹。右三教堂三楹。禅堂三楹。僧院一房。基址十亩东至衙塘,西至纪家墙,南至银仓,北至酱蓬营。

小刹　留守正定庵

在都城内留守右卫,中城地。□去所领瓦官寺□里。

殿堂

伽蓝殿三楹。地藏殿三楹。观音殿三楹。僧院一房。基址五亩东至水塘,西至汪相房,南至官街,北至尹銮地。

卷二十二　青溪鹫峰寺

中刹　青溪鹫峰寺　古刹、敕赐

在都城内，中城钞库街南，青溪地。西南去所统天界寺五里。齐为东府城。梁为江总宅。唐乾元中，刺史颜鲁公置放生池，东接清溪。宋淳熙间，待制史正志移于清溪之曲，建阁其上。岁久湮没。国朝天顺间，即其地建寺，赐额鹫峰。寺后有塘，属内监，相传为放生遗址。以教坊毁庵隙地易之，并构一椽，祀鲁公，而重勒其碑文，以存旧迹。寺记称：旧为梁法光寺。法光，即鹿苑寺，亦近清溪。但按《鹿苑记》云：圣像即山而成。今鹫蜂绝无山，恐非是。且《回光寺记》中，亦谓是鹿苑。岂因其地相近，而误入耶？所领小刹，曰回光寺、千佛庵、大中正觉庵。

殿堂

金刚殿三楹。左钟楼一座。右鼓楼一座。天王殿三楹。左伽蓝殿三楹。右祖师殿三楹。正佛殿三楹。左观音殿三楹。右轮藏殿三楹。毗卢阁三楹。回廊三十三楹。僧院九房。禅院二十四楹。基址十亩东至官路，西至民家房，南至官路，北至高墙厂。

附　颜鲁公祠三楹。

公产

租房一十六间。地五亩七分五厘。

山水

青溪《舆地志》云：后湖水迤逦西出，至今上水闸，皆名青溪。按，溪有九曲，寺地亦青溪之曲也。

古迹

放生池颜鲁公置，史待制改建于此，迹已久湮没。今寺后有塘一口，相传为放生池，因复之，以存其迹。颜鲁公书放生池碑今重刻，非旧迹。

附　江总宅即寺基。清溪阁宋史待制正志建于放生池上。割青亭宋段约宅，取荆公诗“割我钟山一半青”之句。

文

奉诏立放生池碑[①]

（唐）升州刺史　颜真卿

颜真卿，字清臣，尝受戒于湖州慧明，又问道于江西严峻。乾元三年，肃宗置天下放生池八十一所，公奉诏立碑

昔殷汤克仁，垂[②]一面之网；汉武垂惠，致含珠[③]之报。流水救涸，宝胜称名，盖事止于当时，尚介祉[④]于终古。岂我今日动者、植者，水居、涸[⑤]居，举天下以为池，罄域中而蒙福。乘陀罗尼加持之力，竭烦恼海生死之津。揆之前古，曾何仿佛？

---

① 唐颜真卿《颜鲁公集》卷4、宋姚铉《唐文粹》卷65各收录该文，题均作“天下放生池碑铭并序”，本书辑录者仅是其中一段。

② 垂：《颜鲁公集》卷4为“犹存”。

③ 致含珠：《颜鲁公集》卷4为“才致衔珠”。

④ 祉：《颜鲁公集》卷4为“祉”。

⑤ 涸：《颜鲁公集》卷4为“陆”。

乞御书天下放生池碑额表

（唐）升州刺史　颜真卿

臣某言：臣闻帝王之德，莫大于生成；臣子之心，敢忘于赞述？臣去年冬任升州刺史，日属左骁卫左郎将史元琮等，奉宣恩命，于天下州县临江带郭处，各置放生池。始于洋州兴道，讫于升州江宁秦淮太平桥，凡八十一所。恩沾动、植，泽及昆虫；发自皇心，遍于天下。历选列辟，未之前闻。海隅苍生，孰不欣喜？臣时不揆愚昧，辄述《天下放生池碑铭》一章，又以俸钱，于当州采石兼力拙自书。盖欲使天下元元，知陛下有好生之德，因令微臣获广昔贤善颂之义。遂绢写一本，附史元琮奉进，兼乞御书题额，以光扬不朽。缘前书点画稍细，恐不堪经久，臣今谨据石擘窠大书一本，随表奉进。庶以竭臣下偻偻之诚，特乞圣恩俯遂前情[①]，则天下幸甚，岂惟愚臣！昔秦始皇暴虐之君，李斯邪谄之臣，犹刻金石，垂于后代。魏文帝外禅之主，钟繇偏方之佐，亦于繁昌立表颂德。况陛下以巍巍功业，而无纪述，则臣窃耻之。谨昧死以闻，伏增战越。

肃宗御答："朕以中孚及物，亭育为心，凡在覆载之中，毕登仁寿之域。四灵是畜，一气同知[②]。江汉为池，鱼鳖咸若。卿慎徽盛典，润色大猷；能以懿文，用刊乐石。体含飞动，韵合铿锵。成不朽之立言，纪好生之上德。唱而必和，自古有之；情发于中，予嘉乃意。所请者依。"

---

① 情：《颜鲁公集》卷3为"请"。

② 知：《颜鲁公集》卷3为"和"。

青溪阁记

(宋)朝奉郎　张椿

青溪阁,在府治东北青溪上,本梁江总故宅。至国朝,为段约之宅。有亭曰割青,取荆公诗"割我钟山一半青"之句。乾道五年秋,因移放生池于青溪之曲,即割青故基,建阁焉①。

天下山川胜处,古今相承,往往随人废兴。得其人者,虽云烟草木,皆有凭恃,德名高自标致,亘万古而不可泯没之也。如其不然,亦复憔悴凄怆,风悲雨暝,过者为之黯然。而山川因人而兴者亦不多。有孟城北垞,本宋延清之别业,香山履道之坊,盖杨虚受之故宅,王、白二公乃发其名,而传后世。使其地灵气英,而无人杰以当之,亦将录录蒙昧,不复传矣。金陵古帝都也,青溪数曲,近在城中。晋则为郗僧陀之所领览,陈则为江总持之所据依,二人者,声名震耀,胸次丘壑,一时游从,见于歌咏。异时段氏结庐其上,王半山诗之,而割青之名遂振。兵火后,走鼪鼯,埋荆棘,独取给于渔师老圃之用。钟山之秀,无复照映此溪之上。今大帅史公,繇甘泉法从宅牧留京,政修户庭,而人自得。于一路十州之外,凡地之胜与景之殊者,悉表出之。六朝以来,人物事迹,搜访具备,觉山川益奇,登览益多,而闻见益广。至是,青溪数曲之地,足历而心营之。因柳堤之旧,筑层阁之新。忽若飘浮,上临云气,环城之山,毕出斩露。朝漪夕岚,烟颜雨态,尽得于指顾之内。公听讼之余,风清月白,兰桡画舫,时往来其间。无红旗穿市之劳,有延绿混碧之观。龟鱼

① 本段文字为《景定建康志》卷21《青溪阁》说明,其后为张椿《青溪阁记》。

禽鸟，欣荣飞跃，鸣声下上，而自喜得所遇焉。是可为青溪贺也。一日，公顾谓客曰："夫岂以游乐故，而为此哉？予之意殆非也。尝迹《建康志》，颜平原为升州日，据石壁，窠大書奇字以纪乾元放生池者，盖自江宁秦淮连太平桥，并江带郭，皆禁网捕，所以宣皇明而广慈愛也。今青溪之地，延袤数里，蒲莲葭苇，联蔓葱蒨，潜深伏奥，依戏藻荇，不知其几千万亿，皆欲使之遂性。咸若圉圉洋洋，游泳恩波，以祈两宫万年之寿。此予之理是溪、创层阁，而以时往来其间者。述平原之志，举乾元之实，而效藩臣之精悬者也。"客闻而叹，乃酌而請曰："以公修名雅[①]望，持橐偃藩，深为圣天子器重。四方之士，知公推毂后进，桃李满门，愿一见公者，日有其人。而公寓意幽讨，寄兴沧洲，岘山南楼，比迹羊庾。又能展廓是溪，涵濡品类，使凫鹭行哺，鸥狎不惊，而尽所以乡慕古人尊君爱上之意。则是溪之遇，宁有既乎？溪之遇公，固得其所。公方且以宏远之摹，经略中原，勒功彝鼎。公则有时而去也，公去而位愈尊，而溪之名愈大矣。可不记欤！"椿于公为门下士，乃摭其实而书之。公名正志，字志道，南徐人。乾道己丑中秋日，右朝奉郎、权发遣和州军州主管学事、兼管内劝农营田屯田事、借紫龙舒张椿记。

① 雅：原书误为"推"，据《景定建康志》卷21改。

放生池记

宋《景定建康志》

案旧《图经》：唐乾元中，诏于江宁秦淮太平桥，临江带郭，上下五里，置放生池八十一所，有碑，升州刺史颜真卿文。旧以府治东，东接青溪，北通运渎者为之。旧《志》今秦园之侧，府学之东，即古放生池也。淳熙间，史待制正志移放生池于青溪，建阁其上。遇祝圣，立班阁下。府学遂因旧放生池为泮水，其流亦通青溪。王尚书埜以其池乃祝圣之地，立板榜于舞雩亭门，禁渔捕。池近行路，水深而堤不固，时有溺死者。马公光祖闻而悯之，池名放生，岂容有溺死者？乃命能仁寺僧筑堤甃街，立大木为栏槛，自是无溺者矣。又修辟青溪阁，前为飞梁，缭以朱栏，深回汪洋，尘迹莫能到也。

鹫峰寺碑记略

（明）礼部尚书　杭郡邹干

都城秦淮之南，有地曰清溪，旧有法光禅寺，建自梁武帝天监年。历唐、宋以来，岁久废毁，遗址犹存。国朝天顺间，进公保开拓旧址，重新构造。佛殿三间，翼然严正，檐牙栋宇，远近相望。殿之前，四天王殿；殿之后，有毗卢阁。左庑之半，建观音殿，簇以画廊二十余间；右庑之半，建藏经殿，亦簇以画廊二十余间，俱彩绘其壁。东廊之前为钟楼，西廊之前为鼓楼，树以碑铭。又于正殿之东，辟地数亩，建佛堂、方丈，以为讲经之所。饭僧有堂，庖湢有所，栖僧有寮，退居有舍。池塘绕其后，金城抱其左。岁戊子，工克告成，特赐鹫峰禅寺。成化三年十一月□日。

复颜鲁公放生碑迹并崇祀小记

(明)南祠部郎　钱塘葛寅亮

唐乾元，诏置放生池于升州秦淮，刺史颜鲁公为文记之，又表请御书题额。宋制使马公光祖徙池于青溪之曲，建青溪阁。溪曲凡九，湮塞，仅存其一，鹫峰寺实古青溪曲中。宋卞彬谒齐高帝东府，曰："以青溪为鸿沟。"光祖之诗曰："江家宅畔成花圃，东府门前作菜园。"邑志称："鹫峰即古东府城处。"今寺后有陂塘数亩，菜陇千畦，与莲地兰扃分青映绿，彷佛光祖当时所见，而塘亦相传放生遗迹。即数百年来，陵谷迁变，未遽信然。第此处青溪一带，尺寸之波，恶知非旧派所流？而搜讨湮没，宁使遗憾。因询斯塘为内监所辖，以教坊隙地相与抵易。当时临江带郭，上下五里，而今仅一区，亦存千百于什一耳。独池复而鲁公之碑垂波薤露，曾不得其残痕半字。拂藓读之，临风赏快，如公纯忠壮节，标烈腾景，千古有生气。忍俾没没，使人不见其风流？乃重摭其文，勒之石，并构一椽池上，以祀公焉。嗟呼！邺令之渠，兴思异代；显陵之策，终见嵩山。志复古者，将毋摩娑其下。

诗

过青溪王昌龄宅[①]

(唐)常　建

青溪深不测，隐处唯孤云。松际露微月，清光犹为君。茅屋宿花影，药院滋苔文。予亦谢时去，西山鸾鹤群。

---

① 宋李昉等《文苑英华》卷217、《唐文粹》卷16下、宋计敏夫《唐诗纪事》卷31各收录该诗，题均作"宿王昌龄隐居"。该诗第五句"屋"，为"亭"。

青溪草堂闲兴[①]

(南唐)李建勋

窗外阶连水,松杉欲作林。自怜趋竞地,独有爱闲心。素壁题堪遍,危冠醉不簪。江僧暮相访,帘卷见秋岑。

青　溪

(宋)马光祖

人道青溪有九曲,如今一曲仅能存。江家宅畔成花圃,东府门前作菜园。登阁自堪观叠嶂,泛舟犹可醉芳樽。料应当日皆无恙,苕霅潇湘不足言。

青溪阁本梁江总故宅

(宋)徐　照

叶脱林稍处处秋,壮怀易感更登楼。日斜钟阜烟凝碧,霜落秦淮水慢流。人似仲宣思故国,诗如杜老到夔州。十年前作金陵梦,重抚阑干说旧游。

晚步清溪上

(明)宋　濂

溪色涵膏绿,溶漾正堪餐。十步九还辟,清芬袭肺肝。渚牙既戢戢,岸花亦戋戋。洁沤近宜狎,赪鲂清可扪。流念梁陈际,甲第绕其堧。南溢绮钱结,北津铜网繁。倒景浸寥旷,蒸气湿铅丹。有时作清游,肃舲输轩尊。泛爵溢朱组,篷筵到蝉冠。荆偈逞妍曲,秦艳发清弹。唯恐悬象堕,不忧芳年单。繁华随逝水,崇替起哀叹。黄鸟背人飞,响入华林园。

---

① 清彭定求等《全唐诗》卷739收录该诗,题作“金陵所居青溪草堂闲兴”。该诗句第五句“堪”,为“看”。

清溪[①]

(明)焦　竑

宛转清溪步，扁舟曲曲通。竹烟笼罨画，花雨淡冥濛。艳雪歌蝉堕，澄金酒蚁空。良游不知倦，遥夜水云中。

小刹　回光寺　古刹

在都城南隅，中城地。东北去所领鹫峰寺一里。梁天监间创，萧子云飞白大书寺额，名："萧帝寺"。唐[②]保大中，改法光寺。宋太和中[③]，改鹿苑寺。一云鹫峰是其址，今互存之。国朝永乐间，有回光大士自西域至，重建，改今额。寺在教坊内，道所必由，今为另辟他途。复有孔雀、道堂、宝塔诸庵，悉移徙之，而净秽于此始别云。

殿堂

山门一座。金刚殿一楹。右关圣殿三楹。右大悲殿五楹。右天妃殿一楹。正殿三楹。左五显殿三楹。伽蓝殿一楹。右玄帝殿三楹。祖师殿一楹。藏经阁三楹。左观音殿三楹。右地藏殿三楹。禅堂六楹。僧院四房。基址五十丈东至徐府园，西至官街，南至纸匠营，北至官街。

---

① 明焦竑《澹园集》卷39收录该诗，题作"青溪"。该诗第一句"清"，为"青"。

② 唐：应为"南唐"。

③ "宋太和中"有误，宋朝无"太和"、"大和"或"泰和"年号。杨吴有"大和"年号，然在"南唐保大中"之前。本书本卷后明邢一凤《重修回光寺碑略》误同，或此处之误袭自邢一凤文。《南朝寺考》卷5《萧帝寺》："至南唐，改名法光寺。宋曰鹿苑寺"，无"太和"年号。

文

鹿苑寺记略[①]

(宋)元　绛

金陵王气[②]三百年，声明文物，与时隆替。中间惟萧梁折节以佞佛，故佛之庙貌，充斥江表。都城巽维直淮里所有精舍焉！紫峰纡余，反宇欲翔；盘高孕虚，含吐万景。望之辉然，如修虹亘霄，丹碧相发。殿有圣像，即山而成，追琢之功，极其精妙。案《舆地志》，不知从昔之名，但后人以帝氏目之。黄旗运歇，势胜故在。闰唐攘据，因其迹而增华。易榜法光，标为幽概。圣朝混一书轨，以三代文教萧勺宇内，四圣累洽，浸厚福于生民。梵刹禅林，容仍旧物。而兹寺垂陁，瘁焉不支。己卯春，寺僧募大姓杜德明出褚金五十万程工，就其址起高广殿，水槷不移，棼橑有严，光辉复还，风物异态。又粉绘释迦文相，即山塑十六大尊者，生生之供，称是该备。其秋告成，乃作钟呗蒲飧以落之。道俗和会，圜视作适。青溪之水木，钟阜之云物，来入轩户，相为澄旷，都人诧焉。有条其状而至者，会同闬赵郡李君从事海濒，谓余有一日之雅，授简不腆，且曰："欲以新志累子。"追惟胜冠筮仕彼都，与故濮阳吴嗣复昌卿并游其地，沾醉抚翰，刻名楹间，晦明飙驰，盖四十八甲子。老龙死矣，灵光岿然。赍咨旧游，恍若梦觉。今之辱请，可没其美乎？月而日之，庶以传久。

---

① 《景定建康志》卷46《鹿苑寺》附录此文，无题；《至正金陵新志》卷11《鹿苑寺》题作"重建萧帝寺记略"。

② 王气：原书误为"气王"，据《景定建康志》卷46、《至正金陵新志》卷11改。

康定二年三月八日记。

重修回光寺碑略

(明)太常少卿　浚仪邢一凤

夫收神长寂,内境显昭融之像;敛照无为,灵台长智慧之芽。头头是道,重重发光,故色与空并列,内即外以无殊。此金陵回光寺之所由名也。寺在梁天监为萧帝寺,在宋太和为鹿苑寺。东绕秦淮之通壑,西属周处之崇台。万雉之城南临,双凤之阙北拱。延袤数里,胜概一方。断碑于赑屃之形,磨文照蝌蚪之迹。虽代远而传疑,实据是而征信。唐之中叶,遽厄兵燹,续经补葺,仅存数亩。迨我国朝永乐初,有回光禅师者,生由西域,来届中州。推五衍以缘聪喆,慧日重轮;即群有以拯垫昏,慈云大荫。杯屡渡于龙江,锡爰止于鹿苑。时大报恩寺告成,以羡余修饬此寺,因改称今额焉。及武帝南巡,驾幸兹蓝,忽有一僧从寺而出。上与谈道,圆对不穷。其偈曰:"可惜幽虚青莲地,不见回光旧主人。"书竟,俄失所在。皇帝悟曰:"岂所谓回光禅师者耶?"命西域僧翻印度真文,以识其事。由是,缁素稍复崇信云。嘉靖甲子,僧云谷讲经于堂。远企清芬,每深于邑;缅怀高躅,欲象来仪。扐匠氏以开金容,引缁衣而瞻睟表。至诚交感,宝相业成。思丈室为安居,慨兹宇之日敝。居无何而示寂,惜有志而未遑。奄忽春秋,益渐倾圮。仰微兼栋,俯乏完廉。堙剥黝沉,廊芜壁藓。嗟乎!金刚无性,固假修为。而瓦砾有情,能亡销歇者哉!是以奕世阙然,难乎贯旧;旷时胥应,曷厌维新?主僧方祥踵云老之遗风,揖光师之懿范。刻意重修,苦心创募,抡材神运,鸠匠子来。禅栖稳而无事荆班,象设严而何烦茨庇？既成堂构，复事永图。于以昭引苾刍，甄陶法器；尊延珪璧，培养善根。呜呼！举坠典于已隳，后先交映；续真诠于垂尽，净染皆融。阇黎之轨范常存，鹫岭之烟霞如故。则兹寺也，灯灯相续，光烛陪都；钵钵相传，风流帝域。岂如徒夸萧寺之名，未睹鹿苑之胜也哉！万历改元岁孟春记。

小刹　千佛寺

在都城聚宝门内，中城水军所地。东北去所领鹫峰寺二里。洪武初建。岁久倾圮，近重修。

殿堂

山门三楹。三圣殿三楹。大佛殿五楹。僧院一房。禅堂三楹。基址三亩

小刹　大中正觉庵

在都城内，中城大中桥。南去所领鹫峰寺二里。

殿堂

山门三楹。佛殿三楹。僧院一房。基址二亩东至官街，南至李家房，西至官街，北至丘家房。

卷二十三　承恩寺

中刹　**承恩寺**　敕赐

在都城内，针功坊地。西南去所统天界寺四里。旧内旁，王御用监故宅。景泰间，改为寺，仍敕赐额名。近加修葺，禅院改建于大殿之后。山门内，沿径新植松杉，栏楯郁然增丽。所领小寺，曰亭子巷观音庵、佑国庵、伞巷观音庵。

殿堂

大山门一楹。金刚殿三楹。天王殿三楹。正佛殿五楹。左观音殿三楹。伽蓝殿一楹。右轮藏殿三楹。祖师殿一楹。回廊共二十楹。方丈一所十二楹。僧院四十八房。基址一百七十二丈东至旧内门，南至三山街，西至官街，北至旧内园墙。

禅堂

大门一楹。禅堂五楹。十方堂三楹。斋堂一楹。静室四楹。厨库五楹。

公产

向南廊房一十一间。房地四间半。向西廊房二十间。房地一十一间。

禅堂

向南廊房一十二间。向西廊房一十二间。

藏经护敕

景泰三年六月十五日

文同天界。

文

承恩寺记略

（明）南翰林学士　晋陵王㒜

承恩禅寺在南京旧内之旁，前御用监王公瑾之故第。公既殁，改宅为寺，敕赐今额。而复裒其余资，加缮治焉。寺袤五百有四十尺，广杀其袤二百尺有奇。其东北皆附禁垣，南辟山门，门侧列肆余七十楹，连栭以达于西，皆俯临通衢。岁入僦费，以滋焚修，而复其廛租。由山门入，施重门，以次为殿者六，位置中严，而翼以钟楼，缭以廊庑。他凡禅堂、丈室、僧庐，以至斋庖、库庾之所，又百二十有四楹，大抵皆因其旧而增新之。而易其榱桷，加以榜署，崇彼象设，邃密靓雅，足观矣。成化三年七月。

小刹　亭子巷观音庵

在都城内，中城地。西去所领承恩寺一里。

殿堂

诸天殿三楹。大佛楼三楹。僧院二房。基址一亩东至官巷，南至官巷，西至潘家庵，北至曹家房。

小刹　佑国庵

在都城内淮清桥，中城地。南去所领承恩寺一里。即国初逍遥楼址。永乐间，钦赐永康侯。后建庵，云水相聚，栖泊不常。今募建潮音阁，渐拓旧宇。

殿堂

关圣殿三楹。正佛殿三楹。潮音阁三楹。僧院一房。基址二亩东至井巷，南至清溪河，西至银定桥，北至永府塘。

文

建立潮音阁疏

（明）南国子博士　臧懋循

盖闻欲证菩提之果，必种福田；将弘利益之门，须修净土。顾大事匪资独力，而善缘共结同心。谨列胜因，爰求月舍。有佑國庵者，我国初逍遥楼故基也。虹桥东界，源通淮水之清；雁塔南骞，气拥钟陵之紫。自皇舆之改御，慨庆域之空留。二百年夜舞朝歌，恍如畴昔几千武。金台玉榭，尽入销沉。每经瓦砾之途，何限羹墙之感。永府繇华阀智启，慧轮以六代代兴，皆不废雨花之地。况三山山立，犹堪成选佛之场。了凌欲界，而树旃檀，辟嚣廛，以开正觉。前庄武安妙相，护法攸存；后供世尊如来，阐化斯在。左营香積，右结禅栖。虽兹芥子之区，俨若莲花之境。首僧明成，戒行無缺，薰修有闻。念象教之陵迟，愍龙宫之湫溢。矢心方便，殚力经营。将鸠铢寸之余，重建潮音之阁。俯睇则红尘四合，见三市之盈虚；仰瞻则紫禁千寻，连九重之峭蒨。庶以祈奉佛宝，普济群迷。而檀施尚疏，慈愿未满。特谒居士，用伸片言。于是躬损微赀，手创短疏；蕲我大众，投此蕖林。悟夙生多宝之良缘，举长者布金之盛事。凡国将，凡宰官，凡婆罗释种，并属幻身；或银钱，或米麦，或缨络妙衣，元非私物。施财施法，共培善业之根；去吝去贪，勿蹈痴顽之网。务使净居巍构，梵宇崇观。振锡者悉尔皈依，传灯者于焉萃止。螭扶赑屃，别题孝绰之词；鸽绕罘罳，更表景明之额。纵复高天烁于熛炭，大地沦于积流，而祇园姓名，固已等斯文之不朽；灵山面目，终当历浩劫以长圆。

小刹 伞巷观音庵

在都城内锦衣卫，中城地。东南去所领承恩寺二里。

殿堂

韦驮殿三楹。佛殿三楹。右火神殿一大楹。僧院一房。基址一亩东至医学，南至官街，西至官巷，北至千水营。

卷二十四　普缘寺

中刹　普缘寺　古刹、敕赐

在都城西北神策门内，北城地。南去所统天界寺十五里。晋名耆阇寺。成化十九年，僧能智重修，奏赐今额。所领小刹，曰唱经楼、普贤庵。

殿堂

金刚殿三楹。正佛殿五楹。毗卢阁三楹。玄帝殿三楹。僧院七房。基址八亩东至官街，南至营房，西至城墙，北至内厂田。

人物

（陈）安廪有传略。

传

耆阇寺安廪传略①

《高僧传》

释安廪，妙思滔玄，怡心屈寂。制《入神书》一首，《洞历》三卷，青乌之道，莫不传芳。廪幼而聪颖，独悟不群。摄以典教，业遂多通。而性好老、庄，早达经、史。又善太一之能，并解孙吴之术。是以才艺有功，文武清播。仍欲披榛问隐，荜门圭窦，

① 该文出自唐释道宣《续高僧传》卷7《陈钟山耆阇寺安廪传》。

而虚怀机发，体悟真权。年二十五，启敕出家，乃游方寻道。北诣魏国，于司州光融寺容公所采习经论。容律训严凝，肃成济器。并听嵩高少林寺光公《十地》，一闻领解，顿尽言前。深味名象，并毕中意。请业之徒，屡申弘益。梁泰清元年，始发彭沛，门人拥从，还届扬都。武帝敬供相接，大陈御宇。永定元年春，乃请入内殿，手传香火，接足尽虔，长承戒范。有敕住耆阇寺，给讲连续。既会夙心，遂欣久处。世祖文皇又请入昭德殿，开讲大集，乐说不穷，重筵莫拟。孝宣御历，又于华林园内北面受道。阐化涉劳，因以构疾。至德元年建寅之月，迁化于房。皇心恻悼，赙赠有加。即以其月窆于开善之西山，门人痛其安放，士庶失其归依矣。

诗

陪衡阳王游耆阇寺

（陈）张正见

甘棠听讼罢，福宇试登临。兔苑移飞盖，王城列玳簪。阶荒犹累玉，地古尚填金。龙桥丹桂偃，鹫岭白云深。秋窗被旅葛，夏户响山禽。清风吹麦垄，细雨濯梅林。

与张折冲游耆阇寺

（唐）孟浩然

释子弥天秀，将军武库才。横行塞北尽，独步汉南来。贝叶传金口，山楼作赋开。因君振嘉藻，江楚气雄哉。

小刹 唱经楼

在都城内北门桥，北城地。北去所领普缘寺□里。国朝仁孝太后建经楼，唱念佛曲，化导愚氓。嘉靖庚寅，僧惠晓募缘重葺。

殿堂

唱经楼一楹。小佛殿三楹。僧院一房。基址二亩东至官街，南至官街，西至官街，北至刘家房。

小刹 普贤庵

在都城内，北城通贤桥地。西北去所领普缘寺□里。

殿堂

山门三楹。正佛殿三楹。僧院一房。基址一亩东至官街，南至官街，西至梅府，北至官街。

卷二十五　吉祥寺

中刹　**吉祥寺**　古刹、敕赐

在郭城东北定淮门内[①]，北城水军左卫地。南去所统天界寺十三里。胜国时，为天妃庙。永乐初，奏建改寺。万历间，僧具庆募修。按《金陵志》[②]：宋有吉祥寺，治平二年赐额。疑即此。

殿堂

金刚殿三楹。天王殿三楹。天妃殿三楹。左钟楼一座。大佛殿五楹。方丈一所。僧院六房。禅堂三楹。基址三十五丈东至□巷，南至官街，西至官街，北至古林庵。

文

重修吉祥寺碑[③]

（明）修撰　秣陵焦竑

盖闻知言说之本空者，因言可以阐教；了色相之无碍者，即相可以明真。故僧会游吴，法兰入洛，精庐表于南国，招提创自东都。讵非以竹林、檀阁，目击道存；奈苑、祇园，因敬生悟者哉？或者谓理超生灭之界，即建立皆有漏之因；道绝形识之封，

① 定淮门在南京都城西北，非郭城，应为“都城”。
② 金陵志：应为“至正金陵新志”。
③ 明焦竑《澹园集》卷19收录该文，题作“敕赐吉祥寺重修碑”。

则像教非无为之旨。是又一隅之浅智，非通人之大观者矣。何者？法之为言也，贯有无，等空色，融理事，混中边。诸佛体之则三菩提，菩萨修之则六度行。海会变之为水，龙女献之为珠。天女散之为无着花，善友求之为如意宝。故风柯月渚，总露机锋；薜径萝龛，咸提宗趣。岂以象岩窈窕，非解脱之玄宗；龙藏森严，悖尸罗之妙躅者哉！吉祥禅寺者，胜国时天妃庙在焉。北接凤凰之岭，形势逶迤；南亘清凉之山，几按[1]回薄。东则钟陵标举，云霞之所出没；西则马鞍低控，江涛之所激荡。兼之修竹万个，挟淇园之遗迹；蒨桃千树，藏武陵之旧事，诚南都幽胜处也。永乐初，增置为寺，朝廷降敕护之。正统辛酉，住持智能复加修葺，迨今百四十年矣。开林薙草，古非乏人；纽业承基，久难其续。寻至榱椽渐毁，经像无依，此缁素之所共惜，人天之所兴叹也。释真庆者，一心凝练，五众宗推，万历以来，总持兹寺。伤智幢之欲折，惧戒宝之将沉。矢志选材，庀徒作室。时则景仰者闻风助道，效力者说以忘劳。重开方便之门，大启圆明之域。遂令三身兢爽，四殿肇新。云退寒岩，出铃阁山堂之妙；月来湛水，现钟台垄树之奇。盖不必借座灯王，请饭香土，而洛水玺书之颂，芳园华盖之祠，庶几其不坠已。是役也，徐君承宗、顾君其言、李君绍者，提万户之侯印，契三乘之圣谛，率众相工。既殚厥力，诣余，谋伐石纪之。余也佩伽佗之一丸，饮耨池之八味。高谈寥一，古则愧漆园翁；深入不二，今则非维摩诘。第以遗民栖荆于莲社，玄风拾橡于梼林。尝沐无缘之慈，

[1] 按:《澹园集》卷19为“案”。

忻观可久之业。寓言颂祷，敢辞篆刻之勤；垂示来兹，永作津梁之助。其词曰：攸攸法界，芒芒品类。智惠停辀，无明纵辔。痴城恚海，情篏意率。畴击其蒙，畴觉其寐。其一 猗欤大雄，乘运而兴。高披六度，妙演三乘。开兹暗室，示以心灯。声闻色见，彼岸同登。其二 大教陵夷，枝分派衍。正法曰深，像教曰浅。二谛既遍，一如谁显？方广终湮，真空莫演。其三 谁能独悟，种智都圆。思超系表，道照机前。拈草建刹，指柏参禅。即相即实，何白何玄？其四 翘翘凤山，名蓝夙敞。无平不陂，有复斯往。昔也庄严，今兹灌莽。像设萧疏，停骖远想。其五 有美僧英，重启香台。事从缘合，缘因善胎。千光雾动，七净霞开。兰山桂水，于焉徘徊。其六 夙仰蛾眉，忻闻鹫岭。其风可羡，修途难骋。馆宇新开，熏修日引。戒月悲花，目瞻心领。其七 经行宴坐，松门蕙楼。无金可绘，有石堪留。铭题翠琰，字勒银钩。愿见闻者，同乘智舟。其八 万历十年壬午仲冬。

卷二十六　金陵寺

中刹　**金陵寺**　敕赐

在都城定淮门内，北城天策卫地。南去所统天界寺十五里。

殿堂

金刚殿三楹。左钟楼一座。右鼓楼一座。真武殿三楹。左伽蓝殿三楹。右祖师殿三楹。大佛殿五楹。回廊八楹。方丈一所。僧院十一房。禅堂二层六楹。基址十亩东至官街，西至项家冈，南至官巷，北至温家冈。

公产

地、山共二十亩。

卷二十七　苍云崖嘉善寺

中刹　苍云崖嘉善寺　敕赐

在郭外。南去所统天界寺三十五里，神策门五里。北城牧马所，铁石山地。相传是达摩渡江处，山椒有石佛阁，建立不知何代。正统间，僧法通见而挂锡，因建寺，奏赐今额。山深树古，垂藤绀壁。有苍云崖，谽谺欲堕，奇怪异状，一阁开棂。临其左有一线天，云穿霞漏，岩壑之幽绝者。所领小刹，曰崇化寺、幕府寺、吉祥庵、妙泰寺、三塔寺。

殿堂

天王殿三楹。大佛殿三楹。佛堂二楹。苍云阁三楹。方丈五楹。僧院六房。基址十五亩东至章汝洪山，南至王一江民田，西至官路，北至铁石冈。

公产

田、地、山共四十四亩。

山水

一线天山后有石壁如屏，高峙霞表，中圻裂，视天光仅露一线，故名。苍云崖崖前有平石，突起如拳，围可数丈。焦太史移阁于山左，向崖开牖，而石之奇得坐赏焉。

文

重修嘉善寺记略

（明）南吏部考功郎　郑宣化

英庙时，有祖堂僧法通者来游铁石山。见山西椒有石佛庵，庵不知其何自始，幽深秀阻，人言达摩曾此渡江处，因挂锡焉。访者来，通为说法，皈依者众，区隘莫能容。通捐赀兼募，买山为住锡，计无量殿、天王殿、观音殿、法堂，以次修举。讫工，如京师，通政使李公锡为引奏，制曰："与做敕赐嘉善寺。"正统八年二月十五日也。嘉靖间，殿堂圮坏，金像露顶而坐。住持大智募于十方，支颓缉窳如初。未几，湿渍蚁啮，不二十年，支缉者腐败且半。松为住持，思缵先绩，复募而重修之。于是寺复焕然增新，视崇化、幕府独擅雅胜矣。万历五年六月日。

重修嘉善寺募缘疏

（明）修撰　秣陵焦竑

金陵古佳丽地，而北郊为最。非独湖山秀映，为选胜者所耽游，抑亦车马声疏，实栖真者所乐就也。而嘉善又独居其胜，彼其瞻钟阜、枕大江、俯澄湖、挟幕府，窥天石壁，凿自五丁；满地藤萝，幽参二酉。而山门未移，法王焉妥；禅堂未建，云水无依。此桂轩上人所以喟焉而永叹也。余尝谓今时人士，小治园亭，辄穷水陆。虽捐数十百金弗惜！至饭一僧，葺一刹，即半菽一毛，拊心蠲痛。则以执我我所，曲士之恒情；自利利他，通人之达节。未易同日谭也。诚使探奇韵士，佞佛高人，飘然命驾，一徜徉于此山松风水石之间。将焦渴之肠，顿沾甘露；而尘劳之性，暂获清凉。必有五体齐捐，七宝争施者。因书以俟之。

嘉善寺苍云崖修葺疏

(明)修撰　秣陵焦竑

南都山水闻天下，而城东北为最。玄武湖、幕府山、梅花水、燕子矶相绮错，而以岩石胜者，嘉善寺苍云崖为最。諸石森列，奇势迭出。或盘坳突怒如灵丘，或端严挺立如正士。或缜而润如珪璧，或廉而剡如剑戟。或蹲如怪兽，或削如横几。至其攒簇而辐辏，深静而窈窕，行之而临下若谷，望之而窥天于隙。晴雨异状，烟霞弄色。虽非闳巨之观，而百仞一拳，千里一瞬，达者有真赏焉。第阁当岩腰，胜[1]障其半，且颓堕不支久矣。往姚郡伯叙卿见曰："此一移置之，庶阁之颓可支，石之胜尽出。"而卒不果。今岁，新安张君康叙[2]同谢君少廉[3]、洪君礼卿、王君曰常，游而乐焉。与郡伯君语悉悬合，乃谋于余及常君国宝，约名胜士，相与醵钱，撤而更之。夫古之嗜石者，如唐之平泉、宋之艮岳，非不钩深致远，献瑰争奇。然辇巉岩，凌险阻，历岁月，疲工力，可致以成[4]，亦可徙而去。未几，委弃道路，沦落草莽，徒以增今昔废兴之叹。孰若兹崖，一丘一壑，坐而得之。使问禅者可憩，揽胜者忘归，致足乐也。诸君子必有离世乐道，能成斯志者。其亦以此告之。万历甲辰夏日。

---

① 胜:《澹园续集》卷 9 为“石”。

② 叙:《澹园续集》卷 9 为“叔”。

③ 廉:《澹园续集》卷 9 为“濂”。

④ 成:《澹园续集》卷 9 为“来”。

诗

游嘉善寺

(明)顾　璘

苍石斲苍云,谁遗空山里。藤萝覆细路,披烟得奇诡。巉岩负龙脊,谽谺露鳌齿。修竹照人清,幽花傍泉紫。树古走危根,欲断不可止。金陵百名胜,无地可胜此。老禅堕贪痴,秘匿胡乃尔。天地终劫灰,况我二三子。取笏端下拜,托交自今始。

嘉善寺石壁

(明)焦　竑

平生寡所营,幽期在林壑。及辰访云根,巾车荫兰薄。山阻觉径纡,苔滑嫌足弱。危岭罥缘[①]萝,空庭下鸟雀。崖倾石欲坠,涧折泉如约。一线喜披豁,双壁惊峭崿。行看岩腹穿,坐知谷口拓。朋侪笑相顾,文酒时间作。风徽结篇翰,啸傲寄杯勺。谁言赏心迟,投老幸可托。

小刹　崇化寺　古刹、敕赐

在都城外西北。南去所领嘉善寺半里,神策门五里。北城李子冈地。相传古刹,名高峰院。国朝正统间,重建,赐额。今殿宇就圮,重修未竟。山岩下一小池方尺,泉自下起,蹙沸出水面,若散花。复暗流细涧,出山下。山多梅,因名梅花水。

---

① 缘:《澹园集》卷37为“绿”。

殿堂

佛殿三楹。僧院三房。基址十亩东至铁石冈,南至官路,西至官路,北至官山。

公产

田、山共三十八亩八分七厘。

山水

梅花水其源自石隙中涌出,味甘美。每一升与他水较,重数两。

文

崇化寺碑记略

(明)吏部尚书　萧山魏骥

都城之北,距六、七里,有嘉境焉。清净幽邃,东连蒋麓,西枕大江。负林峦而面枫扆,左嘉善而右幕府。群山如抱,松桧蔚然。中有古刹,名曰高峰,不知何代创建也。国朝大兴圣教,度越前古。作乐章而赞佛,锡徽号以崇僧。法王之名,昭示远迩。中外建精舍名蓝,内苑起大善宝殿。招提胜境,遍布天下。正统纪元以来,名山福地,益信益崇。是以菩萨戒弟子父祝等,各出已帑,鼎新重建。工既毕,奏请寺额,敕赐崇化之号。正统九年丙寅春二月。

诗

梅花水

(明)焦　竑

投策长林外,浮杯曲水隈。影摇频写翠,香冷不关梅。雨脚添新藻,云根翳浅苔。烦襟端可涤,欲去暂徘徊。

小刹　幕府寺　古刹

在都城西北。南去所领嘉善寺二里,神策门五里。牧马所留守后卫,北城地。幕府山,晋元帝渡江,王丞相导尝建幕驻军于此。《图经》云:梁天监中,武帝与宝公来游,始建为寺,名同行,一名圣游。后改秀岩院。嘉佑中,又改宝林寺。国朝如今名。万历庚子,重修。林岫瞥然,幽洒深静。达摩洞前,可瞰大江。寺旁有芦数千枝,相传达摩折以渡江之余。

殿堂

大佛殿三楹。观音殿三楹。僧院一房。基址三亩东至官山,南至官埂,西至金家园,北至达摩洞。

公产

田、地、山共一百二十九亩五①分五厘。

山水

幕府山魏人至瓜步,文帝登此山,观形势。北固峰山南。夹萝峰一名翠萝山。在寺西北。达摩洞洞宽广可二、三丈,洞前可望大江。仙人台中峰。虎

① 五:本书卷53《各寺公产条例》为"四"。

跑泉中峰。

古迹

附　五马渡山前。晋元帝与彭城诸王五人渡江处。梁武帝石床、石榻孙权时物。武帐冈在幕府山东南。冈侧有武帐堂，宋武帝尝以开酒禁，宴于此，敕诸子且勿食，至会所赐馔，日旰，食不至有饥色。乃戒之曰："汝曹少长丰佚，不见百姓艰难。今使尔识有饥苦知务①。"化龙亭即晋元帝五马渡江，一化为龙处，因名亭。以上俱无考。

人物

（梁）达摩有传。宝志梁武尝与同游。

文

幕府寺修造记

（明）修撰　秣陵焦竑

都城西北十余里，有幕府山，晋元帝自广陵渡江，丞相王公茂弘建幕府于此山，因以名。西有宋明帝陵及茂弘、温太真墓。石径上出青岩，翠蔓蒙络葳蕤，与风推移，名夹萝峰，亦名翠萝峰。又上洞门窈然，可望可居，长江回合，极目千里，与钟陵、伞山相萦带，登览奇处也。寺在山椒稍东，《图经》云：梁天监中，武帝与宝公来游，见林峦殊胜，始建为寺，名同行，一名圣游。后改秀岩院。嘉佑中，又改宝林寺。法堂琪树郁然。梅挚诗："影借金田润，香随璧月流。远疑元帝植，近想志公游。"指此也。余外王父徐公茔去寺二、三里许，尝携儿辈岁一至焉。崇化、嘉善二刹胪列，而兹寺垂陁，倾椅②不支。自成化甲午以来，

① 务：《南史》卷2《宋本纪中第二·太祖》为"以节俭期物"。

② 椅：《澹园集》卷21为"倚"。

不葺者百三十载矣。万历庚子，僧如方、如觉抽衣钵之余积，合檀施之净赀，凡几百缗，撤而新之。为大殿者二，如其法作佛菩萨于中，与十八尊者[①]，相好皆备。堂皇高广，棼橑有严。光辉烨然，风物具美。时一升其间，玄湖之水木，钟阜之云物，杂沓而入，相为澄旷，与二、三子顾而乐之。二僧请为记。余考六朝史，王氏自茂弘而下，子孙有传者至七十余人。功名家世之盛，自天地剖判以来，所未尝有也。然去之甫千载，寻其墓于荒榛野草间，皆无知者。以彼祖诒孙燕，业著名尊，可谓六代之宗工，一方之华胄，已而犹然泯泯如此。况夫幺么[②]宵人，弄其区区之智力，排善良，攫贵富，譬之冲飙之一萤，而欲其久存，岂可得哉！若兹寺盛而衰，衰而复盛，虽屡起屡仆，而卒还其旧观。以此知“道在世外”，良非虚语。而梦幻之荣名，不足言也。二僧器宇朴雅可爱，其为人精敏而谨严，乡人信之，成此当无难者。而此地有茂弘、太真之遗迹，与陈霸先、周文育之战功，既令人感慨叹息。而宝公尝游于斯，尤足以发来者景行之心。故强为记之，诸捐赀者，载其名于碑阴，不书。

游幕府寺记

（明）兵部尚书　乔宇

予每游梅花水，水在崇化寺后石窦，隐隐而出，注于池。其寺之山，蜿蜒起伏，背向相望，地颇幽邃，盖出都城北十余里。后闻幕府山，即去寺二里许，实相连属。癸酉仲秋，出游，从李

---

① 十八尊者：《澹园集》卷21为“十六尊者”。

② 幺：细小，微小。《列子·汤问篇》：“江浦之间生幺么虫，其名曰焦螟。”

子冈西行，与梅花水之路，实岐于此。乃缘山二里许，山之阙，见寺之殿脊，由径回曲，度石桥，入寺。寺荒落，颇幽。后一室，有石榻，云吴王所栖；又有芦数枝，云古僧达摩渡江折于此，此其所遗也，皆漫不可考。出寺，一径登山，至一绝壑，但见江水汹汹于前，崎岖不可行。复折南，至山脊平旷处趺坐。云此地即晋王导迎琅玡王东渡、建幕之处也，山名取此。又登至巅，见江流浩渺。兼葭杨柳，田畴沙渚，相带远近；征帆渔艇，轻鸥飞雁，历乱于前。时草黄落路滑，两人掖之而下。缘山曲仄足向北行，至一岩，空洞窿起，下临江流，云达摩尝息于此。予篆题“达摩洞”三字，并识岁月与同游者姓名。两峰相夹处，有小城堞，盖都之外郭，阻山带江者也。其峰名夹萝，亦释氏家之说，相传至今。

传

达摩祖师传

《神僧传》

菩提达摩，南天竺婆罗门种。梁武帝普通初，至广州。刺史表闻，武帝遣使诏迎至金陵。帝亲问曰：“朕即位以来，造寺、舍经、度僧不可胜数，有何功德？”师曰：“并无功德。”帝曰：“何以并无功德？”师曰：“此但人天小果，有漏之因，虽有非实。”帝曰：“如何是真功德？”师曰：“净智妙圆，体自空寂。如是功德，不以世求。”帝问：“如何是圣谛第一义？”师曰：“廓然无圣。”帝曰：“对朕者谁？”师曰：“不识。”帝不省玄旨。师知机不契，十九日，遂去梁，折芦一枝渡江。二十三日，北趋魏境。寻至洛邑，初止嵩山少林寺，终日面壁而坐。九年，遂逝焉，葬熊耳山。魏宋云奉使西域回，遇师于葱岭，见手携只履，翩翩独逝。云问："何去?"曰："西天去。"又谓云曰："汝主已厌世。"云闻之茫然，别师东迈。既复命，明帝已登遐矣。迨孝庄即位，云具奏其事，帝令起圹，惟空棺，一只革履存焉。

诗

登幕府山绝顶

(明)顾　璘

江山开壮观，风日淡清秋。攀陟良多险，登临足写忧。洲横铺练出，江佛画屏流。霁景千岩秀，鸣淙万壑幽。风帆天际灭，沙鸟镜中浮。今古兴衰地，乾坤浩荡游。长歌怀往代，遐览托冥搜。名相今谁在，神僧不可求。唯余山水地，作险镇皇州。

夹萝峰

(明)顾　源

红日才生旸谷东，鱼龙吹浪晓濛濛。徜徉笑指三山路，玉灶银床紫雾中。

游幕府寺

(明)王　韦

将军分幕府，昔驻此山隈。事往遗墟在，年深古殿开。石床横蔓草，岩洞长莓苔。绕砌黄芦遍，无因只履来。

达摩洞

(明)焦　竑

禅龛沿绿屿，石洞俯沧波。风雨江声壮，鱼龙夜气多。停杯今日望，飞锡向时过。欲问西来意，疏钟度薜萝。

小刹　吉祥庵

在都门外白土山，北城地。东北去所领嘉善寺四里，南去神策门二里。

殿堂

华光殿三楹。佛殿三楹。僧院一房。基址三亩东至大路，南至官坟，西至官坟，北至蒋家山。

小刹　妙泰寺

在都城外，北城龙江右卫地。东去所领嘉善寺五里，南去神策门四里。成化年创。嘉靖间倾废。今止数楹，僧栖泊焉。

殿堂

佛殿三楹。僧院一房。基址五亩东至蔡家民田，南至蔡家民田，西至官街，北至陈家坟地。

小刹　三塔寺　敕赐

在都城北沈阳左卫，北城地。东北去所领嘉善寺五里，南去神策门一里。国朝永乐间，鸡鸣寺住持德琮奉旨于灵谷寺建法会，因口奏与为鸡鸣寺塔院。后正统间，僧智源启奏，赐额如旧。万历间，倾圮，募缘重修。

殿堂

山门三楹。天王殿五楹。大佛殿五楹。僧院八房。基址五十六亩东至徐府山,南至杨家民田,西至刘家田,北至官水沟。

公产

田、地、山、塘共九十七亩五厘。

古迹

附　寒光亭见旧志。今无存。

文

三塔寺新修记

(明)修撰　秣陵焦竑

留都城之北,钟山、玄武湖之侧,有寺曰三塔,其先本以屠苏受名,僧智源禅诵其中。永乐十四年,文皇帝北伐,时昭皇帝监国,智源者启奉令旨,得改建为寺。至正统三年,始赐今额。迨今几二百祀矣,世代既远,风雨蠹蚀。于是殿堂门庑,甯构架于倾圮;丹青黝垩,剥崇饰为无色。而使日城慈室之区,不具庄严;摄心问道之辈,失所瞻向。盖弘六度之施,修二梵之福者,不见其人,亦久矣。至是,而住山济安者,乃发大愿谓:"当吾之世,而任其损败,如释种何?"僩[①]然以修复为己任。而三利无所出,则以惠淳等力能劝导,以募化属之。于时,闻声喜舍,依法愿助者,莫不负财麇至,以乐厥成。盖经始于万历乙丑六月,以壬辰十月而工讫焉。而宝殿成于流银,列楹昭乎焕景,仍鹤林

① 僩:音 xiàn,义为"胸襟开阔"。

之旧趾,改龙刹之新观矣。住持慧亿以工役、岁月不可无纪,遂砻贞石以载之。余惟佛之成道,成在伽耶耳。乃其国中精舍,列凡惟五。而阿育王所起,至千有八百,其为沉沉甚伙矣。然而佛身无为,不堕诸数,假令有所住,曾不三宿去之。如是种种招提,意以无著之心,必不栖栖于是。而在震旦之中,即多置之不增于阿育,少置之不减于伽耶也。若三塔者,始焉创其无,兹焉葺其有。宜无轻重于佛土,而顾若是不可已,何与?吾想东土之为寺,始也盖以处摩腾也。今都城内外,精蓝星错,岂直变置祇陀,移之神地,崇以严祀,如荫龙华而颛颛为佞佛地哉?莲宇花宫,盖以为胜流法侣栖托之所也。故四辈既繁,则五重为隘;将来未益,则已故宜新。兹寺之修葺,所以不容已者。而因是余有说。夫凡栖托于是何为者?背亲违家,依林藉树。固以勤行苦行,祈证成佛云尔。而性体本圆,金刚不坏,非若倾颓摧剥之待于增修;即法即心,心无非法,非若梓材埏埴之资于外假。顾以愿力为役徒,以毗尼为绳墨。以精进不二为执作,以解脱离灭为落成。是入道之工程,而证果之匠石也。所谓"览劫虽辽,修焉如向。"命之曰:真修,不惭愧释种其人矣!如或不然,而徒以层构孔硕为皈依,以金碧焜耀为色相,是亦归木巧于流遁,以鸿教为逋薮云尔,何贵于修葺之为?吾故终言之,以为来者告。庶惕于斯言,不虚为三塔也者,而与罽宾之两塔,并著为净域也,永永其无极哉!万历癸巳仲春。

诗

三塔寺寒光亭诗[①]

(宋)张孝祥

亭依三塔占清幽,松竹环除翠欲流。晓色晴开千丈月,波光冷浸一天秋。琼瑶影里诗僧屋,云锦香中剑客舟。风送不知何处笛,雁声惊起荻花洲。

① 张孝祥《于湖集》卷中收录该诗,题作“寒光亭”。该诗第三句“丈”,为“嶂”;第六句“剑”,为“钓”。

卷二十八　普惠寺

中刹　**普惠寺**　敕赐

在都城外。东去三山门半里,东南去所统天界寺七里。永乐间,为唱经楼。天顺年,重修,赐额。每正旦节,百僚于此拜送表笺。今禅院重建,法席新开,玄风渐鬯。

殿堂

金刚殿三楹。正佛殿三楹。左伽蓝殿三楹。方丈十八楹。僧院十三房。基址五十亩东至城河,南至官街,西至官街,北至造船厂。

殿堂

正门三楹。十方堂三楹。大禅堂三楹。祖师堂三楹。静室二楹。厨库等房三楹。

公产

租房一十三间。房地二十三间半。地一亩。

殿堂

租房一十四间。

卷二十九　燕子矶弘济寺

中刹　**燕子矶弘济寺**　敕赐

在郭城观音门外，燕子矶，北城地。南去所统天界寺四十里，神策门十里。洪武初，即山建观音阁。正统初，就阁建寺，赐名弘济。殿、阁皆缘崖构成，危石半空，嵌绝壁上，以铁绳穿石系栋。俯临，大江咫尺。望矶头，下瞰江水，如燕怒飞，波涛喷激。矶上有汉武安王祠及大观亭、俯江亭，皆凿磴引绎而上，与寺参差斗爽。江中望之，丹岩翠壁，朱栏碧树，历历如画。所领小刹，曰清真寺、观音寺、梵惠寺。

殿堂

金刚殿三楹。左钟楼一座。右鼓楼一座。天王殿三楹。祖师殿一大楹。正佛殿三楹。无量殿一大楹。左观音阁三楹。左八难殿三楹。右藏经殿三楹。右伽蓝殿三楹。僧院九房。基址五亩东至燕子矶，南至城墙，西至观音岩，北至大街。

禅堂一所二十二楹。

附　汉武安王祠一所原系本寺伽蓝殿，今为道士所居，有记。另入《名祠志》内。大观亭一座。俯江亭一座。有记。入《名祠志》内。

公产

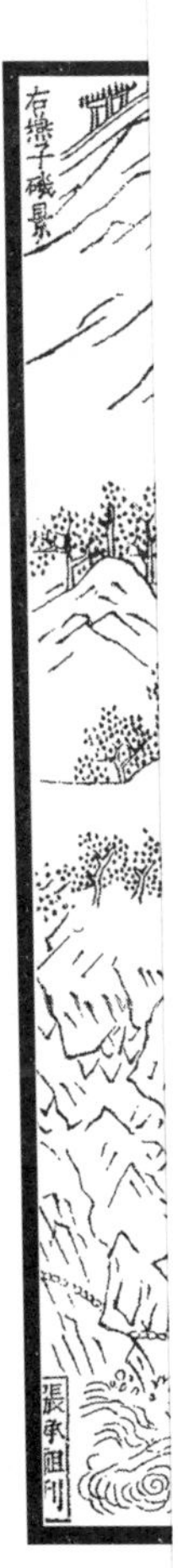
右燕子磯景
張承祖刊

田、地、山共九十亩一分九厘[①]。

山水

观音岩架阁其上，据山绝壁，下临大江，势极危峻。凭槛凌空眺远，盖极佳处。燕子矶山右。有石临瞰江水，形如飞燕，故名。大江寺在江岸。石阙双石屹立，从阙中入寺。

文

弘济寺碑记略

（明）礼部侍郎　吕柟

弘济寺在金陵寒桥之观音岩北，去都城一舍许。岩洞幽深，山水萦回，嚣尘远隔，彷佛乎南海之普陀岩。凡官民趋于国事，商旅务于经营，舟楫往来，或遇风涛险阻，以诚祷之者，皆获平顺，应如影响。洪武初年，有僧号久远，道行圆融，立阁于兹，遂名观音岩。后为归并寺宇，本僧于右顺门奏，奉太祖高皇帝圣旨："观音岩与那老和尚住。钦此。"由是，沙弥云集，香火滋盛。时宣德乙卯，金像剥落，殿宇倾颓，乃劝于众。乐善好施者，闻风而来。择正统元年闰六月十八日肇始，建佛殿、大悲阁、天王殿、金刚、山门、僧舍、廊庑，丹彩相映。若墙垣阶砌之坚完，廪库庖湢之工致，规模胜旧，鼎建一新。不逾年而讫，具以上闻，圣恩敕赐额曰弘济。时正统丁巳四月之十一日。

① 本书卷53《各寺公产条例》该寺尚有"禅堂田，八十五亩"。

游弘济寺记略[①]

（明）礼部侍郎　吕柟

己丑二月，虚斋王子崇邀弘斋陆伯载及予同遊燕子矶。是日，予独先往，北出观音门，傍山西行，登弘济寺，磴数十层。寺西则观音岩也。怪石礌垂，苍黛参差，上接云霄。而大江自龙江关西南来，直过其下，俯案[②]墙，睇之可骇。僧曰："此其下基皆石甃。"乃从僧上观音阁，阁亦傍岩，下就江唇筑基，上交竖九柱，皆丹。柱上棚栈构阁，阁三面皆栏杆，凭之瞰江，若在楼船顶立也。是时，晴见万里，日映碧流，江豚吹浪上下。西望定山如蛾眉，東指瓜步如丘垤，他山皆闪闪冥冥，如落雁蹲鸿，不可辨矣。昔予在解州，尝游龙门，眺砥柱，登流丹亭，汲河烹茶，以吊禹坟。至此乃勃然兴怀，将天下奇观，尚有过斯二者乎？阁东崖，有白岩乔公篆书刻石上。而虚斋、弘斋皆至，乃复同升阁上，流览叹赏。虚斋乃招二篙師，泛舟往。至观音港，登寿亭侯庙。先至水云亭，遂上谒寿亭侯。左有大观亭，至此看江，日隐断云，烟雾霏微，苍茫無际矣。遂攀松扪萝，以上燕子矶。矶皆巉石叠起，水围三面。其石罅犹见江转矶底，可以高览八极也。

① 明何镗《古今游名山记》卷2收录该文，题作"游燕子矶记"。

② 案：《古今游名山记》卷2为"按"。

诗

登观音山

（明）宗　臣

一上孤峰破大荒，吴山楚水更[①]苍茫。云间栋宇垂天渚，江上鼋鼍吹石梁。绝壁画开风雨色，断虹秋挂薜萝长。吾将从此寻瑶草，黄鹄天风好共翔。

登观音阁

（明）柴　奇

海涌蕊珠宫，飞凌万木中。潮生朝阁迥，云出夜堂空。雁落平沙白，鼍鸣孤屿风。凭阑几怯步，吴楚一帆通。

登观音阁

（明）陈　凤

缥缈飞楼前，江水汇诸天。鱼龙掀舞浪花碎，鼋鼍隐见波光偏。高歌对酒当此阁，破浪乘风何处船？且须吸尽江中水，还向石头来问禅。

游观音阁三首

（明）张时彻

春江一雨过，树树水禽喧。草色没罗幰，沙光转石门。戍楼双角渺，客路片帆昏。水静月来早，松醪正满尊。一

同是宦游客，来登江上楼。窗中云不灭，舄下水长流。日薄海西树，鸟随沙际舟。长吟未能去，宴息草堂幽。二

① 更：《宗子相集》卷 8 为“共”。

曲水寒桥路，斜阳燕子矶。星河浮海峤，鱼鸟诧春衣。金碧云俱落，鱼舠月已辉。为官得水宿，颠倒话松扉。三

游燕子矶

（明）张　鳌

燕矶千尺袅洪波，霜磴连云晚岁过。一色远空飞雁鹜，九江浮沫聚鼋鼍。亭依峭石苔文古，幔卷中流树影多。岸迹潮平闲对酒，寒烟深处起渔歌。

燕子矶

（明）陈　芹

燕子矶头江影低，俯观千障隔林迷。空江云合水龙出，高树月明山鸟啼。竹露瑶觞秋瑟瑟，天风玉管夜凄凄。当年携手人何在？满壁苍苔没旧题。

九日泛舟燕子矶

（明）杨文卿

晓露簪初聚，江风帽欲斜。寒矶无燕子，秋岸有芦花。烟起笼丹灶，石沉浸彩霞。未由解尘鞅，烂醉卧渔家。一

飞阁流云气，悬崖漱浪花。乍翻沧海日，遥逼赤城霞。衲子烟为幕，渔郎石作家。茫茫浮世界，笑指片帆斜。二

燕子矶

（明）顾　璘

名山意自胜，临水趣转幽。况兹燕矶秀，复枕澄江流。孤根托何所？上抱云中楼。空明①瞰水府，下见鼋鼍游。冲涛荡危

① 明：《顾华玉集・山中集》卷2《燕子矶》为“冥”。

石，翻恐地轴浮。元气旋混茫，长风吹不休。西来叠浪色，发自岷峨陬。杳蔼众山影，依微行客舟。徒倚白日暮，极目令人愁。

登燕子矶，次浚川韵二首[①]

（明）王维桢

蔡生期久荣，主父叹日暮。始图岂不伟，终税寂无趣。伊余惭豹姿，敢云附隐雾。眷兹清江流，前种苍桑树。四节逝不居，奄忽改芳杜。因之慕幽人，冀与订良晤。天外狎鸥群，云中蹑山[②]路。所嗟乏羽翰，万里安能去。弱冠事遨游，廿年承雨露。恋恩恩未酬，检齿齿非故。驱逐将何[③]如，徒令鬓发素。

旅客[④]苦未央，日夜相纠错。虽云厕缨冕，何异坐窘约。散步出郊圻，倏登川上阁。波长情既延，景异迹仍泊。目睇江云卷，意属渚禽落。只令乡思驰，转觉衣带阔。行止嗟谁尤，悔吝亦自作。王乔厌尘劫，屈平嗜兰薄。往哉无淹驷，去矣有飞鹤。窈窕二[⑤]山秀，灵怪五丁凿。且共同怀子，相从觅所乐。

小刹　观音寺

在郭城观音门外，北城寒桥地。南去所领弘济寺三里，神策门十五里。旧在鹰扬卫地，因江流喷荡，嘉靖末，移置于此，因旧额。

---

① 明王维桢《槐野先生存笥稿》卷30收录该诗，题作“燕子矶次韵二首”。

② 山：《槐野先生存笥稿》卷30为“仙”。

③ 何如：《槐野先生存笥稿》卷30为“如何”。

④ 客：《槐野先生存笥稿》卷30为“愁”。

⑤ 二：《槐野先生存笥稿》卷30为“三”。

殿堂

山门一楹。天王殿三楹。佛殿三楹。僧院一房。基址二亩东至鲥鱼厂,南至马房仓,西至顾家冲,北至大江。

文

重修观音寺碑略

(明)南尚宝卿　许穀

金陵都城之北,置观音门以为内卫。门之外,弘济寺、汉寿亭侯祠在焉。襟江枕山,民居稠密。语地势之壮盛者,莫逾于此。环江立鲥鱼厂,以荐上新。厂前敕建观音寺,俾护国安民,昭示久远。而寺之故地在鹰扬卫地方,因江潮泛涨,既荡于水,而故寺弗存,久矣。乃今建于鲥鱼厂左隙十有八年,住持静洁苦心修行。永怀圮废,诅盟于神。遐迩匍匐,投缘疏募,是以施地损财。有里人陈陟协力赞助,爰计累储之数,衍溢十千。于是汇般尔之徒,效姬鱼之智,梗楠良而楹楄中焉,甄扰习而甃塈工焉,丹碧绘而彩饰炫焉,金错精而镕范成焉,抟换巧而像俑俨焉。庶品协豫,师匠奏能。力萃诸人,而庸底就规。孔曼且硕,神用孔安,而寺建落告成矣。然寺以观音名者,缘世人奉持观世音菩萨名号,而念彼观音力者,祸福还著于本人。是知福善祸淫,佛德无量无边,而寺之来有自矣。夫以一寺之兴废,虽存乎时,而成否则由于人。静洁发厥善念,复修此寺,诚无愧于佛家弟子。而施舍诸人之善根,岂浅削哉!万历八年庚辰孟夏。

小刹　清真寺　古刹

在郭城观音门外，北城，钟山乡。南去所领弘济寺五里，神策门十五里。有僧南洲塔，成化间建寺。按元《金陵志》[①]云：乾道志：清真寺，旧名清玄寺，梁大通元年置。复废。唐大中中，复置。庆元志：旧有梁时佛像，建炎兵焚。《陈轩集》载梁立曦《次韵周檀[②]清真寺》诗："遗像梁朝佛"。即此。

殿堂

山门一楹。观音殿三楹。正佛殿三楹。宝公殿三楹。僧院一房。基址十亩东至本寺田，西至本寺山，南至官路，北至本寺山。

公产

田、地、山共三十二亩二分九厘。

小刹　梵惠寺

在郭城姚坊门外，北城地。西去所领弘济寺十里，南去太平门三十里。按旧志：原在钟山白水洼，洪武初，卜葬中山王墓，因移置此地，砧础尚在。

殿堂

山门三楹。佛殿三楹。观音殿三楹。僧院四房。基址三亩东至本

---

① 金陵志：应为"至正金陵新志"。

② 檀：《至正金陵新志》卷11为"钟"。

寺坟,南至本寺田,西至本寺地,北至本寺山。

公产

田、山共二十六亩九分三厘。

卷三十　接待寺

中刹　**接待寺**　敕建

在郭城江东门外，西城济川卫地。东去三山门六里，东南去所统天界寺十二里。洪武三十一年敕建，为接待十方处所。后圮。嘉靖间，重修，规制渐隘。所领小刹，曰江东门积善庵、中和庵、报国庵。

殿堂

山门三楹。佛殿三楹。左观音阁一楹。右地藏阁一楹。僧院一房。基址三亩东至官巷，南至本寺塘，西至民家，北至官街。

小刹　**江东门积善庵**

在郭城江东门外，典牧所新河岸，西城地。东北去三山门十里，所领接待寺□里。国朝韩宪王香火，洪武初建。

殿堂

山门三楹。佛殿三楹。文殊楼三楹。右观音堂一楹。僧院一房。基址三亩东至火星庙，南至屯地，西至屯房，北至官街。

小刹　中和庵

在都门外，西城地。东去石城门二里，□去所领接待寺□里。正统间，观音庵改今名。

殿堂

山门三楹。佛殿三楹。毗卢殿三楹。僧院一房。基址八亩东至邹家坟，南至藕塘，西至民家，北至官街。

小刹　报国庵

在郭外，西城典牧所小圩地。东去三山门七里，□去所领接待寺□里。

殿堂

山门三楹。左十王殿三楹。地藏殿三楹。韦驮殿三楹。大佛殿三楹。僧院一房。禅堂三楹。基址四亩东至官河，南至芦洲，西至小圩，北至王家坟。

報恩寺右景

卷三十一　聚宝山报恩寺

大刹　**聚宝山报恩寺**　古刹、敕建

在都城外，南城地。离聚宝门一里许，即古长干里。吴赤乌间，康僧会致舍利，吴大帝神其事，置建初寺及阿育王塔，实江南塔寺之始。后孙皓毁废。旋复。晋大[①]康间，刘萨诃又掘得舍利于长干里，复建长干寺。晋简文帝咸安间，敕长干造三级塔。梁武帝大同间，诏修长干塔。南唐时，废。宋天禧间，改天禧寺。祥符中，建圣感塔。政和中，建法堂。元至元间，改元兴天禧慈恩旌忠寺。至顺初，重修塔。元末，毁于兵。国朝洪武间，工部侍郎黄立恭奏请修葺。永乐十年，敕工部重建，梵宇皆准大内式，中造九级琉璃塔，赐额大报恩寺。嘉靖末，经火荡然，惟塔及禅殿、香积厨仅存。万历间，塔顶斜空欲坠，禅僧洪恩募修彩饰，烂然夺目。塔下有放生池，构亭其上，曰濠上亭。塔左而前为大禅殿、公塾、方丈、香积相鳞次。又前为藏经殿，贮经板其内。禅殿后为禅堂及请经堂，皆今丙、丁年间用寺租及檀施重修。禅堂后有唐玄装[②]石塔，即藏爪发处。寺外之左，有山蔚然苍翠者，曰雨花台，登览最胜处。自此琳宫栉比，名胜

---

① 大：应为“太”。太康：西晋武帝司马炎年号之一。
② 装：应为“奘”。

所萃，而规摹宏状，罕与此俪。至浮图之胜，高百余丈，直插霄汉，五色琉璃合成，顶冠以黄金宝珠，照耀云日。夜篝灯百二十有八，如火龙腾焰数十里，风铎相闻数里。群山、大江、都城、宫阙，悉在凭眺中。赐有洲田、廊房、蔬圃。寺额设右觉义一员。所统次大刹二：郭内曰能仁，郭外曰弘觉。中刹十四：郭内曰高座，曰永宁，曰永兴，曰西天，曰普德，曰碧峰；郭外曰崇因，曰外永宁，曰祝禧，曰花岩，曰祖堂，曰清福，曰福兴，曰建昌。

殿堂

金刚殿五楹。天王殿止存基址。左、右碑亭二座。正佛殿止存基址。琉璃宝塔九级。左大禅殿五楹。又傍小房三楹。后禅殿五楹。观音殿三楹。放生亭一座。公学十楹。方丈、库司韦驮殿、香积厨七楹，中方丈七楹，左方丈六楹，右方丈八楹。右伽蓝殿三楹。僧院一百四十八房食粮牒僧三百五十名，食粮学生一百五十名。基址四百亩东至虢国公神路，南至郭府坟，西至寺前大街，北至驯象街。

经殿

前殿三楹。正佛殿五楹。左贮经廊十九楹。右贮经廊十九楹。

殿堂

正门一楹。韦驮殿一楹。正佛殿三楹。禅堂左、右十楹。十方堂五楹。斋堂二楹。静室二楹。请经僧房七楹。厨库等房七楹。

公产

戴子庄丈过实在田、地、塘、荡共五千八百五十九亩七分三厘。腊真庄丈过实在田、地、塘、沟共三千八十七亩七分四厘。寺前房地号房四十二间半，浴堂房一所，菜地五十四亩五分一厘，基地一块。

禅堂

藏经板一副。寺前池地放生池八亩，菜地二大条。

山水

聚宝山山多细石，名玛瑙。放生池琉璃塔左，广可八亩，近始清复，构“濠上亭”其止。雨花台寺左，登览最胜处。

古迹

三藏塔石塔。唐时建，在寺内左。宋天禧寺僧可政往陕西紫阁寺，得唐三藏顶骨归，塔于此。

附　阿育王塔刘萨诃至长干，掘得舍利，近北对简文所造塔，另造塔一层。至十六年①，沙门僧尚复加为三层。舍利、爪发《梁书》：出旧阿育王塔下。

人物

（吴）康僧会有传略。

（晋）竺慧达有传略。竺法旷有传略。琼法师有碑。（宋）僧伽跋摩天竺人。善解律藏，以宋元嘉十年，自流沙至京。师子国比丘尼铁萨罗等至都，众请跋摩为师，继轨三藏。宋彭城王义康崇其戒范，于长干寺招集学士，宝云译语，笔受，考核。续出《摩得勒伽》、《分别业报略》、《劝发诸王要偈》。慧重言不经营，应时若泻。宋孝武敕出家新安，移止长干。昙颖少谨戒行，诵经十余万言。止长干寺。辞吐流辩，足腾远理。（齐）明彻有传略。僧佑有传略。（隋）智炬于建初寺讲三论，常听百人。道张帝里，学润秦川。（明）雪梅不知何许人。止长干寺。解诗清奇，人争传诵之。性宕不羁，数年后行歌于市，命童子围绕踏歌曰：“老雪梅，今日不归几时归？”辄自答曰：“归，归。”一夕，端坐而逝。溥洽有志略。永隆有志略。

---

① 十六年：应为“东晋太元十六年”。

御制黄侍郎立恭完塔记

洪武戊辰十二月□日[①]

京南关左厢朱雀桥之左有浮图，层高九级，根入厚坤。塔之由来，乃孙吴开创，金陵建邦之时，纪年赤乌。而有异人康僧者，抱释迦之道至斯，以说吴主权，权乃悦。塔之所建，金陵之客山也。其山自西南来，滨江一带，或蜿或蜒，或起或伏，或蹲或立。低昂俯仰之态，若人之状，以朝钟山，毓秀磅礴，川野结帝王之居，若是也。其康僧指谓权曰："是山之麓，深若干丈，下有如来真身舍利。""何谓之舍利？"曰："佛行周圆，精魂运化，结实如珠，水火不避。昔如来入涅槃之时，天上人间，龙宫海藏，天人鬼神，各持以去，建塔以安之，故有天上人间龙宫之塔。塔有八万四千，皆阿育王始。此间鬼神将至，佛法未施，塔未建也。"权乃信，刳山以验之，果得舍利。权故难之："此虽有验，难以敷诚。既有大神通，必以神力，更致一颗，方乃是信"。僧于是设坛，虔恭斋沐，遥望西乾，役己之躯，运己之神，七昼夜。佛之威灵所至，乃降一粒。权乃大悦，许建浮图。于是今之观浮图者，岂知其来远矣？始孙吴，至今一千一百余年。缘及历代，废弛叠叠。塔之颓坏，凡经革故而及葺理者，修德施功之人，又非一人而已。洪武十三年，胡、陈乱政，朕观七朝居是土者，皆臣愚君者多矣。考山川之形势，大江西来，淮山弼之，山庞川巨，右势足矣。以此观之，龙虎均停，择帝居者，宜其然也。何故臣下之不臣？无乃虎方坤位，浮图太耸之故。于是命构架，

① 洪武戊辰：为洪武二十一年。

将移塔于钟山之左。工将完，塔将毁，有来告者："工人有坠于塔下者绝。"于是罢役。未几，今工部左侍郎黄立恭稽首顿首，再拜入奏，其辞曰："臣立恭寓于世，而无益于世；群于人，而无善于人。生无名于宇宙之间，死不能同聪明之神，游于上下。臣切慕之，故思欲有为，未知可否？"朕谓曰："丈夫天地间，五欲不生，十恶不作，何为而不可也哉？"对曰："臣见南关有如来真身舍利之塔，经兵被火，周回栏楯，并九层图画仙灵，俱各颓坏。欲完之，特请旨以施为。"朕许之。立恭再拜而退，诣所在，经方定向，若山则高益下损，故基则增微壮广，施财劭工以营缮。京之军民，闻立恭作佛之善事，有施财以阿之者，有诚然为生死而布德者。一时从者，如流之趋下。诸费折黄金二万五千两。三年而来告，塔已完矣。大雄之殿，僧房两庑，重门楼观，亦皆备矣。群僧会集，有僧录司右讲经守仁者，书通东鲁，经备西来，于是命住持是寺。仍敕礼部并光禄寺馔素羞，以饭诸人。时机冗未暇亲至，逾半载，敕礼部曹召僧录司首官左善世弘道、右善世夷简等五人。朕谓曰："塔完寺备，数年以来，征讨弗停。阵没军将，欲报其忠，仗佛愿力，作大善事。"期日，朕至，仰视则塔穿鸟道，平视则殿宇巍然，俯看绮砌无不精专。游目塔殿，所在金碧荧煌。虽至愚而至鲁者，入其门，首作为建如是之功，可为罕矣。且立恭职工部，掌诸名材，诸匠属焉，一一皆佣其工。未尝上烦于朕，下挟于工者。其佣工之资，皆厚之，世人有所不及。设若立恭操愚夫之智，日侍左右，言颇信行，倘有所需，安不有微助？今绝然无需！入其门，观其境，孰不为之起敬！噫！方今智士，居官食禄，不能起造民福之心，乃以禄不足，上乱朝政，下虐生民。其黄立恭昔本技艺，所得者甚微，然而设心为善。夫妇异处，三十余年，朝出暮归，其妻送迎，若宾礼焉，未尝有间。以一夫之智，赤手成此善事，是其美也。然而事成则成矣，又其妻与闺内者尽皆为尼。呜呼！立恭之诚，岂止外成于塔寺，于家化及闺门！然一家修善，处于是方，将必成矣。佛之愿力，所处之处，非至善而必至险。谚云："天下名山，惟僧所居，而乃佛处也。"今南关之山，俯伏于钟山之前，峰拱冈伏，所以钟来气之精英，雄一千一百余年，法轮常转。今立恭增辉佛日，岂偶然哉！故述记尔。

报恩寺修官斋敕

永乐五年十月十五日

敕谕天下赴会僧众：朕惟佛氏之道，清净慈仁，弘深广大。包含万有，贯彻妙微；利益幽明，功德无量。比者仁孝皇后崩逝，举荐扬之科，启无遮之会。广集僧伽，讽扬经典。百日之间，嘉祯翕集。慧灯降于金刹，法云覆于绀园。绣绚五纹，辉灿诸品。毫光累现，众彩毕呈。天花雨空，满祇林之宝树；缟鹤飞舞，绕碧落之幡幢。佛之舍利，或流辉于梵宫，或腾耀于宝塔。开照空之菡萏，烂涌地之摩尼。动若骊珠，炳焕午夜；晃如虹彩，烛影丹霄。宝塔之前，圆结金梅之果；长干之境，秀产琼芝之祥。若斯显灵，难以悉举。皆由尔众毗尼，克谨梵行清修。澜翻八藏之文，悟解三乘之旨。秉至诚以奉朕命，据精意以叩佛慈。其中亦有至人，道化高妙，飞行变化，隐显莫测。感朕诚心，来临法会，证盟善功。朕德薄，有未能知。藉兹众善，遂致感通。睹瑞应之蕃臻，想神灵之济度。超游极乐，信有明征。

朕实欢愉，特加褒奖。夫观百川之流者，必至海乃止；亏一篑之功者，则为山不成。尔等益勤精进，庶永谢于尘缘；究竟真空，期早登于觉地。利生助化，翼我皇家。钦哉！故谕。

重修报恩寺敕

永乐十一年

天禧寺，旧名长干寺，建于吴赤乌年间。缘及历代，屡兴屡废。宋真宗天禧年间，尝经修建，遂改名天禧寺。至我朝洪武年间，寺宇稍坏。工部侍郎黄立恭奏请募众财，略为修葺。朕即位之初，遂敕工部修理，比旧加新。比年，有无藉僧本性，以其私愤，怀杀人之心，潜于僧室放火，将寺焚毁。崇殿修廊，寸木不存；黄金之地，悉为瓦砾。浮图煨烬，颓裂倾敝。周览顾望，丘墟草野。朕念皇考、皇妣罔极之恩无以报称，况此灵迹，岂可终废！乃用军民人等，勤劳其力，趋事赴工者，如水之流下，其势莫御。一新创建，充广殿宇，重作浮图。比之于旧，工力万倍。以此胜因，上荐父皇、母后在天之灵，下为天下生民祈福。使雨旸时若，百谷丰登，家给人足，妖孽不兴，灾沴不作，乃名曰大报恩寺。表兹胜刹，垂耀无穷。告于有众，咸使知之。

御制大报恩寺左碑

永乐二十二年二月□日

朕惟佛氏之道，清净坚固以为体，慈悲利济以为用。包含无外，微妙难名。匪色相之可求，无端倪之可测。圆明普遍，显化无方，有不可思议者焉。朕皇考太祖圣神文武钦明启运俊德成功统天大孝高皇帝、皇妣孝慈昭宪至仁文德承天顺圣高皇后，开创国家，协心致理。德合天地，功在生民。至盛极大，无以复加也。朕以菲德，统承大宝，负荷不易，夙夜惟勤。惕惕兢兢，祇循成宪，重惟大恩罔极，末由报称。且圣志惓惓，惟欲斯世斯民，暨一切有情，咸得其所。继述之重，其在朕躬。仰惟如来万法之祖，弘济普度，慈誓甚深；一念克诚，宜无不应。增隆福德，斯有赖焉。南京聚宝门之外有寺，旧名长干，吴赤乌之岁所建。历世既远，兴替相因。宋真宗时，改寺额为天禧。国朝洪武中，撤而新之。岁月屡更，将复颓圮。永乐乙酉，尝命修葺。未几，厄于回禄。今特命重建，弘拓故址，加于旧规。像貌尊严，三宝完具。殿堂廊庑，辉焕一新。重造浮图，高壮坚丽。度越前代，更名曰大报恩寺。所以祇灵迎贶，上资福于皇考、皇妣，且祈普佑海宇生灵及九幽滞爽，咸获济利，用仰承我皇考、妣之圣志，而表朕之孝诚。今将竣事，特志其本末于碑，用昭示如来之道化。我皇考、皇妣之功德，配天地之广大，同日月之光明，而相为悠久于万万年。

御制大报恩寺右碑

宣德三年三月十五日

夫大觉之道，肇自西域，入中国，行于天下。其要归于导民为善，一切撤其迷妄之蔽，而内诸清净安稳之域，以辅翼国家之治。而功化之妙，下至幽冥沦滞，靡不资其开济。是以功超天地，泽及无穷。历代人主，咸崇奖信。我国家自太祖高皇帝受命为君，功德广大，同乎覆载。太宗皇帝奉天中兴，大德丰功，海宇悦服。仁宗皇帝嗣临大宝，功隆继述，远迩归仁。三圣之心，与天为一，与佛不二。是以道高帝王，恩周普率；四方万国，熙皞同春。朕承天序，寅奉鸿图。惟祖宗之心，操存不越；惟祖宗之道，率履弗违。至于事神爱民，一惟先志。南京聚宝门之外，故有天禧寺，我太祖皇帝加修葺之致，清理之功。岁久而毁，太宗皇帝更新作之，名大报恩寺。上以伸圣孝，下以溥仁恩。经营之精深，规模之广大，极盛而无以加焉。垂成之日，龙舆上宾。仁宗皇帝临御，用竟厥功。制作之备，岿焉焕焉。踔立宇宙，光映日月。于以奉万德之尊，会三乘之众。永宣灵化，弘建福德；显幽万类，覆被无穷。盖自古所未有也！其兴造之由，已见永乐甲辰御制之碑，龙章丽天，本末完具。兹谨述三圣所以嘉厚象教之盛心，刻文贞石，昭示悠久。于戏！钟山巍巍，大江洋洋。圣德长存，慧化不息。亿万万年，与天同寿。

藏经护敕

正统十年二月十五日

皇帝圣旨：朕体天地保民之心，恭成皇曾祖考之志，刊印大藏经典，颁赐天下，用广流传。兹以一藏安置南京大报恩寺，永充供养。听所在僧官、僧徒看诵赞扬，上为国家祝釐，下与生民祈福。务须敬奉守护，不许纵容闲杂之人私借观玩，轻慢亵渎，致有损坏遗失。敢有违者，必究治之。谕。

本寺护敕

成化八年十二月初一日

皇帝敕谕官员、军民诸色人等：朕惟佛氏之兴，其来已远。其教以空寂为宗，以慈悲为用，开导善类，觉悟群迷，功德所及，无间幽显者也。南京旧有天禧寺，我皇高祖太宗文皇帝重新修建，盖造琉璃宝塔，改名大报恩寺；皇曾祖仁宗昭皇帝、皇祖宣宗章皇帝相继完成。特拨赐当江沙洲等处芦场芦柴，入寺应用，及选行童一百名，常川燃点塔灯。暨朕嗣宝位，复加修整，所以上报先朝列圣之恩，下为苍生祈福。今住持僧洪霈奏言："本寺岁久被人作践搅扰。"用是特颁敕护持：凡官员、军民诸色人等，自今以往，毋得出入混杂，纵肆非为，轻易亵渎，侮慢欺凌，及不许侵占原拨芦场，并赡僧田地、园池、果木。所有常住官降，一应器皿、经像等件，本寺僧官、僧人尤须递相收掌，毋致损失。敢有不遵朕命，沮坏其教者，许住持指实奏闻，论之以法。钦哉！故谕。

续入藏经护敕

万历十四年九月□日

皇帝敕谕大报恩寺住持及僧众人等：朕惟佛氏之教，具在经典。用以化导善类，觉悟群迷，于护国佑民，不为无助。兹者圣母慈圣宣文明肃皇太后，命工刊印续入藏经四十一函，并旧刻藏经六百三十七函，通行颁布本寺。尔等务须庄严持诵，尊奉珍藏。不许诸色人等故行亵玩，致有遗失损坏。特赐护持，以垂永久。钦哉！故谕。

御制圣母印施藏经序

万历□年□月□日

朕闻儒术之外，释氏有作，以虚无为宗旨，以济度为妙用。其真诠密微，其法派闳演。贞观而后，代译岁增。兼总群言，苞裹八极。贝叶有所不尽，龙藏有所难穷。惟兹藏经，缮始于永乐庚子，梓成于正统庚申。由大乘般若以下，计六百三十七函。我圣母慈圣宣文明肃皇太后又益以《华严悬谈》以下四十一函，而释典大备。夫一心生万法，万法归一心。诸佛心印，人人具足。观善觉迷，诸苦解脱。一觉一善，皆资胜因。是以闻其风者，亿兆为之翕习；慕其教者，贤愚靡不归依。则知刑赏所及，权衡制之；刑赏所不及，善法牖之。盖生成之表，别有陶冶矣。先师素王亦云：圣人神道以设教，善世而博化。谛观象教，讵不信然？恭惟圣母浚发弘愿，普济群伦。遂托忠诚诱善，勤侍传宣，广修众因。乃印禅经，布施净土；兼立梵宇，斋施僧伦。成修宝塔，立竖于虚空；绘塑金容，散施于大地。济贫拔苦，召赦孤幽。无善不作，无德不备。证三身于此世今生，明四智于六通心地。普惠云兴，普贤瓶泻。大垂玄泽，甘露沾洒于三千；遍覆慈云，法雨滋培于百亿。无微无巨，咸受益而蒙荣；有性有生，尽餐和而饮惠。俾福利之田，与人同乐；仁寿之域，举世咸登。如是功德，讵可思议？且如来果报，从无量功德，生一切善言之赞叹，一切善气之导凝。我圣母延龄，如天永永；我国家保泰，降福穰穰矣。于戏！盛哉！大觉之教，宜其超九流而处尊，偕三五以传远也。

文

长干寺设无碍法喜食诏[①]

《广弘明集》

大同四年八月，月犯五车，老人星见。改造长干寺阿育王塔，出佛舍利、发爪。阿育，铁轮王也。王阎浮一天下，一日夜役鬼神造八万四千塔。此其一焉。乘舆幸长干寺，设无碍法喜食。诏曰：天地盈虚，与时消息。万物不得齐其蠢生，二仪不得恒其覆载。故劳逸异年，欢惨殊日。去岁失稔，斗粟贵腾。民有困穷，遂臻斯滥。原情察咎，或有可矜。下车问罪，闻诸往诰。责归元首，实在朕躬。若皆以法绳，则自新无路。《书》不云乎："与杀不辜[②]，宁失不经"。《易》曰："随时之义，大矣哉"。今真形舍利复现于世，逢希有之事，起难遭之想。今出阿育王寺，设无碍会，耆年童齿，莫不欣悦。如积饥得食，如久别见亲。幽显归心，远近驰仰；士女霞布，冠盖云集。因时布德，允叶人灵。凡天下罪无轻重，皆赦除之。

长干寺众食碑

（陈）徐　陵

昔炎皇肇训，稷正修官，信矣民天之言，诚哉国宝之义。自非道登正觉，安住于大般涅槃；行在真空，深入于无为般若。则

① 该文出自唐释道宣《广弘明集》卷15《出阿育王塔下佛舍利诏》，作者为"梁高祖"，即梁武帝。

② 与杀不辜：《尚书·大禹谟》为"与其杀不辜"。

菩萨应化，咸同色身；诸佛净土，皆为揣[①]食。证常住者爰讫[②]乳糜，补尊位者犹假香饭。亦有三心未灭，七反余生。应会天宫，就赍龙海。泛[③]复才居地转，咸憩珠庭；固以皆种仙禾，并资灵粟者矣。法师常愿，以智慧火，烧烦恼薪；普施众生，同餐甘露。况复安居自恣，愿学高年。或次第于王城，犹栖遑于贫里。迦留乞面，苦[④]用神通；须提请饭，致贻词责[⑤]。于是思营众业，愿造坊厨，庶使应供之僧，皆同自然之食。升堂济济，无劳四辈之虑；高廪峨峨，恒有千食之备[⑥]。其外铁市铜街，青楼紫陌。辛家黑白之里，甲第王侯之门，莫不供施相高，资储转众。法师善巧方便，沤和舍[⑦]罗；教授滋生，随年增长。假使桑林不雨，瓠水扬波，犹厌稻粱，永无饥乏。加以五盐具足，七菜芳软。饼[⑧]类天厨，果同香树。羹鼎之大，殷王未逢；糜镬之深，齐都非拟。昆吾在次，皆鸣鹫岭之钟；旸谷初升，同洗龙池之钵。

天禧寺新建法堂记[⑨]

（宋）李之仪

天禧寺者，乃长干道场，葬释迦真身舍利。祥符中，建塔，

---

① 揣：《骈文类纂》卷30上为“抟”。
② 讫：《骈文类纂》卷30上为“乞”。
③ 泛：《骈文类纂》卷30上为“况”。
④ 苦：《骈文类纂》卷30上为“若”。
⑤ 致贻词责：《骈文类纂》卷30上为“致遗豪贵”。
⑥ 备：《骈文类纂》卷30上为“糒”。
⑦ 和舍：《骈文类纂》卷30上为“合含”。
⑧ 饼：《骈文类纂》卷30上为“麯”。
⑨ 本文录自《景定建康志》卷46，为《阿育王塔》简述。《新建法堂记》详见宋李之仪《姑溪居士前集》卷37《天禧寺新建法堂记》。

赐号圣感舍利宝塔。至天圣[①]中,又赐今额。按《梁书》:大同三年,高祖改造阿育王塔,出旧塔下舍利及爪、发,发青绀色。众僧以手伸之,随手长短,放之则屈为蠡形。始吴时,有尼居其地,为小精舍。孙綝寻毁除之,塔亦同泯。吴平后,诸道人复于旧处建立焉。中宗渡江,更修饰之。至简文咸安中,使沙门安法师程造小塔,未及成而亡。弟子僧显继而修之。至孝武太[②]元九年,上金相轮及承露。其后,西河离石县有胡人刘萨诃,遇疾暴亡,而心下犹暖,未敢便殡。经七日更苏,说云:"有两吏见录,至十八地狱,随报重轻,受诸苦毒。见观世音,语云:'汝缘未尽,若得活,可作沙门。洛下、齐城、丹阳、会稽并有阿育王塔,可往礼拜,则不复堕地狱'。"因此出家,游行礼塔。次至丹阳,未知塔处,乃登越城,望见长干里有异气色。因就礼拜,果是阿育王塔所放光明。由是定知有舍利,乃集众掘之。入一丈,得三石碑。中一碑有铁函,函中有银函,银函中有金函,盛三舍利及爪、发各一枚,长数尺。即迁舍利近北,对简文所造塔,造一层塔。十六年,沙门僧尚加为三层,即高祖所开者也。

琉璃塔记

(明)行太仆卿鄞　陈沂

南都城之南,有大佛宇,孙吴时云神僧所居。南朝始有寺,因地长干,曰长干寺。赵宋改名天禧寺。国朝永乐初,大建之,准宫阙规制,名大报恩寺。故有舍利塔,文皇诏天下尽甄工之

---

① 天圣:应为"天禧"。

② 太:原文误为"大",据《景定建康志》卷 46 改。

能者，造五色琉璃。备五材百制，随质呈色；而陶埏为象，品第甲乙。钩心斗角，合而甃之，为大浮图。下周广四十寻，重屋九级，高百丈。外旋八面，内绳四方。外之门牖，实虚其四，不施寸木，皆埏埴而成。连大官后，叠玉砌数级。上为五色莲台座，高拥寻丈。乃列朱楹八面，辟为四门，悬十有六牖于八隅。门绕以曼陀优钵昙花，壁刻以天王金刚四部大神。具头目手足异相，冠簪缨胄；衣带琐甲异制，戈戟轮铎。器饰异执，种种不类。载以狮象，承以棼橑。井拱翔起，光彩璀璨。覆以碧瓦鳞次，螭头豹尾，交结上下。又蔽以镂槛雕楹，青琐绣闼于外。二级至九级，不设琐闼，惟楹槛皆朱，壁皆黝。至榱栱则间以玄朱。其花萼旋绕，牖户悬辟之制，皆如初级焉。尽九级之上，为铁轮盘。盘上轮相叠起数仞，冠以黄金宝珠顶，维以铁绛，坠以金铃。每级飞檐，皆悬鸣铎。明牖以蚌蛎薄叶障之，罥出楹外，凡百四十有四。昼则金碧照耀云际，夜则百四十有四篝灯，如火龙自天而降，腾焰数十里，风铎相闻数里，响振雨夜。舍利如火珠数颗，次第出入轮相间有声。浮图之内，悬梯百蹬，旋转而上。每层布地以金，四壁皆方尺小释像，各具诸佛如来因缘。凡百种，极致精巧，眉发悉具，布砌周遍。井栱叠起，皆青碧穹覆如华盖。列牖设篝灯处，若蜗壳宛转，一窍穿出。门至绝级，亦洞敞，首不低缩。出檐槛外，则心神惶怖，不能久伫。四顾群山、大江，关阻旁达，无远不在；近观宫城、廨舍、陆衢、水道、民居、巷市、人物，往来动息，罔不毕见。飞鸟流云，常俯视在下矣。

游报恩寺塔记略《游牛首山记》内摘出

(明)南刑部尚书　王世贞

寺之二山门、前后殿、周庑,久委劫火,独一塔在。塔,故文皇下京师,纂[1]大宝,倾天下之财力,为高帝及后营福者也,其雄丽冠于浮图。金轮耸出云表,与日竞丽。余剧欲一登之,而僧颇尼以不任。余乃易便服行縢,凭小吏肩而上。甫三级,则已下视万雉矣。级益高,阶益峻,两股踸踔者久之。强自奋,尽九级,宫殿樛郁,万栋栉历,与平畴相映。长江如白龙,蜿蜒而来。惟钟山紫气,与天阙、方山不相伏,余无所不靡。塔四周,镌四天王、金刚护法神,中镌如来像,俱用白石,精细巧致若鬼工,余摩娑久之。

大报恩寺重修藏经殿记

(明)进士　吴郡俞彦

南藏之有镂板,自高帝始也。其庋而置之经堂,则文皇命也。盖自江波涌塔之异,帝有震焉。而会天禧浮图灾,乃益斥远其旧,而新是图。仅仅留此瓯脱,簏经而藏之,迄今所矣。佛法以无量为劫,佛所说经,以十二万九千六百年为劫。而是经板与藏经之室,无非材木瓴甋所为,木久而溃,甓久而璺,则其劫也。钱塘葛君,昔以仪曹署祠事,补经板之缺,厘经役之蠹,僧众便之。既领祠官,乃谂诸耆宿:“维斯经堂,可弗谓圮欤?”佥曰:“是可勿亟治欤?”“他屋所覆者,金泥像耳。兹独覆经,是宜修一。创建之始,仰给县官。今势既不得请,而成毁任之。

① 纂:本书卷33《游牛首诸山记》为“篡”。

是委君贶于荆棘瓦砾也，是宜修二。四方以庄严来者，若取火于燧，挹水于河，而靡所托足而瞻礼，求多不给，谓功令何？是宜修三。”佥曰：“然”。于是计岁会，罢不急，禀庾节缩之，苾刍有丽于法者籍之。善男子张应文、张文学辈，咸愿为捐助，权舆于两庑，经所贮也，翼如矣；次及殿堂，跂如矣；而乃及门，伉如矣。觚棱廉威，瓮甃平除。涂塈坚致，丹垩焕炳。瓶钵之侣，云水之足，北至于河，东至于海，西至于衡、华，又西至于峨眉，南至于普陀，又南至于闽、粤，杖锡至止，永观厥成。旅舍有次，六时有供。至则如归，归不愆期。投体顶礼，如入祇园贝多之境；庄严供养，如际赤乌白马之年。莫不感叹悲涕，交手而赞曰：盛甚至哉！厥猷愧乎。显密之因，未有选也。不佞彦乃拜手稽首，为作颂曰：佛成道后，舍利可弃。其勿弃者，甚微妙义。或曰故纸，或曰真谛。斯二边见，亦罔以异。渡水弃筏，见月废指。未见未渡，人实迋女。佛说经者，人天欢喜。亿万鬼神，所在卫理。于义云何？护法者是。国王宰官，长者居士，生护法心，一人而已。是名亿万，是名神鬼。来者受持，过此顶礼。

报恩寺九号藏经并藏殿碑记

（明）南祠部郎　钱塘葛寅亮

昔佛祖演化立教，谓能诵读受持，即成无上希有法。一经诋毁，堕入无间。抑何主入奴出，拘而多畏若是哉？微独世法之士，交口相讥。古灵禅师亦复道之，因蜂子投窗，为其师儆曰：“世界如许阔，不肯出，钻故纸，驴年出得？”盖金篦刮肩，黄叶止啼。世有明眼人，三藏十二部，悉故纸矣。读《御制集》，又可异焉。圣祖之言曰：“佛之有经，犹国著令；佛有戒，如国有律。皆导人未犯之先，化人不萌其恶。所以古云：天下无二道，圣人无两心。名虽异，理则一。”夫出世而诋为故纸，入世而视若王章，出世、入世，吾乌乎知其辨？圣祖甫勘世乱，即究性宗，特以藏经授副墨，贮之报恩，用广流布。成祖复刻于燕，厥有南、北藏。北藏非请旨不可，而南藏辖之祠部，朝以牒出，夕以楮入。玄装[1]之侣，翕然南其锡。贮经有室，赡僧有堂，请经有修藏之䞋，制也。顾经僧重茧远来，匠氏安坐网利。昂其直以要之，纾其期以困之。视衣钵而罄然，望云山其何日？无告之虐，怆然兴怀。检朝石郭君藏规之议，叹昔人之先得我心矣。因为理其绪而加密，程材准度，计工准期。以胜劣编三等，等各三号，按册了然，狡伪不得复作。其歉于北者四十一函，即以请藏所入，赡续藏所出，需之数年，计可具足。则皆予壬寅摄篆时规始者也。今兹复至，杀青竟且十有四函矣。胥宇而贝叶尘凝，龙藏将压；云水之锡，舍于市人。撤其旧而新是图，前后殿凡八楹，左右贮经庑四十二楹，请经室之丽于禅院六楹。藏简各登其座，座各有号。而签分架列于廊庑者，灿然可按指索也。工费倚之经䞋，益之檀施、寺租。既告成，则复寻剞劂之役，且以饭禅衲，以馆谷夫经僧，而诸务犁然具焉。流传法宝，烂焉编帙。俾之诵读受持，而证无上希有者，出世法也。剪浮淫，梳㴩垢，远至如归，而不敢以无告为可虐者，世法也。庄严楮墨，在彼为法尘缘影，而于出世法非有加。修举废堕，在此为职业常分，而于世法非有贬。至于出世入世，是同是别，则王言具在，

[1] 装：应为“奘”。

又非予小子能知矣。万历三十五年正月望日。

濠上亭记

(明)南祠部郎　钱塘葛寅亮

夫牵一发而头为之动，拔一毛而身为之变。毛、发之于吾身微矣，而痛痒辄关，何者？血气所荣卫故也。凡有血气，独异是哉？苏子瞻平生嗜蟹蛤，因禁狱，后遂一切断杀。其诗有“魂飞汤火命如鸡”之句，最为凄切。乃古圣人莫之禁者，自茹毛饮血，既开其端；贪饕欲食，适投其嗜。相习成风，恬不为怪。圣人知必不能夺举世之共趋，而强以所不乐。故宁因时制礼，与物推移，猎较犹可。自是权教，而不虞为恣情口腹者之嚆矢也。夫儒者，天地万物为一体，推己及物为恕施。蚊蚋噆肤，犹自动色；腥肥膏腹，不惧伤生，于心忍乎哉？此第谓人生嗜欲在是，而试想万物当前，见夫鱼游鸟翔，飞跃得所，必畅然而快心；见夫呼号挺刃，宛转刀几，必惨然蹙额。而不欲其闻且见于吾侧，则好生固自本性。所欲食者，第此三寸馋唇。其将取凭于口腹乎？抑取凭于性乎？呜呼！成汤开三面之网，尼父禁绝流之渔；孟孙以纵麑征仁，子舆以易牛许王。圣贤用意，未始不耿耿见其一班[①]。而放生之说，后世所由昉[②]也。报恩寺内，旧有放生池，建自成祖，是即成汤解网意云尔。日久事湮，没于中贵，近始檄还，而中贵亦慨然无难色。因为建亭临之，题曰：“濠上”，志鱼乐也。夫鱼乐亦即我乐，彼方困于涸辄，相呴以湿，相

---

① 班：应为“斑”。

② 昉：音、义均为“仿”。

濡以沫，骈首待烹；忽焉而投之清冷，鼓鬣扬鬐，摇深舞阔，悠悠洋洋。入吾几案，觉鸟兽禽鱼，自来亲人。会心处，端不远矣。

濠上亭镌壁并序

放生之事，世多归之释氏。不知“钓不纲，弋不宿[①]，见死闻声不忍食”[②]，自孔、孟已然。自后格言善行，简不胜书。第如元龟见梦，说近渺茫；黄雀衔环，事嫌果报。虽或有征，端士不道。亭既落成，随取心存怛物、言触痛肠者十九条，镌之壁。登斯亭者，绎至言于佩韦，挹生趣于临流，俯仰之间，将毋怆然而兴感？

汤出，见人张网四面，而祝之曰：“从天坠者，从地出者，从四方来者，皆罹吾网”。汤曰：“嘻！尽之矣。”乃解其三面，止置一面，更祝曰：“欲左者左，欲右者右，欲高者高，欲下者下。不用命者，乃入吾网。”

齐田氏祖于庭，食客千人中坐有献鱼雁者。田氏视之，乃叹曰：“天之于民厚矣，殖五谷，生鱼鸟，以为之用。”众客和之如响，鲍氏之子预于次进曰：“不如君言，天地万物，与我并生类也。类无贵贱，以小大智力而相制，迭相食，非相为而生之。人取可食者而食之，岂天本为人生之？且蚊蚋噆肤，虎狼食肉，非天本为蚊蚋生人，虎狼生肉者哉？”

孟孙得麑，使秦西巴持归，其母随而鸣，秦西巴不忍，纵而与之。孟孙怒而逐秦西巴，居一年，召以为太子傅。左右曰：“夫秦西巴有罪于君，今以为傅，何也？”孟孙曰：“夫以一麑而不

---

① 钓不纲，戈不宿：语出《论语·述而第七》：“子钓而不纲，弋不射宿。”

② 见死闻声不忍食：语出《孟子·梁惠王章句上》：“见其生，不忍见其死；闻其声，不忍食其肉。”

忍,又将能忍吾子乎?”

田子方出,见老马于道,问其御者,曰:“公家畜也,罢而不能用,故放出之。”子方曰:“少尽其力,老弃其身,仁者不为也。”束帛而赎之。

邓艾[①]征涪陵,见一猿抱子在树。引弩中之,其子为拔箭,卷树叶塞之。艾叹曰:“吾违物性,其将死矣。”

桓宣武入蜀,至三峡,部伍中有得猿子者,其母缘岸哀号,行百余里不去,遂跳上船,便即绝。破视其腹中,肠寸寸断。公闻之怒,命黜其人。

何尚书胤侈于食味,后稍去其甚,犹食鱼脯、糟蟹[②]。钟岏曰:“鳝鱼就脯,骤见屈伸;蟹之将糟,躁扰弥甚。仁人用意,所宜深怀此[③]怛。”

何胤仕齐,为建安太守。每伏、腊,放囚还家,依期而返。尝与门人议疏食,门人曰:“变之大者,无如死生。死生所重,无逾性命。性命之于彼极切,滋味之于我可赊。如云一往一来,生死常事,则伤心之惨行亦自及。”胤之末年,遂绝血味。

颜鲁公任升州刺史,左骁卫郎将史元琮奉旨宣恩命,于天下州县临江带郭处,各置放生池,升州秦淮太平桥,凡八十一所。公谓恩沾动、植,泽及昆虫,因撰述《天下放生池碑铭》,绢写一本,附史元琮奉进,兼乞御书题额,以扬不朽。肃宗批答:“朕以中孚及物,亭育为心,凡在覆载之中,毕登仁寿之域。四

---

① 艾:《艺文类聚》卷60《弩》为“芝”。

② 鱼脯、糟蟹:《南史》卷30为“白鱼鳝脯糖蟹”。

③ 此:《南史》卷30为“如”。

灵是畜，一气同知[①]，江汉为池，鱼鳖咸若。卿慎徽盛典，润色大猷；能以懿文，用刊乐石。体含飞动，韵合铿锵。成不朽之立言，纪好生之上德。唱而必和，自古有之；情发于中，予嘉乃意。所请者依。”

唐永徽以来，文单国屡献驯象，凡三十二，皆蓄苑中，颇有善舞者。德宗即位，以为物性不遂，悉放于荆山之阳。

刘禹锡《叹牛》文曰：“刘子行其野，有叟牵牛于蹊，偶问焉。对曰：‘我僦车而自给，尝驱是牛引千钧，虽涉淖跻高，毂如蓬而輖不渍[②]。及今废矣，顾其足虽伤，而肤尚腯，以畜豢之则无用，以庖视之则有赢。是往也，将要售于宰夫。’余谓之曰：‘以叟言之则利，以予言之则悲。余方窭，且无长物，愿解裘以赎，将置诸丰草之乡，可乎？’”

宋仁宗一日对群臣曰：“朕夜来饥甚，思食蒸[③]羊”。群臣曰：“陛下何不宣付有司？”帝曰：“朕乃偶饥思尔，虑为常例，宁忍一时之饥，不忍启无穷之杀。”

宋哲宗在宫盥而避蚁。程颐讲书毕，请曰：“有是乎？”上曰：“然。诚恐伤之耳。”颐曰：“推此心以及四海，帝王要道也。”

曹武惠王彬所居堂壁[④]坏，子弟请加修葺。彬曰：“大冬虫蛰墙壁瓦石间，不可伤其生。”

程明道主上元簿，始至邑，见人持竿道傍，以黏飞鸟，取其

---

① 知：《乞御书天下放生池碑额表》为“和”。

② 渍：《刘宾客文集》卷 6 为“偾”。

③ 蒸：《古今事文类聚后集》卷 39 为“烧”。

④ 壁：《事实类苑》卷 56 为“室弊”。

竿折之，教之使弗为。及罢官，舣舟郊外，闻数人共语："自主簿折黏竿，乡民子弟不敢蓄禽鸟"。

程伊川《养鱼记》曰："书斋之前有石盆池，家人买鱼子食猫，见其呴沫也，不忍，因择可生者，得百余，养其中。大者如指，细者如箸，支颐而观之者竟日。鱼乎！鱼乎！细钓[①]密网，吾不得禁之于彼。炮燔咀嚼，吾得免尔于此。吾知江海之大，足使尔遂其性，思置汝于彼，而未得其路，徒能以斗斛之水，生汝之命。生汝，诚吾心。汝得生，已多万类天地中，吾心将奈何？鱼乎！鱼乎！感吾心之戚戚者，岂止鱼而已乎？"

苏东坡云："余少不喜杀生，未断也。近年始不食[②]猪羊，然性嗜蟹蛤，故不免杀。自去年得罪下狱，始意不免。既而得脱，遂自此不复杀一物。有饷蟹蛤者，皆放之江。虽无活理，然犹庶几万一，便使不活，犹愈烹煎也。非有所求觊，但已亲经患难，不异鸡鸭之在庖厨，不复以口腹故，使有生之类，受无量怖苦尔。"

黄鲁直谓子瞻曰："鸟之将死，其鸣也哀。某适到市桥，见生鹅系足在地，鸣叫不已，得非哀祈于我耶？"子瞻曰："某昨日买十鸠，中有四活，即放之，余者作一杯羹。今日吾家常膳，买鱼数斤，以水养之，活者放而救渠命，殪者烹而悦吾口。虽腥膻之欲，未能尽断，且一时从权尔。"鲁直曰："吾兄从权之说，善哉！"因作颂曰："我肉众生肉，名殊体不殊。元同一种性，只是

① 钓:《二程文集》卷9《养鱼记》为"钩"。

② 食:《东坡志林》卷8为"杀"。

别形躯。苦恼从他受，肥甘为我须。莫教阎老判[1]，自揣看何如？”子瞻闻斯语，愀然叹息。

真西山云：“不杀生者，所以存仁爱也。夫禽兽旁生，性命同禀。有夫妇之配，有父子之情，有巢穴之居，有饮食之念。爱憎喜惧，何异于人？能怀恻隐之心，不忍杀戮，不亦善乎！或心虽仁民爱物，而迹乃混俗众中，有所未便，则不起意杀，不下手杀，不眼见杀，是则饮食随缘，又何杀生之有？且圣贤于肉食，固未尝必其有无，而爱之及物，亦何常间乎彼此？如网解三面，迹远庖厨；钓而不纲，弋不射宿；启蛰不杀，方长不折。德惠之普，人虫草木一视同仁，则慈惠以及昆虫，岂虚言哉？”

传

康僧会传略[2]

《高僧传》

康僧会，其先康居人，世居天竺，其父因商贾移于交阯。会年十余岁，出家。厉行甚峻，时孙权已制江左，而佛教未行。乃杖锡东游。以吴赤乌十年初达建业，营立茅茨，设像行道。时吴国以初见沙门，睹形未及其道，疑为矫异。有司奏曰：“有胡人入境，自称沙门，容服非恒，事应检察。”权曰：“昔汉明梦神，号称为佛。彼之所事，岂其遗风耶？”即召会诘问，有何灵验。会曰：“如来迁迹，忽逾千载。遗骨舍利，神耀无方。昔阿育王

① 判：《说郛》卷73下《黄鲁直谓子瞻语》为“到”。

② 该文出自《高僧传》卷1《魏吴建业建初寺康僧会传》。

起塔，乃八万四千。夫塔寺之兴，以表遗化也。”权以为夸诞，乃谓会曰：“若能得舍利，当为造塔。如其虚妄，国有常刑。”会请期七日，乃谓其属曰：“法之兴废，在此一举。今不至诚，后将何及？”乃共洁斋靖[①]室，以铜瓶加几，烧香礼请。七日期毕，寂然无应。求申二七，亦复如之。权曰：“此欺诳。”将欲加罪，会更请三七，权又特听。会谓法属曰：“宣尼有言，‘文王既没，文不在兹乎。’法灵应降，而吾等无感，何假王宪。当以誓死为期耳。”三七日暮，犹无所见，莫不震惧。既入五更，忽闻瓶中铿然有声。会自往视，果获舍利。明旦，呈权，举朝集观，五色光炎，照耀瓶上。权自手执瓶，泻于铜盘。舍利所冲，盘即破碎。权大肃然惊起而曰：“希有之瑞也。”会进而言曰：“舍利威神，岂直光相而已。乃劫烧之火不能焚，金刚之杵不能碎。”权命令试之。会更誓曰：“法云方被，苍生仰泽。愿更垂神迹，以广示威灵。”乃置舍利于铁砧碓上，使力者击之。于是砧碓俱陷，舍利无损。权大嗟服，即为建塔。以始有佛寺，故号建初寺，因名其地为佛陀里。由是，江左大法遂兴。至孙皓即位，法令苛虐，废弃淫祠，乃及佛寺，并欲毁坏。皓曰：“此由何而兴？若其义教真正与圣典相应者，当存奉其道。如其无实，皆悉焚之”。诸臣佥曰：“佛之威力，不同余神。康会感瑞，大皇创寺。今若轻毁，恐贻后悔”。皓遣张昱诣寺诘会。昱雅有才辩，难问纵横。会应机骋辞，文理锋出。自旦之夕，昱不能屈。既退，会送于门。时寺侧有淫祠者，昱曰：“玄化既孚此辈，何故近而不革？”会曰：

---

① 靖：《高僧传》卷1为“静”。

“雷霆破山，聋者不闻。非音之细，苟在理通，则万里悬应；如其阻塞，则肝胆楚越。”昱还，叹会才明，非臣所测，愿天鉴察之。皓大集朝贤，以马车迎会。会既坐，皓问曰：“佛教所明，善恶报应，何者是耶？”会对曰：“夫明主以孝慈训世，则赤乌翔而老人星见；仁德育物，则醴泉涌而嘉苗出。善既有瑞，恶亦如之。故为恶于隐，鬼得而诛之；为恶于显，人得而诛之。《易》称：‘积善余庆。’《诗》咏：‘求福不回。’虽儒典之格言，即佛教之明训。”皓曰：“若然，则周、孔已明，何用佛教？”会曰：“周、孔所言，略示近迹。至于释教，则备极幽微。故行恶则有地狱长苦，修善则有天宫永乐。举兹以明劝沮，不亦大哉？”皓当时无以折其言。皓虽闻正法，而昏暴之性，不胜其虐。后使宿卫兵入后宫治园，于地中得一立金像，高数尺，呈皓。皓使著不净处，以秽汁灌之，共诸群臣，笑以为乐。俄尔之间，举身大肿，阴处尤痛，叫呼彻天。太史占言：“犯大神所为。”即祈祀诸庙，永不差愈。采女先有奉法者，因问讯云：“陛下就佛寺中求福不？”皓举头问曰：“佛神大耶？”采女云：“佛为大神。”皓心遂悟其语意，故采女即迎像置殿上，香汤洗数十过，烧香忏悔。皓叩头于枕，自陈罪状。有顷，痛间。遣使至寺，问讯道人，请会说法，会即随入。皓见，问罪福之由。会为敷析，辞甚精要。皓先有才解，欣然大悦，因求看沙门戒。会以戒文禁密，不可轻宣，乃取本业百三十五愿，分作二百五十事，行住坐卧，皆愿众生。皓见慈愿广普，益增善意，即就会受五戒。旬日，疾瘳，乃于会所住处，更加修饰，宣示宗室，莫不心奉。会在吴朝，亟说正法，以皓性凶粗，不及妙义，唯叙报应近事，以开其心。会于建初寺译出众经，所谓《阿难念弥陀经》、《镜面王》、《察微王》、《梵皇经》等，又出《小品》及《六度集》、《杂譬喻》等，并妙得经体，文义允正。又传泥洹呗声，清靡哀亮，一代模式。又注《安般守意》、《法镜》、《道树》等三经，并制经序，辞趣雅便，义旨微密，并见于世。至吴天纪四年四月，皓降晋。九月，会遘疾而终。是岁，晋武帝太康元年也。至晋咸和中，苏峻作乱，焚会所建塔。司空何充复更修造。平西将军赵诱，世不奉法，傲慢三宝，梦入此寺，谓诸道人曰："久闻此塔，屡放光明，虚诞不经，所未能信。若必自睹，所不论耳。"言竟，塔即出五色光，照耀堂刹。诱肃然毛竖，由此信敬，于寺东更立小塔。远由大圣神感，近亦康会之力。故图写厥像，传之于今。孙绰为之赞曰：会公萧瑟，实惟令质。心无近累，情有余逸。厉此幽夜，振彼尤黜。超然远诣，卓矣高出。

竺慧达传略[①]

《高僧传》

竺慧达，即刘萨阿[②]，并州西河离石人。少好畋猎。年三十一，忽如暂死，经日还苏，备见地狱苦报。见一道人，云是其前世师，为其说法训诲，令出家，往丹阳、会稽、吴郡，觅阿育王塔像，礼拜悔过，以忏先罪。既醒，即出家学道，改名慧达。精勤福业，唯以礼忏为先。晋宁康中，至京师。先是，简文皇帝于长干寺造三层塔。达上越城顾望，见此刹杪独有异色，便往拜敬，

---

① 该文出自《高僧传》卷13《晋并州竺慧达传》。

② 竺慧达，即刘萨阿：《高僧传》卷13《晋并州竺慧达传》作"释慧达，姓刘，本名萨河"。汤注："金陵本'释'作'竺'"，"金陵本'河'作'阿'"。另，刘萨阿，或作"刘萨诃"。见本书本卷前文。

晨夕恳到。夜见刹下，时有光出，乃告人共掘。掘入丈许，得三石碑。中央碑覆，中有一铁函，函中又有银函，银函里金函，金函里有三舍利。又有一爪甲及一发。发伸长数尺，卷则成螺，光色炫耀。道俗叹异，乃于旧塔之西，更竖一刹，施安舍利。晋太元十六年，孝武更加为三层。达东西觐礼，屡表征验，精诚笃励，终年无改。后不知所之。

竺法旷传略[①]

《高僧传》

竺法旷，下邳人，寓居吴兴。早失二亲，事后母以孝闻。家贫无蓄，常躬耕垄畔，以供色养。及母亡，出家，事沙门竺昙印为师，迄受具戒。栖风立操，卓而殊群。印尝疾病危笃，旷乃七日七夜祈诚礼忏。至第七日，忽见五色光明，照印房户。印如觉有人以手枨[②]之，所苦遂愈。后辞师远游，广寻经要。还，止于潜青山石室，每以《法华》为会三之旨，《无量寿》为净土之因，常吟咏二部，有众则讲，独处则诵。谢安为吴兴守，故往展敬，而山栖幽阻，车不通辙。于是解驾山椒，陵峰步往。晋简文皇帝遣堂邑太守曲安远诏问起居，并咨以妖星，请旷为力。旷答诏曰："昔宋景修福，妖星移次。陛下光辅已来，政刑允辑。天下任重，万机事殷，失之毫厘，差以千里。唯当勤修德政，以塞天谴。贫道必当尽诚上答，正恐有心无力耳。"乃与弟子斋忏，有顷灾灭。晋兴宁中，东游禹穴，观瞩山水。始投若耶之孤潭，欲

---

① 该文出自《高僧传》卷5《晋于潜青山竺法旷传》。

② 枨：音 chéng，义为"触动，碰撞"。

依岩傍岭，栖闲养志，郗超、谢庆绪并结交尘外。时东土多遇疫疾，旷既少习慈悲，兼善神咒，遂游行村里，拯救危急。乃出邑，止昌原寺，百姓疾者，多祈之致效。时沙门竺道邻造无量寿像，旷乃率其有缘，起立大殿。晋孝武帝钦承风闻，要请出京，事以师礼，止于长干寺。元兴元年，卒，散骑常侍顾恺之为作赞传云。

建初寺琼法师碑

（陈）尚书令　江总

碑曰：夫智慧精进，皆曰第一；妙德净名，并称不二。若乃干五欲之泥，解六情之网，御宝车之迹，面香城之路，荷持像法，汲引人伦，惟此法师心力备矣。东山北山之部，贯花散花之句，并编柳成简，题蒲就业。学非全朔，无待冬书。师梦尹儒，自知秋驾。铭曰：屑屑人世，茫茫大千。欲流心火，意树身田。老惊灵钥，孔惜逝川。三空莫辩，二谛何诠？佛日初照，慈云不偏。秋露寂灭，莫系悠然。

释明彻传略[①]

《高僧传》

释明彻，务学，功不弃日。尝与同学数辈，住师后房。房本朽故，忽遭飘风吹屋，欹斜欲倒。众皆走，彻习业如故。会稽孔广闻之，叹曰：“孺子风素殊佳，当成名器。”齐永明十年，竟陵王请沙门僧佑三吴讲律，中途相遇，彻因从佑受学《十诵》。随出杨都，住建初寺。自谓律为绳墨，宪章仪体，仍遍研四部，校其

① 该文出自唐释道宣《续高僧传》卷6《梁杨都建初寺释明彻传》。

兴废。当时律辩，莫有能折。齐太傅萧颖胄[①]深相钦属，及领荆州，携游七泽，请于内第开讲《净名》。天监初，始返都邑。武帝钦待，不次长召进内殿，家僧资给，岁序无爽。帝欲撮聚律要。末年，敕入华林园，专功抄撰。每侍御筵，对扬奥密。皇储赏接，特加恒礼。故使二宫周供，寒暑优洽。鸠聚将成，忽遘沉疾，移还本寺，皇心载轸。临没，表曰："因果深明，倚伏寄道。明彻虽复愚短，忝窥至籍。将谢之间，岂复遗吝？但知恩知庆，辄欲言之。彻本东荒贱民，微有善识，得厕释门。契阔少年，绸缪玄觉。虽未能体道，微得善性。运来不辍，遇会昌时。遂亲奉御筵，提携法席。且仁且训，备沐恩奖。恒愿舒展[②]丹诚，奉扬慈化，岂意报穷，便归尘土。仰恋圣世，何可兴言？特愿陛下永劫永住，益荫无涯；具足庄严，道场训物；天垂海外，同为净土；胜果遐流，雍容远集。明彻以奉值之庆，论道之善，脱亿代还生，犹冀奉觐。惟生惟死，俱希济拔。临尽之间，忽忽如梦。虽欲申心，心何肯尽？不胜悲哀之诚，谨遣表以闻。"敕答："省疏增其忧耿。人谁不病，何以遽终？法师至性坚明，道行纯备；往来净土，去留安养；方除四魔，理无五畏。唯应正念诸佛，不舍大愿。与般若相应，直至种智发菩提心，彼我相摄。方结来缘，敬如所及。菩萨行业，非千百年。善思至理，勿起乱想。览笔凄懑，不复多云。"帝因就寺为设三百僧会，令彻忏悔。自运神笔，制忏愿文。事竟，遂卒。时普通三年十二月七日也。

---

① 萧颖胄：(461～501)字云长，高帝萧道成从子。和帝即位，进侍中，尚书令，领吏部尚书，行荆州刺史。中兴元年，卒，赠侍中，丞相。

② 展：《续高僧传》卷6为"慕"。

释僧佑传略

《高僧传》[1]

释僧佑，其先彭城下邳人，父世居于建业。佑年数岁，入建初寺礼拜。因踊跃乐道，不肯还家。师事僧范道人。年十四，家人密为访婚。佑知而避至定林，投法达法师。达亦戒德精严，为法门梁栋。佑竭思钻求，无懈昏晓，遂大精律部，有迈先哲。永明中，敕入吴，试简五众，并宣讲《十诵》，更伸[2]受戒之法。凡获信施，悉以治定林、建初，及修缮诸寺。佑为性巧思，能自准心计，及匠人依标，尺寸无爽。故光宅、摄山大像，剡县石佛等，并请佑经始，准画仪则。今上深相礼遇，凡僧事硕疑，皆敕就审决。以天监十七年五月二十六日，卒于建初寺。东莞刘勰制文。初，佑集经藏既成，使人抄撰要事，为《三藏记》、《法苑记》、《世界记》、《释迦谱》及《弘明集》等，皆行于世。

南洲洽法师志略[3]

（明）大学士　杨士奇

洪熙元年八月十八日 上御便殿，召右善世溥洽入见，慰劳甚至。遂奏乞还南京大报恩寺以终老，从之，赐佛像、经、钞若干缗，给驿舟，命中官护送。既至，明年为宣德元年七月二十有八日，微疾，留偈云："清净自在中，还得如是住。一切大安乐，清净自在住。"遂化。师讳溥洽，字南洲，世居会稽之山阴。于郡之普济寺受具戒，太祖皇帝闻其贤，召为僧录司右讲经。玉

---

① 该文出自《高僧传》卷11《齐京师建初寺释僧佑传》。

② 伸：《高僧传》卷11为"申"。

③ 明杨士奇《东里文集》卷25收录该文，题作"僧录司右善世南洲法师塔铭"。

音褒谕，有“通东鲁之书，博西来之意”之语，盖知之为深。居长干西丈室三年，命兼主天禧。四方学者，归向益盛，接踵户外。又三年，升右阐教。遂升左善世。太宗皇帝举义师，道衍公有辅翼居守功。上即位，召衍至自北京，命主教事。师以左善世逊衍，而已居右。上嘉从之。永乐四年，诏修天禧寺浮图。落成之日，车驾临幸。命师庆赞，祥光烨煜；万众聚观，天颜愉怿。时有任觉义者，忌师之宠，构词间之，左迁右觉义。疏斥，师不辨，自处裕如。既而，上察其心，复右善世。仁宗皇帝临御，以老宿数被召问，礼遇特厚，命居庆寿寺松阴精舍以自佚，而赐赉屡加。有日供畦蔬者，一日，师劳之曰：“勤尔久矣，更用尽七月。”至是果验。师所著有《金刚经注释附录》二卷，应制及与名人倡和诗若干卷。国家建法会，一切科仪文字，皆师定，以贻范于后。

又近记[①]：溥洽，洪武初，荐高僧入京，历升左善世。“靖难”兵起，金川门开，为建文君削发。长陵即位，微闻其事，囚南洲十余年。荣国公疾革，长陵遣人问所欲言，言愿释溥洽。长陵从之，释其狱。时白发长数寸，覆额矣。

永隆禅师志略[②]因用遗香祈雨本寺，附此

（明）太子少师　吴郡姚广孝

师讳永隆，姑苏施氏子。在襁褓，即不茹荤血，逾冠，出家尹山崇福寺。洪武甲子，试经，给祠部度牒，受具戒。二十五年壬申，朝廷度僧。师引其徒，赴京师试经，请给度牒。时沙弥三

① “又近记”以下，为《金陵梵刹志》撰者补记。

② 明焦竑《国朝献征录》卷118收录该文，题作“尹山崇福寺永隆禅师塔铭”。

千余人，其中多有不能记经，欲冒请者。于是上怒，送锦衣卫，皆籍为军。师慈悯无可救，二月二十四日，诣奉天门奏闻，欲焚身以求免。上允。二十五日，敕内臣以武士严卫其龛。至雨花台，师出龛，望阙拜辞。入龛，索楮书偈曰："三十三年一幻身，洞然性火见全真。大明佛法兴隆日，永祝皇图亿万春。"又取香一瓣，书"风调雨顺"四字，语内臣曰："烦奏上，遇旱，以此香蕲雨，必验。"须臾，秉炬自焚，烟焰凌空，异香扑人，群鹤飞翔于龛顶。良久，火余，敛舍利无算。二十七日，上以三千余人悉宥罪，给予度牒。时大旱，上召僧录司官，迎师所遗之香，到天禧寺，率众祈雨，以三日为期。至夜，即降大雨。上喜而谓群臣曰："此真永隆雨。"于是御制《落魄僧》诗以彰之。

诗

游长干寺[①]

（宋）王安石

梵馆清闲侧布金，小唐[②]回曲翠文深。柳条不动千丝直，荷叶相依万盖阴。漠漠岑云相上下，翩翩沙鸟自浮沉。羁人乐此忘归志，忍向西风学越吟。

长干释普济坐化

（宋）王安石

投老唯公最故人，相寻长恨隔城闉。百年俯仰随薪尽，画

① 宋王安石《临川文集》卷 23、宋王安石撰、宋李壁注《王荆公诗注》卷 35 各收录该诗，均题作"长干寺"。

② 唐：《临川文集》卷 23 为"塘"。

手空传净戒身。

咏天禧寺竹[①]

（宋）苏　颂

万个碧琅玕，两傍荫潭沼。从深蔽岩麓，干直露云表。刹影下交加，山房上环绕。昔尝止鸣凤，今肯栖凡鸟。笋抽龙种瘦，箨坠孙枝小。美胜会稽箭，珍逾汶阳筱。兔园名非奇，渭川比终少。樵删草根变，客玩茶烟燎。创亭僧意高，谕佛禅心了。吾爱有霜竹[②]，一到忘昏晓。

三藏塔[③]

（宋）苏　颂

凡[④]劫半依山，经营昔甚艰。周遭严佛宇，直上俯天关。登陟缘梯险，淹留布坐悭。椽楹亦涂附，棂槛遍朱殷。白日分明到，青云咫尺攀。龙潭斜影落，鸟翼怯飞还。基趾[⑤]从吴晋，声多[⑥]动朔蛮。灯然时照耀，梵唱每循环。往事稠重问，前朝指顾间。谁知息心处，香火老僧闲。

游报恩寺[⑦]

（明）李东阳

古磴穿云到石窗，楼台四面隐旌幢。北临广路斜通郭，西

① 宋苏颂《苏魏公文集》卷2收录该诗，题作“天禧寺竹”。
② 竹：《苏魏公文集》卷2为“筠”。
③ 《苏魏公文集》卷6收录该诗，题作“次韵和丘秘校登长干寺塔”。
④ 凡：《苏魏公文集》卷6为“九”。
⑤ 趾：《苏魏公文集》卷6为“构”。
⑥ 多：《苏魏公文集》卷6为“名”。
⑦ 明李东阳《怀麓堂集》卷91收录该诗，题作“登报恩寺塔”。

隔平原俯见江。万里乾坤踪迹罕[①]，百年风雨鬓毛双。向来作赋躯全瘦，独有凌云意未降。

报恩寺塔歌

（明）王世贞

壮哉窣堵波，直上三百尺。金轮撑高空，欲斗晓日赤。浮云遏不度，穿泉下无极。钟山颉颃一片紫，余岭参差万重碧。高帝定鼎东南垂，文孙憯[②]启燕王师。燕师百万斩关入，庙社不改天枢移。六军大酺万姓悲，欲向罔极酬恩私。阿育王家佛舍利，散入支那有深意。中夜牟尼吐光怪，清昼琉璃映纤碎。帝令摄之置塔中，宝瓶严供蜀锦蒙。诸天悉凭龙象拥，千佛趺坐莲花同。匠师琢石细于缕，自云得法忉利宫。亦知秋毫尽民力，谬谓斤斧皆神工。波旬气雄佛缘尽，绀宇雕阑销一瞬。乌刍额烂走不得，韦猷心折甘同烬。海东贾客莫浪传，此塔至今犹岿然。老僧尚夸护法力，永宁同泰能几年？

① 罕：《怀麓堂集》卷 91 为“半”。
② 憯：书同“惨”。

卷三十二　天竺山能仁寺

次大刹　天竺山能仁寺　古刹、敕建

在都城外，南城地。东去所统报恩寺二里，聚宝门二里。旧在古城西门，刘宋元嘉中，文帝建，名能仁寺。唐会昌中，废。杨吴太和[①]中，改报先院。南唐升元中，改兴慈院。开宝中，又废。太平兴国间，更建，改承天寺。宋政和中，改能仁禅寺。建炎中，兵毁。庆元间，重修。又县志谓：能仁寺即升元寺旧址。国初，寺灾。洪武戊辰，改建今地。嘉靖初，复灾。万历间，重修山门、金刚殿暨大雄殿，亦增丹彩，然终不能复初制。赐有洲田，岁赡如旧。所领小刹，曰华严寺、外鹫峰寺、圆通庵。

殿堂

山门五楹。天王殿五楹。正佛殿五楹。法堂七楹，即方丈。左伽蓝殿三楹，即公学。僧院二十四房。禅院止存基址，在法堂左。基址一百五十亩东至安德街，南至本寺园埂，西至琉璃窑，北至永福寺。

公产

梅子洲丈过实在田、地、塘，共八百一亩七分。鲚鱼洲丈过实在地，共一千二百八十三亩三分三厘。

人物

① 杨吴无“太和”年号，有“大和”年号。

大悦之。乙酉，擢僧录司右阐教。仁宗昭皇帝嗣位，宠锡封号，赐金印、冠服，复赐孔雀销金伞盖、幡幢，及银镀金携炉、盆罐、供器，法乐、几案、坐床、舆马，诸物悉备，仍广能仁寺居之。今上皇帝即位之初，加封西天佛子。师于经藏之蕴，旁达深探，所译显密经义及所传《心经》、《八支了义真实名经》、《仁王护国经》、《大白伞盖经》，并行于世。宣德十年六月十三日，示寂。其徒请留偈示众，答曰："大乘法门，无法可说。"众复恳请，扬言云："空空大觉中，永断去来踪。实体全无相，含虚寂照同。"既俨然而化。讣闻，上悼叹之，遣官赐祭。至荼毗，法炬甫至薪下，其龛顶智火迸出，烟焰五色，光明昭灼。既毕，遗骨皆金色，得舍利盈掬，莹洁如珠。进其遗像，上亲制赞词书之，曰：托生东齐，习法西竺。立志坚刚，秉戒专笃。行熟毗尼，悟彻般若。澄明自然，恬淡潇洒。事我祖宗，越历四朝。使车万里，有勚有劳。摅沥精虔，敷陈秘妙。玉音褒扬，日星垂曜。寿康圆寂，智炳几先。云消旷海，月皎中天。

小刹　**华严寺**　古迹、敕赐

在负郭小安德门外，南城地。北去聚宝门五里，所领能仁寺三里。寺系古迹，久废。永乐间，释佛妙建塔院，奏，赐如额。其殿宇多颓，寺僧俱以栽花植果而为佛事。

殿堂

山门一座。金刚殿三楹。左观音殿三楹。天王殿三楹。佛殿五楹。左伽蓝殿三楹。僧院七房。基址二十亩东至外城墙，南至外鹫峰寺墙，西至关河，北至古钓鱼台。

文

华严寺碑略

（明）礼部尚书　毗陵胡濙

京城安德门外华严禅寺，乃碧峰禅寺住持佛妙建塔之所。佛妙，云南昆明县人。出家于太华寺。洪武十六年，赴京朝太祖高皇帝，赐钵盂、锡杖、僧衣、道具，并赐敕谕，俾游两浙名山。十八年，回京，特旨送天界寺。永乐十六年，奉太宗文皇帝旨，住持碧峰寺。十九年，访寻江宁县安德乡有古迹华严禅寺，年深废弛。遂倾己橐，并化众缘，盖造佛殿、廊庑、石塔。宣德四年十二月十五日，沐浴更衣，书偈云："去年七十九，今年满八十。万里为参方，世缘今已毕。"掷笔端坐而逝。其徒葬入前所自造石塔内。正统三年，僧果开奏乞额名，奉圣旨："还与他做华严寺。"十一年，住持祖祥等，复恢廓其规制而一新之，又于殿左、右创建菩萨殿、阁二所。藻绘涂塈，侈于前矣。正统十二年丁卯正月。

小刹　**外鹫峰寺**　敕赐

在负郭小安德门外，南城地。北去聚宝门五里，所领能仁寺三里。宣德间，为善世鹫峰禅师塔院。上遣祭，因以题寺。今殿宇多圮。

殿堂

佛殿三楹。方丈五楹。僧院一房。基址六亩东至华严寺墙，南至李家民山，西至杨家坟，北至本寺田。

公产

地、山、塘共十一亩五分五厘。

小刹　圆通庵

在都城外安德街，南城地。北去所领能仁寺一里，聚宝门三里。

殿堂

伽蓝殿三楹。佛殿三楹。僧院一房。基址一亩东至官街，南至官街，西至内厂地，北至官走路。

弘覺右

卷三十三　牛首山弘觉寺

次大刹　**牛首山弘觉寺**　古刹、敕赐

在都城外。去聚宝门三十五里，所统报恩寺三十三里。南城，建业乡牛首山。梁天监间，司空徐度建，名佛窟寺。乾道志云：福昌院，本资善院，在牛头山，前古长乐寺基，与延寿院相邻。唐天佑中置。南唐后主改今额。宋太平兴国中，改崇教寺。国初，仍名佛窟。正统间，改弘觉。陈内翰沂有云，牛头幽栖寺，即弘觉寺。今又别有幽栖祖堂寺，岂即弘觉所分出耶？山为祖融大师开教处，即牛头宗。入寺，历石磴百级，名白云梯。又磴数十，凡三殿，至佛阙。银杏一株，围余二丈，庭阴覆几遍。殿左为方丈、公塾、斋堂。从方丈左折，有大浮图七级。缘石径而上，为观音阁。又上为兜率崖，即舍身台，乃东峰最高处，万仞壁立。崖下有地涌泉，甚清彻。折而西，为文殊洞。山之脊介两峰间，有昭明饮马池。从西峰下，为辟支洞。洞前有小方塔，洞右有安初洞、煤洞。西下为禅堂，内有浮图倒影，从门隙映照及丹灶，自然生风，俱奇绝不可解。丁未岁，禅堂、公塾、金刚殿俱修葺，台殿因石壁为上下，严丽层复，翼然天阙云。所领小刹，曰慈相寺、外承恩寺、通善寺、广缘寺、三山寺、圆通寺、佑圣庵、资福寺、静明寺。

殿堂

大山门洞门一座。金刚殿五楹。左、右碑亭二座。天王殿三楹。正佛殿七楹。左观音殿三楹。右轮藏殿三楹。后佛殿三楹。左伽蓝殿三楹。右祖师殿三楹。方丈十四楹。公学二大楹。斋堂五大楹。卧佛阁三楹。藏经殿五楹。舍利塔七级。文殊殿三楹。辟支殿三楹。方塔一座。弥勒殿三楹。旧为三茅殿。僧院五十四房食粮牒僧七十名，食粮学僧三十名。寺基周围二十一里零三十步东至本寺白石坑，南至赵库村，西至文殊岭顶，北至太子岭脚。

禅堂

大门一楹。禅堂五楹。左、右十方堂六楹。接引阁三楹。华严楼五楹。楼下即斋堂。弥勒阁三楹。阁下即净业堂。藏经阁三楹。养老堂三楹。厨库茶寮共十二楹。

公产

莲花等圩丈过实在田、地、山、塘共六百六十六亩一分五厘。

殿堂

东圩并施舍丈过实在田、地、山、塘共二百一十三亩八分六厘。

山水

牛头山高一百四十丈，周四十七里。双峰如牛头，故名。又名天阙山。晋时欲立阙。大兴中，议者皆言：汉司徒义兴许彧墓二阙高壮，可徙施之。王茂弘弗欲，后陪乘出宣阳门，南望牛头山两峰，指曰："此天阙也，岂烦改作？"帝从之。出《文选》注。陆倕《石阙铭》有云："假双阙于牛头，托远图于博①望"。宋建炎中，岳飞败兀术，设伏寺内。牛山自仁宗游后，山乃再有武帝事。武皇帝南巡时，曾驻跸兹山，江彬扈从，实蓄异谋。是夕，山为之鸣，三军惊呼，彬谋遂寝。兜率岩一名舍身台。在东峰之阳，由石磴盘旋以上，垒石

① 博：原书误为"传"，据《骈文类纂》卷36改。

为浮图,游人每绕之。台下有殿,被火毁。今复建有小殿,面视无蔽。文殊洞在兜率岩右,容可一、二人。僧构重楼覆其间,名文殊阁。槛外巨树一,凭栏坐眺,则清影蔚荟。辟支洞在西峰前。广逾文殊之一,高倍之。洞前有殿,殿左有方塔。安初洞俗名野猪洞。在辟支洞右,路险而僻,知至者鲜。煤洞在安初洞右,深入窈窅,上耸巨壁,傍庋一石,远望甚隆,近视则侧,有如龛状。可藏一人。地涌泉在兜率岩下数百步,泉自石坎中出,深二尺许。纤淫缕浸,色味俱绝,俗以龙王呼之。饮马池在山上两峰间。游人自后来者所经。旧传,梁昭明太子游山时,饮马于此。白龟池在天王殿左。虎跑泉在白龟池右。锡杖泉在东峰巅。大不盈尺,亦坎石。太虚泉在兜率岩石壁下。芙蓉峰山南。雪梅岭山南。

古迹

文杏在大雄殿前,围可三、四尺,曾经火,毁痕犹在。塔影在文殊洞下,影入禅堂隙中,倒挂几席,阴晴不改。丹灶禅堂内有灶,投以薪火,风自内生,甚炽烈,须臾爨熟。如去薪火,风即止。今见用之。石鼓峰之北,有石如卧鼓,中虚,可坐十人,吴呼为石鼓。天欲雨,则石鼓自鸣。唐浮图大历元年,代宗因感梦,敕修七级浮图,相峙东西峰顶。石窟、石钵山下有辟支佛窟,宋大明中,移郊坛于山之东峰。执事者导从百余人,由两峰石窟,见一僧趺坐,问之,忽无所有,但遗锡杖、香炉、瓶盂而已。至徐度建寺,因名佛窟。有石钵,形甚古。唐神龙初,并宝公履,取入长安。

人物

(唐)法融一祖。有记传。智岩二祖,有传略。慧方三祖。有传。法持四祖。有传。智威五祖。有传。慧忠六祖。有传略。玄素有碑铭。僧澄[①]汉安僧。少为隶,后舍宿参禅,有悟。说法都下,丛林仰之。久居牛头,后迁太冈慈善寺,感山神让地。所著有《云巢集》。文晓秣陵僧。以文学驰名,尝和山居诗,又欲买船往来秦

① 澄:原书误为"征",据《牛首山志》卷上改。

淮、新林。著《船居诗》，内一首云："性舵心篙体是船，随波逐浪自安然。装风载月无穷尽，纳圣容凡有万千。历遍无为真静海，冲开有象妄情川。闲来泊在菩提岸，压碎蟾光水底天。"

(明)求杰青城僧。国初时，住牛头山，日惟默坐。会仁宗出猎时，见而问之，杰起亹论。后人问之，曰："见天子不言，更待何时？"仁祖许他日为造寺，与同宿兜率岩一夕。后不久，化去，遂不果。尝有二诗云："月在水中捞不上，几回戳碎水中天。夜深山寺开心坐，月自飞来到面前"；"扫尽空阶雨后苔，月明遥①忆独徘徊。已知明日非今日，转使情怀拨不开"。

附：参讲栖览

博陵王萧元善邑宰。

御制僧智辉牛首山庵记

洪武十年四月

洪武十年夏四月，有僧自辽之金山越海而来。其僧关内人，姓王氏，某岁出家于某寺，受业于某师，师与其名曰智辉，字曰朗然。其智辉殷勤于座下，周旋若干年。后长成，志在东游元都。果而行之，得达至某寺，某年拜指空于某寺。未几，大将军兵下中原，入胡都。智辉东往，欲渡鸭绿，阅金刚山。未遂初志，而留禅金山。其地北接旷漠，彼处人少，寡礼义，尚杀伐。况人徙毡庐而北行，深入酷寒。智辉自思，此处地方，每岁未秋，劲风先至；三冬江海，为之合冰；山川雪凝，平地丈余。智辉乃曰："非茹腥膻而不能居此。方今中国有君，万姓宁家。当此之际，吾不归而奚往？"于是乎持锡星奔，摄云山而西向。四月，渡沧海于登莱。当月，至京师。朕召见之，与语。其僧问答，聪

① 遥：原书误为"延"，据《牛首山志》卷上改。

敏豁然，有丈夫之气，岂比泛泛之徒？于是敕住天界，使宁神以禅。居未三月，乃曰："吾日中一食，树下一宿。今居大厦，坐食烦人，岂不福将薄而祸臻？乞居山僻处，愿得力耕火种，自为生计，以度天年，实吾初志也。"于是许之。不旬日，其僧来谒而辞，赐斋于西华门上。朕谓僧曰："尔今既往，同行者几？"曰："同行者，有天界、蒋山二住持。"曰："送行乎？"曰："然。"于戏！美哉！世之学业者，如二山之住持，虽非通漏之辈，其寻常之僧遇之，安有相待若是耶？今尔僧向后果坚贞于释氏，其名必不朽矣。特为之记。

藏经护敕

正统十年二月十五日

文同报恩。

文

牛首山崇教寺辟支佛塔记略[①]

（宋）僧普庄

牛首双峰，高插云汉，实金陵之巨屏，东夏之福地。林树葱郁，泉石相映，圣贤大士多所栖宅。故宋明帝尝问道林志云："牛首有何神圣？"曰："文殊领一万菩萨，各居于此。"又辟支迦入定之所，即称为佛窟寺。上有岩洞，幽浚磅礴，中锁真隐，世传辟支宴坐之洞也。西竺曰辟支迦，唐云缘觉，因观十二因缘，

① 清王昶《金石萃编》卷134收录该文，题作"圣宋江宁府江宁县牛首山崇教寺辟支佛塔记"。

而觉性明悟。又云独觉，观四时之凋变，知诸识之何依，无师自悟，称之独觉。其或灵山隐秀，名洞栖真，因其所居，即为化境矣。天圣年中，僧德铨戮力自效，遍募檀信，欲于山顶建造砖塔，以标胜迹。乃有信人高怀义，集众力成之。即于洞前按图定址，审曲面势，下葬舍利，上建砖塔，总高四丈五尺，中安辟支佛夹苎像一躯。粹容俨若，宝塔高妙，瞻者罔不发菩提心。长干圆照大师普庄，因睹斯善，合掌赞叹云尔。皇佑二年岁次庚寅春三月三日起工，八月望日落成，后三日谨记。

牛首山佛窟寺建佛殿记略

(明)太子少师　吴郡姚广孝

牛首山在钟山之南，去都城不五十里。山不甚高峻，两峰相峙若牛头，出于云表，故曰牛首山。是山也，泉石清奇，草木伟秀。天竺古师尝岩栖穴止，自昔名闻天下，盖他山所无有者。浮屠氏树梵刹，立精舍，以扬其灵胜，与西北之清凉、西南之峨眉，并为圣道场地也。佛窟寺不知肇基岁月。按南唐保大四年碑，佛窟荒事，垂二百余年莫偶。檀信李先主惜其胜概，乃兴修焉。更宋与元，至国朝，仅五百余载，中间不知又几兴废也。楚冈宝师来主是寺，化募众檀，首建大殿五楹间，输材运甓，皆以身先，佑力者不呼而争至。创始于永乐十年之春，落成于十八年之春。

牛首山佛窟寺兴造记略

(明)右觉义　道暹

金陵都城之南，少折而东，三十里许，两峰对峙，如双阙然，即古之牛头山，今谓牛首山者是也。山之腹，有古梵刹，倚岩而居。相传其岩乃辟支佛窟，因名兹刹曰佛窟寺焉。盖由宋初，刘司空捐帑创造。刘以其羡余之力，集录佛经、道书、内外诸史、医方、图符，凡数千百卷，总以七藏目之，克奉惟谨。唐融禅师托迹幽栖时，尝从抄阅。后罹延燎，俱就煨烬，惟晒是典巨石尚存。迨今游观者，以为美谈。按佛窟、幽栖相去仅十五里，二刹皆融祖亲经过化，六叶传芳之所。然而佛窟之名，海内独称其最，岂非代有硕德闻人，相继振起其间者欤？圣朝尊崇像教，兹山一旦而有生气，缁锡来归，遂成丛席。永乐间，住山因宝稍事缮修，遽以年耄，筑室投闲。住持宗谦复募赀金，拓故址，而广其缔构。始于宣德七年之首夏，落成于十年乙卯之孟春。其毗卢之阁、大雄之殿，则尤极宏丽。莲趺猊座，像以妥灵。彩槛飞檐，高出云表。前耸三门，翼之两庑，丈室、禅房，次第俱备。夫吾西竺圣人之法东渐以来，精蓝绀宇，棋布星分，殆遍区宇。稽诸其间替兴成坏之迹，接于人之耳目者，固不可免。若夫毗卢法界，则无物不具，无处不周。十虚匪碍，而三际匪迁。苟非示以坏灭，假以成就，则何以植彼之福田，运我之悲智？达此则炽然建立，而奚涉有为？泯然沉冥，而宁滞空寂？土木之功，金丹之饰，孰谓牵于外务耶？宣德十年乙卯五月日。

重修辟支佛方塔记略[①]

(明)秣陵　盛时泰

夫理示真诠,本无生灭;相标权设,爰有废兴。昔如来普度众生,既以圆理而说法,复以显相而示教。此窣堵波之建,所自有也。维兹牛头山弘觉寺者,实文殊领众之化区,辟支证果之初地。故有砖塔一铺,肇修于宋,矩形镇领,规制凌霄;风铎晨喧,霜瓴夜滑。予自曩年惊其将圮,今岁七月望,承母张讳用设灌腊之虔,以报资冥之福。见有三际禅师明通者,杖锡来兹,逝弘增饰,仰祈十众,用绍厥功。因其所来,资以经度。金钱布施,挥十百以如遗;镠楮盈篓,视铢毫而罔利。积浃三旬,予复再至,仰瞻俯睇,惕以易观。昔玄度建宝阁于再生,事昭龟史;澄空泻金身于三次,绩纪鉴编。以师方之,盖亦同辙。故为勒之贞珉,用传有永。嘉靖癸丑中秋日。

牛首山禅堂华严阁碑[②]

(明)翰林修撰　秣陵焦竑

若夫鹫岭开图,鸡林阐法。朗玄珠于定水,抵苍璧于爱河;据五演以发挥,尽四流而提挈。足使迷方自晓,蹇步同安,非大雄孰能当此者乎?顾自义学繁兴,顿教日弛。徇物情之好径,忘大道之甚夷。岂知迷悟异途,圣凡同体。其悟也,即众生为诸佛之本源;其迷也,即圣解为凡夫之坑堑。情生智隔,力尽功圆。故释天之宝网不藉人为,离垢之摩尼匪从外得。此之为

① 《牛首山志》卷下收录该文,题作"金陵牛首山弘觉寺重修辟支佛方塔记"。

② 明焦竑《澹园集》卷19收录该文,题作"牛首山新建华严阁碑"。

义，莫备于《华严》矣。始列毗卢法界，既陈普贤行海。体用互彻，依正交参。示当念之咸真，信即心而为佛。俾披览者若获如意之珠，食善见之果。有求辄遂，无疾不瘳。诚所谓诸佛之密因，如来之真谛者乎？迨夫摩腾之至，难陀之译；所谓寻师鹿苑，抱帙猊台。岂以忘兔而守蹄，政欲因标而见月。然而争参佛影，徒侈说铃。悠悠者虚历僧祇，皎皎者自缠法见。讵非以秘密之玄宗，下士大笑，究竟之微旨，非人不行者哉？牛头弘觉寺者，建邺之名蓝也。凭绝巘以规形，俯长江而挺胜。丹梯碧洞，上罥藤萝；桂庑松楹，下飞泉溜。远瞻则千林接隰，近睇而双角昂霄。盖自王丞相指以示人，融法师坐而进道，遂以雄标江表，法绍曹溪；百刹皈依，九衢瞻礼。若其琳台耸照，宝相分光；有类飞来，无惭涌出。银龛幻影，倒垂雁影[①]之花；石壁镌经，下映龙宫之业。是以黄旗昼徙，紫盖宵临。仁皇率文士以品题，武皇慕嘉名而眺瞩。信息心之名迹，栖禅之胜地也。金陵释定林者，不碍居真，甚深为宝。悯兹盖缚，大布津梁。谓非经曷以度世，非阁曷以庋经。乃建置禅堂之后，榜曰华严，以全经贮焉。于时，茧足羸形，大海杯浮之苦；累时积岁，流沙悬度之劳。愿力既登，信心弥广。以故净财雾集，真众星驰；架险连荣，因高积磴。丹青映于菌阁，铫鋈接乎莲宇。遂使三十二好之相，月朗毗耶；八十一卷之文，雷轰震旦。自非信格豚鱼，行莹圭璧，岂能动玄机于肸蠁，成胜业于须臾，勋迈布金，德超掩发？是役也，上人征铭于余。亡何，访道亭州，示疾而殁。嗟

① 影：《澹园集》卷19为“塔”。

乎！见化靡常，应身难驻。繁霜旦委，阴风暮来。只履飒其若空，双峰黯而无色。命也如此，人其奈何！今年春，余结侣南郊，寻真上刹。但见树藏蕤于玉叶，鸟弄鸣于琼音。十种香泥，瑶坛踊跃；四依圆镜，飞阁翱翔。树[①]甘露于十方，绵佛日于三际。时移事异，物在人非。感拂松之既遐，伤社莲之永谢。言犹在耳，死岂倍心？爰竭鄙衷，式昭弘美。庶几玄甍湛霞䨴[②]，长垂蔽月之基；彩笔纵横，欲借凌云之气。其词曰：猗欤圣言，《华严》为统。十万正文，百千妙颂。行海无涯，法界斯总。渊匠既远，妙义寖微。智灯欲晦，疑蕊时飞。不有觉筏，畴开悟机。峨峨牛头，唐开净国。碧洞栖霞，丹丘抗月。考室岩腰，曾巢岭胁。有美开士，卓锡来臻。弘新杰构，大演真乘。迷云尽敛，法雨斯兴。宝坊霞起，银函星布。树以妙梯，登之觉路。荧荧千灯，迷方自悟。既忻绳布，倏痛舟沉。去来何在，轮奂长新。题铭贞琰，敢诣灵津。万历癸巳春。

牛首山禅堂弥勒阁碑

（明）翰林编修　顾起元

原夫法身住世，混今古于刹那之中；实地超尘，罗刹海于邻虚之内。刹那者，无时之时，先圣后圣，不得而睽其际也；邻虚者，无住之住，粗界妙界，不得而区其境也。然而乘机御物，回俗依真，爰有次第；出现之仪，或示庄严，随报之迹。是以兜率院内，记慈氏以代兴；毗卢藏中，现神楼而表瑞。无心非境，境

① 树：《澹园集》卷 19 为“澍”，应是。

② 䨴：音 duì，义为“云貌”。

非境以皆心;无境非心,心自心而为境。珠光互彻,全融彼是之形;灯影同居,不碍一多之相。悟之者即火宅而入室,一弹指尽越阶梯;迷之者在法界而面墙,历僧祇莫窥门户。自非曼殊无师之智,高揖四流;善财无证之修,深穷六相。斯则金襴霞缀,空迷鸡足之烟;珠络云披,莫辨龙华之日。其又谁能默证一心,垂俟百世。使觉城之千仞,再揭龙宫;智地之双扉,重开鹫岳者哉!牛首山弥勒阁者,圆受上人之所创也。上人冥契性宗,玄通法相。同龛龙象,标慧月于双峰;匝地香花,霔慈云于万壑。谓天阙为见在丛林之胜,而弥勒乃未来贤劫之宗。爰集净缘,同新梵刹。愿海立则幽冥咸助其诚,胜事兴则人天共成其果。鸣钟注刹,如趋摩竭之宫;效伎呈材,似向毗耶之国。于是测圭视墨,堑壑夷峰。惊版筑之如云,讶经营于不日。因高积磴,更升百丈之梯;驾险连楹,翻倒三休之殿。挂星斗而旁日月,竞写雕檐;烁雷电而走虹霓,争扶绣拱。斯已仰控四天,俯临十地矣。若夫金图菌壁,翠络茄梁,摩尼成半月之形,玛瑙莹明霞之色。质多罗树,萃虎窟以为幢;芬陀利华,偃龟池而作盖。星垂檐铎,雾引山炉。斯实天台之严丽靡渝,魔殿之光明永蔽者也。尔乃金仪载写,玉相弘开。七宝网中,遍现大千之影;千叶莲上,尊居丈六之身。水净军持,光涵娑竭;香闻忉利,风满毗蓝。斯又何待证补,处之一生,方伸擎跽,越人间之三载,暂许经行者哉?于是召延缁侣,翘仰慈颜。花氎朝铺,莲灯夜朗。目瞪瞢[①]而不舍，心悲喜以交驰。将同德生童子递位位以推升，普贤菩萨誓重重而加行。超兹无学门，一扣而旋扃；谢彼有情家，一入而不出。斯亦可谓“说大身即非大身，非庄严是名庄严”者矣。方冀入斯阁者，妙观身智，圆照识心。经河沙劫而不求世名，入寂灭海而能开众目。庶几真身顿现，时见异优昙之华；法界不迁，普入等因陀之网。余既钦承净域，快陟灵峰。爰稽首以归诚，肆刳心而作颂。其辞曰：峨峨天阙，大雄都之，飞观攸启。曾崖兀聿，如甗如甀，惟石齿齿。畴是布金，吉祥无上，以肇厥祀。厥祀维何？天中之天，阿逸多氏。然照世灯，作将来眼，以怙亡子。曼曼博夜，群魔竞娆，挨扰挡秘[②]。爰树兹刹，建大法幢，为庇为止。有来众生，或叩或瞻，或目或指。乃至嬉戏，或一攀楯，延脰错趾。我知如来，罔不摄受，令大欢喜。若月印水，若镜印像，缘法法尔。刹网有尽，惟此常住，不骞不阤。一一微尘，曷往弗摄？在彼在此。如是功德，山颖海墨，罔克攸纪。我乘佛力，说此颂言，以曙厥理。天龙神鬼，人非人等，勿替顶礼。万历二十九年辛丑孟秋。

弘觉寺禅堂义田记

（明）翰林修撰　朱之蕃

盖闻化宣白业，藉象教以示规绳；旨泄玄微，待禅悦以登觉照。爰自西来，启秘法会，月盛而日新；致兹东土，流慈缁众，波

① 瞢：音 ceng；义为“目小不明”。瞢：音 teng；义为“无法看清”。

② 秘：应为“挖 pì”。语出《列子·黄帝篇》：“挡挖挨扰，亡所不为。”

兴而云涌。九州五岳，选地铺金；一壑半岩，因人树果。譬之大海汇百川，源派何分于巨细；犹夫三光曜万古，虚白罔间于朝昏。凡我有情，欲窥无漏，必先喜舍，庶得慈航。匪徒破此贪悭，实以资其持诵。矧金陵佳丽，六朝名胜常存；逮宝鼎奠安，二祖徽猷丕显。猗兹天阙，镇乃地维。钟鼓撼风云于九天，贝梵传潮音于百雉。禅关旧辟，来法侣于东西南北之途；斋供有恒，创福田于僧俗善信之众。各损宝镪，同心者三百许人；共选名区，为田者顷半余亩。用佐禅堂之一食，聿贻永供于千秋。虑盛举弥久而就湮，托贞珉征言而垂诫。施财之苗裔，瞻祖德而重兴普济之思；受供之僧徒，享斋厨而咸起报称之愿。虽非大乘超悟之要领，抑亦空门循修之善因也。之蕃一再来游，三复义举。不辞芜陋，式纪休嘉。沧海桑田，世变密移，而迷愚罔觉；虚舟夜壑，贞常不毁，而玄解维新。火尽灯传，灭灭生生无已；波横舵定，来来去去总休。宁随只履以俱西，壁中面目；欲驾驷车而虚左，方外机锋。无有成有，法轮初转，兆万有以俱开；非空不空，满月孤悬，照真空而无改。百宝聚如涂足泥染着，都无是处；三花发似击石火妙明，元隔如来。况尔弹丸，倏充供养，稍存芥蒂，孰证菩提？吾愿与来学有徒，收钵观空而息有；更期得无上具足，趺坐丧我以忘年。庶几舍无所舍，取无所取，众生心即佛心；视己非己，视人非人，万种见皆道见。靡拘四大，不障他山。登斯堂而远览大千，味愚言而各寻归一。勿徒烦乎旅食，憎多口于移文。万历二十八年庚子仲夏五月。

冬游记节文[①]

(明)翰林修撰　罗洪先

三十日[②],余与南山及卢子同游牛首。自凤台门出,西皋使人邀至万岁寺午饭。饭罢,同步至祝禧寺。晚观《楞伽经》。十二月初一[③]日早,僧一庵设斋供毕,西皋别去。余三人跨马,逶迤循山而行。有顷,抵牛首,至峻级处,姑下马。古杉乔松,萧森屏列。循街[④]而上,至住持方丈中熟睡。睡觉,饭毕,从方丈左折,登塔殿,壁后依石壁左角有小径。缘石而上,从石穴中出,上有小石塔。石两傍方平,仅容人行,名舍身崖。余与南山次第登之,卢子股栗不敢上。坐少顷,复从石穴下。由殿外左折,登凭虚阁。又折而上,入文殊洞。出洞,凭檐廊立,夕阳倒射廊中,天光下临,远近岚烟,映罩林木,远水横带,暮鸟分归,大奇景也。出廊西右折,横过山腰,有僧结茆庵独坐。与之语,亦稍知自谋者。宛复而西,观辟支洞。洞甚小,且倾仄。下至禅堂,已昏黑,则闻龙溪至矣。遂出相迎,龙溪乃与吴苕溪、陈纪南、赵尚莘同来。饭罢,同至禅堂,分榻而坐。已而,三人皆分宿各方丈。余与南山、龙溪连卧禅榻上,因论"告子义袭"之旨。龙溪曰:"学问识得真性,方是集义,不然皆落义袭矣。"余因请曰:"兄观弟识性否?"龙溪曰:"全未。"因与南山叹曰:"如此则非集义,终日作何勾当,可不省哉?"因各惕然自惧。初二

---

① 该文出自明罗洪先《念庵文集》卷5《冬游记》。明盛时泰《牛首山志》卷下辑此节文,本书系转录自《牛首山志》。

② 三十日:应为"嘉靖十八年十一月三十日"。

③ 月初一:据《念庵文集》卷5补。

④ 街:应为"階"。

日早起，与诸公就禅堂前石室中，闭门观塔影。塔影从门孔中入，倒悬向下，无问阴晴，皆得见之。已而转方丈中饭，饭罢，各乘舆登眺。而予与卢子从石径上山顶，观佛眼水。水在石孔中，甚清洁，深数尺许，而是石皆有铅铁光。卢子恐怖，不敢近视。余盘踞坐其上，俯而下视，崖石千仞。少顷，登绝顶，坐盘石上。龙溪亦至。北望钟陵，烟云幕其下，独露山顶，若螺髻然。周回四顾，广汉无际。龙溪笑曰："可谓下视八方矣。"余乘肩舆过献花岩，而龙溪、南山先入祖堂。余与卢子观诸岩洞，登芙蓉阁，反视牛首山，楼阁秀丽若画，凭栏久之。岩僧邀宿，以龙溪使人相促，复由山左转入祖堂。至则二兄以迷道下山，适至寺。寺僧海天延入方丈，设斋供毕，同入禅堂，观诸僧炼魔，皆数日夜始一休。因感悟自已悠悠处，归卧禅榻。夜半，请问"善与人同"之旨，龙溪曰："善与人同，是圣凡皆是平等。如今才说作圣，便觉与人异。若看得圣人与愚夫愚妇稍有不同，即非大圣之学矣。"且曰："天性原自平满，今汝纵是十分回头用力，俱凑泊作平满，作平满便是不平满矣。此皆机心不息，所以至此。"余嘿然领受。初三日早饭罢，同视懒融洞。洞中一石书"佛"字，乃四祖点化懒融处。余三、四人依石而坐，适有道人唱道词，皆警世语，令人心思泠然。出洞，观无梁殿，乃海天所创。归方丈，复设斋。供罢，各跨马过岭，复入献花岩。二公登陟，余止茅庵中。已而同下至禅堂中，各占一席，设禅衣熟睡。睡觉，由翠涛轩玩竹。又从寺左下磴，下至方丈中，茶毕，各上马去。是日，恐天雨，不复入祝禧寺。遂由红石山，经驯象门而西趋华严寺。至则天复晴朗。

游献花岩牛岭记[①]

（明）南刑部尚书　顾璘

牛头山与献花岩对峙，并金陵胜地，在郊南二十五里许。陈氏孔彰居相近，故主予辈相是游。自春凡三易约，乃定于四月十有二日，曰："虽雨必往。"至日，晨风飒然，纤雨断续。策马出郭门，径趋花岩，时避雨道傍农舍。比至寺，雨益急，侍御王君士招行后五里，假盖野人，乃获至，衣尽沾湿。南昌守罗君质甫先宿方山别墅，泞不得至。时孔彰食具，亦阻于途。予三人蹑屐登芙蓉阁，高倚空际，云雾生自下方，疾风横过，开阖明晦，倏忽万状。木叶滴沥，悬涧泉落。四壁峭然，莫听人语。相顾叹曰："霁游者，安知此奇哉?"下，饭僧寮，孔彰始至。夜分，遂连床卧谈古今，且寤且寐，不知倦惫之去体。雨竟夜有声，衾枕皆润。薄寒袭人，殊异城市，其实身卧云雾中也。晨起，宿霭抹半峰间，远望岩崿，如人新沐，毕露情采。兴不可遏，遂乘马沿岭背为牛峰游。至则残雨复落，不可登陟。小饭天阙丈室，徘徊睇望，神游万峰之间，乃诵杜工部诗曰："荡胸生层云，决眦入飞鸟"。殆为今日设乎？雨且止，曰亦且暮，遂别主僧出山。夫兹游值雨为劳，然情景奇胜，亦复相称。乃知忧乐之方，得失之迹，固不可以意校也。

① 该文出自明顾璘《顾华玉集・息园存稿文》卷4《雨游花岩牛岭记》。明盛时泰《牛首山志》卷下亦辑此文，本书系转录自《牛首山志》。

游牛首山记[①]

(明)都　穆

金陵多佳山,牛首为最。山据城之南,初名牛头,以双峰并峙若牛角然,佛书所谓“江表牛头”是也。晋王丞相导尝指曰:“此天阙也。”后又名天阙山云。丁卯七月二十有三日,吏部主事顾华玉与予约客户部员外郎黄子和、朱升之、国学士陈鲁南,而予儿元翁侍焉。遂共出凤台门,南行十五里,至塘湾。又南行十里度岭,又三里。抵山舍。西上二里,达弘觉寺。门内二井,其左曰白龟池,右曰虎跑泉。后僧以其险,更甃为井。而虎泉尤清洌,寺众汲于此。跻石级,庭中银杏一株,围可二丈。午食毕,登浮图,至其巅,有联句诗。经修廊东行,缘石鱼贯上,登观音阁,凭阑俯视,第见浮图之尖。再上,闻有舍身台及辟支佛足迹,以峻险不及观。下至兜率岩,空洞上突出如屋。久之,至文殊洞。前有屋一楹,众复联诗书壁上。既而,登山之脊,观萧昭明饮马池,径可丈余,冬夏不涸。下而西,至辟支洞,广差胜文殊。石浮图立其前,辟支舍利所藏处也。老僧言:“少尝见舍利放光,今数十年矣。”浮图有石刻二,其一宋皇佑二年记,不著撰人,中载志公答宋明帝语云:“昔辟支佛冬居于此”;其一乃如愚居士词,字绝类黄太史,居士殆隐逸之俦与?西下,经禅堂旁室,阖其门,有窍如钱,日光射浮图,影倒挂佛案纸上,不可晓也。夜燕方丈,予以倦睡去。众作诗角险,至鸡号乃罢。二十四日早,出寺而南,山路陡峻,马屡前却。时云雾四兴,遥视山

---

① 本文为节略,详见《牛首山志》卷下。

足，则日光在田，禾黍映之，缭黄萦碧，如僧伽黎。予笑语三君，不知身之在人间世也。五里至献华岩，石益奇丽，中虚深可十步，俨若堂宇。相传唐高僧懒融尝居其中，有百鸟献华之异，岩因以名。山故有幽栖寺，今废。成化间，山东僧道兴至，坚坐不动。有财者乐为之施，寺由是复兴，今名华岩。岩之南，曰屯云亭。又南，曰芙蓉阁。阁嵌岩石，登其上，群峰攒簇，悉在目睫，山之最佳处也，众共饮焉。北下僧庐，其扁曰“无边风月”。可坐眺远。又下，有轩曰无尘，仍赋诗。又二里，出山。是为记。

游牛首诸山记略①

（明）南刑部尚书　吴郡王世贞

余耳建业牛首之胜者久矣，至谓不陟牛首，不为宦建业。而甫上事之月有八日，大宗伯姜公、少司寇李公邀予，与大司寇陆公、少司徒方公游焉。抵山门，日已下舂。缘坡而上，至金刚殿。殿后有石阶，数之正得百级，曰白云梯。梯尽，则为四天王殿，殿后级如前，而杀其半。梯尽，为大雄殿，殿后为毗卢殿。毗卢者，释迦千丈报身也。大雄之左方室曰观音，右曰轮藏，中为平除，下俯天王殿。除之左文杏树，高可数十仞，围称是，百年前劫火不能烬，非僧腊可拟已。与陆公稍西过一楼，宿焉。其前，三楹楼也，而后则踞岩为净室。映前荣而坐，皎月当牖。其东南，连嶂紫翠百状。西南，为下方梅垄、菜畦，平楚细流，一碧千顷。与陆公对坐，嗒然忘此身之犹在尘世也。凌晨起，姜

① 该文出自明王世贞《弇州山人四部续稿》卷64《游牛首诸山记》。其中，摘出游报恩寺部分题作《游报恩寺塔记略》，置于本书卷31《聚宝山报恩寺》。本文主要是游牛首山、献花岩部分。

公、李公要余饭方丈，余与谈兹楼之胜。乃出，循东廓[①]，度崚[②]嶒而上，得文殊洞。自然石龛，文殊像极猥小，而外为重屋幕之，不足当金刚窟万之一。又东为辟支岩，有塔附焉，曰藏辟支佛舍利处也，颇现光怪。余读盛仲父[③]记，为一哂。辟支，独觉也，劫前迦叶佛有之，安得留舍利于支那？殆是菩萨或高僧舍利耳。又东为舍身台。循松林而下，观所谓昭明太子饮马池者，一坎窞耳，水赤而浊。僧云，亦时涸。三吴诸迹，多附之昭明，亦妄也。出三门，欲取道献花岩。肩舆出没松影，与虢日相照，丰草绿缛，黄花错出如绮绣。可五里许，得一岭，下舆却望牛首，丹宫碧宇，列嵌岩际，下者若坠，上者若缀。帝释天花城，恐不是过也。循岭而右，稍降为祖堂，盖融之后尊融为祖，以嗣信大师者。前后殿阁颇整丽。啜僧供而出，复憩故岭，徘徊不忍下。乃循岭而左，稍降，可里许，得献花岩故寺。道傍一深洞，延袤将二丈，塑融像其中。僧盖云："此融未见信大师坐处也"。刘禹锡所称，"皓雪莲生，巨蛇摧伏，群鹿驯听[④]"，正其时也。迨得法信师之后，则不尔不落阶级，自不为鬼神所窥，道宣之所以不敢望三车也。然融初不作有漏因，后乃日于丹阳负米一石八斗，为众法成此大刹，能无与达摩初祖示训相倍耶？要之，融自得法之后，猿、鸟献花亦可，不献亦可；作有为迹亦可，不作亦可。如未得法，却无一是处。僧导登山门、前殿，陟险坐芙蓉阁，亦可以眺牛首，俯下方。然迫仄，殊不逮所闻。还至报

---

① 廓，②崚：《弇州山人四部续稿》卷 54 为"廊"、"峻"。

③ 父：应为"交"。盛时泰，字仲交，为明代中后期南京名士，著有《栖霞小志》等。

④ 驯听：唐刘禹锡《牛头山第一祖融大师新塔记》为"听法"。

恩,更衣。别诸公,时日犹未下春云。

传

牛头山第一祖融大师新塔记

(唐)刘禹锡

初,摩诃迦叶受佛心印,得其人而传之。至师子比邱,凡二十五叶。而达摩得焉,东来中华,华人奉之为第一祖。又三传,至双峰信公。双峰广其道而歧之:一为东山宗,能、秀、寂其后也;一为牛头宗,颜[①]、持、威、鹤林、径山其后也。分慈氏之一支,为如来之别子,咸有祖称,粲然贯珠。大师号法融,姓韦氏,延陵人。少为儒,博极群书,既而叹曰:"此仁义言耳。吾志求出世间法。"遂入句曲,依僧晁[②],改逢掖而缁之。徙居是山,宴坐石室。以慧力感通,故旱麓泉涌;以神功示现,故皓雪莲生。巨蛇摧伏,群鹿听法。贞观中,双峰过江,望牛头顿锡曰:"此山有道气,宜有得之者。"乃东[③],果与大师相遇。性合神授[④],至于无言。同跻至[⑤]地,密付真印。揭立江左,名闻九围。学徒百千,如水归海。由其门而为天人师者,皆脉分焉。显庆二年,报身示灭。道在后觉,神依故山。戒香不绝,龛座未饰。夫岂不思乎?盖神期冥数,必有所待。大和三年,润州牧、浙江西道观察使、检校、礼部尚书赵郡李公,在镇三闰,百为大备,尚理信

---

① 颜:据清朝董浩等编《全唐文》卷606,应为"智岩"之"岩"。

② 晁:《全唐文》卷606为"灵"。

③ 东:据《全唐文》卷606补。

④ 授:《全唐文》卷606为"契"。

⑤ 至:《全唐文》卷606为"智"。

古，儒玄交修。始下令禁桑门贩佛以眩人者，而于真实相深达焉。尝谓大师像设，宜从本教，言自我启，因自我成。乃召主吏，籍我月入，得缗钱二十万，俾秣陵令如符经营之。三月甲子，新塔成，事严而工人尽艺，诚达而山神来护。愿力既从，众心归重[①]。造大[②]龙象大会。诸天声香之蕴，如见如闻。即相生敬，幽明同感。尚书欲传信于后远，命予[③]志之。夫上士解空而离相，中士著空而嫉有。不因相，何以示觉？不由有，何以悟无？彼达真谛而得中道者，当知为而不有，贤乎，以不修为无为也。

牛头山法融传[④]

《高僧传》

释法融，姓韦，润州延陵人。年十九，翰林坟典，探索将尽。而姿质都雅伟秀，一期喟然叹曰："儒道俗文，信同糠秕。般若止观，实可舟航。"遂入茅山，依炅法师，剃除周罗，服勤请道。炅誉动江海，德诱几神；妙理真筌，无所遗隐。融纵神挹酌，情有所缘，以为慧发乱纵，定开心府；如不凝想，妄虑难摧。乃凝心宴默于空静林，二十年中，专精匪懈，遂大入妙门，百八总持，乐说无尽。趣言三一，悬河不穷。贞观十七年，于牛头山幽栖寺北岩下，别立茅茨禅室，日夕思择[⑤]，无缺寸阴。数年之中，息心之众，百有余人。初构禅室，四壁未周。弟子道綦、道凭于中

---

① 归重：《全唐文》卷606为"知归"。

② 造大：《全唐文》卷606为"撞钟告白"。

③ 予：《全唐文》卷606为"愚"。

④ 该文出自唐释道宣《续高僧传》卷26《润州牛头沙门释法融传》。

⑤ 择：《续高僧传》卷26为"想"。

摄念，夜有一兽，如羊而入，腾荷[①]扬声，脚蹴二人。心见其无扰，出庭宛转而游。山有石室，深可十步。融于中坐，忽有神蛇，长丈余，目如星火，举头扬威于室口。经宿，见融不动，遂去，因居百日。山素多虎，樵苏绝人。自融入后，往还无阻。又感群鹿，依室听伏，曾无惧容。有二大鹿，直入通僧听法，三年而去。故慈善根力，禽兽来驯，乃至集于手上而食，都无惊恐。所住食厨，基临大壑，至于激水，不可环阶。乃顾步徘徊，指东岭曰："昔远公拄锡，则朽壤惊泉；耿将整冠，则枯甃还满。诚感所及，岂虚言哉！若此可居，会当清泉自溢。"经宿，东岭忽涌飞泉，清白甘美，冬温夏冷。即激引登峰，趣釜经廊。此水一斗，轻余将半。又二十一年十一月，岩下讲《法华经》。于时素雪满阶，法流不绝。于凝冰内，获花二茎，状如芙蓉，璨同金色。经于七日，忽然失之，众咸叹仰。永徽三年，邑宰请出建初，讲扬大品，僧众千人。至灭诤品，融乃纵其天辩，商榷理义。地忽大动，听侣惊波，钟磬香床，并皆摇荡。寺外道俗，安然不觉。显庆元年，司功萧元善再三邀请，出在建初。融谓诸僧曰："从今一去，再践无期。离合之道，此常规耳。"辞而不免，遂出山门。至二年闰正月二十三日，终于建初，春秋六十四。道俗哀慕，宫僚轸结。二十七日，窆于鸡笼山。幢盖笳箫，云浮震野，会送者万有余人。传者重又闻之，故又重缉。初，融以门族五百，为延陵之望家，为娉婚，乃逃隐茅岫。灵师三论之匠，依志而业。又往丹阳南牛头山佛窟寺，现有辟支佛窟，因得名焉。有七藏经

---

① 荷：《续高僧传》卷26为"倚"。

书，一佛经，二道书，三佛经史，四俗经史，五医方、图符。昔宋初有刘司空造寺，其家巨富，用访写之，永镇山寺，相传守护。达于贞观十九年，夏旱失火，延烧五十余里，二十余寺，并此七藏，并同煨烬。嗟乎回禄[①]！事等建章。道俗悼伤，深怀恻怆。初，融住幽栖寺，去佛窟十五里，将事寻讨。值执藏显法师者稽留，日夕咨请，经久许之。乃问融所学，并探材术。遂寄诗达情，方开藏给。于即内外寻阅，不谢昏晓，因循八年，抄略粗毕。还隐幽栖，闭关自静。房宇虚廓，惟一坐敷。自余蔓草苔莓，拥结坐床，尘高二寸，寒不加絮，暑绝追凉。藉草思微，用毕形有。然而吐言包富，文藻绮错，须便引用，动若珠联，无不对以宫商，玄儒兼冠。初出幽栖寺，开讲大集，言词博远，道俗咸欣。永徽中，江宁令李修本，即右仆射静之犹子，生知信向，崇重至乘。钦融嘉德，与诸士俗，步往幽栖，请出州讲。融不许，乃至三返，方遂之。旧齿未之许，后锐所商搉。及登元座，有光前杰。答对若云雨，写送等悬河。皆曰闻所未闻，可谓中兴大法于斯人也。听众道俗，三千余人。讲解大集，时称荣观。尔后乘兹雅闻，相续法轮，邑野相趋，庭宇充噎。时有前修负气，望日盱衡，乍闻高价，惊惶府俞。来至席端，昌言征责。融辞以寡薄，不偶至人，随问答遣，然犹谦挹。告大众曰："昔如来说法，其理犹存。人虽凡圣，义无二准。何为一时一席，受道之众尘沙。今虽开演，领悟之宾绝减。岂非如行如说，心无累于八风；如说如

① 回禄：中国古代的火神。《左传·昭公十八年》："禳火于玄冥、回禄。"杜预注："玄冥，水神；回禄，火神。"后多作火灾的代称。

行,情有薄于三毒?不然,将何自拔耶?"闻者抚心,推测涯极。故使听众倾耳,莫不解形情醉。初,武德七年,辅公托[①]跨有江表,未从王政。王师薄伐,吴越廓清。僧众五千,晏然安堵。左仆射房玄龄奏称:"入贼诸州,僧尼极广,可依关东旧格,州别一寺,置三十人,余者遣归编户。"融不胜枉酷,入京陈理。御史韦挺备览表辞,文理卓明,词彩英赡。百有余日,韦挺经停,房公伏其高致,固执前迷。告融云:"非谓事理不无,但是曾经自奏。何劳法衣出俗,将可返道宾王。五品之位,俯若拾遗。四千余僧,未劳傍及。"融确乎不拔,知命运之有穷。旋于本邑,后方在度。又弘护之诚,丧形为本,略出一两,示其化迹。永徽之中,睦州妖女陈硕贞邪术惑人,傍误良善。四方远僧,都会建业,州县搜[②]讨,无一延之。融时居在幽岩,室犹悬磬。寺众贫煎,相顾无聊。日渐来奔,数出三百。旧侣将散,新至无依。虽欲归投,计无所往。县官下责,不许停之。融乃告曰:"诸来法侣,无问旧新。山寺萧条,自足依庇。有无必失,勿事羁离。望刹知归,退飞何往。并安伏业,祸福同之。何以然耶?并是舍俗出家,远希正法。业命必然,安能避也?近则五贼常逐,远则三狱恒缠。心无离于倒迷,事有障于尘境。斯为巨蠹,志异驱除,安得琐琐公途,系怀封著?并随本志,无得远于幽林。"融以僧众口给,日别经须,躬往丹阳,四告士俗。闻者割减,不爽祈求。融报力轻强,无辞担负。一石八斗,往送复来。日或二、三,莫

① 托:应为"祏"。辅公祏(? ～624),山东济阳人,隋末农民起义军首领。

② 县搜:《续高僧传》卷26为"搜县"。

有劳倦。百有余日，事方宁静。山众恬然，无何而散。于时局情寡见者，被官考责，穷刻妖徒，不能支任，或有自缢而死者。而融立志滔然，风尘不涉。客主相顾，谐会瑟琴，遂得释然，理通情洽。岂非命代开士，难拥知人。寒木死灰，英英间出，实斯人矣。时有高座寺亘法师，陈朝名德，年过八十。金陵僧望，法事攸属，开悟当涂。融在幽栖，闻风造往，以所疑义，封而问曰："经中明佛说法，言下受悟无生。论中分别名句，文相不明获益。法师受佛遗寄，敷转法轮。如融之徒，未闻静惑，为是机器覆塞，为是陶化无缘。明昧回遑，用增虚仰。必愿开剖盘结，伏志遵承。"亘良久，怃然告曰："吾昔在前陈，年未冠肇，有璀禅师，王臣归敬，登座控引，与子同之。吾何人哉？敢当遗寄。"遂尔而散。融还建初寺，潜结同伦。亘重其道志，策杖往寻。既达建初寺，有德善禅师者，名称之士，喜亘远来，欢愉谈谑。而善与融同寺，初未齿之。亘曰："吾为融来，忽轻东鲁。"乃召而问之，令叙玄致。即座控举，文理具扬。三百余对，言无浮采。于是二德嗟咏满怀，仍于山寺为立斋讲。然融仪表瑰异，相越常人。头颅巨大，五岳隆起。眉目长广，颡頞浓张。龟行鹤视，声气深远，如从地出。立虽等伦，坐则超众。衣服单素，才得充躯。肩肘绝绵，动逾累纪。尝有遗者，返而还之。而心用柔软，慈悲为怀。童稚之与耆艾，敬齐如一。屡经轻恼，而情忘瑕不顾。曾有同友，闻人私憾，加谤融身，詈以非类，乃就山说之。融曰："向之所传，总是风气。出口即灭，不可追寻。何为负此虚谈，远传山薮？无住为本，愿不干心。"故其安忍刀剑，情灵若此。或登座骂辱，对众诽毁，事等风行，无思缘顾。而颜貌熙怡，倍增悦怿。是知斥者故来呈拙，光饰融德者乎？传者抑又闻之。昔如来说化，加谤沸腾，或杀身以来诮，或系杅以生诽。灭迹内以死虫，反说面欺大圣。斯徒众矣，而佛府而隐之，任其讪诽。及后，过咎还露，或生投地穴，或死入泥犁。天人之所共轻，幽显为之悲恸。而如来光明益显，金德弥昌。垂范以示将来，布教陈于陆海。融尝二十许载备览群经，仰习正觉之威容，俯眄喋喋之声说。陀那之风审，七触之安有，刹那之想达，四选之无停，固得体解时机，信五滓之交贸。览其指要，聊一观之。都融融，实斯融。斯言得矣。

智岩禅师传略[①]

《传灯录》

智岩，曲阿人。隋大业中，为郎将，累从大将征讨，频立战功。唐武德中，年四十，遂乞出家。入舒州皖公山，尝在谷中入定，山水暴涨，师怡然不动，其水自退。有猎者遇之，因改过修善。复有昔同从军二人，闻师隐遁，乃共入山寻之。既见，因谓师曰："郎将狂耶，何为住此？"答曰："我狂欲醒，君狂正发。夫嗜色淫声，贪荣冒宠，流转生死，何由自出？"二人感悟，叹息而去。师贞观十七年归建业，入牛头山，谒融禅师，发明大事。禅师谓师曰："吾受信大师真诀，所得都亡。设有一法胜过涅槃，吾说亦如梦幻。夫一尘飞而翳天，一芥堕而覆地。汝今已过此见，吾复何云？山门化导，当付之于汝。"师禀命为第二世。以后[②]正

① 该文出自宋释道原《景德传灯录》卷4《金陵牛头山六世祖宗·第二世智岩禅师传》。

② 以后：《景德传灯录》卷4为"后以"。

法付方禅师。住白马、栖玄两寺，又迁住石头城。于仪凤二年正月十日，示灭，颜色不变，屈伸如生，室有异香，经旬不歇。

慧方禅师传[①]

《传灯录》

慧方，润州延陵人。投开善寺出家。及进具，洞明经论。后入牛头山，谒岩禅师，咨询秘要。岩观其根器，堪任正法，遂示以心印。师豁然领悟，于是不出林薮，仅逾十年，四方学者云集。师一旦谓众曰："吾欲他行，随机利物，汝宜自安也。"乃以正法付法持禅师，遂归茅山。数载，将欲灭度，见有五百许人，髻发后垂，状如菩萨，各持幡华，云请法师讲。又感山神现大蟒身，至庭前，如将泣别。师谓侍者洪道曰："吾去矣，汝为吾报诸门人。"及门人奔至，师已入灭。时唐天册元年八月一日。

法持禅师传[②]

《传灯录》

法持，润州江宁人。幼岁出家。年三十，游黄梅忍大师座下，闻法心开。后复遇方禅师，为之印可。乃继迹山门，作牛头宗祖。及黄梅谢世，谓弟子玄赜曰："后传吾法者，可有十人。金陵法持，是其一也。"后以法眼付智威禅师。于唐长安二年九月五日，终于金陵延祚寺无常院。遗嘱令露骸松下，饲诸鸟兽。

---

① 该文出自《景德传灯录》卷4《金陵牛头山六世祖宗·第三世慧方禅师传》。

② 该文出自《景德传灯录》卷4《金陵牛头山六世祖宗·第四世法持禅师传》。

智威禅师传[①]

《传灯录》

智威，江宁人。住迎青山。始丱岁，忽一日，家中失之，莫知所往。及父母寻访，乃知已依天宝寺统法师出家矣。年二十，受具。后闻法持禅师出世，乃往礼谒，传受正法。自尔江左学徒，皆奔走门下。其中有慧忠者，目为法器。师尝有偈示曰："莫系念，念成生死河。轮回六趣海，无见出长波。"慧忠偈答曰："念想由来幻，性自无终始。若得此中意，长波当自止。"师又示偈曰："余本性虚无，缘妄生人我。如何息妄情，还归空处坐。"慧忠偈答曰："虚无是实体，人我何所存。妄情不须息，即泛般若船。"师知其了悟，乃付以山门，遂随缘化导。师于唐开元十七年二月十八日，终于延祚寺。

慧忠禅师传略[②]

《传灯录》

慧忠，润州上元人。年二十三，受业于庄严寺。其后，闻威禅师出世，乃往谒之。威一见曰："山主来也。"师感悟微旨，遂给侍左右。后辞，诣诸方巡礼。威于具戒院见凌霄藤，遇夏萎悴，人欲伐之。因谓之曰："勿剪。慧忠回时，此藤更生。"及师回，果如其言。即以山门付嘱讫，出居延祚寺。师平生一纳[③]不易，器用惟一铛。后众请入城，居庄严旧寺。师欲于殿东别创法堂。先有古木，群鹊巢其上，工人将伐之。师谓鹊曰："此地

① 该文出自《景德传灯录》卷4《金陵牛头山六世祖宗·第五世智威禅师传》。

② 该文出自《景德传灯录》卷4《金陵牛头山六世祖宗·第六世慧忠禅师传》。

③ 纳：《景德传灯录》卷4为"衲"。

建堂,汝等何不速去?”言讫,群鹊乃迁巢他树。师尝有《安心偈》示众曰:“人法双净,善恶两忘。直心真实,菩提道场。”唐大历四年六月十五日,集僧布萨讫,命侍者净发浴身。至夜,有瑞云覆其精舍,空中复闻天乐之声。诘旦,怡然坐化。五年春,荼毗,获舍利不可胜计。

润州玄素大师碑铭[①]

(唐)李　华

道行无迹,妙极无象。谓体性空,而本源清净;谓诸现[②]灭,而觉照圆明。我天人师,示第一义。师无可说之法,义为不二之门。其定也,风轮驻机;其慧也,日宫开照;其用也,春泉利物。三者体备,谁后谁先?入无量而不动,问[③]法华而涌出。湛兮以有无,观听而莫测;寥焉以远近,思惟[④]而不穷。知[⑤]德皆空,为真实际;大悲恒寂,遍抚群迷。月入百川之中,佛匝千花之上。修而证者,玄同妙有;应而起者,旁作化身。先大师适来此土,化身欤?适去他方,补处欤?不可得而知也。自如来现灭,四魔横恣,人天无怙,寄命崩崖。胜大敌者,那罗延身;销大毒者,伽陀妙药。拔陷扶坠,而生大师。大师,延陵马氏,讳玄素,字道清。崇高绍兴于法位,胄绪不系于人间。慈母方娠,厌

① 唐李华《李遐叔文集》卷2、《文苑英华》卷147、清董诰《全唐文》卷320等各收录该文,题均作“润州鹤林寺故径山大师碑铭”。

② 现:《全唐文》卷320为“见”。

③ 问:《全唐文》卷320为“开”。

④ 惟:《全唐文》卷320为“维”。

⑤ 知:《全唐文》卷320为“智”。

患荤肉。长至之日，诞弥仁尊。生有异祥，乳异[①]安静。既龀，稽首父母，求归法门。即日获请，出依精舍。如意年中剃度，隶江宁长寿寺。即[②]进具已，戒光还照[③]，定水澄源，鹅王之不受泥尘，香象之顿除罗[④]锁，未之比也。身长七尺，体无凡骨，眉毛际脸，口若方舟，目不顾盼，声侔扣玉。入南牛头山，事威大师。撞钟大鸣，入海同味。迦叶以头陀第一，大师亦斗薮尘劳。闻一知十，未闻[⑤]请益。观法无本，观心不生。喻金刚之最坚，比狮子之无畏。圆月照海，高深尽明。慧风吹云，宇宙皆净。威大师摩顶谓曰："东南正法，待汝兴行。"命于别位，开导来学。于是，驺虞驯扰，表仁之至也；众禽献果，明化之均也。接足右绕，百千人俱。大师悉以菩萨呼之，教习大乘，戒妄调伏，自性还源，无渐而可随，无顿而可入。摩尼照物，一切如之。吾当默然，无法可说。或有信愿双极，恳求心要，于我渴仰，施汝醍醐。问禅定耶？吾无修。问智慧耶？吾无得。道惟心证，不在言通。坏[⑥]帝释轮，终为世论。自净而已，无求色声。既无[⑦]者，小无微尘，大无三界；当悟者，内珠虽隐，犹作来因。药草无[⑧]殊，根茎等润。貌和言寡，饥至饱归。或有闻尊称而迁善，现色身而独得。我无示念，道溥慈圆。食不问咸酸，口不言寒暑。身

① 异:《全唐文》卷320为"育"。
② 即:《全唐文》卷320为"既"。
③ 照:据《全唐文》卷320补。
④ 罗:《全唐文》卷320为"羁"。
⑤ 闻:《全唐文》卷320为"尝"。
⑥ 坏:《全唐文》卷320为"怀"。
⑦ 无:《全唐文》卷320为"悟"。
⑧ 无:《全唐文》卷320为"万"。

同池水，饱蚊蚋之饥渴；道离人我，顺众生之往来。贵贱怨亲，是法平等。故馈甘味而不辞，同于糗糒；奉上服而不拒，齐于弊褐。俾夫家有道侣，府无争人。开元中，本寺僧法密请至京口，润州刺史韦铣洒扫鹤林，斯为[①]供养。有屠者恣刃，积骸如山。刺史韦铣[②]闻大师尊名，来仰真范，忽自感悟，忏伏求哀，大师受之。又白言："和尚大悲，当应我供。"大师衲衣跏趺，未尝出户。公侯稽首，不为动摇。至是，如其恳求，忻然降诣。夫盗隐其罪，虎慈其子，仁与不仁，皆同佛性。无生无灭，无去无来。今浊流一澄，清水立现。诸佛所度，我亦度之。天宝中，扬州僧希玄密请至广陵，便风驰帆，白光引棹。楚人相庆，佛日度江。梁、宋、齐、鲁，倾都来会。津塞途盈，人无立位，解衣投施，积若丘陵。皆委于所在，行无住舍。礼部尚书李憕[③]时为扬州牧，齐[④]心跪谒，为众倡首。望慈月者，谁不清凉？传百亿明灯，照四维上下。尘沙之数，皆超佛乘。二州以贪法之心，移牒逾月，均吾喜舍，成尔坚牢。无非道场，还至本处。天宝十一载十一月十一日中夜，坐灭。呜呼！菩提位中六十一夏，父母之生八十五年。赴哀位者，可思量否？至有浮江而奠，望寺而哭。十里花雨，四天香云，幢幡盖细[⑤]，光蔽日月。以是[⑥]月二十一日，四众等号捧金身，建塔于黄鹤山西原，像法也。州伯邑宰，执丧

① 为：《全唐文》卷320为"焉"。
② 刺史韦铣：据《全唐文》卷320，此为衍文。
③ 憕：《全唐文》卷320为"澄"。
④ 齐：《全唐文》卷320为"斋"。
⑤ 细：《全唐文》卷320为"网"。
⑥ 是：《全唐文》卷320为"其"。

师之礼，率众申哀，江湖震悼。曩于寺内移居，高松互偃。涅槃之夕，倚桐双枯。虎狼哀号，声破山谷。人祇惨恸，天地晦瞑[①]。及发引登原，风雨如扫，慈乌覆野，灵鹤回翔。有情无情，德至皆感。初，达摩祖师传法，三世至信大师，信门人达者曰："融大师居牛头山，得自然智慧。"信大师就而证之，且曰："七佛教戒，诸三昧门，语有差别，义无差别。群生根器，各各不同，唯最上乘，摄而归一。凉风既至，百实皆成，汝能总持，吾亦随喜。"由是，无上觉路，分为此宗。融大师讲法则金莲冬敷，顿锡而灵泉满溢。东夷西域得神足者，赴会听焉。融受[②]岩大师，岩受[③]方大师，方受[④]持大师，持受[⑤]威大师，凡七世矣。真乘妙缘，灵祥嘉应。佥具传录，布于人世。门人法镜，吴中上首是也；门人法钦，径山长老是也。观音普门，文殊佛性，惟二菩萨，重光道源。门人法励、法海，亲奉微言，感延霜露，缮崇龛座，开构轩楹。时惟海公，求报师训，庐孔氏之墓，起净明之塔。世异人同，泫然长慕。僧慧端等，荫旃檀树，皆得身香。菩萨戒弟子，故吏部侍郎齐澣、故刑部尚书张均、故江东采访使润州刺史刘日正、故广州都督梁升卿、故采访使润州刺史徐峤、故采访使常州刺史刘同升、韦同礼[⑥]、故给事中韩实[⑦]、故御史中丞李丹、故泾阳县令万齐融、礼部员外郎崔令钦，道流人望，莫盛于此。弟子尝闻道于径山，犹乐正子春之于大夫[⑧]也。洗心瞻仰，天汉弥高。镜公

---

① 瞑：《全唐文》卷 320 为"冥"。

②③④⑤ 受：《全唐文》卷 320 为"授"。

⑥ 韦同礼：《全唐文》卷 320 为"故润州刺史韦昭理"。

⑦ 实：《全唐文》卷 320 为"延赏"。

⑧ 大夫：《全唐文》卷 320 为"夫子"。

门人悟甚深者,大理评事杨诣,过去圣贤诸功德,藏志之所至,无不闻知。鲁史从告,况乎传信!其文曰:浊金清境[①],在尔销练[②]。磨之莹之,功至乃现。膏渍炷然,光明外遍。阳升律应,草木皆变。启迪瘖瞽,惟吾大师。息言成教,舍法与[③]悲。辰极不动,风波自移。境因心寂,道与人随。杳然玄默,湛入无余[④]。性本无[⑤]垢,云何净除?身心宴寂,大拯沦胥。内光无尽,万境同知[⑥]。甘露正味,琉璃妙器。遍施大千,无同无异。度未度者,化周缘备。道树忽枯,涅槃时至。我无生灭,随世因缘。吉祥殿上,应化诸天。寂寂露[⑦]塔,滔滔逝川。恒沙劫坏,智月常圆。

诗

游牛首山[⑧]

(唐)韦　庄

牛首见鹤林,梯径绕幽岑。春色浮山外,天河宿殿阴。传灯无白日,布地有黄金。休作狂歌老,回看不住心。

---

① 境:《全唐文》卷320为“镜”。

② 练:《全唐文》卷320为“炼”。

③ 与:《全唐文》卷320为“兴”。

④ 余:《全唐文》卷320为“为”。

⑤ 无:《全唐文》卷320为“非”。

⑥ 知:《全唐文》卷320为“如”。

⑦ 露:《全唐文》卷320为“灵”

⑧ 此诗为杜甫所作,被误载韦庄名下。《九家集注杜诗》卷24、《补注杜诗》卷24、《杜诗详注》卷12、《石仓历代诗选》卷45、《全唐诗》卷227等各收录该诗,题均作“望牛头寺”,作者均作“杜甫”。该诗第一句“牛首”,应为“牛头”;第二句中的“岑”,应为“深”。

从游诗[①]

(明)胡　广

晓从凤辇出龙关[②],偶寻牛首共跻扳[③]。南唐古寺留碑在,西竺高僧振[④]锡还。百丈崖龛过鸟雀[⑤],半空钟鼓隔人间。暂游已觉尘缘息,到此方知佛窟闲。

和胡学士[⑥]

失　名

寺外山[⑦]岩石径斜,岩中开士似丹霞。心涵水月空诸法,坐对寒岩[⑧]落一花。清夜潮音翻贝叶,当时云气护袈裟。匆匆遥望知难觅,归骑联翩拥翠华。

游牛首山

(明)钱　琦

青山高傍帝城隈,结客相将命酒杯。石路草香人独往,枫林叶暗鸟频来。江回素练云边出,岩献名花雨后开。临眺莫言归去晚,放歌还上夕阳台。

---

① 《明一统志》卷 6《应天府・山川・牛首山》、明蒋一葵《尧山堂外纪》卷 81 各收录该诗。

② 晓从凤辇出龙关:《明一统志》卷 6 为"晓从銮舆出九关"。

③ 扳:《明一统志》卷 6 为"攀"。

④ 振:《明一统志》卷 6 为"度"。

⑤ 百丈崖龛过鸟雀:《明一统志》卷 6 为"百丈岩龛过鸟上"。

⑥ 明杨士奇《东里诗集》卷 2 收录该诗,题作"诸公从狩龙山,因登牛首山,访佛窟寺,胡学士有诗。是日,仆以病不及行,想像佳游,辄用次韵三首",本书所录为第三首;清钱谦益:《列朝诗集》卷 114 收录该诗,题作"和胡学士牛首从游之作",作者为"谷淮"。

⑦ 山:《东里诗集》卷 2 为"幽"。

⑧ 岩:《东里诗集》卷 2 为"崖"。

宿牛岭寺[①]

(明)陈　铎

到寺万缘绝,萧然宿峰顶。苍苍野色新,漠漠秋烟暝。相期话三生,夜坐石根冷。微凉入虚栏,老鹤语桐井。支郎翻经处,松子落古鼎。白露下高空,湿云压幽境。披衣问姮娥,霓裳曲应听[②]。望极巅崖前,寒篱眇村径。诗久明月来,照我天地静。半生系虚名,江山负真景[③]。自汲石泉水,同僧瀹佳茗。天风在林末,空翠散复整。一乘演微机,开豁自惭省。疏竹何萧萧,云房乱灯影。

八日牛首山[④]

(明)黄克晦

出郭多逢寺,寻山屡过村。夜来溪上雨,桥下水流浑。野旷先知冷,岚深易得昏。崖僧欣有客,鸣磬启松门。

清明日登牛首山[⑤]

(明)余梦麟

对客空堂问四禅,隔林疏磬度诸天。灯传白马残经后,寺

---

① 《列朝诗集》卷90、清朱彝尊《明诗综》卷43各收录该诗,题均作“宿牛首寺”。然二书所录诗句顺序、长短不同,与本书所录也稍异。本书该诗,出自《牛首山志》卷下,题作“宿牛岭寺,以唐人《绝顶新秋》诗二十八字散入句中,赋十四韵”。

② “披衣问姮娥,霓裳曲应听”:《列朝诗集》卷90、《明诗综》卷43各收录该诗均无此诗句,《牛首山志》卷下则有。

③ “半生系虚名,江山负真景”:《列朝诗集》卷90、《明诗综》卷43各收录该诗均无此诗句,《牛首山志》卷下则有。

④ 《牛首山志》卷下收录该诗,称“出《金陵游稿》”,题作“八日牛首山道中同潘参军分韵”。本诗第七句“崖”,《牛首山志》卷下为“岩”。

⑤ 《牛首山志》卷下收录该诗,称“在方丈”,题作“清明日同朱海峰登牛山,次黄士雅韵”。

倚青春暮雨前。浮栋山岚迷梵影，入帘云气杂炉烟。同来忽忆当年事，花落花开一惨然。

经牛头山寺

（明）陈　沂

落日牛头寺，攀缘岭七盘。鸟声林叶暗，山影石溪寒。清梵空中听，丹楼画里看。到门僧不见，松桂满秋坛。

登牛首山①

（明）柴惟道

崖峣②峙天阙，飞阁凌层空。峰峦莽回互，晚色③远冥濛。磬声落崖谷，梵呗飘虚风。景符九秋后，影翳千树红。灵宝自天设，塔影疑神工。碑板尽灭没，径草披蒙茸。至人徒缅邈，旷世缈难从。搴萝挹幽爽，穿林阅葱茏。是身忽若遗，神理超无穷。永怀谢公趣，岂必安期逢？

夏日登牛首山④

（明）皇甫汸

出郭纡京览，寻山隔世缘。雁垂珠户塔，龙起石岩泉。法雨穿花外，慈阴憩树前。宁知禅寂处，曾是圣游年。

---

① 钦定古今图书集成《主舆汇编・山川典》卷 82 载有此诗。

② 崖峣：《方舆汇编・山川典》卷 82 为“岩峣”。

③ 晚色：据《方舆汇编・山川典》卷 82 补“晚”。

④ 明皇甫汸《皇甫司勋集》卷 18、《牛首山志》卷下各收录该诗，均题作“夏日登牛首山，徐公子席上赋二首”，本书选录第二首。

秋日思牛首[1]

(明)皇甫汸

坐忆空山路，青林去不遥。斋关闭秋雨，寒磬落江潮。雅自依龙藏，凭谁问虎桥。尘心报支遁，何日晤言消?

游牛头寺[2]

(明)刘世扬

寺开缘胜地，山迴失诸天。庭树能存古，空云不住禅。白翻远江出，青拥迭岩悬。未觅停车路，荒村起夕烟。

牛首山

(明)顾大典

刹拥牛山胜，云疑鸟道连。振衣当落日，江气远浮烟。塔影垂萝幌，钟声清梵筵。谈玄探小品，因叩辟支禅。

牛首山阅《楞严》，夜坐

(明)殷　迈

一轴《楞严》阅未终，四山风静暮林空。忽逢华屋身能入，自得神珠道不穷。树影欲迷云度处，经声遥听月明中。共传鹿鸟春深后，犹向烟萝礼法融。

陟牛首山有述[3]

(明)王世贞

金陵信佳地，兹山仍丽观。标形自牛首，遥势应龙盘。丛楸入昼暝，长松当夏寒。云梯界危汉，梵宇绘层峦。仰窥象纬

① 《皇甫司勋集》卷18、《牛首山志》卷下各收录该诗，均题作“秋日思牛首诸山，因寄海天上人”。

② 《牛首山志》卷下收录该诗，称“在方丈”，题作“游牛首寺，次石亭韵”。

③ 明王世贞《弇州山人四部续稿》卷7收录该诗，题作“承大宗伯姜公、少司寇李公邀，同大司寇陆公、少司徒方公陟牛首山有述”。

逼，俯觉尘世宽。江拖万里练，岩横千仞丹。追昔始兴议，聊深冶城叹。胡云表双阙，毋乃文偏安。巨明一开辟，奕世乃胜残。文祖时驻跸，神孙此回銮。天子自有真，奸萌焉得干？雍雍凤游圃，衎衎鸿渐磐。朱衫杂缁素，白社容簪冠。方藉禹功大，况值尧世难。

将至祖堂，过岭返望牛首

（明）王世贞

脉从牛首来，胜自兹岭始。足力虽小疲，目境殊未已。午照苍松巅，千崖被红紫。恍如帝释天，镕金饰睥睨。色相故以空，羡心何缘起？

游牛首山，听友吹箫[①]

（明）安绍芳

结驷朝来谢世氛，乱峰深处俯江渍。千寻慧塔还春望，百级丹梯入暮云。清磬林中逢惠远，碧箫声里对湘君。桃花山下堪逢路，剧饮何妨到夕曛。

小刹　外承恩寺

在郭外，南城，太北乡[②]。东南去所领弘觉寺五里，北去聚宝门三十里。正德间创。

殿堂

---

① 《牛首山志》卷下收录该诗，称“出《芳草编》”，题作“同盛仲交诸公游牛首山，听蒋生吹箫”。本诗第三句中的“还”，《牛首山志》卷下为“迁”。

② 太北乡：据《正德江宁县志》卷5，应为“泰北乡”。

山门三楹。佛殿三楹。左伽蓝殿三楹。右祖师殿三楹。僧院一房。基址三十二亩东至本寺塘，南至寺神路，西至寺围墙，北至寺龙山。

公产

田、地、山、塘共八十四亩二分五厘。

小刹　通善寺　古刹、敕赐

在郭外，南城。东去所领弘觉寺五里，北去聚宝门三十五里。旧名龙泉寺，唐鹤林素禅师说法处。国初，镜中禅师重建，奏改今额。

殿堂

正佛殿三楹。僧院一房。基址一亩东至章家民山，南至沈家民山，西至潘家民山，北至本寺山顶。

公产

田、地、山、塘共六十七亩一厘。

文

通善寺碑

（明）大学士　杨溥

南京都城西南二十里，旧有佛刹，曰龙泉禅寺。据山水之胜，左有磐陀石，右有鹤林塔，东有牛首山，西南瞰杨子江，东南有祖堂。江山环抱，密迩京都。金城玉垒，天日下临。山之巅有泉，清甘香洌，下注山麓，汇而为池。渟滢澄澈，天光云影。裴徊往来，足以豁大观，涤世虑，而曹溪、竹林不是过也。肇自唐鹤林素禅师说法于此，有泉出石窦间，因号曰龙泉。建丛林，以奉香火。暨今五百余年，鞠为草莽之区。永乐中，镜中圆禅师募缘众信，自宣德癸丑春兴工，建正殿及天王殿，翼以廊庑，以至禅室，告成于正统癸亥秋。以其事上闻，赐额通善寺。正统九年甲子秋望日。

小刹　**广缘寺**　敕赐

在郭外，南城，建业乡。东去所领弘觉寺二里，北去聚宝门三十五里。

殿堂

山门三楹。佛殿五楹。僧院一房。基址一亩六分东至弘觉寺山，南至□□□，西至樊家民山，北至大石凹。

公产

田、地、山、塘共五十五亩六分。

小刹　**三山寺**　古刹、敕赐

在郭外，南城，光泽乡。东北去所领弘觉寺三十里，北去聚宝门五十里。三山之麓。原为古刹。洪武十三年，命工部侍郎黄立恭建寺。正统间，僧昙昕、洪潾重修。其地三峰相连，中隐孤寺，钟韵霞标，涛声树杪。有矶头半悬江中，登者爽目。

殿堂

金刚殿三楹。正佛殿五楹。右观音殿四楹。望江楼三楹。在正殿右。**纯阳阁**三楹。在正殿右。**僧院**一房。**基址十五亩**东至本寺山，南至旗手卫屯田，西至大江，北至本寺山。

公产

田、地、山共二百一十亩九分一厘。

山水

三山高二十九丈，周四里。李白诗："三山半落青天外"，即此。山枕大江，寺在山上。晋王浚伐吴，宿于牛渚，分部①明日前至三山。《吴志》：晋琅玡王伷济自三山。**三山井**寺内石上所凿，味极甘美，不减惠山。**三山矶**陈尧咨泊三山矶，有老叟曰："明日午时，天大风，舟行必覆，宜避之。"来日行舟皆离岸，公托以事。日午，黑云起天末，大风暴至，怒涛若山，行舟皆溺。公惊叹。又见前叟曰："某江之游奕将也。公他日当位宰相，固当奉告。"公曰："何以报德？"叟曰："吾本不求报，贵人所至，龙神理当护卫。愿得《金光明经》一部，乘其力，薄得迁职。"公许之。至京，以《金光明经》三部，遣人至三山矶投之。梦前叟曰："本止求一部，公赐以三，今连升数职。"再拜而去。出《翰府名谈》及《金陵新志》。

文

三山讲寺实录

（明）住持　昙昕

高皇帝龙飞渡江，尝驻跸三山之顶。洪武十三年，命工部左侍郎黄立恭建寺于三山之阳，赐额三山讲寺。正统八年，住持昙昕念是寺殿堂年久，乃与徒众洪潾等谒缘修理。九年，驸马都尉赵辉、工部尚书周忱、太仆寺少卿邓浩皆发信心，及劝募，鼎建三门，并修普贤殿。又募资财，于景泰二年修大佛殿。

景泰四年十月十二日。

---

① 分部：《景定建康志》卷 17 为"部分"。

诗

三山①

（宋）鲍　照

泉源安首流，川末澄远波。晨光被水族，晓气歇林阿。两江皎平迴，三山郁骈罗。南帆望越峤，北榜指齐河。关扃绕京邑，襟带导京②华。长城非壑险，峻阻似荆芽。攒楼贯白日，摛堞隐丹霞。征夫喜观国，游子迟见家。流连入京引，踯躅望乡歌。弥前叹景促，逾近倦路多。偕萃犹如兹，弘易将谓何？

三山③

（宋）范　云

仄径崩且危，丛岩耸复垂。石藤多倦节，水树绕蟠枝。海中昔自重，江上今如斯。

晚登三山，望京邑④

（宋）谢　朓

灞浐望长安，河阳视京县。白日丽飞甍，参差皆可见。余霞散成绮，澄江净如练。喧鸟覆春洲，杂英满芳甸。去矣方滞淫，怀哉罢欢宴。佳期怅何许，泪下如流霰。有情知望乡，谁能鬒不变？

---

① 宋鲍照《鲍明远集》卷5、明张溥《汉魏六朝百三家集》卷69等各收录该诗，题均作“还都至三山望石头城”。

② 导京：《鲍明远集》卷5为“抱尊”。

③ 《艺文类聚》卷7、《古诗纪》卷87、《渊鉴类函》卷24等各收该诗，题均作“登三山”。本诗第三句中的“倦”，《艺文类聚》卷7为“卷”。

④ 宋谢朓《谢宣城集》卷3、《古诗纪》卷69、《汉魏六朝百三家集》卷77各收录该诗，题均作“晚登三山还望京邑”。本诗第一句中的“浐”、第六句中的“净”，《谢宣城集》卷3分别为“涘”、“静”。

三山

（唐）李　白

三山怀谢朓，水澹望长安。芜没河阳县，秋江正北看。卢龙霜气冷，鳷鹊月光寒。耿耿忆琼树，天涯寄一欢。

三山

（明）金大舆

白石三山路，青春二仲过。缘崖穷鸟道，倚槛看鲸波。夜静潮声急，江空月色多。酒酣双树下，醉答榜人歌。

小刹　圆通寺

在郭外，南城，光泽乡。东去所领弘觉寺二十里，北去聚宝门三十五里。

殿堂

正佛殿三楹。法堂五楹。廊房六楹。僧院三房。基址六亩东至许财庄房，南至许财民田，西至大江，北至许财民田。

公产

地、山共一十五亩。

小刹　佑圣庵　古刹

在郭外，南城，孝义村。东北去所领弘觉寺七里，北去聚宝门三十五里。

殿堂

佛殿三楹。左法堂五楹。右廊房五楹。僧院三房。基址四亩八分东至新民塘，南至段彦聪民田，西至虞槐民田，北至虞仲礼民田。

公产

田、地共七亩一分。

小刹　资福寺

在郭外，南城，建义乡。西北去所领弘觉寺十五里，北去聚宝门四十里。

殿堂

山门一楹。正佛殿三楹。僧院二房。基址四亩东至本寺山顶，南至陈家塘，西至本寺官走路，北至寺后山。

小刹　静明寺　敕赐

在郭外，南城，安德乡。西去所领弘觉寺五里，西北去聚宝门三十里。正统间造。有玉华泉，出石壁下。

殿堂

天王殿三楹。佛殿三楹。左伽蓝殿一楹。右祖师殿一楹。法堂三楹。僧院三房。禅堂三楹。基址八亩东至毛府坟，南至毛府山，西至安长山，北至皇厂山。

公产

田、地、山、塘共三十八亩七分九厘。

山水

玉华泉出石壁下。

文

玉华泉铭

（明）盛时泰

岩岩石壁，涓涓流水。名似玉华，昉自何氏？松殿空开，萝扉不启。中有山僧，日宴而起。来禽满树，汲泉自煮。青天明月，共为宾主。

诗

游静明寺

（明）沈　越

万柿垂枝秋色苍，远林骑马度重冈。客登山路穿松径，僧礼莲台闭竹房。夜静梵音岩壑满，月明清梦石床凉。此心顿有皈依处，回首诸天别思长。